王利明学术文集
❹

王利明学术文集

人格权编

王利明 著

4

北京大学出版社
PEKING UNIVERSITY PRESS

图书在版编目(CIP)数据

王利明学术文集. 人格权编/王利明著. —北京:北京大学出版社,2020.8

ISBN 978-7-301-31411-1

Ⅰ.①王… Ⅱ.①王… Ⅲ.①人格—权利—中国—文集 Ⅳ.①D923.04-53

中国版本图书馆 CIP 数据核字(2020)第 117110 号

书　　　名	王利明学术文集·人格权编 WANG LIMING XUESHU WENJI·RENGE QUAN BIAN
著作责任者	王利明　著
责 任 编 辑	李　娜
标 准 书 号	ISBN 978-7-301-31411-1
出 版 发 行	北京大学出版社
地　　　址	北京市海淀区成府路 205 号　100871
网　　　址	http://www.pup.cn　http://www.yandayuanzhao.com
电 子 信 箱	yandayuanzhao@163.com
新 浪 微 博	@北京大学出版社　@北大出版社燕大元照法律图书
电　　　话	邮购部 010-62752015　发行部 010-62750672　编辑部 010-62117788
印 刷 者	北京中科印刷有限公司
经 销 者	新华书店
	965 毫米×1300 毫米　16 开本　46.5 印张　757 千字 2020 年 8 月第 1 版　2020 年 8 月第 1 次印刷
定　　　价	168.00 元

未经许可,不得以任何方式复制或抄袭本书之部分或全部内容。
版权所有,侵权必究
举报电话:010-62752024　电子信箱:fd@pup.pku.edu.cn
图书如有印装质量问题,请与出版部联系,电话:010-62756370

编写说明

改革开放四十余年来,笔者结合我国不同时期民事立法、司法实践和社会经济发展的需要,撰写了近 300 篇学术论文。此次应北京大学出版社之邀,笔者按照民法体系对已发表的论文进行了筛选和整理,分为民法总则编、物权编、合同编、人格权编、侵权责任编五卷本出版。

本套文集也是对笔者近四十年学术研究的一个初步梳理和总结。本书主要收录人格权法相关主题的论文,大多是笔者自 21 世纪以来公开发表的,未发表的也注明了完稿时间,按照人格权法的体例加以编排。在编辑时,笔者结合立法和司法实践的发展,对部分已经发表的论文作出了一些必要的修改和补充。由于时间仓促,笔者能力有限,文中难免出现错误,敬请广大读者批评指正。

序

改革开放四十余年来，我国从一个贫穷落后的国家一跃而成为世界第二大经济体，走上了繁荣富强的现代化道路。四十余年来，伴随着改革开放的进程，我国民法学理论也从一片荒芜的园地逐步变成一个百花盛开、绿树繁茂的花园。我们是四十余年民法学理论发展的亲历者、见证者、参与者，我国民法典于2020年颁布，中国民法学也将迎来振兴、发展、繁荣的新时期。进入新时期，每个民法学人都需要思考，我们是否有必要创设中国民法学体系？如何创建这样一个体系？

中国民法学体系首先应当是对中国实践具有解释力的思想和知识体系，也就是说，它应当立足于中国实践、内生于中国文化传统、回应中国社会现实需求、展示民族时代风貌、具有浓厚的中国特色。它应以社会主义法治理论体系为基础，最充分地反映广大人民群众的利益和意愿，反映公平正义的法治理念，以全面保护公民权利、推进社会主义法治为重要目的。"道无定体，学贵实用"，法学本身是一门实践之学，中国民法学体系植根于中国的实践，应当能够接受实践的检验。中国民法学体系应当与时俱进，市场经济的发展和改革开放的深化对民事立法提出了新要求，民法学也应积极回应实践的需要，迎接新挑战，解决新问题，不断满足社会主义市场经济制度建设和运行的法治需求；应当伴随民法典的编纂而不断深化和发展，真正成为一门治国安邦、经世济民、服务社会的实践之学。

中国民法学体系应当具有对世界优秀民法文化的开放包容性。构建以研究我国现实问题为中心的民法学体系并不意味着对异域法律文化的排斥。相反，在全球化背景下，中国民法学体系应当是一个包容世界民法文化精髓的体系，反映人类社会发展进程中面临的共同问题和应对智慧。对人类法律文明的优秀成果，应秉持鲁迅先生所说的，"我们要运用脑髓，放出眼光,自己来拿"。民法学的研究应当有广阔的视野和开阔的胸襟,广泛借鉴两大法系的先进经验,服务于我国民事立法和司法的需要。但是,必须立足中国,放眼世界。外国的制度、理论都只能是我们借鉴的素材,最重要的是要从中国的实际出发,绝不能"削中国实践之足,适西方理论之履",绝不能在外国学者设计的理论笼子中跳舞,绝不能单纯做西方理论的搬运工,而要做中国学术的创造者、世界学术的贡献者。

我们的民法学体系应当具有科学性。民法学之所以是一门科学,是因为民法本身具有科学的理论体系和科学的研究方法。一方面,经过两千多年的发展,民法学在自身独特研究对象的基础上,已经形成了一些具有共识性的概念、规则和制度,形成了富有逻辑的、体系严谨的理论体系。另一方面,民法学以私法自治等原则为基础,构建了自身独特的价值体系,并形成了自身的研究方法。民法学者通过运用这些方法,能够对同一问题进行相互交流,进而达成具有共识性的结论。民法学研究方法也需要不断创新,在注重解释方法的同时,也要注重实证研究,高度重视利用我国丰富的案例资源,并充分借鉴经济学、社会学等学科的研究方法。民法学也积极反映时代精神、体现时代特征。我们已经进入了大数据时代,科学技术的发展一日千里,民法学应当不断反映这个时代的特点,反映经济全球化的发展趋势。例如,网络技术和人工智能的发展,创造出了多项前所未有的权利类型;网络虚拟财产权、个人信息权、信息财产权等都亟须在民法中得到确认和保护;电子商务的快速发展使得电子合同的适用范围日益广泛,其订立、确认、履行等规则也需要深入研究。

我们之所以要有自己的民法学体系,是因为古老的中华法系源远流长,长久地傲然屹立于世界法制之林,为人类法制文明作出了重要贡献。作为一个拥有14亿人口的大国,我们应该有自信构建我们自己的民法学体系,并把它发扬光大。人生在天地间,贵在自立,国家民族贵在自强。特别是在当代,中国已经是世界第二大经济体,是崛起中的大国,改革开放以来社会主义市场经济的伟大实践和法治建设的巨大成就,都为民法学体系奠定了坚实的基础。我们正面临一个改革的时代,这是产生伟大法典的时代,也是产生民法思想的时代。在这个时代,我们会面临许多新情况、新问题,这些问题的解决无先例可遵循,需要我们去面对、去回答,去发出自己的声音,去讲好自己的故事。我们的民法也应当在世界民法之林中有自己的重要地位。作为民法学工作者,我们所做的一切,都应朝着这个目标而努力。

"路漫漫其修远兮,吾将上下而求索",构建中国特色社会主义民法学体系非一役而能毕其功,也非自吹自擂、自说自话就可以实现,而是要靠几代民法人"一棒接一棒"的努力。今天的民法学研究虽然已经取得了长足的进步,但我们也要清醒地看到,现有民法理论和相应民法制度还未能有效地回应诸多重大现实问题。我国民法学理论的国际影响尚不尽如人意,我国民法学理论的国际话语权仍然有限,某些理论领域仍然缺乏必要的自主意识和独立思考,广大民法学人任重道远,需要奋起直追、与时俱进、不断创新。

人类历史经验已经表明,法治是固根本、稳预期、利长远的制度保障。只有全面推进依法治国,中国的明天才能更加美好。我们已经从迷茫中醒来,选择市场经济这一发展道路,法治是中国前途的唯一选择,舍此别无他路。在这一过程中,法学工作者肩负着重大职责和光荣使命。仿佛涓涓细流汇入大海一样,学术繁荣也需要每个民法学人不断努力和积累。在建设法治中国这一伟大征途中,我愿意化作沧海一粟,汇入中国民法学文化的汪洋大海!我愿作为一粒石子,铺上法治中国的康庄大道!

王利明

2020 年 5 月

目 录

人格权法的体系和价值

论人格权的定义 …………………………………………… 003
加强人格权立法　保障人民美好生活 …………………… 023
人格权法中的人格尊严价值及实现 ……………………… 033
人格权的属性——从消极防御到积极利用 ……………… 054
人工智能时代对民法学的新挑战 ………………………… 074
论人格权法的新发展 ……………………………………… 084
人格权制度在中国民法典中的地位 ……………………… 106
论人格权独立成编的理由 ………………………………… 128
使人格权在民法典中独立成编 …………………………… 148
论人格权编与侵权责任编的区分与衔接 ………………… 163
论民法总则不宜全面规定人格权制度——兼论人格权独立成编 …… 179
论我国《民法总则》的颁行与民法典人格权编的设立 ………… 197
民法人格权编(草案)的亮点及完善 …………………… 213

人格权法总则

人格权的积极确权模式探讨——兼论人格权法与侵权责任法之
　关系 ……………………………………………………… 235
论人格权的法定性与开放性 ……………………………… 255
论一般人格权 ……………………………………………… 269
论人格尊严的保护 ………………………………………… 290

试论患者知情同意权 …… 305
论患者维生治疗拒绝权 …… 324
论人格权商业化利用 …… 351
美国公开权制度与人格权的商业化利用 …… 366
论死者人格利益的保护 …… 383
侵害英雄烈士人格利益的民事责任 …… 400
公众人物人格权的限制和保护 …… 409
论人格权保护与舆论监督的相互关系 …… 422
论人格权请求权与侵权损害赔偿请求权的分离 …… 434
论侵害人格权的诉前禁令制度 …… 460
论违约责任中的精神损害赔偿 …… 478

人格权法分则

论网络环境下人格权的保护 …… 503
略论人格权编对性骚扰的规制 …… 516
认定侵害名誉权的若干问题 …… 536
论信用权作为独立的人格权 …… 548
隐私权概念的再界定 …… 571
隐私权内容探讨 …… 590
论美国隐私法中的合理期待理论 …… 603
生活安宁权:一种特殊的隐私权 …… 634
论个人信息权在人格权法中的地位 …… 653
论个人信息权的法律保护——以个人信息权与隐私权的界分为中心 …… 667
数据共享与个人信息保护 …… 684
民法典人格权编中动态系统论的采纳与运用 …… 702

关键词索引 …… 721
法律文件全简称对照表 …… 727
后　记 …… 729

人格权法的体系和价值

论人格权的定义[*]

概念所反映的事物的属性是对事物进行判断和推理的基础。人格权的概念是展开一切人格权问题探讨的起点和前提。我国自1986年《民法通则》颁布以来,人格权已经成为民事立法所构建的民事权利中的基本权利。2017年通过的《民法总则》更是将人格权保护的规则置于民事权利体系的首位,凸显了人格权在民事权利体系中的核心地位,强化了人格权保护的重要意义。毋庸赘言,人格权概念直接奠定了人格权立法的基础,如果人格权的内涵和外延不明确,则人格权的权利体系和制度体系也就无法确定。

在我国民法典人格权编的制定中,有学者认为人格权概念具有模糊性和不确定性,人格权是不可定义的,并因此认为人格权不应独立成编。笔者认为,此种观点是值得商榷的。诚然,如果人格权根本无法定义,则其作为基本民事权利体系本身就是值得怀疑的。民法典因此不应规定人格权编。然而认为人格权不可定义的观点实际上是未能区分法律人格与人格权益,也忽视了人格权独特的价值和特征。如果人格权这一概念是无法定义的,那么近代以来,众多的立法、学理和司法中指涉的人格权只是空虚的名词,这显然是不成立的。笔者认为,人格权是可定义的,正是在可以定义的基础上,人格权成为民事权利体系中的一项基本权利,并形成了独立的制度体系,人格权的可定义性为民法典人格权独立成编奠定了坚实基础。

一、人格权概念形成的根本原因:
法律人格与人格法益的分离

通过梳理人格权概念产生和发展的历史,可知人格权概念形成的根本原因在于法律人格与人格法益的分离。

---

[*] 原载《华中科技大学学报(社会科学版)》2020年第1期。

总体上看，罗马法上只有人格的概念，不存在人格权的概念。罗马法上有名誉保护的规定，并将其作为个人在社会上所享有的被尊重的权利，是统治者调控社会成员行为的一种工具①，因此，罗马法上的名誉并不是人格权，而应当属于身份权。在罗马法中，人格法益本身被法律人格概念所包含，没有法律人格之外的人格法益。因此，罗马法中并不存在独立的人格权概念和制度。

现代意义上的人格权概念（personality right、droits de la personalite、das Persönlichkeitsrecht）萌芽于16世纪。据美国学者雷特尔（Eric H. Reiter）考证，16世纪的荷兰人文主义法学家胡果·多诺鲁斯（Hugo Donellus）最早提出了生命、健康等概念②，他将民事权利视为完整的私权体系，并对这些权利进行了划分，提出了人格权与财产权、物权与债权、所有权与他物权的区分。③ 多诺鲁斯将权利拆分为以主体自身为客体的权利和非以自身为客体的权利，在其看来，诸如生命、身体完整、自由、名誉等属于前述第一种权利。④ 尽管多诺鲁斯已经将一些人格利益上升为一种权利，开创了人格权理论的先河⑤，但其并没有对人格法益与自然人的法律人格明确区分开，并在此基础上抽象出人格权概念，而且他将人格权作为以主体自身为客体的权利也并不妥当。至18世纪，德国学者沃尔夫也提出了生命权、身体权等概念，但是他并没有提出生命法益和身体法益的概念，因而仍然没有将人格法益与法律人格作出区分。

19世纪中期，历史法学派的代表人物萨维尼提出了著名的"萨维尼之问"，即承认生命权是否就承认了人有自杀的权利？承认身体权概念是否就承认了个人有自由处分身体的权利？萨维尼认为，主观权利解决的是法律主体与法律客体的关系，使权利人可以根据自己的自由意志支配客体，而财产权是主观权利的典型，生命权、身体权是"对自己的权利"，缺乏外部客体，因此是多余且错误的。⑥ 他还认为，一个人无法拥有对自己

---

① 参见徐国栋：《人格权制度历史沿革考》，载《法制与社会发展》2008年第1期。

② See Eric H. Reiter, Personality and Patrimony: Comparative Perspectives on the Right to One's Image, 76 Tul. L. Rev. 673.

③ See Robert Feenstra, Legal Scholarship and Doctrines of Private Law, 13th-18th Centuries, Variorum, 1996, p.117.

④ 参见徐国栋：《人格权制度历史沿革考》，载《法制与社会发展》2008年第1期。

⑤ Vgl. Helmut Coing, Zur Geschichte des Begriffs "subjektives Recht", in: ders./Frederick H. Lawson/Kurt Grönfors（Hrsg.）, Das subjektive Recht und der Rechtsschutz der Persönlichkeit, Alfred Metzner Verlag, 1959, S. 11 f.

⑥ Vgl. Savigny, System des heutigen römischen Rechts, Band Ⅰ, 1840, S. 334.

的身体及其组成部分的权利,否则将导致个人享有自杀的权利,因此,个人对其自身的权利在实证法上也难以得到承认。① 基于此,萨维尼对人格权概念持批评态度,他既不承认具体人格权,也否认一般人格权。萨维尼的观点在19世纪对潘德克顿学派产生了深刻的影响,并成了当时的主流观点。其实,"萨维尼之问"产生的根本原因在于,萨维尼将生命、身体看作是一种不受限制的法律人格,而没有将其看作人格法益。另外,萨维尼只是看到了身体和生命这一类型的人格法益或人格权,而未看到其他如姓名、肖像、隐私等人格法益已经独立于主体资格而存在。

直到19世纪末期,人格权的概念才开始形成。一般认为,这一概念由德国学者噶莱斯(Gareis)于1877年首次提出,他认为,应当区分人格利益和主体资格。人格权以人格利益为客体,而非以"人格"为客体。人格权不包含任何涉及他人的权利,而仅仅与权利人自己有关。② 这就回应了萨维尼等对人格权概念的批判。在区分人格权益和主体资格的基础上,他认为,人格权的客体包括两个方面:一是源自于身体的物质性存在,二是精神上的存在。他还区分了四种类型的人格权:身体完整权和人格自由权(如姓名权)、人格尊严,以及智力成果中的权利(如版权)。噶莱斯最伟大的贡献在于,他在理论上第一次区分了人格法益与法律人格,并区分了人格权与其他私法上的权利,在此基础上形成了人格权的概念,深刻地影响了现代人格权法的发展,因此噶莱斯也被称为"现代人格权法之父"。③

受噶莱斯观点的影响,日耳曼法学派的代表人物科勒(Kohler)提出,人格权的权利客体是人的全部精神与肉体,一般性人格权是专属于人的权利,其利益包括身体完整、自由和尊严等。他认为,人格利益具有不可侵害性,人的人格权只有通过其身体、尊严、隐私等才能受到侵害。④ 科勒还论证了个人对其生命、健康、荣誉、姓名、肖像以及隐私等享有人格权。⑤ 正是在区分法律人格与人格法益的基础上,科勒进一步阐述了人格法益

---

① Vgl. Savigny, System des heutigen römischen Rechts, Band Ⅰ, 1840, S. 334.
② See Neethling, JM Potgieter and PJ Visser, Neethling's law of personality, LexisNexis South Africa, 2005 p.7.
③ Vgl. Leuze, Die Entwicklung des Persönlichkeitsrechts im 19 Jahrhundert,1962, S. 93; See Neethling, JM Potgieter and PJ Visser, Neethling's law of personality, LexisNexis South Africa, 2005, pp.6-7.
④ Vgl. Kohler, Urheberrecht an Schriftwerken und Verlagsrecht, 1907, S. 441 ff.
⑤ Vgl. Kohler, Bürgerliches Recht, in: Enzyklopdäie der Rechtswissenschaft, Joslf Kohler (Hrsg.), 7. Aufl., Band 2, 1914, S. 1 (33) f.

的特殊性,并由此区分了人格法益与知识产权客体,他认为,人们的知识创造是无形权利或知识产权,其独立于人格法益而存在,从而区分了知识产权和人格权。①

另一位日耳曼法学的代表人物基尔克(Gierker)认为,一般人格权是一种基础性权利,来源于法律对于人这一概念的认定。但人格法益又不同于主体资格。② 人格法益包括关于个人身体完整的权利、关于自由的权利、关于尊严的权利等。③ 基尔克列举了人格权不同于其他权利的一些特征,如人身专属性,在权利人死亡后,人格权也消灭,因此人格权具有不可继承性。④ 基尔克还区分了几类最为重要的人格权,主要包括:身体完整、自由、尊严、身份、姓名、独特性标志(如商标或商号)、肖像以及在经济领域中的版权和专利权。⑤ 可以说,基尔克已经形成了较为完整的人格法益的观点。

虽然噶莱斯、科勒、基尔克等人在区分人格法益和法律人格的基础上,提出了人格权的概念,但在《德国民法典》制定过程中,他们的见解并不为当时的主流观点所接受。由于《德国民法典》的起草者温特沙伊德深受萨维尼否定人格权的观点的影响,从而在法典中并没有明确认可人格权。⑥ 尽管《德国民法典》第823条第1款规定了生命、身体、健康、自由,但没有将其与主体资格进行严格区分,因而并没有系统规定人格权的概念和权利体系。但随着社会经济的发展,侵害人格的现象的发生日趋频繁,上述立法模式很快就遭受到挑战,其不合理性日益凸显。为了摆脱无法可依的困境,德国联邦最高法院在1954年的读者来信案中,通过援引《德国基本法》第1条和第2条的规定,将宪法中规定的人格尊严引入民法,"一般人格权"被等同于《德国民法典》第823条第1款中的"其他权利",从而使人格权正式被现行法合理承认。⑦ 在之后的骑士案、录音案、索拉雅案等判决中,德国联邦最高法院根据人民大众中行之有效的生活准则与礼仪

---

① Vgl. WA Joubert Grondslae van die persoonlikbeidsreg, 1953, S. 21 ff.

② Vgl. Gierker, Deutsches Privatrecht, 1895, S. 704 ff.

③ S. Strömholm, Right of privacy and rights of the personality: a comparative survey, 1967, p.29.

④ D Leuze, Die Entwicklung des Persiinlicbkeitsrechts im 19. Jahrhundert: zugleicb ein Beitrag zum Verbaltnis allgemeine Persiinlicbkeitsrecbt: Recbtsfdbigkeit, 1962, S. 114–115.

⑤ Vgl. Otto von Gierke, Deutsches Privatrecht, Band I, 1895, S. 702 ff.

⑥ Savigny, System des heutigen römischen Rechts, Berlin, Band I, 1840, S. 355.

⑦ 〔德〕卡尔·拉伦茨:《德国民法通论》(上册),王晓晔等译,法律出版社2003年版,第171页。

规则,进行法益权衡与利益权衡,最终承认一般人格权是类似于财产所有权的其他绝对权利的①,一般人格权理论得到了不断完善和发展。然而,近几十年来,互联网、高科技和大数据技术的发展对隐私、个人信息的保护带来了巨大挑战,而《德国民法典》中有关人格权的概念和权利体系的缺失,使其在应对人格权保护的现实需求方面捉襟见肘,德国联邦最高法院不得不通过援引《德国基本法》的规定、通过判例弥补人格权立法的不足。由此,德国虽然是成文法国家,但在人格权方面,判例则发挥了主导作用,这也会给法官在裁判人格权纠纷方面过大的自由裁量权力。

在法国,19世纪就有学者对人格权的概念进行了研究。例如,1867年,本陶德(Bentauld)在其撰写的《拿破仑法典的原则和实践》一书中就曾提出过人格权的概念。又如,1870年,莫勒特(Morillot)在其撰写的一本关于版权和工业产权的著作中,也曾论及人格权理论。到了20世纪初,或许是受到了德国法的影响,尤其是受人格法益与法律人格分离理论的影响,越来越多的法国学者支持人格权这一概念。② 例如,20世纪初,法国学者皮劳尔(Perreau)等人提出了人格权(包括隐私权)的概念。他认为,人格权的独特之处在于没有主体本身之外的客体,它所针对的是主体人身的某些方面:包括姓名、身体、荣誉和名誉、私生活、肖像等。③ 人格权在性质上属于新型的权利类型,其客体并非外在于权利人,人格权在性质上属于非财产权利,不仅具有绝对性,而且具有人身专属性,不可转让、不可继承。④ 又如,惹尼在1924年的著作中指出,人格权是内在于人的权利,其目的在于保护其人身利益、生命、身体完整、个性、自由、尊严、名誉、私密性等。⑤ 以这些学理探讨为基础,人格权被认为是旨在保障特定的精神利益、保护个人的身体与精神完整,及构成个人的要素的权利,这一点成为共识。⑥ 正是在民法学者的不断推动之下,法国的司法界突破了法国民法典的文本限制,在司法裁判中逐渐确认了人格权受到法律保护的地位,并将其视为一项

---

① 参见韩强:《人格权确认与构造的法律依据》,载《中国法学》2015年第3期。

② Philippe Malaurie, Laurent Aynès, Les personnes, Les incapacités, 2e édition, Defrénois, 2005, p.91.

③ Philippe Malaurie, Droit civil, Les Personnes-Les Incapacités, Edition Cujas, 1992, pp.99–100.

④ R. Nerson, Les droits extrapatrimoniaux, thèse de droit, Lyon, Edition Bosc et Riou, 1939, pp.356–363.

⑤ François Gény, Sciences et technique en droit privé, Sirey 1924. III, n° 225.

⑥ Jeremy Antippas, Les droits de la personnalité, De l'extension au droit administratif d'une théorie fondamentale de droit privé, PUAM, 2012, p.35.

非财产性权利,不得处分,不得转让,也不受时效限制。①

在瑞士,伯斯苔尔(Boistel)在1899年撰写的《法哲学》一书中提出了人格权理论,以基斯凯尔(Giesker)、斯派克(Specker)等人为代表的学者也提出了人格权的概念和理论,并对瑞士法产生了重大影响。② 1907年《瑞士民法典》的第一编第一章第一节对人格权的规定被普遍认为是人格权保护制度确立的典范。虽然有学者认为该法将人格权与人格混杂规定,因而不能被作为人格权保护的确立的标志③,但是《瑞士民法典》对于人格权保护所作出的贡献仍是有目共睹的。尤其是在1970年,在来自洛桑地区的联邦法官 A. Lüchinger 的主持下,成立了专家委员会(又被称为 Lüchinger 委员会),该委员会于1974年12月提交了《修订民法典和债法典关于保护人格的联邦法律草案》。该草案主要涉及媒体侵权时对行为的不法性的定义、管辖法院、临时措施、回应权、数据库企业的义务、精神损害赔偿、返还不当得利、媒体和数据库企业的无过错责任等。草案于1983年12月16日被联邦议会表决通过,自1985年7月1日起生效。通过此次修法,瑞士实现了较为完整的人格权保护制度。④

概括而言,大陆法国家普遍认为,人格权应成为一项主观权利,其以特定的人格利益为客体,它和主体资格不同⑤,在此基础上,人格权与其他私权是可以进行区分的⑥,人格权因此是可定义的。之所以说人格法益和法律人格的区分是人格权概念形成的根本原因,是因为如此能把人格法益从其他法益中独立出来,成为能被主体所享有和支配的独立法益类型,并与其他的权利相区分,因此人格权成为一种主观权利,也就是顺理成章的事情。由于人格权概念得到认可,系统化的人格权理论也得以产生。

---

① Jean-Michel Bruguiere, Droits patrimoniaux de la personnalité: Plaidoyer en faveur de leur intégration dans une catégorie des droits de la notoriété, in RTD civ., 2016, pp. 1-2.

② Vgl. Giesker und Hans, Das Recht des Privaten an der eigenen Geheimsphäre, Ein Beitrag zu der Lehre von den Individualrechten, 1904; Karl Specker, Die Persönlichkeitsrechte mit besonderer Berücksichtigung des Rechts auf die Ehre im schweizerischen Privatrecht, Druck von H. R. Sauerländer, 1910.

③ 参见徐国栋:《人格权制度历史沿革考》,载《法制与社会发展》2008年第1期。

④ 参见石佳友:《人格权立法的历史演进及其趋势》,载《中国政法大学学报》2018年第4期。

⑤ Neethling, JM Potgieter and PJ Visser, Neethling's law of personality, LexisNexis South Africa, 2005, p. 12.

⑥ P. Kayser, Les droits de la personnalité. Aspects théoriques et pratiques, in Revue trimestrielle de droit civil, 1971, pp. 471-473.

自20世纪以来,尤其是自第二次世界大战以来,各国的民法学者大多认同人格权这一概念,在此基础上,随着人格利益范围的扩张,人格权的类型不断丰富,人格权的类型和体系也在不断丰富和深化。

在我国,《民法通则》用8个条款规定了人格权,这在我国人格权保障历史上具有里程碑式的意义。它虽然没有对人格权下定义,但它区分了法律人格与人格法益,与前者对应的概念是民事权利能力,规定在主体制度中,与后者对应的概念是人格权,规定在民事权利中。《民法总则》继续沿袭了这一立法传统,在主体制度部分规定了民事权利能力,解决主体资格问题,而在民事权利部分规定了人格权,将其界定为一项基本的民事权利。《民法典(草案)》(三审稿)同样如此,人格权编单独规定了人格权,没有将其作为主体资格规定在民事主体部分,并于第989条明确规定:"本编调整因人格权的享有和保护产生的民事关系。"从而严格区分了人格与人格权。这就为人格权概念的形成提供了坚实的基础。

基于对人格法益和法律人格区分的认识,可以对人格权作出如下定义:人格权是指民事主体依法支配其人格利益并排除他人侵害的权利。该定义强调了人格权的如下几个特点:

第一,人格权主体支配的对象并非主体资格,而是人格利益。马克思曾经指出的,"人格脱离了人,自然就是一个抽象"①。在法律中,人格既可以指主体意义上的人格,也可以指人格权意义上的人格。在主体意义上,人格是指成为民事主体、享有民事权利及承担民事义务的资格,而在人格权意义上,人格是指人格权益,是主体受法律保护的具体利益。人格的两重法律意义密切相关,但绝不能等同。萨维尼反对人格权的关键理由在于,人不能既是权利的主体,又是权利的客体,这一见解显然混淆了作为人格权主体的人和作为人格权客体的人格利益。必须再次强调,人格权的客体并非人自身,而是人格利益,这体现了人格权客体和主体资格的根本不同。

第二,人格利益与财产利益等其他法益是可以区分开的。有学者认为,人格权之所以具有不确定性,是因为"人们在使用人格权这一概念时又带有很大的随意性,人格权几乎成为诸多人身非财产性权利和利益的代名词"②。笔者认为,这一观点是值得商榷的。事实上,人格利益相对于财产利益的分离和独立,是人格权可被定义的关键。传统上,民法所保护的主要是财产利益,旨在为主体维持其自身生存与发展以及从事各种

---

① 《马克思恩格斯全集》(第1卷),人民出版社2001年版,第277页。
② 邹海林:《再论人格权的民法表达》,载《比较法研究》2016年第4期。

活动提供物质基础。而人是具有意识和精神的存在，除了物质利益之外，人还具有其他维度的利益与需求，主要以精神利益体现的人格利益就是人在社会中得以存在的核心利益之一，人格利益并不是对人的身体的利益，而是人的人身和行为自由、安全以及精神自由等利益，也有学者将生命、身体的利益称为安全的利益、活动的自由。① 相应地，法律对人格利益的保护，旨在维护主体作为人的存在，并且为主体从事财产活动提供前提条件。正如南非学者 Neethling 所指出的，"人格权确立人作为物质和道德精神上的存在，并保障他基于自我存在感的愉悦，现在或多或少地被许多国家保护"②。具体而言，人格利益分为一般人格利益和具体人格利益，前者主要指自然人的人身自由和人格尊严；后者包括生命、健康、姓名、名誉、隐私、肖像等个别人格利益。在具体人格利益中又可以分为物质性人格利益（如生命、健康、身体）和精神性人格利益（如姓名、肖像、名誉、隐私等），尽管各国立法和判例所保护的人格权范围不完全相同，但其共同指向的都是人格利益，人格利益本身具有确定性，而且随着社会的发展和司法保护的加强，人格利益的保护范围也在不断扩展。③

第三，民事主体依法支配其人格利益并排除他人侵害。所谓依法支配，是指权利人在法律规定的范围内对人格权进行支配，这就意味着权利人的支配既不能任意支配，也不能违反法律或伦理道德进行支配。依法支配还包括在人格利益遭受侵害之后能够具有救济的权利，主要是通过精神损害赔偿进行救济。人格利益一般不像财产利益那样具有有形的特征，尤其是名誉、肖像、隐私、贞操、自由等利益，这些利益是行为与精神活动的自由和完整的利益，且以人的精神活动为核心而构成。对自然人这些人格利益的侵害，必然造成主体精神上的痛苦，损害受害人的精神利益④，而侵害个人的身体、生命等，也必然会给权利人造成一定的精神损害。所以，可以通过精神损害赔偿对上述人格利益加以保护。

二、人格权概念形成的价值基础：人格尊严的维护

人格权概念的形成，是因为其有独立的客体，这使其在法律层面能够

---

① 参见陈民：《论人格权》，载《法律评论》1962 年第 8 期。
② WA Joubert Grondslae van die persoonlikbeidsreg, 1951, at 130-1.
③ See Gert Brüggemeier, Aurelia Colombi Ciacchi, Patrick O'Callaghan, Personality Rights in European Tort Law, Cambridge University Press, 2010, p.567.
④ 参见杨立新：《人身权法论》（修订版），人民法院出版社 2002 年版，第 89 页。

被清晰定义。不仅如此,历史经验表明,人格利益与人格尊严直接关联,维护个人的人格尊严,是人格权概念蕴含的伦理要求,也是界定人格权概念的价值基础,缺乏这一基础,人格权的内涵、外延及其体系也难以确定。

从人格权的价值基础出发,我们可以对人格权下一个定义,即人格权是人格尊严的价值体现,并以人格利益受到尊重和保护并排除他人干涉为内容,以实现人格的全面发展为目的。

首先,应当看到,人格权是以人格尊严为价值基础,是人格尊严价值的具体彰显,且是以维护和实现人格尊严为目的的权利。在罗马法中,人格概念虽然已经产生,但它只是指法律主体,且没有蕴含人格尊严的价值,正是因为这一原因,"可以肯定地说,罗马人并没有预见到人格权理论的清晰表达及发展,也没有提到其为当代学者所考虑的潜在的、受法律保护的特点"①。据学者考证,最早正式提出"人格尊严"(或称人的尊严或人性尊严)概念的是意大利文艺复兴时期的学者皮科·米朗多拉(Pico Mirandola)。他曾发表了著名的演讲《论人的尊严》(De dignitate hominis),在这个演讲中,米朗多拉第一次明确提出了"人的尊严"的概念,该演讲也被誉为文艺复兴的"人文主义宣言"。②康德提出的"人是目的"的思想也成为尊重人格尊严的哲学基础。理性哲学的另一个代表人物黑格尔也认为,现代法的精髓在于:"做一个人,并尊敬他人为人。"③这一思想已经比较明确地包含了对人格尊严的尊重,这也是黑格尔法律思想的核心理念。古典哲学家提出的人格尊严理论对人格权的发展也起到了重要的推动作用。19世纪法典化的运动过程中,人格尊严的价值并没有被当时的立法者充分认识,但两次世界大战使人们深刻认识到维护人格尊严在所有实定法尤其是民法中的重要性,人们力图为整个法秩序寻找到一个伦理和价值上的牢固基础。他们找到的这个基础就是"人格尊严"④。基于对实定法应该建基于人格尊严这一客观价值基础的认识,1949年《德国基本法》第1条就开宗明义地规定:"人格尊严不可侵犯,尊重和保障人格尊严是一切国家公权力的义务。"这一条文为战后德国人格权法理论的发展奠定了坚实的基础,也开启了在法律中规定人格尊严、将人格尊严这一伦理价值实证化的立法先

---

① Eric H. Reiter, Personality and Patrimony: Comparative Perspectives on the Right to One's Image, 76 Tul. L. Rev. 673.
② 参见孔亭:《〈论人的尊严〉一书评介》,载《国外社会科学》2011年第2期。
③ 贺麟:《黑格尔哲学讲演集》,上海人民出版社2011年版,第46页。
④ 当然,这种态度是受到了《联合国宪章》和《世界人权宣言》的影响。张翔:《基本权利的体系思维》,载《清华法学》2012年第4期。

河,对世界人格权法的发展产生了深刻影响。在法国,也有不少学者强调人格权保护人的生理与精神特征,保护人的个性与人格尊严的权利。① 此后,国际公约多次确认了人格尊严在人权体系中的核心地位。② 1945年的《联合国宪章》首次提到人格尊严(Human dignity)③,1948年《世界人权宣言》则第一次确认了人格尊严作为一项基本人权的法律地位,极大地推动了人格尊严法律理论的发展。进入21世纪后,尊重与保护人权已经成为整个国际社会的共识,也成为当代法律关注的重心。"从'人格尊严'这一最高宪法原则的意义上来说,并不能够直接得出传统意义上对自由的保护,但是从当代社会的发展和对人格保护的需要来说,(一般人格权)存在其出现的必然性。"④从发展趋势来看,人格尊严现在越来越多地被认可为一种可诉之权利,日益突出并占据优势地位。⑤

人格尊严之所以成为人格权概念的价值基础,是因为人格尊严是指作为一个"人"所应有的最起码的社会地位,以及应受到他人和社会最基本的尊重。⑥ "人的尊严正是人类应实现的目的,人权只不过是为了实现、保护人的尊严而想出来的一个手段而已。"⑦以人格尊严为基本价值理念,根本上是为了使人民生活更加幸福、更有尊严。尊重和维护人格独立与人格尊严,才能使人成其为人,能够自由并富有尊严地生活。所以,人格尊严可以说是人格权法诸种价值中的最高价值,它指导着各项人格权制度。无论是物质性人格权还是精神性人格权,法律提供保护的目的都是为了维护个人的人格尊严。因此,只有充分地理解和把握人格尊严,才能真正理解人格权法的立法目的和价值取向,才能真正理解人格权概念的精髓要义。

人格尊严与人格权的关系还表现在:

第一,各项人格权都彰显了人格尊严的价值。如前述,人格尊严是各

---

① See Calina Jugastru, Recognition and Evolution of Personality Rights in an International and Comparative Perspective, in Romanian Journal of Comparative Law, vol. 2, 2013, p. 196.
② 例如,1966年《公民权利及政治权利国际公约》第10条第1款规定:"自由被剥夺之人,应受合于人道及尊重其天赋人格尊严之处遇。"1993年世界人权大会通过的《维也纳宣言和行动纲领》在序言中强调"承认并肯定一切人权都源于人与生俱来的尊严和价值"。
③ 参见刘兴桂:《略论人权问题》,载《中南政法学院学报》1991年第S1期。
④ BVerfGE 54, 148 (153).
⑤ See C. MCCRUDDEN, Human Dignity and Judicial Interpretation of Human Rights, in 19 Eur. J. Int. L. 655, 667, 2008.
⑥ 参见梁慧星:《民法总论》,法律出版社2001年版,第119页。
⑦ 〔日〕真田芳宪:《人的尊严与人权》,鲍荣振译,载《环球法律评论》1993年第2期。

种人格利益获得法律保护的依据。人格权以人格法益为客体,法律上赋予权利人能够支配、享有这些人格法益,立法目的和追求的价值是实现人格尊严,每一项人格利益之所以成其为人格利益,是因为它需要彰显人格尊严。例如,性骚扰直接地侵害了人的身体,同时也侵害了人的尊严,但作为主体资格的人格不会遭受损害。又如,许多国家开始承认维生治疗拒绝权,此种拒绝权的行使并不意味着赋予患者自杀的权利,而只是在例外情形下承认患者有权拒绝维生治疗以维护患者的生命尊严。

第二,人格尊严是认定新型人格利益的根本标准。人格利益是不断发展、变化的,随着社会的发展,科技的进步,必然会出现一些新的人格利益,这些利益能否得到人格权法的保护,缺乏必要的法律标准。而有了人格尊严这一价值指引,新的人格利益就能得到保护,并上升为人格权,也就是说,只有充分体现人格尊严的权益,才是人格权。可以说,人格尊严是认定某种利益是否为人格利益的法律标准,正是通过它的补充作用,人格权的定义具有了功能弹性,能包容新型的人格利益和人格权。在笔者看来,新型人格利益能否受人格权法保护的认定标准应该是,此利益是否涉及人格尊严。例如,实践中,某商家对消费者搜身,基于性别、健康等原因在就业等方面的歧视,性骚扰,妨碍他人对其私人生活的自主决定等,都在一定程度上侵害了他人的人格尊严,可以纳入人格权的调整范围。

第三,人格尊严决定了人格权所具有的一些基本特征。例如,尊严本身具有专属性,人的尊严不得被放弃、转让和非法限制,这一特点也决定了人格权本身具有人身专属性、不可放弃性等特征。人格尊严要求个人在一定程度上对其人格利益具有自决权①,因此,人格权的内容也客观上具有自决权的特点,人格权的支配不同于物权的支配,它实质上是指对人格利益和私人生活的自主决定,依法自决并排除他人的干涉。当然,这种自决必须是在法律范围之内的自决,而不是不受任何限制的支配。

第四,人格尊严也可以有效规范人格权的行使。多数人格权属于主观权利,个人有权积极行使人格权,但权利人行使人格权不应当危及个人的人格尊严。也就是说,承认每个人享有和行使人格权,并不意味着个人可以利用生命、身体等人格利益从事违法活动,人格权的享有和行使不能以损害他人的人格尊严为代价。从这一意义上说,人格尊严既是人格权价值的凝聚,也是人格权行使的界限。

---

① 参见石佳友:《民法典与社会转型》,中国人民大学出版社2018年版,第166页。

第五,人格尊严作为一般人格权,在制度适用层面上具有兜底性。依据我国《民法总则》第 109 条,一般人格权就是以人格尊严为核心内容,因此它可以成为吸收人格权益的口袋,为新型人格权的保护提供依据。这就意味着,在涉及人格利益纠纷时,首先应当确定其是否涉及对某具体人格权的保护,并判断能否适用具体人格权的保护规则。在无法适用具体人格权条款时,应当认定其与人格尊严的关联程度,并判断其是否应当受到人格权制度的保护,进而适用人格尊严条款对其提供保护。毕竟人格尊严条款具有一定的不确定性,不能任意扩大适用范围,否则也会增加裁判的不确定性。尤其是其本身作为兜底条款而存在,只有在其他规则不能适用的情况下,才有适用的余地。可见,从价值层面给人格权下定义时,也有利于明确人格权的适用规则。

正是因为人格权的价值基础是人格尊严,因此,人格权就是指民事主体依法支配其人格利益,并排斥他人侵害,以维护和实现人格尊严为目的的权利。强调人格权所彰显的人格尊严价值,从根本上说是以实现人的全面发展为目的。诚如康德所言,"人是目的而非手段"。维护人的尊严的最终目的在于使人活得更体面,使生命的价值得到彰显,使人的精神需求得到充分满足,从而更有利于人的全面发展。这也表明人格权概念不能为人身非财产权概念所替代。从价值层面来看,人格权始终彰显的是人格尊严的价值,同时以维护人格尊严为目的,而人身非财产权并不以维护人格尊严为目的,例如,《乌克兰民法典》中的环境安全权、受监护后辅助的权利等,自由选择住所和职业、迁徙自由等权利,与人格尊严并没有必然的、直接的关联,因此,不能都归入人格权的范畴。

三、人格权概念形成的法理支撑:
人格权益的可支配性和排他性

如前所述,人格利益独立于主体资格,且相对于财产利益的分离和独立,是人格权可被定义的关键。然而,仅仅强调人格利益的独立性是不够的,如果人格权能够被定义,还要求此种人格利益能够被权利人享有、支配,也就是说,具有可支配性,这是人格权概念得以形成的法理支撑。道理很明显,即使人格利益具有独立性,但如果它没有可支配性,不能成为主观权利的客体,难以排斥他人的干涉和侵害,在未遭受侵害时,权利人不能积极行使权利,只有在遭受侵害时,权利人才能主张侵权法上的救济。而且,如果人格权益不能被支配,就无法区分人格权与其他权利,从而无法界定其权利边界。人格利益能够为民事主体所享有和依法支配,也导致其效力具有一定的特殊性,从而与其他权利相区分。

所谓支配性,是指无须他人的协助,人格权人仅凭自己的意志就可以直接支配其人格利益,依法保有或行使其权利。关于人格权是否具有支配性,学理上存在一定的争论。一种观点认为,人格权不是支配权,因为对支配权来说,只有通过积极的支配行为才能实现权利人的利益。以所有权为例,所有权人只有通过积极地从事某种支配行为,如对物进行使用、处分才能实现其利益。如果承认人格权是支配权,就意味着权利人可以任意支配、处分自己的生命、健康等利益,将鼓励人们自杀,使安乐死合法化,这显然有违公序良俗。另一种观点认为,人格权也具有支配内容。因为人格权也具有排除他人干涉、自由支配自己人格利益的内容。[1] 还有一种观点认为,人格权的支配权性质,只能适用于物质性人格权,而不能适用于精神性人格权,法律设定人格权的目的在于保障个人的人格利益不受侵害,而不在于使其对自己的人格利益进行支配,因此,支配性不是人格权首要的、基本的权能。[2] 笔者认为,人格权益也具有可支配性,一方面,人格权人能够享有自身的人格利益,并能够在法律规定的范围内利用其人格利益。例如,个人不仅可以自己利用其姓名、肖像、名称等,也可以许可他人利用。支配是利用或许可他人使用的前提与基础,正是因为权利人享有支配权,所以才能够自己积极利用并许可他人使用;如果否定人格权的支配性特点,则人格权商业化利用制度将无法有效构建。例如,权利人有权许可他人对其肖像权和姓名权进行商业化利用,这实际上是人格权支配性特点的体现。另一方面,此种支配的表现主要体现为,权利人所享有的人格利益不受他人的侵害和干涉,在这方面,其与其他绝对权的客体一样,具有排他性,其他任何人都负有不得非法侵害权利人人格权的义务。反过来说,只要义务人妨碍和侵害权利人对人格利益的支配,人格权可依法排除其侵害或妨害,这种绝对性刚好衬托出人格权的行使不必借助于他人积极行为的支配性特点。正是在此意义上,可以认为,人格权

---

[1] 参见胡田野:《财产权、自由与人格权——对民法典制定的启示》,载《湖南社会科学》2004年第5期。
[2] 参见尹田:《自然人具体人格权的法律探讨》,载《河南省政法管理干部学院学报》2004年第3期。

益具有可支配性。①

第一,肯定人格权的可支配性,并不意味着要将人格权的可支配性等同于物权的支配性②,即便肯定人格权具有支配性,也不意味着权利人可以自由处分其人格权益。人格权益的支配性不同于物权的支配性,主要表现在:一方面,人格权益与人自身具有密切关联,与人身关联密切,关涉个人的人格尊严,因此,与物的支配不同,物权人可以支配、处分其物,但人格权人对人格权益的支配力则较弱,不得随意处分。如果将支配性理解为主体对客体自由地处分,则不能将人格权视为支配权,因为人格权大多是不能自由处分的。例如,生命权不可抛弃,自由不可转让。但支配性反映的是权利主体与权利客体的关系,即权利人在其权利范围内可以按照自己的意志依法对其权利客体进行管理和控制,无须得到他人的同意或他人积极行为的辅助。从这个意义上说,人格权应当归入支配权的范畴。③《民法典(草案)》(三审稿)第 992 条规定:"人格权不得放弃、转让、继承。"该条实际上是对人格权专属性和固有性的确认。这样一来,人格权的支配性受制于专属性和固有性,权利主体不能通过抛弃、转让等形式来自由处分人格权,这是人格权支配性与物权等其他权利支配性的重要区别。另一方面,人格权是民事主体在社会生活中不可缺失的权利,比如生命权、健康权与主体资格具有密切的联系性,允许权利人放弃人格权将使得主体资格无法存续,且与社会公序良俗相违背。而且,虽然伴随着社会的发展,人格权商业化利用已为现行民法理论与各国立法所接受,但是商业化利用本身并不导致人格权与主体相分离,所以从尊重人的主体地位的角度考虑,原则上仍然不能承认人格权具有可转让性。

第二,人格利益的支配很大程度上体现的是对人格利益享有、利用以及自己私人生活的自主决定。例如,个人信息权究竟是一项人格权还是财产权,我国理论界一直存在争议。笔者认为,如果从维护人格尊严的角度看,个人信息权直接关涉人格尊严,它常常被称为"个人信息自决权"(informational self-determination right),体现了个人自决等人格利益。④ 基于此,个人

---

① 参见马特、袁雪石:《人格权法教程》,中国人民大学出版社 2007 年版,第 11 页。
② 参见尹飞:《人身损害赔偿概述》,载王利明主编:《人身损害赔偿疑难问题:最高法院人身损害赔偿司法解释之评论与展望》,中国社会科学出版社 2004 年版,第 4 页。
③ 参见尹飞:《人身损害赔偿概述》,载王利明主编:《人身损害赔偿疑难问题:最高法院人身损害赔偿司法解释之评论与展望》,中国社会科学出版社 2004 年版,第 4 页。
④ See Margaret C. Jasper, Privacy and the Internet: Your Expectations and Rights under the Law, Oxford University Press, 2009, p.52.

信息权是每个人都应当享有的,不受他人非法剥夺的权利,对于每个人来说,无论是穷人还是富人、名人还是普通百姓,都享有对自己信息的权利,任何人不得非法收集、处理该信息,其所彰显的正是个人的尊严。通过保护个人信息不受信息数据处理等技术的侵害,就可以达到保护个人人格尊严和人格自由的效果。① 正是因为个人信息彰显了人格尊严,所以有必要将其作为一项人格权来对待。个人信息权利人对其权利享有支配权,任何人搜集、利用他人的个人信息必须得到权利人的同意。

第三,人格权的支配强调不得违背公序良俗。与物权的支配不同,由于人格权直接关涉人格尊严、善良风俗,在人格权的行使方面并不像物权那样注重实现物尽其用,而更加注重不违背善良风俗,这实际上为人格权益的行使划定了行为界限。法律确认各项人格权,就赋予了权利人对其人格利益享有支配并排斥他人干涉的权利。近代社会,自权利概念产生以来,就存在意志理论和利益理论两种解释路径,这两种理论其实都不否认权利人可以通过行使其权利而实现其意志和利益②,人格权也不例外。一方面,作为一种主观权利,法律确认人格权时需要明确界定人格权的权利客体,从而使得权利人对其人格利益的处分成为可能。③另一方面,法律确认了每项人格权益后,也应允许权利人控制、支配其人格利益,并能依法积极行使其权利。从这一意义上说,人格权的积极行使也是人格权法定化的必然结果。正如有学者所言,人格权本身具有固有性,本无须法律的明文确认,但如果法律不对人格权加以规定,可能混淆"应然"和"实然",造成法律体系的混乱,而且法律明确规定各项人格权,也可以降低相关的信息成本,有利于保障个人的行为自由。④ 如果人格权不能够依法行使和利用的话,则法律设定该权利的目的也就不复存在了。⑤ 正是通过法律的确认,使得人格权的行使和利用方式日益多样化,通过行使人格权使权利人的意志和利益得以实现,使权利人的人格尊严得到有效维护。

---

① See Michael Henry (ed.), International Privacy, Publicity and Personality Laws, Reed Elsevier (UK), 2001, p.164.
② 参见税兵:《超越民法的民法解释学》,北京大学出版社2018年版,第96页。
③ See Neethling, JM Potgieter and PJ Visser, Neethling's law of personality, LexisNexis South Africa, 2005, p.12.
④ 参见张平华:《人格权的利益结构与人格权法定》,载《中国法学》2013年第2期。
⑤ See Neethling, JM Potgieter and PJ Visser, Neethling's law of personality, LexisNexis South Africa, 2005, p.24.

第四，不同类型的人格权，其支配性也存在差别。各项人格权益的内容不同，其支配性程度也不同，这主要表现在，物质性人格权益的支配性与精神性人格权益的支配性并不相同。一般认为，权利人对物质性人格权益的支配性相对较弱，例如，个人不能对生命、身体、健康进行商业化利用，无法进行积极利用；如前所述，萨维尼之所以提出"萨维尼之问"，一定程度上也是要避免对生命、身体等物质性人格权的利用，以防止危及个人的主体资格。对精神性人格权特别是标表性人格权（如姓名、名称、肖像等权利）的支配和利用的权利相对较强。

我们所说的支配性实际上是指权利人有权支配其人格利益并排斥他人的干涉和侵害。一方面，是排除他人的干涉。权利人行使人格权可以无须借助他人的协助，在行使中也可以排除他人的非法干涉。例如，权利人可以依法变更自己的姓名，有权禁止他人非法干涉，权利人正当利用自己的肖像，不以他人协助或同意为要件。另一方面，人格权作为一种绝对权，包含着排除他人非法侵害的权能。这种权能要求权利人以外的一切主体，应当尊重人格权人的权利，不得实施侵害他人人格权的行为。在发生人格权的侵害或者有侵害之虞时，权利人可以通过人格权请求权或侵权请求权的方式要求停止侵害、排除妨碍或损害赔偿等。

正是因为人格权益本身具有可支配性，能够成为主观权利的客体，法律对其进行确认和保护，使人格权益能够成为权利人支配的对象，从而使法定的人格权得以产生。从立法体例来看，在人格权益与主体资格分离的基础上，有用侵权法来保护人格权益的，如《法国民法典》第1382条是保护各类权益的一般条款，《德国民法典》第823条第1款保护生命、身体、健康和自由等几种人格权益，《奥地利民法典》第1328—1330条是对隐私、私人领域、人身自由、名誉的保护，这是从反面体现了人格权的支配权。与此不同，还有从正面确认人格权的，它们承认人格权具有支配效力和积极利用的权能，这进一步丰富和完善了人格权的内涵，并使人格权制度与主体制度进一步分离，如《德国民法典》第12条正面规定了姓名权，1975年《魁北克人权宪章》规定了部分人格权，1994年《魁北克民法典》也以多个条款规定了民法人格权制度，该法典第三章规定了对名誉及私生活的尊重，第四章规定了对死者人格利益的保护，2011年生效的《罗马尼亚民法典》第58—81条详细规定了生命权、健康权、身体和精神完整权、尊严、肖像、隐私以及其他的人格权。从未来的发展来看，随着人格权益的不断发展，法律确认保护的人格权益的范围也必将不断扩大。

正是因为人格利益可以被权利人所支配，因此，人格权就是权利人依法支配其人格利益并排除他人侵害的权利。

四、人格权的定义与民法典人格权编的完善

《民法典（草案）》（三审稿）第990条规定："人格权是民事主体享有的生命权、身体权、健康权、姓名权、名称权、肖像权、名誉权、荣誉权、隐私权等权利。除前款规定的人格权外，自然人享有基于人身自由、人格尊严产生的其他人格权益。"第991条规定："民事主体的人格权受法律保护，任何组织或者个人不得侵害。"虽然第990条主要是对人格权编调整范围的界定，但实际上也涉及了人格权的定义问题。笔者认为，就人格权的概念而言，该条至少明确了如下几点：

第一，区分了人格法益与主体资格。如前所述，人格是指主体资格，一般与民事权利能力相对应，而人格权则是民事主体针对人格权益所享有的民事权利。所谓"自然人享有基于人身自由、人格尊严产生的其他人格权益"，其实就是要突出人格权的民事权利属性。这一做法符合我国自《民法通则》以来的民事立法传统，与《民法通则》《民法总则》的立法精神也是一脉相承的。

第二，彰显了维护人格尊严的基本价值。有学者指出，"人格具有尊严，这就有力地肯定了人格权存在的基本价值。这在人格权的发展史上应是一个有重大意义的里程碑，它有利于用平等的原则保护主体的人格权，以尊重一切人的人格和尊严"①。名誉、肖像、隐私、个人信息等人格利益都直接体现了人格尊严的价值，污辱和诽谤他人、毁损他人肖像、宣扬他人隐私、泄露他人的个人信息等行为，均不同程度地损害了他人的人格尊严。故而，全面保护人格权就是全面保护人格尊严。《民法总则》第109条规定："自然人的人身自由、人格尊严受法律保护。"这可以说是对现实中侵害他人人格尊严行为的回应，并宣示了人格权制度的立法目的与根本价值，为人格权独立成编奠定了价值基础。《民法典（草案）》（三审稿）第774条接续该条规定，再次重申人格尊严在人格权法中的根本价值地位。

第三，保持了人格权概念和体系的开放性。有一种观点认为，人格权具有开放性，因此是不可定义的。笔者认为，虽然人格权的种类和内容随

---

① 马骏驹、刘卉：《论法律人格内涵的变迁和人格权的发展——从民法中的人出发》，载《法学评论》2002年第1期。

着时代的发展而不断丰富,但是无论如何,这并不足以构成否定人格权可定义性的理由。财产权也具有开放性。基于当事人意思自治而赋予法律效果的合同债权的内容,因为不断丰富着的交易形态而无穷无尽,从而产生出各种新的债权形式,这些债权产生后,也不影响债权的可定义性。即便是被认为因物权法定而具有封闭性的物权,也因为实践的需要而出现物权法定的缓和,在因习惯法而确认或产生新类型物权后,丝毫不影响物权概念的确定,即"直接支配一定之物,并享受利益之排他的权利"[1]。人格权的开放性确实给人格权的定义增加了难度[2],但正如前文所言,这并不能构成人格权具有不可定义性的论据。《民法典(草案)》(三审稿)第990条第2款规定:"除本编规定的人格权外,自然人享有基于人身自由、人格尊严产生的其他人格权益。"这实际上是一般人格权的规定,也可以说是人格权保护的兜底条款,能为随着社会发展而出现的需要法律保护的新型人格利益上升为独立的权利形态提供充分的空间,并经法官的公平裁量使之类型化,上升为法律保护的权利,形成一种开放的人格权概念和体系,不断扩大人格权益保障的范围。这一规定具有鲜明的时代特点,是中国现代民事立法的人文精神和人文关怀的具体体现。

虽然《民法典(草案)》(三审稿)第990、991条揭示了人格权的基本内涵和价值,但毕竟未明确规定人格权的概念,这不仅与《民法总则》《物权法》等法律以及民法典其他分编草案对债权、物权等权利的概念均进行定义的做法不匹配,也不利于明确人格权的保护范围和保护方式,于人格权的保护是不利的。因为人格权作为一项主观权利,其保护不仅体现为正面的确权与遭受侵害时的保护,还应当体现为权利人有权积极利用与行使其人格权益,该条只是规定了人格权益的不受侵害性,而没有充分揭示人格权的主观权利的特征。尤其应当看到,不同类型的人格权益,其支配与利用的程度是不同的。一般认为,物质性人格权通常不能成为经济利用的对象,否则可能危及个人的主体地位和人格尊严,而精神性人格权则通常可以成为经济利用的对象,因此,该条关于人格权支配性规则的缺失可能会使得各项人格权的行使与利用缺乏基本的依循。

笔者认为,既然人格权是可定义的,民法典人格权编也有必要对人格权进行定义。前文指出,人格权是指民事主体依法支配其人格利益并排

---

[1] 史尚宽:《物权法论》,中国政法大学出版社2000年版,第7页。
[2] 参见王泽鉴:《人格权法:法释义学、比较法、案例研究》,北京大学出版社2013年版,第43页。

除他人侵害的、以维护和实现人格尊严和人身自由为目的的权利。对照看来,虽然现有规范已经涉及该定义的部分内容,但没有明确人格权是"民事主体依法享有、支配其人格利益并排除他人侵害的、以维护和实现人格尊严为目的的权利"的内涵,民法典人格权编有必要在开篇规定人格权的概念,并在此基础上构建人格权的体系。

首先,人格权的概念必须要明确人格权是民事主体对其人格利益享有权利。虽然《民法典(草案)》(三审稿)区分了主体资格和人格权利,明确了人格权的客体是人格权益。但问题在于,人格权必须应当能够为权利人所享有,才能成为一种主观权利,如果某项客体的利益不能为主体所享有,二者之间就无法成立法律上的关系,当然不能成为权利。自然人享有的各种人格利益主要是精神利益,而不是物质利益,所以人格权以人格利益为客体,并不是以物质利益为客体。

其次,人格权的概念应当明确人格权是民事主体对其人格利益依法享有和支配的权利。一方面,人格利益是可以由民事主体所享有的利益。作为一项主观权利,人格权的客体是由民事主体所享有的人格利益,此种人格利益与人格是相区别的。人格权也不同于财产利益。另一方面,人格利益也可以由民事主体所支配。当然,对人格利益的支配不同于对物的支配,因为对于人格权而言,人格利益关系到人格尊严等伦理价值,权利人不能任意处分其人格利益,而只能在法律允许的范围内进行有限的支配。例如,个人依法享有对其生命利益和身体利益的有限支配,例如,许多国家法律承认患者可行使维生治疗拒绝权,个人有权捐献自己的器官,有权自主决定参加医学试验,但个人并不享有自杀、自残的权利。而物权通常不直接涉及人格尊严等伦理价值,物权人通常可以自由支配和处分其标的物。虽然权利人对人格权益的支配是有限的,但明确人格权也具有支配性,表明其具有绝对权的属性,可以受到侵权责任法的保护。

再次,民法典人格权编必须要明确人格权人能够排除第三人的干涉。《民法典(草案)》(三审稿)第990条规定:"民事主体的人格权受法律保护,任何组织或者个人不得侵害。"该条实际上突出了人格权的不可侵害性,但没有凸显出人格权的绝对性效力,其中并未将人格权排除他人干涉的效力确认下来。排除他人干涉是人格权作为绝对权的效力体现,也是保障人格权行使的重要方式。因此,应当在人格权的定义中,将排除他人干涉这一效力加以明确。

最后,需要指出的是,人格权以维护和实现人格尊严为目的,这指出了人格权的价值属性,这也是所有人格利益的共同特征,有必要在人格权概念中予以明确。

结　语

"名者,实之宾也。"人格权和物权一样都是一种绝对权,具有强烈的排他性。因此,有必要在法律上对人格权的定义进行规定。《物权法》第2条第3款就明确规定了物权的概念。[①] 这对于明确物权的内容、效力并划定物权保护的边界都具有重要的意义。人格权编也有必要采取同样的方式对人格权进行定义,以明确人格权的保护范围等基本问题。尤其是仔细考察人格权概念的发展历史,可以看出,法律人格与人格法益的分离、人格尊严的维护以及人格利益的可支配性和排他性,都是人格权概念得以确定的原因。正是在这些因素的综合作用下,人格权的概念有了确定的内涵和外延,人格权概念具有了可定义性。

当然,在规定人格权的定义时,应持开放和包容的态度,充分汲取既有立法、司法和学理的良好经验,应有前瞻和宏观的视野,充分把握时代进步的脉搏,使人格权概念既能与相关的法律规则和制度体系相契合,还能充分包含新型人格利益和新型人格权。基于这样的指导思想,笔者将人格权界定为,民事主体依法支配其人格利益并排除他人侵害的、以维护和实现人格尊严为目的的权利。通过在民法典中明确人格权的概念,有利于构建人格权的内容和体系,并为人格权提供完整的保护。

---

① 该条规定:"本法所称物权,是指权利人依法对特定的物享有直接支配和排他的权利,包括所有权、用益物权和担保物权。"

加强人格权立法　保障人民美好生活[*]

为人民谋幸福,为民族谋复兴,是我们党执政的初心,也是我们进入新时代的奋斗目标。党的十九大报告明确提出"保护人民人身权、财产权、人格权"。"人格权"一词首次写入党的全国代表大会报告,具有重大深远的意义,这充分体现了我们党对人民权利的尊重和保护,贯彻了以人民为中心的发展思想,既是对实现人的全面发展的不懈追求,也是实现人民群众美好幸福生活的重要举措。因此,当前的民法典编纂工作应当以党的十九大报告为指南,全面正确地理解十九大报告强调人格权保护的精神,深刻领会十九大报告首次在党的文件中提出人格权保护的重要意义。唯有如此,才能把握好我国民法典编纂的正确方向。

一、保护人格权是实现人民群众对美好生活向往的保障

按照马克思主义理论,人的地位是最高的。马克思主义倡导人的解放,实现人的全面发展,归根结底都是为了人。当前,中国特色社会主义已经进入了新时代,党的十九大报告在深刻分析我国经济社会现实的基础上明确指出:"我国社会主要矛盾已经转化为人民日益增长的美好生活需要和不平衡不充分的发展之间的矛盾。"经过改革开放四十年来的发展,我国持续稳定地解决了十几亿人的温饱问题,我国已经成为世界第二大经济强国,人民物质生活条件得到了极大的改善,总体上实现了小康,不久将全面建成小康社会。在这样的背景下,人民美好生活的需要日益广泛,广大人民群众不仅对物质文化生活提出了更高的要求,对精神生活的要求也必然日益增长,尤其是在民主、法治、公平、正义、安全、环境等方面的要求更加强烈。[①] 在基本温饱得到解决之后,人民群众就会有更高水平的精神生活追求,就希望过上更有尊严、更体面的生活。马斯洛曾经提出著名的"需求层次理论",即当人们的基本物质需要还尚未满足时,对隐私等精神性人格权的诉求

---

[*] 原载《四川大学学报(哲学社会科学版)》2018年第3期。
[①] 参见张文显:《法治与国家治理现代化》,载《中国检察官》2014年第23期。

会相对较少,而当人的生存需要基本满足之后,对文化和精神的需要将越来越强烈。① 马斯洛把这种心理需要归纳为自尊需要。② 正因如此,党的十九大报告在民生部分提出了要保障公民的合法权益,并且特别强调了对人格权的保护。这实际上就是将人格权的保护作为保障人民美好幸福生活的重要内容,突出了人格权保护的重要价值。

人格权制度的基本价值就是维护个人的人格尊严。人格尊严是指每个人作为"人"所应有的社会地位,以及应受到的他人和社会的最基本的尊重。"人的尊严正是人类应实现的目的,人权只不过是为了实现、保护人的尊严而想出来的一个手段而已。"③人格尊严是各项具体人格权的价值基础,具体人格权的规则设计应当以维护个人的人格尊严为根本目的。例如,物质性人格权是为了维护自然人生理上的存在,精神性人格权则彰显自然人的精神生活需要。美国学者惠特曼(Whitman)认为,整个欧洲的隐私概念都是奠基于人格尊严之上的,隐私既是人格尊严的具体展开,也以维护人格尊严为目的。④ 随着社会的发展,对个人私人生活安宁、私密空间、个人信息的自主决定等的保护日益强化,其背后实际上都彰显了人格尊严的理念。人格尊严还是一般人格权的内容。我国《民法总则》第109条规定:"自然人的人身自由、人格尊严受法律保护。"这就需要借助人格尊严保护规则弥补既有具体人格权规则的不足。实践中,许多损害公民人格尊严的行为,如就业歧视、性别歧视、性骚扰等,都难以通过现有的具体人格权予以保护,当出现这些新类型的案件时,首先要用是否侵害人格尊严作为评价标准,如果构成对个人人格尊严的侵害,则需要通过《民法总则》中一般人格权的条款,实现对各项人格权益的兜底保护。

"民之所望,施政所向。"为人民谋幸福,就是要让人民群众生活得更体面更有尊严,这就必须要强化人格权的保护。结合十九大报告的相关内容,可以看出,保护人格权正是实现人民群众对美好生活向往的保障。十九大报告提出,"不断满足人民日益增长的美好生活需要,不断促进社会公平正义,形成有效的社会治理、良好的社会秩序,使人民获得感、幸福

---

① 参见〔美〕马斯洛:《马斯洛人本哲学》,成明编译,九州出版社2003年版,第52—61页。
② 参见〔美〕马斯洛:《马斯洛人本哲学》,成明编译,九州出版社2003年版,第51—52页。
③ 〔日〕真田芳宪:《人的尊严与人权》,鲍荣振译,载《环球法律评论》1993年第2期。
④ See James Q. Whitman, The Two Western Cultures of Privacy: Dignity Versus Liberty, Yale Law Journal, (April 2004).

感、安全感更加充实、更有保障、更可持续"。而唯有保护公民的三项重要权利,才能使人民真正地有获得感、幸福感、安全感。故此,十九大报告专门提出保护人格权,这不仅仅只是提出一个抽象的概念,其目的在于通过更好地保障私权来实现为人民谋幸福这一真切的内容。虽然人格权可以包括在人身权之中,但十九大报告将其单列出来,其意义就在于凸显人格权的重要性,指出未来制度发展的方向,并要通过立法、司法和执法强化对人格权的保护。① 十九大报告通过后,新华时评曾指出:"人格权关乎每个人的尊严,是公民享有的基本民事权利。党的十九大报告将其与人身权、财产权并列,表明我国将对人格权的保护提升到了新高度,是对新时代人民群众对人格尊严等精神层面需求的积极回应。"② 正是因为保护人格权是实现人民美好幸福生活的保障,所以保护人格权并不仅仅是民法典编纂者的任务,也是立法机关、执法机关、司法机关应尽的政治责任。

人格权法就是最直接和最全面保护人的尊严的法律,人格权制度也是民法中最新和最富有时代气息的领域。著名的史学家许倬云曾言:中国社会发展到今天,最需要的是完善的法律制度,其中就是要加强对人的尊严的保护,不能为了吃饱饭而不要尊严,而在能够吃饱饭之后,更应当注重对尊严的保护。③ 中国梦也是个人尊严梦,是对人民有尊严生活的期许。因此,只有通过人格权的独立成编来进一步全面规定和保护人格权,才能够落实十九大精神,保障人民群众对美好生活的向往。

二、保护人格权是坚持以人民为中心的执政理念的重要体现

人民中心论强调人民群众是历史的创造者,这实际上是马克思主义唯物史观的重要体现。人民中心论也是对人民主权学说的发展,人民主

---

① 其实党的一些文件也采用过类似的做法,例如中共中央、国务院印发 2014 年中央一号文件《关于全面深化农村改革加快推进农业现代化的若干意见》,首次提出赋予农民对承包地承包经营权抵押、担保权能。十八届三中全会通过的《中共中央关于全面深化改革若干重大问题的决定》提出:"保障农户宅基地用益物权,改革完善农村宅基地制度,选择若干试点,慎重稳妥推进农民住房财产权抵押、担保、转让,探索农民增加财产性收入渠道。"严格地说,抵押也属于担保的一种,这两个文件将抵押单独提出,恰恰是为了特别强调农民住房财产权抵押改革的必要性,指明了未来制度发展的方向。

② 刘怀丕:《保护人格权彰显人民至上执政理念》,载《新华每日电讯》2017 年 11 月 13 日第 3 版。

③ 参见许倬云:《现代文明的成坏》,浙江人民出版社 2016 年版,第 4 页。

权原则最初是由卢梭提出的,后来被美国制宪主义者发展为民有、民治、民享的理论。① 卢梭认为,人民不仅是而且应该永远是事实上的主权者。为了维护人民的主权地位,卢梭要求:主权不可转让,不可分割,不可被代表。卢梭的人民主权学说曾经成为法国大革命的重要理论依据,为法国大革命奠定了理论基础。② 应当看到,人民中心论其实也包含了人民主权的思想,强调了人民是国家的主人,一切权力归属于人民。但其与人民主权也存在差异,也就是说,人民主权学说强调一切权力归属于人民,每个人的幸福靠自己的努力,国家只是提供安全保障。而人民中心论则不仅仅强调国家主权在民,而且强调国家治理以每个人的福祉最大化为根本目的,把人民的幸福作为执政追求的目的。

强化人格权保护是落实以人民为中心思想的重要举措,其重要目的就在于使人民群众有幸福感和获得感,从历史的角度来看,我国一直缺乏尊重和保护个人人格尊严的传统。儒家学说虽然提出了民本主义,但并未提出民权思想,忽视了对个体权利的保护。③ 中国封建社会一直存在刑讯逼供、游街示众等传统④,这种思想至今仍然产生着影响,尚未彻底根除。1986年的《民法通则》首次专章规定各项民事权利,并用九个条款规定了人身权(主要是人格权),这是我国私权保障道路上具有里程碑意义的大事,有力地推动了中国法治的进步。但因为《民法通则》立法年代较早,上述内容已不足以应对新时代保护人格权的需要,因此有必要认真总结《民法通则》与司法实践对人格权保护的成功经验,进一步强化对人格权的保护。改革开放初期,人民群众面临温饱的难题,围绕人民群众的这一需求,我们聚精会神发展社会主义市场经济,全面建设小康社会,经过改革开放四十年的发展,人民群众的物质生活水平得到了极大提高。进入新时代后,人民群众美好生活的内容日益广泛,人民群众对有尊严、体面生活的需求日益增长,党的十九大报告提出强化人格权保护,正是回应人民群众这一

---

① 参见陈永鸿:《人民主权理论的演进及其启示》,载《武汉大学学报(哲学社会科学版)》2007年第2期。

② 参见陈端洪:《人民主权的观念结构 重读卢梭〈社会契约论〉》,载《中外法学》2007年第3期。

③ 参见夏勇:《民本与民权——中国权利话语的历史基础》,载《中国社会科学》2004年第5期。

④ 参见李远之:《历代刑罚之沿革及其研究》,载《真知学报》1942年第1期。

时代需求的体现①,也是落实以人民为中心这一思想的重要举措。

因此,在民法典编纂中,只有加强对人格权的保护,明确规定个人具体享有哪些人格权,确定这些权利的具体内容和边界②,并在权利遭受侵害的情形下给予相应的保护,才能充分地实现好、维护好、发展好最广大人民群众的根本利益,这是新时代执政为民的具体体现。

三、保护人格权是切实保障老百姓民生的体现

诚然,党的十九大报告提出的对三项权利的保护并不在立法部分提出的要求之中,而是在民生部分作出的宣告。但这恰好反映了十九大报告将三项权利的保护置于人们的美好生活的重要内容之中。什么是民生?最大的民生就是老百姓的权利,如果连老百姓的权利都得不到保护,就根本不能实现人民群众对美好幸福生活的需求。进入新时代以后,社会主要矛盾发生了变化,这也决定了民生内容的变化。也就是说,民生的内容不再仅仅是"老有所养、老有所依"等物质层面的要求,还应当在精神层面有更多的体现。十九大报告将人民的三项权利保护写入民生部分,表明最大的民生就是人民的这三项权利,这再次说明保护三项权利是保障人民群众美好生活的重要内容,这三项权利得到保障才能真正实现美好生活,切实保障民生。十九大报告庄严宣布:"中国共产党是为中国人民谋幸福的政党,也是为人类进步事业而奋斗的政党。中国共产党始终把为人类作出新的更大的贡献作为自己的使命。"维护这三项权利既是保障公民基本权利的需要,表现了党对人民权利的尊重,也表明它是人们美好幸福生活的重要内容。

应当看到,依法打击和惩治黄赌毒黑拐骗等违法犯罪活动对人格权的保护确实非常重要,也正是因为实践中网络诈骗等违法犯罪行为对公民三大权利侵犯较为严重,故此,十九大报告指出,"加快社会治安防控体系建设,依法打击和惩治黄赌毒黑拐骗等违法犯罪活动,保护人民人身权、财产权、人格权"。那么,能否从字面上理解保护人民三项权利只是为了加快建设社会治安防控体系、依法打击和惩治黄赌毒黑拐骗等违

---

① 参见常修泽:《理论价值 时代价值 人类文明价值 "不断促进人的全面发展"的三重价值》,载《人民论坛》2017年第Z2期。

② 参见王叶刚:《人格权确权与人格权法独立成编——以个人信息权为例》,载《东方法学》2017年第6期。

法犯罪活动呢？或者认为，人格权主要是公法保护的问题？显然不能做此种狭隘的理解。因为这种看法未能从人民中心论的角度全面把握十九大报告保护人民三项权利的精神实质。从十九大报告的精神实质来看，保护公民的三大权利绝不仅仅是为了社会防控体系的建设，否则就颠倒了包容关系，也不符合该表述的字面含义。从该句的文义本身来看，"加快社会治安防控体系建设"与"依法打击和惩治黄赌毒黑拐骗等违法犯罪活动"都是为了"保护人民人身权、财产权、人格权"，前面两者只是保护三项权利的举措，应当服务于三项权利的保护，而保护三项权利所涵盖的范围显然更广。换言之，十九大报告强调对三项权利的保护包括对人格权的保护，目的绝不只是为了"依法打击和惩治黄赌毒黑拐骗等违法犯罪活动"。

众所周知，当前保护财产权利特别需要落实中共中央、国务院《关于完善产权保护制度依法保护产权的意见》，通过加强各种所有制经济产权保护，完善平等保护产权的法律制度，妥善处理历史形成的产权案件，严格规范涉案财产处置的法律程序，审慎把握处理产权和经济纠纷的司法政策，完善政府守信践诺机制，完善财产征收征用制度，加大知识产权保护力度，健全增加城乡居民财产性收入的各项制度，营造全社会重视和支持产权保护的良好环境等方面来保障人民的合法财产权益。同样，保护人格权也非单纯地通过"依法打击和惩治黄赌毒黑拐骗等违法犯罪活动"就可以实现，而是需要多个法律部门的综合配套以及立法、执法与司法等给予全方位的保护。在实践中，一些公权力机关工作人员侵犯人民群众人格权的事件时有发生，如最近发生的"郑州城管撤梯案"就表明，保护人格权必须严格规范公权的行使。① 然而，保护人格权首先必须要在民法中确认其为基本的民事权利，全面实现人格尊严的价值，从而为公法的保护提供权利基础。尤其应当看到，现实生活中还存在大量的民事主体侵害他人人格权的行为。例如，互联网信息社会中出现的各种网络谣言、人肉搜索、网络暴力、信息泄露等各种新形态的侵权行为，更是凸显了在私法

---

① 据报载，今年1月23日，工人欧湘斌在河南郑州航空港区新港大道一处二层建筑顶部安装广告牌，城管执法人员认为，鑫港校车服务有限公司并没有取得广告牌的安装许可证，因此，要求将已经安装好的几个字拆除，并随后将工人安装广告牌的梯子和三轮车撤走。欧湘斌只得用绳索下楼，中途失手坠落死亡。相关城管执法人员被以涉嫌玩忽职守罪移送纪检监察机关。参见《郑州城管撤梯致工人坠亡 安装方文印店与死者家属和解赔偿》，载《法制晚报》2018年1月30日。

领域加强对人格权保护的重要意义。① 从最高人民法院公布的侵害人格权案件的裁判文书可知,绝大多数案件都是民事主体侵害他人人格权,而犯罪活动侵害人格权的案件只是其中一小部分。因此,按照十九大的精神,应该在民法典中全面确认和保护人格权,并形成私法和公法保护人格权的有机结合。

保护人格权是各个法律部门所需要承担的重要任务,绝非仅公法保护能够完成。应当看到,人格权也是我国宪法所确认的基本价值。我国《宪法》第38条也明确规定:"中华人民共和国公民的人格尊严不受侵犯。禁止用任何方法对公民进行侮辱、诽谤和诬告陷害。"但《宪法》保护人格尊严的价值必须要实际转化为民法的人格权制度,才能对人格权进行全面的保障。因为宪法作为国家根本大法,其对人格尊严保障的宣示只是一种价值宣示和原则保护,无法形成裁判规范。尤其是在我国司法实践中,法官裁判民事案件不能直接援引宪法规定作为裁判依据。因此,宪法中关于人格权保护的相关规则不能完全替代民法的人格权制度,相反,这些规定必须要通过民法的确认和保护才能具体落实。这也说明,仅仅通过公法是不能完全实现对人格权的保护的,需要公法与私法的协力,多管齐下、综合配套。在宪法的指引下,各个法律部门在保护人格权方面具有其独特的方法与功能,不能狭隘地认为,通过某一部门法即可独立地实现保护公民人格权这一重要历史使命。例如,刑法重在通过打击犯罪来保障公民人格权,行政法重在通过规范、制约公权力来保障公民的人格权,而民法则通过规范平等主体行为的方式,保护个人的人格权。从民法角度而言,在民法典中规定独立成编的人格权法,系统整合现有的法律规范,总结司法实践的有益经验②,针对实践中侵犯人格权的行为设置必要的规范,并为个人正当行使人格权提供必要的指引,这样才能全面落实十九大报告保护人格权的精神。

四、保护人格权是新时代国家治理能力现代化的具体体现

科技的发展给人类带来了巨大福祉,然而也有副作用,这就是对每个

---

① 参见张新宝:《从隐私到个人信息:利益再衡量的理论与制度安排》,载《中国法学》2015年第3期。
② 参见黄忠:《人格权法独立成编的体系效应之辨识》,载《现代法学》2013年第1期。

人的隐私和个人信息带来了威胁,科技的爆炸已经使得人类无处藏身。[①] 我们已经进入一个大数据时代,但在开发和利用大数据和人工智能时,如何尊重和保护个人隐私和信息,也是各国法律普遍面临的严峻挑战。[②] 实践中,现代科技(如网络、微博、微信朋友圈等)所带来的侵犯公民的名誉权、肖像权、隐私权、个人信息等侵权行为层出不穷,社会层面的性骚扰尤其是利用从属关系进行的性骚扰事件时有发生。网络空间"侵权易、维权难"的问题非常严重,亟须在民法典中加强人格权立法,提升高科技、互联网时代人格权的保护水平。另外,我国正从农业社会向工业社会、信息社会转变,这一转变过程实际上也是从熟人社会到陌生人社会的变化,对这种转变可从多个侧面和角度进行描述,包括网络社会、科技社会、传媒社会、消费社会、风险社会、商业社会等,这也使得我们意识到不能仅对人格权进行消极保护。人格权涉及社会生活的诸多方面,需要在法律上予以规范。因此,推进国家治理体系和治理能力的现代化,就是要解决新时代人民群众迫切需要解决的现实问题,就是要解决新时代社会治理中的新问题,有针对性地制定相应的对策。因此,强化人格权保护也是国家治理能力现代化的具体体现。

　　加强人格权保护也是回应审判实践的需要。自1986年《民法通则》确立人身权制度以来,有关人格权的案件每年都在快速增长,其中大量涉及名誉权、肖像权、隐私权等。在中国裁判文书网上,仅以名誉为关键词进行检索,就可以搜到124 400份民事裁判文书。这些案件虽然标的不大,但因涉及公民的基本权利,社会关注度很高,处理不好就会引发社会的重大反响,例如近年来发生的狼牙山五壮士名誉权纠纷案、邱少云烈士人格权纠纷案等均引发了社会的广泛关注。由于我国现行立法只是简单列举了民事主体所享有的各项人格权,而没有具体规定各项人格权的内涵、效力等,这也导致司法实践中出现了不少"同案不同判"的现象,在一定程度上影响了司法公正。为此,必须在法律上确立人格权保护的具体规则,为法官解决日益增长的人格权纠纷提供明确的裁判依据。同时,也能够使宪法所确立的尊重和保障人权、人格尊严不受侵犯等原则转化为民法上的人格权制度,实现对人格权的全面保护。

[①] See A. Michael Froomkin, Cyberspace and Privacy: A New legal Paradigm? The Death of Privacy?, 52 Stan. L. Rev., 1461 (2000).

[②] 参见谢远扬:《信息论视角下个人信息的价值——兼对隐私权保护模式的检讨》,载《清华法学》2015年第3期。

国家和社会治理模式是否成功,归根结底还是要看是否能够给社会成员带来福祉。我们在检验国家和社会治理模式是否成功、是否符合中国的实际时,关键要看它是否满足了人民群众幸福生活的需要。国家治理现代化的重要体现就是在治理目标上追求以人为本,实现人的全面发展,最终目的是增进人民的福祉。① 现代化的过程是人的全面自由发展的过程,这就必然要求法律进一步尊重人的主体性,始终强化对人的终极关怀,其重要标志之一是对个人人格权益的充分确认和保障。

结语:以十九大报告为依据强化对人格权的保护

在今天的中国,强化人格权保护不仅是民法学界也是整个法学界绝大多数人的共识,即使不赞成人格权独立成编的学者,也不否认强化人格权保护的重要性,这与党的十九大报告提出保护人格权的精神是一致的,是落实十九大报告精神的重要体现。在编纂民法典的过程中,我们要广泛凝聚共识,进一步落实十九大报告的精神,加强人格权保护。

人格权制度的勃兴乃是现代民法的产物。20世纪的两次世界大战使人们深感人权被侵害的切肤之痛,因此,在战后尤其是第二次世界大战以后人权运动获得了蓬勃发展,从而极大地促进了人格权制度的迅速发展。人格权的发展也是民法发展的最新趋势。适应社会的发展需要,我国《民法总则》进一步强化了对人格权的保护,该法虽然仅有四个条文涉及人格权保护(第109条、110条、111条、185条),但是其将人格权规定在各项民事权利之首,凸显了人格权保护的重要意义;同时,该法第109条确立了一般人格权,既为人格权的兜底保护提供了法律依据,也宣示了人格保护的价值。由于《民法总则》只是笼统地规定了民事主体所享有的各项人格权,而没有对各项权利的内容、效力、行使规则等作出细化规定,这些都有必要通过独立的人格权编加以规定。尤其是民法典侵权责任编无法完全解决人格权保护问题,因为侵权责任法主要是救济法,只能规定人格权遭受侵害后的法律责任,而不具有从正面规定各项具体人格权内容的功能,也无法具体规定各项人格权的具体内容。人格权独立成编之后,与侵权责任编相辅相成,相互配套,共同发挥充分保护人格权的作用。

---

① 参见姜明安主编:《法治国家》,社会科学文献出版社2016年版,第20页。

此外,还必须要说明的是,人格权独立成编是中国民法适应新时代的产物,是对《民法通则》施行三十余年经验的总结,属于中国民法的首创。众所周知,2002年《民法(草案)》在总结《民法通则》的经验的基础上早已将人格权法独立成编,该草案已经全国人大常委会一审。此次民法典人格权独立成编就是2002年草案所采取的体例的延续。党的十九大报告单独规定人格权是实现人民美好幸福生活的重要举措,因此唯有使人格权在民法典中独立成编才能更好地落实十九大报告的精神①,加强对人格权的保护。我国正在编纂的民法典应当根据十九大报告的精神,从中国实际出发,立足于解决中国现实问题,制定面向21世纪的民法典,要从跟跑者、并跑者变为领跑者,为解决21世纪人类共同面临的人格权保护问题提供中国智慧、中国方案。如此,才能使我国民法典真正屹立于世界民法典之林。

---

① 参见江平:《人格权立法与民法典编纂体例》,载《北京航空航天大学学报(社会科学版)》2018年第1期。

人格权法中的人格尊严价值及实现[*]

人格尊严,是指人作为法律主体应当得到承认和尊重。人在社会中生存,不仅要维持生命,而且要有尊严地生活。故此,人格尊严是人之为人的基本条件,是人作为社会关系主体的基本前提。人格尊严是人基于自己所处的社会环境、工作环境、地位、声望、家庭关系等各种客观要素,而对自己的人格价值和社会价值的认识和尊重,是人的社会地位的组成部分。人格尊严是受到哲学、法学、社会学等学科关注的概念。① 在民法中,人格尊严是人格权的基石,现代人格权法的构建也应当以人格尊严的保护为中心而展开。

一、人格尊严的历史演进

"尊严"一词来源于拉丁文(dignitas),意指尊贵、威严。② 在古代社会,"各类非法学学科的思想者就已经开始探索人格尊严这一概念,以及其对市民社会的效力和影响"③。公元前5世纪的希腊哲学家普罗泰戈拉(Protagoras)曾提出著名的"人是万物的尺度"的命题。这个时期希腊学者关于人的价值、地位和尊严的观念,几乎包含了现代人格尊严的一切思想,但是,学术仍普遍认为,古希腊思想中一直缺乏"人格尊严"的概念。④ 到了古罗马时代,人格尊严则与个人的地位和身份紧密相连。它并不适用

---

* 原载《清华法学》2013年第5期。

① See David A. Hyman, "Does Technology Spell Trouble with a Capital "T"?: Human Dignity and Public Policy", 27 Harv. J. L. & Pub. Pol'y 3, 3 (2003).

② 也有学者认为该词与人的尊严无关。See Robin Gotesky and Ervin Laszlo (ed.), Human Dignity—This Century and the Next: An Interdisciplinary Inquiry into Human Rights, Technology, War, and the Ideal, Gorden and Breach, 1970, p. 42.

③ Lorraine E. Weinrib, Human Dignity as a Rights-Protecting Principle, 17 Nat'l J. Const. L. 325, 325 – 26, 330 (2005).

④ 参见〔美〕华蔼仁(Irene Bloom):《基本直觉与普遍共识——孟子思想与人权》,梁涛、朱璐译,载《国学学刊》2013年第1期。

于所有的自然人,而只是为少数人(如执政官等)所享有。尽管西塞罗(Cicero)在《论义务》(De officiis)一文中,曾经将人格尊严扩张适用到所有人。但西塞罗所说的人格尊严与现代意义的人格尊严概念还有较大的差异。他认为,所有人在本质上都享有一定的地位。"我们称之为人的那种动物,被赋予了远见和敏锐的智力,它复杂、敏锐、具有记忆力、充满理性和谨慎,创造他的至高无上的神给了他某种突出的地位;因为如此多的生物中,他是唯一分享理性和思想的。"①有学者在对比古希腊与古罗马关于人格尊严的概念时认为,在古希腊的语言文化中,并没有一个词语可以精确地与古罗马"dignitas"一词的完整意义相匹配。②

在欧洲中世纪时期,人没有独立的主体性,身份的从属性压抑了人的个性和尊严。这一时期,人的尊严来自于上帝,只有借助上帝的启示才能实现人的尊严。"中世纪的人们虽然获得了灵魂上的安顿和精神上的慰藉,但是他们却被套上了专制和基督教神学独断的双重枷锁,代价是由上帝的主人变成了上帝的奴仆,不仅失去自己的尊严和人格,也失去了思想和行为的自由。"③例如,以奥古斯丁为代表的基督教自然法所弘扬的是上帝的神法。奥古斯丁在《上帝之城》一书中宣扬的是神恩论、原罪论,尊崇的是上帝的尊严,对于世俗法和人的尊严,实际上是贬低的。④

学术界一般认为,最早正式提出"人格尊严"(或称人的尊严或人性尊严)概念的是意大利文艺复兴时期的学者皮科·米朗多拉(Pico Mirandola)。他曾发表著名的演讲《论人的尊严》(De dignitate hominis),在这个演讲中,米朗多拉第一次明确提出了"人的尊严"的概念,故此,该演讲也被誉为文艺复兴的"人文主义宣言"。⑤ 米朗多拉宣称:人是世间的奇迹与宇宙的精华;人的命运完全掌握在自己手中,不受任何外在之物的制约;人拥有理性、自由意志与高贵品质,通过自身的努力不仅可以超越万物,而且可以进入神的境界,与上帝融为一体。⑥ 从法学的角度来看,人格

---

① 〔古罗马〕西塞罗:《论共和国 论法律》,王焕生译,中国政法大学出版社2003年版,第113页。

② Izhak Englard, Human Dignity: From Antiquity to Modern Israel's Constitutional Framework, 21 Cardozo Law Review 1970 (2002).

③ 汪太贤:《西方法治主义的源与流》,法律出版社2001年版,第165页。

④ 参见曾祥敏:《论奥古斯丁〈上帝之城〉中的善恶观》,载《时代文学(下半月)》2011年第11期。

⑤ 参见孔亭:《〈论人的尊严〉一书评介》,载《国外社会科学》2011年第2期。

⑥ 参见〔瑞士〕雅各布·布克哈特:《意大利文艺复兴时期的文化》,何新译,商务印书馆1979年版,第350—351页。

尊严被视为一种法益,则是在 17 至 18 世纪从传统到现代社会的转变过程中,由启蒙哲学家从自然法理论中发展出来的。① 勃发于西欧的人文主义思潮积极主张人的解放,强调人的权利是自然权利,高举人的个性旗帜,梳理人的自主意识和尊严理性,使人开始关注人本身。启蒙思想家认为,"每个人在他或她自己的身上都是有价值的——我们仍用文艺复兴时期的话,叫作人的尊严——其他一切价值的根源和人权的根源就是对此的尊重"②。17 世纪自然法学派的代表人普芬道夫(Samuel A. Pufendorf)提出法的体系的中心是人,该种主体的人能够自治,并且可以理性地选择自己的行为达到利益最大化,通过理性的方式进行功利选择。③ 这实际上弘扬了人的尊严和自由的思想。这些思想都深刻影响了后世的立法。④人格尊严的概念基于基督教伦理和教会法,通过格劳修斯(Grotius)、托马斯(Thomasius)、普芬道夫和其他学者的著作,作为人格(persona)的一项典型特征,被广泛地认可和接受,并被 19 世纪以后的法律所普遍采纳。⑤

在启蒙思想家中,康德是人格尊严思想的集大成者。他承继了霍布斯、洛克、卢梭等人的伦理思想,将人格尊严提升到前所未有的地位。康德认为,"人格"就意味着必须遵从这样的法则,即"不论是谁在任何时候都不应把自己和他人仅仅当作工具,而应该永远视为自身就是目的"⑥。"我们始终那样活动着,以致把构成我们的人性的力量,决不单纯地看作是一个手段,而且同时看作是一个目的,即作为自在的善的实现和检验的力量,并且在善良意志的道德力量那里,在所有世界里自在地绝对善的东西。"⑦康德提出的"人是目的"的思想也成为尊重人格尊严的哲学基础。理性哲学的另一位代表人物黑格尔也认为,现代法的精髓在于:"做一个

---

① See Robin Gotesky and Ervin Laszlo (ed.), Human Dignity—This Century and the Next: An Interdisciplinary Inquiry into Human Rights, Technology, War, and the Ideal, Gorden and Breach, 1970, p.42.
② 〔英〕阿伦·布洛克:《西方人文主义传统》,董乐山译,三联书店 1997 年版,第 234 页。
③ See Samuel B. Groner, Louisiana Law: Its Development in the First Quarter-Century of American Rule, 8 La. L. Rev. 350, 375 (1948).
④ 例如,普芬道夫的观点直接对 1794 年的《普鲁士国家一般邦法》产生了重要影响。Peter Stein, Le droit romain et l'Europe, 2e éd., LGDJ, 2004, p.134.
⑤ Gert Brüggemeier, Aurelia Colombi Ciacchi and Patrick O'Callaghan Edited, Personality Rights in European Tort Law, Cambridge University Press, 2010, p.7.
⑥ 〔德〕康德:《道德形而上学原理》,苗力田译,上海人民出版社 2002 年版,第 52 页。
⑦ 〔美〕约翰·罗尔斯:《道德哲学史讲义》,张国清译,上海三联书店 2003 年版,第 257 页。

人,并尊敬他人为人。"①这一思想已经比较明确地包含了对人格尊严的尊重。这已成为黑格尔法律思想的核心理念。

19世纪法典化的运动过程中,人格尊严的价值并没有被当时的立法者充分认识,在法典中缺乏体现和相应的规定。但是,在20世纪后半叶,人格尊严越来越受到立法者的关注,成为人权的核心概念。② 这在很大程度上是基于对惨痛历史教训的反思。两次世界大战给人类带来的深重灾难以及纳粹对人格尊严的严重践踏,促使世界各国重新思考人格尊严的价值,最终,将人格尊严作为法律体系的核心价值加以确认。1945年《联合国宪章》首次提到人格尊严(Human dignity)③,1948年《世界人权宣言》则第一次确认了人格尊严作为一项基本人权的法律地位,极大地推动了人格尊严的法律理论的发展。《世界人权宣言》的序言写道,对个人固有尊严的承认是世界自由、正义与和平的基础。该宣言第1条明确规定:"人人生而自由,在尊严和权利上一律平等。"该条直接促使了许多国家将人格尊严的条款规定到本国宪法当中。

在人格尊严被规定到宪法方面,德国在战后的法律实践具有重要的意义。纳粹时代的种族主义和战后揭露出来的其他的骇人听闻的暴行,促使德国人深刻反思法律体系的人性基础,并力图为整个法秩序寻找一个伦理和价值上的牢固基础。他们找到的这个基础就是"人格尊严"。④基于实定法应该以人格尊严这一客观价值为基础的认识,1949年《德国基本法》第1条就开宗明义地规定:"人格尊严不可侵犯,尊重和保障人格尊严是一切国家公权力的义务。"这一条文为第二次世界大战后德国人格权法理论的发展奠定了坚实的基础,也开启了在法律中规定人格尊严,将人格尊严这一伦理价值实证化的立法先河,对世界人格权法的发展产生了深刻影响。此后,国际公约多次确认了人格尊严在人权体系中的核心地位。⑤ 例如,2000年欧洲联盟《基本权利宪章》第1条(人性尊严)就规

---

① 贺麟:《黑格尔哲学讲演集》,上海人民出版社2011年版,第46页。
② See Lorraine E. Weinrib, Human Dignity as a Rights-Protecting Principle, 17 Nat'l J. Const. L. 325, 325-26, 330 (2005).
③ 参见刘兴桂:《略论人权问题》,载《中南政法学院学报》1991年第S1期。
④ 当然,这种态度也受到了《联合国宪章》和《世界人权宣言》的影响。参见张翔:《基本权利的体系思维》,载《清华法学》2012年第4期。
⑤ 例如,1966年《公民权利及政治权利国际公约》第10条第1款规定:"所有被剥夺自由的人应给予人道及尊重其固有的人格尊严的待遇。"1993年世界人权大会通过的《维也纳宣言和行动纲领》在序言中强调"承认并肯定一切人权都源于人与生俱来的尊严和价值"。

定:"人性尊严不可侵犯,其必须受尊重与保护。"①

综上所述,人格尊严最早是在大陆法系国家被纳入权利体系中的,并形成了以人格尊严为基础的基本权利理论体系。② 这一点,与英美法系有很大的差异。从价值层面来看,这也体现了美国法和德国法在人格权保护价值取向方面的区别。美国耶鲁大学的惠特曼(Whitman)教授就认为,美国和欧洲在对个人私生活保护方面存在着不同的价值观,美国法主要保障的是个人的人身自由,而欧洲法主要保护个人的人格尊严。③ 例如,人格尊严在德国被确立为宪法的最高建构原则,进而也成为战后整个德国法秩序的价值基础。④ 德国法院采纳了学者 Nipperdey、Nawiasky 等人的主张,认为宪法所确认的权利可以适用于私法关系,从而根据《德国基本法》第 2 条的规定,创立了"一般人格权"(das allgemeine Persönlichkeitsrecht)的概念。然而,美国的法律体系更多强调的是对个人自由的保障,这与更多要求国家积极作为的战后大陆法系的思维存在差异。近年来,美国法律理论也越来越重视人格尊严的价值,开始介绍和移植相关的理论和制度。不少美国学者认为,人格尊严被涵盖在宪法之中,宪法所保护的根本性价值就是人格尊严。⑤

与西方人格尊严的发展历程不同的是,我国古代社会并不存在人格尊严的概念。⑥ 新中国成立后,"五四宪法"虽然确立了人格自由的概念,却并未规定人格尊严。⑦ 在 1966 至 1976 年的"文化大革命"中,出现了严重侵害个人人格权、践踏人格尊严的现象,诸如"戴高帽"、"架飞机"、剃"阴阳头"、抄家、揪斗等。这些在神州大地普遍发生的侮辱人格、蔑视人权的行径,使亿万中国人民承受了巨大的灾难。正是在反思"文化大革

---

① 其他的国际和地区公约也反映了联合国宪章和国际人权公约保护人格尊严的基本精神。例如,在《公民权利及政治权利国际公约》(International Covenant on Civil and Political Rights)、《经济、社会及文化权利国际公约》(International Covenant on Economic, Social and Cultural Rights)、《消除一切形式种族歧视国际公约》(International Convention on the Elimination of All Forms of Racial Discrimination)中,都有保护人格尊严的条款。

② 参见张翔:《基本权利的体系思维》,载《清华法学》2012 年第 4 期。

③ See James Q. Whitman, The Two Western Cultures of Privacy: Dignity versus Liberty, 113 Yale L. J. 1151 (2004).

④ Vgl. Dürig, Der Grundrechtssatz von der Menschenwürde, AöR 1956, S. 119 ff.

⑤ See Walter F. Murphy, An Ordering of Constitutional Values, 53 S. Cal. L. Rev. 703, 758 (1980).

⑥ 荀子曾说:"师术有四,而博习不与焉,尊严而惮,可以为师。"(《荀子·致士篇》)在此处,"尊严"实际上是威严的含义。

⑦ 参见 1954 年《宪法》第 89 条。

命"、总结教训的基础上,1982年《宪法》才确认了对人格尊严的严格保护。该法第38条规定:"中华人民共和国公民的人格尊严不受侵犯。禁止用任何方法对公民进行侮辱、诽谤和诬告陷害。"为落实《宪法》关于保护人格尊严的规定,1986年《民法通则》第101条规定:"公民、法人享有名誉权,公民的人格尊严受法律保护,禁止用侮辱、诽谤等方式损害公民、法人的名誉。"此外,一些特别法也依据宪法先后规定了对人格尊严的保护。例如,1990年《残疾人保障法》第3条第2、3款规定:"残疾人的公民权利和人格尊严受法律保护。""禁止歧视、侮辱、侵害残疾人。"1991年《未成年人保护法》第4条规定:"保护未成年人的工作,应当遵循下列原则:……(二)尊重未成年人的人格尊严……"第15条规定:"学校、幼儿园的教职员应当尊重未成年人的人格尊严,不得对未成年学生和儿童实施体罚、变相体罚或者其他侮辱人格尊严的行为。"第40条第2款规定:"公安机关、人民检察院、人民法院和少年犯管教所,应当尊重违法犯罪的未成年人的人格尊严,保障他们的合法权益。"1992年《妇女权益保障法》第39条规定:"妇女的名誉权和人格尊严受法律保护。禁止用侮辱、诽谤、宣扬隐私等方式损害妇女的名誉和人格。"《消费者权益保护法》第14条规定:"消费者在购买、使用商品和接受服务时,享有人格尊严、民族风俗习惯得到尊重的权利。"2004年我国对《宪法》进行了修改,修改后的《宪法》明确规定国家尊重和保障人权。在此背景下,人格尊严被上升为宪法所确认的基本人权之一,地位更高。

进入21世纪后,尊重与保护人权已经成为整个国际社会的共识,也成为当代法律关注的重心。"从'人格尊严'这一最高宪法原则的意义上来说,并不能够直接得出传统意义上对自由的保护,但是从当代社会的发展和对人格保护的需要来说,(一般人格权)存在其出现的必然性。"①从发展趋势来看,人格尊严现在越来越多地被认可为一种可诉之权利,日益突出并占据优势地位。②

二、人格尊严转化为民法上的人格权的必要性

宪法作为国家的根本大法,对于部门法的制定和修改具有重要的指

---

① BVerfGE 54, 148 (153).
② See C. MCCRUDDEN, Human Dignity and Judicial Interpretation of Human Rights, in 19 Eur. J. Int. L. 655, 667 (2008).

导作用。因此,当宪法确认了公民的人格尊严为基本人权后,就会对民法产生重要的指导意义。人格尊严在民法中的价值体现之一就是,人格权的确立和保护。有一种观点认为,人格尊严只能由宪法予以规定和保护,如果通过民法中的人格权法来规定和保护,则降低了人格尊严的价值和意义。① 笔者认为,这种看法并不妥当。宪法中作为基本权利的人格尊严完全可以转化为民法上的人格权制度。

当代宪法理论认为,宪法上保障基本权利的精神应该覆盖和贯穿所有的法律领域。在著名的吕特案判决中,德国联邦宪法法院特别指出:"德国基本法中的基本权利规定同时也是一种客观价值秩序,其作为宪法上的基本决定对所有法领域发生效力。"② 虽然民法属于私法,但在当代宪法强调人权保障的趋势下,民法上的各项民事权利也开始受到宪法基本权利内涵的影响。民法学说与判例在解释民事权利时,也越来越多地将宪法基本权利的精神融会贯通进去,从而实现宪法权利在民法领域的具体化。

宪法权利具体化的第一种表现就是对基本权利对第三人效力学说的认可。传统学说认为,宪法基本权利的规范效力仅仅在国家和公民之间产生。但是,当代宪法领域产生的基本权利对第三人效力理论则认为,如果公民与公民之间的私人关系对其中一方的基本权利产生影响,则基本权利的效力可以超越个人与国家关系的范围,进入私人之间的民事关系中。③ 也就是说,宪法上的基本权利在特定情况下也会对私法领域发生效力,可以在公民之间产生效力。④ 例如,德国宪法学者在对基本法规定的基本权利进行体系解释时认为,《德国基本法》第 1 条第 1 款规定的人格尊严应该被作为整个法秩序的"最高建构性原则"(das oberste Konstitutionsprinzip),⑤ 其他基本权利都以人格尊严为价值基础和核心内容。人的尊严"为基本权利之基准点、为基本权利之出发点、为基本权利之概括条

---

① 参见尹田:《论人格权的本质——兼评我国民法草案关于人格权的规定》,载《法学研究》2003 年第 4 期。
② BVerfGE, 7, 198(198).
③ 参见张红:《基本权利与私法》,法律出版社 2010 年版,第 52 页。
④ Vgl. Dürig, Festschrift für Nawiasky, 1956, S. 157 ff.; Schwabe, Die sog. Drittwirkung der Grundrechte, 1971; Canaris, AcP 184, 201 ff.; Medicus, AcP 192, 43 ff.; a. A. Hager, JZ 1994, 373; Canaris, Grundrechte und Privatrecht, Walter de Gruyter, 1999; Jörg Neuner (Hrsg.), Grundrechte und Privatrecht aus rechtsvergleichender Sicht, Mohr Siebeck, 2007.
⑤ Vgl. Günter Dürig, Der Grundrechtssatz von der MenschenWürde, AöR, S.119. 参见张翔:《基本权利的体系思维》,载《清华法学》2012 年第 4 期。

款、属宪法基本权利之价值体系",甚至是整个基本权利体系的基础,在宪法上解释为人性尊严或人的尊严(Human dignity)更具有统摄性。① 按照《德国基本法》第3条的规定,基本权利对于立法、行政和司法都有着直接的约束力,这意味着民事立法和民法解释都应该贯彻基本权利的精神,其核心正是人格尊严。以人格尊严为基础的基本权利对于民事司法产生的主要影响就体现在:原本只适用民法规范的民事案件的裁判中也要考虑当事人的基本权利。例如,在侵害名誉权纠纷案件中,应当考虑侵权人是在正当行使自己的言论自由,这就涉及宪法上的言论自由在民法上的效力,也就是第三人效力的问题。

宪法权利具体化的第二种表现为"宪法的私法化"现象,具体来说,就是在民事审判中,法官大量援引宪法的规定作为裁判依据或者论证理由,从而强化对当事人权利的保护。② 这在某种程度上也使得公法和私法的分类变得更为困难。③ 例如,法院援引《德国基本法》第1条"人格尊严不受侵害",并由此衍生出一般人格权的理论。在美国,隐私权既是一种普通法上的权利,也是一种宪法权利。美国法院通过一系列判例将隐私解释为宪法权利。④ 而且,美国有10个州在其州宪法中确认隐私权为宪法权利。由于隐私权成为一种宪法权利,从而可以保障隐私免于受到政府的侵害。⑤ 从各国的经验来看,在承认人格权为一种宪法权利的国家,通常法院都有违宪审查的权力,公民也可以提起宪法诉讼,从而为宪法救济提供了一种可能性。"宪法的私法化"还体现在其对民事立法和民法典编纂的影响。民事立法开始更多地进行宪法基本权利的考量,将宪法基本权利在民事立法中予以具体化。

宪法在我国法律体系中居于根本法和最高法的地位。我国《宪法》所确认的人格尊严成为各个法律部门都必须予以保护的价值。在各部门法具体制度的建构中,应当充分贯彻对个人尊严的保障。也就是说,虽然宪

---

① 参见李震山:《人性尊严与人权保障》,元照出版有限公司2002年版,第4页。

② 严格地说,"宪法的私法化"也可以包含在民事司法中"基本权利第三人效力"的学说中,但是,基本权利对第三人效力学说和宪法私法化是从两个不同的角度来观察宪法对于私法的影响。

③ See Franz Werro, Tort Law at the Beginning of the New Millennium, A Tribute to John G. Fleming's Legacy, 49 Am. J. Comp. L.154.

④ 参见〔美〕阿丽塔·L.艾伦、理查德·C.托克音顿:《美国隐私法:学说、判例与立法》,冯建妹等编译,中国民主法制出版社2004年版,第49—59页。

⑤ 参见〔美〕阿丽塔·L.艾伦、理查德·C.托克音顿:《美国隐私法:学说、判例与立法》,冯建妹等编译,中国民法法制出版社2004年版,第85页。

法上确定了人格尊严,并将其作为基本权利,但是仍然有必要通过民法人格权法予以落实,并使之成为整个人格权法的核心价值。

首先,虽然人格尊严是一种宪法权利,但宪法作为根本大法,其立法都是粗线条的、高度抽象的,缺乏具体的规定,多数基本权利都被认为是有待通过立法形成的。① 宪法中的人格尊严实际上仍然是一种价值表述和原则表述,无法使得裁判具有相对的确定性,难以实现"同等情况同等对待"的基本正义要求。因此,迫切需要将人格权制度予以细化,规定人格权的确认和保护,使其成为能为裁判所援引的具有一定确定性的规则。此外,宪法对人格尊严的保护不可能涵盖生活中各种侵害人格尊严的类型。人格尊严可以具体体现为各种人格利益,例如名誉、肖像、隐私、信息等。但各种权利的法益内容各不相同,相关侵权行为的构成要件也不相同,因此不能以一个简单的人格尊严条款来包含各种人格权的类型。

其次,法官在进行裁判时,需要引用成文的法律作为裁判的大前提。目前我国司法实践中,法官裁判民事案件时不得直接适用宪法。2009 年最高人民法院《关于裁判文书引用法律、法规等规范性法律文件的规定》第 4 条规定:"民事裁判文书应当引用法律、法律解释或者司法解释。对于应当适用的行政法规、地方性法规或者自治条例和单行条例,可以直接引用。"该条并没有将宪法列入民事裁判文书可以引用的规范范围之列。由于法官无法直接援引宪法来裁判民事案件,这就决定了在我国直接依据宪法在个案中保护人格尊严是不可能的。如前所述,在许多国家法官可以直接援引宪法裁判民事案件,尤其是在德国等国家,法官可以直接援引宪法中人格尊严的规定裁判民事人格权案件,即使其民法体系中有对人格权的规定,也可以通过援引宪法来予以补充,甚至可以直接以宪法对人格尊严的规定替代民法中的一般人格权规范。但在我国,由于宪法不能在民事裁判中适用,我们就必须制定和完善人格权法,特别是对一般人格权作出规定,这样才能使宪法上的人格尊严转化为民法上的人格权制度,从而使宪法中对人格尊严的规范得到落实。换言之,宪法中的人格尊严必须透过民法中的概括条款、概念和规则才能进入民法领域,规范民事活动。

再次,通过法律解释的方式来贯彻宪法的规定存在一定的困难。有学者主张,我们可以通过对民事法律中的一般条款的解释,落实宪法的基本权利或其价值。然而,这样做必然涉及对宪法的解释。我国《宪法》第

---

① Vgl. Ernst-Wolfgang Böckenförde, Grundrechtstheorie und Grundrechtsinterpretation, NJW 1974, 1529.

67条将宪法的解释权排他性地授予了全国人大常委会。因此,如果法官在审理民事案件时,解释宪法规范,势必违反《宪法》的规定。由此可见,希望通过法律解释的方法来贯彻宪法的规定,具有相当的局限性,难以实现对民事主体的充分保护。

最后,将人格尊严转化为民法上的价值和民事权利,也意味着明确了国家的积极保护义务,即国家要通过立法、司法等途径来保障人格尊严。所谓国家的积极保护义务最主要的就是立法者制定相关法律规范的义务,国家应积极通过立法保障人格尊严。在民法上确认人格尊严及相关的制度,正是国家履行其积极保护义务的重要表现。现代民法要求必须贯彻宪法的人权保障精神,其实质就是要体现规范公权、保障私权的法治精神,使人格尊严等人权通过民法的私权保障机制得以实现。这就要求民事立法要更加积极地对宪法基本权利进行具体化。如果民事立法无法完成这一任务,而更多地依赖民事司法直接适用宪法,就可能对民法固有的秩序造成冲击。

综上所述,人格尊严虽然是一项宪法基本权利,但必须通过人格权制度将其具体化,并且转化为一项民事权利,才能获得民法的保护。任何人格尊严受到侵害的人都可以依据民法获得救济。《民法通则》第101条规定:"公民、法人享有名誉权,公民的人格尊严受法律保护,禁止用侮辱、诽谤等方式损害公民、法人的名誉。"这是我国民法上第一次明确地将宪法上的人格尊严转化为民事权益。此外,其他单行法也对自然人的人格尊严作出了规定。例如,《消费者权益保护法》第43条规定:"经营者违反本法第二十五条规定,侵害消费者的人格尊严或者侵犯消费者人身自由的,应当停止侵害、恢复名誉、消除影响、赔礼道歉,并赔偿损失。"该规定不仅宣示了对人格尊严的保护,而且明确了侵害后的救济。这些规定表明,我国的民事立法和司法解释实际上已经在推进将宪法中的人格尊严条款具体化的工作,并取得了巨大的成效。

三、人格尊严应当直接转化为一般人格权

在人格权制度的发展历史上,首先出现的是具体人格权,然后才形成一般人格权的概念。将人格尊严转化为一般人格权的实践最早出现在德国。按照德国法学家卡尔·拉伦茨的看法,《德国民法典》之所以没有采纳一般人格权的概念,"是因为难以给这种权利划界,而划界则明显地取

决于在具体案件财产或利益的相互冲突中,究竟哪一方有更大的利益"①。另外一位德国法学家梅迪库斯则认为,"民法典有意识地既未将一般人格权,也未将名誉纳入第823条第1款保护的法益范围"②。第二次世界大战以后,德国民法开始强化对人格权的保护。尤其是《德国基本法》高度重视对人类尊严的保护,这就直接促使了民法人格权理论的发展。在1954年的读者来信案中,法院认为,被告的行为将原告置于一种错误的事实状态中,让读者误以为其同情纳粹,侵害了原告的人格。法院根据《德国基本法》第1条关于人格尊严的规定,认为一般人格权必须被视为由宪法所保障的基本权利。因此,法院从其中推导出了一般人格权的存在。③"从'人格尊严'这一最高宪法原则的意义上来说,并不能够直接得出传统意义上对自由的保护,但是从当代社会的发展和对人格保护的需要来说,(一般人格权)存在其出现的必要性。"④不过,根据联邦最高法院以后的相关判例,一般人格权最直接的法律渊源为《德国民法典》第823条第1款所规定的"其他权利",德国民法学上称其为"框架性权利"。通过采用一般人格权的概念,德国法院为一系列具体人格权益的保护提供了依据,包括对肖像的权利、谈话的权利、秘密权、尊重私人领域的权利等,从而完备了对人格利益的司法保护。⑤ 在早期,德国联邦法院认为,侵害一般人格权并非直接导致精神损害赔偿,而只是产生恢复原状的效力,剥夺行为人因侵害一般人格权而获得的全部利益。但是,自骑士案⑥后,法院也承认了侵害一般人格权时的精神损害赔偿请求权。⑦

在我国,已经有对人格尊严的概括性规定。1986年《民法通则》第101条规定:"公民、法人享有名誉权,公民的人格尊严受法律保护,禁止用侮辱、诽谤等方式损害公民、法人的名誉。"从该规定来看,立法者区别了名誉和人格尊严,实际上是认为,人格尊严是名誉权之外的特殊利益。但该规定并没有确立"一般人格权"的概念。能否将"公民的人格尊严受

---

① 〔德〕卡尔·拉伦茨:《德国民法通论》(上册),王晓晔等译,法律出版社2003年版,第171页。
② 〔德〕迪特尔·梅迪库斯:《德国民法总论》,邵建东译,法律出版社2000年版,第805页。
③ Schacht-Brief Decision, 13BGHZ 334 (1954). 有关本案的介绍,可参见〔德〕迪特尔·梅迪库斯:《德国民法总论》,邵建东译,法律出版社2000年版,第805—806页。
④ BVerfGE 54, 148 (153).
⑤ 参见施启扬:《从个别人格权到一般人格权》,载《台大法学论丛》1974年第1期。
⑥ BGHZ 26, 349 (1958).
⑦ See Basil S. Marksinis, Protecting Privacy, Oxford University Press, 1999, pp.36-37.

法律保护"视为关于一般人格权的规定？对这一问题，学界存在较大争议。笔者认为，一方面，从体系解释来看，该规定将人格尊严和名誉权并列，意味着其主要是保护名誉法益，而并非是对人格利益的一般性保护。另一方面，从目的解释来看，《民法通则》的立法目的在于建构具体的权利体系，而非作概括性规定。

在我国未来民法典编纂中，应该规定一般人格权。就人格尊严的保护而言，其表述应该采用"公民的人格尊严不受侵犯"的表述方式。因为该表述意味着用一个概括性条款来宣示人格尊严是民法保护的重要法益，同时，也可以作为一个兜底性条款对具体列举的条款所未能涵盖的部分提供概括的保护，从而为社会变迁中出现的新型人格利益确立了请求权的基础。日本法学家星野英一先生指出，一般人格权的产生，使得对那些需得到保护而实体法条文未具体规定的人格利益，或伴随社会发展而出现的新型人格利益给予保护成为可能。① 笔者认为，通过概括性条款来规定人格尊严具有以下几方面的意义。

第一，采用概括性条款来规定人格尊严，是对人格权保护的根本目的和基本价值的宣示。法律之所以保障各种人格权，很大程度上就是为了维护个人的人格尊严。公民的各项人格权都在不同程度上体现了人格尊严的要求。事实上，许多侵害人格权的行为，如污辱和诽谤他人、宣扬他人隐私、毁损他人肖像、虐待他人等，均有损他人的人格尊严。显然，一般人格权中的人格尊严更为直接地体现了人格权保护的基本目的。

第二，采用概括性条款来规定人格尊严，体现了宪法具体化的要求。人格尊严本身就是一个表明了人权保障之哲学立场、价值基础和逻辑起点的概念。因此，在宪法中，也常常被规定在人权保障的原则性概括条款之中。在基本权利体系中，人格尊严也具有基础性和统帅性的作用。既然宪法已将人格尊严设定为法秩序的基础，那么民法也应受此宪法基本决定的辐射，将人格尊严作为民法的价值基础。在人格权法中转述宪法的表述，并非简单的重复，而具有将宪法规定具体化的价值，从而使得其具体化为一种民事权益。

第三，采用概括性条款来规定人格尊严，可形成权利保护的兜底条款。将人格尊严作为一般人格权的内容，对于保护司法实践中的新型人格利益具有十分重要的意义，因为很多新型的人格利益难以通过已有的

---

① 参见〔日〕星野英一：《私法中的人》，王闯译，载梁慧星主编：《为权利而斗争——梁慧星先生主编之现代世界法学名著集》，中国法制出版社2000年版，第359页。

人格权类型加以保护。① 当现行法对具体人格权的规定存在不足或者有漏洞时,可以依据侵害人格尊严的规定进行弥补。例如,在超市搜身案中,超市的保安怀疑原告消费者偷拿财物,对其进行搜身,虽然没有侵犯原告的名誉权,但实际上侵犯了原告的人格尊严。② 再如,在另外一起案件中,被告于原告举行结婚仪式前,故意将垃圾撒在其家门口,法院判决被告应当赔偿原告精神损失费。③ 在此案中,被告侵害了原告的人格尊严,人格尊严是公民基于自己所处的社会环境、地位、声望、工作环境、家庭关系等各种客观条件而对自己的社会价值的客观认识和评价。如前所述,有时行为人的行为并未造成对原告的社会评价的降低,故此无法认定其为侵害名誉权的行为,只能认定为侵害人格尊严。在实践中,许多损害公民人格尊严的行为(如就业歧视、代孕等),都很难通过已有的人格权类型加以保护,而只能通过一般人格权来获得救济。

第四,采用概括性条款来规定人格尊严,有助于进一步规范法院的裁判。我国学术界普遍认为,应当规定一般人格权。但是,对于一般人格权的具体内容存在不同的看法。通过将人格尊严作为一般人格权的内容之一,可以使得一般人格权的内容具体化,也为法官的司法裁判提供明确的指引。例如,实践中曾经出现过法官在判决中创设新型权利,如亲吻权④、悼念权(祭奠权)⑤,引发了不少争议。如果采用概括性条款来规定人格尊严,则法官可以依据人格尊严的规定对这些案件进行裁判,而不必勉强适用其他具体权利条款,甚至生造一些含义模糊缺乏规范性的"××权"来进行裁判,从而规范裁判行为,提升司法的公信力。

第五,从比较法的角度看,采用概括性的一般人格权条款也逐渐成为一种趋势。例如,欧洲民法典草案的起草者认为,在民法中有必要为隐私和人格尊严设置专门的条款,并转换成一条私法规则作为欧洲人权宪章

---

① 参见唐德华主编:《最高人民法院〈关于确定民事侵权精神损害赔偿责任若干问题的解释〉的理解与适用》,人民法院出版社2001年版,第30页。

② 参见钱缘诉上海屈臣氏日用品有限公司搜身侵犯名誉权案,上海市虹口区人民法院(1998)虹民初字第2681号民事判决书,上海市第二中级人民法院(1998)沪二中民终字第2300号民事判决书。

③ 参见河南省济源市人民法院(2011)济民一初字第238号民事判决书。

④ 参见陶莉萍诉吴曦道路交通事故人身损害赔偿纠纷案,四川省广汉市人民法院(2001)广汉民初字第832号民事判决书。

⑤ 参见崔妍诉崔淑芳侵犯祭奠权案,北京市丰台区人民法院(2007)丰民初字第08923号民事判决书,载最高人民法院中国应用法学研究所编:《人民法院案例选》(2009年第1辑),人民法院出版社2009年版。

的第 1 条庄严地公布于世。①

需要注意的是,民法在将宪法中的人格尊严具体化的过程中,并不一定要将其规定为一种"人格尊严权"。人格尊严原则作为一般人格权的重要内容,可以弥补具体人格权因具体列举而存在的不足,从而实现对人格利益的全面保护,即人格尊严原则具有补充性。许多学者认为,对人格尊严权的保护就是对一般人格权的保护。② 在我国,最高人民法院《关于确定民事侵权精神损害赔偿责任若干问题的解释》第 1 条也承认了"人格尊严权",并将其规定为一般人格权。事实上,该规定是将人格尊严作为一种补充性的条款来规定的。也就是说,对于公民的名誉权的侵害,一般适用名誉权的规定,但对公民名誉感的侵害,虽不能适用名誉权的规定,但可以适用侵害人格尊严的条款,保护公民的名誉感。这体现了人格尊严的补充适用性。③ 尽管最高人民法院的司法解释规定了人格尊严权,但笔者认为,这并不意味着人格尊严就一定要被规定为一种权利。一方面,一些新型的人格利益需要借助人格尊严条款来保护,但这些人格利益性质还不稳定,与权利外的利益的区分还不明晰,与相关权利的关系也不清晰,能否在发展中逐步固化为一种权利也不明确,过早赋予其权利的地位是不妥当的。另一方面,如果将人格尊严规定为一种权利,反而会限制其适用范围,减损其保护人格权益的作用。这是因为,如果将人格尊严作为权利,则人格尊严条款将无法为权利外的利益提供保护。还要看到的是,2009 年颁布的《侵权责任法》第 2 条第 2 款规定:"本法所称民事权益,包括生命权、健康权、姓名权、名誉权、荣誉权、肖像权、隐私权、婚姻自主权、监护权、所有权、用益物权、担保物权、著作权、专利权、商标专用权、发现权、股权、继承权等人身、财产权益。"该条款并没有明确规定人格尊严权,这在一定意义上说明立法者并没有认可最高人民法院上述司法解释的做法。

四、人格尊严构成了具体人格权体系的内在价值

人格权法的体系包括内在价值体系和外在规则体系。内在体系和外

---

① 这就是现在的 Sect. Ⅵ.‐2:203。See K. VON BAR, Non‐Contractual Liability Arising out of Damage Caused to Another, 2009, p.418.

② 参见杨立新主编:《民商法理论争议问题——精神损害赔偿》,中国人民大学出版社 2004 年版,第 8 页。

③ 参见唐德华主编:《最高人民法院〈关于确定民事侵权精神损害赔偿责任若干问题的解释〉的理解与适用》,人民法院出版社 2001 版,第 30 页。

在体系是独立的不同体系。内在体系是外在体系得以形成的基础①,内在体系发生的变化,必然向其外在体系延伸和扩张,这两个体系是相辅相成的。我国《民法通则》第五章第四节规定了具体人格权的体系,包括生命健康权、姓名权、名称权、肖像权、名誉权、荣誉权、婚姻自主权等,《侵权责任法》第2条第2款又明确承认了隐私权,至此,我国的具体人格权的体系已经初步形成。笔者认为,能够将这些具体列举的人格权组成一个有机整体的正是人格尊严。

首先,人格尊严是人格权法的基本价值,人格尊严是指作为一个"人"所应有的最起码的社会地位,及应受到社会和他人的尊重。②"人的尊严正是人类应实现的目的,人权只不过是为了实现、保护人的尊严而想出来的一个手段而已。"③以人格尊严为基本价值理念,根本上是为了使人民生活更加幸福、更有尊严。尊重和维护人格独立与人格尊严,才能使人成其为人,能够自由并富有尊严地生活。所以,可以说人格尊严是人格权法诸种价值中的最高价值,指导着各项人格权制度。无论是物质性人格权还是精神性人格权,法律提供保护的目的都是为了维护个人的人格尊严。因此,只有充分地理解和把握了人格尊严,才能真正理解人格权法的立法目的和价值取向。

其次,人格尊严是每一项具体的人格权,尤其是精神性人格权的基本价值。在具体人格权构建中,要本着维护人格尊严的价值理念,丰富具体类型和内容。人格权法立法的基本理念就是维护人的尊严。基于此种维护人的尊严的理念,人格权的具体制度得以展开。物质性人格权是为了维护自然人生理上的存在,精神性人格权则彰显自然人的精神生活需要,而标表性人格权则为人们提供了对外活动的重要表征,这些都彰显了人的主体性价值。人格权制度的发展越来越要求保障个人的生活安宁、私密空间、个人信息的自主决定等,这些人格利益的背后实际上都体现着人格尊严的理念。例如,在姓名权的保护方面,是否可以扩展到笔名、别名等,从维护人格尊严的角度考虑,应当作出肯定的解释。又如,死者的人格利益是否应当受到保护,从维护人格尊严的角度考虑,答案也应当是肯定的。

---

① Vgl. Franz Bydlinski, System und Prinzipien des Privatrechts, Springer, 1996, S. 48 ff.
② 参见梁慧星:《民法总论》,法律出版社2001年版,第119页。
③ 〔日〕真田芳宪:《人的尊严与人权》,鲍荣振译,载《环球法律评论》1993年第2期。

以隐私权为例,保护隐私权实际上就是为了保护人格尊严。① 美国学者惠特曼认为,整个欧洲的隐私概念都是奠基于人格尊严之上的,隐私既是人格尊严的具体展开,也以维护人格尊严为目的。② 隐私权是抵挡"贬损个人认定的行为"或"对人格尊严的侮辱"的权利。③ 隐私权存在的基础是个人人格的尊严,隐私权实际上彰显了个人人格尊严。④ 换言之,隐私体现了个人的人格尊严,个人隐私不受侵犯是人格尊严的重要体现。尊重个人隐私,实际上也是尊重个人的尊严;尊重人格尊严,就要尊重个人的私生活安宁,使个人对自身及其私人空间享有充分的支配,并排斥他人的干涉和妨碍。在此基础上,人们相互之间才能尊重彼此的私生活领域。特别是像与身体有关的私生活隐私,都与个人尊严相联系,如果暴露这些隐私,将严重损害个人人格尊严。

最后,人格尊严价值为认定人格权利和人格利益提供了法律标准。随着社会发展,出现了许多新型的关于人格利益的主张,这些主张能否得到人格权法的保护,缺乏必要的法律标准。人格尊严作为人格权法的基本价值理念,检验着哪些人格利益应当受到人格权法的保护,哪些不应当受到人格权法的保护。在笔者看来,认定的标准应该是,是否涉及受害人的人格尊严。例如,个人信息权究竟是一项人格权还是财产权,我国理论界一直存在争议。笔者认为,如果从维护人格尊严的角度看,个人信息是直接关涉人格尊严的,个人信息权是每个人都应当享有的、不受他人非法剥夺的权利,其所彰显的正是个人的尊严。个人信息常常被称为"信息自决权"(informational self-determination right),同样体现了对个人自决等人格利益的保护。⑤ 通过保护个人信息不受信息数据处理等技术的侵害,就

---

① See James Q. Whitman, The Two Western Cultures of Privacy: Dignity Versus Liberty, Yale Law Journal, (April 2004).

② See James Q. Whitman, The Two Western Cultures of Privacy: Dignity Versus Liberty, Yale Law Journal, (April 2004).

③ See Edward J. Bloustein, Privacy as an Aspect of Human Dignity: An Answer to Dean Prosser, 39 N. Y. U. L. Rev. 962, 971, 974 (1964).

④ See Edward Bloustein, Privacy as an Aspect of Human Dignity: An Answer to Dean Prosser, 39 N. Y. U. L. Rev. 34 (1967); Judith Thomson, The Right to Privacy, 4 Philosophy and Public Affairs 295–314 (1975).

⑤ See Margaret C. Jasper, Privacy and the Internet: Your Expectations and Rights under the Law, Oxford University Press, 2009, p. 52.

可以发挥保护个人人格尊严和人格自由的效果。① 对于每个人来说,无论是穷人还是富人、名人还是普通百姓,都享有对自己信息的权利,任何人不得非法收集、利用和传送该信息。正是因为个人信息彰显了人格尊严,所以有必要将其作为一项人格权来对待。

正是因为人格尊严是人格权法的重要内在价值,因此,在构建人格权的权利体系时应当以人格尊严作为重要的考量因素。民法的体系分为内在价值体系(die innere Systematik)和外在规则体系(die äußere Systematik)。外在体系是指民法的编纂结构等形式体系,内在体系即价值体系②,包括民法的价值、原则等内容。就人格权法而言,应当以人格权的权利体系为基础进行构建。而整个人格权的权利体系应当以人格尊严作为首要价值予以展开。我们已经探讨了一般人格权之中应当包含人格尊严的内涵,而就具体人格权而言,也应当以人格尊严作为确定权利类型以及权利内涵的重要考量因素。在我国,具体人格权包括生命权、健康权、姓名权、名称权、肖像权、名誉权、婚姻自主权等。我国《刑法》《律师法》《居民身份证法》等一系列法律也都对个人信息的保护作出了相应的规定。相关司法解释也承认了身体权、人身自由权等人格权。这些都涉及人格尊严,所以,都应当纳入具体人格权的范畴之中。尽管自然人的人身自由权、个人信息权、婚姻自主权和贞操权等,是否应当作为人格权存在争议,但是,它们与自然人的人格尊严存在密切联系,应当被认可为具体人格权类型。总而言之,正是因为人格尊严已经上升为人格权法的核心价值,其必然影响到人格权法的外在体系的构建。无论是一般人格权还是具体人格权,都应当围绕这一核心价值展开。同时,也正是因为人格尊严保护的强化,也促使了人格权法的迅速发展,并使得人格权法成为民法中新的发展领域。人格权法的独立成编只有以人格尊严为中心,才能构建一个内在完整和谐的逻辑体系。

五、强化人格尊严的保护应当使人格权法独立成编

关于人格权法是否应当在未来民法典中独立成编,在理论上一直存在争议。笔者认为,从维护人格尊严的角度出发,未来我国的民法典有将

---

① See Michael Henry (ed.), International Privacy, Publicity and Personality Laws, Reed Elsevier (UK), 2001, p.164.

② Vgl. Franz Bydlinski, System und Prinzipien des Privatrechts, Springer, 1996, S. 48 ff.

人格权法作为独立的一编加以规定的必要。

第一,人格权法独立成编是基于我国的立法体制和司法体制而作出的必然选择。如前所述,在许多国家,宪法上的人格尊严可以作为民事裁判的直接依据,从比较法上的发展趋势来看,宪法上的人格尊严现在越来越多地被认可为一种可诉之权利,日益突出并占据优势地位。[①] 但是,这种状况在我国却是不存在的。依据现行宪法,只有全国人大常委会有权解释宪法,法官无法通过解释宪法把保护人格尊严作为民事裁判规范加以适用。而宪法的不可诉性也决定了有必要在民法中对人格尊严作出更为清晰的规定,不仅需要通过一般人格权的设定,而且需要通过多项具体人格权的规定,来落实宪法对人格尊严的保护。

在现代社会,作为人格尊严具体化的人格权,其类型不断丰富和发展,从司法实践来看,大量的新类型侵权案件,如网络侵权、人肉搜索、性骚扰、对死者人格利益的侵害、对姓名及肖像的非法利用、对公众人物名誉权的侵害、新闻侵权、博客侵权等,都为人格权法律制度的发展提供了大量的素材。这些新型侵权对人格权的保护提出了新的挑战,也是人格尊严的法律维护面临的新问题。鉴于法官不能直接依据宪法规定解决这些问题,就必须通过大量的民法规范将各种人格权益予以确定。

第二,人格权法独立成编也是实现人格尊严的价值,适应人格权发展作出的选择。人格尊严作为人格权法的基本价值理念促进了各种新型人格权的发展,这一点主要表现在以下两个方面。一方面,个人信息权的发展。个人信息(personal information)是指与特定个人相关联的、反映个体特征的具有可识别性的符号系统,包括个人身份、工作、家庭、财产、健康等各方面的信息。现代社会是信息社会,个人信息的收集、储存越来越方便,信息的交流、传播越来越迅速,信息越来越成为一种社会资源,它深刻影响了人们社会生活的方方面面。所以,法律需要适应信息社会对个人信息保护提出的迫切要求。由于个人信息直接体现的是每个人的人格尊严[②],所以将个人信息纳入人格权的保护范畴才有助于实现人格尊严的保护。另一方面,网络环境下人格权益的发展。互联网的发展,使我们进入

[①] See C. MCCRUDDEN, Human Dignity and Judicial Interpretation of Human Rights, in 19 Eur. J. Int. L. 655, 667 (2008).

[②] See Michael Henry (ed.), International Privacy, Publicity and Personality Laws, Reed Elsevier (UK), 2001, p.164.

了一个全新的信息时代。尤其是博客、微博的出现,使得信息传播进入了崭新的时代。在现代网络技术的背景下,各种新类型的网络侵权,如人肉搜索、木马程序、网上的人身攻击等,都会侵害人格尊严。因此,在编纂民法典时应当回应这一变化,而最好的方式就是将人格权法独立成编,详细规定各种新型的人格权益,这也是民法适应社会变迁的表现。

第三,人格权法独立成编是保护弱势群体人格利益,强化特殊主体人格尊严保护的要求。从我国现有的立法来看,对残疾人、妇女、未成年人等特殊主体人格权的保护,主要散见于《妇女权益保护法》《未成年人保护法》《残疾人权益保障法》等特别法之中。笔者认为,在未来我国人格权法应对此集中、统一地加以规定。一方面,对特殊主体人格权的规定实际上是民法保障人权、注重实质正义的体现。民法不仅关注一般的人、抽象的人,也关注具体的人、特殊的人,尤其是弱者。另一方面,我国民法有保护特殊主体的传统,例如,《侵权责任法》中就患者隐私权作出了特别规定。这些传统规定对于强化弱势群体的保护发挥了重要作用,也表明民法对人格权的关注更为具体,为了延续这一良好传统,人格权法也有必要对特殊主体的人格权作出规定。在人格权法中规定特殊主体人格权时,除了应注意延续既有的法律经验,还应吸纳新的规范。例如,我国于2007年签署了《残疾人权利公约》,该公约具体列举了残疾人享有的各项人格权,其中一些表述与我国现行法的规定并不完全一致,如其中的"身心完整性"权利比身体权更合理,人格权法应予采纳。当然,人格权法对特殊主体人格权的规定属于一般规范,这些人格权更为具体的内容应在特别法中详加规定,以体现民法典与特别法的合理分工与协调。各项具体人格权都在很大程度上彰显了人格尊严,而对人格尊严的维护又促进了人格权的发展,这些都应当反映在人格权立法之中。

第四,人格权法独立成编是实现民法的基本目的,贯彻民法的基本原则的要求。人格权法的独立成编不仅不会破坏民法内在价值的和谐性,相反,还有助于实现现代民法的基本目标。一方面,以人格尊严为基本价值理念,是为了使人民生活得更加幸福和更有尊严,这也是国家存在的重要目的。[1] "人民的福祉是最高的法律"(Salus populi suprema lex)。任何社会和国家都应当以保护和实现人的发展为目的。[2] 在我国,全面建设小康社会不仅是要满足人民的物质需求,更要关心人们的精神生活需求。

---

[1] 参见杜宴林:《法律的人文主义解释》,人民法院出版社2005年版,第64页。
[2] 参见王家福等主编:《人权与21世纪》,中国法制出版社2000年版,第7页。

人格权制度的内容体系以及价值有助于满足人们精神上的需要。另一方面,维护人格尊严是民法平等原则的体现,平等意味着对每个人的无差别的对待。无论是什么人,都有其独立和不容抹杀的人格,尊重每个人的人格,是现代社会得以和谐有序存续的基础。例如,即使是犯罪嫌疑人,也享有不受剥夺的人格尊严,任何人也不得对其实施非法的侮辱和诽谤等行为。当前,我国社会生活中还存在不少随意搜索和公开犯罪嫌疑人身份、照片等信息的行为,甚至在一些地方屡屡发生过将失足妇女游街示众、给盗窃嫌疑人挂牌游街等严重侵害人格尊严的行为。这些都意味着,社会生活中对于人格尊严的价值的认识尚有不足,而法律所提供的保护也有欠缺。正因如此,才更有必要将人格权法独立成编,从而提升社会对人格尊严价值的认识,强化对人格尊严保护的完善。

第五,人格权法独立成编是民法人文关怀理念的具体体现。现代民法以人文关怀为基本理念,并在此基础上构建其价值体系。未来我国民法典的制定应当贯彻人文关怀的精神理念,并据此建构民法人格权的具体制度。传统民法过分注重财产权制度,未将人格权作为一项独立的制度,甚至对人格权规定得极为"简略"。这本身反映了传统民法存在着一种"重物轻人"的不合理现象。由于人格权没有单独成编,故不能突出其作为民事基本权利的属性。在当代民法中,人格权的地位已经越来越凸显,形成了与财产权相对立的权利体系和制度。甚至在现代民法中,人格权与财产权相比较,可以说更重视人格权的保护。① 在民法中,人格尊严、人身自由和人格完整应该置于比财产权更重要的位置,是最高的法益。② 财产权只是人提升其人格的手段,但人格权实现的客体是人格利益。人格价值和尊严具有无价性,所以与财产权相比,在通常情形下,人格权应当具有优先性。因此,要彰显人格尊严的价值,客观上也就要求人格权法独立成编。如果我们将人格权法单独作为一编予以规定,就需要构建其完整的内容和体系,同时在协调与民法典其他部分的基础上,充实和完善其内容。例如,以人格尊严为基础,构建妥当、完整的人格权权利体系。再如,针对现实中违反人格尊严的现象,法律可以有针对性地进行规定,如禁止对他人的不人道待遇、禁止从事侮辱他人人格的行为和职业、禁止出租身体、禁止有偿代孕、禁止人体器官有偿转让、禁止生殖性克隆、禁止

---

① 参见石春玲:《财产权对人格权的积极索取与主动避让》,载《河北法学》2010 年第 9 期。

② Vgl. Dürig, Der Grundrechtssatz von der Menschenwürde, AöR 1956, 119 ff.

非法的人体试验①、禁止当事人通过免责条款免除损害他人人格尊严的侵权责任等。

结　语

从全世界的范围来看,人格权都属于民法中的新生权利,人格权制度在民法中也是一项具有广阔前景的制度。加强和完善人格权制度,代表了现代民法的发展趋势。未来我国民法典应当在维护人格尊严的基础上,对人格权进行系统全面的保护,并在民法典中将人格权法独立成编地加以规定。任何一个中国人都应当有向往和追求美好生活的权利。美好的生活不仅仅要求丰衣足食,住有所居,老有所养,更要求活得有尊严。中国梦也是个人尊严梦,是对人民有尊严生活的期许,人格权法能够使人们活得更有尊严。

---

① 参见1997年《关于人权和生命医学的公约》第1条,2005年《关于生命伦理与人权的普遍性宣言》第2条以及《法国民法典》第16条。

人格权的属性

——从消极防御到积极利用*

在民法典分则编纂的过程中,对人格权是否应当独立成编争议很大,其中也涉及对人格权属性的不同认识。反对人格权独立成编的观点认为,人格权属于防御性权利,主要受侵权法保护。因此,只要在总则中集中列举人格权的类型,再辅之以侵权责任编的相关规定,即可有效保护人格权。简单说,通过"简单列举人格权类型+侵权责任方式"的立法模式已足以保护人格权,而无须通过独立的人格权编对人格权予以详细规定。笔者不赞同此种观点,认为人格权兼具消极防御和积极利用的效力,在此基础上应通过独立的人格权编确认各项人格权的类型和内容。以下就此问题作初步探讨。

一、消极防御说忽视了人格权所应有的法定性

将人格权定位为消极防御权与人格权天赋说具有密切关联。在一定程度上,法国法之所以始终没有形成完备的人格权规范体系,其中重要的原因之一便是受到"人格权天赋"这一自然法思想的影响。法国《人权宣言》与《1791年宪法》将人权明确宣示为自然权利,这意味着人格权是一种不言而喻的天赋人权。间接地催生了人格权不需要民法加以系统确认,而只需要交由侵权法的一般条款(《法国民法典》第1382条)予以概括保护即可的认识。① 如法国学者Nerson指出,人格权的主体是人,在这个基础上,不能转而再认为一个人具有对生命的权利、对身体完整的权利、对名誉或荣誉的权利。也就是说,在损害发生之前,受到《法国民法典》第1382条保护的受害者完全没有什么"抽象的"权利,其权利仅仅在

---

* 原载《中外法学》2018年第4期。
① 参见马特、袁雪石:《人格权法教程》,中国人民大学出版社2007年版,第15页。

损害发生之后才出现。① 与此类似,在德国人格权理论形成过程中,也有一种观点认为,人格权是一种"消极权利",是一种与生俱来、终生相伴的法定权利。其取得无须主体的积极行为,也不能发生任何变更、转让和放弃。此种权利仅存在不受侵害的问题,其本身并不存在权利人以积极行为"行使权利"的问题。② 具体而言,生命、身体、自由等人格权在性质上均为绝对权。绝对权的成立不以法律赋予其积极内容为必要,一般人均负不得侵害的义务。③ 按照该观点,人格权在性质上属于防御权,其功能在于维护个人人格的完整性。在这一功能定位之下,人格权主要受主体制度和侵权法规则调整,对于与个人主体资格存在密切关联的人格权,如姓名权,可以规定在主体制度之中,而对于其他人格权益,则可以借助侵权法规则对其加以保护。与上述观点类似,我国也有学者认为,我国民法典只需要在总则中集中列举人格权的类型,再辅之以侵权责任编的相关规定即可有效保护人格权。④

笔者认为,毫无疑问,天赋人权的意义在于增进权利取得的道德性和正当性⑤,同时避免和限制国家对人格权内容及其行使的过度干预,但是并不能以此否认权利的实在性。对法律权利而言,权利的道德性及价值上的正当性都是和法律实在性相互联系的,道德性用于证成权利的正当性和保护的必要性,实在性则是实在法提供具体保护的基础。实际上,债权、物权等权利受法律保护的正当性,也都可以说具有"与生俱来"的道德属性。

作为法律所保护的类型化的利益,任何权利都不可能脱离实在法而"自然"地存在。例如,就名誉权、肖像权等权利而言,中国几千年的封建社会并没有承认其属于权利。中华人民共和国建立后,这些权利在很长时期内也一直没有得到法律的承认。这也导致"文革"期间出现严重侵害人格权的现象,如挂牌子、"戴高帽"、"架飞机"、剃"阴阳头"、脸上涂墨、游街示众等。正是基于对"文革"惨痛教训的反思,《民法通则》确认了公

---

① See Nerson, Les droits extrapatrimoniaux, thèse de droit, Lyon, Edition Bosc et Riou, 199, pp. 356–363.
② 参见尹田:《人格权独立成编的再批评》,载《比较法研究》2015 年第 6 期。
③ 参见龙显铭:《私法上人格权之保护》,中华书局 1948 年版,第 2—3 页。
④ 参见李培林、陈甦:《民法典分则编纂中的人格权立法争议问题》,载《法治研究》2018 年第 3 期。
⑤ 参见汪志刚:《生命科技时代民法中人的主体地位构造基础》,载《法学研究》2016 年第 6 期。

民和法人的各项具体人格权。《民法通则》颁行后,我国人格权的案件数量逐年增加,公民的人格权保护意识提高。这表明,我们不能简单地说人格权仅仅是天赋的结果。没有法律的确认,这些人格权无从获得承认与保护。

作为一种理论,天赋人权的观念强化了权利的道德合理性和权利来源的正当性,但该观念本身却不能清晰阐释权利的范围本身,也不能对人格权之间的关系作出细致的描述。人格权确认的是人格利益,这些人格利益反映的是我们对人及社会关系的本质性认知。人格利益存在归属的确定性、范围的确定性和关系的确定性问题,单纯依据天赋理论是无法解决在现代社会的上述确定性问题的。例如,大数据开发中涉及个人信息,有关利益应当归属于数据开发者还是信息权利人(前提是法律承认此种信息权),便需要权衡考量多重因素。人工智能的发展,涉及人的声音、形体动作等权益的归属问题,天赋理论本身显然也无法解决上述问题。

另外值得说明的是,人格权天赋说只是表明了各项人格权存在的正当性,其与人格权的效力本身并没有直接关联。也就是说,即便承认人格权具有积极效力,也不会与天赋说相冲突。还应当看到,认为可以从天赋说当然推导出人格权属于纯粹的消极防御权,只有在遭受侵害时才能主张权利的学说,实际上是混淆了"人格权"与"人格"的概念。在人格权制度产生初期,历史法学派的代表人物萨维尼对人格权概念持批评态度。他认为,一个人无法拥有对自己的身体及其组成部分的权利,否则将导致个人享有自杀的权利。因此,个人对其自身的权利在实证法上也难以得到承认。① 历史法学派之所以对人格权概念持批评态度,是因为在他们看来,人格要素不能成为意思力的作用对象,无法满足主观权利以法律所赋予之意思力为核心的条件②,这也导致人格要素不能通过权利被保护③。而自 19 世纪末期以来,以德国学者噶莱斯(Gareis)为代表的学者提出应当区分主体资格和人格利益。④ 人格权以人格利益为客体,权利人支配的是其人格利益,不是对人自身主体资格的支配。在此基础上,人格权作为

---

① Vgl. Savigny, System des Römischen Rechts, Band 2, 1840, S. 334.
② Vgl. Larenz/Wolf, Allgemeiner Teil des bügerlichen Rechts, 4. Aufl., C. H. Beck, 2004, S. 239.
③ Vgl. Savigny, System des römischen Rechts, Band 2, 1840, S. 334.
④ See Neethling, JM Potgieter and PJ Visser, Neethling's Law of Personality, LexisNexis South Africa, 2005, p.7.

一项主观权利在法律上得到了认可。① 换言之,既然人格权支配的是人格利益,只有借助法律的确认,才能使个人对其人格利益的支配合法化。

人格权作为一种法定的权利,实际上是法律对各项人格利益进行类型化规定的结果,即法律赋予了权利人对其人格利益享有支配的权利。这种支配意味着权利人可以行使甚至利用其人格权,这也符合法律规定人格权的目的。近代社会,自权利概念产生以来,就存在意志理论和利益理论②两种解释路径。这两种理论其实都不否认权利人可以通过行使其权利而实现其意志和利益,人格权也不例外。一方面,作为一种主观权利,法律确认人格权时需要明确界定人格权的权利客体,从而使权利人对其人格利益的处分成为可能。③ 另一方面,法律确认了每项人格权益后,也必然需要对权利人控制、支配其人格利益的权利作出明确规定。从这一意义上说,人格权的积极行使也是人格权法定化的必然结果。如果其不能够行使和利用的话,则法律设定该权利的目的也就不复存在了。④ 我国《民法总则》第110条规定:"自然人享有生命权、身体权、健康权、姓名权、肖像权、名誉权、荣誉权、隐私权、婚姻自主权等权利。法人、非法人组织享有名称权、名誉权、荣誉权等权利。"该条所确认的各类人格权,除生命权外,都是可以积极行使的,甚至某些人格权是可以利用的,而非消极防御性的权利。⑤

从历史发展来看,人格权的类型和具体内容是随着社会经济的发展而逐渐丰富,并获得法律确认的。正是通过法律的确认,人格权的行使和利用方式才日益多样化。一方面,各类新型人格利益得以确认。现代社会进入了一个互联网、大数据时代,科学技术发展日新月异,这也使得许多新型人格利益不断涌现。比如,随着大数据技术的发展,个人信息逐渐成为一项新型的人格利益;再如,在现代社会,随着影视技术、声控技术、网络技术等高科技的发展,声音的利用方式越来越多样化,声音的用途越来越广泛。声音可以直接发出指令、打开房门、开启电子设备(如开启电

---

① Vgl. Leuze, Die Entwicklung des Persönlichkeitsrechts im 19. Jahrhundert,1962, S. 93.
② 参见税兵:《超越民法的民法解释学》,北京大学出版社2018年版,第96页。
③ See Neethling, JM Potgieter and PJ Visser, Neethling's law of personality, LexisNexis South Africa, 2005, p. 12.
④ See Neethling, JM Potgieter and PJ Visser, Neethling's law of personality, LexisNexis South Africa, 2005, p. 24.
⑤ 严格来说,本文所说人格权的利用,实际上指的是对人格要素(personality attributes,如肖像、名称等)的利用。

脑、手机等)和汽车等。声音的独特性具有替代指纹等其他个人特有标志的功能,并且越来越成为一种重要的人格标志。与此同时,复制、传播、模仿个人声音的方式方法越来越多,声音一旦被仿冒,就可能侵害个人的人格利益,也可能造成其他财产损害。这就有必要强化对声音利益的保护。① 正因为这一原因,一些国家的民法典(如《秘鲁新民法典》第15条)明确规定了声音权。另一方面,法律确认某些人格权的财产利益,并允许一些人格权可以进行经济上的利用。按照传统观点,人格权在性质上属于纯粹精神性的权利,并不包含财产价值。而随着社会的发展,姓名权、肖像权的财产利益,尤其是个人信息、隐私中的财产利益不断显现。因此,有的国家(如美国)开始采用公开权来概括这一类现象,有的国家则通过人格权制度来保障人格权的商业化利用。"人格权上财产利益的肯定,非谓将人格权本身加以财产化,而是肯定个人的一定特征具有财产价值。"② 正是因为人格权财产利益的确认,人格权的行使和利用成为必然。尤其应当看到,法人和非法人组织的人格权的确认更加表明了人格权所应有的法定性。一些学者认为,人格权是与生俱来的权利,属于天赋人权。因此,只能由自然人享有,不可能由法人享有。对于自然人来说,一般认为人格权是不可转让、不可继承,同时也是不可抛弃的,其始于出生,终于死亡。③ 天赋说主要解释自然人的人格权,但无法解释法人和非法人组织的人格权。但这一类人格权的出现对于人格权的体系产生了重大影响,这些权利天然具有财产属性,而且也不可能是天赋的和与生俱来的。法人和非法人组织的人格权都是可以行使和利用的。

总之,随着现代社会的发展,人格权的体系越来越庞杂,人格权体系本身具有开放性。天赋理论虽然能够论证人格权保护的正当性,但无法解决人格权的确认、发展和保护等问题。这就需要法律对人格权作出细化规定,从而使人格权取得法律的实在性,以更好地实现对人格权的行使和利用,并实现法律设定人格权的目的。

---

① 参见李林启:《论发展着的人格权》,载《湖南科技大学学报(社会科学版)》2012年第2期;马骏驹、刘卉:《论法律人格内涵的变迁和人格权的发展——从民法中的人出发》,载《法学评论》2002年第1期。

② 王泽鉴:《人格权法:法释义学、比较法、案例研究》,北京大学出版社2013年版,第296页。

③ See Neethling, JM Potgieter and PJ Visser, Neethling's law of personality, LexisNexis South Africa, 2005, p. 13.

二、消极防御说忽视了物质性人格权所具有的积极权能

消极防御说的出发点在于"生命、身体、自由等,乃吾人所自然享有者,虽得由法律限制其范围,然不须由法律许可其享受。若就生命、身体、自由等人格的利益,认生命权、身体权、自由权等权利,则人为权利之主体,同时为其客体,且吾人即不能不认为各个人有自杀之权利"[1]。这种认识与人格权的初始发展相联系,即刚开始对人格权的认知和研究主要局限在物质性人格权,即生命、身体、健康权之上,基于相应社会观念的限制,物质性人格权只突显其消极权能。正如萨维尼所说:"一个人是不能拥有对自己的身体及其各个组成部分的权利的,否则人就会拥有自杀的权利。"[2]如果允许对生命和身体进行积极使用、收益和处分,自杀、器官买卖、卖淫等都将被认为是人格权行使的必然,这本身就是与人格权发展相违背的。

就学术发展历史来看,消极防御说最早可追溯到19世纪。如噶莱斯认为:"对于其他人而言,法律并不要求其以积极的行为来帮助权利人实现这种权利(人格权),而只是要求他成为一个不作为的义务主体……"[3]基尔克在讨论人格权的财产性问题时,从侧面提及了人格权的"不可转让"性。他认为"人格权是不能被当作财产权来理解的……原则上,人格权被当作一种自身最高的人格权利,但是这种最高的权利并不是可以转让的"[4]。这种人格权不可转让的观点在某种程度上启发了人格权不可占有、使用、收益、处分的论点。其后,拉伦茨也关注到了人格权的消极性问题。他认为:"人格权根据其实质是一种受尊重的权利,一种人身不可侵犯的权利。"[5]这种"人格权是一种受尊重权"的观点后来被进一步理解为了现实的"防御权能"[6],即排除他人不法侵害的权能。

---

[1] 龙显铭:《私法上人格权之保护》,中华书局1948年版,第2页。
[2] Savigny, System des römischen Rechts, zweiter Band, 1840, S. 334.
[3] Gareis, Das juristische Wesen der Autorrechte, sowie des Firmen-und Markenschutzes, in: Buschs Archiv für Thorie und Praxis des allgemeinen deutschenHandels-und Wechselrechts, Band 35, 1877, S. 185, 199 f.
[4] Gierke, Deutsches Privatrecht, Band 1, 1895, S. 706 f.
[5] 〔德〕卡尔·拉伦茨:《德国民法通论》(上册),王晓晔等译,法律出版社2003年版,第379页。
[6] 温世扬:《论"标表型人格权"》,载《政治与法律》2014年第4期。

在我国，认为人格权具有"防御性"的学者提出"人格权之本质不在于使用、收益或处分人格利益，而在于防御"。认为人格权的目的"通常不存在与权利使用、收益或处分相关的规定；它不是实现目的的手段，其存在本身即为目的，因而无须像物权那样只有经由对权利客体的支配才能享有权利之益"①。这种观点是包含两个层次的：其一，人格权具有消极防御侵害的权能；其二，人格权不具有积极占有、使用、收益、处分的权能。自19世纪末到20世纪初期，这样的观念逐渐渗透到了立法与司法中。当时编撰的一系列民法典都是以人格权的防御性请求权为核心展开的。德国通过类推适用《德国民法典》第1004条关于物权请求权的规定赋予人格权排除妨害和不作为请求权。②1912年的《瑞士民法典》第28条作为人格权保护的一般条款也赋予了权利人排除妨害等多种防御性请求权。而《日本民法典》则通过第709条对侵权行为的概括规定以及第710、711条具体列举作为禁止加害对象的人格利益的方式对人格权加以保护，具体包括身体、自由、名誉和生命。③在法国，一开始是通过1804年《法国民法典》第1382条侵权责任法的概括性保护规定对个人课以不得侵害他人人格的绝对义务。④

应该认识到的是，以物质性人格权为考察重点，并得出人格权具有消极权能，具有一定的合理性。但随着社会发展和观念进步，人格权的类型有了很大的扩展，物质性人格权已远远不能胜任人格权的代表和基础。在精神性人格权日益发展的情况下，不少人格权都具有积极利用的权能。比如，权利人可以对其姓名权、名称权、肖像权等进行商业化利用。⑤又如，保护个人信息权利旨在保护个人对其个人信息的自决。⑥此种自决就

---

① 李培林、陈甦：《民法典分则编纂中的人格权立法争议问题》，载《法治研究》2018年第3期。
② 参见韩强：《人格权确认与构造的法律依据》，载《中国法学》2015年第3期。
③ 参见〔日〕星野英一：《私法中的人——以民法财产法为中心》，王闯译，载梁慧星主编：《民商法论丛》（第八卷），法律出版社1997年版，第181页。
④ 参见石佳友：《人格权立法的历史演进及其趋势》，载《中国政法大学学报》2018年第4期。
⑤ 参见王泽鉴：《人格权法：法释义学、比较法、案例研究》，北京大学出版社2013年版，第255页。
⑥ 例如，中国人民银行《个人信用信息基础数据库管理暂行办法》第17条第2款规定："征信服务中心发现异议信息是由于个人信用数据库信息处理过程造成的，应当立即进行更正，并检查个人信用数据库处理程序和操作规程存在的问题。"

包含了对个人信息的利用等自主决定权。① 可以说,这些权利现象代表了人格权在 21 世纪的最新发展,说明人格权并非仅具有防御性功能,而且还具有积极保护和确认的功能。

不仅如此,对权利和利益的深入研究表明,物质性人格权也有积极权能。在此方面,德国学者拉伦茨和卡纳里斯教授的观点就相当有代表性。他们认为,第 823 条第 1 款保护的"权利"和"法益"的主要特征是这些权利和法益具备"归属内容"(der Zuweisungsgehalt)和"排除功能"(die Ausschlußfunktion),而归属内容和排除功能是侵权保护的基础。归属内容指所有权人可以自由处置其物,而排除功能则指可排除他人的干涉。② 德国民法学理论也将归属内容称为积极权能或积极影响,即所有权人对物享有从事实上和法律上施加影响的全面权限;将排除功能称为消极权能或消极影响。因此,归属内容也被称为利用功能(die Nutzungsfunktion)。③ 就生命、身体和健康等人格法益而言,拉伦茨和卡纳里斯教授认为,它们不仅具备排除功能,而且还具备归属内容,即还具有一些积极权能。按照拉伦茨和卡纳里斯的分析,上述人格法益的归属内容体现在,尽管它们不像所有权那样可以转让,但仍然存在个人可以"自由处置"的法益,即权利人在法律规定的范围内可以积极行使这些权益,自主地作出决定,尤其是在个人的生命、健康、身体等遭受一定的危险或可能遭受损害的情形下,权利人自主作出决定本身就体现了对这些权利的行使。④ 换言之,允许他人侵害自己的身体、健康或承担受侵害的可能性本身就体现了归属内容。据此,生命、身体和健康法益不仅具有消极权能,而且还具有积极权能。

从人格权的社会现实来看,以拉伦茨和卡纳里斯教授的观点为代表的物质性人格权的观念具有合理性,主要表现在:

其一,许多国家承认患者享有拒绝维生治疗的权利。如《魁北克民法典》第 13 条允许临终状态的患者拒绝无意义或者带来巨大痛楚的治疗,从而尊重患者本人的意愿。又如法国法虽禁止积极安乐死,但自 2016 年

---

① 参见韩强:《人格权确认与构造的法律依据》,载《中国法学》2015 年第 3 期。
② Vgl. Larenz/Canaris, Lehrbuch des Schuldrechts, Besonderer Teil II 2, 13. Aufl., 1994, C. H. Beck, §76 I 1a, S. 373 f.
③ Vgl. Althammer, in: Staudinger Kommentar, 2016, BGB §903, Rn. 10-11; BeckOK BGB/Fritzsche, 2017, BGB §903, Rn. 20.
④ Vgl. Larenz/Canaris, Lehrbuch des Schuldrechts, Besonderer Teil II 2, 13. Aufl., 1994, C. H. Beck, §76 I 1a, S. 374.

修订了著名的 Léonetti 法案后,允许临终状态的患者"深度且持续的镇静",在不感到痛楚的情况下自然死亡。① 这也是人文关怀的具体表现,让人享有有尊严地离开人世的机会。其理论基础在于,生命权并不意味着人有"生存的义务",人格尊严意味着人不仅要有尊严地活着,而且还要有尊严地死亡。这实际上也是生命权、健康权行使的一种方式。

其二,在身体权方面,器官捐献就是权利人对身体的积极利用。器官捐献是指自然人自愿、无偿地捐献自己的器官、血液、骨髓、角膜等身体的组成部分甚至捐献全部遗体的行为。例如,在日本 X 教派教徒输血案②中,法院明确提出患者对于自己身体的部分拥有自我决定权。目前各国法律普遍禁止器官的买卖和变相买卖,认为此种行为不仅违反公序良俗,而且可能引发道德危机,危害社会秩序。因此,器官买卖协议不仅是无效的,而且行为人可能还需要承担其他法律责任。但法律对器官捐赠普遍持鼓励态度,因为随着医学技术的发展,器官捐献对救死扶伤、促进医学发展等具有重要意义。器官捐献行为也有助于弘扬社会主义的互助精神,并有助于医学的发展。因此,具有完全民事行为能力的自然人依法有权自主决定无偿捐献其人体细胞、人体组织、人体器官。个人对其身体组成部分进行合法捐赠,只要不违反法律规定和公序良俗,法律也不禁止。随着生物科技的发展,无偿代孕也得到了许多国家的承认。此外,人们日常生活中的很多活动都是积极行使身体权的表现,如自己刮胡子、剪指甲、剪掉手指上的死皮、献血,同意他人为自己理发、修眉毛、文身,这些都体现了对身体、健康的处置或利用。

其三,在健康权方面,虽然《合同法》第 53 条禁止当事人之间订立造成对方人身伤害的免责条款,但这并不是说,健康权完全无法行使。如在特殊情形下依法进行的经患者同意的人体试验(如药物开发过程中的临床药物试验),就涉及试验者健康权的行使。又如我国《侵权责任法》第 55 条所规定的患者的自主决定权:在进行诊疗手术之前,医院如果进行手术等重大诊疗行为的,必须事先征得患者的同意才能进行相应的手术。这也是患者对自己的身体权、健康权进行行使和处分的行为。上述实例表明,健康权也是可以进行积极行使,而非只能消极防御的权利。

---

① Anne Laude, Bertand Mathieu, Didier Tabuteau, Droit de la santé, PUF, 2009, p.581.
② 参见〔日〕五十岚清:《人格权法》,〔日〕铃木贤、葛敏译,北京大学出版社 2009 年版,第 188 页。

三、消极防御说忽略了精神性人格权的积极行使和利用

消极防御理论主要以物质性人格权为理论原型,其中心在于物质性人格权的消极防御和保护,而忽略了精神性人格权的产生和发展。精神性人格权主要包括姓名权、肖像权、名誉权、荣誉权、隐私权等人格权。随着社会的发展,精神性人格权的商业利用已成为经济选择的必然。诸如姓名、名称的决定、变更与使用,肖像的拥有、再现、许可和公开,隐私的隐瞒、处分、自主使用权等都是人格权积极行使的体现。事实上,在人格权体系中,人格权作为一种开放的、发展中的权利,其中最为重要的发展表现在精神性人格权方面——许多精神性人格权在行使和利用方面逐渐扩张。

消极防御说忽略了精神性人格权的积极行使,无法回应现代社会发展的需求。随着经济社会的发展,尤其是现代大众传媒业的发展,个人姓名、肖像等精神性人格权益的利用方式越来越多样化。例如,光学技术的发展促进了摄像技术的发展,也提高了摄像图片的分辨率,使得夜拍图片具有与日拍图片同等的效果,这也使得对肖像权的获取与利用更为简便。同时,随着现代科学技术的发展,许多新型人格利益不断涌现。这些新型人格利益的利用也日益普遍,如个人特有的声音也可以成为经济利用的对象。再如,我们已经进入了一个大数据时代和信息社会,大数据技术能够有效整合碎片化的个人信息,实现对海量信息的分析和处理,而且通过共享发挥其经济效用,这也使得个人信息所包含的经济价值日益凸显。从比较法上看,许多国家都在立法或者司法实践中积极回应了人格权的积极利用问题。例如,德国联邦宪法法院在人口普查案中对"个人信息自主权"即主体对自己的信息的控制、知悉、查阅、修改和删除权的创设。[①]美国1974年《隐私法案》(Privacy Act)也对个人信息的利用作出了规定,如该法第552a条就规定了个人信息的利用问题。最近,美国加利福尼亚州也通过了《2018加州消费者隐私法案》,强化了消费者对其个人信息数据的处置权,堪称是全美各州中最严网络隐私保护法规。欧盟《一般数据保护法》(GDPR)也对个人信息的积极利用作出了规定,例如,该法第6条

---

① 参见《西德联邦宪法法院裁判选辑》(一),萧文生译,《司法周刊》1995年版,第288—384页。

即对个人信息处理的合法性作出了规定,其中也包括了个人信息的积极利用。

人格权消极防御说忽略了精神性人格权的积极利用,而这正是人格权在当代社会中的发展趋势。具体表现在如下几个方面:

第一,姓名权、名称权的积极行使和利用。姓名的主要功能在于防止个人身份的混淆,但随着社会的发展,姓名所具有的身份区分功能也使得其具有商业利用的价值。例如,在日本的暴力团成员更姓案、近亲性侵被害者更姓案中,则对当事人的姓名变更权予以支持。① 德国联邦宪法法院在"真实表达自己姓名之权"裁定对姓名使用权进行了认可。② 再如,将名人姓名用于商业广告可以对商品或者服务的销售起到重要的促进作用。在德国法上,最先肯定姓名权中包含经济价值的案件是 1959 年的 Caterina-Valente 案。在该案中,联邦最高法院认为,在原告事先已经对其姓名进行商业化利用的前提下,应以假定的许可使用费作为损害赔偿的计算标准。在我国,依据法律规定名称权可以转让,在司法实践中姓名也可以用作商标或企业名称。从立法层面看,《民法通则》第 99 条规定:"企业法人、个体工商户、个人合伙有权使用、依法转让自己的名称。"该条对名称权的利用规则作出了规定。这一立法经验应当在我国民法典中继续予以保留。

第二,肖像权的积极行使和利用。最初人格权保护的是身体的完整性,但人们逐渐认识到,肖像权,包括其中的经济价值,也有保护的必要。最先肯定肖像权中经济价值的案件是 1956 年的 Paul Dahlke 案,德国联邦最高法院在该案的判决中称,对肖像权的保护不仅体现在行为人未经许可利用他人肖像权时的经济赔偿责任,还体现在赋予权利人对其肖像享有"经济价值的专有权"(des vermögenswertes Ausschliesslichkeitsrecht),即权利人有权据此许可他人有偿使用其肖像权,被告应当赔偿原告遭受的损失,该损失按照被告取得原告许可使用其肖像权所应当支付的费用计算。③ 从立法层面看,我国《民法通则》第 100 条规定:"公民享有肖像权,未经本人同意,不得以营利为目的使用公民的肖像。"该条实际上是肯定了肖像权的商业化利用。例如,在实践中,权利人许可他人在其产品包装、广告宣传中使用其肖像,或者将个人肖像用在挂历或者宣传册之中,

---

① 参见张红:《姓名变更规范研究》,载《法学研究》2013 年第 3 期。
② BVerfGE 97, 391 (408).
③ BGHZ 20, 345; NJW 1956, 1554.

甚至将个人肖像用作产品的商标。即使在个人死亡后,其肖像仍然对产品或者服务有宣传作用,仍然具有一定的经济利用价值。

第三,名誉权、信用权的积极行使和利用。传统上,法律关于名誉权的规则主要处理名誉权受到侵害后被保护的问题,但现代市场经济社会在名誉权的基础上又产生了一种新的名誉利益即信用利益。信用是一种对个人经济活动能力的评价,良好的信用既可以便利个人的经济活动,也可以通过为他人提供担保等方式而积极利用。同时,在信用权益遭受侵害时,权利人除遭受精神损害外,还可能遭受一定的财产损失,权利人有权请求行为人承担财产损害赔偿责任。从实践来看,随着个人信息的收集、"黑名单"设置、信用记录的收集等现象的出现,信息失真、记载错误等也给相关当事人的社会生活和经济交往活动带来了不良影响。若行为人实施上述行为,即使未确定是否构成侵权,权利人也有权主张修改、补充、更新乃至删除。这也是人格权积极行使或者利用的具体体现。

第四,隐私权的积极行使和利用。现代社会,隐私的保护越来越重要。美国有学者指出,法律的最严峻挑战是如何保护个人的隐私。① 隐私权最初的功能限于维护个人私人生活的安宁,但随着社会的发展,隐私权的权能也在不断扩大,其中也包括了权利人对其私人生活的自主决定权,如个人有权独立安排自己的私人生活、有权控制自己的个人信息等。这种对自我生活的控制也是隐私权的重要内容,也体现了隐私权的积极行使效力。这种自我决定不仅仅是消极的防御,还包括对个人行为的自主决定。例如,个人将其经历写成个人传记出版、销售,允许他人将自己的隐私写成小说、剧本发表,或者借助网络直播其私人生活情况等。又如,在网络直播平台上,在不违反公序良俗的情况下,有人自愿放弃自己的隐私,向付费的观众直播等。只要不违反法律的强制性规定和公序良俗,法律也不禁止,此类情形均属于对隐私权的积极利用。

第五,个人信息权的积极行使和利用。20世纪以来,比较法上,普遍认为保护个人信息权利的目的是保护个人对其个人信息的自决。个人对与其人格利益有关的事务,也享有决定权。此种自决就包含了对个人信息的利用等自主决定。随着互联网、大数据技术的发展,个人信息的利用已经形成了一个巨大的产业。另外,在个人信息收集、利用不完整的情形下,其权利人享有修改、更正、补充等权利。在行使该权利时,即便行为人

---

① See Michael Froomkin, Cyberspace and Privacy: A New Legal Paradigm? The Death of Privacy?, Law Review, Vol. 52, 1476 (2000).

没有构成侵权,也应强化对个人信息权利的保护,赋予其请求相关主体对信息进行补充、更正、修改以及回应等积极权能,而不能仅在构成侵权时才对其进行救济。

上述分析表明,人格权的商业化利用以及人格权包含一定的财产价值,也是未来人格权发展的趋势,在某些人格权具有财产利益的前提下,人格权也具有积极利用的权能。人格权本身就是为了保护人格尊严和人格自由。人格自由的发展是实现日益增长的美好生活需要的必然要求。这不仅要求保障人格尊严、人格自由不受侵害,还要求允许个人利用其人格要素不断完善发展自身,这也是人格发展的重要内容。就人格权的积极行使而言,只有允许权利人积极依法行使其人格权,才能增进个人人格自由,全面保护个人的人格权。例如,取名不当,应当允许个人对不当的姓名予以更改;个人信息记录记载不实,应允许个人请求删除、更正;某企业将某人长期、不合理地列入"黑名单",影响个人的经济活动,个人应有权要求将其从名单中删除;医疗机构在实施手术、特殊检查、特殊治疗时,应当向患者说明医疗风险、替代医疗方案等情况,并取得其书面同意;等等。所有这些都是人格权行使的重要体现。在权利人行使这些权利时,以相对人行为是否构成侵权为前提。

人格权兼具消极防御和积极利用的权能。人格权的这一系列发展说明人格权本身究竟是消极防御的权利,还是积极利用的权利,不是由先天的某一种知识所决定,也不是由某一种观念所左右。相反,它取决于我们经济和社会的发展以及科学技术的进步。权利的本质是实现人们利益的法律上之力。① 这就决定了权利作为利益的实现方式会随着利益内涵的发展而延伸出不同的实现形式,这是权利流变的必然结果,也是权利应对社会发展的自我完善方式。② 如果说19世纪到20世纪中叶对物质性人格权的认识是带着彼时人文主义思潮的余温的,那么,20世纪中叶至今人格权自我决定权、商业利用权的发展则是比较法与中国法共同选择的必然。于此之时,摆脱《法国民法典》《德国民法典》《瑞士民法典》这三部世界公认的杰出法典于编撰之初不可避免的局限,正视人格权发展的必然,才是21世纪人格权立法当有的继往开来之意。

---

① 参见彭诚信:《主体性与私权制度研究——以财产、契约的历史考察为基础》,中国人民大学出版社2005年版,第190—191页。
② 参见张红:《人格权各论》,高等教育出版社2015年版,第9页。

四、人格权保护方式的多样化促使人格权从消极防御向积极权能发展

人格权消极防御说的主要依据在于对生命、健康权采取一种消极的防御方式。消极防御方式可以保护生命健康权,也可以保护精神性人格权。然而,仅仅是消极的防御方式不足以实现对人格权的全面保护。这是因为人格权作为绝对权,应当具有损害预防的功能。即使是在没有构成侵权的情形下,只要有可能造成对人格权的侵害,权利人也可以主张人格权请求权,预防未来发生的损害。尤其是在互联网、大数据时代,强化对侵害人格权损害后果的预防更加重要。① 网络技术在给我们带来极大便利的同时,也给我们的生活带来了一些负面影响。与传统社会的信息传播方式不同,网络信息的传播具有即时性,而且因为网络的无边界性以及受众的无限性,可以瞬间实现信息在全球范围的传播,并可以无数次地下载,网络环境对信息的传播具有一种无限放大效应。甚至可以说,在网络环境下,侵害人格权的损害后果具有不可逆性——损害一旦发生,即难以恢复原状。② 因此,就人格权保护而言,应当更加重视对损害后果的预防。例如,对个人信息的保护,如果存在巨大的安全隐患,可以采取加密等措施保护信息的安全。为防止损害后果的发生和扩大,即便损害尚未发生,也应当赋予个人积极维护其个人信息安全的权利。

还应当看到,为了强化对人格权的保护,仅仅使得相对人负有不侵害义务是不够的,还需要依法确定相关主体的积极作为义务。例如,对网络平台施加一定程度的积极作为义务。在进行网络交易时,网络用户可能需要提交大量的个人信息,而且在交易过程中,网络用户的消费习惯、消费能力、个人地址等也可能会被网络交易平台利用 Cookie 等技术收集。因此,可以说,一些大型的网络交易平台掌握着海量的个人信息,一旦这些个人信息被泄露或者被不当使用,即可能对网络用户的隐私和个人信息造成重大损害。在大数据的开发中,单个数据的价值可能是很有限的,但是当相当数量的数据积累起来,通过特定的算法和整理,就会从量变到

---

① 参见〔德〕格哈德·瓦格纳:《损害赔偿法的未来——商业化、惩罚性赔偿、集体性损害》,王程芳译,中国法制出版社 2012 年版,第 128 页。

② See Creech, Electronic Media Law Regulation (Fifth Edition), Elsevier Focal Press, 2007, p.288.

质变,变成和个人的私人生活和人格尊严密切联系的信息。平台如果对众多的个人信息进行收集、分析和利用,就可能对个人的私人生活造成重大妨害。尤其是,如果平台未采取必要的安全维护等措施,导致海量的个人信息泄露,造成的后果也是非常严重的。所以,在此情形下,信息权利人应当有权请求平台采取相关措施,履行信息安全保障义务,防止个人信息的泄露。

在互联网和大数据时代,名誉、隐私、肖像、姓名等精神性人格权,很容易遭到他人的侵犯,且损害后果具有易扩散性和不可逆性。如果将人格权的效力界定为纯粹消极防御性的权利,则只有在遭受侵害后,权利人才能主张救济,这显然不利于保护人格权。因为在许多情形下,即便相关行为尚不构成侵权,个人的人格权的实现也可能受到不当影响。此时,应当允许权利人积极行使人格权,以消除影响其人格权圆满实现状态的原因,防止损害的发生和扩大。从比较法上看,许多国家都在保护人格权中承认了回应权、更正权等权利。我国应借鉴这些立法和司法审判经验,有必要突破人格权消极防御的理论瓶颈,允许权利人采取一些必要的保护人格权的措施。具体而言,包括如下几种:

一是更正权。更正权是指新闻媒体所刊载的报道内容失实或有明显错误,侵害他人人格权的,受害人有权要求媒体及时更正。如果媒体拒绝更正,权利人有权请求人民法院责令其限期作出更正。新闻报道具有很强的时效性;在不实报道刊出后,如果在受害人请求后,媒体及时作出更正,将可以把对受害人人格权的侵害降低至最低限度,在最大限度上减少损害。[①] 我国已经有行政法规对更正权作出了规定。《出版管理条例》第27条第2款规定:"报纸、期刊发表的作品内容不真实或者不公正,致使公民、法人或者其他组织的合法权益受到侵害的,当事人有权要求有关出版单位更正或者答辩,有关出版单位应当在其出版的报纸、期刊上予以发表;拒绝发表的,当事人可以向人民法院提起诉讼。"

二是回应权。回应权(right to reply)是指有关报刊、网络等媒体披露报道直接涉及他人名誉和其他人格权益,权利人认为其中的事实存在错误,可以请求该媒体及时免费刊载其澄清相关事实的回应。该权利最早源自法国,由法国1881年7月29日颁布的法律所规定,它一开始就被认为是一项人格权。《瑞士民法典》在1983年修订后,以第28、28l条等条

---

① 参见陈力丹:《更正与答辩——一个被忽视的国际公认的新闻职业规范》,载《国际新闻界》2003年第5期。

文详细规定了"回应权"。法律承认该权利的必要性在于,赋予受害人回应的权利就能够使其在发现相关事实失实后,能够迅速针对不实事实作出澄清,消除相关报道可能产生的不良后果。① 因此,回应权也可被视为是消除影响的一种具体方式。在更正和回应的情况下,根本不需要确定有侵权的发生。也就是说即使在没有确定发生侵权的情况下,如果出现了需要更正或者回应的情形,权利人也有权行使这些权利。这是为了维护名誉的完整性,防止不法侵害的发生和扩大等。

三是诉前禁令。从比较法上看,在人格权遭受威胁或者持续侵害的情形下,几乎所有的法律体系中都采用了禁令制度。② 禁令的适用并不要求具有不法性,也不要求具有过错③,在互联网和大数据时代,这一救济方式对人格权的保护具有重要意义,我国民法典的人格权编应当对其作出规定。例如,针对非法尾随、跟踪,权利人有权请求法院颁发禁止令,禁止行为人尾随、跟踪。事实上,我国司法实践中已经开始采用这一救济方式,例如,在钱钟书书信案中,法院即采用了诉前禁令的方式。④

四是请求删除、修改、补充权。随着个人信息的收集、"黑名单"的设置、信用记录的收集等现象的出现,信息失真、记载错误等也给相关当事人的社会生活和经济交往活动带来了不良影响。如果出现此种情形,应当允许权利人请求对相关失真和错误的信息进行删除、修改和补充。⑤ 在行使该权利的情形下,即便行为人没有构成侵权,也应当强化对个人信息权利的保护,赋予权利人请求相关主体对信息进行删除、修改和补充等积极权能,而不能仅在构成侵权时才对权利人进行救济。

上述这些对人格权保护的措施本身就是人格权积极权能的体现。人格权的这些多元化的保护方式已经大大突破了对人格权的简单消极防御,而施加给特殊行为主体以更为积极的行为义务,使得人格权主体对其人格权的保护更为主动、有效和全面。

---

① Vgl. Ursula Kerpen, Das Internationale Privatrecht der Persönlichkeitsrechtsverletzungen, Berlin, 2003, S. 134.

② Vgl. E. Guldix, A. Wylleman, De positie en de handhaving van persoonlijkheidsrechten in het Belgisch privaatrecht, Tijdschrift voor Privaatrecht 1999 1585, p. 645 ff.

③ Vgl. Kerpen, Das internationale Privatrecht der Persönlichkeitsrechtsverletzungen-Ein Untersuchung auf rechtsvergleichen der Grundage, 2003, S. 26.

④ 参见李恩树:《钱钟书书信案引出新民诉法首例诉前禁令》,载《法制日报》2014年2月26日,第5版。

⑤ 参见张钱:《个人征信侵权责任认定中存在的问题分析》,载《法律适用》2014年第3期。

五、人格权的积极行使与利用必然要求强化人格权立法并使其独立成编

对人格权属性的探讨并不是为了满足某种理论的偏好,也会对民法典人格权编的体系、规则设计产生重要的影响。如前所述,反对人格权独立成编的理由在于,人格权属于消极防御性的权利,只有在遭受侵害的情形下,受害人才能依据侵权法规则主张权利,权利人不能积极行使人格权。鉴于此,只需要简单列举人格权的类型即可,侵权法规则足以应对人格权保护问题。

笔者认为,随着人格权观念的发展和人格权积极利用权能被揭示出来并日益凸显,在有机会重新制定民法典时,应重新设计相关制度体系。在此首先涉及对人格权的确认问题,这就是拉伦茨和卡纳里斯教授所指出的,应当确立权利所具有的归属功能,也就是说,这些权利具有哪些内容,应当归属于谁,由谁支配和行使。在德国,除了前述对物质性人格权积极权能的学理分析,司法实践和学理还将姓名权、肖像权等具体人格权归为《德国民法典》第823条第1款意义上的"其他权利",它们同样具有利用功能和排除功能。这一点已经成为共识。① 不仅如此,在不当得利法领域,姓名权、肖像权的归属内容也已被承认,即权利人得自主决定是否将自己的姓名、肖像交给第三人商业化利用。②

在我国,正如前述,物质性人格权已有积极行使的实践。而姓名权和肖像权等精神性人格权的积极权能便更无疑问。比如,权利人使用姓名以表明自己的身份,固然体现了姓名权的积极权能。然而,在他人询问的情况下,拒绝告知自己的姓名,同样也是姓名权的行使,同样体现了姓名权的积极权能。这表明,即使没有发生侵权行为,权利人仍然能积极行使姓名权。又如,权利人不仅自己能公开自己的肖像,还可以同意他人制作、公开自己的肖像。即未经权利人许可,他人不得制作和公开权利人的肖像。人格权有积极的使用权能,便存在依法确权的问题。这种确权功能显然是侵权法作为救济法难以负担的功能,只能由作为权利法的人格权法负担。正是因为人格权能够行使或积极利用,法律上有必要对人格

---

① Vgl. Jauernig/Teichmann, 16. Aufl., 2015, BGB §823, Rn. 12 f.
② Vgl. BeckOK BGB/Wendehorst, 2017, BGB §812, Rn. 130; Schwab, in: Münchener Kommentar zum BGB, 7. Aufl., 2017, BGB §812, Rn. 312.

权行使和利用的效力、利用的方式等作出规定。而这些问题显然不能交给侵权责任法解决,只能通过独立成编的人格权法来加以规范。

人格权的行使规则不仅涉及人格权制度本身,还涉及人格权制度与其他制度的协调。因而除了使人格权制度规则体系本身日益丰富外,还应使人格权制度越来越多地与合同法律制度等发生关联。这也就使得人格权制度突破了侵权法的调整范围,难以完全通过侵权法规则调整人格权制度,客观上也要求人格权应当在民法典中独立成编。具体而言,人格权法中应当规定如下内容:

一是人格权权能的全面性,需要人格权立法对人格权进行正面确权。如前所述,人格权除了消极防御权,还有积极利用和行使的权能。如因身体健康权的行使,使权利人享有行动自由、自主决定是否捐献器官等权利。又如,姓名权人有权自主决定、使用、变更或许可他人使用自己的姓名。再如,肖像权人有权依法自主使用、许可他人使用或公开自己的肖像;隐私权人有权依法利用自己的隐私并对自己的私人事务享有自主决定的权利,有权禁止他人非法窥探、跟踪自己的私人活动;信用权人有权禁止他人篡改自己的信息数据、损害自己的名誉。作为主观权利,权利人必然能支配人格利益。支配不仅是消极防御,还包括积极地行使和利用。① 正是因为人格权类型众多,每种具体人格权的内涵差别很大。面对这种复杂的权利格局,要想在民法典中提高人格权保护,就不可能仅仅依靠列明各项具体人格权的名称,还要详细规定人格权的权能。只有这样,才能达到立法目的。这当然也就意味着,仅仅体现消极保护和防御功能的侵权法无法实现人格权的全面保护目的,还要通过人格权专门成编,利用足够的立法资源空间来详细规定人格权的积极权能。

二是系统规定人格权的行使。人格权虽然具有消极防御权能,但从实践来看,权利人通过积极权能来积极行使人格权的情形更为常见,且问题也更为复杂。要解决这些问题,客观上也需要人格权独立成编。以姓名权为例,权利人虽然有决定姓名的权利,但权利人能否不随父母姓而选择第三姓,或者干脆放弃姓氏,或者用超长的姓名(如某人取名"成功奋发图强"等),均涉及姓名权的行使,需要法律明确其行使规则,在保护权利人的同时,维护社会公共秩序。另外,在行使人格权和确认人格权时,还会涉及相关的问题。例如,《民法总则》第110条所规定的身体权,在当代

---

① See Neethling, JM Potgieter and PJ Visser, Neethling's law of personality, LexisNexis South Africa, 2005, p.12.

社会就可能涉及医疗、器官移植、人体捐赠、生物实验、遗传检查和鉴别、代孕、机构监禁、精神评估等特殊问题。所有这些都使对人格权进行更多层次和更复杂的调整成为必要,而这只能通过独立成编的人格权法才能更好地贯彻和实现。

三是系统规定人格权积极利用(即人格要素的利用)制度。人格权积极利用权能发展最为典型的体现就是人格权积极利用制度。随着市场经济的发展,人格权的经济利用日益普遍,受到了许多国家法律制度的承认。从我国司法实践来看,因姓名权、肖像权、个人信息等人格权益的经济利用而引发的纠纷也日益普遍。我国人格权立法应当对人格权积极利用法律制度作出系统规定。以个人信息为例,美国传统上更注重个人信息利用,促进数据产业的优势地位,欧盟更注重个人信息保护。但现在出现了共同的趋势,即在数据的开发、共享中,应当重视对个人信息的保护。目前在我国数据产业的发展过程中,既要鼓励数据的开发、利用和共享,以促进数据产业的发展,也要提高对个人信息保护的关注度,完善保护规则。例如,现在在数据共享中,数据开发者是否需要取得信息主体的同意,分享者获得数据后如何使用这些数据,在没有授权的情形中,哪些数据可以分享,哪些数据不能分享等,这些都有必要在民法典中得到规范。这些界限不清晰,数据共享就很容易变成数据的有偿交易,而造成对信息权利人的权利侵害,并且无法实现数据共享的长期健康发展。另外,为有效规范人格权的积极利用权能,防止权利人不当行使其人格权,也需要人格权立法有效规范人格权的积极利用权能,防止人格权的不当行使损害人格权人的利益。例如,关于器官捐赠、人体医学试验等,涉及身体权、健康权的积极行使,需要人格权法予以有效规范。这也有利于保护人格权人的利益,防止个人出于经济利益等方面的需要而对自己的人格权益作出不当处分。

四是规定人格权的一些特殊保护方法。在法律上明确规定更正权、回应权、诉前禁令等措施。即便在不构成侵权的情形下,也应当允许权利人积极主张上述权利,以预防损害的发生和扩大。

由此可见,人格权积极权能的发展将会对我国人格权立法乃至民法典的体系等都产生深远的影响。侵权责任编已经无法容纳如此丰富、具体的内容,需要在民法典中预留空间规定上述内容。尤其是着眼于现代社会人格权未来的发展,应当通过独立的人格权编为人格权的行使和权能的发展预留空间。

结　语

100多年前,德国学者奥托·冯·基尔克(Otto von Gierk)在其《德国私法》一书中以近乎狂热的激情为人格权这一概念发出了呐喊,"人格权是一种主观权利,它必须得到每一个人的重视"[①]。现代社会,随着人格权制度的发展,许多人格权不再只具有消极防御性的权能,而是逐步具有可以积极行使,甚至利用的权能。法律既要充分保护个人的人格尊严,也要促进个人人格的自由发展,以实现法律规定人格权制度的目的。在人格权呈现出从消极防御到积极行使与利用的发展趋势下,人格权法也应充分适应此种变化。只有充分认识到这一点,我们才能更好地把握人格权的发展趋势,不断完善我国民法典的人格权制度。

[①] 转引自〔德〕汉斯·哈腾鲍尔:《民法上的人》,孙宪忠译,载《环球法律评论》2001年第4期。

人工智能时代对民法学的新挑战[*]

1956年夏,在一场关于机器模拟智能的研讨会上,首次提出了"人工智能"这一概念。人工智能作为一门新兴学科,其与基因工程、纳米科学共同被称为21世纪的三大尖端技术。作为引领新一轮科技革命的技术,人工智能系统在替代人类从事简单性、重复性以及危险性工作方面存在广泛的应用价值,目前在金融、安防、客服等行业领域已实现应用,并且在精确度和效率上确实已远超人工。[①] 半个世纪以来,伴随着现代科技的发展,特别是移动互联网、大数据、脑科学等新理论、新技术的发展,人工智能近些年的发展极为迅速,已经成为国际竞争的新焦点和经济发展的新引擎。[②] 从某种程度上而言,人工智能以信息技术为核心,"信息主权"话题的探讨一定程度上也决定了人工智能未来在国际竞争中的地位。人工智能技术以信息技术为核心,引发了关于信息主权话题的探讨。[③]

我们已经进入人工智能时代,机遇与危险并存。美国电影《终结者》曾预测人工智能机器人超级战士击败人类的结果。科学家霍金生前始终认为,人工智能的发明可能是人类历史上最大的灾难。如果管理不善,人工智能确实可能成为霍金所预言的"最糟糕的发明",会思考的机器人可能会为人类文明画上句号,这样的论断绝非危言耸听。"问题就是时代的口号",借助于大数据的人工智能,在改变我们生产与生活方式的同时,也给我们带来了诸多法律上的新问题、新挑战。正如国务院《新一代人工智能发展规划》所言:"人工智能是影响面广的颠覆性技术,可能带来改变就业结构、冲击法律与社会伦理、侵犯个人隐私、挑战国际关系准则等问题,将对政府管理、经济安全和社会稳定乃至全球治理产生深远影响。"这些

---

[*] 原载《东方法学》2018年第3期。
[①] 参见中国电子技术标准化研究院:《人工智能标准化白皮书(2018版)》,第1页。
[②] 参见国务院《新一代人工智能发展规划》第一部分。
[③] 参见许志华:《网络空间的全球治理:信息主权的模式建构》,载《学术交流》2017年第12期。

问题亟待我们回应并解决。目前对于人工智能的研究有从伦理学层面①、认知哲学层面②展开的,笔者拟就人工智能对传统民法学理论及司法实务造成的如下挑战谈谈自己的看法,以期能对人工智能法律规范体系的形成有所裨益。

一、人工智能对民事主体制度的挑战

人工智能的发展催生了各种类型的机器人,这也带来了一个非常重大的法律问题,即是否应当将机器人视为法律上的人?换言之,机器人究竟应当作为法律关系的主体还是客体出现?应当将其等同于普通的机器或者动物对待,抑或将其作为"人"来看待?

人工智能研究的创始人之一明斯基指出,人工智能是"让机器从事需要人的智能的工作的科学"。2016 年,世界机器人大会在北京召开,一些机器人公司展示出了各种智能机器人,智能机器人能够识别人的面孔、表情、年龄、性别,并且能够表现出与人类相似的情绪和面部表情。智能机器人具备了独立处理相关信息的能力和智力,有的机器人甚至已经基本达到了人类智慧的水准。2017 年,沙特阿拉伯宣布授予机器人索菲亚以公民资格,由此也进一步推动了法学界对于人工智能主体地位的思考。

从智能机器人的发展现状来看,人工智能机器人已经逐步具有一定程度的自我意识和自我表达能力,可以与人类进行一定的情感交流。有人估计,未来若干年,机器人可以达到人类 50% 的智力。从实践来看,机器人可以为我们接听电话,从事语音客服、身份识别、翻译、语音转换、智能交通等工作,甚至可以进行案件分析。有人统计,现阶段 23% 的律师业务已可由人工智能完成。机器人本身能够形成自学能力,能够对既有的信息进行分析和研究,从而提供司法警示和建议。甚至有人认为,机器人未来可以直接当法官。③ 可见人工智能机器人已经不完全是一种工具,而在一定程度上具有了自己的意识,并能作出简单的意思表示。有观点甚至主张,应当承认

---

① 参见徐英瑾:《具身性、认知语言学与人工智能伦理学》,载《上海师范大学学报(哲学社会科学版)》2017 年第 6 期。
② 参见魏屹东:《人工智能的适应性表征》,载《上海师范大学学报(哲学社会科学版)》2018 年第 1 期。
③ 参见高奇琦、张鹏:《论人工智能对未来法律的多方位挑战》,载《华中科技大学学报(社会科学版)》2018 年第 1 期。

人工智能具有法律人格。① 这就提出了一个新的法律问题,即我们将来是否有必要在法律上承认人工智能机器人的法律主体地位?

笔者认为,从目前人工智能的发展来看,其尚未对传统民事法律主体理论提出颠覆性的挑战,我们在短时期内仍然应当坚守传统民事主体理论,而不宜将智能机器人规定为民事主体,主要理由在于:一方面,智能机器人是人类创造出来的,其产生之初即作为民事法律关系的客体而出现,其虽然能代替人类从事相关的活动,但本质上是受其自身的算法决定的,尚不具备人类所具有的自主思考的意识和能力。另一方面,智能机器人尚不能独立享有权利、承担义务。在智能机器人造成他人损害时,仍然应当依据《产品质量法》《侵权责任法》确定相关法律责任的承担者,即应当由其创造者或管理者承担责任。也就是说,在一定时期内,既有的法律制度和规则体系仍可有效解决智能机器人所带来的挑战②,而不需要承认机器人的民事地位。智能机器人进入民事主体的范畴在未来或许是可行的,因为随着未来科技的发展,智能机器人可能也会不断"进化",不排除将来智能机器人的思维能力会进一步发展,具备与人类相当甚至超越人类的意识和思考能力,并可以在一定范围内独立地享有权利、承担义务,但在目前人工智能机器人还不能也没有必要成为民事主体。

二、人工智能对人格权保护的新挑战

人工智能的发展还涉及人格权保护的一系列问题,至少包括如下几个方面:

第一,人工智能对隐私的保护提出了新挑战。例如,伴随着人工智能技术的发展,无人机技术也蓬勃发展,无人机被形象地描述为"冰冷的观测技术产品",可以各种方式"进入"人们想要到达的区域。童话小说中描述的在苍蝇身上绑上摄像机去他人房间窥探他人隐私的设想,目前已经由无人机技术得以实现,这就对隐私权的保护提出了新的挑战。美国已经发生了多起无人机侵犯他人隐私的纠纷。在无人机窥探他人隐私的情形下,受害人往往难以进行举证,甚至难以确定具体的行为人③,这就需

---

① 参见袁曾:《人工智能有限法律人格审视》,载《东方法学》2017年第5期。
② 参见李晟:《略论人工智能语境下的法律转型》,载《法学评论》2018年第1期。
③ 参见《我们应该如何看待无人机侵犯大众隐私的问题》,载百度网(https://baijia.baidu.com/s?old_id=470904),访问日期:2018年2月12日。

要法律进一步强化隐私权的保护,以更好地应对人工智能技术的发展。

第二,人工智能对个人信息的保护提出了新挑战。我们已经身处大数据时代,大数据记载了我们过去发生的一切和现在发生的一切,并能准确地预测我们的未来。现代社会的人就好像"裸奔"一样,我们的一切都有可能被他人"监视",都时刻可能暴露在"第三只眼"之下,"亚马逊监视着我们的购物习惯,谷歌监视着我们的网页浏览习惯,而微博似乎什么都知道,不仅窃听到了我们心中的'TA',还有我们的社交关系网"①。无论我们走到哪里,只要携带手机,相关软件借助于 Cookie 技术,就可以时刻知道我们的准确定位。借助于大数据分析技术,人工智能也会对个人信息权利的保护带来威胁,一些智能机器人大规模地收集个人信息,并将其植入程序之中,也会对隐私等个人信息构成重大威胁。如何从技术层面、法律层面规范智能机器人搜集个人信息的合法性问题,将是人工智能时代的一项新挑战。例如,在全国首例利用人工智能技术侵犯公民个人信息案中,行为人即利用人工智能技术识别验证码,破解了相关的技术防范措施,并获取受害人个人信息,人工智能技术对相关技术防范措施的破解速度快至毫秒级,令人极为震惊。② 除收集个人信息外,人工智能技术还可能被用来研究和开发以大数据为基础的各种产品,并凭借大数据无穷的潜力获取利益,这也刺激了对大数据信息的进一步采集、分析。随着个人信息收集和分析方式越来越先进,成本也越来越低廉,大规模的数据收集已成为常态,并会越来越普遍,这就进一步加剧了对个人信息和隐私的威胁。③ 我国《民法总则》对个人信息权利的保护作出了规定,但并没有专门规范利用人工智能收集、利用个人信息的行为,未来立法有必要专门设置相关的法律规则,防止人工智能应用过程中的数据非法收集、泄露、贩卖等问题,以有效保护个人信息的安全。④

第三,人工智能对肖像权的保护提出了新的挑战。人工智能技术可能借助光学技术、声音控制、人脸识别技术等新型技术,收集他人肖像,并传

---

① 〔英〕维克托·迈尔-舍恩伯格、肯尼恩·库克耶:《大数据时代》,盛杨燕、周涛译,浙江人民出版社 2013 年版,第 193 页。
② 参见《人工智能成窃取公民个人信息案"帮凶"!系全国首例》,载搜狐网(http://www.sohu.com/a/197343129_99931689),访问日期:2018 年 2 月 12 日。
③ 参见张宪丽、高奇琦:《人工智能时代公民的数据意识及其意义》,载《西南民族大学学报(人文社科版)》2017 年第 12 期。
④ 参见吴汉东:《人工智能时代的制度安排与法律规制》,载《法律科学(西北政法大学学报)》2017 年第 5 期。

播、模仿他人的肖像。例如,借助于光学技术和摄像技术,人工智能可以拍摄高分辨率的照片,使得夜拍图片具有与日拍图片同等的效果,这样就使得对肖像权的获取与利用更为简便,这也对肖像权的保护提出了新的挑战。近年来,大数据的人工智能人脸识别技术在刷脸支付、整治闯红灯到抓捕逃犯,甚至公共领域的厕纸管理等方面,都得到了实质利用。①

第四,人工智能对自然人的声音、表情、肢体动作等人格利益的保护提出了新挑战。现在很多人工智能系统把一些人的声音、表情、肢体动作等植入所开发的人工智能产品,使这些人工智能产品可以模仿他人的声音、形体动作等,甚至能够像人一样表达,并与人进行交流。但如果未经他人同意而擅自进行上述模仿活动,就有可能构成对他人人格权的侵害。

此外,需要指出的是,如果将来承认了人工智能机器人的主体资格,还会产生人工智能机器人人格权的保护问题。目前,刑法学理论已经开始探讨这一问题,即毁坏他人的机器人是构成故意杀人罪还是故意毁坏财物罪。近来媒体报道,机器人伴侣已经出现,如果机器人伴侣受到虐待,其能否主张人格权受到侵害等,也需要进一步探讨。

三、人工智能对数据财产保护的新挑战

产权清晰是市场经济的基本要求之一,然而大数据和人工智能使得这一传统命题迎来新的挑战。"数据+算法"被视为人工智能技术开发的核心,数据的收集和分析技术的发展成为人工智能进行机器学习和开发的基本方法。目前,大数据已经是人工智能的一种重要分析工具,其得力于传感器与微处理器的硬件支撑。② 借助于大数据分析技术,人工智能可以进行相关的演练和操作。从人工智能的技术原理来看,其也有赖于大数据分析系统的支持,人工智能功能的强弱在很大程度也取决于其所包含数据库的多少,人工智能需要依赖大量来自不同主体的数据,数据的抓取和利用在人工智能行业无处不在。数据在人工智能技术开发中的应用价值越来越高,但数据的开发和利用都需要明晰数据的产权主体和内容,规范数据的移转和利用。因此,人工智能的发展需要解决财产法面临的下列新问题。

---

① 参见《人脸识别系统半个月抓住 3 名逃犯 还有哪些用途?》,载网易新闻(http://news.163.com/17/0604/07/CM2PVCQ70001875P.html),访问日期:2018 年 2 月 2 日。

② 参见王博、郝银钟:《大数据条件下司法公开对我国法官制度的新要求》,载《学术交流》2017 年第 12 期。

人工智能利用的数据主要有三类,分别是个人所有的数据、私人企业和组织所有的数据和公共机构管理的数据。有观点认为:数据财产权的基本原则是谁的数据归谁所有,没有任何主体指向的数据是公共资源。[1]但是人工智能不仅会储存收集的原始数据,而且可以对收集的各种数据进行加工产生衍生数据。与此同时,数据的占有和转移占有是无形的,同时也没有有效的权属证明。所以,在大数据时代,法律所遇到的一个严峻挑战即应当如何确认数据的权利归属,既要保护被搜集人的个人信息权,又要保护数据开发者、合法利用者的数据财产权,迄今为止,如何对数据进行确权并且构建起权利内容和权利转移制度尚未解决,需要法律予以尽快完善。

现行《物权法》把物权分为动产和不动产,而数据难以按照此种方法进行分类,故而学界一直争论数据属于物权还是债权。我国《民法总则》第127条对数据的保护规则作出了规定,一方面,数据在性质上属于新型财产权,但数据保护问题并不限于财产权的归属和分配问题,还涉及这一类财产权的转移、利用、保管等法律问题。在利用人工智能时如何规范数据的收集、储存、利用行为,避免数据的泄露和滥用,并确保国家数据的安全,也是亟须解决的重大现实问题。[2] 另一方面,人工智能的应用方式和应用范围在很大程度上取决于其算法,如何有效规范这一算法,避免侵害他人权利,也需要法律制度予以应对。例如,人工智能通过分析在网络交易中取消订单的频繁程度,可以得出一个人社会信用状况和交易能力的评价结果,此种评价结果可能对个人的经济生活产生重大影响。目前,人工智能算法本身的公开性、透明性和公正性的问题,是人工智能技术发展的核心问题,但目前并未受到充分关注。

四、人工智能对知识产权保护的新挑战

人工智能的发展也涉及知识产权保护的问题。一方面,机器人已经能够自己创作音乐、绘画,机器人写作的诗歌集也已经出版,这也对现行知识产权法提出了新的挑战。例如,百度已经研发出可以创作诗歌的机器人,微软公司的人工智能产品"小冰"已于2017年5月出版人工智能诗

---

[1] 参见吴晓灵:《大数据应用:不能以牺牲个人数据财产权为代价》,载《清华金融评论》2016年第10期。

[2] 参见郑戈:《人工智能与法律的未来》,载《探索与争鸣》2017年第10期。

集《阳光失了玻璃窗》。在日本,机器人创作的小说甚至还通过了日本文学奖的初审,有的机器人甚至会谱曲、作画,这些作品已经可以在市面上销售,这就提出了一个问题,即这些机器人创作作品的著作权究竟归属于谁,是归属于机器人软件的发明者,还是机器的所有权人,或者赋予机器人一定程度的法律主体地位从而由其自身享有相关权利?正如前文已经论述,现阶段的人工智能技术的发展尚不足以使机器人被承认为民事主体,故而现阶段也不适合承认机器人完成的作品可以归一个实践工具所有,只能承认由机器人的所有者享有知识产权。当然,未来人工智能在创作领域可能技术更加成熟,已经达到了类似人类,或者超越人类的能力,那么可否在创作领域承认人工智能的民事主体地位和权利能力,这也是可以进一步讨论的。

另一方面,智能机器人要通过一定的程序进行"深度学习""深度思维",在这个过程中有可能收集、储存大量的他人已享有著作权的信息,这就有可能构成非法复制他人的作品,从而构成对他人著作权的侵害。人工智能机器人能够存储大量的信息,而按照一些国家的规定,存储他人享有著作权的信息本身,就构成对他人著作权的侵害。人工智能实际上就是一种机器模仿人的智力活动的技术,但如果人工智能机器人利用获取的他人享有著作权的知识和信息创作作品,如创作的歌曲中包含他人歌曲的音节、曲调等,也可能构成剽窃。

在人工智能侵害他人知识产权的情形下,究竟应当由谁承担责任、如何承担责任,本身也是问题。如果认为机器人具有主体资格,那么其承担责任的财产又来自何处?如果认为机器人不具有主体资格,究竟应当按照产品责任追究生产者、销售者的侵权责任,还是应当由机器人的主人来承担相应责任?这些问题均值得进一步研究。

五、人工智能对侵权责任认定的新挑战

人工智能的发展还涉及侵权责任的认定问题。人工智能引发的侵权责任问题很早就受到了学者的关注,随着人工智能应用范围的日益普及,其所引发的侵权责任认定和承担问题将对现行侵权法律制度提出越来越多的挑战。[1] 无论是机器人致人损害,还是人类侵害机器人,都是新的法

---

[1] 参见朱体正:《人工智能时代的法律因应》,载《大连理工大学学报(社会科学版)》2018年第2期。

律责任。

在实践中,机器人致人损害的案例已经发生。2015年7月,德国大众汽车制造厂一名21岁的工人在安装和调制机器人时,被机器人"出手"击中胸部,并被碾压在金属板上。无独有偶,2016年,Google无人驾驶汽车在美国加州山景城测试时,与一辆公交大巴相撞,后经法院认定,Google公司在此次事故中负有责任。我国也出现了人工智能机器人伤人的事件,据报载,2016年11月,在深圳举办的第十八届中国国际高新技术成果交易会上,一台名为小胖的机器人突然发生故障,在没有指令的前提下自行打砸展台玻璃,砸坏了部分展台,并导致一人受伤。① 表面上看,机器人是人制造的产品,在造成他人损害时,应当由机器人的研发者负责,似乎在法律上没有争议。但机器人又不同于普通的产品,对普通的产品而言,追踪产品的生产者较为容易,而对人工智能机器人而言,其是依靠自身的算法在运作,有其自身独特的运作程序。因此,在人工智能机器人造成他人损害时,不能简单地认定由该机器人的生产者承担责任,而应当由该程序的发明者承担责任,而人工智能机器人的运作程序可能是由多个主体共同开发的,很难确定具体的程序研发个人或者组织,这就给确定人工智能机器人的责任带来了困难。

人工智能的发展催生了无人驾驶技术,这也对道路交通事故责任提出了新的挑战。② 伴随着无人驾驶技术在各国的运用,这一问题已经显现。前不久,深圳已经测试无人驾驶公交线路,引发了全球关注。浙江省拟于2022年建成支持自动驾驶的首条超级高速公路。③ 但值得我们考虑的问题是,一旦无人驾驶汽车发生交通事故,应当由谁承担责任?能否适用现行机动车交通事故责任认定相关主体的责任?法律上是否有必要为无人驾驶机动车制定专门的责任规则?这确实是一个新问题,但已经现实发生:美国时间2018年3月20日,Uber无人驾驶汽车在美国亚利桑那州发生了全球首例无人驾驶撞死行人的案件,案发地州政府紧接着宣布该州范围内永久性停止Uber无人驾驶测试,该案最终以和解方式结案,

---

① 参见《深圳高交会出现中国首例机器人伤人事件》,载《联合早报》2016年11月18日。

② 参见陈晓林:《无人驾驶汽车致人损害的对策研究》,载《重庆大学学报(社会科学版)》2017年第4期。

③ 参见《中国首条超级高速公路2022年要通车 不用担心超速》,载网易新闻(http://news.163.com/18/0224/06/DBD1HH7L0001875N.html),访问日期:2018年3月31日。

并未形成相应的裁判规则。① 笔者认为,对此应当区分不同情况,分别认定相关主体的责任:如果无人驾驶的汽车是因为汽车本身的技术故障引发交通事故,此时,受害人应有权根据《侵权责任法》《道路交通安全法》的规定要求驾驶者承担侵权损害赔偿责任。如果交通事故是因驾驶操作系统程序出现问题,发生交通事故,此时完全由驾驶者承担责,可能有违公平,也过于苛责。究竟如何分配责任,值得进一步探讨。在无人驾驶技术日益普及的情形下,还有必要引入保险制度,即规定新类型的"无人驾驶强制责任保险制度",为受害人提供必要的权利救济。

此外,有一个问题值得考虑,就是未来可能出现的飞行汽车所带来的道路事故责任,应当如何加以认定?根据媒体的相关报道,有谷歌飞行之父之称的塞巴斯蒂安-特伦宣布,谷歌有望在5年之内实现让飞行汽车飞行于天空的计划。② 一旦飞行汽车的计划真的实现,可以预计汽车的飞行可能将颠覆道路交通规则,其在法律定位上究竟是作为一类新型航空器,从而根据航空事故责任来进行责任界定,还是仍然按照机动车交通事故责任来加以确定,是一个非常值得探讨的问题。

结　语

人工智能时代已经来临,其不仅改变人类生产和生活方式,也会对人类的法律制度产生深刻的影响。21世纪初,华裔著名经济学家杨小凯就提出:如果中国仅仅重视技术模仿,而忽视制度建设,后发优势就可能转化为后发劣势。③ 因此,我们不能仅注重技术的引用,而忽视其可能带来的负面效果。我们的法学理论研究应当密切关注社会现实,积极回应大数据、人工智能等新兴科学技术所带来的一系列法律挑战,从而为我们立法的进一步完善提供有力的理论支撑。"不谋万世者,不足以谋一时",法治不仅仅是要考虑当下,也要考虑未来。法治要提供制度环境安排,为新兴科技等的发育预留法律空间。特别是要充分认识和拥抱科学技术对社会生产和生活带来的结构性、革命性的影响,尽早观察和预测未来法律发

---

① 参见《Uber与无人车撞死行人案受害人家属和解 赔偿金额未公布》,载腾讯新闻(https://xw.qq.com/tech/20180329012517/TEC2018032901251700),访问日期:2018年3月31日。

② 参见《谷歌自动驾驶汽车之父:飞行汽车将在5年内飞翔天空》,载腾讯科技(http://tech.qq.com/a/20180212/024798.htm),访问日期:2018年2月13日。

③ 参见涂子沛:《数据之巅》,中信出版社2014年版,第337页。

展的方向,促进良法制定,以良法保障和促进人工智能技术的健康发展,消除其对人类社会可能产生的副作用。因此,我国正在编纂的民法典应当考虑到人工智能可能带来的各种新挑战,并制定相应的法律规则,以体现出民法典与时俱进的品格,并真正成为能够应对未来的技术发展,适应未来科技进步的 21 世纪的民法典。

论人格权法的新发展

一、引 言

人格权制度是现代民法最为活跃的发展领域。虽然"人格权"一词很早就已出现,但人格权的基本理论最初是由德国学者噶莱斯(Gareis)于1877年提出的。他首次区分了人格权与主体资格,并区分了人格权与其他私法上的权利,形成了较为完整的人格权概念,其理论深刻地影响了现代人格权法的发展。① 在大陆法系国家,虽然人格权并没有独立成编,但各国立法和司法实践都逐步强化了对人格权的保护,尤其是进入20世纪以来,人格权制度逐步勃兴、迅速发展,产生这种现象的主要原因在于:一方面,两次人类社会的世界大战,尤其是第二次世界大战造成生灵涂炭,使世界各国人民蒙受了巨大的痛苦和灾难,这也使得战后世界各国人民的权利意识与法治观念逐步觉醒,社会愈来愈强调对个人平等、人格尊严不受侵犯以及人身自由的保护,这也极大地促进了20世纪中叶的世界范围内的人权运动的迅猛发展,从而促进了人格权观念的普及。另一方面,20世纪是互联网、高科技时代,现代网络通信技术、计算机技术、生物工程技术等高科技的发展对自然经济状态下产生的罗马法以及风车水磨时代的19世纪民商法的挑战无疑是革命性的。美国学者福禄姆金(Froomkin)曾经总结了许多高科技的发明,如红外线扫描、远距离拍照、卫星定位、无人机拍摄、生物辨识技术、语音识别等,他认为,高科技爆炸给人类带来了巨大福祉,但都有一个共同的副作用,即对个人的隐私保护带来了巨大威胁。他认为,现代法律遇到的最严峻的挑战就是,如何尊重和保护个人隐私和信息。② 大数据分析技术的发展也使得信息分析与利用的

---

① See Leuze, Die Entwicklung des Persönlichkeitsrechts im 19. Jahrhundert, 1962, S. 93. Neethling, JM Potgieter and PJ Visser, Neethling's law of personality, LexisNexis South Africa, 2005, pp. 6–7.

② See Michael Froomkin, The Death of Privacy? 52 Stan . L. Rev., 1461 (1999–2000).

方式日益多样化,但借助于数据分析,不仅可以了解每个人的过去,也能知道他的现在,甚至能够预测其未来,因而,不少学者认为,在大数据时代,每个人都成了"裸奔的人"。人工智能的发展使得个人的肖像、隐私、声音、形体动作等人格利益遭受侵害的可能性大为增加。例如,声音可以被模仿和篡改,肖像可以被以移花接木,凡此种种都说明,在现代社会,高科技的爆炸更加凸显了人格权益保护的重要性。还应当看到,市场经济的发展也带来了人格权的商业化利用,产生了人格权与财产权的冲突以及法律平衡等问题。

庞德曾经指出,"法律存在稳定必要性与变化必要性的冲突,所有法律思想的目的都在于协调这种必要性与变化性"①。可以说,近百年来,民法为适应社会变迁而发生的最大变化就是人格权制度的勃兴。而人格权的发展是人格自觉的体现②,在人格自觉和人格尊严意识不断进步的今天,人格权也正在经历着迅猛的发展与变迁。准确把握这一发展趋势,对于我国民法典人格权编的制定与完善都将带来重要的启示,也会为我国人格权理论的发展提供有益的借鉴。

二、当代人格权的发展趋势

(一)从消极保护到积极确权

所谓人格权消极保护模式,是指法律上并不详细规定人格权的诸种具体形态,而只是在人格权遭受侵害之后,由法官援引侵权法的相关规定对人格权予以救济。所谓人格权积极确权模式,是指通过立法正面列举的方式,对具有广泛共识的人格性利益加以确认,进而实现人格权的积极保护。从人格权制度的发展历史来看,其主要经历了由消极保护到积极确权的发展过程。

早期的法律在人格权保护方面主要采用了消极保护模式,即主要通过侵权法的规则保护生命、健康、名誉等人格权益。最早采纳消极保护模式的是1804年的《法国民法典》,该法第1382条规定:"任何行为使他人受损害时,因自己的过失而致行为发生之人,对该他人负赔偿责任。"该条

---

① 〔美〕罗斯科·庞德:《法律史解释》,邓正来译,中国法制出版社2002年版,第2页。
② 参见王泽鉴:《人格权法:法释义学、比较法、案例研究》,北京大学出版社2013年版,第4页。

并没有具体列举人格性权利,但却形成了侵权损害赔偿的一般条款,其可以广泛适用于各种侵害财产、人格等权益的行为。该条所规定的损害范围既包括有形的权利客体,也包括无形的权利客体①,在人格权遭受侵害的情形下,受害人也可以依据该条规定主张权利。此种模式被比利时、荷兰、西班牙、瑞士等国家所采用。② 1900 年的《德国民法典》对人格权主要采用了消极保护模式,该法典除第 12 条对姓名权作出规定外,第 823 条第 1 款对生命、身体、健康、自由的保护作出了规定,第 824 条规定了信用利益的保护,第 825 条规定了贞操利益的保护。从上述规定来看,《德国民法典》主要是将人格权作为侵权法的保护对象,而没有将其视为主观权利在法典中予以广泛确认。这主要是因为,立法者深受萨维尼关于人格权与主体资格不可分离的观点的影响,认为民法典"不可能承认一项'对自身的原始权利'"③。此外,《德国民法典》第 253 条对侵害人格权益的财产损害赔偿责任作出了严格限制,依据该规定,只有在法律有明确规定的情形下,权利人才能主张财产损害赔偿。④ 可以说,《德国民法典》主要通过主体制度和侵权法规则保护人格权,从总体上是采用了消极保护的模式。

然而,随着社会的发展,仅仅通过消极确权已经无法适应社会发展的需要,自 20 世纪以来,各国民法典也大大增加了人格权保护的规定,并且普遍强调通过积极确权的模式保护人格权。1907 年的《瑞士民法典》在法典中用多个条款规定了身体完整权、名誉权、隐私权等权利。法国于 1970 年修改民法典,该法典第 9 条规定了隐私权保护的一般条款,该条规定:"一切人拥有要求其私生活受到尊重的权利。"关于身体权的保护,《法国民法典》就增加了十多个条款。尤其是该法典第 9 条的规定适用范围极为广泛,许多学者认为其具有人格权保护的一般条款的特点。近几十年来,德国法在保护人格权方面也开始向积极确权发展,1954 年,德国

---

① See Johann Neethling, Personality rights: a comparative overview, The comparative and international law journal of South Africa, 2005, vol.38, No.2, p.213.

② See Gert Brüggemeier, Aurelia Colombi Ciacchi and Patrick O'Callaghan Edited, Personality Rights in European Tort Law, Cambridge University Press, 2010, p.8.

③ 〔德〕霍尔斯特·埃曼:《德国民法中的一般人格权制度——论从非道德行为到侵权行为的转变》,邵建东等译,载梁慧星主编:《民商法论丛》(第二十三卷),金桥文化出版有限公司 2002 年版,第 413 页。

④ See Gert Brüggemeier, Aurelia ColombiCiacchi and Patrick O'Callaghan, Personality Rights in European Tort Law, Cambridge University Press, 2010, p.8.

联邦法院在读者来信案中,通过解释《德国民法典》第823条第1款中的"其他权利",遂通过一般人格权的概念扩张了人格权益的保护范围。

积极确权模式也被其他一些大陆法国家所采纳,例如,1991年的《魁北克民法典》、2009年的《罗马尼亚民法典》在第一编第二章规定了生命权、健康权、身体和精神完整权、尊严、肖像以及隐私等人格权。1960年的《埃塞俄比亚民法典》专门在第一章第二节规定人格权,从第8条到第31条采用了24个条文规定了人格权。2002年的《巴西民法典》第一编第一题第二章以专章的形式("人格权"),从第11—21条采用了11个条文对人格权作出了规定。1984年的《秘鲁共和国民法典》第一编("自然人")第二题从第3条至第18条共16个条文专门规定了人格权,该编第三题对"姓名"作出了规定(第19—32条),两题加起来一共30个条文。除民法典外,有关保护人格权的国际公约日益增加,如《公民权利及政治权利国际公约》,都有大量篇章专门处理和规定各类具体的人格权。可见,人格权发展最新的趋势是从消极保护到积极确权,这不仅有利于明确各项人格权的内涵和外延,从而区分不同的具体人格权,而且有利于权利人对于自己人格权的正当行使,并提升权利行使的可预期性。①

(二) 具体人格权的类型日益丰富

在现代社会,人格权的类型和具体内容随着社会经济的发展而逐渐丰富,具体体现为如下几个方面:

一是人格权保护的范围不断扩展,具体人格权不断增加。如前所述,《德国民法典》中仅规定了姓名、身体、健康和自由等具体人格权,但近几十年来,判例和学说逐渐承认了名誉权、肖像权、隐私权、尊重私人领域的权利和尊重个人感情的权利等权益②,尽管其中一些权益是在一般人格权的解释下产生的,但名誉和隐私等权利逐渐成为独立的具体人格权。③ 甚至在普通法国家,也通过一些成文法确认了对隐私权的保护。例如,在美国,从1968年到1978年,美国国会就制定了6部法律保护个人的信息隐私。美国一些州也制定了相应的法律法规来强化对隐私的保护。目前至少在10个州的宪法中明确了对隐私权的保护。④

---

① 参见曹险峰:《人格、人格权与中国民法典》,吉林大学2005年博士学位论文,第141页。
② 参见施启扬:《从个别人格权到一般人格权》,载《台大法学论丛》1974年第1期。
③ See Basil S. Marksinis, Protecting Privacy, Oxford University Press, 1999, pp. 36 – 37.
④ 加利福尼亚州、佛罗里达州、路易斯安那州、阿拉斯加州、亚利桑那州、夏威夷州、伊利诺伊州、蒙大拿州、南卡罗来纳州、华盛顿州。

二是从物质性人格权到精神性人格权的发展。早期一些国家的判例和立法主要承认对生命、健康等基于自然属性而产生的物质性人格权进行保护,后来逐渐地认可了基于社会属性而产生的精神性人格权,加强了对人的社会属性的关注,从而加强了对有关名誉、肖像、隐私等人格权的保护,使这些权利在人格权体系中的地位日益凸显。在瑞士等国家的民法中,已经承认了儿童享有知晓其身世的权利。例如,现行《瑞士民法典》第268c条第1款规定:"儿童自18周岁起,有权获得关于其生父母的有关信息。在未满18周岁之前,如果证明有合法利益,儿童亦有权获得此种信息。"在美国,自20世纪以来,隐私权制度迅速发展,其涵盖了私生活的方方面面,也包括了有关生活安宁、私生活秘密、私人空间、通信自由、姓名、肖像、个人信息等各种人格利益,甚至包括了对个人生活的自主决定,其不仅仅是一项私法上的权利,也成为一种宪法上的基本权利(constitutional privacy)。[1] 在司法实践中,法官通过一些案例解释宪法修正案,从而扩张了对个人隐私权的保护。例如,1965年,在Griswold v. Connecticut一案中,正式将隐私权确立为独立于宪法第四、第五修正案的一般宪法权利。[2] 1973年,法院又在罗伊诉韦德堕胎案(Roe v. Wade)中,确认堕胎自由是宪法保护的隐私权。[3] 从今后的发展趋势来看,精神性人格权益以及对这种利益的保护都将是未来法律关注的重心。[4]

三是一些新类型的人格权不断涌现。现代社会进入了一个互联网、大数据时代,科学技术发展日新月异,这也使得许多新型人格利益不断涌现。比如,随着大数据技术的发展,使个人信息逐渐成为一项新型的人格利益。再如,在现代社会,随着影视技术、声控技术、网络技术等高科技的发展,声音的利用方式越来越多样化,声音的用途越来越广泛。声音的独特性具有替代指纹等其他个人特有标志的功能,并且越来越成为一种重要的人格标志。与此同时,复制、传播、模仿个人声音的方式方法越来越多,声音一旦被仿冒,就可能侵害个人的人格利益,也可能造成其他财产

---

[1] See Richard G. Turkington and Anita L. Allen, Privacy, second edition, West Group, 2002, p.24.
[2] See Griswold v. Connecticut, U.S. Supreme Court 381 U.S. 479 (1965).
[3] See Roe v. Wade, 410 U.S. 113 (1973).
[4] See Daniel J. Solove and Paul M. Schwartz, Information Privacy Law, third edition, Wolters Kluwer, 2009, p.13.

损害,这就有必要强化对声音利益的保护。① 正因为这一原因,一些国家的民法典(如《秘鲁民法典》第 15 条)明确规定了声音权。

(三) 强化对生命尊严的保护

生命权历来被认为是最重要的人权,传统上,一般认为,生命权是防御性的权利,只有在遭受侵害时,权利人才能行使此种权利,且对生命权的保护仅限于对生命本身的保护。但当前,许多国家的立法不仅极为重视保护作为第一人权的生命权,而且也注重对生命尊严的维护。所谓生命尊严,包括了三层含义:一是维护生命存续的质量。维护生命存续的质量要求人活得体面且有尊严。二是维护生命终结的尊严,也就是说,生命的享有并不意味着个人负有痛苦生存的义务,而要以有尊严的方式离世。生命尊严不仅仅体现在活得尊严,而且要求死得有尊严,生命对每个人是宝贵的,是无价的。三是生命是一个过程,从幼年、成年到老年,每一个阶段都体现了尊严的价值,并且始终是法律所要关注和保护的重点所在。具体而言:

一是强化对人体胚胎的保护。人体胚胎是指受精后的生殖细胞,属于胎儿的前阶段。胚胎是人的生命的起点,具有转化为人的潜质,因此,即使生命处于刚开始的胚胎阶段,也具有尊严。随着人工生殖技术迅速发展,人体胚胎技术已经日渐成熟。由于胚胎也是生命体,一些国家法律规定了对胚胎的特殊保护。有的国家法律允许对胎儿的保护可以扩大到对胚胎的保护,还有的规定可以将胎儿的保护时间提前到受孕时。② 也有一些国家在民法典中直接规定了对胚胎的保护。例如,《法国民法典》在 1994 年修订时,增加第 16 条,该条规定:"法律应确保人的优先性,禁止一切对人的尊严的侵害,确保自生命开始时起对人的尊重。"该条主要针对胚胎和人体的保护,在一定程度上体现了对生命尊严的保护。③

二是承认了患者维生治疗拒绝权。所谓患者维生治疗拒绝权,是指在疾病无法治愈时,患者享有拒绝接受医疗机构为延长其生命而实施的介入性治疗措施的权利。许多国家和地区都承认了患者享有维生治疗拒

---

① 参见李林启:《论发展着的人格权》,载《湖南科技大学学报(社会科学版)》2012 年第 2 期;马骏驹、刘卉:《论法律人格内涵的变迁和人格权的发展——从民法中的人出发》,载《法学评论》2002 年第 1 期。

② 例如,《奥地利普通民法典》第 22 条规定:"胎儿自受孕时起受法律保护,涉及非属第三人的个人权利时视作既已出生,但就以活体出生为取得条件的权利,死产儿视作从未受孕。"

③ 参见石佳友:《民法典与社会转型》,中国人民大学出版社 2018 年版,第 165 页。

绝权。例如,1985 年美国统一州法委员会制定了《统一末期病患权利法案》,1987 年纽约州制定了《公共卫生法》,规定患者有权拒绝心肺复苏术。1989 年著名的克鲁赞案进一步推动了患者维生治疗拒绝权的产生和发展。受该案的影响,美国国会在 1990 年制定了《患者自主决定法》(The patient self-Determination Act),规定患者有"对自己现在或通过预先医疗指令对将来的可能的治疗自己决定"的权利,由联邦政府提供出资的医疗机构和康复组织等有义务告知患者享有该权利。一些大陆法系国家也通过立法明确承认了患者维生治疗拒绝权。例如,《魁北克民法典》第 13 条第 2 款规定:"如果进行非常规的治疗,或者治疗无用处,或者治疗的后果非常人所能承受,则治疗需征得本人同意。"

三是确立人体不得处分原则。为了保护生命健康权,许多国家的民法典(如《意大利民法典》第 5 条、《巴西民法典》第 13 至 14 条)都明确规定,禁止处分人体。人体器官与组织不得成为合同交易的标的,禁止人体器官与组织的有偿转让。[1]

四是对人体试验的规范。任何以人为试验对象的活动,都应当将对生命尊严的尊重放在首位。运用新技术和新产品在人体上进行试验活动,都必须要将受试者的生命健康放在首位,尊重、保护受试者的生命尊严。例如,《法国民法典》新增第 16-4 条第 2 款规定:"旨在组织对人进行选择的任何优生学实践活动,均予禁止。"这体现了对生命尊严的尊重。

五是对遗体尊严的保护。对遗体的保护也体现了对个人生命尊严的保护,行为人侵害死者的遗体、遗骨等,既会导致死者近亲属的精神痛苦,也侵害了死者的人格尊严。保护遗体的目的也在于保护个人的生命尊严。《法国民法典》第 16-1-1 条规定:"对人体的尊重不因死亡而终止。死者的遗骨,包括火化后的骨灰,应以有尊严和体面的方式来处理。"依据德国的《火葬法》,木乃伊或骨骼才算是物,而尸体由于仍具有人格因素,所以不能成为物。依日本判例,"遗骨为物,为所有权之目的,归继承人所有,然其所有权限于埋葬及祭祀之权能,不许放弃"[2]。可见,比较法上普遍认为,遗体包含了人格利益,应当将其与有体物区分开,目的即在于保护个人的人格尊严。此外,死者的肖像也关系到死者以及生者的人格尊严,侵害死者肖像,既可能侵害死者的人格尊严,也可能损害生者的人格尊严,因此,自然人死亡后,其主体资格虽然消灭,但其肖像等人格利

---

[1] 参见石佳友:《民法典与社会转型》,中国人民大学出版社 2018 年版,第 165 页。
[2] 冷传莉:《论民法中的人格物》,武汉大学 2010 年博士学位论文,第 95 页。

益仍然受到法律保护。

(四) 一般人格权制度建立

所谓一般人格权,是法律采用高度概括的方式而赋予个人享有的、具有权利集合性特点的人格权,是适应新型人格利益保护而产生的兜底保护条款。一般认为,一般人格权概念产生于德国。1866 年民法学家诺依内尔(Neuner)率先提出了一般人格权的概念①,但并没有得到法律的承认。直到第二次世界大战以后,德国民法开始强化对人格权的保护。战后《德国基本法》对人类尊严的重视,促使了民法人格权理论的发展。依据基本法的规定,德国法院采纳了德国学者 Nipperdey、Nawiasky 等人的主张,认为宪法所确认的权利可以适用于私法关系,从而根据战后《德国基本法》第 2 条关于"人类尊严不得侵犯。尊重并保护人类尊严,系所有国家权力(机关)的义务","在不侵害他人权利及违反宪法秩序或公序良俗规定范围内,任何人均有自由发展其人格的权利"的规定,确定了"一般人格权"(das allgemeine Persönlichkeitsrecht)的概念。② 在 1954 年的读者来信案中,法院判决认为,被告的行为将原告置于一种错误的事实状态中,让读者误以为其同情纳粹,这侵害了原告的人格。法院根据《德国基本法》第 1 条关于人格尊严的规定,认为一般人格权应当被视为由宪法所保障的基本权利,并推导出一般人格权的概念。③ 此后,在 1957 年的一个案例中,法院明确地将一般人格权解释为《德国民法典》第 823 条第 1 款中的"其他权利"(即绝对性权利)。④ 在德国法中,一般人格权是一项框架性权利,其主要保护具体人格权无法涵盖的人格利益,尤其是随着社会发展而产生的新型人格利益。从德国判例来看,一般人格权的具体保护对象包括:隐私、肖像、名誉、形象、姓名、信息自决、尊严、荣誉、名誉等。⑤ 在某些案例中,德国联邦法院认为,侵害一般人格权并非直接导致精神损害赔偿,而只是产生恢复原状的效力,剥夺行为人因侵害一般人格权而获得

---

① Vgl. Stefan Gottwald, Das allgemeine Persönlichkeitsrecht: ein zeitgeschichtliches Erklärungsmodell, Berlin, Verlag, 1996, p. 12.

② Vgl. Rixecker, in: Münchener Kommentar zum BGB, 7. Auflage, 2015, § 12 Anh. Das Allgemeine Persönlichkeitsrecht, Rn. 58—165.

③ Vgl. Schacht-Brief Decision, BGHZ 13, 334 (1954). 有关本案的介绍,可参见〔德〕迪特尔·梅迪库斯:《德国民法总论》,邵建东译,法律出版社 2000 年版,第 805—806 页。

④ Vgl. BGH, 02.04.1957, BGHZ 24, 72.

⑤ See Gert Brüggemeier, Protection of personality rights in European Tort Law, Cambridge University Press, 2010, p. 25.

的全部利益。自骑士案①之后,一些案例表明侵害一般人格权也会产生精神损害赔偿。② 德国一般人格权的产生促进了人格权制度的发展,完善了人格权益保护的体系。

德国法的一般人格权概念也对其他一些大陆法系国家产生了影响,例如,在一个涉及知晓自己身世的案件中,荷兰最高法院指出,一般人格权源于诸如尊重私生活、表达自由等宪法权利,知晓自己身世的权利等,也属于一般人格权的范畴。③ 由此也表明,虽然人格权实行法定化,但通过一般人格权制度,也保持了人格权类型体系的开放性。

(五)隐私权的内涵和外延迅速拓展

隐私权是权利人对其具有私密性的私人空间、私人活动和私人信息等享有支配并排除他人公开和侵扰的权利。隐私权的概念最早由美国学者沃伦和布兰代斯于1890年提出,并为两大法系所普遍承认。④ 100多年来,隐私权的内涵和外延不断扩张,不少学者认为,现代社会的重要特征在于,对政府的行为越来越要求公开透明,而对个人的隐私则越来越要求强化保护。具体而言,隐私权的发展主要表现在如下几个方面:

第一,隐私权的内涵不断扩张,在许多国家实际上发挥了一般人格权的功能。例如,《法国民法典》第9条规定的"私生活受到尊重的权利",事实上具有一般条款的功能。法国学者Raymond教授认为,依据法国的司法判例,《法国民法典》第9条中所规定的"私人生活"所指的范围是:家庭生活、感情生活、亲密的肉体关系、财产生活、具有私人性质的回忆录以及宗教生活等。⑤ 美国法中并不存在类似于大陆法系的具体人格权体系,其主要通过隐私权保护各项人格利益,因此可以说,美国法中的隐私权实际上发挥了类似于大陆法系中一般人格权的制度功能。

第二,注重对私生活安宁的保护。隐私权自产生之日起,就具有保护个人私生活安宁的功能。判例学说也时常将隐私权称为"独处的权利"(the right to be let alone)或"忘却权"(right to oblivion),此种权利是指自

---

① BGHZ 26, 349 (1958).
② See Basil S. Marksinis, Protecting Privacy, Oxford University Press, 1999. pp.36-37.
③ 参见石佳友:《民法典与社会转型》,中国人民大学出版社2018年版,第169页。
④ See Samuel D. Warren and Louis D. Brandeis, The Right to Privacy, 4 Harv. L. Rev. 193, 193 (1890).
⑤ See Guy Raymond, Droit Civil, 2e édition, Litec, pp.88-90. 转引自张民安主编:《侵扰他人安宁的隐私侵权——家庭成员间、工作场所、公共场所、新闻媒体及监所狱警的侵扰侵权》,中山大学出版社2012年版,第9页。

然人享有的维持安稳宁静的私生活状态,并排除不法侵扰的权利。① 它允许个人享有与公共利益无关的发展个性所必要的安宁和清静。②《美国侵权行为法重述》(第二版)采纳普洛塞教授关于隐私权的定义。该重述第 652 条确认隐私权为一种独立的权利,侵害隐私包括四种类型,其中第一类就是不合理地侵入他人的隐私(Intrusion upon seclusion),即侵害他人的私生活安宁,包括窃听私人电话、跟踪尾随他人、偷窥他人行动等一切足以干扰他人私生活安宁的行为。美国法保护私人生活安宁的做法对大陆法系国家产生了重要影响。例如,在日本,最高裁判所昭和 58 年(1983年)(才)1022 号判决中,原告不满长期被迫在搭乘地铁时看广告,起诉地铁停止播放广告,并支付抚慰金,虽然法院认可地铁广告对安全运行的正当价值,而没有支持原告的起诉,但是却在判决中承认了"人民在日常生活中原即享有不见不想见之物,不听不愿听的声音这一类的自由"③。

第三,公共场所中隐私权的承认与保护。传统观点认为,"隐私止于屋门",隐私所代表的私人领域使个人与公共场所隔绝开来,在私人空间之外,隐私权难以受到法律保护。但在现代社会,住宅已经不是隐私的防火墙,传统的"隐私止于屋门"原则已被突破,即便是在公共场所,也存在受法律保护的隐私。例如,个人使用公共厕所,禁止他人窥探。即使是在工作场所,也存在着更衣室等空间隐私,也禁止他人非法监控、搜查、偷窥等。④

第四,住宅本身不仅具有财产价值,而且其也受到空间隐私的保护。例如,在 1984 年的一个案例中,美国联邦最高法院甚至进一步宣称,"住宅作为私人财产的神圣不可侵犯已经是毫无争议的事实,但是在《美国联邦宪法第四修正案》中,住宅不是因为它所具有的财产价值而受到保护,而是因为它所具有的隐私价值而受到保护"⑤。而且对个人空间隐私的侵害并不限于物理侵入的方式,还包括远距离拍照、电话窃听、远距离窥探等方式。在 1967 年的卡兹案(Katz v. United States)中,美国联邦最高法院认为,侵害隐私权行为的认定不再固守物理性侵入私人空间的标准,而采取了更为灵活的"隐私合理期待"标准。⑥ 该案提出的隐私合理期待

---

① 参见刘保玉、周玉辉:《论安宁生活权》,载《当代法学》2013 年第 2 期。
② See Michael Henry, International Privacy, Publicity and Personality Laws, Butterworth, 2001, p.56.
③ 方乐坤:《安宁利益的类型和权利化》,载《法学评论》2018 年第 6 期。
④ 参见马特:《隐私权研究》,中国人民大学出版社 2014 年版,第 212 页。
⑤ Segura et al. v. United States, 468 U.S. 796 (1984).
⑥ See Katz v. United States, 389 U.S. 347, 360-61 (1967).

标准对准确认定隐私权侵权具有重大意义。

(六) 普遍重视对个人信息的保护

自20世纪80年代以来,人类社会逐步进入信息时代,个人信息的重要性日益凸显,法律也越来越重视对个人信息的保护。互联网与大数据技术的发展,使得个人信息的收集、利用与共享变得非常容易,个人信息的经济价值也愈发受到重视,对个人信息权的保护需求也日益增强。诚如马斯洛所说:"人格标识的完整性与真实性是主体受到他人尊重的基本条件。"早在1971年,德国学者Steinmüller等人向联邦德国内政部(das Bundesministerium des Innern)提交了一份报告,内容主要是讨论数据保护在新时代的重要意义。这份报告认为:数据保护是数据处理的核心问题(Datenschutz ist die Kehrseite der Datenverarbeitung)并将成为未来法律发展的重要趋势。① 1976年,德国学者Christoph Mallmann在Steinmüller报告的基础上,率先提出"个人信息自决权"(das Recht auf informationelle Selbstbestimmung)的概念。他指出,个人信息对于个人人格的发展具有重大的意义,是个人自我表现(die Selbstdarstellung)和与社会环境交流的媒介,因此,基于自决权,权利人应当享有对个人信息的知情同意等权利。② 在个人信息保护领域,目前已有90多个国家制定了专门的个人信息保护规定。大陆法系一些国家在民法典中也正式确认了个人信息权。③《欧洲联盟基本权利宪章》第8条确认"任何人都有就其个人信息受到保护的权利"。由此可见,个人信息作为个人享有的基本民事权利也日益受到法律的高度重视。在个人信息保护方面,呈现出如下发展趋势:

一是保护的范围越来越宽泛。传统上,法律通过隐私权制度保护具有私密性的个人信息,而现在,个人信息的保护范围逐渐扩展,主要通过可识别性确定个人信息的内涵,从而拓宽了个人信息的保护范围。例如,欧盟《一般数据保护条例》(以下简称"GDPR")第4条界定了个人信息的概念,即个人资料"与一个确定的或可识别的自然人相关的任何信息(数据对象)"。依据该条规定,识别主体身份包括直接识别与间接识别,如能够借助个人的姓名、身份证号码、位置数据、身体、生理、遗传、心理、经济、文化或社会身份有关的一个或多个因素,识别个人的身份,均应当属于个

---

① Vgl. Steinmüller u. a., BT-Drs. VI/3826, S. 34.
② Vgl. Mallmann und Christoph, Datenschutz in Verwaltungsinformationssystemen, 1976, S. 54 f.
③ 参见《魁北克民法典》第37—41条。

人信息的范畴。可见,个人信息的范围越来越广泛。

二是个人信息的权利内容在不断扩张,逐渐丰富。例如,GDPR 承认了权利人享有多种权利内容,核心是自决权,具体包括访问权、更正权、擦除权、限制处理权、数据携带权、反对权等权利。加拿大《个人信息保护与电子文件法》规定了个人信息保护的十项基本原则:依据其中的个人信息准确原则,权利人有权请求数据收集人及时更新和完善所收集的个人信息,以维护信息的准确性和完整性,依据个人信息保护相关措施有效保障原则,权利人有权要求数据收集人防止个人信息遗失、被盗或未经授权的访问、披露、复制、使用或修改。①《魁北克民法典》第 37 至 41 条规定了个人就其身份信息所享有的权利,包括免费查询其信息的权利,免费更正信息错误的权利,以合理价格复制其信息的权利,获取可以辨识的信息复制品的权利等。② 可以说,该法典开创了在民法典中规定个人信息权的先河。

三是注重规范数据的跨境流通。个人信息保护逐渐具有区域化与国际化的趋势,许多国家签订了区域性的协议,在协调个人信息保护水平的基础上,注重个人信息区域流动。适用在单一国家的规则可以适用于许多国家。早在 1980 年 9 月 23 日,经合组织就通过了《隐私保护与个人数据跨境流动准则》。该准则在 2013 年经过修订,形成了针对个人信息在跨境流通情形下的保护规则。

四是规范了对个人信息的处理。对于个人信息保护的核心在于强调本人对自身信息的自主控制在整个信息保护制度中的地位。③ GDPR 将任何信息收集后的加工、利用、流转、共享管理等统称为"处理"(process)。德国法中,对信息的收集和处理,包括对个人信息的收集、加工、共享等。其实现手段主要是对个人信息的处理进行规制。这里所说的处理是非常广义的概念,其中包括了收集、存储、加工、使用、转让、公开等活动。④ 任何个人信息的加工、使用,都可以称为处理。

五是注重个人信息的保护与数据流通、利用的平衡。对个人信息的处理一般是受限制的,但个人信息的利用对社会发展意义重大,对个人信息的处理不是一味地限制,而是从单纯的限制到个人信息的利用与限制

---

① 参见崔聪聪等:《个人信息保护法研究》,北京邮电大学出版社 2015 年版,第 30 页。
② 参见石佳友:《人格权立法的历史演进及其趋势》,载《中国政法大学学报》2018 年第 4 期。
③ 参见谢远扬:《个人信息的私法保护》,中国法制出版社 2016 年版,第 203 页。
④ Vgl. Gola/Schomerus, BDSC §1., Rn. 22.

并存,并且注重个人信息保护与数据利用之间的平衡。一般而言,欧盟更注重对个人信息的保护,并不强调个人信息的利用,而美国则更强调对个人信息的利用,更注重发挥个人信息的经济效用。但总体而言,各国普遍重视个人信息的保护和利用之间的平衡,对数据共享作出了一定的限制。例如,GDPR 第 6 条规定了个人信息处理的合法性规则,依据该条规定,除信息主体同意外,基于法律规定、保护他人利益的需要、执行公务职权或者公共利益领域的任务需要等事由,也可以处理个人信息,这实际上是在个人同意之外,设置了许多个人信息利用规则的例外情形,其目的即在于充分发挥个人信息的经济效用。

(七) 注重人格权的商业化利用

人格权的商业化利用也称为人格要素的商业化利用,它是指在市场经济社会,人格权的某些权能可以由权利人许可他人利用,并在其遭受侵害以后通过财产损害赔偿的方式获得救济。市场经济条件下,人格权商业化利用趋势日益明显,例如,名称可以注册为商标,也可以成为商号。特别是名人的姓名、肖像等人格标志具有特殊的影响力,具有较大的商业价值和感召力,当名人的形象、姓名等用于广告时,对于产品的销售能够产生巨大的推动作用。① 也正是因为这一原因,人格权商业化利用现象越来越受到许多国家的重视。目前,在人格权商业化利用领域,主要形成了如下两种模式:

一是美国的公开权模式。公开权(publicity rights)又称为形象权,它是指公民对自己的姓名、肖像、角色、声音、形体动作甚至卡通人物形象等因素所享有的进行商业利用和保护的权利。公开权常常被界定为具有财产权性质的权利②,1954 年尼默(Nimmer)发表了一篇《论公开权》的论文,最先使用了公开权的概念。他认为,"公开权是每个人对其创造和购买的公开的价值享有控制或获取利益的权利"③。美国法上的公开权制度实际上是将人格权中的财产价值分离出来,形成一种独立的权利。④ 公

---

① 参见杨立新等:《〈中国民法典·人格权编〉草案建议稿的说明》,载王利明主编:《中国民法典草案建议稿及说明》,中国法制出版社 2004 年版,第 327 页。

② See Michael Henry (ed.), International Privacy, Publicity and Personality Laws, Reed Elsevier (UK), 2001, p. 88.

③ Nimmer, The Right of Publicity, 19 Law & Contemp. Prob. 203, 216 (1954).

④ See Michael Henry (ed.), International Privacy, Publicity and Personality Laws, Reed Elsevier (UK), 2001, p. 88.

开权的保护范围主要包括姓名、照片、肖像和声音等人格利益。公开权产生初期,其保护范围是非常狭窄的,仅指"赋予发布(原告的)图像的独占特权的权利"。以后,普洛塞教授在其论著中则将这一范围作了扩展,使其包括个人的姓名或肖像。① 现在,公开权扩展到了对于肢体动作、卡通形象等具有可辨识特征的人格利益的保护。

二是以德国法为代表的大陆法国家的人格权模式。德国虽然没有在法典中确认有关人格权商业化利用的规则,但德国司法实践较为重视此种商业化利用方式,并形成了一系列的规则,其最主要的特点在于,通过既有的人格权制度调整人格权商业化利用现象,而没有在人格权之外创设与美国法公开权类似的、独立的权利。例如,在著名的 Paul Dahlke 案中,德国联邦最高法院认为,在广告中使用名人的肖像的,在很多情况下只能通过支付巨额费用才能够获取对方的同意,从而在法律上承认了人格权市场化的行为。② 德国联邦最高法院在此案中也将肖像权归入为"具有财产价值的排除权"(des vermögenswertes Ausschließlichkeitsrecht)。此后,该观点亦适用于姓名权,而且在特殊情形下,一般人格权也具有财产价值成分。③ 此种模式对其他大陆法系国家也产生了一定的影响。例如,在日本 2012 年的粉红女郎案中,日本最高法院首次明确了商品化权来自人格权,其并非独立的权利类型。④

美国法中的公开权概念的产生与其缺乏人格权的概念直接相关,特别是其没有列举具体人格权的类型,而只有较为宽泛的隐私权概念,即通过隐私权调整包括姓名、肖像等在内的所有人格利益,而事实上,姓名、肖像等与隐私权的性质存在区别,其可以进行商业化利用,因此,美国法在隐私权概念之外发展出了公开权制度。⑤ 而大陆法系国家和地区则确立了相对完善的具体人格权体系,通过扩张具体人格权的内涵与效力的方式,可以实现对人格权商业化利用的调整,而没有必要在此之外创设独立

---

① 参见郭玉军、向在胜:《美国公开权研究》,载《时代法学》2003 年第 1 期。

② Vgl. BGHZ 20, 345(353).

③ 参见 1999 年德国联邦最高法院关于 Marlene Dietrich 一案的判决(BGHZ, 214, 219)。

④ 在该案中,某杂志社在未经原告许可的情况下,将拥有大批粉丝的"粉红女郎"组合的舞蹈照片进行剪辑,用于其介绍流行舞蹈姿势的画册中。"粉红女郎"组合以杂志社侵害其商品化权为由,请求损害赔偿。日本最高法院认为"这一根据顾客吸引力而具有的排他利用权能是因为肖像等而产生的,因此其权利性质可以归类为自然人人格权的一部分"。参见张鹏:《日本商品化权的历史演变与理论探析》,载《知识产权》2016 年第 5 期。

⑤ See Scott Jon Shagin and Matthew Savare, Intersection of Right of Publicity and Copyright, Member, NY, NJ & CA Bars.

的公开权制度。虽然美国和大陆法系国家及地区在人格权商业化利用方面所采取的法律调整模式不同,但是其基本价值是共同的,即法律注重对人格权商业化利用的保护,保护商业化利用的权利实际上也是保护人格权的重要组成部分。

(八) 人格权保护方式的多层次和多样化

从比较法经验来看,在人格权保护方面,不仅仅从正面确认各项人格权,而且从多个方面强化了对人格权的保护。不仅注重对人格权遭受侵害的事后救济,而且注重对人格权侵权的事先预防,以防止损害后果的发生和扩大。可以说,人格权保护方式出现了多层次和多样化的特点,具体来说,体现在如下几个方面:

一是精神损害赔偿制度的发展和完善。自19世纪末期产生人格权制度以来,各国和地区都针对人格权的侵害采用了精神损害赔偿的救济方式,在德国法中,精神损害赔偿也称为"抚慰金",它是非财产损害赔偿的一种类型,主要是指在受害人遭受精神痛苦等损害时,通过一种货币化的补偿方式,对受害人进行精神安慰,并对加害人实施制裁,其赔偿的范围包括人身伤亡、身体完整性遭受损害、精神遭受痛苦、身体功能丧失等情形。此种损害赔偿在19世纪曾经受到严格限制,但自20世纪以来,其得到了迅速发展,并被各国和地区普遍采用。例如,《瑞士债法典》第49条第2款规定:"人格关系受侵害时,其侵害情节及加害人过失重大者,被害人得请求慰抚金。"在欧洲,各国和地区不仅普遍采纳了精神损害赔偿制度,而且赔偿的方式也越来越呈现出标准化的趋势。① 可以说,精神损害赔偿是直接针对人格权侵害所采取的一种特殊的救济方式。

二是人格权请求权的产生与发展。所谓人格权请求权,是指民事主体在其人格权受到侵害、妨害或者有妨害之虞时,有权向加害人或者人民法院请求加害人停止侵害、排除妨害、消除危险、恢复名誉、赔礼道歉,以恢复人格权的圆满状态。《瑞士民法典》最早规定了人格权的一般保护规则,开创了人格权请求权的先河,该法典第28a条规定:"原告可以向法官申请:(1)禁止即将面临的侵害行为;(2)除去已经发生的侵害行为……"根据瑞士学者的解释,《瑞士民法典》和《瑞士债法典》规定了两种不同类型的人格

---

① See W. V. Horton Rogers (ed.), Damages for Non-Pecuniary Loss in a Comparative Perspective, 2001, p. 254.

权诉讼,确立了绝对权请求权诉讼与侵权诉讼并列的二元诉讼模式。① 该模式对其他大陆法系国家和地区也产生了一定影响,人格权请求权也是针对侵害人格权的一种特殊救济方式,适用此种请求权,权利人既不需要证明过错,也不需要证明损害的存在,因而极有利于对人格权的保护。

三是获利返还制度的运用。所谓获利返还(die Gewinnherausgabe, disgorgement),也称为"利润剥夺",它是指在行为人因侵害他人权益而获利的情形下,对方当事人有权请求行为人返还因此所获得的利益。② 获利返还主要是适应人格权商业化利用而产生的一种特殊制度,因而也是保护人格权的一种重要方法。在德国法上,在侵害知识产权和人格权的情形下,受害人请求行为人赔偿财产损失时,有权在如下三种损害赔偿计算方式中作出选择:一是按照实际损失赔偿,即受害人有权请求行为人赔偿其实际损失,当然,受害人在主张按照实际损失赔偿时,其负有证明其实际损失的义务;二是按照拟制的许可使用费赔偿(die Erstattung der üblichen Lizenzgebühr);三是获利返还,即受害人有权请求加害人返还侵权获利。受害人可以在上述三种方式中作出选择。③ 在德国的司法实践中,针对处理因侵权发生的获利案件,获利返还制度已被普遍采纳。④ 库齐奥认为,它是一种处在侵权责任法与不当的立法的中间领域,是一种特殊请求权。⑤ 在侵害人格权益的情形下,难以适用一般的损害赔偿规则,通过此种方式,有利于剥夺行为人的不法获利,更有利于对损害的预防。⑥

四是法定赔偿制度的发展。所谓法定损害赔偿,是指由法律明确规定赔偿范围和赔偿数额的赔偿方式。在人格权侵权中,法定赔偿方式是为适应人格权侵权的特殊性而发展出来的一种赔偿方式,其目的在于克服人格权侵权中财产损失确定以及损害计算的困境。例如,在侵害个人

---

① Vgl. Olivier Guillod, Droit des Personnes, 4e edition, Helbing Lichtenhahn, 2015, S. 135-143.

② 也有学者将其称为利润返还或者利润剥夺。参见朱岩:《"利润剥夺"的请求权基础——兼评〈中华人民共和国侵权责任法〉第 20 条》,载《法商研究》2011 年第 3 期。

③ Vgl. MünchKomm/Säcker, BGB §12, 2015, Rn. 166; Delahaye GRUR 1986, 217; Wandtke GRUR 2000, 942(943); Schaub GRUR 2005, 918(919).

④ See Ewoud Hondius, André Janssen, Disgorgement of Profits, Gain-Based Remedies throughout the World, Springer, 2015, p. 7.

⑤ 参见〔奥〕海尔姆特·库齐奥:《侵权责任法的基本问题(第一卷):德语国家的视角》,朱岩译,北京大学出版社 2017 年版,第 45 页。

⑥ 参见孙良国:《论人身权侵权获益赔偿的性质、功能与适用》,载《法律科学》2011 年第 4 期。

信息时,我国台湾地区就确立了法定赔偿规则,其目的也在于应对个人信息侵权中损害计算的困境。

五是多种责任形式在人格权保护中的运用。对于人格权采取多种方式进行保护是比较法上普遍采取的做法。除采取侵权损害赔偿的保护方式外,在人格权侵权中,也广泛采取了停止侵害、赔礼道歉、消除影响、恢复名誉等特殊的责任形式。例如,《日本民法典》第723条和《韩国民法典》第764条都将赔礼道歉作为恢复受害者名誉的责任形式,我国台湾地区"民法典"第195条也有类似规定。即使在并未采纳赔礼道歉作为责任形式的德国,也将公布判决书、撤回不当言论等作为恢复名誉的责任形式。①

(九) 人格权越来越多地受到国际法的保护

人格权特别是生命、健康、身体、私生活等,都是基本的民事权利,也是基本人权,因而不仅受到国内法的保护,也受到越来越多国际公约的保护。诚如王泽鉴教授所指出:"人格权的形成(尤其是隐私权、言论自由与名誉权)深受美国、德国法判例学说的启发,体现了人格权保护全球化的趋势。"②例如,《世界人权宣言》第12条规定:"任何人的私生活、家庭、住宅和通信不得任意干涉,他的荣誉和名誉不得加以攻击。人人有权享受法律保护,以免受这种干涉或攻击。"《公民权利及政治权利国际公约》第17条中规定:"一、任何人的私生活、家庭、住宅或通信不得加以任意或非法干涉,他的荣誉和名誉不得加以非法攻击。二、人人有权享受法律保护,以免受这种干涉或攻击。"除上述国际条约以外,一些地区缔结的公约也规定了人格权保护规则。例如,《美洲人的权利和义务宣言》的第五部分规定,"任何人都享有受到法律保护的、其荣誉、名誉、个人与家庭生活免于遭受恶意攻击的权利"。《美洲人权公约》第11节规定:"1.每个人都有权使自己的荣誉得到尊重、尊严获得承认。2.任何人的私生活、家庭生活、住所、信件或通信都不应受到任意或恶意侮辱或诽谤,或是本人的荣誉或名誉被非法攻击。3.所有人都有权受到法律保护,以免遭受侮辱或诽谤。"由此可见,许多人格权具有一种普适的特点,尤其是有关生命健康、隐私等权利,被各国普遍采纳。

还有一些人格权受到一些区域性的国际法的保护。以个人信息为

---

① 参见王泽鉴:《人格权法》,北京大学出版社2013年版,第431—432页。
② 王泽鉴:《人格权法:法释义学、比较法、案例研究》,北京大学出版社2013年版,第4页。

例,早在1995年,欧盟就颁发了《欧洲议会和欧盟理事会关于在个人资料处理和个人资料自由流通过程中对个人资料进行保护的指令》,简称为"95/46指令",2000年,《欧洲联盟基本权利宪章》第8条明确承认了个人信息权。2016年,欧盟理事会和议会又颁布了GDPR,自2018年起生效适用,这体现了欧盟在信息与网络时代对个人信息保护的高度重视。

总之,人格权法的发展是现代民法最显著的变化,人格权制度也是民法中最新和最富有时代气息的领域。由于人格权的扩张,也使得人格权与其他权利的冲突也越来越突出。因此也需要协调人格权和其他权利的关系。例如,现代社会,报纸、电视、广播以及互联网等大众传媒的发达在便捷信息交流的同时,使得人格权更加脆弱,处于极易受到侵害的地位。如何协调表达自由、新闻自由、舆论监督和人格权保护的关系,成为人格权法所必须面对的重要问题。

三、人格权的发展与我国民法典人格权编的完善

我国正在制定的民法典采纳了人格权独立成编的主张,这是民法典的重大创新,体现了对人格权制度发展趋势的准确把握,充分适应了高科技时代强化人格权保护的现实需求。"他山之石可以攻玉",我们之所以探讨人格权制度的发展趋势,就是要借鉴比较法上先进的人格权保护经验,为我所用。人格权制度的发展趋势为民法典编纂提出了如下需要关注的问题。

(一)适应保护人格权益的需要,构建较为完整的人格权体系

在现代社会,为了强化对人格权的保护,需要从立法层面建立较为完整的人格权体系。按照人格权所保护的不同人格利益,人格权可以被分为物质性人格权与精神性人格权两大类,对于这些不同种类的人格权,应当予以全方位的保护。物质性人格权是指自然人对于其生命、身体、健康等物质性人格要素所享有的不可转让的支配权①,主要包括生命权、身体权、健康权三种。精神性人格权是指不以具体的物质性实体为标的,而是以抽象的精神价值为标的的不可转让的人格权,如名誉权、隐私权、肖像权等。② 精

---

① 参见张俊浩主编:《民法学原理》(上卷),中国政法大学出版社1997年版,第135页。
② 物质层面的权利是指一切人拥有的要求其身体受到尊重的权利,人体及其组成不得成为任何财产权利的标的。精神层面的权利,主要包括私生活受到尊重的权利、肖像权、获得无罪推定的权利、住宅不受侵犯的权利、其秘密得到保守的权利、名誉权、著作权中的精神权利等。Philippe Malinvaud, Introduction à l'étude du droit, 9e édition, Litec, 2002, p.258.

神性人格权又可以具体区分为标表型人格权与评价型人格权①,此种分类方法也被大陆法系一些国家的学者所承认。这两类人格权基本概括了人格权的全部类型。我国民法典人格权编应该尽可能对这些基本类型的人格权作出规定。从正面对人格权的内涵和外延作出规定,是强化人格权保护的重要方式。例如,在我国立法对隐私权作出规定以前,我国司法实践长期以来通过侵害名誉权的责任规则保护隐私利益,这可能影响权利人的保护,因为侵害名誉权要求必须导致个人的社会评价降低,而侵害隐私并不需要具备这一条件,因此,侵害名誉权的规则难以有效保护隐私利益。当然,应当看到,人格权本身是一个不断发展和变动的权利,立法无论如何完善也不可能对所有人格权作出详尽无遗的规定,因此,立法应当适应社会的变迁而使人格权始终保持开放性。

(二) 适应人格权益发展的需要,规定一般人格权制度

如前所述,为了强化对人格权的保护,需要立法构建较为完备的人格权体系,明确规定人格权的类型、内容和效力以及行使方式,但人格权益具有极强的变动性,随着社会的发展,尤其是科学技术的进步,不断对人的主体性以及尊严的维护提出挑战,许多新型人格利益不断涌现,也需要保持人格权体系的开放性,一般人格权由此应运而生。② 一般人格权的产生是人格权法发展的重要标志,它为新型人格利益的保护提供了法律依据。例如,随着语音合成技术的发展,导致声音的利益越来越重要。这种开放性主要应当通过一般人格权的规定予以实现。此外,民法上的人格权作为宪法基本权利在民法上的体现,也需要保证其开放性,以符合基本权利抽象性的特征,从而实现与宪法基本权利的有机联系,而这一纽带同样需要借助一般人格权实现。③

(三) 适应现代社会的发展而不断细化人格权的相关规则

人格权作为一种新型权利,许多规则尚处在发展变化之中,而且与物权不同,人格权的客体具有无形性,同一行为可能同时侵害多项人格权益,这也使得各项人格权之间以及人格权与其他法益之间存在一定的交

---

① 所谓标表型人格权,是指以姓名、肖像、名称等主体的外在标志和表征为内容的人格权,包括姓名权、肖像权、名称权等。评价性人格权的客体则是权利人以外的社会公众或特定机构对权利人所进行的评价,主要包括名誉权、荣誉权、信用权等。
② 参见王泽鉴:《民法总则》,中国政法大学出版社2001年版,第126页。
③ 参见曹险峰:《论人格权的法定化——人格权法独立成编之前提性论证》,载《吉林大学社会科学学报》2006年第2期。

叉。例如,肖像权在行使中就涉及和隐私权、名誉权以及知识产权、肖像以外的形象和声音等人格利益的冲突,名誉权在行使中就涉及与言论自由等价值的冲突。为此,就有必要在法律上建立一套完整的规则,确定各项人格权的权利边界,通过立法的手段固定具体人格权其保护范围①,协调人格权与其他权利之间的冲突。尤其应当看到,人格权在行使中,常常涉及一系列相关的权益保护规则。例如,生命权的保护就涉及器官捐赠、临床试验、遗体保护的具体规则,这些都是生命权保护中遇到的关键问题,应当确立具体规则,从而有利于立法、司法、执法中实现对人格权的细化保护。再如,个人信息中信息收集、处理、储存等义务,信息持有人的相关义务应当予以明确,如果没有尽到义务,可能产生侵权、人格权请求权。在通过立法确认各项人格权的基础之上,丰富和完善人格权的具体规则是人格权法走向成熟的必经过程。

在完善人格权的相关规则中,尤其应当建立完整的人格权侵害救济体系。人格权作为一种绝对权,同物权一样可以产生绝对权请求权,即人格权请求权。人格权请求权的适用不以过错和损害为要件,也不以行为人的行为构成侵权为前提,具有预防损害发生的功能。同时,人格权作为绝对权,同样应当受到侵权请求权的保护。人格权同时受人格权请求权与侵权请求权的保护,完善人格权规则还需要妥当协调二者之间的关系,在侵害人格权符合侵权责任的构成要件时,也应当允许权利人在人格权请求权与侵权请求权之间作出选择。

(四)适应21世纪人文关怀的发展需要,强化对人格尊严的维护

21世纪是一个走向权利的世纪,民法以尊重人、关爱人、保护人的人文关怀价值为基本理念,并以维护人格尊严为其重要目的。人格尊严是指人在社会中的地位,是对人格权保护的根本目的和基本价值的宣示。法律之所以保障各种人格权,很大程度上就是为了维护个人的人格尊严。自然人的各项人格权都在不同程度上体现了人格尊严的要求。人格尊严可以具体体现为各种人格利益,例如名誉、肖像、隐私、信息等。民法典人格权编应当凸显人格尊严的价值,具体表现在:一是在人格权与财产权益等发生冲突的情况下,从维护人格尊严出发,一般应当优先保护人的尊严。二是强化对生命尊严的维护,尊重患者维生治疗拒绝权。允许患者在生命垂危、无法救治的情形下,拒绝采取介入性的维生治疗方式(如切

---

① 参见张平华:《人格权的利益结构与人格权法定》,载《中国法学》2013年第2期。

割气管、安装呼吸器等),使患者选择具有尊严和体面的方式去世。三是禁止人的物化、工具化及人体的商业化,坚持人体不得处分原则。严格禁止奴役、酷刑、刑讯逼供及其他不人道待遇、人口交易等。① 禁止人体器官和组织的非法转让。禁止有偿代孕,尊重、保护在人体试验中的受试者的生命尊严。注重对遗体尊严的保护。四是保护人体胚胎,以维护生命尊严,对胚胎的处置应当采取维护尊严的方式处理,而不能简单地当作物一样随意交易、抛弃和销毁。五是规范器官捐赠行为,器官捐赠不得损害身体健康,不得以器官捐赠为名变相买卖人体器官。总之,人格尊严虽然是一项宪法基本权利,但必须通过人格权制度将其具体化,并且转化为一项民事权利,才能获得民法的保护。任何人侵害他人的人格尊严,受害人将依据民法获得救济。

(五) 适应市场经济发展的需要,进一步完善人格权的商业化利用规则

随着社会的不断发展,一些人格权的内容也不断丰富,从单一人格利益逐步发展为财产与人身利益可能并存。② 因而,传统民法中人身权与财产权的区分遭到人格权商业化利用问题的严峻挑战。按照传统观点,人格权属于纯粹精神性权利,并不包含财产利益,而现在则普遍认为,一些人格权同时包含精神利益与财产利益,一些人格权益可以成为商业利用的对象。我国《民法通则》第 100 条规定肖像权的商业化利用规则,但其适用范围有限,有关人格权商业化利用的一般规则仍尚付阙如。我国民法典人格权编主要应当从如下几个方面完善人格权商业化利用规则:一是明确哪些人格权可以成为商业化利用的对象。在法律上,并非所有的人格权益均可以成为商业化利用的对象,出于保护个人人格尊严的需要,生命权、身体权、健康权等物质性人格权,不能成为商业化利用的对象,能够成为商业化利用对象的主要是姓名权、肖像权等标表型人格权。二是明确人格权商业化利用的方式。人格权商业化利用不得颠覆人格权的人身专属性原则,因此,人格权商业化利用的方式应当限于许可使用,人格权中的人身利益不得转让。三是完善人格权许可使用规则。人格权不同于财产权,人格权的许可使用也不能完全适用合同法的一般规则,民法典

---

① 参见石佳友:《民法典与社会转型》,中国人民大学出版社 2018 年版,第 75 页。
② 参见蓝蓝:《人格与财产二元权利体系面临的困境与突破——以"人格商品化"为视角展开》,载《法律科学》2006 年第 3 期。

人格权编还应当完善人格权的许可使用规则。当然，完善人格权商业化利用制度根本上还是为了保护个人的人格尊严，因为一方面，人格权的核心是个人的自决，其也包含了对经济价值的自决，承认人格权商业化利用制度实际上是对个人自决的一种尊重，体现了对个人人格尊严的保护。另一方面，人格权商业化利用的一些规则可以实现对人格权的倾斜保护。例如，人格权许可使用合同履行过程中，如果人格权人有特殊原因需要解除合同时，出于维护其人格尊严的需要，应当尊重其解除权。

（六）适应现代社会发展的需要，应强调预防与救济并重

在信息与网络时代，人格权一旦遭受侵害，其损害后果可能被无限放大，很难恢复原状。与传统社会的信息传播方式不同，网络信息的传播具有即时性，而且网络的无边界性以及受众的无限性，可以瞬间实现全球范围的传播，并可以无数次地下载，网络环境对信息的传播具有一种无限放大效应。甚至可以说，在网络环境下，侵害人格权的损害后果具有不可逆性——损害一旦发生，即难以恢复原状。[①] 例如，通过网络散布他人的隐私或者诽谤信息，侵权行为一旦实施，受害人的损害可能会被无限放大，难以得到完全填补。因此，在现代社会，更应当强调对人格权侵权行为的全阶段控制，即不仅强调对受害人的事后救济，也应当注重对侵害行为的事先预防与事中控制。就事先预防而言，有必要采取消除危险等救济方式，并允许权利人采取申请诉前禁令的方式，防范可能发生的损害后果。就事中预防而言，有必要在侵害人格权行为发生后，允许受害人及时行使停止侵害、排除妨害等人格权请求权模式，及时制止损害，并防止损害的进一步扩大。如果行为人是通过互联网发布侵害他人的信息，应当允许权利人采取更正、删除、屏蔽等必要措施，以防止损害的进一步扩大。

此外，由于人格权的扩张，也使得人格权与其他权利的冲突也越来越突出，这也需要协调人格权和其他权利的关系。例如，现代社会，报纸、电视、广播以及互联网等大众传媒的发达在便捷信息交流的同时，使得人格权更加脆弱，处于极易受到侵害的地位。如何协调表达自由、新闻自由、舆论监督和人格权保护的关系，成为人格权法所必须面临的重要问题。

---

① See Creech, Electronic Media Law Regulation (fifth edition), Elsevier Focal Press, 2007, p. 288.

人格权制度在中国民法典中的地位[*]

引　言

　　人格权制度是有关对生命健康、名誉、肖像、隐私等人格利益加以确认并保护的法律制度。作为20世纪初特别是第二次世界大战以来形成并发展起来的一项新型民事法律制度，人格权制度在《法国民法典》与《德国民法典》中并不占有十分重要的地位。然而，随着一百多年来人类社会经济文化的发展和法治的进步，人格权的重要意义日益凸现，其类型与具体内容都得到了极大的丰富。在我国当前制定民法典的情况下，如何认识人格权制度在民法典中的位置，引起学者极大的争论。目前主要有赞成人格权独立成编与反对人格权独立成编两种观点。反对人格权独立成编的学者的理由主要有三点：一是我国属于大陆法系，然而在大陆法系尤其是在《德国民法典》中人格权制度并不具有独立的地位；二是人格权制度与人格制度不可分离，因此应当包括在民事主体制度当中；三是人格权只有在受到侵害时才有意义，因此可以在侵权行为法中加以规定。这些观点都具有一定的合理性，但是笔者认为，人格权制度的独立成编不仅是丰富与完善民法典体系的需要，也是为了满足我国建设社会主义市场经济过程中充分保障民事主体人格利益的迫切要求。鉴于该问题涉及诸多民法理论与实践问题，本文拟对人格权应否独立成编问题谈几点看法。

一、人格权制度独立成编是丰富与完善民法典体系的需要

　　所谓民法典的体系，是调整平等主体之间的关系的、具有内在有机联系的规则体系，也可以说是将民法的各项规则有机地组合在民法典中的逻辑体系。科学的民法典体系并非一蹴而就、朝夕之间形成的，而是经过

---

[*] 原载《法学研究》2003年第2期。

漫长的历史演进过程。早在罗马法时代,罗马法学家盖尤斯在其《法学阶梯》一书中就提出一种民法典的编纂体例,该体例将罗马市民法划分为人法、物法和诉讼法三部分,该体系为优士丁尼编纂《罗马法大全》时所采用的,后人将其称为"罗马式"。至《法国民法典》编纂时,虽然罗马式的体例被完全采纳,但是立法者将诉讼法从民法典中分离出去,保留了人法和物法的结构,同时将物法进一步分为财产法与财产权的取得方法。19世纪末,经过了数十年的法典论战,《德国民法典》的起草者采纳了由潘德克顿学派所提出的民法典体系,该体系将民法典分为:总则、物权、债权、亲属及继承五编,也就是今天所谓的五编制的"德国式"模式。日本在继受德国模式时改变了债权法和物权法的顺序,但是基本采纳了五编制的模式。而20世纪90年代完成的《荷兰民法典》在体例上又有重大的改变,法典的起草者巧妙地将法国法模式和德国法模式结合起来,同时又吸收了英美法系的经验,创建了民法典的八编模式。尤其值得注意的是,该法典在债权和物权之上设立了财产权总则,并改造了德国法的总则模式。该法典在颁布之后,得到了包括德国在内的许多国家的民法学者的广泛好评。1994年颁布的《俄罗斯民法典》在体系上也有了许多新的发展,例如,将债法划分为两编加以规定,在债法总则中分别规定债的一般规定与合同的一般规定,并在总则中的民事权利客体部分规定了知识产权制度。由此表明,民法典体系并非先验的,一成不变的,而是随着社会政治经济文化的发展而变化的体系。

应当承认,中国自清末变法以来,基本上被纳入了大陆法的体系,在近代中国的民事立法以及民法学说中也大量吸收了大陆法尤其是德国法的概念与制度。对此旧中国民法学家梅仲协先生曾精辟地指出:"现行民法采德国立法例者十之六七,瑞士立法例十之三四,而法日苏联之成规,亦尝撷一二。"[①]无论是过去还是现在,从民事立法的内容来看,我国立法确实大量借鉴了德国法的经验,这是毫无疑问的。然而,这是否意味着我们在21世纪制定民法典时还需要僵化到一成不变地继承《德国民法典》的五编制体例呢?结合人格权制度的在民法典中的地位,不少学者认为,既然人格权制度在德国模式中并没有其独立的地位,我国民法典将人格权独立成编缺乏先例,是标新立异。笔者不敢苟同此种观点。

诚然,我们在制定民法典的时候,应当注重大陆法系尤其是德国法的

---

① 梅仲协:《民法要义》,中国政法大学出版社1998年版,初版序言。

经验,但是借鉴并非意味着照搬照抄。如前所述,民法典的体系本身是一个开放的、发展的体系,它与一国的政治经济文化环境等因素息息相关。一百多年前德国注释法学派所形成的《德国民法典》体系是符合当时德国社会经济需要的,但是它并不完全符合当前我国社会经济的需要,如果无视我国现实情况而仍然延续《德国民法典》的结构,则无异于削足适履。如果这样,民法的发展又从何谈起? 诚然,制定民法典要借鉴外国立法的先进经验,但这绝不意味着要完全照搬其他国家或地区的经验。正如哈佛大学著名比较法学家 Arthur von Mehren 所言,《德国民法典》的历史功绩是卓越的,但现在看来缺少时代感。从萨维尼到今天,横跨百年,沧桑巨变。完全照搬一百多年前的民法体系,甚至将该体系作为一个终极模式,不进行任何改变,显然是不科学的。人类已经进入了 21 世纪,一百多年来社会的发展对法律的发展也提出了更高的要求,人文精神和人权保护也应在民法中得到更充分的体现。而人格权在民法典中独立成编,正是适应丰富和发展民法典体系的需要,也符合民法典体系发展的科学规律。

首先,人格权本身是近代社会人权运动的产物,在《德国民法典》制定的时候,尽管已经提出人格权的概念,但是仅仅是对人格利益能否上升为一种私法上的权利并获得私法救济进行理论上的争论与探索。德国著名的民法学者耶林曾经呼吁将人格利益作为无形财产加以保护,但他并没有提出完整的人格权理论。① 《德国民法典》制定之初,由于并未有成形的人格权概念与理论,因此立法者无法将其在法典中明确加以规定。② 从更深层次的原因来看,德国法之所以在法典中没有规定独立的人格权制度,主要是因为当时社会中尚未产生发达的人格关系。因为当时的社会关系比较简单,而且人权运动发展水平也比较低。③ 德国法院在实务中也认识到法典的这一欠缺,德国法官靠解释德国战后基本法原则形成了保障人格权的一系列判例,并创设了一般人格权的概念,所以德国的人格权制度除了以宪法为依据外④,大量的是以司法判例的形式体现的⑤。像德国这种严守法典传统的国家,适用最高法院判例保护人格权,其实也是不

---

① 参见龙显铭编著:《私法上人格权之保护》,中华书局1949年版,第13页。
② MünchKomm/Rixecker, Anhang zu §12, Das Allgemeine Persönlichkeitsrecht, Rn. 1.
③ Vgl. RGZ 69, 401 (403)-Nietzsche-Briefe.
④ MünchKomm/Rixecker, Anhang zu §12, Das Allgemeine Persönlichkeitsrecht, Rn. 2.
⑤ Bamberger/Roth/Bamberger, §12, Rn. 96.

得已而为之。德国学者冯·巴尔指出,"《德国民法典》第823条第2款曾经是欧洲独一无二的一条规定,也是允许对个人名誉提供侵权行为法保护的唯一规定,个人名誉没有包含在《德国民法典》第823条第1款的保护之中。由于《德国民法典》没有与《奥地利民法典》第1330条类似的条文,只能引用第823条第2款才对污辱和诽谤请求赔偿开辟了道路。但是1954年德国联邦法院作出判决,认定对人格尊严、自治、隐私的权利是《德国民法典》第823条第1款的权利,但此以后很快又作出判决认定对违反此种权利造成的非物质损失予以赔偿"①。由此表明,德国的立法与司法者已经意识到了人格权制度在内容与体系上的不完善,而且正在通过判例等方法加以弥补。

其次,《德国民法典》不规定人格权制度在体系上存在相当大的缺陷。人格权制度在未来《德国民法典》中的地位是不明确的。《德国民法典》也没有使人格权制度成为一套体系。许多学者认为,按照德国民法的债法模式,侵害人格利益产生损害赔偿之债,并可以由债法加以调整。因此人格权制度可以纳入债法当中。事实上,债法对人格权进行的规范并不全面,因为在债法中无法形成对人格权的确认,也无法为新型人格权的产生提供空间。尤其是侵害人格权并不只是单纯产生一个债的关系,除此之外还有赔礼道歉、恢复名誉等多种责任形式。显然,由于债在本质上只是一种以财产给付为内容的请求关系,而赔礼道歉、恢复名誉等多种责任形式无法为该种请求关系所容纳,因此不属于债法的内容。而这些责任形式又是对人格权加以保护的十分重要且行之有效的保护方式。可见,旧的《德国民法典》债法模式已经不能容纳人格权的内容,我们在立法过程中也没有必要囿于明显不合乎实际的陈旧的东西。事实上,《德国民法典》中没单独规定人格权,正反映了它的历史局限性。

在人类已经进入21世纪的今天,我们要从中国的实际情况出发制定一部具有中国特色的民法典,就不应当完全照搬《德国民法典》的经验,而应当重视在借鉴的基础上进行创新。民法是社会经济生活在法律上的反映,民法典更是一国生活方式的总结和体现。我国要制定一部反映中国现实生活、面向21世纪的新的民法典,就必须在体系结构上与我们这个时代的精神相契合,既要继承优良的传统,又要结合现实有所创新、有所发展。当然,创新不是一个简单的口号,更不能为了标新立异而"创新",

---

① 〔德〕克雷斯蒂安·冯·巴尔:《欧洲比较侵权行为法》(上),张新宝译,法律出版社2001年版,第47页。

任何创新都必须与客观规律相符、具有足够的科学理论的支持。人格权的独立成编不仅具有足够的理论支持和重大的实践意义，而且从民法典的体系结构来看，完全符合民法典体系的发展规律，并对民法典体系的丰富和完善具有十分重要的作用，主要表现在：

第一，人格权独立成编是符合民法典体系结构的内在逻辑的。

传统大陆法系民法典不存在独立的人格权编，本身是有缺陷的。因为民法本质上是权利法，民法分则体系完全是按照民事权利体系构建起来的。从民法权利体系的角度来看，人格权应该在其中占有重要的位置。民事权利主要包括人身权与财产权两大部分，而人身权主要是以人格权为主。财产权分为物权与债权，物权和债权都是独立成编的，由于在传统大陆法系民法典中，对人格权的重视显然不够，从而没有让其单独成编。其规则或是在主体制度中予以规定，或是散见于侵权规则之中，这就造成了一种体系失调的缺陷，表现在：一方面，人格权制度是与财产权制度相对应的，财产权制度已规定在民法债权、物权的章节中，但人格权制度却无体系化的规定，这显然是不协调的。传统民法过分注重财产权制度，未将人格权作为一项独立的制度，甚至对人格权规定得极为"简略"，这本身反映了传统民法存在一种"重物轻人"的不合理现象。① 另一方面，由于人格权没有单独成编，不能突出其作为民事基本权利的属性。在民法中与财产权平行的另一大类权利是人身权，其中包括人格权。人格权作为民事主体维护主体的独立人格所应当具有的生命健康、人格尊严、人身自由以及姓名、肖像、名誉、隐私等各种权利，乃是人身权的主要组成部分。人身权与财产权构成民法中的两类基本权利，规范这两类权利的制度构成民法的两大支柱。其他一些民事权利，或者包含在这两类权利之中，或者是这两类权利相结合的产物（如知识产权、继承权等）。如果人格权不能单独成编，知识产权等含有人格权内容的权利也很难在民法典中确立其应有的地位。由于在民法体系中，是以权利性质的不同来作为区分各编的基本标准的，所以人格权单独成编是法典逻辑性和体系性的要求。②

第二，从民法的调整对象来看，人格权理所当然应当独立成编。

民法主要调整平等主体之间的财产关系和人身关系，这一点不仅得

---

① Vgl. Schwab/Löhnig, Einführung in das Zivilrecht, Rn. 42.
② 参见曹险峰、田园：《人格权法与中国民法典的制定》，载《法制与社会发展》2002年第3期。

到了立法的确认,而且已经成为学界的共识。财产关系和人身关系是两类基本的社会关系,财产关系因民法的调整而表现为各类财产权,而人身关系作为与人身相联系并以人身为内容的关系主要包括人格关系和身份关系,在民法上表现为人格权和身份权。民事主体作为市民社会的参与者,也会形成各种人格关系,此种人与人之间的社会关系理所当然地应当成为民法的重要调整对象。然而迄今为止,大陆法系民法设置了单独的婚姻家庭编调整身份关系,同时设定了财产权编(物权编和债权编)来调整财产关系,但一直缺乏完整的人格权编调整人格关系,这就使得民法的内容和体系与其调整对象并不完全吻合。

第三,人格权独立成编,并不会造成原有体系的不和谐,相反是原有体系的完整展开。

如前所述,民法典的分则体系是按照民事权利结构构建的。将人格权确认为一项独立的权利,其实还是在按权利体系构建整个民法典的体系,可以说人格权独立成编既继受了既有的权利体系,又是对这一体系的适当发展。从《德国民法典》的模式来看,根据许多学者的看法,该模式实质上是按照法律关系的模式构建的体系,在总则中以主体、客体、行为构建总则的体系,在分则中以权利类型构建。总则中的内容加上分则中的权利,就构成了注释法学派精心构建的一个体系。因此即使借鉴德国的体系,应当说人格权的独立成编也不会妨碍这一体系的和谐,相反实际上丰富了这一体系。这就是说,将人格权编作为分则各编之首,其与总则的制度相结合仍然可以按照主体、客体、行为、权利而形成完整的依照法律关系模式构建的体系。

第四,一旦侵权法独立成编,也就必然在体系上要求人格权独立成编。

在民法典的制定过程中,我国民法学者大多主张,将侵权行为法独立成编,在民法典中集中规定侵害各种民事权利的侵权责任。具体而言,侵权责任不仅仅是包括侵害物权的责任,还应当包括侵害知识产权、侵害人格权以及在特殊情况下侵害债权的责任。侵权责任,说到底旨在保护各项民事权利,这就需要首先在民法典的分则中具体规定各项民事权利,然后再集中规定侵权的民事责任,从而才能形成权利与责任的逻辑结合和体系一致。如果民法典还是一如既往地仅仅规定物权、知识产权等权利而不对人格权进行体系化的规定,显然使侵权行为法编对人格权的保护缺乏前提和基础。如果侵权行为法仍然像传统的大陆法系国家的民法典那样,对人格权的类型、内容、行使等不作具体规定,则侵权法将难以规定侵害各类不同人格权的责任构成要件与责任形式,甚至侵害人格权的过错都难以判定,侵权法独立成编的意义就大打折扣,它也就不是一个真正意义上的完整的侵权法。并且,大陆法系民法典如《德国民法典》也不完全是在总则中规定人格权,在侵权法中也有人格权的内容,但是,与其在侵权中进行反向规定,还不如单独集中地对人格权进行规定。

第五,人格权独立成编是我国民事立法宝贵经验的总结。

1986年的《民法通则》在民事权利一章(第五章)单设了"人身权"一节(第四节),这是一个重大的体系突破。笔者认为《民法通则》关于民事权利一章的规定为我国未来民法典整个分则体系的构建奠定了基础。在"人身权"一节中,《民法通则》用8个条文的篇幅对人身权作出了较为系统和集中的规定。在"公民(自然人)"和"法人"(第二章、第三章)、"民事责任"(第六章)中,都有许多涉及对人身权的确认和保护的规定。在一个基本法中,规定如此众多的人格权条文,这在世界各国民事立法中是罕见的。尤其值得注意的是,《民法通则》将人身权与物权、债权、知识产权并列地作出规定,这在各国民事立法中也是前所未有的,此种体系本身意味着我国民事立法已将人格权制度与其他法律制度并列,从而为人格权法在民法典中的独立成编提供了足够的立法根据。《民法通则》所确立的体系,是其他国家的民法典难以比拟的立法成果,是已经被实践所证明了的先进的立法经验,也是为民法学者所普遍认可的科学体系。既然《民法通则》关于民事权利的规定已经构建了一种前所未有的新的体系,并已经对我国民事司法实践和民法理论产生了深远的影响,我们没有任何理由抛弃这种宝贵的经验。任何国家法制的发展都是长期实践积累的结果,法制的现代化也是一个渐进累积的过程,无法一蹴而就,因此在制定中国民法典时,对现行民事立法的宝贵经验,如果没有充足的正当的理由就不应当抛弃,相反应当继续加以保留。这就决定了我们应当在民法典的制定中将人格权独立成编。

二、人格权制度不能为主体制度所涵盖

在民法典制定过程中,一些学者之所以反对将人格权独立成编,一个非常重要的理由是,人格权与人格制度不可分离,因此,人格权应当为民

法典总则中的主体制度所涵盖①，例如，有学者认为，人格权与人格须臾不可分离，人格不消灭，人格权不消灭。人格权单独设编，世界上没有先例，无论是法国式民法典还是德国式民法典，人格权均与自然人一并规定。人格权不是对于身外之物、身外之人的权利，而是主体对存在于自身的权利，人格权因出生而当然发生，因死亡而当然消灭，因此与人格不可分离。② 甚至还有学者认为，人格权说到底还是主体资格问题，在《民法通则》中规定民事主体的权利，已经体现了其重要性，如将其独立为一编，只能导致法典体系的混乱。③ 应当承认，这种观点确实具有一定的合理性，它代表了传统民法理论的主张，例如，我国台湾地区已故著名民法学者史尚宽先生等均持此种观点。④ 这种观点的合理性在于强调了人格利益对于人格实现的重要性，且符合许多国家和地区的立法状况。例如，《瑞士民法典》就是在第一编人法中针对有关自然人的主体资格问题首先规定了有关自然人的权利能力和行为能力，然后规定人格权的保护，从而将人格权完全置于主体制度中予以规定。

应当看到，人格权与主体资格确实有着十分密切的联系，一方面，有关自然人的生命、身体、自由、健康等人格权确实是自然人与生俱来的，是维持自然人主体资格所必备的权利，任何自然人一旦不享有这些人格权，则其作为主体资格的存在也毫无意义。正如我国台湾地区学者王伯琦所言："人格权为构成人格不可或缺之权利，如生命、身体、名誉、自由、姓名等是。"⑤郑玉波先生也认为："人格权者，乃存在于权利人自己人格之权利，申言之，即吾人与其人格之不分离的关系所享有之社会的利益，而受法律保护者是也。例如生命、身体、自由、贞操、名誉、肖像、姓名、信用等权利均属之。"⑥另一方面，保障人格权实现，就是要充分尊重个人的尊严与价值，促进个人自主性人格的释放，实现个人必要的自由，这本身是实现个人人格的方式。这就是马斯洛所说的高级需要在法律上的表现。正如我国台湾地区学者苏俊雄指出的，现代法律"诚应透过各个人抽象的人格（Persönlichkeit），而进一步着眼于有贫富、强弱、贤愚之具体人类（Men-

---

① 参见梁慧星：《中华人民共和国民法典大纲（草案）总说明》，载梁慧星主编：《民商法论丛》（第十三卷），法律出版社1999年版，第800页。
② 参见梁慧星：《民法典不应单独设立人格权编》，载《法制日报》2002年8月4日。
③ 参见刘士国：《论中国民法典的体系》，载《法制与社会发展》2002年第3期。
④ 参见史尚宽：《民法总论》，中国政法大学出版社2000年版，第86页。
⑤ 王伯琦：《民法总则》，台北中正书局1994年版，第57页。
⑥ 郑玉波：《民法总则》，三民书局1998年版，第96页。

sch)。保障其生存能力,发挥其既有主体,且具有社会性之存在意义"①。民法的人格权制度通过对一般人格权和具体人格权的保护,确认主体对其人格利益享有一种排斥他人非法干涉和侵害的力量,同时也赋予个人享有一种与一切"轻视人、蔑视人、使人不成其为人"的违法行为作斗争的武器。民法对于人身自由和人格尊严的保护,确认了个人的共同价值,并能鼓励个人以自己的意志支配自己的人身活动,自主地从事各项正当交往,对维护个人的尊严、培育个人的独立性具有重要的意义。

认为人格与人格权不可分离、人格权应该为主体制度所涵盖的观点,至少在理论上存在两方面的缺陷:一方面,此种观点未能将权利与主体资格在法律上作出区分。众所周知,人格作为主体资格与具体的权利是两个完全不同的概念。同样,人格权与作为主体资格的人格是两个不同的范畴,不能相互混淆。所谓人格,是指在民事法律关系中享有民事权利、承担民事义务的资格,而人格权则是为了保证民事主体的独立人格所必须享有的权利。人格权是以人格利益作为其内容的,人格利益包括自然人依法享有的生命、健康、名誉、姓名、人身自由、隐私、婚姻自主等人格利益,法人和其他组织依法享有的名称、名誉、信用、荣誉等人格利益。它和作为主体资格的人格不是同一概念。另一方面,此种观点未能解释人格利益是否能够作为权利,并应当受到侵权法的保护。早在19世纪,人格权概念刚开始形成的时候,大陆法学者就对人格权是否能够成为权利进行过激烈的争论,以萨维尼为代表的学者认为,人格权与人格不可分离,人不可能对自己的生命、身体享有权利,生命权和身体权是"对自己的权利",缺乏外部客体,因此是多余且错误的。承认这些权利将导致个人享有自杀的权利,因此,个人对其自身的权利在实证法上也难以得到承认。萨维尼的观点在19世纪对潘德克顿学派产生了深刻的影响,并被《德国民法典》的制定者所接受,因此,《德国民法典》并没有对人格权作出系统规定。萨维尼等人反对人格权的理由显然难以成立。"此等学者将吾人自然享有之生命、身体、自由与法律保护之生命、身体、自由相混同,将自然的能力与法律上之力相混同,实属错误。生命权、身体权、自由权等人格权,非直接支配自己之生命、身体、自由等人格之全部或一部之权利,此等权利之内容,在不被他人侵害,而享受生命、身体之安全、活动之自由。其所谓自杀之权利,系因误认人格权为直接支配人格之全部或一部之权

---

① 苏俊雄:《契约法原理及其适用》,台北中华书局1978年版,第71页。

利,所生之谬论。"①然而,德国学者噶莱斯(Gareis)则主张,应当区分人格利益和主体资格。人格权以人格利益为客体,并非以"人格"为客体。因此,人格权可以成为主观权利。受噶莱斯的观点的影响,日耳曼法学派的代表人物科勒(Kohler)提出,人格权的权利客体是人的全部精神与肉体,一般性人格权是专属于人的权利,其利益包括身体完整、自由和尊严等。基尔克(Gierker)也认为,一般人格权是一种基础性权利,来源于法律对于人这一概念的认定。但人格法益又不同于主体资格。受这种观点的影响,大陆法系不少国家明确在法典中规定了人格权,并设置了人格权确认与保护的相关规则。事实上人格权要能够受到侵权法的保护,首先,必须要使这种权利与主体资格相分离,如果人格利益不能成为独立的权利,仍然为主体资格的一部分,则一旦其受到侵害,侵权法就不能予以保护,则受害人遭受的损害就不能得到补救,因此人格权受到保护的前提是必须与人格相分离。其次,主体资格本身只是强调了一种人格的平等和作为民事主体的能力,但其本身不涉及被侵害的问题。人格受到侵害就只能是具体的人格权受到侵害,而不是人格受到侵害,因为现代民法中贯彻主体平等的基本原则,不存在人格减等等人格受限制的情况。

即使从人格权的性质和特点来看,笔者认为,将人格权放在主体制度中也是不合适的,甚至是与其性质相背离的。其原因在于:

(1)人格权作为一种权利类型,其应当置于分则中加以规定。诚如我国一些学者所言,人格(法律人格)作为一种主体性资格,是主体享有一切财产权利和人身权利的前提,从这一点上讲,人格既不属于财产权,也不属于人身权,而是凌驾于二者之上的统摄性范畴,它理应纳入民法典总则;而人格权仅仅是主体对自己的生命、健康、姓名、名誉等事实人格利益所享有的一种民事权利,它和身份权、财产权一样,只不过是人格(法律人格)得以实现和保障的一个方面,从这个意义上讲,人格权是具体的民法典分则的内容,将其纳入民法典总则显然不符合总则的统摄性要求。② 没有人格(能力)就不能成为法律上的主体,当然不能享有人格权。但人格只是提供了一种享有权利的法律上的可能性,并不意味着主体已享有实际权益。所以人格的独立和平等,要通过对人格权的充分保障才能实现。对人格权的侵害不仅涉及对人格的损害,而且会造成对公民的人身利益

---

① 龙显铭编著:《私法上人格权之保护》,中华书局1937年版,第2页。
② 参见李中原:《潘得克吞体系的解释、完善与中国民法典的体系建构》,载吴汉东主编:《私法研究》(第二辑),中国政法大学出版社2002年版。

甚至是财产利益的损害。因此需要首先在分则中确认公民、法人所享有的各项人格权,然后通过侵权制度对各项侵害人格权的行为予以救济,这是符合人格权作为民事权利的性质的。

(2)主体制度无法调整各种具体的人格关系,具体的人格关系只能通过人格权制度予以调整。无论是自然人还是法人,作为一个平等的人格进入市民社会,就会与他人形成财产、人格及身份上的联系,这种人格关系显然不是主体制度所能够调整的,主体资格是产生人格关系的前提和基础,但产生具体的人格关系还要依据具体的法律事实,包括人的出生、法律行为等。某人实施了侵权行为对他人人格利益造成侵害,进而产生了侵害人格权的责任,这些显然也不是主体制度所能解决的内容。

(3)人格权的专属性并非意味着其与主体资格是合二为一的。上述主张人格与人格权等同的观点其本意是为了突出人格权的极端重要性,并强调人格权的固有性和专属性。应当承认,绝大多数人格权是与人身不可分离的权利,但强调人格权的专属性,即强调人格权不得转让、抛弃、继承,并不意味着人格权本身与权利能力是完全不可分割的。权利的专属性与主体资格是两个不同的问题。即使强调生命、健康、自由为主体所当然固有,也并不意味着这些权利就等同于主体资格。更何况,人格权本身是一个开放的、发展的体系,近几十年来,人格权得到了广泛的发展,许多新的人格权不再像生命、健康、自由等权利那样具有强烈的专属性和固有性,而可以与主体依法发生适当分离。这主要表现在:第一,近几十年来,人格权出现了"商业化利用"的趋势。某些人格权或权能可以转让,最典型的是法人的名称权。自然人的肖像使用权依法也可以转让,从肖像权中分离出来的形象权等也被许多国家的法律所确认。在美国、加拿大以及其他一些英美法系国家,将一些人格权称为"公开权"(publicity rights),此种权利常常被界定为具有财产权性质的权利[1],除了生命、健康、自由等权利之外,许多人格权都可以商业化利用。基于人格权的某些内容,有些权能可以转让,并可以出于经济目的加以使用。当这些权利受到侵害时,受害人可以主张财产损害赔偿。这一变化表明了,人格权与人格的关系已渐渐发生分离,仅仅以生命、健康、自由来解释人格权显然是不妥当的。第二,隐私权的发展使其在内涵上越来越丰富。隐私权的概念产生于20世纪初,一百多年来,隐私权不仅以最初受法律保护的某种

---

[1] See Michael Henry (ed.), International Privacy, Publicity and Personality Laws, Reed Elsevier (UK), 2001, p.88.

人格利益为内容,此种权利的内涵也在不断扩张,它不仅包括个人的秘密不受非法披露,也包括个人的生活安宁、内心的宁静不受他人的非法干扰,个人的私人生活不受他人非法打扰。隐私权的内涵十分广泛,例如,美国著名的侵权法学者威廉·普洛塞列举了经典的四项侵犯隐私权的情况:侵犯原告的隐居或独处,或侵犯他的私人事务;当众揭露能够置原告于尴尬境地的私事;所进行的宣传将置原告于公众的误解之中;为了被告自身的利益而盗用原告的姓名或肖像。[①] 隐私权中有关私人生活的秘密、私人生活空间、生命信息、身体隐私、生活安宁等许多方面的内容,较之于生命健康而言,与主体资格的关系并不是十分密切,隐私权的内容并不绝对是主体所固有的和专属的。第三,一些新的人格利益和人格权出现,使人格权与主体资格发生了明显的分离。例如,在日本判例中出现了"宗教上的宁静权、作为环境的人格权(包括通风、采光、道路通行等)",在欧洲出现了所谓的"形象代言人权利",甚至一个人的声音、笔迹、舞台的形象等都可以受到人格权的保护,这些人格权显然在与主体资格有密切关系的人格权之间存在明显的区别,这就表明人格权制度的发展已经不仅仅限于与主体资格有密切联系的人格权,越来越多地包括了与社会环境有关的人格利益,当这些利益受到侵害时,也要受到特殊救济。因此我们在考虑人格权与人格的关系时不能仅仅从生命、健康、自由等传统权利来考虑,而应当从人格权的整体发展来考虑其性质及其与人格之间的关系。

(4) 如果将人格权在主体制度中作出规定,在立法技术上也存在问题。因为人格权不仅自然人可以享有,法人和其他组织也可以享有,如果在自然人和法人中分别规定人格权,不仅不能将人格权规定得比较详细,而且这种分别规定的方法存在一个固有的缺陷,即不能对人格权规定一般的原则,尤其是不能设定一般人格权的概念,这在体系上是不合理的。

(5) 人格权也不完全是所谓的天赋人权。主张人格权与人格不可分离的依据之一是,人格权在性质上乃是天赋人权,与生俱来,因此,与人格不可分离。应当看到,许多公民的人格权是与生俱来的,但它并不是天赋人权,而具有一定的法定性。因为若无法律的确认和保护,人格利益是不能成为主体实际享有的民事权利的。天赋人权最初是资产阶级在反封建的过程中所提出的一项政治口号,它的内涵和外延在不断地发展着,并不十分确定。由于各国法律对人格利益保护的范围、方式等是不同的,因此

[①] See William Prosser, Privacy, 48 Cal. L. Rev. 383 (1960).

也就不存在所谓天赋人权。例如,在《民法通则》确认人格权之前,我国几千年来从来没有在法律上确认人格权的概念,也不存在所谓的天赋人权。十年浩劫期间,公民的人格权受到了严重的践踏,表明了人格权只有依法确认并受到法律的保护,才真正成为权利。在《民法通则》确认人格权以后,人格权的保护日益得到关注,主体的人格权得到了确实的保障。这些都表明不存在着所谓的天赋人权,而只存在具体法定的权利。这种权利不是抽象地自然地产生的,而是法律确认的。还要看到,传统意义上的天赋人权不仅包括了人格权的内容,而且也包括了财产权的内容,如果将财产权也作为与生俱来的天赋人权,显然是与民法的基本原则不相符合的。

三、人格权制度不能为侵权责任法所替代

从许多国家人格权制度发展的历史来看,先是人格利益受到侵害之后,由于受到侵权法的保护,此种人格利益才逐渐上升为一种独立的人格权。例如,《德国民法典》在总则部分仅对姓名权作出一条规定,而在侵权行为部分,对生命权、身体权、健康权、自由权、信用权、贞操权都进行了保护(第823、824、825条)。值得注意的是,德国法关于人格权的规定,除了对姓名权的内容作出了规定以外,其他都只是对侵害特定的人格权的责任的规定。可见德国法主要是将人格权作为侵权法的保障对象加以规定的。在英美法系国家中,没有人格权制度,对这类权利是通过请求权来保护的,如英美法系法律中没有规定名誉权,而是在侵权法中用"毁损名誉权请求权"来保护名誉权利益,制裁侵犯名誉的行为。美国法中的隐私权与名誉权制度都是包含在侵权行为法中的。因此,人格权与侵权法的关系确实非常密切。这种关系很容易使人误认为,只要规定完善的侵权行为法就完全无须规定独立的人格权制度。近年来我国制定民法典的过程中,也确实有些学者持此种观点。他们认为,人格权是一种特殊的权利,此种权利只有在权利受到侵害的情况下才有意义,在没有受到损害的情况下,人格权的存在是没有意义的;人格权本身的性质在于主体对本身的权利,而非主体对他人的权利。例如,有学者认为,人格权"不是主体的外部关系,不是主体与他主体之间的关系,不是人与人之间的关系。所以,不能成为'人格权关系'或者'人格关系'。仅在人格权受侵害时,才发生

权利人与加害人之间的关系,即侵权损害赔偿关系,属于债权关系"①。这种观点的合理性在于其承认了许多人格权是主体对自身的人格利益所享有的权利,但这并不意味着,人格权不能单独成编,而应为侵权行为法所替代。

笔者认为这一观点不完全妥当。尽管许多人格权,如生命权,主要在受到侵害的时候,权利人才可能向他人主张权利。但这并不是说,所有的人格权都只是在受到侵害的情况下才有意义。例如肖像权,权利人可以享有肖像的使用权、对肖像的支配权以及排斥他人对肖像的侵害的权利。即使在没有受到侵害的情况下,也可以将部分权利转让给他人,以获得一定的利益。这就表明了肖像权在未受侵害之前,权利人不仅可以实际享有该权利,而且可以转让其权能并获取一定的利益。即使就生命权而言,现在许多国家为保护患者的生命尊严,承认患者在生命垂危、无法治愈时,有权拒绝维生治疗措施(如切开气管等)。所以,人格权并非都是在受到侵害的情况下才有意义。从法律上看,民事权利之所以不同于公法上的权利,在于其都有一定的救济措施,也只有在能够对某种权利的侵害实行救济的情况下,此种权利才能真正具备民事权利的属性,然而这并不意味着人格权只有在受到侵害的情况下才具有意义。

诚然,对于人格权在遭受侵害的情况下的救济,最终要靠侵权法来实现。所谓侵权行为法是指有关侵权行为的定义、种类、对侵权行为进行制裁以及对侵权损害后果予以补救的民事法律规范的总称。人格权法与侵权行为法的关系十分密切。一方面,对人格权的侵害在性质上大都是一种侵权行为,除加害人已触犯刑律构成犯罪以外,受害人主要通过侵权行为法获得补救;另一方面,许多人格利益(如隐私权等)是在立法缺乏规定的情况下,通过适用侵权行为法的规定对这些利益实行保护而确立的。而人格权范围的扩大也扩张了侵权行为法保护的范围,尤其是因为侵害人格权所产生的精神损害赔偿责任,也极大地丰富了侵权法中损害赔偿的内容。但不能因此否定人格权法独立成编的意义,更不意味着侵权法能够替代人格权法。主要理由在于:

第一,侵权行为法不具有确认权利的功能。法定的民事权利都是一种公示的民事权利,它通过法律对民事权利的确认,不仅使民事主体明确知道自己享有何种民事权利,以及权利的内容,同时通过权利的确认也明

---

① 梁慧星:《民法典不应单独设立人格权编》,载《法制日报》2002年8月4日。

确了主体权利的范围,从而也就界定了人们行为自由的界限。所以在民法上确立各种民事权利,意义是十分重大的。然而,对权利的确认制度是不能通过责任制度来代替的,责任只是侵害权利的后果,它是以权利的存在为前提的。由于侵权行为法本身不能确认某种权利,因此对人格权的确认仍然应由人格权法来完成。尤其是现代社会应受法律保护的人格利益的范围日益扩大,如果人格权法不对此作出集中的、明确的规定,而要由法官根据侵权行为的规定来决定哪些人格利益应予保护,则将会使作为主体最基本的民事权益的人格利益难以得到稳定的、周密的保护。自然人和法人的人格权不管是一般人格权还是各项具体人格权,都具有较为丰富和复杂的权利内容。例如,名誉权的内容不同于肖像权的内容,而公民的姓名权与法人的名称权的内容也不完全相同。自然人、法人所享有的各项人格权内容是不能通过侵权行为法加以确认的,而必须在人格权法中具体规定。如果这些权利以及权利内容都必须由侵权法来确立,还必然会产生另外一个难题,即为什么对各种人格利益进行保护?由谁来评判保护的标准和尺度?在何种情况下构成正当行使权利,何种情况下构成权利滥用,当人格权行使与舆论监督等权利发生冲突时,应优先保护哪一种权利,等等,这些问题显然不是侵权法所能解决的。另外,如果侵权法可以替代人格权法的确认功能,那么侵权法也可以替代物权法的确权功能,因此物权法也没有独立存在的必要,而可以包含在侵权法中,这显然是不能成立的。

第二,严格地说,人格权不仅仅受侵权法的保护,也要受到合同法的保护。例如,如果在合同中约定侵害他人人格权条款或者损害他人人格尊严、人身自由的条款,此类条款就应当被宣告无效。所以可以这么说,包含了严重侵害他人人格权的条款的合同都违反了公序良俗,都应当被宣告无效。再如,有关人格权的转让也需要通过合同来进行。所以人格权不仅仅受侵权法的保护,而且在其他法律制度中也有体现。其次,对于人格权保护的形式,不限于侵权损害赔偿,还包括停止侵害、排除妨害、恢复名誉、赔礼道歉等。这些责任形式本质上不是债的关系,但对于权利人在遭受侵害以后的补救是十分必要的。例如,某个国家机关在市场上抽取某项产品,发现该产品不合格,然后召开新闻发布会,宣告某厂制造的某产品不合格。但事实上该产品并非该企业所制造,而是他人假冒的。在这种情况下,该企业请求法院发布停止侵害令,制止媒体的广泛传播,这显然是必要的。

第三,法律规定在侵害人格权以后所产生的停止侵害、排除妨碍、恢复名誉、赔礼道歉等责任形式是由人格权的支配性和排他性所决定的。这本身是人格权的排他效力的体现,人格权请求权是保护人格权的特有方式,也是侵权责任救济方式所不可替代的。例如,某征信机构错误记载了他人的信用信息,权利人可以直接请求征信机构更正或者删除该错误信息,而不必证明征信机构的行为构成侵权。在主张侵权的情形下,权利人还需要证明征集机构具有过错、自身遭受损害等侵害责任构成要件,这可能使权利人面临较大的举证负担,而权利人在行使人格权请求权时,则更有利于排除不法侵害,维护其对人格权益的圆满支配状态。所以首先要在人格权制度中规定人格权的类型和效力,然后才有必要在侵权法中规定人格权的保护方式。尤其应当看到,侵权法关注的主要是在各种权利和利益受到侵害的情况下如何救济的问题,其主要规定各种侵权行为的构成要件、加害人应当承担的责任形式及范围问题,不可能对人格权的类型及其效力作出全面的、正面的规定。即使在那些对权利进行列举的民法典中,如《德国民法典》第823条第1款,也不是正面规定人格权利,而是对受侵害的人格利益提供一种救济。因此,指望通过侵权法的扩张来强化对人格权的保护是不可能的。

第四,通过人格权制度具体列举公民、法人所具体享有的各项人格权,可以起到权利宣示的作用。这对于强化人格权的保护十分必要。在民法典中直接列举各种人格权,确认法律保护的人格利益,不仅使侵权法明确了保护的权利对象,而且通过列举的方式,可以使广大公民明确其应享有的并应受法律保护的人格权,这种功能是侵权法难以企及的。1986年的《民法通则》之所以受到国内的广泛好评,被称为权利宣言,乃是因为它具体列举了各项民事权利,尤其是具体列举了人格权。该法对人格权的列举具有划时代的进步意义。回想"文化大革命"中藐视、践踏人权的种种丑恶行径,《民法通则》明确了"人之所以为人"的基本人格权,使得民事主体可以用法律武器同一切侵犯人格权的行为作斗争,这真是一个翻天覆地的变化。《民法通则》颁布后,人们才意识到伤害、杀人等行为不仅构成犯罪,而且在民事上构成了对他人生命健康的损害,这种损害可以获得私法上的救济;几十年来甚至几千年来人们第一次知道,作为社会中的人,我们依法享有名誉、肖像、隐私等人格权利,并可以排斥他人的侵害和妨害,这就是确认权利的重大意义。而确认权利的功能是责任制度所不可替代的。从这个意义上讲,侵权制度不能取代独立的人格权制度。

单独设立人格权编,即使是宣言式的规则而非裁判规则,在法律上也是有意义的,因为并非所有的民法规则都是裁判规则。民法在某种程度具有确定行为规则的作用。法律上所规定的权利,实际上就有确定行为规则的作用。任何人在从事某种行为的时候,应当知道自己行使某种合法的权利是合法的行为,而不法侵害他人的行为则属于非法的行为。所以通过单独设立人格权编,确认各项人格权也具有确定行为规则的作用。

设立独立的人格权编是否会与侵权编重复,是一个值得研究的问题。笔者认为,这个问题可以通过运用立法技术来解决。一方面,某些与人身联系特别密切的人格权,如生命健康权,因为在侵权的情况下涉及诸多的赔偿规则问题,可以在人格权制度中简单规定生命健康权之后,再在侵权制度中具体规定各种侵害生命健康权的行为类型及法律后果,人格权制度不必过多涉及。另一方面,对其他的人格权,可以在人格权制度中具体规定其权利的概念、内容,权利的行使、效力以及对他人妨碍行为的禁止等内容,对侵害的类型及法律后果则可以在侵权编作出规定。这就需要在制定人格权法和侵权行为法时对两者的内容作通盘的考虑,确定各自的范围,以防止重复性规定,并消除两者之间的冲突和矛盾。

四、人格权独立成编是人格权自身发展的需要

虽然目前各国和地区民法典中尚无人格权独立成编的先例,但这是由这些法典制定之时的社会经济发展水平不高和人格权理念尚未发达的客观环境所决定的。如前所述,在大陆法系的经典法典如《法国民法典》《德国民法典》制定时,尚未形成完整的人格权制度和理论,《法国民法典》中根本没有提到人格权问题。尽管在《德国民法典》中也确认了几项具体人格权,但由当时社会经济状况所决定,人格权尚未真正成形,人格权的观念、理念也并不发达,这两大法典制定时考虑更多的仍然是财产权问题而非人格权问题。在这一方面,《德国民法典》较《法国民法典》已有进步,但其相较于后来的《瑞士民法典》和一些新近制定的民法却又是相对落后的。如《瑞士民法典》第28条规定:"人格关系受不当之侵害者,得请求法院除去其侵害。关于损害赔偿,或给付慰抚金之请求,仅于法律就其事件有规定时,始得以诉提起之。"该条被认为是对人格权作出一般性规定的开端。

然而,20世纪以来,社会经济生活发生了巨大的变化。一方面,人类社会的两次世界大战,尤其是第二次世界大战,对世界各国人民造成了极

大的伤害,战争带来的生灵涂炭导致战后世界各国人民权利意识与法治观念的觉醒,人们愈来愈强调对作为社会个体的公民之间的平等、人格尊严不受侵犯以及人身自由的保护。这就极大地促进了20世纪中叶的世界各国和地区人权运动的巨大发展。面对轰轰烈烈的人权运动,各国和地区立法都强化了对人格权的保护,因为人格权是人权的重要内容。另一方面,随着现代化进程的发展,人们认识到现代化的核心应当是以人为本,人格尊严、人身价值和人格完整,应该置于比财产权更重要的位置,它们是最高的法益。财产是个人的,但人是属于社会的,人身安全、人的尊严等涉及社会利益。这正如《美国侵权法重述》第85节所言,"人类生命和肢体的价值不仅属于他个人,而且属于整个社会。因此其价值高于土地占有者的利益"。土地占有人没有权利对进入土地的人和干预他动产的人使用暴力,侵犯他的生命和伤害他的身体,除非侵入者威胁土地占有人的生命或者严重损害其身体。现代化的过程是人的全面发展和全面完善的过程,现代化始终伴随着权利的扩张和对权利的充分保护。同样,法律的现代化的重要标志也正是表现在对权利的充分确认和保障方面,以及对人的终极关怀方面。对人格权的保护就是实现这种终极关怀的重要途径。

还应当看到,人类科学技术的突飞猛进使人格利益的范围、表现形式以及保护方式在不断发展。20世纪是一个人类科学技术突飞猛进的时代,现代网络通信技术、计算机技术、生物工程技术等高科技的发展对自然经济状态下的罗马法中产生的民商法以及风车水磨时代的19世纪产生的民商法的挑战无疑是革命性的。随着现代信息技术的发展,在保护信息与计算机网络的同时,也提出了关于隐私权保护的新问题。生物科技的发展使研究机构可以从人的一根头发中了解到人体的全貌,随着高科技的发展而产生的高倍望远镜、针孔摄像机、透视照相机等,都对个人的身体隐私和生活隐私造成了极大的威胁。现代社会,隐私成了最重要的一项权利,由于网络技术的发展对隐私权等人格权的侵害变得愈发容易,且损害后果也更为严重,从而在世界范围内引起各国和地区学者对隐私权保护的极大关注。克隆技术的发展也使得人们对生命权和身体权的保护又产生了新的认识。正如美国学者弗卢姆金所指出的,"尽管诸如加密之类的隐私增强技术提供了保护某些数据和通信免受窥视和偷听,但除非一个人独自生活在树林中的小屋中,显然这种完全保密在今天仍是不可能的。我们必须拍照并填写调查问卷以获得驾驶执照,出示身份证以获得工作。我们的住宅不断遭受窥探,我们的医疗和财务数据唾手可得,我们的通讯很容易被监控,对于稍想了解我们的人而言,我们的生活就像是一本打开的书。个人生活对于政府、公司甚至他人越来越透明……这一总体趋势是由技术创新以及经济和社会力量驱动,并创造了对破坏隐私的技术。当孤立生活不再可能时,个人信息披露将无法被我们所控制。需要回应的是应当适用哪些法律规制收集和使用此种信息"①。因此,技术的进步、科技的发展是促成人格权制度勃兴的重要推动力量。

正是因为上述原因,现代民法理论中,人格权保护已经被置于更重要的地位,表现在:一方面,各种新型的人格利益被上升为人格权并受到法律严格的保护。除了姓名权、肖像权、名誉权、生命健康权等权利以外,现代人格权还包括自然人的隐私权等。总之,具体人格权的外延在不断扩大。现代城市化生活所带来的"个人情报的泄露、窥视私生活、窃听电话、强迫信教、侵害个人生活秘密权、性方面的干扰以及其他的危害人格权及人性的城市生活现状必须加以改善"②。工业化的发展,各种噪声等不可量物的侵害,使个人田园牧歌式的生活安宁被严重破坏。从而使自然人的隐私、个人信息等权利受到了前所未有的扩张,而近来外国学说与判例又在探索所谓"谈话权"和"尊重个人感情权",认为谈话由声音、语调、节奏等形成,足以成为人格的标志。③ 这些都造成了人格利益的极大扩张。因此,人格权制度法条较少、设立专编不和谐的诘难是值得商榷的。另一方面,一般人格权观念得到了立法与司法的承认与保护。本来,德国民法并未就人格权作一般性的原则规定,而仅于侵权行为章中规定个别人格权,承认其为应受保护的法益,但是为适用对人格权保护的需要,第二次世界大战后德国联邦最高法院根据基本法关于保障人格自由发展的规定,发展出一般人格权,并纳入《德国民法典》第 823 条第 1 款的绝对权利中予以保护。④ 此种理论相继为许多大陆法系国家或地区的民事立法所沿袭,如我国台湾地区判例和学说也广泛承认了一般人格权的理论。还应当看到,对生命尊严、声音、胚胎、死者人格利益以及遗体的保护等,都成为民法发展的重要议题。

我们正在制定的民法典,是一部应当适应 21 世纪需要的法典,所面

---

① A. Michael Froomkin, The Death of Privacy, 52 Stan. L. Rev. 1461, 1544 (2000).

② 〔日〕北川善太郎:《日本民法体系》,李毅多、仇京春译,科学出版社 1995 年版,第 48 页。

③ 参见姚辉:《民法的精神》,法律出版社 1999 年版,第 161 页。

④ See E. J. Cohn, Manual of German Law, Vol. 1, 1968, p. 155, 165.

临的挑战是前所未有的,与《德国民法典》《法国民法典》制定时面临的挑战绝不可同日而语。一方面,现代化进程中以及高科技发展过程中所提出的人格权保护问题,例如,对个人信息的广泛收集和处理、对个人身体隐私的窥探、对于生命信息和遗传基因的保护等,都是我们所必须面临的新的课题。另一方面,市场经济的发展所引发的有关信用、商誉、姓名的许可使用以及名称的转让、肖像的许可利用、形象设计权的产生等都是我们在人格权制度中必须加以解决的问题。此外,随着我国法制建设的发展以及对于公民的人权保护的扩张,出现了各种新的人格利益。如对于通过造型艺术获得的形象的保护、对于死者姓名和名誉的保护、对于遗体的保护、对于声音的保护、对于具有人格纪念意义的物品的保护等,都需要在人格权法中有所反映。所以我们的人格权法不应当是一种简单列举式的规定,而应当是将各种应当受到法律保护的人格利益尽量予以确认,这将会使人格权制度的内容较为复杂。

  人格权法在民法中的相对独立,不仅有助于完善民法的内在体系,而且也能在民法上建立一套完整的人格权法体系。从我国《民法通则》的规定来看,目前主要确定了几项具体人格权,包括:生命健康权、姓名权、名称权、肖像权、名誉权和婚姻自主权。这些内容尚不能构成完整的人格权法体系:一是具体人格权的规定较为简略,已经列举的人格权并不完备,一些比较重要且发展已经比较成熟的具体人格权,如隐私权、身体权,没有体现在立法中。二是欠缺一般人格权的规定。一般人格权是由法律采取高度概括的方式,而赋予自然人和法人享有的以具有集合性特点的人格利益为内容的人格权。它不仅具有兜底条款的作用,而且为法官判断何种人格利益应当受法律保护提供了判断标准。我国《民法通则》是以列举各种具体人格权的方式来实现对人格权的保护的,这难以适应对不断涌现的各种新类型的人格利益进行保护的需求,通过人格权法的单独成编,构建以一般人格权和具体人格权为体系的人格权法内容,将实践中已经较为成熟而且应当上升为权利的各种具体人格权作出全面的列举和规定,是十分必要的。在规定人格权时也应当对各种人格权的内容、行使方式、对他人妨害权利行使的排除等作出规定。人格权独立成编,特别是通过建立一般人格权这种框架性权利,将为随着社会发展而出现的需要法律保护的新型人格利益上升为独立的权利形态提供充分的空间,形成一种开放的人格权法体系,不断扩大人格权保障的范围。人格权制度发展至今,其内容已相当丰富,并且事实上人格权和人格利益是一个开放的体系,随着人类社会的进步和科技的发达,其外延将不断扩大。尤其是对人格权的保护,还涉及伦理道德问题,如医院是否应当对病人负有及时救治的保护,对生命权的保护涉及克隆、安乐死的政策的问题、对生命健康权和隐私权也涉及对于基因的采集和转基因应用的政策问题。随着社会的发展,人们对这些问题的认识不断改变,对于这些问题的规范也处于一个动态的发展过程,对于已经成熟的一些经验我们需要作出明确规定,而对于一些短期内社会难以达成共识的问题,需要在法律中预留出一定的空间或者作有限度的法律保护。这些较为丰富复杂且具有开放性特点的人格权内容,只有在独立成编的情况下才能在法律上得到充分的确认和保护。

一些学者认为,人格权的内容太少,单独设编有损于民法典的形式美。① 在民法典的制定中,关于其结构设计的目标是多元的,法律适用的便利、结构符合学理的逻辑、结构的匀称和美感,甚至内容与结构的相称都是必须加以考虑的因素。人格权独立成编不符合形式美的要求。② 笔者认为这种观点是值得商榷的,因为,民法典体例的编排首先需要考虑的是民法典的规定如何因应社会生活的需要,尤其是我国目前进一步加强和规范人格权保护的迫切需要。其次,民法典体系的设定需要考虑各项民事法律制度彼此之间的逻辑性,而不完全是其形式的美感,当然也要考虑民法典的形式美问题,换言之,就逻辑性与因形式上的美感而生的协调性之间,首先需要考虑的是逻辑问题,只有在不损害逻辑的情况下,才可以顾及形式美的问题。最后,人格权发展至今,其内容已经较为丰富,从技术上也具备了独立成编的可能性。

还需要强调的是,我国目前正在制定民法典,应当贯彻以人为本,充分注重对个人人格尊严、人身自由的尊重与保护的精神。尤其在我们这个有着几千年不尊重个人人格封建传统的国家,对人的关注与保护愈发重要。而民法是权利法,体现了对个人权利的保障。民法又是人法,以对人的终极关怀为使命。如果在民法中再设立独立的人格权编,进一步对人格权予以全面的确认与保护,并确认民事主体对其人格利益享有一种排斥他人非法干涉和侵害的力量,同时也赋予个人享有一项同一切"轻视人、蔑视人、使人不成其为人"的违法行为作斗争的武器,这必将对我国民主与法制建设产生极其重要的影响。人格权独立成编将在法律上确认一

---

① 参见徐国栋编:《中国民法典起草思路论战》,中国政法大学出版社 2001 年版,第 328 页。

② 参见薛军:《论未来中国民法典债法编的结构设计》,载《法商研究》2001 年第 2 期。

种价值取向,即人格权应当置于各种民事权利之首,当人格利益与财产利益发生冲突时应优先保护人格利益。"人格较之财产尤为重要,其应受保护殊无疑义"①,之所以采取此种价值取向,是因为人格权保障了人的尊严与人身的不受侵犯,也保障了个人身体与精神活动的权利,而人的尊严与人身自由是实现主体其他民事权利的前提与基础,也是实现个人人格的最直接的途径。② 人格权较之于财产权,更有助于实现人格价值,它是彰显人的尊严的权利。从人格权与财产权的关系来看,人格权本身是获得财产的前提,当生命、健康、自由都无法得到充分保护的时候,即使拥有万贯家产又有何用?所以,在民法中人格尊严、人身价值和人格完整应该置于比财产权更重要的位置,它们是最高的法益。

最后需要指出的是,我们说的人格权独立成编是指,人格权制度既不应当被包括在民事主体制度当中,也不应为侵权行为法所替代,而应成为与物权法、债与合同法、侵权行为法等相平行的一项民事法律制度,并在民法典中独立成编。唯其如此,方能充分发挥人格权法和其他法律的作用,并促使人格权法不断发展和完善。

结 语

民法典体系本身处于一个动态的、发展的过程。诚如日本民法学家北川教授所言说:"民法的现代图像极富有变化,且内容复杂。古典的民法图像以其抽象的概念和制度成为自我完结的学问体系,而民法的现代图像则很难从这种学问的体系来把握。"③作为近几十年来产生和发展出来的一项新制度,人格权制度很难在传统民法典体系中找到适当的地位,这是完全可以理解的。但是,我们绝不能从一种"自我完结的学问体系"出发,考虑人格权法在现代民法中的地位问题。在我国民法典的制定过程中,人格权独立成编将是我国民法面向21世纪所作的创新,也是中国民法典成为新世纪民法典不可或缺的重要举措,完全符合我国民主法制建设与社会经济文化发展的要求。

---

① 黄立:《民法总则》,中国政法大学出版社2002年版,第91页。
② 参见黄立:《民法总则》,中国政法大学出版社2002年版,第90—91页。
③ 〔日〕北川善太郎:《日本民法体系》,李毅多、仇京春译,科学出版社1995年版,第115页。

论人格权独立成编的理由^{*}

人格权制度的勃兴是现代民法最为重要的发展趋势,从世界范围来看,各国都普遍强化了对人格权的保护,我国也不例外。我国正在制定的民法典应当将人格权独立成编,这不仅是有效应对科技进步和社会发展的需要,也是全面保障人格尊严的要求。人格权独立成编有利于完善我国的民法体系,解决人格权的民法规范难题。人格权独立成编具有充分的实践基础和价值基础,而且能够解决我国人格权保护的现实问题。通过人格权独立成编,将使我国民法典真正成为一部科学的、能够屹立于世界民法典之林的、面向 21 世纪的民法典。

一、人格权独立成编是有效应对科技进步和社会发展的需要

(一) 高科技、互联网的发展提出了人格权保护的现实问题

21 世纪是互联网、高科技和信息爆炸的时代,现代科技是价值中立的[1],科学技术的迅速发展是一把双刃剑,一方面,给人类带来了巨大的福祉,极大地改变了人类的生产和生活方式。另一方面,科学技术一旦被滥用,反过来也可能侵害个人的隐私、个人信息、生命健康等,从而损害人类的福祉。例如,随着生物科技的发展,代孕问题、DNA 鉴定错误等问题变得越来越普遍。针对现代科学技术发展对个人隐私等人格权带来现实威胁,美国学者福禄姆金(Froomkin)提出了"零隐权"的概念,认为各种高科技、互联网的发明在给人类带来巨大福祉的同时,也都有一个共同的副作用,即对我们的隐私权保护带来了巨大威胁。[2] 例如,互联网、卫星技术、

---

* 原载《法学评论》2017 年第 6 期。

[1] 参见张志成:《论科技法学的法理学基础及其二元结构》,载《科技与法律》2005 年第 3 期。

[2] See A. Michael Froomkin, Cyberspace and Privacy: A New legal Paradigm? The Death of Privacy? 52 Stan. L. Rev. 1461 (2000).

生物辨识技术、监控技术等越来越多地成为个人信息收集的工具,以前科幻小说中假想的通过苍蝇携带相机到他人家中偷拍,已随着无人机技术的发展变成了现实。各种高科技的发明已经使得人类无处藏身,如何强化对隐私权等人格权益的保护,成为现代法律制度所面临的最严峻的挑战。①

互联网技术的发展给人格权特别是隐私权的保护带来了巨大挑战。事实上,早在一百多年前,沃伦(Warren)和布兰代斯(Brandeis)在论述隐私权时就曾警告:"无数的机械设备预示着,将来有一天,我们在密室中的低语,将如同在屋顶大声宣告般。"②随着互联网的发展,各种"人肉搜索"泛滥,非法侵入他人邮箱、盗取他人的信息、贩卖个人信息、窃听他人谈话的现象时有发生,通过网络非法披露他人短信、微信记录等行为更是屡见不鲜,此类的行为不仅污染了网络空间,更是构成对他人人格权的侵害。例如,在著名的"艾滋女网络谣言案"等案件中,行为人就是通过散布网络谣言的方式,侵害他人的人格权益。由于互联网登录和使用的自由性,使得通过网络侵害人格权的行为具有易发性,同时,互联网受众的无限性和超地域性也对侵害人格权的损害后果具有一种无限放大效应,也就是说,相关的侵权信息一旦发布,即可能在瞬间实现世界范围内的传播,相关的损害后果也将被无限放大,这也使得损害后果的恢复极为困难。因此,在互联网时代,如何预防和遏制网络侵权行为,是现代法律制度所面临的严峻挑战。

随着现代科学技术的发展,我们已经进入了一个大数据时代和信息社会,大数据的发展使得个人信息所包含的经济价值日益凸显。大数据技术能够有效整合碎片化的个人信息,实现对海量信息的分析和处理,从而发挥其经济效用。但大数据技术的开发也涉及个人人格权益保护尤其是对隐私和个人信息自主决定的保护。③据《中国网民权益保护调查报告(2015)》显示,近一年来,网民因个人信息泄露、垃圾信息、诈骗信息等现象,导致总体损失约805亿元,人均124元,其中约4 500万网民近一年遭受的经济损失在1 000元以上。这实际上也提出了个人网络信息安全

---

① 参见徐明:《大数据时代的隐私危机及其侵权法应对》,载《中国法学》2017年第1期。
② "Numerous mechanical devices threaten to make good the prediction that 'what is whispered in the closet shall be proclaimed from the housetops'", Ellen Alderman and Caroline Kennedy, The right to privacy, Knopf, 1995, p.323.
③ 参见谢远扬:《信息论视角下个人信息的价值——兼对隐私权保护模式的检讨》,载《清华法学》2015年第3期。

的现实问题。因此,需要有效规范个人信息的收集与利用行为,妥当平衡个人人格权益保护与个人信息利用之间的关系、个人信息保护和数据资产化之间的关系。

生物技术所引发的代孕、整容以及器官移植、人体器官捐赠、生物试验等,都对人的主体性和人格尊严保护带来了现实威胁。人从主体沦为客体的担忧也越来越具有现实性。① 人工智能的发展也涉及人格权保护问题,由于人工智能通过模仿他人的声音、形体动作等,能够像人一样表达,并与人进行交流,现在很多人工智能系统把一些人的声音、表情、肢体动作等植入内部系统中,但如果未经他人的许可而模仿他人的声音,就有可能构成对他人人格权的侵害。此外,光学技术、声音控制、人脸识别技术的非法利用都使得对声音、肖像的保护日益重要。例如,光学技术的发展促进了摄像技术的发展,也提高了摄像图片的分辨率,使得夜拍图片具有与日拍图片同等的效果,这也使得对肖像权的利用更为简便;再如,在我国,面部识别技术、视网膜识别等技术获得重大发展,使得个人身份的确认更为简便,这些技术一旦被滥用,即可能对个人人格权益的保护构成重大威胁。特别是现在随着 5G 技术和人工智能的发展,人脸识别和云计算使得公共场所的人成为"透明人"。据《经济学家》的文章指出,人脸识别技术不仅能够简单地用于识别人的身份,还能根据一个人的面部形象识别一个人的性偏好(同性恋或者异性恋偏好)。② 目前的技术的视觉准确率可以高达 81% 以上,在一些场景中甚至高达 91%。③

21 世纪初,著名华裔经济学家杨小凯就提出:如果中国仅仅重视技术模仿,而忽视制度建设,后发优势就可能转化为后发劣势。④ 因此,我们不能仅注重技术的运用,而忽视其可能带来的负面效果。以互联网技术为例,我们已经深刻感受到了互联网所带来的巨大利益,但对其负面效果仍然没有应有的重视。随着高科技和互联网的发展,现代民法制度所遇到的最严峻挑战是互联网环境下的人格权保护问题,所以,21 世纪民法

---

① 参见刘媛:《十字路口上的未来:基因专利问题研究》,载《科技管理研究》2015 年第 4 期。

② See Facial Technology, Keeping a straight face, The Economist, Septebmer 9-15, 2017, pp. 67-69.

③ See Facial Technology, Keeping a straight face, The Economist, Septebmer 9-15, 2017, p. 67.

④ 参见涂子沛:《数据之巅:大数据革命、历史、现实与未来》,中信出版社 2014 年版,第 337 页。

需要与时俱进，把人格权保护提上重要日程。

（二）市场经济的发展、商业模式的改变对人格权保护的挑战

市场经济的发展、商业模式的改变以及网络营销等发展，在深刻改变我们的消费方式的同时，也对我们的个人信息安全、隐私权保护等构成了一定的威胁。个人信息的收集与利用极大地促进了社会经济的发展。据统计，2016 年，全球大数据市场规模实现 16.5% 的增长，预计将连续 3 年保持增速在 15% 左右。[1] 由于电子商务的迅猛发展，网络购物如今已经飞入寻常百姓家，成为许多人的日常生活的必备内容，电子商务带来诸多的新型广告模式，如针对特定消费者个人消费癖好的分析，商家投放具有明确针对性和个性化的广告。这就意味着电子商务必然涉及对消费者大量信息的收集和利用，从而也会给个人隐私权等人格权益的保护带来现实挑战。据中国消费者协会发布的《2014 年度消费者个人信息网络安全报告》显示，利用网络手段"窃取"和"非法使用"消费者个人信息的现象呈现爆发性增长态势，消费者也因此遭受了巨额损失，约有 2/3 的消费者有个人信息被泄露的经历。[2] 据腾讯社会研究中心与 DCCI 互联网数据中心联合发布的《网络隐私安全及网络欺诈行为研究分析报告（2017 年一季度）》显示，手机应用 APP 存在越界收集个人信息的行为，96.6% 的 Android 应用与 69.3% 的 iOS 应用都存在不当获取用户手机隐私信息的情况，而有 25.3% 的 Android 应用存在越界获取用户手机隐私权限的情况，这些越界获取的个人信息已经成为网络诈骗的主要源头。[3] 网络空间"侵权易、维权难"的局面依然严重存在。

现代商业营销具有精准投放的特征，其以收集和利用个人信息为基础，也提出了对个人信息、个人隐私保护的现实问题。一些商家违规收集个人信息，或者违反约定利用个人信息，这实际上都构成对个人信息权利的侵害。例如，一些网络小贷公司向借款人放款时，会要求借款人提供其日常生活常用的一些 APP 的账号和密码，允许小贷公司登录，获悉借款人的日常消费痕迹，来判断借款人是否具有偿还能力。借款人为了获得借款，不得不同意这些强加的条件。但一旦允许小贷公司登录其日常的应用，则个人隐私完全暴露在小贷公司面前。如果小贷公司不注重保护借

---

[1] 参见王轶辰：《大数据怎么赚钱》，载《时代风采》2017 年第 14 期。
[2] 参见《三分之二消费者个人信息被泄露》，载《京华时报》2015 年 3 月 15 日。
[3] 参见马树娟：《APP 越界获取个人信息已成网络诈骗主源头》，载《法治周末》2017 年 7 月 25 日。

款人的这些隐私,甚至恶意利用、转售他人,则借款人的隐私将彻底泄露出去,个人生活将完全暴露在外界面前,毫无隐私可言。还有一些从事违法放贷的网络小贷公司,专门针对在校大学生发放小额贷款,在放款时要求借款人尤其是女大学生向网络小贷公司提供自己裸体并持身份证的照片作为担保,一旦借款人不能按时偿还借款,则网络小贷公司立即将裸照在网络上公布。① 一些网络小贷公司甚至恶意对外出售借款人的裸照,形成极为恶劣的社会影响。征信制度、黑名单制度的建立也都给个人信息的保护带来了挑战。各种名目繁多的评级、企业自己建立的黑名单制度,因信息失真导致评价不准确,不仅会导致对他人名誉、信用等的侵害,也会影响他人正常的经营活动。

此外,现代商业模式的变化也要求强化对企业信用和商誉的保护。例如,通过网络谣言侵害商誉,成为一种常见的恶性竞争手段。② 互联网时代,自媒体的发展,使每个人都可以借助于互联网论坛、博客、微博、微信等,成为信息的发布者和传播者。每个人都可以对许多人和事予以评价,在浩如烟海的评价信息中,也不乏不当言论和不实之词。这也需要针对此种行为特点设置特殊的法律规则,从而在保障个人行为自由的前提下,准确界定行为人的责任,并有效预防相关侵权行为。

(三) 社会形态的巨变凸显了人格权保护的重要性

我国正从农业社会向工业社会、信息社会转变,这一转变过程实际上也是从熟人社会到陌生人社会的变化,这种转变可以从多个侧面和角度予以描述,网络社会、科技社会、传媒社会、消费社会、风险社会、商业社会等逐渐形成,这些社会变化使得对人格权已经不能再是消极和简单的保护,由于其涉及社会生活的诸多方面,需要在法律上予以全面规范。例如,传统社会无所谓隐私的观念,但在陌生人社会,隐私保护的重要性就逐渐增强,保护私人生活安宁、对自己事务的独立安排等就更为重要。随着信息社会的来临,个人信息保护和自主决定的价值也日益凸显。③ 即便就某一特定类型的人格权而言,其在现代社会所涉及的问题也越来越多,

---

① 参见盖琪:《"微时代"与"裸贷":移动互联网语境下的媒介文化症候审思》,载《探索与争鸣》2017年第2期。

② 参见范卫国:《网络谣言的法律治理:英国经验与中国路径》,载《学术交流》2015年第2期。

③ 参见杨芳:《个人信息自决权理论及其检讨——兼论个人信息保护法之保护客体》,载《比较法研究》2015年第6期。

其内容日益复杂化,需要对人格权法确立更多的细致规则。例如,《民法总则》第110条所规定的身体权,在当代社会就可能涉及医疗、器官移植、人体捐赠、生物实验、遗传检查和鉴别、代孕、机构监禁、精神评估等特殊问题。所有这些都使得对人格权进行更多层次和更复杂的调整成为必要,而这只能通过独立成编的人格权法才能得到更好的贯彻和实现。

二、人格权独立成编是维护人格尊严、全面保护人格权的需要

(一) 人格权独立成编是维护人格尊严的需要

维护人格尊严是法律制度的重要目标。人类社会进入21世纪后,科技的发展、全球化的发展都增进了人类的福祉,在人们基本的物质生活得到保障之后,对尊严的追求就更加强烈。经过三十多年改革开放的发展,我国现在已经成为全球第二大经济体,广大人民群众的物质生活水平得到了极大的提高,在此背景下,我们不仅仅要使人民群众生活得富足,也要使每个人活得有尊严。人们对美好幸福生活的向往不仅包括吃得饱、穿得暖,也包括老有所养、住有所居、病有所医,还应当使每一个人活得体面、有尊严。因此,在民法典中加强人格权立法,使其在民法典分则中独立成编,实质上就是为了全面保护人格权,使人们生活得更有尊严。

人格权独立成编有利于宣示保护人格尊严的理念和价值。在法律上,人格尊严是人格权法保护的核心要素(the core elements),具有不可克减性。[1] 人格权法律制度的根本目的在于保护个人的人格尊严,各项人格权都体现了对人格尊严的保护要求。例如,名誉、肖像、隐私等,都直接体现了个人人格尊严的价值。即使是一些新型的人格权,也体现了这一价值,例如,个人信息实际上展现了个人的数字化形象[2],体现了个人对其个人信息平等地享有处分权,从而彰显了个人的人格尊严。中国素有游街示众的惩罚方式,其实就是通过有损他人人格尊严的方式形成一种震慑,这种做法在今天仍时有发生并屡见报端。而网络上披露他人隐私、编造各种花边新闻肆意诽谤他人等行为也十分常见。事实上,许多侵害人格

---

[1] 参见上官丕亮:《论宪法上的人格尊严》,载《江苏社会科学》2008年第2期。
[2] 参见张里安、韩旭至:《大数据时代下个人信息权的私法属性》,载《法学论坛》2016年第3期。

权的行为,如污辱和诽谤他人、毁损他人肖像、宣扬他人隐私、泄露他人的个人信息等,均不同程度地损害了他人的人格尊严。因此,我国《民法总则》第109条为人格权独立成编奠定了价值基础,该条规定:"自然人的人身自由、人格尊严受法律保护。"该条首次从宏观层面对"人格自由"和"人格尊严"作了规定,可以说是对现实中侵害他人人格尊严行为的回应,同时,该规定宣示了人格权制度的立法目的与根本价值,即尊重与保护个人的人身自由、人格尊严。这一规定具有鲜明的时代特点,是中国现代民事立法的人文精神和人文关怀的具体体现。

(二) 人格权独立成编是全面保护人格权的需要

人格权独立成编就是通过构建人格权体系,为各项人格权益的保护预留了一定的空间。从比较法上看,强化人格权保护是各国立法和司法实践的重要发展趋势,例如,1991年的《魁北克民法典》、2009年的《罗马尼亚民法典》,都有十多个条文规定了人格权。《埃塞俄比亚民法典》专门在第一章第二节规定人格权,从第8条到第31条用了24个条文规定人格权。《巴西民法典》第一编第一题第二章以专章的形式("人格权")对人格权作出了规定,从第11—21条用了11个条文对人格权作出了规定。《秘鲁共和国民法典》第一编("自然人")第二题专门规定了人格权,该题从第3条至第18条共16个条文规定了人格权,该编第三题对"姓名"作出了规定(第19—32条),两题加起来一共30个条文。1970年,《法国民法典》修改时新增第9条关于隐私保护的条款①,实际上是将隐私权的保护作为一项基本原则加以规定。除民法典外,有关保护人格权的国际公约日益增加,如《公民权利及政治权利国际公约》,都有大量篇章专门处理和规定各类具体的人格权。可见,最新的立法趋势是进一步强化对人格权的保护。

相对于世界发展趋势和现实社会需要,我国《民法总则》的几个条文过于原则、简单,远不能达到全面保护人格权益的立法目的。同时,我国《民法总则》第110条虽然对各项具体人格权进行了列举,在一定程度上完成了人格权类型的确认,但其并没有规定各项人格权的具体内容,尤其是义务人应当承担的各项行为义务、尊重人格权应当遵循的各项具体规则、权利行使中各项利益的协调关系,以及在侵害人格权情形下的救济规

---

① See Roger Nerson, "La protection de la vie privée en droit positif français", in Revue internationale de droit comparé, 1971, Numéro 4, p. 740.

则等,因此并未真正完成人格权的确权任务。事实上,每一项具体人格权本身就是一项制度,许多人格权还可以进行类型化,如隐私权可以区分为生活安宁、通讯自由、隐私信息自主决定等,而《民法总则》第110条仅仅规定了隐私权,这远远不能涵盖隐私权中具体、复杂的内容,无法真正实现对人格权的确权,这就需要在民法典分则中将该条展开,并在此基础上构建完整的人格权体系。

事实上,我国1986年《民法通则》在规定各项民事权利时单设一节规定了人身权(第五章第四节),其中使用了9个条款规定了人格权,其所涉及的人格权的范围甚至比《民法总则》还要翔实和全面。《民法通则》颁布三十多年来,我国人格权保护制度已经取得了长足的进步。然而,应当看到,《民法通则》的规定相对简略,需要从如下几个方面予以加强,以更好地满足现实需要:第一,《民法通则》未明确承认身体权,尤其并未涉及人体器官的捐赠、遗体的处置解剖、人体医学实验、精神病患者被强制医疗等问题,以言语、行动等方式对他人进行性骚扰的行为也时有发生,需要在法律上作出规定。第二,关于姓名权。我国《民法通则》的规定较为简略,不能适应司法实践中新类型案件增长的需要,因此,我国立法机关就姓名权的保护专门作出了立法解释,最高人民法院关于姓名的变更也作出相关的司法解释,有必要将其纳入民法典之中;此外,涉及法人和非法人名称的登记、转让等,以及名称简称的保护都有必要在法律上作出规定。第三,关于肖像权的保护,《民法通则》第100条将以营利为目的作为侵权的要件,这不利于保护肖像权人的利益,对肖像合理使用、肖像权和知识产权的冲突、肖像以外的形象和声音等的规定都付之阙如。第四,关于名誉权,《民法通则》仅用一条作出规定,而最高人民法院专门作出大量的解释和批复,其中涉及名誉权的行使、言论自由和名誉权的冲突、死者名誉保护、对国家机关的批评监督,尤其是在网络环境下,涉及网络谣言对他人的侵害,如何通过法律手段防止网络谣言的泛滥就成为重要的问题。还需要指出的是,有关信用权的问题,无论是《民法通则》,还是《民法总则》,都未作出规定。有观点认为,信用权在性质上属于名誉权的范畴,不需要规定独立的信用权。但笔者认为,信用权不同于名誉权。例如,征信机构作出的信用评估不实,虽然会对相关个人的经济生活和消费产生巨大影响,但不一定会导致受害人社会评价的降低,并不当然侵害其名誉权。第五,个人信息权。《民法通则》没有规定隐私权,也没有规定独立的个人信息权。现代民法的发展趋势是强化对个人信息权利的保护,有必要在民法典分则中规定独立的个人信息权。第六,关于人格权益的许可使用,《民法通则》并未作出规定,但随着商业实践的发展,人格权的财产利益逐渐受到重视,这使得人格权益的商业化利用更为重要①,需要在民法典中作出明确规定。这些问题在《民法通则》和《民法总则》中都没有得到解决,需要在民法典中通过具体规范予以落实。只有将人格权独立成编,才能有足够的立法空间解决上述问题。

还应当看到,人格权的体系具有开放性,其类型和内容是不断发展的②,应当通过独立成编的人格权法为人格权制度预留发展空间。尤其是考虑到现代社会生活的复杂性,科学技术的发展将持续给人与社会的关系带来影响,而人对自身发展的诉求也将随之发展,人的主体性意识和诉求也将增强。在这样的背景下,人格权的类型和内容都会不断发展,法律在未来还会有必要确认新型的人格权益③,民法典中关于人格权的类型在未来还可能增加。人格权这种与时俱进的开放性特点,在独立成编的框架下显然更具有可能性,因为在独立的人格权编,法官可以通过对既有人格权规定的参照和类推适用,发现和确认新型的人格权法益,从而更好地确认和保护新型的人格权益。

三、人格权独立成编是完善民法典体系的需要

民法典体系包括两个层面:一是实质体系,又称为内在体系或价值体系(die innere Systematik)④,它主要是指贯彻于法律之中、具有内在统一性的价值和原则。二是制度体系,又称为外在体系(die äußere Systematik),它是指篇章节、基本制度的安排等。人格权独立成编充分地体现了民法人文关怀的精神和价值。正如孟德斯鸠所指出的:"在民法慈母般的眼里,每一个个人就是整个的国家。"⑤我国《民法总则》第五章在规定民事权利时,将对人身自由、人格尊严的保护置于本章第一条,这实际上就是在形

---

① 参见王叶刚:《人格权中经济价值法律保护模式探讨》,载《比较法研究》2014年第1期。
② See Jean-Christophe Saint-Pau (dir.), Droits de la personnalité, LexisNexis, 2013, p.37.
③ 参见高圣平:《比较法视野下人格权的发展——以美国隐私权为例》,载《法商研究》2012年第1期。
④ 参见王泽鉴:《法律思维与民法实例:请求权基础理论体系》,中国政法大学出版社2001年版,第225页。
⑤ [法]孟德斯鸠:《论法的精神》(下册),张雁深译,商务印书馆1994年版,第190页。

式上体现了保护人格尊严的价值宣示,使得人格尊严在各项权利保护中具有基础性地位,是所有人身权和财产权保护的根本目的,具有最高的价值。人格权独立成编,并且将人格权编置于分则各编之首,这与《民法总则》的立法理念是一致的,是在作出一种保护人格尊严的价值宣示。我国民法典将人格权法独立成编,有利于突出对人的尊重与保护,其与21世纪人文关怀的时代精神是吻合的,而且凸显了民法以关爱人、尊重人、保护人为己任的特点。

人格权独立成编凸显了民法作为"人法"的本质,有助于改变传统民法"重物轻人"的体系缺陷。从古典的民法典体系来看,不论是"法学阶梯"模式还是"学说汇纂"模式,都是以财产关系为中心,其所规定的人的制度都是从"主体"的角度而言的,着眼点在于解决主体参与法律关系的资格与能力,并没有肯定人格权的独立地位,在价值上对人的地位重视不够。[①] 而人格权则在于确认人自身所享有、作为其自身组成成分、与其自身不可分离的权利。传统大陆法系国家民法虽然以保障人身权和财产权为己任,却仅在分则中规定了财产权(物权、债权)和身份权(有关亲属、继承的规定),对人身权中最重要的权利即人格权,却没有在分则中作出规定,这本身表明,传统民法存在"重物轻人"的体系缺陷。[②] 如果人格权不能独立成编,分则条款明显是以财产法为绝对主导,会给人以民法主要就是财产法的印象,这也将成为我国民法典体系的一大缺陷。因此,我国民法典应当将人格权独立成编,并将其置于分则之首,在全面规定各项具体人格权的同时,对一般人格权作出规定,形成对各种人格权益的周延保护,并弥补传统民法典体系的不足。将人格权独立成编,将成为我国民法典的重要亮点,这也是我们所遇到的历史机遇。

人格权独立成编也与我国《民法总则》所确立的调整对象是相吻合的。我国《民法总则》第2条规定:"民法调整平等主体的自然人、法人和非法人组织之间的人身关系和财产关系。"与《民法通则》第2条相比较,该条将人身关系规定在财产关系之前,凸显了对人身关系的重视。这实际上表明,我国民法要求进一步强化对人身权益的保护,这一精神应当在民法典分则中得到体现。从《民法总则》关于人格权的规定来看,其实际上是为人格权在民法典分则中独立成编奠定基础,一方面,《民法总则》第109条、第110

[①] 参见陈华彬:《中国制定民法典的若干问题》,载《法律科学(西北政法学院学报)》2003年第5期。

[②] 参见孙鹏:《民法法典化探究》,载《现代法学》2001年第2期。

条采用高度概括的方式列举了一般人格权和具体人格权,对这些权利的具体内容并没有规定,这就需要在民法典分则中作出规定。另一方面,《民法总则》所规定的民事权利实际上都需要通过各个分编以及特别法作出细化规定。例如,物权、债权等都有分编规定予以保护,身份权有婚姻家庭法保护,其他投资性权利通过公司法等特别法予以保护,但人格权迄今为止仍缺乏细化的保护规则,这就难以实现《民法总则》的立法目的。

人格权独立成编也是完善人格权自身体系的需要。人格权独立成编要求人格权有内在的逻辑体系,即由人格权的一般规定、各项具体人格权所构成的完善的人格权体系,并且可以在该编中对人格权的具体保护、限制与利用等规则作出详细规定。在人格权自身体系内,有助于实现对人格权的保护和利用,并且以这些既有规范作为基础,通过审判实践能够进一步发展出更详细的规则。如果人格权规范较少,将难以为审判实践提供统一的规范基础,无法形成统一的实践观点,进而无法实现人格权规范自身的发展。

四、人格权独立成编是完善民法典中人格权规范的需要

(一) 人格权独立成编是完善《民法总则》人格权规则的需要

《民法总则》高度重视对人格权的保护,虽然《民法总则》使用的条文不多(包括第109条、110条、111条、185条),但是该法将人格权规定在各项民事权利之首,而且在第109条宣示人格权保护的价值,即人格自由和人格尊严,并通过这一制度确立了一般人格权,为人格权的兜底保护提供了法律依据。同时,《民法总则》第110条具体列举了自然人所享有的生命权、身体权、健康权、姓名权、肖像权、名誉权、荣誉权、隐私权、婚姻自主权以及法人、非法人组织所享有的名称权、名誉权、荣誉权等人格权,但这三个条款的具体内容需要进一步细化。《民法总则》虽然仅用了四个条款保护人格权,但将其置于各项民事权利之首,凸显了人格权保护的重要意义。从《民法总则》关于民事权利的其他规定来看,目的是待将来在民法典分则中予以具体完善。因此,《民法总则》的规定实际上是为人格权独立成编奠定了基础。

一是进一步完善人格权的类型。《民法总则》第110条列举了自然人、法人、非法人组织所享有的各项具体人格权,虽然这一列举比较充分,但仍然有所遗漏,例如,该条并没有规定信用权,实践中涉及信用的纠纷

比较多,一些企事业单位随意进行信用评级,或者信用评级不客观,其所披露的他人个人信息不真实,这也在一定程度上侵害了他人的信用权。①再如,《民法总则》第111条虽然规定了个人信息保护规则,肯定了其人格利益属性,但并没有将其规定为一项具体人格权,从比较法上看,各国大多规定了个人信息权。我国民法典分则对个人信息权作出规定,有利于强化对个人信息的保护。

二是人格权的内容需要进一步细化。如前所述,《民法总则》只是列举了各项具体人格权,而没有对各项具体人格权的内容作出规定,事实上,每一项具体人格权的具体内容都是十分丰富的。例如,隐私权的内容可以进一步类型化为独处的权利、个人生活秘密的权利、通信自由、私人生活安宁、住宅隐私等。就私人生活秘密而言,又可以进一步分类为身体隐私、家庭隐私、个人信息隐私、健康隐私、基因隐私等。不同的隐私因为类型上的差异,在权利的内容以及侵权的构成要件上都可能有差异。再如,就姓名权的保护而言,是否可以扩展到笔名、别名、艺名等,都需要法律作出明确规定。不论是自然人的人格权,还是法人、非法人组织的人格权,也不论是具体人格权,还是一般人格权,都有较为丰富和复杂的权利内容,正是在这个意义上,只有制定人格权法,才能全面确认人格权的各项具体内容,充分回应私权行使和保护的需求。

三是人格权的利用、行使等规则需要进一步完善。随着经济社会的发展,人格权商业化利用实践日益普遍,人格权的积极利用权能日益彰显,因此,我国民法典人格权编应当对人格权的利用、行使等规则作出规定,不仅要列举各种权能,也要具体规定各种权能的行使与表现效果。尽管人格权原则上不能转让,但某些人格权的权利人可以许可他人对其人格权进行利用。② 例如,肖像权的使用权能可以转让,法人的名称权可以转让。尤其是未来人格权法中规定个人信息权,也必须规定该权利的利用规则。《民法总则》第110条只是列举了民事主体所享有的各项具体人格权,而没有对其具体利用权能作出规定,这有待将来的民法典分则的人格权编作出细化规定。

四是人格权的限制规则需要作出规定。人格权作为一种具体的权利,基于对公共利益的维护等目的,可以对人格权进行一定程度上的限

---

① 参见李红玲:《论信用权的若干问题》,载《政治与法律》2006年第4期。
② 参见王叶刚:《人格权中经济价值"可让与性"之反思——以人格尊严的保护为视角》,载《广东社会科学》2014年第2期。

制,除了生命健康权因其固有属性具有不可限制性以外,许多人格权都要在不同程度上依法受到限制。例如,我国司法实践很早就确立了公众人物隐私权应当受到限制的规则,但应当如何限制,以及应当在何种程度上受到限制等,均需要法律作出细化规定。民法典人格权编应当对人格权的限制规则作出规定,以更好地协调各项权利之间的冲突。

五是义务人所应当承担的相应义务。人格权法律规则不仅要从正面确权,还应当对义务人的义务作出规定。例如,关于个人信息保护,立法除了从正面对个人所享有的个人信息权利作出规定外,其还应当规定信息收集者的安全维护义务,尤其是规定相关主体在个人信息收集、利用过程中的义务。我国《民法总则》第111条对相关主体的安全维护义务作出了规定,也规定了合法收集、利用个人信息的问题,但安全维护义务如何履行?何为合法收集、利用个人信息?等等,该法并没有作出细化规定,需要民法典人格权编对此作出具体规定。

《民法总则》在"民事权利"一章中专门规定人格权,并将其规定在财产权之前,凸显了人格权的重要地位,具有重要意义,但《民法总则》仅用几个条文规定人格权,则难以形成对人格权的保护体系,如果人格权将来不能在民法典分则中独立成编,将难以实现对人格权的全面保护,也无法全面展示我国几十年来对人格权保护的进步。

(二) 合同编不能解决人格权的利用问题

人格权商业化利用是人格权制度重要的发展趋势,并成为民法保护个人人格的新的领域①,人格权商业化利用通常采用合同的方式,也正是因为这一原因,不能完全通过侵权责任法调整人格权商业化利用问题,虽然人格权商业化利用主要通过合同实现,但并不意味着完全可以将其规定在合同法中,而不需要在人格权编中对其作出规定,主要理由在于:

第一,人格权商业化利用问题并不是纯粹的合同问题,其本身也是人格权的行使问题。按照传统观点,人格权仅具有消极防御的效力,并不具有积极利用的权能,因此,在传统大陆法系国家民法中,人格权主要是通过侵权法和主体制度进行调整的,但随着人格权商业化利用实践的发展,人格权积极利用权能得到了发展,在此情形下,人格权不仅仅具有消极防御的效力,更具有积极利用的权能,这就需要通过"积极确权模式"对人格

---

① See Gert Brüggemeier, Aurelia ColombiCiacchi, Patrick O'Callaghan, Personality Rights in European Tort Law, Cambridge University Press, 2010, p.572.

权作出规范。人格权商业化利用本身是人格权行使的重要体现,需要人格权编对此加以确认和调整,而不能仅仅通过合同加以调整。尤其应当看到,在人格权擅自商业化利用的情形下,可能需要考虑拟制的许可使用费数额,行为人的获利数额等,以确定行为人的赔偿责任[1],这些都已经超出了合同法的范畴。

第二,人格权商业化利用中包含了大量的特殊规则,在人格权商业化利用过程中,对于损害赔偿的计算标准,可以考虑采用许可使用费标准或者获利返还,大多数国家的法律认为,人格权中经济价值是可以继承的。[2] 由此表明,人格权商业化利用确实涉及一些特殊的规则。除财产损害赔偿外,人格权商业化利用还涉及对个人人格尊严的保护问题,即法律应当设置相关的规则,防止人格权的过度商业化利用。[3] 例如,对人格权许可使用合同而言,可以考虑在特殊情形下赋予权利人解除该许可使用合同的权利,而合同法仅能对合同解除一般规则作出规定,无法对人格权许可使用合同的特殊法定解除事由作出规定。

第三,合同法无法对人格权商业化利用规则作出详细规定,难以有效调整人格权商业化利用现象。合同法是就一般的财产交易规则的规定,其规则对各种交易关系均具有可适用性,无法专门就人格权许可使用合同的特殊规则专门作出规定。还应当看到,目前正在制定的民法典合同编中,难以将人格权商业化许可使用合同纳入民法典合同编有名合同的范畴,也难以对其作出详细规定。因此,只能在人格权法中作出规定。

第四,并非所有涉及合同的规则都需要规定在合同法中,对于具有特殊性的交易规则,应当在合同法之外作出专门规定。例如,我国《物权法》中关于土地承包经营权流转合同、建设用地使用权转让合同等,都是合同的问题,但并不意味着都需要规定在合同法中。从我国立法来看,其在合同规则之外,也专门规定了人格权商业化利用规则。《民法通则》第 100 条关于肖像权的规定:"公民享有肖像权,未经本人同意,不得以营利为目的使用公民的肖像。"这实际上是规定了肖像权的利用问题。可见,在合同规则之外单独规定人格权商业化利用规则,也是我国既有立法经验的体现。

---

[1] 参见朱岩:《"利润剥夺"的请求权基础——兼评〈中华人民共和国侵权责任法〉第 20 条》,载《法商研究》2011 年第 3 期。

[2] See Gert Brüggemeier, Aurelia ColombiCiacchi and Patrick O'Callaghan, Personality Rights in European Tort Law, Cambridge University Press, 2010, p.572.

[3] 参见姚辉:《关于人格权商业化利用的若干问题》,载《法学论坛》2011 年第 6 期。

(三) 侵权责任编无法解决人格权保护问题

从比较法的立法经验来看,在 18 至 19 世纪,由于人格权还没有形成一种独立的权利,其主要受到侵权法的保护。虽然一些大陆法系国家民法典在侵权法中对生命、名誉、姓名等人格权作出了规定,但在保护方式上都采纳了消极保护模式,且是通过列举的方式明确侵权法所保护的权益范围。《德国民法典》仅在第 12 条从正面规定了姓名权,其他人格利益主要是通过侵权规则进行保护的,如该法典第 823 条第 1 款规定对生命、身体、健康和自由等几种人格权益的保护。而且《德国民法典》对侵害人格权益的财产损害赔偿责任作出了严格限制,即只有在严重侵害人格权益且没有其他救济方式能够提供救济时才能适用。①

我国《侵权责任法》第 2 条在规定侵权法所保护的权益范围时,列举了民事主体的各项具体人格权,也有学者认为,将来通过侵权法即可实现对人格权的全面保护,而无须在民法典中设置独立的人格权编。笔者认为,此种观点并不妥当,将来的民法典侵权责任编虽然可以对侵害人格权的侵权责任作出规定,但无法实现对人格权的全面保护,因为一方面,侵权法主要是救济法,侧重于对人格权进行消极保护,无法从正面对人格权进行确权。从我国《侵权责任法》第 2 条规定来看,其虽然广泛规定了民事主体所享有的各项具体人格权,规定了隐私权,起到了一定的确权功能,但其主要是从消极保护的层面作出的规定,无法对各项具体人格权的内涵、效力等作出规定,难以真正实现正面确权的功能。例如,侵权责任编虽然可以通过侵权责任保护隐私权,但无法从正面确认隐私权,也无法规定隐私权的具体内容。另一方面,侵权法难以满足人格权制度发展的需要。随着人格权的发展,人格权的类型和内容越来越多样化。自然人、法人所享有的各项具体人格权及其内容是不能通过侵权责任法加以确认的,而必须在人格权法中具体规定。对于如此纷繁复杂的权利类型,侵权责任法作为救济法的特点决定其不能涉及,也无法涉及。

还应当看到,从侵害人格权的侵权责任来看,其责任形式和后果都具有一定的特殊性。例如,从我国《侵权责任法》第 22 条规定来看,精神损害赔偿责任主要适用于侵害人身权益的情形,尤其是侵害人格权的情形。再如,赔礼道歉、恢复名誉等责任形式,也主要是侵害人格权的责任形式。

---

① See Gert Brüggemeier, Aurelia ColombiCiacchi and Patrick O'Callaghan, Personality Rights in European Tort Law, Cambridge University Press, 2010, p. 8.

民法典侵权责任编虽然能够对侵害民事权益的责任形式作出全面列举和规定,但很难对侵害人格权的各种责任形式作出细化规定。尤其是在民法典侵权责任编的内容体系不可能对现行《侵权责任法》的规则进行重大调整的前提下,更有必要在人格权编中对侵害人格权的各种责任形式作出细化规定。而且从侵权法保护的权利范围上看,其不仅保护人格权,而且还保护物权(包括所有权、用益物权和担保物权)、知识产权等,但并不能因为物权受到侵权法保护就不能再通过物权法详细规定物权,而只能放在侵权法中。同样,知识产权法也不能因为受到侵权法保护就不能单独规定。如果在侵权责任编中对各项民事权利的具体规则都作出细化规定,侵权责任法在调整范围上将无所不包,这将打乱侵权责任编的体系,给其规则设计和安排带来重大困难。

五、人格权独立成编是直接回应审判实践的需要

人格权纠纷在审判实践中的数量呈逐渐增长趋势,为解决实践中的问题,最高人民法院颁行了大量的司法解释,为人格权独立成编提供了实践基础。但是人格权的裁判规则依然缺乏,自《民法通则》确立了人身权制度以来,有关人格权的案件每年都在快速增长,其中大量涉及名誉、肖像、隐私、姓名、名称、个人信用、人身自由等,在中国裁判文书网中以"名誉"为关键词进行检索,可以搜到124400份民事裁判文书。这些案件虽然标的不大,但是涉及公民的基本权利,社会关注度高,影响大,处理不好就会引起社会的重大反响。例如,近几年发生的狼牙山五壮士案、邱少云案等,都引起了社会的广泛关注。人格权独立成编很重要的原因就是为人格权的裁判规则提供足够的空间,为法院裁判人格权纠纷提供明确的裁判依据。

如前述,从总的发展趋势来看,人格权正在从消极地通过侵权法保护的方式向积极地通过人格权规则确权的方向发展。采用正面列举保护人格权,不仅有利于确认公民、法人的人格权,维护人格尊严,而且有利于为法官提供明确的裁判依据。仅仅通过侵权法保护人格权,将赋予法官很大的自由裁量权。例如,不同人格权的侵权要件是不同的,但如何判断是否构成侵权,如果缺乏正面规定,完全由法官进行裁量,就给了法官过大的自由裁量权。因此,涉及对人格权的限制、权利冲突规则等,都应当通过立法来解决,完全由法官通过自由裁量权予以判断就会产生一些问题。因为侵权责任法

的规范十分简略,法律上并没有确认各项人格权内容、类型、构成要件等,认定是否构成对人格权的侵害,完全由法官进行个案判断,这就必然会产生同案不同判等问题。前述司法实践中创设公众人物的概念并对公众人物的人格权进行限制,就反映了这一问题。过大的自由裁量权也会导致裁判标准不一致,从而引发"同案不同判"的现象,损害司法的统一性。因此,只有通过正面确权的方式,才能形成明确、具体的人格权保护规则,从而统一裁判规则,实现法的安定性。另一方面,我国也不宜通过判例的方式对人格权提供保护①,因为我国是典型的成文法国家,《立法法》等宪法性法律规定了基本民事制度应由全国人大的立法加以规定,人格权显然是最为基本的民事制度之一,不适合交给判例确认权利,否则可能导致法律适用的不统一,甚至相互冲突、矛盾。例如,由于法律上对人格权的规定不完善,因此,法官针对一些侵害人格权的新型案件,就通过判例创设了一些新型权利(如亲吻权②、祭奠权③等),引发了不少争议。还应当看到,判例本身具有零散性,判决只能针对具体案件作出,因此,判例本身不可能形成一个具有体系性的周延的人格权制度。

从比较法上来看,完全通过侵权法保护人格权的方式,与西方国家所出现的宪法司法化有密切的联系,因为在一些国家,人格权常常在宪法中加以列举,法官会通过援引宪法的方式对人格权加以保护。这就产生了所谓"宪法司法化"的现象。④ 但这种方式在我国是难以实施的。依据我国现行《宪法》的规定,只有全国人大常委会才能解释宪法,法官无权解释宪法,对此,最高人民法院《关于裁判文书引用法律、法规等规范性法律文件的规定》第4条规定:"民事裁判文书应当引用法律、法律解释或者司法解释。对于应当适用的行政法规、地方性法规或者自治条例和单行条例,

---

① 从比较法上看,一些国家通过判例的方式对人格权提供保护。例如,在法国,通过对《法国民法典》第1382条过错责任一般条款中"损害"的解释,法院逐步将人格法益纳入其中,发展出一个庞大的人格权判例体系。在德国,法院通过对《德国基本法》第1条人格尊严和第2条人格自由发展的解释,发展出一般人格权;此后,通过对死者人格利益的保护等一系列里程碑式的判例,德国法建立了人格权保护的体系。

② 参见陶莉萍诉吴曦道路交通事故人身损害赔偿纠纷案,四川省广汉市人民法院(2001)广汉民初字第832号民事判决书。

③ 参见崔妍诉崔淑芳侵犯祭奠权案,北京市丰台区人民法院(2007)丰民初字第08923号民事判决书,载最高人民法院中国应用法学研究所编:《人民法院案例选》(2009年第1辑),人民法院出版社2009年版。

④ See Franz Werro: Tort Law at the Beginning of the New Millennium, A Tribute to John G. Fleming's Legacy, 49 Am. J. Comp. L. 154.

可以直接引用。"该条并没有将宪法列入民事裁判文书可以引用的规范范围,因此,法官无法直接援引宪法裁判民事案件,这也导致我国宪法不能直接作为法官处理人格权纠纷所援引的裁判依据。这也要求我们必须制定和完善人格权法,特别是对一般人格权作出规定,才能使宪法所确立的尊重与保护人权、维护人格尊严等宪法原则转化为民法上的人格权制度,从而为法官裁判人格权纠纷提供明确的裁判依据。换言之,宪法中的人格尊严必须由民法典具体化,通过民法典中的概括条款、概念和规则才能成为法官的基本裁判规则,有效地规范民事活动,解决民事争议。

六、人格权独立成编具有现实的可行性

(一) 人格权独立成编与《民法通则》的立法经验是一脉相承的

新中国成立后,党和国家重视个人政治权利和财产权利的保护,但受封建主义传统和极左思想的影响,一度忽略了对个人人格权和人格尊严的尊重和保护,以致在"文革"期间严重侵害个人人格权、践踏人格尊严的现象达到了无以复加的地步。正是基于对"文革"暴行的反思,1986年通过的《民法通则》以专章的形式规定民事权利,并明确规定了人身权,具体列举和规定了公民所享有的各项人格权,这是我国人权保障道路上具有里程碑意义的大事。《民法通则》将人格权与物权、债权等权利并列规定,体现了人格权与物权、债权一样,应当独立成编。《民法通则》单设一节对人格权作较为系统和集中的规定,并被实践证明是成功、先进的立法经验。制定独立成编的人格权法,是对《民法通则》成功立法经验的继承和总结,体现了立法的连续性和稳定性。为了维持立法的连续性和稳定性,并继承和总结《民法通则》的成功经验,我们应当在民法典中专设人格权一编。应当看到,这种立法体例实际上也是我国立法的一贯做法。例如,2002年的《民法(草案)》也已经将人格权独立成编,这一立法经验应当继续延续。

(二) 人格权在民法典中独立成编具有大量的立法经验可供借鉴

我国目前虽然尚未颁行独立的人格权法,但相关立法中包含了大量的人格权保护规则,这也可以为我国民法典人格权编的规则设计提供有益的借鉴。一方面,我国现行相关立法已经有不少人格权的规定。以个人信息保护为例,《网络安全法》第四章专门就网络信息安全作出了规定,其中大量规定了网络运营者保护个人信息的义务。再如,全国人大常委

会还于 2012 年作出了《关于加强网络信息保护的决定》,也专门就网络信息服务者等主体保护个人信息的义务作出了规定。其中许多规则都对我国民法典人格权编个人信息保护规则的设计具有重要借鉴意义。另一方面,立法机关还就人格权保护颁行了立法解释。关于姓名权的保护,全国人民代表大会常务委员会于 2014 年发布了《关于〈中华人民共和国民法通则〉第九十九条第一款、〈中华人民共和国婚姻法〉第二十二条的解释》,规定了姓名权的行使规则、命名规则,这对我国民法典人格权完善姓名权的规则奠定了很好的规范基础。

(三) 人格权在民法典中独立成编也有充分的司法实践依据

从司法解释的层面看,为强化对人格权的保护,最高人民法院作出了大量的批复,颁行了大量的司法解释。例如,早在 1988 年,最高人民法院就针对著名的荷花女案作出了相关批复。[①] 在此之后,最高人民法院又作出了大量关于人格权保护的复函和批复。[②] 最高人民法院还颁行了许多关于人格权的司法解释,如 1998 年的《关于审理名誉权案件若干问题的解释》、2001 年的《关于确定民事侵权精神损害赔偿责任若干问题的解释》、2003 年的《关于审理人身损害赔偿案件适用法律若干问题的解释》等,这些司法解释的规则具有很强的针对性,也是经实践检验的适应我国人格权保护实践需要的具体规则,能够为民法典人格权编的规则实践提供有益的参考。

除上述规则外,我国改革开放以来的司法实践也为人格权编的规范设计提供了鲜活的素材。例如,我国现行立法并没有对公众人物的概念作出规定,但司法实践却发展了公众人物的规则。在范志毅诉文汇新民联合报业集团名誉权纠纷案[③]中,上海市静安区人民法院判决范志毅败诉,在判决中首次使用了"公众人物"一语:"即使原告认为争议的报道点名道姓称其涉嫌赌球有损其名誉,但作为公众人物的原告,对媒体在行使

---

① 参见最高人民法院《关于死亡人的名誉权应受法律保护的函》(现已失效)。
② 例如,仅就名誉权而言,最高人民法院就出台了大量的函件和批复,如 1993 年的《关于审理名誉权案件若干问题的解答》、1995 年的《关于中国人民解放军第四医大附属西京医院、樊代明和杨林海名誉权纠纷一案的函》、1999 年的《关于赔偿义务机关应当为受害人消除影响恢复名誉赔礼道歉的批复》、2000 年的《关于广西高院请示黄仕冠、黄德信与广西法制报社、范宝忠名誉侵权一案请示的复函》等。
③ 参见上海市静安区人民法院(2012)静民一(民)初字第 1776 号民事判决书。

正当舆论监督的过程中,可能造成的轻微损害应当予以容忍与理解。"①在杨丽娟诉《南方周末》案中,二审法院创设了"自愿性公众人物"的概念,将杨丽娟和其母亲认定为公众人物,从而否定了《南方周末》构成侵权。② 相关司法实践确立了大量的具有标志性意义的人格权保护规则。例如,在刘翔诉《精品购物指南》报社等侵害肖像权案③中,法院确立了人格权商业化利用的相关规则。在泄露业主住址案中,法院更明确指出,"公民的住址属于公民的个人信息,公民的个人信息在本人不愿意公开的情况下属于个人隐私的范畴"④,这实际上确立了住宅隐私权保护的相关规则。

此外,近些年来,我国的法学理论研究在人格权领域取得了重要发展,为人格权立法提供了理论支持,这些都为人格权独立成编奠定了基础。我们应当系统总结我国既有的立法、司法实践经验,积极总结人格权法学理论研究成果,并将其作为民法典人格权编具体规则设计的基础和依据,从而提高人格权法律规则的科学性和合理性。

结　语

人法地位的提升是现代民法最为重要的发展趋势,人格权制度也是民法中最新和最富有时代气息的领域。我国正在编纂的民法典应当充分立足于当代中国的国情,借鉴比较法的经验,发挥当代中国法典化的"后发优势",在人格权领域实现制度创新,在人的全面保护领域中超越古典民法典,允分彰显人文关怀价值,成为 21 世纪民法典的典范。这既是我国民法典的历史使命,也是中国对世界法律发展所应有的贡献。

---

① 范志毅诉文汇新民联合报业集团侵犯名誉权案,上海市静安区人民法院(2002)静民一(民)初字第 1776 号民事判决书。
② 参见广东省广州市中级人民法院(2008)穗中法民一终字第 3871 号民事判决书。
③ 参见北京市第一中级人民法院(2005)一中民终字第 8144 号民事判决书。
④ 广东省深圳市宝安区人民法院民事判决书(2010)深宝法民一初字第 1034 号民事判决书。

使人格权在民法典中独立成编[*]

引　言

中国特色社会主义进入了新时代。党的十九大报告明确提出"保护人民人身权、财产权、人格权",具有重要意义。"人格权"一词首次写入党的全国代表大会报告,实际上就是将人格权的保护作为保障人民美好幸福生活的重要内容,这就突出了人格权保护的重要价值,充分体现了党和国家对人民权利的尊崇,也是"坚持以人民为中心"这一执政理念的具体体现。①

古罗马法学家西塞罗曾言,人民的福祉是最高的法律(Salus populi suprema lex esto②)。由于人格权保护是实现人民美好幸福生活的内容,所以保护人格权不仅是编纂一部具有科学性、人民性的民法典的基本任务,也是立法机关、执法机关、司法机关保障人民幸福生活所应尽的基本职责。落实党的十九大报告,强化人格权保护,不仅是民法学界,也是整个法学界绝大多数人的共识。但强化对人格权的保护,究竟应当在民法典中采用何种立法体例和编纂模式来实现,迄今为止,仍然存在一定的争议。关于人格权保护的立法体例,主要有三种观点:一是将人格权规定在民法典总则编;二是将人格权规定在民法典侵权责任编;三是将人格权在民法典中独立成编。笔者认为,应当使人格权在未来民法典中独立成编,这样才能更好地落实十九大报告的精神,加强对人格权的保护。

一、"简单列举人格权类型＋侵权责任方式"不能有效保护人格权

反对人格权独立成编的一个重要理由在于,人格权属于防御性权利,

---

* 原载《当代法学》2018 年第 3 期。

① 参见刘怀丕:《保护人格权彰显人民至上执政理念》,载《新华每日电讯》2017 年 11 月 13 日。

② Cicero, De Legibus, Loeb Classics, p. 467.

主要受侵权法保护,因此,只要在总则中集中列举人格权的类型,再辅之以侵权责任编的相关规定,即可有效保护人格权。简单地说,就是通过"简单列举人格权类型+侵权责任方式"的立法模式来保护人格权。笔者不赞同这种主张。

从人格权的性质来看,其并非纯粹防御性的权利,许多人格权都具有积极利用的权能。一方面,现代人格权立法和司法实践已经肯定了某些人格权具有积极利用权能,如权利人可以对其姓名权、名称权、肖像权等进行商业化利用。[1] 从立法层面看,我国《民法通则》第100条规定:"公民享有肖像权,未经本人同意,不得以营利为目的使用公民的肖像。"该条实际上是肯定了肖像权的商业化利用。同时,《民法通则》第99条规定,"企业法人、个体工商户、个人合伙有权使用、依法转让自己的名称"。该条也对名称权的利用规则作出了规定。这些立法经验都应当在我国民法典中继续予以保留。因此,将人格权简单界定为消极防御性的权利并不符合一些具体人格权的性质,也不符合社会生活的实际。另一方面,随着个人信息的收集、"黑名单"的设置、信用记录的收集等现象的出现,信息失真、记载错误等也给相关当事人的社会生活和经济交往活动带来了不良影响。[2] 如果行为人在有关的媒体和网上发表毁损他人名誉的言论,受害人也有权在该媒体和网站作出回应,澄清事实,并有权要求相关媒体和网站予以更正、删除。从比较法上看,法国、瑞士等国家明确规定了受害人的更正权、回应权。[3] 在行使该权利的情形下,即便行为人没有构成侵权,也应当强化对个人信息权利的保护,赋予其请求相关主体对信息进行补充、更正、修改以及回应等积极权能,而不能仅在构成侵权时才对其进行救济。比较法上,普遍认为对个人信息权利保护的目的旨在保护个人对其个人信息的自决。[4] 个人对与其人格利益有关的事务,也享有决定权。[5] 此种自决就包含对个人信息的利用等自主决定。还要看到,除个人

---

[1] 参见王泽鉴:《人格权法》,三民书局2012年版,第530—531页。
[2] 参见张钱:《个人征信侵权责任认定中存在的问题分析》,载《法律适用》2014年第3期。
[3] Vgl. U. Kerpen, Das internationale Privatrecht der Persönlichkeitsrechtsverletzungen, 2003, S. 134.
[4] 例如,中国人民银行《个人信用信息基础数据库管理暂行办法》第17条第2款规定:"征信服务中心发现异议信息是由于个人信用数据库信息处理过程造成的,应当立即进行更正,并检查个人信用数据库处理程序和操作规程存在的问题。"
[5] 参见韩强:《人格权确认与构造的法律依据》,载《中国法学》2015年第3期。

信息外,个人对其身体组成部分进行合法捐赠,只要不违反法律规定和公序良俗,法律也不禁止。患者在其生命垂危、无法治愈时,有权拒绝对其采取切开气管、安装呼吸机等维生治疗措施。这是人格权在21世纪的最新发展,人格权实践的发展说明了其并非仅具有防御效力,部分人格权也具有积极利用的权能。

人格权的内容和效力也是极为丰富的,简单列举人格权的类型并配合侵权法规范,根本无法充分保护人格权。以隐私权为例,在"中国裁判文书网"以"隐私权"为关键词进行检索,可发现有上万份裁判案例(检索时间截至2018年2月5日),从这些案例可以看出,隐私权的内容多种多样(参见表1):其中涉及私生活秘密、通信安全、个人财务隐私安全、未成年人隐私的保护、住宅隐私的保护、公共场所隐私的保护、公众人物隐私的保护和限制、偷窥他人个人隐私、隐私权的合理限制、隐私权和舆论监督的矛盾与冲突以及互联网、微博、微信等现代科技发展与隐私的保护等内容,均需要在法律上加以规定,从而为裁判提供明确的规则。

表1 隐私权的分类

隐私权	私人生活安宁	物理空间上的安宁	非法侵入私宅
			非法搜查他人背包、衣橱
			在更衣室、洗手间偷窥他人更衣、洗澡
		精神空间上的安宁	电话推销、短信骚扰
			在公共场所安装摄像头监视他人
	私人私密	个人身体私密	擅自公开、利用他人的肖像或性感写真、裸体图像
			非法调查、知悉或散布他人身体状况,如病史、健康检查资料、医疗信息、DNA信息
		生活私密	偷拍、摄录、监视他人日常生活,或调查他人日程安排
			侵害他人通信自由,窃听、偷录他人通话,偷窥、收集、散布他人通话记录、信息内容
			擅自公开他人婚恋、婚育问题,如在网上披露他人"婚外情"、夫妻关系破裂、亲子关系恶化
		个人身份、财务信息	非法调查、搜集、公开他人身份、工作、住址等信息,如"人肉搜索"他人姓名、年龄、工作单位,甚至在网上公开他人电话、家庭住址、通话记录和信息内容
			非法知悉、获取、刺探、公开他人财务状况,如他人银行存款、银行账号、税务信息、债务信息

从上述隐私权的案件可以看出,隐私权的类型、内容、权利行使规则、权利冲突规则等十分复杂,显然是侵权责任编所难以涵盖的。除隐私权外,其他人格权如姓名权、肖像权、名誉权、名称权等人格权的内容、效力、权利冲突规则等,也十分复杂。例如,在"中国裁判文书网"以"名誉"为关键词进行检索,可以搜到 175664 份民事裁判文书(检索时间截至 2018 年 2 月 27 日)。如此复杂的人格权规则显然是侵权责任编所难以涵盖的。笔者认为,我国民法典应当有效总结人格权保护的实践经验,在《民法总则》规定的基础上,以独立的人格权编对人格权规则作出细化规定,以更好地促使人格权制度体系的进一步发展。

现代社会在大大提升人类对客观世界的掌控能力、为人类带来极大福祉的同时,也对人的主体地位带来了前所未有的挑战与威胁。例如,器官买卖、代孕、克隆、个人信息贩卖、网络偷拍直播、人脸识别技术滥用,出现了所谓的"主体客体化"风险。① 隐私权案件数量的大幅增长也从一个侧面反映了互联网和各种高科技的发明给人类带来一个共同的副作用,这就是对个人隐私和个人信息的威胁。有美国学者将今天的隐私权称之为"零隐权"(zero privicy),并认为 21 世纪法律面临的最严重挑战就是对个人隐私的威胁,例如红外线扫描、远距离拍照、卫星定位、cookie 技术的跟踪浏览等都使得现代人的隐私暴露无遗。② 这就需要 21 世纪的民法与时俱进,回应现代社会最需要解决的人格权保护问题。而要做到这一点,就必须在民法典中使人格权独立成编,为人格权的保护留下足够的空间,对人格权进行全面保护。

有人认为,人格权本质上是一种自然权利,法律规定得过于明确反而会限制其发展。这种看法虽然不无道理,但值得商榷。人格权是一个开放的体系,随着社会的发展,人们对人格利益的认识也是在不断深化和拓展的,隐私、个人信息只是在 20 世纪之后才逐渐成为权利,这说明人格权和现代社会的发展息息相关。随着高科技的发展,声音、网络隐私、基因隐私等会成为日益重要的人格利益,甚至有可能在未来成为独立的权利。因此,人格权必须保持开放性。事实上,某些人格权(如生命健康权)虽具有一定的自然性,但它并非自然权利。人格权是需要通过法律确认才能享有的权利。例如,个人信息等都属于此类权利。即使是物质性的人格

---

① 参见石佳友:《民法典的"政治性使命"》,载《山东法官培训学院学报》2018 年第 1 期。
② See A. Michael Froomkin, Cyberspace and Privacy: A New legal Paradigm? The Death of Privacy? 52 Stan. L. Rev. 1461 (2000).

权如生命健康等权利,也需要借助法律的规定才能使权利人享有的人格权获得法律特别是民法的保护。事实上,法律的规定并不会限制人格权的发展,反而会有效地保护并促进其发展。

欧密拉指出:"法律欲不变成一潭死水,而欲活生生地在司法判决的过程上,正确地、合理地解决人类现实生活上永无止境的纷争,最重要的前提,它必须能配合和适应人类各种不同的需要。"[①]实践中出现了大量的侵害人格权的纠纷,这就需要人格权保护规则不断发展,而不能只是简单地对各项人格权进行抽象规定。互联网和信息技术的发展,也引发了大量的侵害人格权的现象。例如,我国近几年出现的网络谣言、人肉搜索、披露隐私、信息泄露、广告垃圾,以及通过微博、微信等方式侵害他人人格权的现象等,亟须法律作出规范。最近发生的脸书(facebook)将5 000多万网民的信息泄露给英国的一家名为"剑桥分析"的数据分析公司,以及我国实践中出现的"大数据杀熟"问题,都表明保护个人隐私自决的重要性。实践的发展为人格权法的发展提供了大量的素材,而人格权法的发展也有助于规范此类现象。如果在人格权方面立法缺位,就会使法官自己创设一些人格权,如生育权、贞操权、亲吻权、祭奠权等,造成司法的不统一;人格权独立成编就是要给人格权发展留下足够空间。当然,人格权在实行法定化的同时,也需要保持人格权的足够开放性(如设置一般人格权)。尤其是对人格权的保护,并不能限于法律已经列举的类型。人格权编规定以外的人格权益,也应当受到法律保护。

十八届四中全会公报提出"实现公民权利保障法治化"。在现代社会,人格权制度的发展已经具有极度的复杂性,主张通过"简单列举人格权类型+侵权责任方式"的立法模式来保护人格权,实际上就意味着我国现行立法已经足以保护人格权,这显然不能满足民众的期待,不符合我国司法实践发展的需要,也不符合当今社会发展的现实需求。

二、民法总则编中集中规定人格权
难以有效保护人格权

从《民法总则》关于人格权的规定来看,明确规定了对人格权的保护,并列举了一系列重要的人格权。该法第109条规定了一般人格权,弥补

[①] O'Meara, J., Natural Law and Everyday Law, in Macquigan M. R, Jurisprudence, University of Toronto Press, 2nd 1966, p.621.

了《民法通则》具体列举人格权类型的不足,为各项人格利益的保护提供了法律依据;第110条规定了自然人享有的生命权、身体权等权利,以及法人、非法人组织所享有的名称权、名誉权等权利,尤其是第一次规定了身体权、隐私权等权利,从而完善了《民法通则》具体列举人格权的不足;该法第111条第一次从民事基本法的层面规定了个人信息保护规则。上述规定充分彰显了《民法总则》保护人格权的中国特色和时代特征,对于全面推进人格权的保护具有重要的规范意义和现实意义。可以说,这三个条款实际上构建了我国未来民法典人格权编的内在体系,即由一般人格权和具体人格权所组成的完整的人格权益体系。但是,相对于现实社会需要,上述三个条款显得过于原则抽象,未能彰显全面保护人格权益的立法目的。《民法总则》对人格权采取简单列举的方式对人格权作出集中规定,其本意即是为了在民法典分则中对上述规则予以细化①,如果认为《民法总则》已经足以保护人格权,而不需要在民法典分则中作出细化规定,显然不符合立法者的本意。

《民法总则》刚刚颁行,如果寄希望于对《民法总则》进行修订,对其内容作大幅度调整,增加人格权的内容,对体系进行重构,此种做法不具有可行性。因为《民法总则》刚通过不久,如果对其内容进行大的调整,就会破坏法律的稳定性,影响立法者的权威性。② 而且此种做法显然是不现实的。笔者认为,即便在民法典编纂过程中可以对《民法总则》进行大规模的修订,也不宜在民法典总则编中全面规定人格权,因为存在如下立法上的难题:

第一,此种做法有违我国改革开放以来民事立法的传统。法治是一个循序渐进的过程,民法典编纂应当尊重我国既有的民事立法传统,而不能另起炉灶,从头开始。从我国《民法通则》以来的民事立法传统来看,我国民事立法并没有将人格权规定在民事主体制度中的习惯。《民法通则》以专章的形式规定民事权利,并以专节的形式规定了人身权,其中主要是人格权,而没有在民事主体部分规定人格权。《民法总则》同样是在"民事权利"一章中规定人格权。可见,我国民事立法历来将人格权规定为一项具体权利,而没有在民法总则主体制度中对其作出规定。这种制度安排也符合民事主

---

① 参见石宏主编:《〈中华人民共和国民法总则〉条文说明、立法理由及相关规定》,北京大学出版社2017年版,第255—256页。
② 参见江平:《人格权立法与民法典编纂体例》,载《北京航空航天大学学报(社会科学版)》2018年第1期。

体制度与人格权制度的关系。事实上,民事主体在社会交往中将会与他人形成各种人身关系和财产关系,这种关系显然是主体制度难以涵盖的,人格(主体资格)作为一种主体性资格,是主体享有一切财产权利和人身权利的前提和基础①,但人格既不属于财产权,也不属于人身权,而是凌驾于二者之上的统摄性范畴,而人格权则是一项民事权利,不可将人格与人格权相混淆。② 因此人格权制度不能置于主体制度中规定。

第二,无法调整各种具体的人格关系并解释人格权的限制制度。现代民法坚持人格平等,并不存在罗马法中的人格减等制度,每个人都享有平等的民事权利能力和主体资格,民事权利能力具有总括性、无法限制性和不可克减性。而人格权作为具体的民事权利,则可以基于公共利益等原因而受到不同程度的限制。所谓"公众人物无隐私",并非是说公众人物不享有隐私权,而是说,基于公共利益等原因,应当在法律上对公众人物的隐私权进行必要的限制。③ 其他人格权也会基于公共利益保护等原因而受到不同程度的限制,当然,对人格权的限制必须由法律明确规定,而不能由公权力机关随意作出限制。人格权受到限制并不会影响权利人的主体资格,而只是影响民事主体的具体人身利益。④ 还应当看到,主体资格强调的是民事主体人格的平等和民事主体应当享有的能力,其本身并不涉及人格权被侵害后的救济问题。而人格权遭受侵害后,则存在救济问题,如果人格利益不能成为独立的权利,而仍然属于主体资格的一部分,则侵权法就难以对人格权进行充分的救济。从这个意义上讲,人格权理应被置于民法典分则,通过主体制度涵盖人格权制度不利于实现对人格权的充分保护。

第三,将面临体系设计上的困难。将人格权规定在民法典总则部分,将遇到一个根本性的难题,即人格权究竟应当放到哪一个部分之中进行规定。对此有两种选择,一是置于总则中的自然人部分。但如此做法也会遇到体系上的障碍,即法人、非法人组织的人格权将无法规定在自然人部分。同时,将自然人、法人、非法人组织的人格权规则在主体制度中加以分散规定,也不能实现法典化的目标。因为法典化旨在体系化,如果将

---

① 参见李新天:《对人格权几个基本理论问题的认识》,载《法学评论》2009 年第 1 期。
② 参见郭明瑞:《关于人格权立法的思考》,载《甘肃政法学院学报》2017 年第 4 期。
③ 参见张新宝:《隐私权的法律保护》(第二版),群众出版社 2004 年版,第 16 页。
④ 参见曹险峰、田园:《人格权法与中国民法典的制定》,载《法制与社会发展》2002 年第 3 期。

相关规则加以分散规定,实质上等于违背了编纂民法典的目的。还应当看到,如果在自然人和法人中分别规定人格权,不仅不能将人格权规定得比较详细,而且这种分别规定的方法存在一个固有的缺陷,即针对人格权的一般规则,如一般人格权、人格权的行使和限制、死者人格利益保护、对人格权商业化利用以及对人格权的特殊保护规则等难以在总则中找到合适的位置予以规定,从而必然会产生体系上的漏洞。二是置于总则中的民事权利部分。一些学者建议,将人格权规定在民事权利部分。如此同样会遇到一个难题,即民法总则要构建完善的民事权利体系,其只是对各类民事权利进行简单列举,而无法对各项权利作出细化规定。从现行《民法总则》的规定来看,其在第五章"民事权利"一章具体列举了人格权、物权、债权、知识产权、继承权、股权和其他投资性权利,以及其他各类新型的财产权利,并且还要对权利行使的基本规则作出规定。如果在民事权利一章详细规定人格权,将会导致人格权和其他权利的规定极不协调,即人格权的规则非常详细,而其他民事权利的规则十分简略,这就会使民事权利一章的体系极不协调、十分混乱。

第四,将使得总则编的内容、体系过度膨胀。无论是把人格权置于民事主体部分,还是规定在民事权利部分,都会产生一个现实的问题,即人格权的内容十分复杂,置于哪一部分都会导致其内容十分膨胀,这些内容难以容纳在民法总则编。人格权的内容涉及自然人、法人、非法人组织的人格权,仅《民法总则》所列举的具体人格权类型就有 12 项,同时还包括个人信息等权益,这些内容如果作进一步细化的规定,将十分复杂。各项人格权的规则较为具体,不论置于民法总则哪一部分,都不符合总则的抽象性特点,也会导致民法总则的内容过于庞杂。

三、在侵权责任编集中规定人格权难以有效保护人格权

诚然,传统大陆法系民法(如《法国民法典》《德国民法典》),主要是通过侵权法的规则对人格权提供保护。比较法上,有不少学者认为,人格权作为对人格利益最为主要的救济手段,其可以放在侵权法规则之中。[①]我国《侵权责任法》第 2 条在规定侵权法保护的权利范围时也列举了 18

---

① See Neethling, JM Potgieter and PJ Visser, Neethling's law of personality, LexisNexis, 2005, p.3.

项权利,其中近半数是人格权,由此表明了人格权属于侵权责任法的保护范围。同时,该法第 15 条关于侵权责任承担方式的规定以及第 22 条关于精神损害赔偿责任的规定,也可以适用于对人格权的救济。因此,有学者主张,应当在民法典侵权责任编对人格权作出集中规定。这一观点不无道理。

应当看到,我国《侵权责任法》通过扩张权利范围以及采用形式多样的责任形式,强化了对人格权的保护,人格权法中所规定的具体行为规范,也有助于对侵权责任的认定,二者关联密切。因此,将人格权法置于侵权法中的观点,较之于将人格权法置于主体制度的主张,应当说更具有说服力。但笔者认为,侵权责任编集中规定人格权难以有效保护人格权。笔者已经在有关论文中详细讨论了由侵权责任编替代人格权法将产生的弊端,诸如体系违反现象,不利于民法典的体系化,打乱侵权责任编的体系,不利于对侵害人格权责任的准确认定,等等。[1] 在此对这些论点不再赘述,但需要强调的是,在侵权责任编集中规定人格权还存在如下问题:

第一,不符合权利走在救济之前的逻辑。权利的确认是权利救济的前提,侵权责任法是救济法,而人格权法是权利法,权利必须走在救济之前,这也是立法科学性的具体体现。虽然侵权责任法也可以间接地发挥权利确认的功能,但是,毕竟无法直接地确认权利。因此,要落实《宪法》上的"人格尊严"条款,就要求进一步加强民事立法,将宪法的要求转化为人格权立法。从比较法上来看,在人格权领域确实存在着一种"宪法私法化"的现象。[2] 例如,在德国,其人格权的发展很大程度上是法官通过援引宪法而进行司法造法的结果。而在我国,依据最高人民法院的司法解释,法官不能援引宪法裁判案件,因此,我国不能走德国等国家的人格权制度形成道路,即由法官通过解释宪法来完成人格权的创设与发展,只能将宪法保护人格权的相关规定转化为民事法律的具体规定,通过民法典人格权编确认人格权,才能为法官裁判提供更明确的规则。

第二,不符合侵权责任法作为救济法的特征。各项人格权规则的内涵十分丰富,不仅包括对权利的救济,还包括对权利的行使、限制以及相对人应负有的义务等规定,这些内容不是作为救济法的侵权责任法所应

---

[1] 参见王利明:《论人格权编与侵权责任编的区分与衔接》,载《比较法研究》2018 年第 2 期。

[2] See Franz Werro, Tort Law at the Beginning of the New Millennium, A Tribute to John G. Fleming's Legacy, 49 Am. J. Comp. L. 154.

当包括的。最佳的方式是在人格权编对各项人格权的内容、效力、行使规则等作出细化规定，这也可以为侵权责任的认定提供前提和标准。[①]例如，从前述检索的一万多个隐私权的案例可以看出，侵害隐私的案例极为纷繁复杂，法律要对隐私权加以保护，首先必须对隐私的类型、内容等作出具体规定，从而为法官确定隐私权侵权责任提供依据，否则，让法官仅凭"隐私权"这一抽象概念判断相关行为是否构成侵害隐私权，不利于维护司法裁判的统一，也难以实现通过编纂民法典统一司法裁判依据的目的。人格权法的很多内容，都无法纳入侵权责任编。例如，针对正在实施和即将实施的侵害他人人格的行为，受害人可以请求法院颁发禁令；在违约责任和侵权责任竞合的情形下，允许受害人请求精神损害赔偿；在网络或媒体上发布侵害他人名誉或隐私的行为后，允许受害人在该网络或媒体上作出回应，以正视听；禁止他人通过短信、电子邮件等方式骚扰他人，妨碍他人的私生活安宁；等等。这些规则都是需要在法律上确认的重要规则，这些内容不可或缺但难以包括在侵权责任法中。

第三，难以发挥法律的行为引导功能。人格权编不仅要为法官提供裁判规则，还要为人民正当行使人格权、尊重他人人格权和人格尊严提供行为的指引。因此，有必要就义务人所负有的义务以及侵害人格权的行为作出规定。例如，法律规定公民的身体等权利，但同时应规定禁止性骚扰以及用人单位所负有的防止性骚扰等义务。此种规定也为相对人设定了不得侵害身体权等义务，此类禁止性的规定就不宜规定在侵权责任法中。即使在人格权编针对各类人格权遭受侵害的类型和形态作出规定，也并非都属于侵权责任法的固有内容。因为这些内容既可以体现宣示性作用，从而发挥对社会公众的行为指引功能，也可以与人格权请求权制度结合，实现对人格权的预防性保护。因此，即便仅就这部分侵害人格权的责任规定而言，也不能认为其就是侵权责任法的固有组成部分，也并非必须置于侵权责任编予以规定。

第四，不符合科学立法的要求。人格权与物权、知识产权均属于绝对权，都要受到侵权法的保护，如果在侵权责任编全面规定人格权，是否意味着物权、知识产权等规则也应当全面规定在侵权责任编之中？如此一来，将会使侵权责任编的规则与物权法和知识产权法的规则出现大量重复和不协调，整个侵权法体系也需要重新构建。人格权益需要借助于侵

---

① 参见黄忠：《人格权法独立成编的体系效应之辨识》，载《现代法学》2013年第1期。

权责任法来救济,但显然人格权法与侵权责任法并非相同,两者是权利法和救济法之间的关系。即使就人格权保护而言,侵权责任法是关于侵权责任的一般规则,人格权法中所包含的保护人格权的特殊侵权规则,也难以包括在侵权责任法之中。物权法、知识产权法中都包括了一些侵权法规则,但并不影响它们的独立成编,以及它们和侵权责任法的相互协调。人格权相对于这两大财产权利而言,其地位无疑更为重要,为什么其立法地位却不如后两者,这种体系安排匪夷所思。

另外,从侵权责任法的层面来看,其设定相关的规则只能从构建侵权责任构成要件的角度进行。例如,就隐私权的侵害和名誉权的侵害而言,两者的构成要件是不同的。隐私权侵害的前提是擅自披露他人隐私或者利用他人隐私,而名誉权侵害的前提是以侮辱、诽谤等手段使受害人的社会评价降低。如果从侵权责任构成要件的角度予以规定,仍然需要以权利的确认为前提,而通过侵权责任编直接确认人格权的类型,只能从侵害对象角度简单列举各项遭受侵害的人格权益,这不仅在立法技术上比较粗糙,而且并没有真正解决人格权保护的具体问题。

四、人格权法独立成编是21世纪 强化人格权保护的最佳选择

日本著名民法学家穗积陈重在讨论民法典的实质体系和形式体系时曾言:"实质是法律的精神,而形体是法律的躯体。"[①]人格权法是否独立成编,虽然主要是一个立法技术问题,但也涉及如何强化对人格权的保护问题。设置独立的人格权编对人格权作出规定,在法典中提供足够的空间规定相关的确认和保护人格权的规则,对于强化人格权的保护、完善人格权保护的规则体系等方面,都具有重要意义,具体而言:

一是为权利人行使人格权、保护人格权提供指引。人格权独立成编意味着要将《民法总则》所确认的人格权,做进一步的细化规定。穗积陈重说:"法律为确定保护人民的权利义务之工具,采用应使民知之而依民之主义。"[②]如此,法典才能真正成为"人民自由的圣经"。我国《民法总则》第109条、第110条、第111条规定了一般人格权和具体人格权,但是这些规定过于简略,仅仅是抽象的列举,还必须借助于独立成编的人格权

---

① 〔日〕穗积陈重:《法典论》,李求轶译,商务印书馆2014年版,第5页。
② 〔日〕穗积陈重:《法典论》,李求轶译,商务印书馆2014年版,第107页。

法作出细化的规定,从而明确权利的内容,划定权利的边界,使民事主体明确自己享有的权利,从而知道应当在何种情况下行使该权利,应当如何行使该权利。① 此种细化的规定也可以包括相对人应负有的义务,例如,法律确认自然人享有隐私权,也要为他人设定义务,如禁止他人非法搜查、侵入、窥探他人住宅等私人空间,禁止他人非法拍摄、录制、泄露、公开、跟踪、窃听他人的私人活动,禁止非法拍摄、窥视他人的身体。如此也可有助于人们正确行为、保障权利人人格权益的实现。

二是有利于统一裁判依据。人格权编将为各类人格权的构成要件、责任承担方式、归责原则设定具有实践操作性的规定。如果法律不对人格权的规则作出细化规定,而只是简单地规定"姓名权""肖像权""隐私权"等权利,就难以为法官裁判提供明确的指引,这可能导致"同案不同判,同法不同解"的现象,影响司法裁判的统一。在实践中,人格权经常与其他权利发生冲突,而法官处理此类冲突,需要考虑一系列具体的参考因素(譬如,侵权人的过错、侵权手段、受侵害权益的类型与性质、受害人的身份等)。② 以隐私权为例,其可以基于公共利益保护等原因而受到限制,但隐私权应当在何种程度上受到限制? 隐私权在何种场合应当受到限制? 隐私权限制的事由有哪些? 等等,如果法律不作出细化规定,法官就难免根据各自的主观判断作出裁判,难免出现同案不同判的结果,甚至就类似纠纷得出完全相反的结论。因此,通过民法典人格权编对人格权的规则作出细化规定,有利于统一裁判规则,明确裁判尺度,提高人格权保护规则的针对性,从而更好地保护人格权。

三是应对互联网、高科技发展对人的尊严和主体地位所形成的挑战与冲击。在现代社会,法律需要因应互联网和高科技的发展,强化对隐私和个人信息等的保护,并且也要对这些新型权利保持一定的开放性。如果缺乏对人格权的细化规定,则在行为人实施相关行为时,权利人可能难以判断自己的人格权是否受到了侵害,这就难以为权利人维护自身权利提供有效的指引。③ 人格权商业化利用的现象十分普遍,司法实践中也发生了大量的人格权许可利用纠纷。例如,随着互联网、大数据技术的发

---

① See Neethling, JM Potgieter and PJ Visser, Neethling's law of personality, LexisNexis, 2005, p. 12.

② See Johann Neethling, Personality rights: a comparative overview, The comparative and international law journal of South Africa, 2005, vol. 38, No. 2, p. 219.

③ 参见姚辉:《论人格权法与侵权责任法的关系》,载《华东政法大学学报》2011 年第 1 期。

展,个人信息的利用已经形成了一个巨大的产业。① 但是,收集、处理他人的信息是否应取得个人信息权人的同意,尤其是将包含了个人信息的数据提供给他人共享时,是否也要取得权利人的同意,我国现行立法并没有对此作出具体规定,这可能给权利人合法、正当利用人格权带来一定的困难。②

四是强化对人格尊严的尊重和保护。我国 1986 年的《民法通则》之所以在第五章"民事权利"部分单设"人身权"一节,集中规定人格权,很大程度上就是要落实宪法关于对公民的人身自由、人格尊严的尊重和保护,彰显我国民法所具有的关心人、爱护人的精神。随着互联网、高科技的发展,对隐私、个人信息等人格利益的保护被提上了重要议事日程。经过改革开放四十年的发展,人民的物质生活得到极大改善,因而更加注重精神生活特别是人格尊严的享有和维护。因此,要制定贴近实际、面向未来的民法典,不能仅局限于对具体制度和规则的设计,更应当充分彰显人文关怀等价值理念。孟德斯鸠说过,"在民法的慈母般的眼里,每一个个人就是整个的国家"③。黑格尔也认为,现代法的精髓在于:"做一个人,并尊敬他人为人。"④如果在民法中设立独立的人格权编,进一步对人格权予以全面确认与保护,并确认民事主体对其人格利益享有一种排斥他人非法干涉和侵害的力量,这也有利于强化人文关怀、维护人格尊严。通过独立成编的人格权法对公民的人格权予以系统地确认和保护,有助于对公众公开宣示关于人格尊严和人格发展的美好未来前景,并引导公民产生发自内心的人格权观念,激励公民以实际行动去主张自身的人格权和尊重他人的人格权。⑤ 在这方面,物权法中的宣示性条款对于平等保护物权等观念的弘扬已经提供了很好的范例。

五是整合现有的人格权规范体系。目前,我国法律体系中的人格权规范散见于多部法律、行政法规、部门规章、司法解释等法律文件之中,人格权规范不仅较为零散、不成体系,而且可能相互矛盾,大量规范的层级也较低,这显然不利于加强对人格权的保护。在民法典中设置独立的人

---

① 参见金耀:《个人信息去身份的法理基础与规范重塑》,载《法学评论》2017 年第 3 期。
② 参见王叶刚:《论可商业化利用的人格权益的范围》,《暨南学报(哲学社会科学版)》2016 年第 11 期。
③ 〔法〕孟德斯鸠:《论法的精神》(下册),张雁深译,商务印书馆 1997 年版,第 190 页。
④ 贺麟:《黑格尔哲学讲演集》,上海人民出版社 2011 年版,第 46 页。
⑤ 参见孟勤国:《人格权独立成编是中国民法典的不二选择》,载《东方法学》2017 年第 6 期。

格权编,对现有的人格权规范进行体系整合,也恰好体现了我国民法典以现行规范为基础的"编纂"特征。所谓编纂民法典,既有编也有纂,编就是要对现行法律规则加以整合,以实现法典的体系化,从而实现资讯集中和便于找法的功能。纂就是要结合改革开放和市场经济实践中出现的各种新情况、新问题,确立新的制度。编纂民法典既非完全推倒重来,也非完全照搬,人格权编的规则设计以现行规范为基础,也有利于更多地体现社会共识,从而减少争议。此外,人格权编的规则在人格权法律规范体系中也具有基础性和一般性地位,可以成为人格权保护特别规范的基础,不能因为存在特别规范,就认为民法典人格权编对此无须规定。

六是构建调整人身关系的基本法律规则。我国《民法总则》第 2 条规定了民法调整的对象是平等主体之间的人身关系和财产关系,该条将人身关系置于财产关系之前,进一步凸显了人身关系的重要性,人身关系包括了人格关系和身份关系。我国《民法总则》中确立了法律行为等制度,都为财产关系的调整设立了一般规则,但该法并未设置过多的调整人身关系的规则。人格权独立成编之后,可以将人格权编的某些规则作为调整人身关系的基本法,准用于身份关系,这就在法律上形成了一个以人格权编为中心的调整人身关系的基本规则,从而与财产法(如物权、合同、知识产权等)相对应,形成完整的民事法律规则体系。

诚如江平教授所言:"应当通过人格权在民法分则中独立成编的方式来解决人格权保护的相关问题。"①换言之,只有通过独立成编,才能详细规定人格权的类型、各项内容、权利行使以及受到侵害之后的保护等问题,才能够真正落实党的十九大报告所提出的保护人格权的任务。

结　语

沈家本曾经指出,"窃谓后人立法,必胜于前人,方可行之无弊。若设一律,而未能尽合乎法理,又未能有益于政治、风俗、民生,则何贵乎有此法也"②。我们需要制定的是 21 世纪的民法典,因而不能囿于两百多年前的《法国民法典》和一百多年前的《德国民法典》所构建的体系。因为《法国民法典》《德国民法典》虽然是大陆法系民法典的典范,但其毕竟是 19

---

① 江平:《人格权立法与民法典编纂体例》,载《北京航空航天大学学报(社会科学版)》2018 年第 1 期。
② 〔清〕沈家本:《历代刑法考》(二),中华书局 1985 年版,第 2084 页。

世纪初和 20 世纪的产物,无法应对 21 世纪互联网、高科技和信息社会的需要。如果只能仿照这些法典所设立的体系,岂非作茧自缚?"问题是时代的声音",我们必须从中国所处的时代和面临的问题出发,思考人格权立法的内容和体例问题。我们应当通过人格权的独立成编,强化对人格权的保护,完善民法典的体系,推进民法典的现代化!

论人格权编与侵权责任编的区分与衔接[*]

党的十九大报告提出,"加快社会治安防控体系建设,依法打击和惩治黄赌毒黑拐骗等违法犯罪活动,保护人民人身权、财产权、人格权"。自从党的十九大提出保护人格权以来,强化人格权保护已经成为社会各界的共识。法学界普遍认为,应当按照全面落实十九大报告精神的要求,在民法典编纂中强化对人格权的保护。鉴于我国现行《民法总则》仅用三个条文对人格权保护作出规定,这实际上是要通过民法典分则对人格权保护作出细化规定。笔者认为,在我国民法典的编纂中,应设置独立的人格权编,使其独立于侵权责任编,同时,应在民法典编纂中有效衔接二者的关系。笔者不揣浅陋,拟对此进行初步探讨。

一、从消极保护到具体确权是人格权制度重要的发展趋势

所谓消极保护模式,是指法律上并不详细规定各种类型的人格权,而是在人格权遭受侵害之后,由法官援引侵权法的规则对权利人提供救济。从近代各国民法典的内容来看,明显存在"重物轻人"的倾向,民法典分则主要以财产为中心而展开,对人格权主要通过消极保护模式加以保护,而不注重对人格权的积极确认。但20世纪的两次世界大战使人们深感人权被侵害的切肤之痛,因此,在战后尤其是第二次世界大战以后人权运动获得了蓬勃发展,从而极大地促进了人格权制度的迅速发展。同时,随着互联网、高科技以及市场经济的发展,人格权保护范围不断扩展,客观上也需要通过积极确权的方式加以保护。从世界范围看,强化对人格权益的保护是各国民法所共同面临的任务,从总体上看,人格权的保护经历了从消极保护到积极确权的发展过程。

---

[*] 原载《比较法研究》2018年第2期。

最早采纳消极保护模式的是1804年的《法国民法典》,该法第1382条对侵权责任的一般条款作出了规定①,该条规定的损害范围十分宽泛,既包括有形的权利客体,也包括无形的权利客体②,在人格权遭受侵害的情形下,受害人也可以依据该条规定主张权利。但随着社会的发展,仅仅通过消极确权已经无法适应社会发展的需要,所以,法国法也通过积极确权的方式,对人格权提供保护,这集中地体现为,民法典在近些年的修改中增加了对隐私、身体等人格权的保护。法国于1970年7月17日颁布了一项法律,并在《法国民法典》中增加了第9条:"每个人有私生活得到尊重的权利。"该条将隐私权保护作为一项原则确立下来。此外,在该法典新增第16条,强化了对身体权的保护,从而也开始从消极保护向积极确权模式发展。

1900年的《德国民法典》主要采用了消极保护模式,除该法典第12条对姓名权作出规定外,该法典第823条第1款对生命、身体、健康、自由的保护作出了规定,第824条规定了信用利益的保护,第825条规定了贞操利益的保护。从上述规定来看,《德国民法典》主要是将人格权作为侵权法的保护对象,而没有将其视为主观权利在法典中予以广泛确认,正如民法典起草者所指出的"不可能承认一项'对自身的原始权利'"③。而且《德国民法典》第253条对侵害人格权益的财产损害赔偿责任作出了严格限制,即只有在法律有明确规定的情形下,权利人才能主张财产损害赔偿。④但近几十年来,德国法在保护人格权方面也开始向积极确权发展,最为典型的是通过判例承认了一般人格权概念,从而扩张了人格权益的保护范围。"此种概括的人格权具母权的性质,得具体化为各种受保护的范围(或特别人格权),例如名誉、隐私、信息自主等。"⑤此外,德国还通过一些特别法,确认了其他人格权益。

---

① 《法国民法典》第1382条规定:"人的任何行为给他人造成损害时,因其过错致该行为发生之人应当赔偿损害。"
② See Johann Neethling, Personality rights: A comparative overview, The comparative and international law journal of South Africa, 2005, vol.38, No.2, p.213.
③ 〔德〕霍尔斯特·埃曼:《德国民法中的一般人格权制度——论从非道德行为到侵权行为的转变》,邵建东等译,载梁慧星主编:《民商法论丛》(第二十三卷),金桥文化出版有限公司2002年版,第413页。
④ See Gert Brüggemeier, Aurelia ColombiCiacchi, Patrick O'Callaghan, Personality Rights in European Tort Law, Cambridge University Press, 2010, p.8.
⑤ 王泽鉴:《人格权法:法释义学、比较法、案例研究》,北京大学出版社2013年版,第67页。

在大陆法系国家,通过采用消极保护和积极确权相结合的方式来保护人格权,主要有如下两种模式:

一种是具体人格权+侵权法的保护模式。例如,《奥地利普通民法典》一方面通过民法典广泛确认人格权,另一方面借助侵权法的一般条款来保护人格权。① 该法第1328a条、第1329条、第1330条分别对侵害隐私权、侵害人身自由、侵害名誉的法律责任作出了规定,但该法并没有对一般人格权作出规定。在这些人格权遭受侵害以后,法院往往只是适用侵权法对法典明确规定的人格权提供保护,而拒绝扩张人格权保护范围②,这可能也是一般人格权为什么最近才被奥地利的法院所承认的原因。当然,一些具体人格权,如生命权、身体完整权、肖像权、人格尊严等,也得到了法院认可。③ 可见,奥地利主要采用了具体列举人格权类型,同时借助侵权法规则对人格权进行保护。

另一种是具体人格权+一般人格权+侵权法的保护模式。瑞士是第一个将现代人格权理论在立法上予以实践的国家,为人格权提供了充分的法律保护,《瑞士民法典》第27、28条专门设定了对人格保护的一般规定,允许主体在其人格受到他人不法侵害时,有权要求排除侵害和赔偿损失。该规定实际上是对一般人格权的规定。该法典第29条和第30条又专门规定了对姓名权的保护,这些规定又是对具体人格权的规定。一些学者接受了基尔克宽泛的人格权概念,认为人格权也包括经济活动的自由。④ 当然,也有一些学者认为,人格权的范围应当限于具体人格权。此外,为了便于对人格权进行保护,司法实践中确认了一些具体人格权,如生命权、身体完整权、行动自由权、尊严权、隐私权等。⑤ 匈牙利也同样承认了具体人格权和一般人格权,《匈牙利民法典》对姓名、肖像、声音、荣誉、名誉、通信秘密等人格权益的保护作出了规定,同时,依据该法第76

---

① Vgl. MT Frick, Persönlichkeitsrechte: Rechtsvergleichende Studie über den Stand des Persönlichkeitsschutzes in östereich, österreichische Staatsdruckerei, 1991, S. 56.

② Vgl. MT Frick, Persönlichkeitsrechte: Rechtsvergleichende Studie über den Stand des Persönlichkeitsschutzes in östereich, österreichische Staatsdruckerei, 1991, S. 59-61.

③ Vgl. Johann Neethling, Personality rights: a comparative overview, The comparative and international law journal of South Africa, Band 38, 2005, S. 214.

④ Vgl. Willem Adolf Joubert, Grondslae van die persoonlikheidsreg, Universiteit van Stellenbosch, 1953, S. 37-38.

⑤ Vgl. Willem Adolf Joubert, Grondslae van die persoonlikheidsreg, Universiteit van Stellenbosch, 1953, S. 42-43.

条的规定,对个人人格尊严和信仰自由的侵害,将构成对一般人格权的侵害。① 此外,希腊和葡萄牙也同时对具体人格权和一般人格权作出了规定,对人格权的保护实际上也是采取了具体人格权+一般人格权+侵权法的保护模式。②

英美法对人格权的保护也经历了类似的发展过程。由于历史的原因,英美法采取了所谓的"鸽洞模式"(pigeonhole system),即通过具体列举各种侵权之诉的方式,对人格权提供保护,尤其是依据侵权法保护名誉和肖像的权利具有悠久的历史,并且形成了一套完整的制度体系。③ 具体而言,对人格权的保护,英国法主要通过攻击(assault)、殴打(battery)、非法监禁(false imprisonment)、诽谤(defamation)、恶意欺诈(malicious falsehood)、恶意诉讼(malicious prosecution)、故意造成精神痛苦(intentional infliction of mental suffering)、泄露秘密(breach of confidence)等诉保护人格权。④ 英国在1852年颁布了《名誉诽谤法》,对名誉权以及其他的人格利益如个人尊严进行系统保护。英国的普通法并没有正式地承认所谓隐私权。然而,为落实《欧洲人权公约》,英国在1998年颁布了《人权法案》,这也是英国人格保护的转折点,根据《欧洲人权公约》第8条第1款,英国法逐步形成了隐私权的概念。⑤ 美国法也基本上采用侵权法保护人格权。从隐私权的产生过程来看,其具有司法确权的特点。最初,美国法上的隐私权只是一种独处的权利,以及保持自己个性的权利⑥,但后来,隐私权的概念不断扩张,几乎覆盖了绝大部分人格利益,其保护范围包括名誉、肖像、个人信息等人格利益。⑦ 至20世纪60年代,美国法院(尤其

---

① 参见〔德〕克里斯蒂安·冯·巴尔、〔英〕埃里克·克莱夫主编:《欧洲私法的原则、定义与示范规则:欧洲示范民法典草案》(全译本)(第五、六、七卷),王文胜等译,法律出版社2014年版,第326页。

② 参见〔德〕克里斯蒂安·冯·巴尔、〔英〕埃里克·克莱夫主编:《欧洲私法的原则、定义与示范规则:欧洲示范民法典草案》(全译本)(第五、六、七卷),王文胜等译,法律出版社2014年版,第326页。

③ See Gert Brüggemeier, Aurelia ColombiCiacchi, Patrick O'Callaghan, Personality Rights in European Tort Law, Cambridge University Press, 2010, p.8.

④ See W. V. H Rogers, Winfield and Jolowicz, On Tort, Sweet & Maxwell, 2002, pp.68, 81, 403.

⑤ See Gert Brüggemeier, Aurelia ColombiCiacchi, Patrick O'Callaghan, Personality Rights in European Tort Law, Cambridge University Press, 2010, p.27.

⑥ 参见〔美〕阿丽塔·L.艾伦、理查德·C.托克音顿:《美国隐私法:学说、判例与立法》,冯建妹等编译,中国民主法制出版社2004年版,第14—15页。

⑦ See Prosser, Privacy, California Law Review, vol. 48, 1960, p.383.

是联邦最高法院)又通过一系列的判例,将隐私权逐渐从普通法上的权利上升为一种宪法上的权利,创设了所谓"宪法上的隐私权"(constitutional privacy)的概念,并将其归入公民所享有的基本权利类型中,作为各州及联邦法令违宪审查的依据。① 其中最突出的是法院根据宪法第四、第五修正案将隐私权解释为公民享有的对抗警察非法搜查、拒绝自我归罪(self-incrimination)的权利。②

从消极保护到具体确权是人格权制度重要的发展趋势,其一方面体现为具体人格权类型的增加和一般人格权的确认,另一方面体现为人格权规则的日益细化和丰富。例如,1991 年的《魁北克民法典》、2009 年的《罗马尼亚民法典》,都有十多个条文规定了人格权,《埃塞俄比亚民法典》专门在第一章第二节采用了 24 个条文规定了人格权(第 8 条至第 31 条)。《巴西民法典》第一编第一题第二章以专章的形式("人格权"),从第 11 条至第 21 条采用了 11 个条文对人格权作出了规定。《秘鲁共和国民法典》第一编("自然人")第二题专门规定了人格权,该题从第 3 条至第 18 条共 16 个条文规定了人格权,该编第三题对"姓名"作出了规定(第 19 条至第 32 条),两题加起来一共 30 个条文。

从消极保护到积极确权的发展过程表明,人格权与侵权法开始出现了相互结合又适当区分的发展趋势,二者是相互衔接、相辅相成的,但又存在区别。从我国立法经验来看,我国民事立法历来重视区分人格权规则与侵权法规则,1986 年《民法通则》在第五章第四节详细规定了民事主体所享有的各项人身权,其中主要是人格权,如全面规定了生命健康权、姓名权、名称权、肖像权、名誉权、婚姻自主权,实现了对具体人格权的全面确权。从比较法上来看,我国《民法通则》以如此多的条文对人格权问题加以规范,可谓开创了世界民事立法历史的先河,并因此被称为"民事权利宣言书"。但《民法通则》在对人格权进行确权的同时,又在民事责任一章中对侵害人格权的责任作出了规定。③ 2017 年 3 月 15 日颁布的《民法总则》将人格权置于各项权利之首,通过 3 个条款(第 109、110、111 条)对人格权的权利内容再次加以系统确权,丰富了《民法通则》的人格

---

① See Richard G. Turkington and Anita L. Allen, Privacy, second edition, West Group, 2002, p.24.

② See Richard G. Turkington and Anita L. Allen, Privacy, second edition, West Group, 2002, p.24.

③ 《民法通则》第 106 条第 2 款规定:"公民、法人由于过错侵害国家的、集体的财产,侵害他人财产、人身的,应当承担民事责任。"

权类型,增加了身体权与隐私权,明确将生命健康权拆分为生命权与健康权,构建了"一般人格权+具体人格权"的人格权体系,此外,该法还首次对个人信息加以规定。从《民法总则》关于民事权利的其他规定来看,立法者旨在将其留待民法典分则中予以具体完善。同时,该法也专门规定了民事责任,该法第179条所规定的责任方式也可以适用于人格权的保护。这表明,《民法总则》区分人格权法与侵权法规则,并且强调人格权法规则与侵权法规则的有效衔接,通过正面确权与消极保护,构建了积极确权的保护模式,这也是我国民事立法的经验。

二、侵权责任编集中规定人格权将产生体系违反现象

体系是具有一定的逻辑系统所构成的一个制度安排,法典化就是体系化,体系化是法典的生命,民法典体系就是由具有内在逻辑联系的制度所构成的具有内在一致性的价值所组合的体系结构,其中各项制度又是由具有内在逻辑的规范所构成的整体。"民法典的制定乃基于法典化的理念,即将涉及民众生活的私法关系,在一定原则之下作通盘完整的规范。"①笔者认为,通过立法确认和保护人格权是现代民法重要的发展趋势,人格权独立成编本身就是提升民法典体系化的重要举措,相反,在侵权责任编中集中规定人格权制度,并不符合民法典形式体系的要求,主要理由如下:

第一,在侵权责任编集中规定人格权制度不利于民法典的体系化。从民法典体系来看,民法总则是采取提取公因式的方式,对民事法律关系的主体、客体、民事法律行为等共性问题作出的规定,而民法典分则则是以民事权利为主线而展开的。德国潘德克顿五编制模式并没有将人格权独立成编,这也使其明显存在"重物轻人"的体系缺陷。如果我国民法典将人格权独立成编,则可以弥补这一传统民法典立法模式的体系缺陷。此外,还应当看到,我国民法典分则具有一个很重要的特点,即通过独立的侵权责任编对侵害民事权利的行为作出侵权责任的系统规定,而认定侵权责任必须以法律对各项民事权利作出确认为前提。就人格权保护而言,侵权责任法是救济法,而人格权法是权利法,权利必须走在救济之前,这也是立法科学性的具体体现。尤其应当看到,我国《民法总则》第2条

---

① 王泽鉴:《民法总则》,中国政法大学出版社2001年版,第22页。

在规定民法的调整对象时,将民法的调整对象确定为人身关系和财产关系,财产关系已经在分则中分别独立成编,表现为物权编、合同编,而人身关系主要分为两大类,即人格关系和身份关系,身份关系将表现为婚姻编、继承编,如果在侵权责任编中集中规定人格权,而不设置独立的人格权编,也不符合《民法总则》所确立的民事权利体系,使得民法典各分编的规则与民法总则规定之间的不协调,也将使我国民法典产生传统大陆法系国家民法典立法模式"重物轻人"的体系缺陷。

第二,侵权责任编集中规定人格权制度将打乱侵权责任编的体系。众所周知,我国现行《侵权责任法》的体系是按照总分结构构建起来的,总则是对侵权责任的一般规则所作出的规定,而分则则是按照特殊主体+特殊归责原则所构建的规则体系,特殊的归责原则指过错责任之外的归责类型,如严格责任、过错推定责任等。如果将人格权侵权作为侵权责任编总则中的独立一章,由于其既不属于对特殊主体的规定,又不属于对特殊归责原则的规定(侵害人格权主要还是适用过错责任原则),这将与现行《侵权责任法》的立法体系相冲突,出现反体系的现象。可见,如果在侵权责任编中对人格权进行集中规定,可能需要重新构建现行侵权责任法的体系,这意味着我们将浪费2009年以来所积累的侵权责任法宝贵的立法经验,也将打乱整个侵权责任法所建构起来的理论研究与教学体系。还应看到,在侵权责任编的分则部分具体规定人格权,将面临立法技术上的难题。以生命权、健康权、身体权为例,不论是动物致人损害责任还是机动车交通事故责任,抑或是环境污染侵权责任、物件致人损害责任,都存在侵害个人生命权、健康权、身体权的情形,显然难以将其规定在侵权责任编分则部分;同样,如果将人格权规定在侵权责任编总则部分,也无法全部涵盖人格权的规则。

第三,在侵权责任编集中规定人格权制度将打乱绝对权保护的体系。从我国民事立法来看,物权、知识产权等绝对权都是通过单行法确权+侵权法规则予以保护的。例如,依据《物权法》的相关规定,侵害物权应当适用物权独有的保护方法,即物权请求权,也可以适用侵权损害赔偿请求权。如果侵害人格权的规则只能在侵权责任编之中规定,将面临一个逻辑问题,即人格权本身是绝对权,物权、知识产权也是绝对权,都要受到侵权法的保护,为何侵害人格权的侵权规则只能置于侵权法之中,不能置于人格权法之中,而物权、知识产权的侵权规则却能够置于物权法和知识产权法之中,不必要全部包含在侵权法之中?但如果将侵害物权、知识产权等规范都在侵权责任编中集中规定,不仅需要重构侵权责任编的体系,与现行物权法、知识产权法也将发生严重的冲突,导致现行物权、知识产权法的内容体系被打乱,而且还会使侵权责任编的规则体系过于庞杂。同理,有学者认为将人格权法单独成编实际上是肢解了《侵权责任法》的完整体系,此种观点也是难以成立的。因为侵权责任法是关于侵权责任的一般规则,而就特定的民事权利而言,其会有一些特殊的侵权规则,难以甚至不可能全部规定在侵权责任法中。正是基于这样的事实,物权法、知识产权法中也才会存在自身的侵权法规则,而并未全部包含于侵权责任法之中,人格权也理应如此。况且,人格权相对于这两大财产权利而言,其地位无疑更为重要,若以侵权责任编包含人格权侵权规则为由反对人格权的独立成编,这实际上意味着人格权法的地位不如物权法与知识产权法,此种论断可谓匪夷所思。

第四,在侵权责任编集中规定人格权制度不利于构建人格权法自身的体系。从人格权制度本身来看,其已经形成了自身完整的体系,一方面,人格权的类型体系已经十分丰富,形成了一般人格权+具体人格权的权利类型体系;另一方面,每一项人格权的内涵、效力等已经十分细化和丰富,司法裁判中也进一步丰富了各项人格权的内涵、效力等。如果只是在侵权责任编中对各项人格权进行简单列举,将难以构建完善的人格权体系。事实上,人格权法涉及的范围十分宽泛,无论是人格权的内涵,还是人格权的行使、利用、限制等一系列问题,都远远超出了侵权法规则的涵盖范围。举例而言,从两大法系来看,侵害姓名权的案件最典型的是假冒行为[①],但姓名权纠纷远远超出了这一范畴。比如说,涉及姓名的行使、利用、变更,以及利用他人的名声获取利益,等等,这些规则涉及权利的确认和行使问题,显然已经超出了侵权法保护的范畴。[②] 在我国,出现了许多姓名命名的纠纷,如个人的姓名不符合公序良俗,或者应该从父姓或者母姓,能否随意取名等,这些纠纷本身并不涉及侵害他人权利的问题,而是姓名权的本身如何界定、能否对其进行限制以及如何限制等问题,这些问题显然不是侵权法调整的范围。例如,在最高人民法院曾发布第89号指导案例北雁云依诉济南市公安局历下区分局燕山派出所公安行政登记

---

① 参见〔德〕克雷斯蒂安·冯·巴尔:《欧洲比较侵权行为法》(下卷),焦美华译,法律出版社2001年版,第111页。

② 参见〔德〕克雷斯蒂安·冯·巴尔:《欧洲比较侵权行为法》(下卷),焦美华译,法律出版社2001年版,第110—113页。

案中,法院认为,"公民选取姓氏涉及公序良俗……如果任由公民仅凭个人意愿喜好,随意选取姓氏甚至自创姓氏,则会造成对文化传统和伦理观念的冲击,违背社会善良风俗和一般道德要求",因此,该案中孩子的父母"仅凭个人喜好愿望并创设姓氏,具有明显的随意性",属于有违社会公序良俗的表现,因此,公安机关不准许户口登记的行为是合法的。① 该案即涉及姓名的命名问题,显然难以为侵权法规则所涵盖。

三、侵权责任编替代人格权编将影响 侵害人格权责任的准确认定

"权利的存在和得到保护的程度,只有诉诸民法和刑法的一般规则才能得到保障。"②如前所述,人格权法是权利法,侵权责任法是救济法,是对民事主体在民事权益遭受损害之后提供救济的法律,即在权利受到侵害以后对受害人予以救济的法。但二者又是相辅相成、相互配合的。一方面,权利法是界定救济法适用范围的前提,侵权责任法作为调整在权利被侵害以后形成的社会关系的法律,其解决的核心问题是,哪些权利或利益应当受到其保护。③ 另一方面,救济法又是权利法实现的保障,且救济法可补充权利法在权利保护规则上的不足,并可以限制法官在立法者的预设范围之外自由创设新的权利类型。因此,实现权利法和侵权法的有效衔接,是全面保障私权的最佳方式。

但是,试图通过救济法确认权利的类型和内容是不现实的,也是救济法难以承受之重,如果不在民法典中设置独立的人格权编,则侵权责任编的立法将遇到一个难题,即如何具体确定各项具体人格权的内容和范围,以及如何认定侵害人格权的责任? 笔者认为,如果不设置独立的人格权编,而以侵权责任编替代人格权编,将不利于准确认定侵害人格权的责任,主要理由在于:

一是难以明确侵权法保护的权益范围。虽然《侵权责任法》第 2 条第 2 款列举了 8 项具体人格权,但各项人格权的具体范围是不清晰的,这将

---

① 参见山东省济南市历下区人民法院(2010)历行初字第 4 号行政判决书。
② 〔美〕彼得·斯坦、〔美〕约翰·香德:《西方社会的法律价值》,王献平译,中国人民公安大学出版社 1990 年版,第 41 页。
③ 参见欧洲侵权法小组编著:《欧洲侵权法原则:文本与评注》,于敏、谢鸿飞译,法律出版社 2009 年版,第 52 页。

不利于对各项人格权的保护。因为人格权的类型繁多,各项权利的权能也较为复杂,虽然侵权责任法可以规定侵害人格权的一般构成要件、责任形式等内容,但无法具体规定各项人格权的内容和权能,这可能就给法官认定侵权责任带来困难。例如,就隐私而言,其包括私生活秘密、通信安全、个人财务隐私安全、未成年人隐私的保护、住宅隐私的保护、公共场所隐私的保护等内容,如果法律不对隐私权的内容、隐私权的限制规则以及隐私权保护与舆论监督的冲突解决规则等作出规定,既不利于权利人主张权利,也难以为法官提供明确的裁判规则。从我国现行立法来看,不论是《侵权责任法》还是《民法总则》,在保护隐私权时仅使用了"隐私权"这一表述,而没有对其权能、效力等作出规定,这显然无法为解决大量的隐私权纠纷提供明确的裁判规则。如果法律不对隐私权的内涵作出界定,在隐私权纠纷中,哪些情形下应当保护权利人的隐私权,哪些情形下应当优先保护个人的行为自由等其他利益,将完全交由法官进行判断,这可能不利于对隐私权的保护,也可能导致司法裁判的不统一。

二是难以为过错的认定提供明确的标准。"过错是一个社会的概念"①,其通常是指行为人违反了法律上确定的应当作为或者不作为的义务,或一个合理人应当尽到的注意义务。义务的确定是过错认定的前提,侵害人格权的行为通常违反的是法定义务,这一法定义务应当由人格权法进行全面确认。例如,就肖像权而言,《民法通则》第100条规定了肖像权保护规则,该条规定:"公民享有肖像权,未经本人同意,不得以营利为目的使用公民的肖像。"但现实中大量存在非以营利为目的而以侮辱、诽谤的方式侵害他人肖像权的行为,在此种情形下,行为人是否具有过错,需要法律作出明确规定。因此,人格权编有必要规定,任何组织和个人未经许可不得使用他人肖像,不得以丑化、侮辱或者其他不正当方式侵害他人的肖像权。如此才能够在涉及此类侵权行为时为法官判断过错提供明确的标准。

还应当看到,与侵害财产权的情形不同,判断侵害人格权的行为人是否具有过错,需要进行更为复杂的利益衡量,侵害财产权的过错判断是比较简单和明晰的,即只要造成财产的损害,不论是故意还是过失,行为人都要承担责任,但侵害人格权的侵权责任需要考量多种利益,而不能简单适用侵权责任的一般构成要件。例如,住宅和公共场所中虽然都存在隐私,但其保护

---

① Andre Tunc, International Encyclopedia of Comparative Law Vol. 4, Torts, Introduction, J. C. B. Mohr, Paul Siebeck, 1974, p. 63.

程度是不同的;再如,同样是在公共场所,公众人物和一般人的隐私保护也是有差异的,这都涉及对权利本身的确认和具体保护问题,而不是仅简单套用侵权责任的构成要件的问题。也就是说,人格权在遭受侵害时,判断侵权责任是否成立所要进行的利益考量更为复杂,需要平衡各种冲突的利益。[①] 正如考茨欧(Koziol)所指出的,从比较法上来看,各国都比较重视侵害人格权尤其是侵害精神性人格权情形下的利益平衡。例如,在奥地利,法律对各项具体人格权作了十分明确的区分,在侵害生命权、身体完整权、自由等最有价值的人格权益的情形下,将直接认定行为人有过错;而在侵害其他人格权益(如肖像权、隐私权、人格尊严)的情形下,在判断行为人是否具有过错时,则需要考虑与此相冲突的其他利益。[②]

三是难以为责任的减轻和免除提供明确的标准。侵权责任编中责任减轻和免除的规则无法直接适用于人格权侵权的情形。我国《侵权责任法》第三章对责任的减轻和免除规则作出了规定,但其无法直接适用于所有人格权侵权的情形,因为每种人格权的内涵不同,其所涉及的利益关系也不同,这也决定了侵害各类具体人格权的责任限制规则应当是个性化的,需要法律分别作出规定,而无法一概适用侵权责任一般的责任减轻和限制规则。例如,隐私权可能因为权利人是公众人物而受到限制,而肖像权则可能因为合理使用而受到限制。在瑞士法中,在侵害人格权的情形下,如果没有抗辩理由,则将认定行为人具有过错,在判断抗辩事由能否成立时,需要考虑将受害人的利益与相对应的私法和公法的利益相比较,如果相关人格利益的保护是不重要的,则行为人的过错就可能会被排除。[③] 可见,与侵害财产权不同,在认定侵害人格权侵权责任的免责和减轻责任事由时,需要进行更为复杂的利益衡量,之所以存在此种差异,是因为各项人格权本身的内容、权能的差异性,如果没有对权利内容和权能的确认,法官可能很难把握各个构成要件的差异。例如,未经他人许可,披露了他人的私密信息,这些信息可能并没有导致受害人社会评价降低,反而可能提升其社会评价,从侵害名誉权的角度观察,可能不构成侵权,而从隐私权的角度,则可能构成侵权。此种情形在实践中经常发生,如果

---

① Vgl. Larenz/Canaris, Lebrbuch des Schuldrechts, vol 11/2, 1994, S. 491.

② Vgl. Ernst Karner, Helmut Koziol, Der Ersatz ideellen Schadens im österreichischen Recht und seine Reform, in Verhandlungen des 15. Österreichischer Juristentag von Innsbruck 2003, Wien 2003, S. 34–35.

③ Vgl. A Bucher, Natürliche Persönen und Persönlichkeitsschutz, Helbing & Lichtenhahn, 1995, S. 162 ff.

法律只是简单列举各项人格权,而不具体规定具体内容,则法官在判断这类侵权时,针对不同的侵权,要考虑行为的性质、严重性、损害后果、行为的动机和目的等,具体认定具体人格权的内容,这可能赋予法官过大的自由裁量权,也可能产生同案不同判的结果,影响司法的统一。

此外,如果以侵权责任编完全替代人格权编,也会遇到一个立法上的难题,即是否需要具体列举侵害各项人格权的侵权责任?抑或仅仅通过侵权责任的一般条款保护人格权?① 显然,仅仅通过设置类似于《德国民法典》第823条第1款的过错责任的一般条款,也不足以保护人格权,因为在人格权纠纷中,可能需要依靠法官根据具体案情判断是否构成侵权,如果法律缺乏对人格权保护的具体规定,则必然造成"同案不同判,同法不同解"的后果。同时,由于每一项人格权的内涵、权能等都是十分丰富的,在侵权责任编中全面列举侵害每一项人格权的侵权责任,也可能导致侵权责任编的规则过于庞杂和烦琐。事实上,列举人格权内容、权利行使等规则并不是救济法的功能,而应当交由权利法解决。由此也说明,侵权责任编在功能上也无法完全替代人格权编。

四、强化人格权保护应有效衔接人格权编与侵权责任编

在设置人格权编后,就侵害人格权的侵权责任,存在人格权编与侵权责任编的衔接问题,这首先需要明确两法各自不同的调整范围。从功能上看,人格权法是权利法,侵权责任法是救济法,权利必须走在救济之前,救济不能代替确权,这也是立法科学性的具体体现。按照这一逻辑,首先应当由人格权法对各项人格权的内涵、类型等作出规定,确定各项人格权的边界和其他人的具体行为义务,然后再由侵权法对各项人格权提供救济。各项人格权的内涵十分丰富,在民法典总则编或者侵权责任编中对各项人格权进行简单列举,既无法明确各项人格权的边界,难以有效区分各项人格权,也不利于有效保护人格权。最佳的方式是在人格权编中对各项人格权的内容、效力、行使规则等作出细化规定,这也可以为侵害人格权责任的认定提供明确的前提和标准。② 当然,也正是因为有侵权法的

---

① 参见〔德〕克雷斯蒂安·冯·巴尔:《欧洲比较侵权行为法》(下卷),焦美华译,法律出版社2001年版,第108页。
② 参见黄忠:《人格权法独立成编的体系效应之辨识》,载《现代法学》2013年第1期。

保护，才使得人格权获得充分的保障和实现。正是从这个意义上说，人格权法与侵权责任法是相互配合、相得益彰的。

人格权法作为权利法，应当重点规范如下四个方面的内容：

第一，规定人格权的类型和内容。每一项人格权都具有其自身的作用或功能，这些权能不是单一的，各项权能的结合共同构成了人格权的内容。例如，肖像权具有形象再现权、肖像使用权、转让等权能。不论是自然人人格权，还是法人、非法人组织人格权，也不论是具体人格权，还是一般人格权，都具有十分丰富和复杂的权利内容，不可将各项权利混淆。例如，名誉权的内容不同于肖像权的内容，而自然人的姓名权与法人的名称权的内容也不完全相同（因为法人的名称权可以转让，而自然人的姓名权不能转让）。侵权责任法是救济法，其无法对各项人格权的内容作出全面规定，这就需要在人格权法中对其作出规定。

第二，规定相对人所应当负有的义务。一方面，人格权法应当确定各项人格权的边界和其他人的具体行为义务，然后再在此基础上规定侵害人格权的侵权责任。每一项人格权的内涵都极为丰富，同时，这些权利也都对应着相对人应当负有的义务。这些内容是侵权法无法规范的，只能通过人格权法作出具体规定，从而为判断是否构成侵权的判断提供前提和标准。例如，如果确认住宅等私人空间属于隐私权的内容，而不仅仅是财产权，那么，相对人就负有不得非法窥视、搜查、侵入他人住宅等私人空间的义务。这首先需要人格权法对此作出明确规定，否则，让裁判者仅凭借"隐私权"这一抽象概念去判断相关行为是否构成侵权，也不符合编纂民法典规范司法自由裁量权的目的。另一方面，通过积极确权模式保护人格权也有利于划定个人行为自由的界限。权利的核心和本质是类型化的自由，确认权利本身既有利于明确权利行使的范围和方式，也确定了他人行为自由的界限。就人格权保护而言，仅通过侵权法保护人格权，而不从正面规定人格权的内容和效力，将难以划定权利人和第三人行为自由的界限，从而难以有效发挥法律维护行为自由的功能。

第三，规定人格权的行使、利用以及人格权限制的规则。按照传统观点，人格权属于消极防御性的权利，权利人无法积极行使人格权，也无法积极利用其人格权，但现在一般认为，人格权已经成为一项可以积极行使的主观权利[①]，权利人可以积极行使和利用其大部分人格权益。这就需要

---

① 参见王泽鉴：《人格权法：法释义学、比较法、案例研究》，北京大学出版社2013年版，第252—257页。

法律对人格权的行使、利用规则作出规定,如规定人格权利用的方式、可进行利用的人格权益的范围等。侵权法作为救济法,显然难以对此类规则作出规定。此外,为了维护公共利益、社会秩序等,在法律上有必要对人格权作出一定的限制,这些限制规则不能在侵权责任法中规定,而只能由人格权法加以规定。例如,法律应当规定公众人物人格权限制的规则、人格权不得滥用规则以及人格权与言论自由的冲突解决规则等。

第四,规定对人格权进行特殊保护的规则。人格权的保护也存在一些特殊规则,无法完全在侵权责任编中进行细化规定,而应当规定在人格权编中,具体而言:一是精神损害赔偿责任。我国《侵权责任法》第22条规定:"侵害他人人身权益,造成他人严重精神损害的,被侵权人可以请求精神损害赔偿。"从该条规定来看,精神损害赔偿责任仅适用于人身权益遭受侵害的情形,其中主要是人格权益。但该条的规定十分简略,关于确定精神损害赔偿数额的考量因素、法人是否可以享有精神损害赔偿请求权、侵害死者人格利益的精神损害赔偿等问题,该条均没有作出规定,这就需要我国民法典对其作出细化规定。在我国民法典编纂难以对现行《侵权责任法》进行大幅修改的情形下,也可以将精神损害赔偿责任的细化规则规定在人格权编中。二是恢复名誉、赔礼道歉等责任形式也主要适用于人格权,《侵权责任法》的规定也十分简略,如就赔礼道歉而言,如果责任人不主动承担此种责任,是否可以在媒体上公布判决书,或者公开道歉内容等方式实现对责任人的间接强制等,也应在人格权编中作出细化规定。三是禁令。对于一些针对人格权的特殊保护方式,如诉前禁令等,也应当规定在人格权编中。从比较法上看,在人格权遭受威胁或者持续侵害的情形下,几乎所有的法律体系中都采用了禁令制度。[1] 禁令制度的功能和适用条件具有特殊性,如对直接或者间接预防不法侵害,禁令的适用并不要求具有不法性,也不要求具有过错[2],对互联网和大数据时代的人格权保护具有重要意义,我国人格权编应当对其作出规定。因此,我国民法典人格权编有必要规定民事主体有证据证明他人正在实施或者即将实施侵害其人格权益的行为,如不及时制止将会使其合法权益受到难以弥补的损害的,可以依法向人民法院申请采取责令停止有关行为的措施。例如,在钱钟书书信

---

[1] Vgl. E. Guldix, A. Wylleman, De positie en de handhaving van persoonlijkheidsrechten in het Belgisch privaatrecht, Tijdschrift voor Privaatrecht 1999 1585, p. 1645 ff.

[2] Vgl. Ursula Kerpen, Das Internationale Privatrecht der Persönlichkeitsrechtsverletzungen, Berlin, 2003, S. 26.

案中,北京市第二中级人民法院在充分考虑该案对社会公共利益可能造成的影响后,准确地作出了司法禁令,禁止被告从事拍卖书信的行为,既有效保护了著作权人权利,又保护了原告的隐私权。① 禁令制度主要适用于人格权侵权,而不适用于财产权,因此,不宜将其规定在侵权责任编,而应当规定在人格权编。四是回应权(droit de réponse)。该权利是指媒体发布的报道涉及特定的个人,则相关的个人有权在法定期限内就相关事实作出回应。回应必须针对报道,而且必须在规定的期限内作出,相关的媒体也有义务刊载。从比较法上看,一些国家在侵害名誉、隐私等情形下,也明确规定了受害人的回应权。回应权由法国首创,受法国法影响,《瑞士民法典》在1983年法律修订时增设第28g-281条,对回应权作出了规定。我国民法典人格权编也可以考虑对此种救济方式作出规定。五是请求撤回、更正、修改、补充。这些责任形式本身就是人格权积极权能的体现。在人格权遭受侵害的情形下,这些补救措施比恢复原状可能更有效率,对受害人救济而言,恢复名誉比金钱赔偿可能更为有效。② 我国民法典人格权编也可以考虑对这些责任形式作出细化规定。当然,侵权责任编可以就侵害所有财产权和人身权的侵权责任方式作概括、抽象的规定。例如,我国《侵权责任法》第15条所规定的8种责任形式仍然应当保留。因为侵权责任编对侵权责任形式的一般规则作出规定,与人格权编对侵害人格权的责任形式作出细化规定之间并不冲突。

  为进一步有效衔接侵权责任编与人格权编的规则,侵权责任编中应当设置相关的引致性规范,规定在人格权编对侵害人格权的侵权责任有特别规定的,应当适用人格权编的规则,这有利于实现侵权责任编与人格权编的衔接。在侵权责任编中设置此种引致条款,一方面有利于明确侵权责任编的规则可以适用于人格权制度。也就是说,如果人格权编没有对侵害人格权的责任作出特别规定,则可以适用侵权责任编关于侵权责任的一般规则,这正如物权法、知识产权法在没有对侵害物权、知识产权的责任作出特别规定时,可以适用侵权责任的一般规则一样,通过人格权制度与侵权法规则的有效衔接,从而实现立法的简约。另一方面,引致规范的设置也有利于明确侵权责任编规则与人格权编侵害人格权的责任规则之间的关系。从法律适用层面看,侵权责任编所设置的侵权责任规则在性质上应当属于一般规范,

---

① 参见《钱钟书书信案引出新民诉法首例诉前禁令》,载《法制日报》2014年2月26日。
② See Neethling, JM Potgieter and PJ Visser, Neethling's law of personality, LexisNexis, 2005, p.171.

而人格权编中关于侵害人格权的侵权责任规则应当属于特别规范,其应当优先适用,在侵权责任编中设置引致规范,有利于明确两类规范的关系和适用规则,从而便于法律规则的准确适用。

还应当看到,即便侵权责任编对侵害人格权的责任作出了规定,也不应影响人格权编的设置。人格权编的设置与侵权责任编的保护规则是相辅相成、相互配合的,二者共同发挥保护人格权的作用。由于涉及与侵权责任编规则的协调,人格权编的一些规范确实有可能是不完全规范,但其并非不具有任何裁判价值,其仍然可以对人格权益的内容与行为人的具体行为义务作出规定,与侵权责任编规范的结合,同样可以发挥裁判规范的作用。同时,即便人格权编的一些规范是不完全规范,其仍然具有行为规范的作用,设置此类规范具有重要的立法框架价值,从而构成行政执法行为的私法基础。换言之,人格权编的规范不仅具有裁判的司法价值,也同样具有行为引导价值与规范行政权行使的价值。诚然,人格权的类型基于人身自由和人格尊严的价值而必然具有开放性[①],而且每一种人格权的概念也必然存在核心领域和边缘领域,但这与人格权独立成编并不矛盾。因此,人格权编在保持人格权类型开放性的同时,总结现有法律、法规和司法解释,对各项具体人格权的核心内容和边界进行界定,对其他主体所负有的行为义务进行尽量清晰的规定,这也有助于侵权责任编规则的适用和完善。

结　语

"世易时移,变法宜矣",人格权法独立成编与侵权责任法的独立成编都是我国民法典体系的创举,是对大陆法系国家民法文化的重要贡献。我们要从中国实际出发,秉持民主立法、科学立法的原则,制定面向21世纪的民法典。我国正在编纂的民法典应当根据十九大报告的精神,加强人格权立法,并使其在民法典中独立成编。同时,也要衔接好人格权编与侵权责任编的关系,为解决21世纪人类共同面临的人格权保护问题提供中国智慧、中国方案。如此,才能使我国民法典真正屹立于世界民法典之林。

---

① 参见马俊驹:《人格与人格权立法模式探讨》,载《重庆大学学报(社会科学版)》2016年第1期。

论民法总则不宜全面规定人格权制度

——兼论人格权独立成编*

问题的提出

自十八届四中全会提出加快民法典编纂的任务之后,我国立法机关开始启动民法总则的制定工作。民法总则是统领整个民法典并且普遍适用于民商法各个部分的基本规则,构成了民法典中最基础、最抽象的部分。总则是民法典的总纲,纲举目张,整个民商事立法都应当在总则的统辖下具体展开。

然而,制定民法总则,需要解决一个重大立法问题,即如何处理好民法总则与人格权制度的关系。围绕人格权是否应该独立成编,学界争议的核心点在于,人格权应置于民法总则中的主体制度中规定,还是应在民法分则层面独立成编地规定? 对此,学界存在一定的争议。其中,反对人格权独立成编的典型观点认为,关于人格权的类型和内容的规范应该安排在总则编"自然人"项下[1],笔者不赞成此种观点,认为人格权不应规定于总则中的主体制度之中,甚至不应全面规定于总则之中。下面,拟就此谈几点看法。

一、人格权与主体制度存在明显区别

主张在民法总则的主体制度中规定人格权的一个重要理由在于,人格权与主体资格存在十分密切的联系:人格权与人格制度不可分离,应当为民法典总则中的主体制度所涵盖[2];从比较法上来看,一些国家和地区

---

* 原载《现代法学》2015年第3期。

[1] 参见钟瑞栋:《人格权法不能独立成编的五点理由》,载《太平洋学报》2008年第2期。

[2] 参见梁慧星:《中华人民共和国民法典大纲(草案)总说明》,载梁慧星主编:《民商法论丛》(第十三卷),法律出版社1999年版,第800页。

的民法典(如《瑞士民法典》)就是在第一编"人法"中规定了自然人的人格权,即在主体制度中首先规定自然人的权利能力和行为能力,然后规定自然人所享有的人格权,从而与主体制度形成一个完整的体系。笔者认为,此种观点值得商榷。

诚然,有关自然人的生命、身体、自由、健康等人格权是自然人与生俱来的、维持自然人主体资格所必备的权利,任何自然人一旦不享有这些人格权,则其作为主体资格的存在也毫无意义。正如我国台湾地区学者王伯琦所言,"人格权为构成人格不可或缺之权利,如生命、身体、名誉、自由、姓名等是"[1]。郑玉波先生也认为:"人格权者,乃存在于权利人自己人格之权利,申言之,即吾人与其人格之不分离的关系所享有之社会的利益,而受法律保护者是也。例如生命、身体、自由、贞操、名誉、肖像、姓名、信用等权利均属之。"[2]对人格权进行保护实际就是充分尊重和保护个人的尊严与价值,促进个人自主性人格的释放,实现个人必要的自由,这本身是实现个人人格、促进个人人格发展的方式。民法的人格权制度通过对一般人格权和具体人格权进行保护,确认主体对其人格利益享有一种排斥他人非法干涉和侵害的权利,排斥一切"轻视人、蔑视人、使人不成其为人"的违法行为的侵害,如此才能实现人格的独立与发展。因而从价值层面来看,将人格权置于主体制度中规定具有一定的正当性。

然而,笔者认为,人格权制度虽然与主体制度之间存在上述密切关联,但不可将二者等同,并因此在主体制度中对人格权制度作出规定,主要理由在于:

第一,将人格权制度与主体制度等同混淆了人格的两种不同含义。人格一词(英语为 personality、德语为 persönlichkeit、法语为 personnalité)来源于罗马法上的 persona[3],其具有两种含义:第一种含义是指权利能力,它是权利取得的资格。正如黑格尔所指出的,"人格一般包含着权利能力,并且构成抽象的从而是形式的法的概念"[4];第二种含义则是指基于对人格尊严、人身自由等价值理念的尊重而形成的人格利益,人格利益包括自然人依法享有的生命、健康、名誉、姓名、人身自由、隐私、婚姻自主等

---

[1] 王伯琦:《民法总则》,台北中正书局1994年版,第57页。
[2] 郑玉波:《民法总则》,三民书局1998年版,第96页。
[3] See Gert Brüggemeier (ed.), Aurelia Colombi Ciacchi, Patrick O'Callaghan, Personality Rights in European Tort Law, Cambridge University Press, 2010, p.7.
[4] 〔德〕黑格尔:《法哲学原理》,范扬、张企泰译,商务印书馆1982年版,第46页。

人格利益,法人和其他组织依法享有的名称、名誉、信用、荣誉等人格利益。以人格利益为客体所形成的权利就是人格权。主体资格与主体所享有的具体权利之间虽然关联密切,但人格权作为民事权利,与主体资格存在本质区别,不能相互混淆。无论是公民还是法人,作为一个平等的人格进入市民社会,就会与他人形成财产和人格上的联系。这种人格关系显然不是主体制度所能够调整的,主体资格是产生人格关系的前提和基础,但产生具体的人格关系还要依据具体的法律事实,包括人的出生、法律行为等。人格(法律人格)作为一种主体性资格,是主体享有一切财产权利和人身权利的前提,从这一点上讲,人格既不属于财产权,也不属于人身权,而是凌驾于二者之上的统摄性范畴,是人的资格和能力的确认,它理应纳入民法典总则。然而,人格只是为主体享有法律权利提供了一种可能性,主体享有人格并不意味着其已享有实际权益,主体享有实际权益必须通过人格权、身份权、财产权等制度安排方能实现。尤其应当看到,在现代社会中,一些新的人格利益和人格权的出现,使人格权与主体资格的分离更为明显。例如,在日本判例中出现了"宗教上的宁静权、作为环境的人格权(包括通风、采光、道路通行等)";这些人格权显然与同主体资格有密切关系的人格权之间存在明显的区别,这也表明,人格权制度的发展使得人格权的类型已不限于与主体资格有密切联系的人格权,也越来越多地包括了与社会环境有关的人格利益,当这些利益受到侵害时,也应受到特殊救济。因此我们在考虑人格权与人格的关系时不能仅从生命、健康、自由等传统权利来考虑,而应当从人格权的整体发展来考虑其性质及其与人格之间的关系。这一变化表明,人格权已渐渐与主体资格发生分离,仅以生命、健康、自由与主体资格的关联来界定人格权制度显然是不妥当的。①

第二,将人格权制度与主体制度等同无法实现对人格权的充分保护。人格权仅是主体对自己的生命、健康、姓名、名誉等人格利益所享有的一种民事权利,它和身份权、财产权一样,都是人格得以实现和保障的具体途径。人格的独立和平等,要通过对人格权的充分保障才能实现。但将人格权制度与主体制度等同,则无法实现对人格权的充分保护。例如,某人实施了侵权行为,对他人的人格利益造成侵害,进而产生了侵害人格权的责任,这些显然也不是主体制度所能解决的问题。事实上,主体资格只

---

① 参见马海霞:《论人格权在未来我国民法典中的地位》,载《天中学刊》2004 年第 19 期。

是强调民事主体人格的平等和民事主体应当享有的能力,其本身并不涉及人格权被侵害后的救济问题。由于现代民法贯彻主体平等的基本原则,不存在人格减等人格受限制的情况,因此,行为人只能侵害他人的人格权,而不能侵害他人的主体资格,要充分保护人格权,就必须将其与主体资格分离,如果人格利益不能成为独立的权利,而仍然属于主体资格的一部分,则侵权法难以对人格权进行充分的救济。① 因此,人格权受到保护的前提是其与人格相分离,要实现这一目标,就需要在民法典分则中确认公民、法人所享有的各项人格权,并通过人格权请求权等制度对各项侵害人格权的行为予以救济,这也符合人格权作为民事权利的性质,从这个意义上讲,人格权理应被置于民法典分则,通过主体制度涵盖人格权制度的方式不利于实现对人格权的充分保护。

第三,将人格权制度与主体制度等同无法形成人格权的利用制度。现代民法发展的重要趋势在于,不仅要确认和保护权利,而且侧重对权利进行利用,这与现代社会资源的有限性和稀缺性有关,对资源的有效利用也在客观上要求民法典及时确认相关的权利利用规则,从而为权利的有效利用创造条件。② 这一点在物权中表现得非常明显,但在人格权法中也出现了同样的趋势。在人格权领域,传统民法主要通过侵权法对人格权进行消极保护,但随着现代大众传媒业的发展,人格权商业化利用的现象日益普遍,例如,名人的肖像常常被运用于各种商业广告,从而促进商品的销售。使用名人肖像可以达到一种公众对商品质量的认可,也有助于吸引公众的注意力,提高产品的知名度。再如,在大数据时代,对个人信息应当坚持利用与保护并举,但更应当侧重于利用,对个人信息的保护只是对个人信息进行利用的一个限制条件。这种发展趋势表明,随着市场经济的发展,人格权已逐渐与主体制度发生分离,仅以生命、健康、自由来解释人格权显然是不妥当的。主体资格是不可转让的,但某些人格权的部分权能可以许可他人利用。如果将人格权制度规定在主体制度中,将导致某些人格权的部分权能不许可他人利用,也就无法实现人格权的商业化利用,这显然不符合人格权发展的现实状况,也不能针对人格权这种商业化发展趋势制定有效的人格权利用规则。

---

① 参见李中原:《潘得克吞体系的解释、完善与中国民法典体系的建构》,载吴汉东主编:《私法研究》(第二辑),中国政法大学出版社2002年版。

② 参见刘守英:《中共十八届三中全会后的土地制度改革及其实施》,载《法商研究》2014年第2期。

第四,将人格权制度与主体制度等同将存在立法技术问题。如果将人格权制度放在主体制度中的自然人部分予以规定,则可能产生诸多立法技术上的问题。一方面,其无法有效处理法人人格权的规范问题。关于法人是否有人格权,虽然学界仍然存在争议,但我国《民法通则》对法人人格权作出了规定,司法实践也对其进行了保护,而且从救济方式上看,虽然无法通过精神损害赔偿对法人人格权进行救济,但仍可适用人格权的其他保护方法对其进行救济,这实际上是已经对法人人格权进行了肯定。如果在民法典总则自然人部分对人格权作出规定,则在立法技术上将无法处理法人人格权。另一方面,无法规定非法人组织享有的人格权。例如,合伙享有字号,即名称权。如果将人格权在主体制度中作出规定,则在立法技术上也无法规定合伙的名称权问题。尤其应当看到,如果在自然人和法人中分别规定人格权,不仅不能将人格权规定得比较详细,而且这种分别规定的方法存在一个固有的缺陷,即不能对人格权规定一般的规则,尤其是不能设定一般人格权的概念,这就必然会产生体系上的漏洞。

第五,将人格权制度与主体制度等同将无法解释人格权的限制或克减制度,从而无法调整各种具体的人格关系。众所周知,权利能力具有总括性、无法限制性和不可克减性,在现代法中不存在罗马法中的人格减等。然而,人格权作为一种具体的权利,法律可以基于公共利益的维护等目的而对人格权进行一定程度上的限制,除了生命健康权因其固有属性具有不可限制性以外[1],其他人格权都在不同程度上具有一定的可限制性。以隐私权为例,法律需要从维护社会公共利益等方面考虑对个人隐私作出必要的限制[2],隐私权的范围应当受到公共利益和公序良俗的限制。例如,一旦实行政府官员申报财产制度,则政府官员的财产信息隐私就受到了限制。所谓"公众人物无隐私",其实讲的就是这个道理。有关人权的国际或区域性条约或公约也一般承认隐私权的可克减性。例如,《公民权利及政治权利国际公约》第4条就规定:"在社会紧急状态威胁到国家的生命并经正式宣布时,本公约缔约国得采取措施克减其在本公约下所承担的义务,但克减的程度以紧急情势所严格需要者为限,此等措施并不得与它根据国际法所负有的其他义务相矛盾,且不得包含纯粹基于种族、肤色、性别、语言、宗教或社会出身的理由的歧视。"还要看到,人格权受到某种限制或克减并不会影响权利人的主体资格,而只是影响民事

---

[1] 参见杨成铭主编:《人权法学》,中国方正出版社2004年版,第121页。
[2] 参见张新宝:《隐私权的法律保护》(第二版),群众出版社2004年版,第16页。

主体的具体人身利益。①

第六,将人格权制度与主体制度等同将无法规范死者人格权益的保护问题。从比较法上看,对死者人格权益的保护愈发受到重视,死者的人格尊严应受法律保护,也是为了保护生者对死者追思怀念的情感利益。因为追念前贤,感念先人,是为了激励生者和后人。若不保护死者的人格尊严,不仅会导致近亲属的利益受损,损害其追思之情,而且有损社会人伦观念。正如康德所言:"他的后代和后继者——不管是他的亲属或不相识的人——都有资格去维护他的好名声,好像维护自己的权利一样。"② 死者的人格尊严与近亲属的情感和尊严密切相关,如在歌手姚贝娜事例中,媒体记者偷拍其遗体,显然会刺激死者近亲属的情感,如果还将死者的照片公之于世,其近亲属的感情将会受到更大的刺激。因此,侵害死者的人格尊严,往往也侵害了其近亲属的人格利益,蔑视了近亲属对死者的追念之情,应被法律所禁止。所以,人格权法有必要对死者的人格权益保护进行规定,我国司法实践也积累了不少经验③,需要通过总结这些经验,从而形成制度化的规则,但如果通过主体制度规定死者人格利益的保护,显然是不妥当的,因为在自然人已经死亡的情况下,其主体资格已经不复存在,主体制度难以为其人格利益保护提供必要的支持。因此,不宜在总则中规定死者人格利益的保护问题。

事实上,晚近的一些民法典(如1967年《葡萄牙民法典》,1991年《魁北克民法典》等)大多将人格与人格权进行了明确区分,在一定程度上确定了人格权的独立地位。④ 这也表明,人格权制度不宜置于民法典总则的主体制度中。

二、人格权规定的具体性和民法总则规定的抽象性并不兼容

我们已经探讨了民法总则中的主体制度不宜规定人格权制度,更进一步地说,整个民法总则中都不宜对人格权制度进行全面规定,因为人格

---

① 参见曹险峰、田园:《人格权法与中国民法典的制定》,载《法制与社会发展》2002年第3期。
② 〔德〕康德:《法的形而上学原理——权利的科学》,沈叔平译,商务印书馆1991年版,第120页。
③ 如著名的荷花女案、海灯法师案。
④ 参见徐国栋:《人格权制度历史沿革考》,载《法制与社会发展》2008年第1期。

权规定的具体性和民法总则规定的抽象性并不兼容。

从比较法上看,大陆法系民法典关于总则的模式主要有两种:一是所谓大总则模式,即《德国民法典》五编制模式下的大总则;二是所谓小总则模式,又称形式序编模式,《法国民法典》堪称此种模式的典范。① 显然,在《法国民法典》的小总则模式中,民法总则是无法全面涵盖人格权制度的。以《法国民法典》为例,虽然其在第一编中就对"人"作出了规定,凸显了人的重要地位,但该部分仅从人格权保护的角度对私生活(第 9 条)和人格尊严(第 16 条)的保护进行了规定,而未对人格权制度进行整体安排。直到当代,法国法院才从私生活受保护这一"母体性权利"出发,推导出肖像权、隐私权等一系列人格权,而其法律责任形式也都是通过援引第 1382 条的过错责任来实现的。由此可见,《法国民法典》并没有在其总则中全面规定人格权。

《德国民法典》采大总则模式,其也没有在总则中对人格权作全面规定,而仅在第 12 条对姓名权作出了规定,因为姓名权是比较特殊的,其是人格的外在表现。19 世纪,虽然德国的人格权理论已经有了较大的发展,人们也已经就人格权的重要性达成共识,但《德国民法典》并没有对人格权制度作出系统性的规范。② 因为《德国民法典》起草时,并没有就生命、身体、健康等是人格权达成共识。正如民法典起草者所指出的"不可能承认一项'对自身的原始权利'"③。因而,《德国民法典》总则并没有对人格权作出全面规定。无论是具体人格权,还是一般人格权,都是后来通过判例形成和发展的。当然,《德国民法典》主要通过侵权法规则对人格权进行保护,即在第 823 条第 1 款对"生命""身体""健康""自由"等几种人格利益进行保护,第 825 条对贞操的保护,以及第 826 条对信用的保护。由于《德国民法典》没有系统规定对人格权的保护,所以受到了耶林、基尔克等学者的批评。近十多年来,为了贯彻欧盟个人数据保护的指令,德国于 2003 年制定了《联邦数据保护法》,其中也涉及隐私权的保护,由此可见,面对人格权保护的现实需要,德国法并没有在《德国民法典》总则中对其作出规定,而是通过单行法和判例对其进行调整。

---

① 参见陈小君:《我国民法典:序编还是总则》,载《法学研究》2004 年第 6 期。
② Vgl. Motive zu dem Entwurf eines bürgerlichen Gesetzbuches für das deutsche Reich,Bd. Ⅰ,1888,S. 274.
③ 〔德〕霍尔斯特·埃曼:《德国民法中的一般人格权制度——论从非道德行为到侵权行为的转变》,邵建东等译,载梁慧星主编:《民商法论丛》(第二十三卷),金桥文化出版有限公司 2002 年版,第 413 页。

事实上,民法总则和人格权制度在规范性质上存在区别,不宜在民法总则中对人格权作出全面规定。民法总则是提取公因式的产物,它将民法典各编的共性规则提炼出来,集中加以规定,这有利于降低法律规则重复的概率。总则的设定使得民法典形成了总分结构,民法典的规则体系也呈现出从一般到个别的特点,在法律规则适用过程中,特别规则的适用要优先于一般规则,法律适用是从具体到抽象的反向过程,这就是梅迪库斯所说的"从后往前看"的阅读过程。[①] 因此,总则的使命是规定法典最为一般性的规则,而把更为具体的规定置于分则之中,由于总则能够适用于分则的所有内容,这必然要求总则中的规定是高度抽象和一般性的规则,不能包含特殊性或者技术性的规则。而人格权制度规则具有复杂性、具体性和发展变动性,其中包含大量的技术性规范,这与民法总则规范的一般性和抽象性存在区别,这些内容显然是不适合放在总则中,具体表现在如下几个方面:

第一,作为人身权的重要组成部分,人格权是与财产权相对应的,如果可以在民法总则中对人格权进行规定,那么财产权是否也应当置于总则中规定,而不应该在分则中独立成编?有学者认为,人格权对实现个人人格的独立和发展具有重要意义,因此应当规定于总则中。而财产权同样对个人人格独立和发展具有基础性作用,但并未有观点主张将财产权规定于总则中。总则虽然可以列举各类民事权利类型,但不可能也没有必要对各类具体的民事权利作出具体规定,否则,总则就失去了存在的价值。

第二,人格权本身具有开放性,人格权是极富发展变动性的法律领域,不宜规定在民法总则中。为适应现代社会充分保障人格尊严、强化人文关怀的需要,人格利益的范围不断扩张,许多人格利益逐渐类型化为人格权。例如,传统民法重点保护物质性人格权,如生命健康等权利,而在现代社会,一些精神性人格权的地位在不断上升,如名誉权、隐私权等,各种权利外的人格利益也在不断发展,如声音、形象以及死者人格利益等。在大数据时代,个人信息权也越来越重要,此外,为有效保护人格权外的各种新型人格利益,也出现了一般人格权的概念,它形成了一种兜底性的条款,从而适应了新型人格利益发展的需要。[②] 由此表明,人格权的内容越来越丰富,相关的法律规则也更为具体和细致,民法总则抽象宣言式的

---

① 参见〔德〕迪特尔·梅迪库斯:《德国民法总论》,邵建东译,法律出版社2000年版,第514—516页,第527页。

② See Basil S. Marksinis: Protecting Privacy, Oxford University Press, 1999, pp. 36 – 37.

规定已经不能适应人格权制度的发展趋势,因此不宜在民法总则中对人格权制度进行全面规定。

第三,随着社会的发展,人格权制度将愈发庞杂,人格权的利用和保护可能涉及大量的技术性规范,不宜规定在民法总则中。随着人格权制度的发展,一些人格权独有的利用规则和保护规则大量产生,例如,有关法人名称、自然人肖像权能的转让涉及合同的成立、生效的规则,生命健康权领域可能产生器官移植、代孕、人体试验、药物试验等新的技术性规则。这些烦琐、复杂的技术性规则显然不宜出现在民法总则之中。此外,人格权的保护规则也可能日益复杂,例如,人格权关于责任构成要件、责任形式、责任竞合等规定,这些内容如果作为总则的一章,显然导致该章过分膨胀,与总则的其他章节之间不协调,损害法典的形式美感。而且总则也无法囊括此种技术性规范,否则将丧失总则原本的功能。

值得注意的是,虽然《瑞士民法典》在总则中规定了人格权,并规定了人格权请求权,其具体包括请求禁止即将面临的妨害、请求除去已经发生的妨害和请求消除影响等,同时它也确立了人格权请求权的其他相关规定。严格地说,这些内容显然不应属于总则的内容。

第四,在婚姻家庭制度回归民法典后,其也将与人格权制度共同构成完整的人身权体系,一方面,民法典本身就是确认和保护财产权和人身权两大权利,民法典就是围绕这两大权利而展开,财产权已经在分则中独立成编,而在婚姻家庭法回归民法典之后,身份权也独立成编,人格权法与婚姻家庭法共同构成我国民法典分则的内容是顺理成章的。但如果将人格权单独置于总则中进行规定,而不独立成编,这将存在逻辑上的问题。另一方面,我国《民法通则》单设第五章民事权利,也为未来民法典分则确立了基本的体系架构,在该章之中,人格权被放在人身权之中规定,这就表明,人格权应当与身份权共同作为分则内容,这符合《民法通则》所确立的体系结构。

三、人格权的发展趋势表明其无法
为民法总则所完全涵盖

人格权是一个开放、变动的权利体系,也是现代民事权利新的发展领域。现代民法越来越强调以人为中心,彰显人文精神,强化对人的关怀和保护。随着现代化进程的发展,人们认识到现代化的核心应当是以人为本,充分保障个人的人格尊严、人身价值和人格完整,因此,人身权应该置于比财产权更重要的位置,它们是最高的法益。现代化的过程是人的全面发展和全面完善的过程,现代化始终伴随着权利的扩张和对权利的充分保护。同样,法律现代化的重要标志正是体现在对个人权利的充分确认和保障,以及对人的终极关怀。而对人格权的保护就是实现这种终极关怀的重要途径。在传统民法的规范配置中,有关财产权的规范占据绝对统治地位,其涉及财产的事先分配、流转和事后保护各个层面,但对人格权的规范极少;而现代民法在人格权方面经历了一个从仅规定个别人格权的阶段发展到既对人格权作出抽象规定,又对人格权进行具体列举的阶段,从民法仅在侵权行为法范围内对人格权保护进行消极规定发展到民法在"人法"部分对人格权作出积极的正面宣示性规定。① 可以说,人格权制度的发展是现代民法发展的一个重要标志。人格权的发展趋势表明,其无法完全规定在民法总则中,而必须在民法典分则中独立成编加以规定,具体体现在如下几个方面:

第一,现代市场经济和社会生活的发展推动了人格权制度的演化。一方面,市场经济越发展,越需要强化对人身自由和人格尊严的保护,这在客观上将人格权置于前所未有的高度,现代城市化生活所带来的"个人情报的泄漏、窥视私生活、窃听电话、强迫信教、侵害个人生活秘密权、性方面的干扰以及其他的危害人格权及人性的城市生活现状必须加以改善"②。工业化的发展,各种噪声等不可量物的侵害,使个人田园牧歌式的生活安宁被严重破坏。从而使自然人的环境权、休息权具有了前所未有的意义,因此国外不少判例将这些内容都上升到人格权的高度加以保护,而近来外国学说与判例又在探索所谓"谈话权"和"尊重个人感情权",认为谈话由声音、语调、节奏等形成,足以成为人格的标志。③ 这些都造成了人格利益的极大扩张。另一方面,市场经济的发展还促使了人格权商业化利用的发展,人格权的财产价值被不断发掘,在传统大陆法系国家,如日本等,出现了商业化利用权,不仅对一些可商业化利用的人格权进行保护,而且对非人格权的形象(如卡通形象、表演形象等)也予以保

---

① 参见张新宝:《人格权法的内部体系》,载《法学论坛》2003 年第 6 期。
② 〔日〕北川善太郎:《日本民法体系》,李毅多、仇京春译,科学出版社 1995 年版,第 48 页。
③ 参见姚辉:《民法的精神》,法律出版社 1999 年版,第 161 页。

护。① 而在英美法系自从美国提出公开权概念之后,对于隐私权之外的有关姓名、肖像等权利在商业上的利用予以特别保护。公开权常常被界定为具有财产权性质的权利。② 人格权商业化利用及由此产生的法律问题应受到人格权法的调整。

第二,人权运动的发展,以及对人的保护的强化,都促使人格权的具体类型日益增加。不仅使具体人格权的类型日益丰富,各项人格权的内容也越来越丰富,而且在德国、瑞士等国家产生了一般人格权制度,例如,近一百多年来,隐私权的内涵和外延不断扩张,从最初保护私人生活秘密扩张到对个人信息、通信、个人私人空间甚至虚拟空间以及私人活动等许多领域的保护,不仅仅在私人支配的领域存在隐私,甚至在公共场所、工作地点、办公场所都存在私人隐私。人格权不仅受到国内法的保护,也逐渐受到国际条约的保护,人格权是人权的重要组成部分,许多有关人权的国际公约所确认的权利都成为人格权存在的依据。例如,《公民权利及政治权利国际公约》第 17 条中规定:"一、任何人的私生活、家庭、住宅或通信不得加以任意或非法干涉,他的荣誉和名誉不得加以非法攻击。二、人人有权享受法律保护,以免受这种干涉或攻击。"这都推动了人格权具体类型和内容的发展。自"棱镜门事件"后,尊重隐私甚至成为尊重国家主权的重要内容。③

第三,高科技的发展促使人格权制度不断发展,内容不断丰富。在现代社会,对个人权利的尊重和保护成为人类社会文明发展的必然趋势。现代网络通信技术、计算机技术、生物工程技术等高科技的迅猛发展给人类带来了巨大的福祉,但同时也改变了传统生产和生活的方式,增加了民事主体权利受侵害的风险。现代科学技术的发展提出了许多新问题,如网络技术的发展对隐私的侵犯,基因技术的发展对人的尊严的妨害,都提出了大量的新课题,美国迈阿密大学的教授曾经撰写了一篇以《隐私已经死亡了吗?》为题的文章,其中提到,日常信息资料的搜集、在公共场所自动监视的增加、对面部特征的技术辨认、电话窃听、汽车跟踪、卫星定位监视、工作场所的监控、互联网上的跟踪、在电脑硬件上装置监控设施、红外

---

① 参见〔日〕荻荻原·有里:《日本法律对商业形象权的保护》,载《知识产权》2003 年第 5 期。

② See Michael Henry (ed.), International Privacy, Publicity and Personality Laws, Reed Elsevier (UK), 2001, p.88.

③ 参见谢来:《网络时代,如何保卫国家"隐私"》,载《国际先驱导报》2013 年 10 月 8 日。

线扫描、远距离拍照、透过身体的扫描等,这些现代技术的发展已经使得人们无处藏身,所以,他发出了"隐私已经死亡"的感慨①,认为高科技的发展,使隐私权已经变成了"零隐权"(Zero Privacy)。② 又如,随着生物技术的发展,试管婴儿的出现改变了传统上对生命的理解,人工器官制造技术、干细胞研究、克隆技术和组织工程学的发展在为人类最终解决器官来源问题的同时,也对个人人格权的保护提出了挑战。上述科学技术的发展,对生命、身体、健康等人格权的保护提出了新的要求和挑战,需要人格权法律制度作出全面、具体的回应,在民法总则中全面规定人格权显然无法实现这一目的。

第四,网络环境下的人格权保护日益重要。互联网的发展使人类进入了一个信息爆炸的时代,人们的沟通更为便捷,但互联网的发展也对人格权的保护提出尖锐的挑战。一方面,由于计算机联网和信息的共享,使对个人信息的收集、储存、公开变得更为容易,"数据的流动甚至可能是跨国的,最初在某个电脑中存储,传送到他国的服务器中,从而被传送到他国的网站上"③。因此,网络技术的发展使得对隐私权等人格权的侵害变得越来越容易,且损害后果也更为严重,甚至是难以估量的,且一旦造成损害,具有不可逆转性。另一方面,随着计算机网络的广泛应用,网络侵权现象日益增多,且侵害的民事权利涉及诸多类型。互联网空间的虚拟性也使得网络侵权事实和侵权后果的认定较为困难,有时甚至很难认定权利主体和侵权主体。因此,网络技术的发展对人格权的保护提出了新的课题和挑战,必然需要立法和司法予以应对。例如,2014年,巴西通过了《互联网民法》,该法把互联网环境下的人格权保护纳入民法的调整范围,对互联网用户和服务商就互联网的权利、义务和保障进行了全面规范,同时规定了网络言论自由和个人数据保护等网络基本原则,明确了用户、企业和公共机构在巴西使用互联网的权利和义务,全面地保护个人信息和隐私的安全。④ 由此可以看出,网络环境下人格权的保护问题较为复杂,仅在民法典总则部分规定人格权显然无法有效回应网络环境下人格权保护的现实需要。

---

① See A. Michael Froomkin, Cyberspace and Privacy: A New legal Paradigm? The Death of Privacy? 52 Stan. L. Rev. 1461 (2000).
② See A. Michael Froomkin, Cyberspace and Privacy: A New legal Paradigm? The Death of Privacy? 52 Stan. L. Rev. 1461 (2000).
③ Raymond Wacks: Personal Information, Oxford University Press, 1989, p.205.
④ 参见《美国霸权遭质疑 中国经验受关注》,载《浙江日报》2014年5月12日。

第五，在大数据时代，个人信息的保护也应纳入人格权制度的规制范畴。由于数字化以及数据库技术的发展，对信息的搜集、加工、处理变得非常容易，信息的市场价值也愈发受到重视，对于信息财产权和隐私权的保护需求也日益增强，大数据在共享过程中所涉及的个人信息保护等，都表明个人信息作为个人享有的基本人权日益受到法律的高度重视。个人信息权虽然具有多重属性，但其内容主要还是一项人格权，因为个人信息与个人的身份存在密切关联，其主要是一种人格利益而非财产利益，而且多数个人信息与个人隐私存在一定的交叉，由于对个人信息的平等保护也体现了个人人格尊严的平等性，因此，对个人信息的保护也体现了对个人人格尊严的尊重与保护。从比较法上来看，有的国家（如美国）在《隐私权法》中规定了对个人信息的保护，欧盟虽然制定了单独的个人信息保护法律，但仍承认个人信息权的人格权属性。由于个人信息权的内容及利用方式较为复杂，有关个人信息权的救济规则也多种多样，因而难以在民法典总则中加以规定，必须通过独立成编的人格权法单独规定。

第六，随着现代社会的发展，人格权的类型和内容日趋复杂，其经常涉及和其他权利的冲突问题，为此需要确立一系列解决此类冲突的规则，即有效协调人格权和其他权利的关系。例如，现代社会，报纸、电视、广播以及互联网等大众传媒在便捷信息交流的同时，也使得人格权更加脆弱，极易受到侵害。如何有效平衡表达自由、新闻自由、舆论监督和人格权保护的关系，也成为人格权法所必须解决的重要问题。

总之，我们在编纂民法典的过程中，不能以19世纪的图景观察21世纪的社会。由于19世纪的社会形态较为简单，其人格权内容较为确定，侵害人格权的方式也较为简单。但21世纪是信息社会、网络社会、科技社会、消费社会、风险社会，人格权的类型、内容处于持续发展之中，内容更难以确定，人格权的利用与保护规则也较为复杂，侵害人格权的手段也日益复杂多样。而且人格权的利用与保护还涉及科技发展、言论自由、商业利用、公法管制等多层次的复杂关系。这都要求我们的民法典为各类人格权提供更为充分的保护规范，人格权是一个开放、发展的体系，随着社会环境的不断变化，其所需的规范内容也将越来越多，因此，民法总则已经无法涵盖人格权制度的全部内容，应当在民法典分则中单独成编对人格权作出规定。

四、人格权置于总则之中将影响
对人格权的充分保护和利用

人民的福祉是最高的法律。编纂民法典的根本任务就是最大限度地尊重和关怀人,但如果仅在民法总则中对人格权进行规定,必然会影响对人格权的利用和保护,使民法典的价值目标难以真正得到实现。

(一) 总则无法规定人格权请求权

在19世纪民法中,人格权的类型和内容较为简单,侵害方式较为单一,因而法律无须对人格权进行细致的规范,只需要通过侵权法对其进行消极保护。但在现代社会,人格权的权利内容与侵害方式都是多元化的,仅通过侵权法规则对人格权进行消极保护将难以实现对人格权的充分保护。现代社会中的人格权内容的确定较为困难,其保护规则更为复杂,这就需要大量运用人格权请求权,如停止侵害、排除妨害、预防妨害以及恢复原状等请求权,对人格权进行保护。从立法技术上说,对具体民事权利的保护规则应根据其自身特点进行设置,如物权请求权中的排除妨害、停止侵害等,即应当规定在物权法中。对于侵害或妨害人格权来说,设立独立的人格权请求权同样必要。例如,想阻止他人非法跟踪、窥探,权利人就必须享有停止侵害的人格权请求权,或申请诉前禁令,而此类请求权显然只能在人格权制度中进行规定。人格权请求权是基于人格权而产生的权利,与人格权是不可分离的。

尤其需要指出的是,在网络环境下,侵害人格权的损害后果具有无限放大性,受众具有无限性,侵害人格权的行为一旦在网络上传开,其造成的损害后果是无法估计的,且不可逆转性。因此,为了充分保护权利人的人格权,应当广泛采用停止侵害的方式,以防患于未然。例如,《法国民法典》第9条第2款对此作出了规定。① 在最终判决作出之前,法官还可以作出预先裁决,责令行为人停止出版、禁止发行流通,或责令将出版物全部或部分予以查禁。② 德国法也经常采用禁止令对侵害人格权的行为

---

① 《法国民法典》第9条第2款规定:"在不影响对所受损害给予赔偿的情况下,法官得规定采取诸如对有争执的财产实行保管、扣押或其他适于阻止或制止妨害私生活隐私的任何措施;如情况紧急,此种措施得依紧急审理命令之。"

② 参见〔奥〕赫尔穆特·考茨欧、〔奥〕亚历山大·瓦齐莱克主编:《针对大众媒体侵害人格权的保护:各种制度与实践》,匡敦校等译,中国法制出版社2012年版,第170页。

进行规制①,针对一些特殊的侵害人格权的行为,法院还责令被告声明撤回其不当言论,以防止损害后果的继续扩大。欧洲人权法院也采用预防损害的方式对人格权遭受侵害的受害人提供救济。例如,在欧洲人权法院审理的 Editions Plon v. France 一案中,针对被告出版违反医疗保密义务的书籍、可能侵害法国前总统密特朗隐私的行为,法院即根据原告的申请颁发了禁止出版令,以防止损害的扩大。② 此外,一些国家的法律普遍赋予了受害人以删除权、请求声明撤回等权利。这尤其表现在以言论的方式侵害他人名誉的情形。③ 上述救济方式应当属于人格权请求权的内容,由于此类救济方式一般仅适用于特殊的人格权侵权类型,因此不宜规定在民法典总则中。④

（二）总则无法规定精神损害赔偿

人格权法作为民事单行法,理所应当规定法律责任,规定侵害人格权所特有的法律责任。与侵害财产权不同的是,在侵害人格权尤其是精神性人格权的情况下,受害人常常会遭受精神损害。关于精神损害赔偿责任,《侵权责任法》只在第 22 条对其作出了规定,但较为简略,因此,主要应当在人格权法中对精神损害赔偿的具体规则作出规定。最高人民法院已于 2001 年出台了《关于确定民事侵权精神损害赔偿责任若干问题的解释》,我国未来人格权法可以此为基础、总结我国既有的司法实践经验,对侵害人格权的精神损害赔偿的侵权责任作出全面的规定。对于一般的侵权责任,可以通过在人格权法中规定引致条款,借助侵权责任法加以规定,但对精神损害赔偿责任而言,其认定规则非常具体复杂,无法在民法典总则中进行规定,而应当在人格权法中作出详细规定。

（三）总则无法规定惩罚性赔偿

鉴于人格权益主要是精神利益,对其侵害后果往往难以通过金钱衡量,尤其是随着互联网的发展,侵害人格权的损害后果十分严重。所以,应当在侵害人格权的领域适用惩罚性赔偿制度,比较法上也开始针对故意侵害人格权的行为适用惩罚性赔偿。例如,在德国的一个案例中,对于未经许可使用他人音乐作品的人,法院判决行为人要支付相当于许可使

---

① BGHZ 138, 311 (318).

② Editions Plon v. France. Application No.58148/00.

③ 参见〔奥〕赫尔穆特·考茨欧、〔奥〕亚历山大·瓦齐莱克主编:《针对大众媒体侵害人格权的保护:各种制度与实践》,匡敦校等译,中国法制出版社 2012 年版,第 284 页。

④ 参见崔建远:《绝对权请求权抑或侵权责任方式》,载《法学》2002 年第 11 期。

用费两倍的金额。① 在著名的卡洛琳诉德国案中,联邦最高法院也采取了惩罚性赔偿,判决被告赔偿9.3万欧元。② 而且从法律上看,在人格权侵权中,行为人的恶意应当受到制裁,如对于恶意毁损他人名誉、泄露他人隐私的行为,有必要适用惩罚性赔偿。③ 因此,对侵害人格权的行为而言,惩罚性赔偿不仅有利于有效制裁加害人,而且有助于强化对受害人的保护。这些规则属于侵害人格权所特有的救济规则,不宜规定在民法典总则中。

(四) 总则无法规定人格权之间以及人格权与其他权利的冲突解决规范

如前所述,人格权在行使中常常与其他权利发生冲突。如实践中常见的人格权与财产权、隐私与新闻自由、名誉权与舆论监督等权利的冲突。人格权在行使过程中,有可能会与公权力的行使发生冲突。④ 还应看到,人格权自身相互之间也可能发生冲突,从而需要在人格权法中确立解决冲突的规则。例如,当生命权与财产权发生冲突时,应当优先保护生命权;当肖像权与肖像作品著作权发生冲突时,大都需要优先保护肖像权。而侵权责任法不能解决权利行使和权利冲突的问题。此外,为了维护公共利益、社会秩序等,在法律上有必要对人格权作出一定的限制,这些限制规则不能在侵权责任法中规定,而只能由人格权法加以规定。例如,对公众人物人格权的限制、人格权权利不得滥用、人格权与言论自由的关系等。从这个意义上说,人格权法的独立成编,也可以起到和侵权责任法相互配合的作用。

(五) 总则无法规定人格权的利用规范

如前所述,在现代社会,不仅应当关注人格权的保护,还应当更多地关注人格权的有效利用,人格权制度是由确认、利用和保护三类规范共同组成的。随着近几十年来人格权商业化利用的发展,人格利益如姓名、肖像、声音、隐私等,在传统上被认为是财产之外的没有价格的利益。随着市场经济的发展,这些权利越来越具有财产属性,可以转让、允许他人使

---

① BGHZ 17, 376 (383).
② OLG Hamburg, NJW 2870, 2871.
③ See Pierre Catala, Avant-projet de réforme des obligations et de la prescription, La Documentation française, 2005, p.182.
④ See Richard C. Turkington and Anita L. Allen, Privacy Law, Cases and Materials, West Group, 1999, p.2.

用。例如,在美国出现了公开权制度,在欧洲出现了所谓的"形象代言人权利",甚至一个人的声音、笔迹、舞台的形象等人格权益都可能成为商业化利用的对象。现代各国法律确定个人对其信息所享有的支配权,目的之一就是促进个人对信息的利用,对信息的保护和利用构成个人对信息所享有的权利的主要内容。由此表明,现代社会中,对人格权的主动利用趋势日益突出和普遍,人格权的内涵在逐渐扩张,利用方式和适用范围也不断丰富,但是,由于人格权自身的特殊属性,使得对于人格权的利用,应与物权、知识产权等财产权有所区分,因此,有必要构建一套以保护人格尊严为基础的人格权利用制度。

结语:民法典体系应当有所创新和发展

民法典编纂的关键在于确立科学的体系结构。我国民法典体系结构应当从中国国情出发,以我国民事立法经验为基础。具体来说,民法总则和人格权编的制定,应当吸收《民法通则》和 2002 年的《民法(草案)》的立法经验,由于《民法通则》将人格权置于民事权利体系中加以规定,并与物权、债权相并列,这本身就表明《民法通则》已经确认人格权是与物权、债权具有同等地位的基本民事权利,而且应当与物权、债权一样在民法典中独立成编。所以,在未来的民法典中,人格权独立成编是与《民法通则》一脉相承的,而 2002 年《民法(草案)》在第四编中专门规定人格权法,其中共设七章,包括一般规定、生命健康权、姓名权、名称权、肖像权、名誉权、荣誉权、信用权和隐私权。虽然该编仅有 29 个条文,但基本上构建了人格权法的框架和体系,也表明我国民法典已经采纳了人格权法独立成编的立法建议。该草案实际上是立法机关在广泛征求各方意见的基础上作出的立法判断,凝聚了社会各界的广泛共识,因此,该体例结构应当为未来民法典编纂所继续采纳。毫无疑问,在总则中对人格权作出概括性、宣示性的规定,是可行的,但是人格权法作为一项整体制度不宜在民法总则中全面规定,而应独立成编。

世易时移,变法宜矣。在人类已经进入 21 世纪的今天,我们要从中国的实际情况出发,制定一部具有中国特色的民法典,我们注重借鉴比较法的经验,而不应当完全照搬国外的经验。民法是社会经济生活在法律上的反映,民法典更是一国生活方式的总结和体现。我国要制定一部反映中国现实生活、面向 21 世纪的新的民法典,就必须在体系结构上与我们这个时代的精神相契合,既要继承优良的传统,又要结合现实有所创新、有所发展。当然,创新不是一个简单的口号,更不能为了标新立异而"创新",任何创新都必须符合客观规律、具有足够的科学理论的支持。人格权的独立成编不仅具有足够的理论支持和重大的实践意义,而且从民法典的体系结构来看,也完全符合民法典体系的发展规律,并将有力助推民法典体系的发展与完善。

论我国《民法总则》的颁行与民法典人格权编的设立[*]

人格权是民事主体享有的基本民事权利,人格权制度是我国未来民法典的重要组成部分。2017年3月15日,第十二届全国人民代表大会第五次会议审议通过了《中华人民共和国民法总则》(以下简称《民法总则》),这在中国民事立法史上具有里程碑式的意义。《民法总则》用四个条文即第109、110、111、185条规定了人格权保护,虽然较为简略,但其内容已经成为《民法总则》的最大亮点,并受到广泛好评。笔者认为,《民法总则》的颁行为民法典人格权编的设立奠定了良好的基础。

一、《民法总则》奠定了人格权独立成编的基础

(一)《民法总则》第2条为人格权独立成编提供了充分的依据

《民法总则》第2条在确定民法的调整对象时,明确规定"调整平等主体的自然人、法人和非法人组织之间的人身关系和财产关系",并且将人身关系置于财产关系之前,可见,与我国《民法通则》第2条相比较,该条更凸显了对人身关系的重视。这实际上表明,我国民法典要求进一步强化对人身权益的保护。然而,如果我国民法典分则中人格权不能独立成编,就根本无法体现《民法总则》第2条突出人身关系重要性的意义。从民法典体系发展来看,传统大陆法系国家民法虽然以保障人身权和财产权为己任,却仅在分则中规定了财产权(物权、债权)和身份权(有关亲属、继承的规定),对人身权中最重要的权利即人格权,并没有在分则中作出规定,这本身表明,传统民法存在"重物轻人"的体系缺陷。[①]《民法总则》第2条在确定民法的调整对象时,将民法的调整对象确定为人身关系和财产关系,财产关系已经在分则中分别独立成编,表现为物权编、合同

---

[*] 原载《政治与法律》2017年第8期。
[①] 参见孙鹏:《民法法典化探究》,载《现代法学》2001年第2期。

编,而人身关系主要分为两大类,即人格关系和身份关系,身份关系将表现为婚姻编、继承编。如果人格权不能独立成编,则人身关系中的身份关系受到分则的详细调整,人格关系却未能受到分则的规范,这将导致各分编的规则与民法总则规定之间不协调。另外,如此设计也使得民法典分则明显是以财产法为绝对主导,给人的感觉是民法主要就是财产法,这就使得整个民法典体系存在明显的缺陷。因此,人格权独立成编,将有助于进一步完善民法典的体系结构,构建科学、合理的人格权体系,从而形成对各种人格权益的周密保护。

(二)《民法总则》关于人格权的规定奠定了人格权独立成编形式体系的基础

从《民法总则》关于人格权的规定来看,其虽然仅用四个条文规定人格权的保护,但这四个条文充分彰显了《民法总则》保护人格权的中国特色和时代特征,对于全面推进人格权的保护具有重要的规范意义和现实意义。表现在:第一,《民法总则》第109条规定了一般人格权,完善了我国《民法通则》具体列举人格权类型的不足,为各项人格利益的保护提供了法律依据。第二,《民法总则》第110条全面列举了各项具体人格权,尤其是第一次规定了身体权、隐私权等权利,从而弥补了我国《民法通则》具体列举人格权的不足。第三,《民法总则》第111条第一次规定了对个人信息的保护。《民法总则》对人格权的规定实际上构建了我国民法典人格权编的内在体系,这就是由具体人格权和一般人格权所组成的完整的人格权益体系。然而,构建这一体系,需要对上述条款予以全面展开,即在全面规定各项具体人格权的同时,对一般人格权作出规定,在此基础上构建一个完整的、具有内在逻辑性的人格权体系。然而,如果人格权不能独立成编,仅仅靠上述条款,显然不可能构建这样一个体系,也难以适应实践的需要以及全面保护民事主体的各项人格权益。事实上,相对于人格权的发展趋势和我国的现实社会需要,这四个条文的规定显得过于原则,未能彰显全面保护人格权益的立法目的。① 从当前人格权保护的立法发展趋势来看,不论是1991年的《魁北克民法典》、2002年的《巴西民法典》,还是2009年的《罗马尼亚民法典》,都有十多个条文规定了人格权,

---

① 参见〔日〕星野英一:《私法中的人——以民法财产法为中心》,王闯译,载《民商法论丛》(第八卷),法律出版社1997年版。

这表明,最新的立法趋势是进一步强化对人格权的保护。① 从《民法总则》的人格权保护规则来看,即使和我国《民法通则》相比,也是不充足的,因为我国《民法通则》用了9个条文保护人格权。而在《民法通则》颁布三十多年后,我国人格权保护已经取得了长足的进步,司法审判实践已经总结了大量的经验,形成了大量的规则②,这些成果应当在民法典中得到体现。如果将来人格权不能独立成编,而侵权责任法的规定显然不能把我国《民法通则》规定的内容全部纳入其中,那就意味着《民法总则》对人格权的保护还不如我国《民法通则》,这就给人造成一种错觉,似乎我国民法典对人格权的重视程度还不如三十多年前的《民法通则》,这很难体现出法律在新的社会阶段的进步。

(三)《民法总则》第109条为人格权独立成编奠定了价值基础

《民法总则》第109条规定:"自然人的人身自由、人格尊严受法律保护。"该条首次从宏观层面对"人格自由"和"人格尊严"作了规定,在学理上被理解为确立了一般人格权的内容。该规定也宣示了人格权制度的立法目的与根本价值,即尊重与保护个人的人身自由、人格尊严。这一规定具有鲜明的时代特点,是中国现代民事立法的人文精神和人文关怀的具体体现。《民法总则》将人格尊严保护置于各项民事权利之首加以规定,表明人格尊严作为保护民事权利的价值来源和价值基础,也表明其具有最高价值。在法律上,人格尊严是人格权民法保护的核心要素(the core elements),具有不可克减性。③ 人格权法律制度的根本目的在于保护个人的人格尊严,各项人格权都体现了人格尊严的保护要求。事实上,许多侵害人格权的行为,如污辱和诽谤他人、毁损他人肖像、宣扬他人隐私、泄露他人的个人信息等,均不同程度地损害了他人的人格尊严。《民法总则》第109条对人格尊严的保护是落实党的十八届四中全会提出的"增强全社会尊重和保障人权意识"的具体举措,也是实现"中国梦"的重要保障。任何一个中国人都有向往和追求美好生活的权利,美好的生活不仅要求丰衣足食,住有所居,老有所养,而且要求活得体面、有尊严。"中国梦"也

---

① 参见王泽鉴:《人格权法:法释义学、比较法、案例研究》,北京大学出版社2013年版,第13—40页。

② 参见张善斌:《民法人格权和宪法人格权的独立与互动》,载《法学评论》2016年第6期。

③ See Gert Brüggemeier, Aurelia Colombi Ciacchi and Patrick O'Callaghan, Personality Rights in European Tort Law, Cambridge University Press, 2010, p.568.

是个人尊严梦,是对人民有尊严地生活的期许。在我国已经成为全球第二大经济体、人民群众物质生活已经得到极大改善的背景下,更应当让每个中国人有尊严地生活,让人格尊严作为基本人权受到法律保障。这一规定不仅将进一步提升我国对公民人格权的法律保护水平,而且为后续的我国民法典编纂提供了基础性指引。

(四)《民法总则》关于人格权的规定也突出了人格权独立成编的必要性

《民法总则》虽然仅用了四个条文保护人格权,但将其置于各项民事权利之首,凸显了人格权保护的重要意义。从该法关于民事权利的其他规定来看,目的是将其留待民法典分则予以具体完善。人格权独立成编是保障每个人人格尊严的需要,也是21世纪时代精神和时代特征的体现,尤其是人类社会已进入互联网和大数据时代,互联网以及各种高科技的发明在给人类带来福祉的同时,也使个人人格权的保护面临着巨大威胁。① 人格权独立成编也有利于回应互联网和大数据时代的需要。目前,社会发生巨大的变化,可从多个侧面和角度予以描述,包括网络社会、科技社会、传媒社会、科技社会、消费社会、风险社会、商业社会等,这些变化使得法律对人格权已经不能再是消极和简单的保护,而涉及社会生活的诸多方面,需要在法律上予以规范。例如,《民法总则》第110条所规定的身体权,在当代社会中就会涉及医疗、器官移植、人体捐赠、生物实验、遗传检查和鉴别、代孕、机构监禁、精神评估等特殊问题。所有这些都使得对人格权社会关系进行更多层次和更复杂的调整成为必要,人格权的内容日益复杂化,需要对人格权确立更多的细致规则,这只有使人格权独立成编才能得到更好的贯彻和实现。因此,在《民法总则》规定的基础上,人格权独立成编也是回应社会发展变化的需要。

诚然,从大陆法系各国民法典的编排体例来看,并没有将人格权独立成编的先例,但这并不能成为否定人格权独立成编的理由。一方面,之前的各国民法典之所以未独立规定人格权编,是因为在各国民法典制定之时,侵害人格权的行为形态较为简单,借助侵权法规则能够基本解决人格权的保护问题。然而,随着社会的发展,人格权的类型更为多样化②,侵害

---

① See A. Michael Froomkin, Cyberspace and Privacy: A New legal Paradigm? The Death of Privacy? 52 Stan. L. Rev. 1461 (2000).

② 参见龙卫球:《中国民法"典"的制定基础——以现代化转型为视角》,载《中国政法大学学报》2013年第1期。

人格权的形态也更为多样化,人格权商业化利用也逐步得到重视。今天人们所面临的许多问题,如肖像和姓名的商业许可使用、代孕等,都是在《法国民法典》《德国民法典》制定的时代完全不存在的。因此,不能因为传统大陆法系国家民法典没有独立的人格权编,就不允许当代的民法典进行创新。当前这个信息和科技突飞猛进的时代的众多挑战,需要今天的民法典作出积极回应,这也是中国民法典的当代使命。另一方面,大陆法系各国民法典虽然没有将人格权独立成编,但其通过大量的司法判例对人格权提供保护,其中也形成了许多具体的裁判规则。尤其是,有的国家通过援引宪法规范保护人格权,也强化了对人格权的保护。[①] 在我国,根据相关司法解释,法院无权直接援引宪法裁判案件,因此,在我国无法采用国外判例法的方式对人格权进行保护。我国没有承认判例的法律渊源地位,判例本身的零散、非系统性也不适合作为系统保护人格权的方式,人格权的规则只能交由民法典来规定,这无疑也是最为合适的选择。此外,民法典的形式体系本身是适应社会的发展而不断发展的,从来都不是一成不变的,每个国家民法典的体例安排都从本国国情出发,实践的需要是民法典体系设计首要考虑的问题。例如,《荷兰民法典》从本国国情出发,在体例上有重大创新,增加了运输编。这种做法在大陆法系国家是从没有先例的。再如,《法国民法典》最近从现实需要出发,改变了其三编制的体例,新增设了担保编作为第四编,这在大陆法系国家也是没有先例的。所以,我们在探讨人格权法独立成编的必要性时,不应受国外某些国家民法典既有体例的束缚,不能以国外没有人格权独立成编的先例就否定人格权独立成编的意义。而应当从中国实际出发,针对解决中国的现实问题,基于比较法经验和我国的司法实践基础,制定高质量的人格权法。

因此,《民法总则》制定后,更进一步凸显了人格权独立成编的必要性,可以说,我国民法典设立独立的人格权编,既是立足于中国当代社会的实际需要的必要之举,也是中国民法典的重大创新,它将可能是中国民法典对于世界法律发展作出的重要贡献。

二、《民法总则》的相关规定应通过人格权编予以完善和细化

《民法总则》第 109 条和第 110 条确认了一般人格权和具体人格权,

---

① 参见李永军:《从权利属性看人格权的法律保护》,载《法商研究》2012 年第 1 期。

尤其是在第110条具体列举了自然人所享有的生命权、身体权、健康权、姓名权、肖像权、名誉权、荣誉权、隐私权、婚姻自主权以及法人所享有的名称权、名誉权、荣誉权等人格权。自我国《民法通则》确立了人身权制度以来，有关人格权的案件数量每年都在快速增长，其中大量涉及名誉、肖像、隐私、姓名、名称、个人信用、人身自由等，笔者在中国裁判文书网以"名誉"为关键词进行检索，就搜到124 400份民事裁判文书。这些案件虽然标的不大，但是涉及公民的基本权利，社会关注度高，影响大，处理不当就会引发社会的重大反响。例如，近几年发生的狼牙山五壮士案、邱少云案等，都引发了社会的广泛关注。目前，有关人格权的案例越来越多，侵权责任法仅能从反面规定对人格权的救济，无法具体正面规定人格权的各项内容；人格权侵权本质上是行为人违反了法定义务而致他人损害，但是我国侵权责任法无法具体规定侵犯人格权情形下的具体行为义务，这就给司法实践中认定侵害造成了严重困难。另外，《民法总则》第109条对自然人和法人所享有的具体人格权进行了列举，但该列举并不全面，并未对信用权、个人信息权、声音权等进行规定，从《民法总则》的人格权保护规则来看，也需要进一步完善。

（一）《民法总则》第111条个人信息保护规则的完善

《民法总则》第111条对个人信息保护规则作出了规定，该条规定了信息的依法取得、保护信息安全、禁止信息非法买卖、提供和公开等内容，对于有效保护个人信息具有重要意义。但该条在个人信息保护方面仍然存在一定的不足，需要将来的民法典人格权编予以进一步完善，具体而言：

第一，我国《民法总则》没有将个人信息权规定为具体人格权。从《民法总则》的规定来看，其只是规定了个人信息保护规则，而没有规定独立的个人信息权。《民法总则》之所以没有将个人信息权规定为具体人格权，可能是因为个人信息保护制度还是一个较新的领域，对其研究还不成熟，某些问题学界尚未达成共识。因此，《民法总则》只是用反面排除的方式，对行为人不得侵害他人信息的义务作出了规定，而没有将个人信息权规定为一种具体人格权，以期待司法实践和法学理论发展对其不断完善。笔者认为，《民法总则》只是从消极层面规定了个人信息保护规则，而没有规定独立的个人信息权，此种做法存在一定的问题：一方面，在法律上确认个人信息权，有利于进一步明确个人信息权的各项具体权能，从而不仅宣示了个人所享有的个人信息权，而且也可以为权利人的具体行使和维护提供明确的指引。另一方面,在法律上明确规定个人信息权,也可以为特别法保护个人信息提供上位法依据。从域外经验来看,许多国家和地区的法律都确认了个人信息权,2018年的欧盟《通用数据保护条例》(GDPR)也将个人信息确认为一种权利,这一经验值得我们借鉴。此外,《民法总则》未规定个人信息权,也不利于区分个人信息权与其他权利(如隐私权、肖像权、姓名权),这可能会增加法律适用中的冲突。

第二,侵害个人信息的责任构成要件有待进一步完善。依据《民法总则》第111条,行为人不得非法进行数据处理活动,如何理解该条所规定的"非法"呢？在行为人非法处理个人信息时,是应当适用《侵权责任法》第6条第1款的规定,还是适用其他法律规定？对这些问题,该条文并没有作出明确规定。从域外经验看,信息处理的合法性通常以当事人的同意和法律的保留为前提。我国相关立法中虽然也涉及个人信息保护的内容,如相关的司法解释对网络环境中的个人信息保护作出了规定,但其缺乏全面性,没有将其保护范围扩张及于其他个人信息。[①] 因此,从立法层面看,我国目前仍然缺乏全面保护个人信息的法律依据,侵害个人信息的侵权责任构成要件仍不清晰。例如,如何界定非法利用个人信息行为,在何种情形下收集和处理个人信息不需要获得权利人同意,侵害个人信息权利是否必须造成实际的损害后果等一系列问题,均需要进一步明确。因此,为保障《民法总则》第111条关于个人信息保护规则的有效适用,应当在民法典人格权编中就上述问题作出细化规定。

第三,《民法总则》对安全维护权内涵不清晰,需要进一步完善。《民法总则》第111条虽然规定了"应当依法取得并确保信息安全",确立了个人信息的安全维护权,但并没有明确其内涵,即其是否仅指信息控制者本人不得非法利用、是否还包括防止他人的侵害行为等。《民法总则》没有对此作出细化规定与其规范模式存在密切关系,因为该条在规范个人信息保护规则时采用的是"行为排除模式",即只是从反面规定了他人不得为某些行为,而没有从正面对个人信息权的权利内容作出规定,这也有待于将来我国民法典的人格权编对此作出明确规定。

(二) 数据保护规则的完善

《民法总则》第127条规定:"法律对数据、网络虚拟财产的保护有规

[①] 例如,2014年10月10日起实施的最高人民法院《关于审理利用信息网络侵害人身权益民事纠纷案件适用法律若干问题的规定》第12条对利用网络侵害个人信息的行为作出了规定。

定的,依照其规定。"这一规定反映了 21 世纪互联网、大数据时代的需要,也顺应了高科技发展的要求,体现了 21 世纪的时代特征。现代社会,数据不仅具有重要的科研价值,而且具有重要的财产价值,数据作为一种无形财产,也可以成为民事权利的客体。数据本身作为一项综合性的权利,应当受到法律保护。关于数据保护,早在 1970 年,德国黑森州(Hesse)就制定了世界上第一部数据保护法。经济合作与发展组织发布的《隐私权保护及个人数据国际流通指南》(the Guidelines on the Protection of Privacy and Transborder Flows of Personal Data)的目的就是为了协调国家的数据保护立法和保护人权以及促进数据跨境流通之间的关系。欧盟《个人数据保护指令》的立法精神也是协调成员国立法,从而降低欧盟内部经济活动的障碍,同时,其确立了应当以保障国民的隐私权为前提的原则。数据中包含了大量的个人信息,但迄今为止,我国尚未颁行专门的个人信息保护法律,相关的个人信息保护法律规则分散于不同的法律法规之中。《民法总则》第 127 条规定为未来单独制定数据保护的法律提供了民事基本法依据。目前关于数据权利究竟是知识产权还是一般的财产权,或者是一种综合性的权利,存在不同看法。但是,法律对数据的保护不仅要保护数据本身的权利[①],还应当保护数据中所涉及的个人信息和隐私,数据的开发和利用不应非法侵害个人的隐私和个人信息。[②]

笔者认为,数据中包含的权利是多种多样的,由于大数据是对海量的信息所进行的收集、存储和分析,大量的数据涉及个人信息和隐私,甚至涉及个人的敏感信息和核心隐私。[③] 例如,将个人病历资料开发成大数据,或者将个人的银行存款信息汇总开发成大数据。如果对这些数据资料还没有进行匿名化处理,或者匿名化处理不完善,从相关的数据中仍然可以了解个人的相关信息和隐私,这就可能侵害个人信息权利和隐私权。通过大数据技术的运用,一些机构可以从相关的数据中分析出个人的身

[①] 目前关于数据权利究竟是知识产权,还是一般的财产权,或者是一种综合性的权利,存在不同看法。

[②] 参见姚维保、韦景竹:《个人数据流动法律规制策略研究》,载《图书情报知识》2008 年第 2 期。

[③] See Allen, Anita L., Protecting One's Own Privacy in a Big Data Economy, Harvard Law Review Forum, Vol. 130, Issue 2, December. 2016, pp. 71–78. also see Jarass, in: ders., EU-Grundrechte-Charta Art. 8, Rn. 5.

份、财产、消费习惯等方面的信息。① 如果这些信息经过整合后再投入数据黑市进行交易,就可能触犯刑法的规定,构成非法侵入计算机信息系统罪、侵犯公民个人信息罪等罪名。② 当然,即便行为人的上述行为不构成犯罪,也构成对他人个人信息权利和隐私权的侵害。因此,相关主体在收集、利用个人信息数据的同时,应当以保护当事人对个人信息的控制权利和隐私权为前提,信息的收集者和利用者应当负有保护个人信息和隐私的责任。③ 信息数据的收集和利用应当以保护个人信息权利和隐私权为前提,忽视个人信息权利和隐私权保护的数据收集和开发行为就像一颗炸弹,将对个人权利保护构成极大威胁。④ 保护数据中的个人信息的主要目的是为了维护个人自治及自我认同,从而维护个人的人格尊严。因此,数据开发中应当注重对个人信息的保护⑤,所以,在未来有必要强化对大数据中个人信息和隐私的保护,这是适应信息社会、大数据时代的特殊要求,也是面向 21 世纪的当然要求。

大数据技术本身的特点也要求强化对个人信息权利和隐私权的保护。⑥ 大数据技术能够通过特定的算法从信息中不断挖掘出新的信息,这就可能侵害个人信息权利和隐私权,同时,个人信息利用和流转过程中也存在多元的利益主体,这也可能对个人信息权利和隐私权的保护构成严峻挑战。⑦《民法总则》并未区分不同类型的数据分别进行保护。笔者认为,不同类型的数据应当有不同的法律保护规则,有些数据属于个人敏感数据,有些则属于一般数据,在保护方面应当有所区别,对敏感信息进行特殊保护。⑧ 从法律角度看,个人对其个人信息享有权利,这些权利主要包括以下几个方面:一是个人对其个人信息的利用权,即个人许可他人使

---

① See Allen, Anita L., Protecting One's Own Privacy in a Big Data Economy, Harvard Law Review Forum, Vol. 130, Issue 2, December. 2016, pp.71-78.
② 参见叶竹盛:《是时候给大数据套上法律笼头了》,载《新京报》2017 年 5 月 31 日。
③ Vgl. Gola/Klug/Körffer, in: Gola/Schomerus, BDSG, §13, Rn. 49.
④ 参见西坡:《隐私得不到保护的大数据无异于炸弹》,载《新京报》2017 年 2 月 18 日。
⑤ 参见刘静怡:《从 Cookies 以及类似资讯科技的使用浅论因特网上个人资讯隐私权保护问题》,载《科技资讯透析》1997 年第 10 期。
⑥ See Lenard, Thomas M., Big Data, Privacy and the Familiar Solutions, Journal of Law, Economics & Policy, Vol. 11, Issue 1, Spring. 2015, pp.1-32.
⑦ 参见范为:《大数据时代个人信息保护的路径重构》,载《环球法律评论》2016 年第 5 期。
⑧ 参见《欧盟数据保护一般规则》(EU-DSGVO)第 8 条,德国《联邦数据保护法》(BDSG)第 4a 条第 3 款都对特殊类型个人信息的处理设置了特别规范。

用其信息并获得报酬,属于商业化利用。二是对一般的信息收集未必都需要个人的同意,但如果是个人的敏感信息,则在进行大数据开发时,应当得到个人的同意。① 三是信息的安全维护权,即相关主体在开发个人数据时,对于所收集到的个人敏感信息,应当尽到安全维护义务,在个人信息存在泄露和不当利用的危险时,个人有权请求相关主体采取必要措施,以维护其个人信息的安全。四是个人信息保护权,即权利人在其个人信息遭受侵害时,有权禁止他人非法收集和处理其个人信息。

(三)《民法总则》第 185 条英雄烈士人格权益保护规则的完善

《民法总则》第 185 条对英雄烈士等人格利益的保护规则作出了规定,这是《民法总则》的重要创新。因为英雄、烈士是一个国家和民族精神的重要体现,是引领社会风尚的标杆,是人们行为的榜样。因此,该条强化对英雄烈士的姓名、名誉、荣誉等的法律保护,对于维护民族精神、弘扬社会公共道德、有效保护英雄烈士的人格利益、弘扬社会主义核心价值观,具有重要意义。② 从该条规定来看,其仍然有需要完善之处。

第一,应当扩大该条所保护的人格权益的范围。从该条规定来看,其仅保护英雄烈士等的姓名、肖像、名誉、荣誉四项人格利益,保护范围过小。事实上,除上述四项人格利益外,侵害英雄烈士等的其他人格权益,同样可能损害社会公共利益,应当受到法律的同等评价。③ 如侵害英雄、烈士等的隐私,此类行为应当受到法律的同等评价。因此,应当扩大该条所保护的人格权益的范围。

第二,明确保护的主体范围。从该条规定来看,其使用了"英雄烈士等"这一表述,关于如何理解该条所保护的主体范围,学界存在不同的观点。关于烈士的范围,我国专门颁行了《烈士褒扬条例》和《军人抚恤优待条例》,分别对公民被评定为烈士的条件和现役军人被批准为烈士的条件作出了规定。④ 因此,关于何为烈士,并不存在太大争议。不过笔者认为,关于该条所保护的主体范围,仍存争议,需要未来人格权立法予以细化。一是明确该条中"英雄"的内涵。关于该条中"英雄"的内涵,学界

---

① Vgl. Gola/Schomerus, in: ders., BDSG, §4a, Rn. 34.
② 参见石宏主编:《〈中华人民共和国民法总则〉条文说明、立法理由及相关规定》,北京大学出版社 2017 年版,第 440 页。
③ 参见王叶刚:《论侵害英雄烈士等人格权益的民事责任——以〈民法总则〉第 185 条为中心》,载《中国人民大学学报》2017 年第 4 期。
④ 参见《烈士褒扬条例》第 8 条、《军人抚恤优待条例》第 8 条。

存在一定的争议,一种观点认为,此处的"英雄"在性质上属于形容词,应当将该条的"英雄烈士"解释为"具有英雄品质的烈士"①;另一种观点认为,该条中的"英雄"属于名词,其属于与烈士并列的人,而且此处的"英雄"应当指已经去世的英雄人物。② 笔者认为,该条中的"英雄"应当属于名词,即属于与"烈士"并列的人,当然,从该条规定来看,其并没有要求"英雄"必须已经牺牲,因此,其既可以是已经牺牲的英雄,也可以是健在的英雄。所以,该条并不仅限于保护已经故去的英雄、烈士,还保护仍然健在的英雄等主体。二是明确该条中"等"的内涵。关于该条中"等"字的理解,有观点认为,本条中的"等"字有特定的指向,即指"在我国近现代历史上,为争取民族独立和人民自由幸福、国家繁荣富强作出了突出贡献的楷模","只要是能够作为民族精神的代表、民族文化的旗帜的人",都属于该条中"等"字的范畴。③ 笔者认为,该条使用"英雄烈士等"这一表述,表明该条的保护范围不限于英雄、烈士,也包括其他人的人格利益,但按照同类解释(Eiusdem Generis)规则④,其他人也应当是与英雄、烈士类似的人⑤,因此,该条并不包括一般的死者人格利益。

第三,明确公共利益的内涵。该条以损害社会公共利益作为行为人依据本条承担民事责任的条件,公共利益在性质上属于不确定概念,应当通过具体化等方式明确其内涵。否则,可能会不当限制个人的行为自由,使个人动辄得咎。因此,应当在我国民法典人格权编明确该条中公共利益的内涵,以保障该条的准确适用。

第四,明确该条民事责任的请求权主体。从该条规定来看,其以损害社会公共利益作为行为人依据本条承担民事责任的条件,表明该条的规范目的并不在于保护死者近亲属的利益,而在于保护社会公共利益。在符合该条民事责任构成要件的情形下,应当由谁向行为人提出请求,该条

---

① 参见张新宝:《〈中华人民共和国民法总则〉释义》,中国人民大学出版社2017年版,第400页。
② 参见杨立新:《英烈与其他死者人格利益的平等保护》,载法制网(http://www.legal-daily.com.cn/fxjy/content/2017-03/16/content_7056376.htm?node=70948),访问日期:2017年4月15日。
③ 参见张新宝:《〈中华人民共和国民法总则〉释义》,中国人民大学出版社2017年版,第402页。
④ 同类解释规则是指如果法律上列举了具体的人或物,然后将其归属于"一般性的类别",那么,这个一般性的类别就应当与具体列举的人或物属于同一类型。
⑤ 参见李适时主编:《中华人民共和国民法总则释义》,法律出版社2017年版,第580页。

规定并没有明确。有观点认为,应当由国家公权力机关提起诉讼。① 笔者认为,鉴于该条的规范目的在于保护社会公共利益,因此,在符合该条规定的情形下,相关的公权力机关或者公益性团体都应当有权提出请求。

第五,明确公权力机关提起的诉讼与受害人本人或者其近亲属损害赔偿请求权的关系。《民法总则》第 185 条的规范目的应当在于保护社会公共利益,其所规定的民事责任与受害人本人或者其近亲属请求行为人所承担的民事责任不同,这就需要明确两种民事责任之间的关系。《民法总则》第 185 条并未对此作出规定,需要民法典人格权编予以完善。笔者认为,两种责任应当可以并存,也就是说,在行为人侵害英雄烈士等人格权益的情形下,行为人除需要依据《民法总则》第 185 条的规定承担民事责任外,受害人本人或者其近亲属也应当有权请求行为人承担侵权责任。②

上述内容都有待在民法典人格权编作出细化规定。实际上,除了《民法总则》规定的内容之外,人格权涉及的内容和范围十分宽泛,许多规则都需要通过独立的人格权编予以进一步完善。

三、《民法总则》有关人格权规定的有效实施应通过人格权法而非侵权责任法实现

诚然,传统大陆法系民法如《德国民法典》,主要是通过侵权法的规则对人格权提供保护。我国《侵权责任法》第 2 条就所保护的权利范围列举了 18 项权利,其中近半数是人格权,由此表明了对人格权保护的高度重视。该法第 15 条规定的 8 种救济方式以及该法第 22 条规定的精神损害赔偿都可以适用于人格权的侵害。应当看到,我国《侵权责任法》通过扩张权利范围以及采用形式多样的责任形式,强化了人格权的保护,并且人格权法中所规定的具体行为规范,也有助于侵权责任的认定,二者关联密切。所以,将人格权法置于侵权法中的观点,与将人格权法置于主体制度的主张相比,应当说更具有说服力。然而,侵权责任法和人格权法之间仍然存在明显的区别,民法典侵权责任编无法完全替代人格权编。

---

① 参见张新宝:《〈中华人民共和国民法总则〉释义》,中国人民大学出版社 2017 年版,第 403 页。
② 参见王叶刚:《论侵害英雄烈士等人格权益的民事责任——以〈民法总则〉第 185 条为中心》,载《中国人民大学学报》2017 年第 4 期。

第一,侵权责任编不能从正面确认各项具体人格权。一方面,侵权责任法主要是救济法,它主要对已经遭受的侵害进行救济,因此其主要功能不是确认权利,而是保护权利。只有通过独立的人格权编规定各类人格权及其内容、效力等,才能为侵权责任编对人格权的救济提供基础。例如,侵权责任编虽然可以通过侵权责任保护隐私权,但无法从正面确认隐私权,也无法规定隐私权的具体内容。另一方面,随着人格权的发展,人格权的类型和内容越来越多样化。例如,名誉权的内容不同于肖像权的内容,而公民的姓名权与法人的名称权的内容也不完全相同(因为法人的名称权可以转让,而公民的姓名权不能转让)。公民、法人所享有的各项具体人格权及其内容是不能通过侵权责任法加以确认的,而必须在人格权法中具体规定。对于如此纷繁复杂的权利类型,侵权责任法作为救济法的特点决定其不能涉及,也无法涉及。还应当看到,如果人格权的具体规则都规定在侵权责任编中,也可能导致侵权责任编的规则过于分散,因为侵权责任编不仅保护人格权,而且还包括其他许多绝对权利,如物权(包括所有权、用益物权和担保物权)、知识产权等,如果将人格权的规则规定在侵权责任编,是否对各项绝对权都要在每一个侵权责任规则中具体予以列举呢? 可见,将人格权规则主要规定在侵权责任编,可能给侵权责任编的规则设计造成重大困难。

第二,侵权责任编不宜规定各项人格权的具体内容。我国《侵权责任法》第2条虽然宣示要保护8项人格权,但并没有也不可能进一步地规范各种权利的具体权能。未来我国民法典侵权责任编也不宜对各项人格权的具体内容作出详细规定,因为每一种人格权都具有其自身的作用或功能,这些权能不是单一的,而是多样的。例如,全国人民代表大会常务委员会于2014年颁行了《关于〈中华人民共和国民法通则〉第九十九条第一款、〈中华人民共和国婚姻法〉第二十二条的解释》(以下简称《解释》),该《解释》对姓名权的内涵、效力等规则作出了规定,该规则属于确认权利性质的规定,而不属于侵权保护的规定,难以纳入侵权责任法的调整范围。再如,隐私权的内容可以进一步类型化为独处的权利、个人生活秘密的权利、通信自由、私人生活安宁、住宅隐私等。就个人生活秘密而言,又可以进一步分类为身体隐私、家庭隐私、个人信息隐私、健康隐私、基因隐私等。不同的隐私因为类型上的差异,在权利的内容以及侵权的构成要件上,都可能有所差异。公民和法人的人格权不论是一般人格权还是各项具体人格权,都具有较为丰富和复杂的权利内容,正是在这个意义上,只有制定人格权编,才能全面确认人格权的各项具体内容,充分体现私权行使和保护的需求。

第三,侵权责任编不宜详细规定人格权的利用、行使等规则。法律不仅要列举与表彰各种权能,也要具体规定各种权能的行使与表现效果。尽管人格权原则上不能转让,但权利人可以许可他人对其人格权进行利用。① 例如,肖像权的使用权能可以转让,法人的名称权可以转让。尤其是如果未来人格权法中规定个人信息权,也必须规定该权利的利用规则。《民法总则》第110条只是列举了民事主体所享有的各项具体人格权,而没有对其具体利用权能作出规定,这有待于将来的民法典分则作出细化规定。侵权责任编虽然也可以对人格权保护规则作出规定,但其主要是从消极层面规定行为人的义务,难以对人格权的利用、行使规则作出规定。此外,从实践来看,人格权益的许可使用是当事人通过合同实现的,其虽然可以适用合同的一般规则,但人格权商业化利用的一些特殊规则,如哪些人格权益可以进行商业化利用、人格权商业化利用的损失认定、人格权许可使用合同的解除等,仅通过当事人约定无法解决,合同编也不可能对人格权商业化利用的特殊规则作出细化的规定。这就需要在民法典人格权编中对此作出规定。

第四,侵权责任编无法规定权利的冲突及其解决规则。人格权在行使过程中,常常会与其他权利发生冲突。如实践中常见的人格权与财产权、隐私与新闻自由、名誉权与舆论监督等权利的冲突。人格权在行使过程中,也可能与公权力的行使发生冲突。还应看到,各项具体人格权之间也可能发生交叉和冲突,从而需要在人格权法中确立解决冲突的规则。例如,当生命权与财产权发生冲突时,应当优先保护生命权;当肖像权与肖像作品著作权发生冲突时,优先保护肖像权。而侵权责任编不能解决权利行使和权利冲突的问题。此外,为了维护公共利益、社会秩序等,在法律上有必要对人格权作出一定的限制,这些限制规则(如对公众人物人格权的限制、人格权权利不得滥用、人格权与言论自由的关系等)不能在侵权责任编中规定,而只能由人格权编加以规定。从这个意义上说,人格权法的独立成编,也可以起到和侵权责任编相互配合的作用。

第五,侵权责任编无法规定对人格权的限制制度。人格权是一种具体的权利,基于公共利益的维护等目的,可以对人格权进行一定程度上的

---

① 参见王叶刚:《人格权中经济价值"可让与性"之反思——以人格尊严的保护为视角》,载《广东社会科学》2014年第2期。

限制,除了生命健康权因其固有属性具有不可限制性以外,许多人格权都要在不同程度上依法受到限制。比如,《解释》就规定:公民依法享有姓名权。公民行使姓名权,还应当尊重社会公德,不得损害社会公共利益。公民原则上应当随父姓或者母姓。有下列情形之一的,可以在父姓和母姓之外选取姓氏:(一)选取其他直系长辈血亲的姓氏;(二)因由法定扶养人以外的人扶养而选取扶养人姓氏;(三)有不违反公序良俗的其他正当理由。少数民族公民的姓氏可以从本民族的文化传统和风俗习惯。这些规定都是对姓名权行使的限制,无法在侵权责任法中作出规定。尤其是对公众人物的人格权,法律要作出必要的限制。所谓"公众人物无隐私",也意在强调公众人物人格权应当受到限制。有关人权的国际或区域性条约或公约也一般承认隐私权的可克减性。然而,如果将人格权置于主体制度中,则必然和权利能力不受限制的原则相矛盾。

第六,侵权责任编并不能替代具体的行为规范。侵权责任法重点在于侵害权利之后的救济,但是,侵权责任的构成往往以行为人违反具体的行为义务作为要件,侵权责任法无法具体规定他人对于人格权的具体行为义务。人格权法则可以更为细致地从正面规定权利人所享有人格权的具体范围,同时从反面更为细致地规定他人对人格权主体所承担的具体行为义务。这既有助于具体认定侵权责任的构成,又能发挥对社会公众的行为引导作用。

对人格权的侵权保护规则是否需要在人格权法中作出规定的问题,一直存在争议。笔者认为,侵权责任形式规定着眼于对各种绝对权的保护,而没有考虑人格权保护的特殊性。通过在人格权法中规定人格权的特殊保护规则,更有利于实现对人格权的全面保护,发挥预防侵害的作用。还应当看到,在将来我国民法典侵权责任编不太可能对侵害人格权的侵权责任全面具体地作出规定的情形下,更应当通过独立成编的人格权法对侵害人格权的侵权责任作出规定。例如,我国《侵权责任法》对精神损害赔偿仅规定了一条(第22条),而精神损害赔偿又是专门保护人格权的措施,实践中,有关精神损害赔偿的案件大量出现,且不断增长[1],为保障法官依法公正裁判,有必要在人格权法中对精神损害赔偿作出详细规定。再如,对侵害人格权益的财产损害赔偿责任、侵害人格权益的惩罚性赔偿、侵害人格物和死者人格利益的保护规则等,都可以在人格权编作

---

[1] 在中国裁判文书网以"精神损害"为关键词进行检索民事案件,可以搜到925 899份民事裁判文书。

出细化规定,这些规定可以与侵权责任法的相关规则有效衔接,对于全面保障人格权具有重要意义。因此,通过独立成编的人格权法对侵害人格权的侵权责任规则作出规定,比在侵权责任编中对其作出规定,于立法技术上更为合理。

结　语

正在编纂的我国民法典应当成为21世纪民法典的代表之作,并屹立于世界民法典之林。在我国民法典中设立独立的人格权编,有利于强化对人格权的保护,也可以彰显我国民法典的中国特色和时代特征。人格权编的设立,将使我国民法典体系更为周延和完备,并成为中国民法典在21世纪对民法体系的重大发展与贡献。

民法人格权编(草案)的亮点及完善*

十三届全国人大第五次会议审议了《民法典(草案)》(一审稿)(以下简称《草案》),这是继 2017 年《民法总则》颁行后,民法典编纂迈出的第二步,也是民法典编纂进程中最为关键的一步。《草案》将人格权作为独立的一编加以规定,该编下设六章,包括 45 个条文,详细规定了生命权、身体权、健康权、姓名权、名称权、肖像权、名誉权、荣誉权、隐私权、个人信息等权益,并规定了人格权保护的一般规则。将人格权单独成编规定是我国民法典体系顺应时代需求而进行的重大创新,是落实十九大报告精神的具体体现,也是新时代全面保障个人人格尊严、保障人民体面生活的重要举措。人格权独立成编有利于弘扬社会主义核心价值观,充分彰显了民法典编纂的中国特色。①

一、《草案》进一步完善了民法典的体系结构

人格权独立成编进一步完善了民法典的体系结构。民法典体系是按照一定逻辑科学排列的制度和规则体系,它是成文法的典型形态。法典化就是体系化,大陆法系之所以称为民法法系,就是因为它以民法典为基本标志。民法典的体系包括形式体系(即民法典的各编以及各编的制度、规则体系)和实质体系(即民法典的价值体系),就形式体系而言,潘德克顿学派主张,以法律关系特别是以民事权利为中心来构建民法体系,按照这一体例,人格权放在分则之中,也完全符合这个体系的内在逻辑,但《德国民法典》的五编制体系并没有规定人格权,存在着"重物轻人"的体系缺陷。我国《民法总则》第 2 条在规定民法的调整对象时,将民法的调整对象确定为人身关系和财产关系,财产关系已经在分则中分别独立成编,体现为物权编、合同编,而人身关系主要分为两大类,即人格关系和身份

---

* 原载《中国法律评论》2019 年第 1 期。
① 参见朱宁宁:《多位常委会委员建议 应将人格权编放在民法典分编之首》,载《法制日报》2018 年 9 月 4 日。

关系,身份关系将由婚姻编、继承编予以调整。如果不设置独立的人格权编,则民法典分则所调整的人身关系将仅限于身份关系,人格关系并未在分则中具体展开,这将导致民法典分编与民法总则规定之间的不协调,也不符合民法典所应调整的范围。另外,如果不设置独立的人格权编,也使得民法典分则体现出强烈的财产法主导的色彩,这可能使我国民法典产生与传统大陆法系民法典类似的"重物轻人"的缺陷。《草案》将人格权作为独立的一编加以规定,正好弥补了这一缺陷。这也表明,我们的民法本质上是一部权利法,《草案》通过全面保障民事权利,充分体现和贯彻了法治的价值。

人格权独立成编是我国长期以来民事立法经验的总结,与《民法通则》和《民法总则》的规定实质上是一脉相承的,也是完全一致的。基于对"文革"期间严重侵害个人人格权、践踏人格尊严(如对所谓"牛鬼蛇神""戴高帽"、"架飞机"、挂牌子、剃"阴阳头"、游街示众等)的现象的反思,《民法通则》以专章的形式规定民事权利,并明确规定了人格权,具体列举和规定了公民所享有的各项人格权,这是我国人权保障道路上具有里程碑意义的大事。我国《民法通则》当初之所以被称为"民事权利宣言书",就是因为单设了民事权利一章,尤其是其中专门规定了人身权(主要是人格权);《民法通则》的这些规定都应当在未来的民法典中加以具体展开。《民法通则》将人格权与物权、债权等权利并列规定,表明该权利与物权、债权一样,应当独立成编。《民法总则》在《民法通则》规定的基础上,将人格权作为具体权利,与物权、债权、继承权等并列规定,其他的权利都将在民法典分则中独立成编,人格权也当然应当在分则中独立成编加以规定。

从体系上看,《草案》的规定具有如下特点:

1. 体系的完整性

《草案》既规定了一般人格权(《草案》第774条第2款),也规定了具体人格权(包括生命权、身体权、健康权、姓名权、名称权、肖像权、名誉权、荣誉权、隐私权);既包括物质性人格权,也包括标表性和精神性人格权;既规定了人格权,也规定了人格利益(个人信息等);既规定了个人生前享有的人格权益,也规定了个人死后的人格利益保护(《草案》第777条);既规定了实体空间人格权的保护,也规定了网络环境下人格权的保护;此外,《草案》还规定了各种人格权在行使中可能涉及的各种法律保护问题,如禁止性骚扰、非法跟踪、偷拍偷录,维持信用记录准确完整,保障个人的基因和遗传信息隐私等。

2. 保护权益范围的开放性

从比较法上来看,人格权作为一项主观权利在法律上得到了广泛认可。① 人格权支配的是人格利益,所以需要借助法律的确认,才能使个人对其人格利益的支配合法化,但人格权不可能像物权那样完全绝对法定化,因为随着社会生活的发展,各种新型人格利益将不断涌现,人格权完全绝对法定化将不利于新型人格利益的保护,这就需要保持人格权体系的开放性。例如,伴随着人工智能的发展,个人声音的利用方式也越来越多样化,声音作为一种人格利益的保护也会越来越重要。这就有必要在民法典中保持人格权体系的开放性,形成人格权保护的兜底条款。正是因为这一原因,《草案》第774条第1款在宣告民事主体的人格权受法律保护的同时,该条第2款又规定:"除本编规定的人格权外,自然人享有基于人身自由、人格尊严产生的其他人格权益。"该条使用"其他人格权益"的表述,表明了除民法典具体规定的人格权受到法律保护之外,即便民法典没有明确规定的人格利益,也同样受到法律保护,这就保持了人格权益体系的开放性。

《草案》在规定各项具体人格权时,也保持了各项具体人格权规则的开放性,具体而言:

第一,姓名权、名称权的扩张保护。《草案》第797条规定:"具有一定社会知名度、为相关公众所知悉的笔名、艺名、网名、简称、字号等,被他人使用足以致使公众混淆的,与姓名和名称受同等保护。"依据这一规定,如果笔名、艺名、网名等能够识别个人的身份,具有一定社会知名度、为相关公众所知悉的,则其也应当受到人格权法保护。《草案》之所以作出此种规定,主要是基于如下原因:一方面,这些符号与特定个人的身份、人格尊严具有内在的联系,对他人笔名、艺名、网名的冒用,以其名义发布信息,会对特定个人的公众形象与声誉等带来损害。正如王泽鉴先生所指出的,"凡在社会交易及生活上具有识别性功能的标志,均应纳入受'姓名权'保护的范围"②。另一方面,笔名、艺名、网名有时候还具有一定的商业价值,对这些特定符号的保护,有利于防止不诚实的商业行为和不正当

---

① Vgl. Leuze, Die Entwicklung des Persönlichkeitsrechts im 19 Jahrhundert, 1962, S. 93; Neethling, JM Potgieter and PJ Visser, Neethling's law of personality, LexisNexis South Africa, 2005, pp. 6-7.

② 王泽鉴:《人格权法》,2012年自版,第139页。

竞争行为,有利于维护社会经济秩序。

第二,肖像权的扩张保护。学理上通常将肖像的内涵限于以面部特征为中心的外部形象,即肖像应当再现自然人的面部特征,自然人的其他身体特征即便能够反映个人的外在形象,也不应当属于肖像。① 但《草案》在总结司法实践经验的基础上,于第798条规定:"本法所称肖像是通过影像、雕塑、绘画等方式在一定载体上所反映的特定自然人可被识别的外部形象。"由此可见,《草案》在规定肖像的内涵时已经放弃了"以面部为中心"的理论,而转向"可被识别"性的标准。例如,某人特有的肢体动作、背影等,如果为相关公众所知悉,能够对外展现个人的形象,则应当受到法律保护。所以,肖像是指通过摄影、雕塑、录像、电影等方式在一定载体上所反映的特定自然人可被识别的外部形象。从"以面部为中心"到"可被识别"性的转化,旨在扩大肖像的保护范围,符合肖像权制度设立的初衷。例如,擅自在网上披露他人的侧影照,即使没有展现他人的面部特征,也可能构成对肖像权的侵害。

第三,隐私权内涵界定的开放性。关于隐私权的客体,《草案》第811条第2款规定:"本法所称隐私是具有私密性的私人空间、私人活动和私人信息等。"该条在列举私人空间、私人活动和私人信息这三项隐私权客体时,还使用了"等"字这一兜底性的规定,这就保持了隐私权内涵的开放性。同时,《草案》第812条还对侵害隐私权的行为作出了规定,该条第5项规定,"以短信、电话、即时通信工具、传单、电子邮件等方式侵扰他人的生活安宁",构成对他人隐私权的侵害,该规定实际上就确立了对私人生活安宁的保护。可见,《草案》采用了正、反两方面规定的方式界定了隐私权的内涵,保持了隐私权内涵的开放性。

第四,个人信息内涵的开放性。《草案》第813条对个人信息作出了规定,该条基本沿袭了《网络安全法》第76条关于个人信息的定义,但该条所保护的个人信息范围更加广泛,即不再限于网络环境下的个人信息保护。尤其是该条在列举个人信息的类型时采用了"等"字这一表述,表明个人信息的类型不限于明确列举的类型,这也保持了个人信息内涵的开放性。

3. 行为规范和裁判规范的统一结合

所谓行为规范,是指调整对象指向受规范之人的行为,要求受规范之人趋向于这些规范所规定内容而行为。所谓裁判规范,是指调整对象指

---

① 参见郭明瑞、张玉东:《肖像权三题》,载《浙江工商大学学报》2014年第1期。

向法律上裁判纠纷之人或者裁判机关,要求他们依这些规范所规定内容为标准进行裁判。一方面,《草案》规定了大量的行为规范。例如,《草案》第 790 条第 2 款规定:"用人单位应当在工作场所采取合理的预防、投诉、处置等措施,预防和制止性骚扰行为。"该条规定对用人单位采取必要措施预防性骚扰的义务作出了规定。《草案》对行为规范作出规定,确立了人与人正常交往关系的规范,是社会公共道德和善良风俗的反映,有助于建立人与人正常和睦的生活关系,维护社会生活的和谐与稳定。另一方面,《草案》确立了一些裁判规范,为法院审理民事纠纷提供了明确的依据。《草案》全面列举和保护人格权,并设置了一系列保护人格权的特殊措施,例如规定人格权请求权(《草案》第 788 条第 2 款),认定侵害人格权的民事责任所应考虑的因素(《草案》第 779 条),诉前禁令(《草案》第 780 条),违约产生的精神损害赔偿(《草案》第 782 条),等等,未来将为法院的司法裁判提供便利,便于法官的找法以及释法工作,一定程度上也有利于提高司法效率甚至直接关系到司法公正。人格权的独立成编将为法官在裁判人格权纠纷中找法提供极大的便利,也有利于保障司法裁判的统一。

4. 预防和救济的结合,各种救济方式的结合运用

一方面,在网络时代,应当更加重视对人格权侵权行为的预防,因为与传统社会的信息传播方式不同,网络信息的传播具有即时性,而且网络的无边界性以及受众的无限性,也使得网络环境对信息的传播具有一种无限放大效应,网络信息一经发布,可以瞬间实现全球范围的传播,损害后果将被无限放大。尤其是在网络环境下,侵害人格权的损害后果往往具有不可逆性,损害一旦发生,即难以恢复原状,这就需要更加重视对侵害人格权侵权行为的预防。为此,许多国家都采用了禁令、删除、屏蔽、断开链接等各种方式来保护网络侵权的受害人,以防止损害的进一步扩大。《草案》在积极总结我国司法实践经验并借鉴外国经验的基础上,也进一步强化了对人格权的预防,主要表现在:一是《草案》于第 780 条规定了禁令制度,强化了对人格权侵害的事先预防。二是在人格权遭受侵害的情况下,《草案》第 778 条第 1 款规定:"侵害民事主体人格权的,应当依照本法和其他法律的规定承担停止侵害、排除妨碍、消除危险、赔偿损失、消除影响、恢复名誉、赔礼道歉等民事责任。"这些方式既体现了对侵害人格权行为的事先预防,又体现了对侵害人格权损害后果的事后救济,显然是采用了多种方式对人格权进行救济。三是《草案》第 790 条规定了用人单位

应当采取合理的预防、投诉、处置等措施,预防和制止性骚扰行为,这都有利于遏制性骚扰行为的发生。四是《草案》第 808 条和 815 条规定了在信息错误情形下的更正权,这也有利于预防损害的发生。

二、《草案》的重要亮点

《草案》基于中国的现实,参考比较法上人格权制度的最新发展趋势,在人格权的诸多重要制度中进行了非常重要的创新,为 21 世纪世界各国共同面临的人格权立法问题提供了中国方案和贡献。从《草案》的内容来看,其立足于解决我国现实问题,认真总结了我国现行法律、行政法规和司法解释经验,将为解决 21 世纪人类共同面临的人格权保护问题提供中国智慧、中国方案。《草案》的规定将会成为我国民法典的最大亮点。笔者认为,《草案》有以下十处亮点值得充分肯定:

第一,《草案》严格区分了人格权与人格的概念。从比较法上看,各国都区分了人格与人格权,并未产生混淆,人格是指主体资格,一般与民事权利能力相对应,而人格权则是民事主体所享有的民事权利。我国自《民法通则》颁布以来,就严格区分了人格与人格权的概念,在《民法通则》中,与"人格"相对应的概念是民事权利能力,规定在主体制度中,而人格权则规定在"民事权利"一章中。《民法总则》继续沿袭了这一立法传统,在主体制度部分规定了民事权利能力,解决主体资格问题,而在"民事权利"一章中规定了人格权,将其作为一项基本的民事权利加以规定,这实际上也是严格区分了人格与人格权。《草案》人格权编单独规定人格权,而没有将其作为主体资格规定在民事主体部分,实际上也是严格区分了人格权与人格两个概念,这一做法符合我国自《民法通则》以来的民事立法传统,与《民法通则》《民法总则》的立法精神也是一脉相承的。

第二,《草案》区分了人格权与人权的概念。人权主要是宪法上的概念,其强调的是国家和个人之间的关系,个人享有人权,就意味着国家负有保护个人人权的义务。作为宪法上的权利,人权指向的对象主要是国家,约束的义务主体主要是公权力机构。而人格权则主要是民法上的概念,民法上人格权强调的是民事主体之间的关系,其常常被认为是私法上的人权[1],所约束的义务主体为私法关系的当事人。另外,人格权被认为是

---

[1] See Gert Brüggemeier, Aurelia Colombi Ciacchi and Patrick O'Callaghan, (ed.) Personality Rights in European Tort law, Cambridge University Press, 2010, p.5.

私法所确认的保护人的精神利益的权利,可以直接受到侵权法的保护;而人权并不一定都通过侵权法来保护;《草案》第773条就规定"本编调整因人格权产生的民事关系",立法机关在《草案》的说明中也指出,"人格权编这一部分,主要是从民事法律规范的角度规定自然人和其他民事主体人格权的内容、边界和保护方式,不涉及公民政治、社会等方面权利"①。这表明人格权编调整的是平等民事主体之间的民事权益关系,而不调整国家和个人之间的人权关系。从《草案》的内容来看,其所规定的各项人格权也并没有涉及公法上的权利义务问题,而主要彰显了人格权的私权属性。

当然,宪法上的人权与人格权关系十分密切。一方面,当代的司法实践和理论都承认,人权也可以产生所谓第三人效力,约束私法关系的当事人;在基本权利被私法主体侵犯的情况下,私法主体同样应承担民事侵权责任,这是法治保障权利精神的具体体现;侵犯基本权利适用民事责任的现象,也被称为"基本权利的民事化"②;另一方面,强化人格权的保护,有助于全面落实宪法保障人权的精神。人权对人格权的发展能产生重要的推动作用,人格权的立法在很大程度上是对宪法的人权保护条款的落实和具体化。民法人格权在其具体适用中会不可避免地要参照相应的宪法基本权利条款的价值和精神,这被称为"民事权利的基本化"③。因此,宪法上的人权与人格权存在密切的双向互动关系。当然,这种密切的联系并不能否认二者之间仍然存在一些明显的差异。

第三,《草案》细化规定了法人、非法人组织人格权的规则。在法人、非法人组织的名称权方面,《草案》第一次将简称、字号等纳入保护范围。简称是指法人和非法人组织名称的缩减。例如,中央电视台简称"央视",阿里巴巴简称"阿里"等,简称在性质上并不属于名称,因此无法直接适用名称权的保护规则,但与名称一样,简称也可以起到标识法人、非法人组织的作用,尤其是许多法人、非法人组织的简称具有一定的社会知名度,能够为相关公众所知悉,应当受到法律保护。例如,"腾讯""阿里""清华"等,都是相关主体的简称,但为社会公众广泛了解,应当受到法律保

---

① 沈春耀:《关于提请审议民法典各分编草案议案的说明》,载中国人大网(http://www.npc.gov.cn/npc/cwhhy/13jcwh/2018-08/27/content_2059319.htm),访问日期:2018年9月3日。
② 石佳友:《人权与人格权的关系——从人格权的独立成编出发》,载《法学评论》2017年第6期。
③ 石佳友:《人权与人格权的关系——从人格权的独立成编出发》,载《法学评论》2017年第6期。

护。在实践中也发生了一些法人简称纠纷。例如,泸州医学院改名为四川医科大学后,即与四川大学就"川医"的简称发生了争议。①关于简称的保护,《民法总则》虽然规定了法人、非法人组织的名称权,但并没有对法人、非法人组织的简称保护作出规定,这也需要类推适用名称权的规则。《草案》第797条规定:"具有一定社会知名度、为相关公众所知悉的笔名、艺名、网名、简称、字号等,被他人使用足以致使公众混淆的,与姓名和名称受同等保护。"该规定将简称纳入名称权的保护范围,对于保护法人、非法人组织的利益具有重要意义,尤其是在制止不正当竞争行为方面具有极其重要的价值。

第四,《草案》对人格权请求权作出了明确规定。该《草案》第778条规定:"侵害民事主体人格权的,应当依照本法和其他法律的规定承担停止侵害、排除妨碍、消除危险、赔偿损失、消除影响、恢复名誉、赔礼道歉等民事责任。"该条对人格权请求权作出了规定,并区分了人格权与侵权损害赔偿请求权,这种区分主要表现在:一是是否考虑过错不同。侵权损害赔偿之债一般适用过错责任原则,其成立需要受害人证明行为人主观上存在一定的过错。侵权损害赔偿也是救济人格权的重要方法,但此种责任形式在构成要件上原则上要求过错②,从而保障一般行为自由,实现行为的可预期性。而人格权请求权在性质上属于绝对权请求权,绝对权请求权的目的都在于恢复个人对其绝对权利益的圆满支配状态,人格权请求权也不例外,因此该请求权的行使并不要求行为人具有过错。二是是否具有对人格权侵害的预防功能不同。侵权损害赔偿主要是一种事后的救济,是在各种绝对权遭受侵害的情况下对受害人的事后补救,而人格权请求权并不完全侧重于对损害的事后救济,而侧重于对损害的事先预防。例如,在侵害隐私权和个人信息权时,受害人有权要求采取更正、删除、封锁、补充等措施,以保护其权利。也正因如此,人格权请求权的适用不以损害的实际发生为前提,而仅需要人格权受到妨害或者有受到妨害的可能。三是是否要求证明实际损害不同。因为人格权请求权的主要目的在于"防患于未然",因此其并不要求损害已经实际发生,在人格权益存在受损的风险时,权利人即可以要求行为人消除危险,而在侵害行为正在进行

---

① 参见《川大致函反对泸州医学院更名 教育部:正处理更名争议》,载《中国青年报》2015年6月18日。

② 参见王泽鉴:《人格权法:法释义学、比较法、案例研究》,北京大学出版社2013年版,第394页。

时,虽然侵害结果还没有发生,权利人也可以要求行为人停止侵害。由于侵权损害赔偿之债以填补受害人实际损害为主要目的,因此,其适用需要受害人证明其遭受了实际损害,在被侵害人证明存在实际的精神或者物质损害之后,行为人才需要承担损害赔偿责任。所以一般认为,侵权损害赔偿请求权以补偿功能(die Kompensationsfunktion)为主要功能,妨碍排除请求权更强调预防功能(die Präventionsfunktion),不具有补偿功能。① 四是是否以构成侵权为适用条件。对侵权损害赔偿请求权而言,其适用前提是行为人的行为已经构成侵权。而人格权请求权的功能在于维持权利人对其人格利益的圆满支配状态,其适用并不需要行为人的行为已经构成侵权。② 例如,有关新闻媒体、网站所刊载的报道内容失实或者有明显错误,侵害他人人格权的,受害人有权要求新闻媒体、网站及时更正。上述情形并不一定要求行为人的行为构成侵权,也不要求权利人必须证明行为人的行为应当承担侵权责任。五是是否适用诉讼时效不同。侵权损害赔偿之债作为一种债的关系,应当适用诉讼时效制度。当然,除损害赔偿责任,许多责任形式也难以适用诉讼时效。例如,就停止侵害、排除妨害等责任形式而言,由于相关的侵害行为处于持续状态,因此难以适用诉讼时效制度。《民法典(草案)》(一审稿)第778条第2款规定:"民事主体依照前款规定提出的停止侵害、排除妨碍、消除危险、消除影响、恢复名誉、赔礼道歉请求权不受诉讼时效的限制。"因此,人格权请求权作为一种绝对权请求权属性的权利,本身不应受到诉讼时效的限制。人格权请求权的确立,不仅构建了人格权保护的完整体系,完善了人格权遭受侵害和妨害的救济规则。同时,也构建了系统完整的请求权体系,完善了我国民法对民事权利保护的制度构建。

《草案》所规定的人格权请求权还可以表现为信息错误更正权、删除权等权利,这些权利的行使即便在没有发生侵权的情形下,受害人也可以行使这些权利,这也是人格权请求权与侵权损害赔偿请求权的区别所在,因为侵权损害赔偿请求权的适用应当是发生侵权为前提。《草案》第808条规定:"民事主体可以依法查询自己的信用评价;发现信用评价错误或者侵害自己合法权益的,有权提出异议并要求采取更正、删除等必要措施。"《草案》第815条第1款规定:"自然人可以向信息持有人依法查阅、抄录或者复制其个人信息;发现信息有错误的,有权提出异议并要求及时

---

① Vgl. Staudinger/Karl-Heinz Gursky, 2012, BGB § 1004, Rn. 139.
② 参见杨立新、袁雪石:《论人格权请求权》,载《法学研究》2003年第6期。

采取更正等必要措施。"从这些规定来看,《草案》实际上已经区分了人格权请求权与侵权损害赔偿请求权。在人格权请求权与侵权损害赔偿请求权分离之后,我国民事立法中就会形成完整的绝对权请求权体系,这就是由物权请求权、人格权请求权和知识产权请求权组成的体系。绝对权请求权与侵权损害赔偿请求权相分离,将使我国民法权利保障制度更加完善。

第五,《草案》明确规定了诉前禁令制度。所谓诉前禁令,是指民事主体面临正在实施或有侵害人格权之虞的行为,有权在起诉前依法向人民法院申请采取责令停止有关行为的措施,以防止损害的实际发生或扩大。《草案》第780条对此作出了规定,"民事主体有证据证明他人正在实施或者即将实施侵害其人格权的行为,如不及时制止将会使其合法权益受到难以弥补的损害的,可以在起诉前依法向人民法院申请采取责令停止有关行为的措施"。从比较法上看,在人格权遭受威胁或者持续侵害的情形下,几乎所有的法律体系中都采用了禁令制度,以防止损害后果扩大。[①] 在最终判决作出之前,法官还可以作出预先裁决,责令行为人停止出版、禁止发行流通,或责令将出版物全部或部分予以查禁。[②] 德国法也经常采用禁止令对侵害人格权的行为进行规制。[③] 由于禁令的适用并不要求具有不法性,也不要求具有过错[④],在互联网和大数据时代,这一救济方式对人格权的保护具有重要意义。在我国司法实践中,有的法院已经在侵害人格权的责任中采用了禁令的方式。例如,在钱钟书书信案中,法院就采取了此种方式。禁令不同于停止侵害,禁令既有诉前的禁令,也有诉讼中的禁令,两种禁令的功能都在于预防损害,不论是针对已经发生的损害,还是尚未发生的损害,都可以借助禁令的方式予以预防。对诉前禁令而言,行为人的行为是否构成侵权尚不确定,而停止侵害则一般要求侵害行为正在进行,而且行为人的行为已经构成侵权。可见,与停止侵害不同,在相关的侵害行为尚未实施时,如果民事主体有证据证明他人正在实施或者即将实施侵害其人格权益的行为,而不及时制止将会使其合法权益

---

① Vgl. E. Guldix, A. Wylleman, De positie en de handhaving van persoonlijkheidsrechten in het Belgisch privaatrecht, Tijdschrift voor Privaatrecht 1999 1585, p. 1645 ff.

② 参见〔奥〕赫尔穆特·考茨欧、〔奥〕亚历山大·瓦齐莱克主编:《针对大众媒体侵害人格权的保护:各种制度与实践》,匡敦校等译,中国法制出版社2012年版,第170页。

③ Vgl. BGHZ § 138, 311, 318.

④ Vgl. U. Kerpen, Das internationale Privatrecht der Persönlichkeitsrechtsverletzungen-Ein Untersuchung auf rechtsvergleichender Grundage, 2003, S. 26.

受到难以弥补的损害的,可以依法向人民法院申请采用禁令的方式,预防侵害行为的发生,这就可以将人格权益的司法保护的时间提前,从而防止损害的发生和扩大。

第六,《草案》明确规定了某些人格权益的许可利用规则。随着经济社会的发展,人格权经济利用的现象日益广泛,一方面,某些人格权尤其是标表性的人格权本身具有一定的可利用价值。例如,个人的姓名、肖像、声音以及法人的名称等,具有一定的经济价值,可以成为经济利用的对象。尤其是在现代信息社会,个人信息不仅强调保护,而且强调利用。侵害这些人格权,不仅造成受害人的精神损害,还可能造成受害人的财产损害,我国《侵权责任法》第20条已经对此作出了规定。另一方面,人格权的经济利用是比较法上形成的共识,在欧洲称为人格权的商业化利用,商事人格权或"形象代言人权利",在美国称之为公开权或者形象权。[①]从我国立法来看,《民法通则》第100条实际上已经承认了肖像权的利用,该法第99条规定了企业法人、个体工商户、个人合伙可转让其名称的权利。《草案》沿袭了这一立法经验,对人格权权益的经济利用规则作出了规定,这也为人格权的经济利用提供了法律依据。《草案》在一般规定中首先就规定了人格权的利用规则,《草案》第776条规定:"民事主体可以许可他人使用姓名、名称、肖像等,但是依照法律规定或者根据其性质不得许可的除外。"《草案》第802条第2款规定:"肖像权人有正当理由的,可以解除肖像许可使用合同,但是应当在合理期限之前通知对方。因解除合同造成对方损失的,除不可归责于肖像权人的事由外,应当赔偿损失。"该条实际上是赋予了肖像权人任意解除肖像许可使用合同的权利,这实际上也体现了当人格权和财产权发生冲突时应当向人格权倾斜保护的精神。同时,《草案》第803条规定:"其他人格权的许可使用,参照适用本章的有关规定。"这就意味着《草案》关于肖像权许可使用的规则不仅仅涉及肖像的使用,实际上为人格权的商业化利用确定了一般性的规则,从而弥补了我国现行立法在这方面规定的不足。

《草案》规定人格权许可利用的规则主要具有如下意义:一是有利于回应社会发展需求。传统社会中,社会形态比较简单,人格权更为注重保护;随着社会的发展,肖像、声音、个人信息等的利用层面凸显出来,各种利用现象层出,尤其是个人信息的利用十分普遍,该规定协调了个人信息

---

① See Huw Beverley-Smith, Ansgar Ohly and Agnes Lucas-Schloetter, Privacy, Property and Personality, Cambridge University Press, 2005, pp.1–11.

保护与利用的关系,有利于我国数据产业的发展和国家整体战略的推进。二是有利于保护个人人格尊严。利用和保护并非截然对立的两个层面,人格尊严也包括对人格利益通过自己的意志自主利用,他人不得未经许可而利用,这本身就是保护人格尊严的重要方式。同时《草案》也基于人格尊严保护的要求,规定了不得利用的情形,这为利用设置了界限,更有利于推进对人格尊严的保护,避免因利用而损害人格尊严。在利用中,涉及人格利益和财产利益的冲突,尤其在解释、解除等问题上,目前人格权编对此作出特殊规定,更有利于在人格利益和财产利益的冲突中,注重对人格利益的保护,同时注重与财产利益的平衡。因此,该规定能够更好地实现保护人格尊严的宪法要求。三是增强民法典的体系性。目前人格权编对于人格权许可利用的规定无法在合同编中予以实现。合同编中典型合同不可能容纳人格权许可利用合同,尤其是合同编的规定主要是财产权的流转与使用规则,不宜完全适用于人格权的许可使用,因此,有必要在人格权编中对人格权的许可使用规则作出规定,以体现该问题与人格尊严的价值关联性。四是司法实践经验的总结。我国关于利用的司法案例是非常多的,《草案》的规定总结了司法案例中提出的观点,是对中国司法智慧的总结,也对法院处理有关人格权许可使用合同纠纷提供了法律依据。此外,该规定也是各国立法经验的借鉴。德国法通过案例的方式,将对人格利益的利用问题纳入人格权的保护,美国法将人格权的商业化权利作为独立权利之一。尽管存在形式上的不同,但共同的核心是承认并保护人格权的利用,其中也同样要协调人格利益和财产利益的平衡。

第七,《草案》规定了利益衡量的方法,有助于协调和平衡人格权与其他利益之间的冲突。所谓利益衡量,也称为利益考量、利益平衡,实际上是在各方利益发生冲突时,对社会公共利益、当事人的利益等各种利益进行考量,以寻求各方利益的妥当平衡,实现社会公平正义。在法律解释中,利益衡量主要是指解释者在运用各种狭义法律解释方法时,努力探究立法者在法律条文中对所协调的各方利益进行的考量和判断,通过利益平衡辅助各种解释方法,寻求妥当的结论。从实践来看,人格权在行使和保护中常常涉及与其他权利关系的冲突和协调,因此,需要采用利益平衡的方法,妥当协调各项权利之间的关系。例如,生命健康与伦理之间的协调、姓名与家庭伦理、肖像权与著作权、名誉权和隐私权与言论自由、个人信息与数据流通共享、人格权与财产权、人格权与其他公共利益之间都存在极为困难的协调问题,《草案》第779条规定:"认定行为人承担侵害人格权的民事责任,应当考虑下列因素:(一)人格权的类型;(二)行为人和受害人的职业、社会身份、影响范围等;(三)行为的目的、方式、地点、时间、后果等具体情节。行为人为维护公序良俗实施新闻报道、舆论监督等行为的,可以在必要范围内合理使用民事主体的姓名、名称、肖像、隐私、个人信息等。"该条明确列举了解决人格权纠纷需要参考的多种具体因素,实际上是为法官裁判人格权纠纷提供了具体的指引和参考。尤其应当看到,该条在认定侵害人格权的民事责任时,强调要考虑行为人和受害人的职业、社会身份、影响范围等因素,有利于解决公众人物人格权保护与限制的问题。《草案》在名誉权一章中,为了平衡好保护个人权益和发挥新闻报道、舆论监督作用之间的关系,还规定行为人为维护公序良俗实施新闻报道、舆论监督等行为,影响他人名誉的,不承担民事责任。但是行为人捏造事实、歪曲事实、对他人提供的事实未尽到合理审查义务或者包含过度贬损他人名誉内容的除外(《草案》第806条)。这一规定实际上既有利于维护人格权,同时也保障了新闻舆论监督的自由。

第八,《草案》规定了禁止性骚扰和预防性骚扰的规则。所谓性骚扰,是指以身体、语言、动作、文字或图像等方式,违背他人意愿而对其实施的有辱其尊严的、以性为取向的行为。性骚扰实质上是一种损害他人人格尊严的行为[①],其表现形式往往与性取向相关。从比较法上来看,各国普遍重视对性骚扰的法律规制。《草案》第790条第1款规定:"违背他人意愿,以言语、行动或者利用从属关系等方式对他人实施性骚扰的,受害人可以依法请求行为人承担民事责任。"由此可见,性骚扰具有如下构成要件:一是违背了受害人的意愿。性骚扰行为应当是违背受害人意愿的行为,也正是因为性骚扰违背了受害人的意愿,因此,其可能导致受害人产生愤怒、焦虑等不良情绪。二是行为人实施了相关行为,这些行为是和性有关的行为。性骚扰行为表现的方式多种多样,但通常和性取向有关,行为人在实施性骚扰时可能采取口头的方式(如讲下流话、性挑逗语言等),也可能采用书面形式(如发黄色视频、短信等),还可能采用其他行为举动(如触摸生殖器或者以其他姿态骚扰他人)等。三是行为人在实施性骚扰行为时,其主观上都是故意的。[②]

[①] 参见〔德〕克里斯蒂安·冯·巴尔、〔英〕埃里克·克莱夫主编:《欧洲私法的原则、定义与示范规则:欧洲示范民法典草案》(全译本)(第五、六、七卷),王文胜等译,法律出版社2014年版,第320页。

[②] 参见王成:《性骚扰行为的司法及私法规制论纲》,载《政治与法律》2007年第4期。

从实践来看,大多数性骚扰侵害了受害人的身体权,损害了受害人的人格尊严,因此,《草案》将性骚扰置于身体权之中加以规定,从体系上看也是合理的。《草案》不仅规定了禁止性骚扰行为,而且规定了对性骚扰的预防义务。由于法律规范性骚扰行为最初主要针对职业中的性别歧视,是为了保护在工作中受害的弱者,从实践来看,性骚扰行为也大多发生在工作场所中,尤其是和工作联系在一起。因此,为了有效防止性骚扰的发生,《草案》第790条第2款规定了用人单位防范性骚扰行为的义务,这有助于在最大限度上预防和减少性骚扰行为的发生。

第九,《草案》进一步完善了隐私权制度。在互联网、高科技爆炸的时代,隐私的保护比以往任何时候都显得重要,美国学者福禄姆金(Froomkin)曾经总结了许多高科技的发明,如红外线扫描、远距离拍照、卫星定位、无人机拍摄、生物辨识技术、语音识别等,他认为,高科技爆炸给人类带来了巨大福祉,但都有一个共同的副作用,即对个人的隐私保护带来了巨大威胁,已经使得个人无处藏身。他认为,现代法律遇到的最严峻的挑战就是,如何尊重和保护个人隐私和信息[①],在现代社会,隐私权也是一项意义日益彰显、作用日益突出的民事权利。《民法总则》第110条第1款在列举自然人所享有的各项具体人格权时,明确规定了隐私权,这就从正面对隐私权作出了规定,对于强化个人隐私权的保护具有重要意义。但民法总则对隐私权的规定失之简略,只是确认了隐私权的概念,并没有对隐私权的内涵、范围、效力、保护方式以及在不同场合下的类型化作出详细规定。为强化对隐私权的保护,草案列举专章作出了专门规定。《草案》第811条规定:"自然人享有隐私权。任何组织或者个人不得以刺探、侵扰、泄露、公开等方式侵害他人的隐私权。本法所称隐私是具有私密性的私人空间、私人活动和私人信息等。"这就从正面对隐私的概念作出了明确的列举,同时又从反面对侵害隐私权的行为作出了规定。《草案》第812条进一步围绕隐私权的内容,具体列举了各种侵害隐私权的行为,基本上构建了我国隐私权保护的法律规则。

第十,《草案》关于个人信息的规定对未来的立法完善和司法实践具有重要价值。在互联网、大数据时代,个人信息将会成为一项基本的民事权益。从实践来看,个人信息泄露现象十分严重,甚至成了一种社会"公害"。《草案》对个人信息的保护,适应了现代社会的发展趋势,体现了法

[①] See Michael Froomkin, The Death of Privacy? 52 Stan . L. Rev., 1999-2000 (1461).

律的与时俱进的精神,也充分保障了人民群众的基本权益。《草案》关于个人信息的规定具有如下几个特点:一是明确了个人信息的概念和内容。虽然我国《网络安全法》对个人信息的保护作出了规定,但其保护范围限于网络环境下的个人信息,显然不能概括所有的个人信息。《草案》第813条第2款规定:"本法所称个人信息是以电子或者其他方式记录的能够单独或者与其他信息结合识别自然人个人身份的各种信息,包括自然人的姓名、出生日期、身份证件号码、个人生物识别信息、住址、电话号码等。"二是确立了收集、使用个人信息应当遵循的原则。《草案》第814条规定了个人信息的收集和使用应当遵循合法、正当、必要的原则,同时,该条也规定了收集、使用个人信息应当具备的条件。三是规定了个人信息权益的行使规则,包括查询、查阅、抄录、复制、请求更正与删除等权利(《草案》第815条)。四是规定了个人信息收集、使用的违法阻却事由,有效地协调了各类信息保护与维护公共利益之间的平衡。五是规定了信息完整权以及信息共享应当遵循的基本规则。从世界范围来看,数据的采集和共享的方式正在发生日新月异的变化,而且导致数据作为一种产业蓬勃发展,但由此带来的其与个人信息等人格权的保护之间的冲突越来越明显。目前在我国大数据产业的发展过程中,既要鼓励数据的开发、利用和共享,以促进数据产业的发展,也要提高对个人信息的保护关注度,完善保护规则。例如,大数据产业发展起来后,必然实行数据共享,其中也大量涉及个人信息数据的共享。但在数据共享中,数据开发者是否需要取得信息主体的同意,分享者获得数据后如何使用这些数据,等等,这些界限不清晰,数据共享就很容易变成数据的有偿交易,而造成对信息权利人的权利侵害,无法实现数据产业的长期健康发展。《草案》第817条规定:"未经被收集者同意,不得向他人提供个人信息。但是经过处理无法识别特定个人且不能复原的除外。"这就确立了数据共享所应当确立的规则。

三、某些内容还需要进一步完善

《草案》规定虽然有不少亮点和创新,《草案》体系结构从总体上看是较为成熟的、合理的,但某些内容还需要进一步完善,具体而言:

第一,应当将人格权编置于分编的第一编。《草案》目前将人格权置于物权、合同之后,置于第三编,这一体系安排主要是基于《民法通则》关于民事权利的规定,但严格地说,这一编排体例并不合理,应当将人格权编置于分编之首,理由主要在于:一方面,与《民法总则》第 2 条的规定相一致。《民法总则》第 2 条在确定民法的调整对象时,明确规定调整平等主体的自然人、法人和非法人组织之间的人身关系和财产关系,并且将人身关系置于财产关系之前,可见,与我国《民法通则》第 2 条相比较,该条更凸显了对人身关系的重视。另一方面,把人格权放在第一章,这样能够更好地体现以人民为中心、以人为本这一思想,依据人与物、人与人之间的逻辑关系来排列编章顺序,也应把人格权编放在第一编。① 将人格权编置于民法典分编之首,可以充分体现现代民法的人本主义精神,体现对个人的终极关怀。试想如果生命、健康、自由都不能得到保障,所谓"万贯家财"又有何用?还应当看到,财产是个人的,但生命健康权等涉及社会利益。人格尊严作为法律的最高价值,应当具有优先于财产利益和私法自治的价值,将其作为重要价值加以保护,也体现了民法的现代性。《德国民法典》的五编制模式虽不无道理,但因其过度强调财产权的中心地位,给人以"重物轻人"之感。② 因此,人格权应当置于民事权利之首。人格尊严、人身价值和人格完整,应该置于比财产权更重要的位置,它们是最高的法益。在提交全国人大常委会审议的民法典草案中,应当将人格权编置于民法典分则各编之首。

第二,《草案》关于物质性人格权的规定需要进一步细化和完善。《草案》第 783 条规定:"自然人享有生命权,有权维护自己的生命安全。任何组织或者个人不得侵害他人的生命权。"第 784 条规定:"自然人享有身体权,有权维护自己的身体完整。任何组织或者个人不得侵害他人的身体权。"第 785 条规定:"自然人享有健康权,有权维护自己的身心健康。任何组织或者个人不得侵害他人的健康权。"《草案》的上述规定分别对生命权、身体权、健康权作出了规定,但这三条规定也存在一定的缺陷,主要体现为:一是对生命权、身体权、健康权的规定过于原则和简化,缺乏可操作性,难以为法官裁判相关纠纷提供明确的裁判规则。二是这三条虽然规定了生命权、身体权、健康权,但缺乏对侵害这三项权利的典型侵权行为及其特点的具体列举,这就难以为这三项权利的保护提供更为具体

---

① 参见朱宁宁:《多位常委会委员建议 应将人格权编放在民法典分编之首》,载《法制日报》2018 年 9 月 4 日。
② 参见薛军:《人的保护:中国民法典编撰的价值基础》,载《中国社会科学》2006 年第 4 期。

的规则。三是这三条规定在表述上过于相似,给人感觉有些重复,而且不利于对三项权利的内容作出明确的区分,因此,有必要在未来作出修改。

第三,关于姓名变更的规则需要进一步完善。《草案》第795条规定:"未成年人父母离婚的,与未成年人共同生活的一方可以将该未成年人的姓氏变更为自己的姓氏,但是另一方有正当理由表示反对的除外。父或者母变更未成年子女姓氏的,应当根据未成年子女的年龄和智力状况,尊重其真实意愿。"从字面上进行解释,立法者的倾向立场则是"与未成年人共同生活的一方"原则上有权单独决定变更未成年人的姓名,未共同生活的一方监护人只有在有正当理由的情况下才能予以反对,但对于何为正当理由则并未明确。对此,笔者认为该规定值得商榷,对于父母离异情形下未成年人子女姓名变更的问题,应当秉承如下基本立场:一是原则上不允许与未成年人共同生活一方更改未成年人姓名,即应当采纳原则上应当由父母双方共同决定子女姓名是否变更的做法。因为更改姓氏关系未成年人的重大人格利益,稍有不妥,将会引发纠纷,反而不利于未成年人成长,因此,原则上不宜变动未成年人的姓名。二是如果与未成年人共同生活一方父母确有正当理由需要变更未成年人姓名的,姓名登记管理部门也应当对这种单方申请变更的行为予以支持,此处的正当理由应该是基于"实现未成年人利益的最大化"的考量。① 父母离婚后,未成年人随父或母一方组成新的家庭,在新的家庭中,出于维护未成年人成长环境的考虑,有必要更改未成年人的姓氏。例如,夫妻离婚后,未成年人随母亲生活,在母亲改嫁后,如果不允许母亲一方单方变更该未成年人的姓氏,则可能导致该未成年人难以融入新的家庭和新的环境,也不利于维护其良好的成长环境,此时,应当允许母亲一方单方变更其姓氏。三是变更姓名应当考虑未成年人的意愿。未成年人是无民事行为能力人或者限制民事行为能力人,其尚不具有判断何种行为有利于保护自身权益的能力,所以不能因为未成年人主张更改姓名而直接更改,而需要由行使监护权的父母予以判断,但应当考虑其意愿。当然,考虑未成年人意愿并不意味着其姓氏不能违背未成年人的意愿,如果有利于未成年人利益的最大化,则应予以变更,反之,即便符合未成年人的意愿,也不宜变更。

第四,建议将个人信息确认为权利。《草案》仍然沿袭《民法总则》第

---

① 参见石冠彬:《姓名权行使纠纷的裁判规则及应然路径》,载《四川大学学报》2018年第3期。

111 条的规定,采用"个人信息"这一表述,而没有采纳"个人信息权",之所以没有将个人信息权规定为具体人格权,可能是因为个人信息保护制度还是一个较新的领域,对其研究还不成熟,尤其是其与隐私的界限仍不十分清晰,因此,没有将个人信息权规定为一种具体人格权,期待司法实践和法学理论发展对其不断完善。笔者认为,从比较法上来看,许多国家都承认了个人信息权,个人信息权有自己独立的权利内核,无法被其他权利所涵盖,在法律上应当规定独立的个人信息权。《草案》没有规定独立的个人信息权,此种做法存在一定的问题:一方面,在法律上确认个人信息权,有利于进一步明确个人信息权的各项具体权能,不仅宣示了个人所享有的个人信息权,而且也可以为权利人具体行使和维护提供明确的指引。个人信息只是一种法益,而个人信息权则是权利,从权利位阶上看,权利的位阶要高于利益,规定个人信息权,更有利于对个人信息权利进行保护,也有利于积极应对各种新型的侵权行为。另一方面,在法律上明确规定个人信息权,也可以为特别法保护个人信息提供上位法依据。从域外经验来看,许多国家和地区的法律都确认了个人信息权,这一经验值得我们借鉴。此外,《草案》未规定个人信息权,也不利于区分个人信息权与其他权利(如隐私权、肖像权、姓名权),这可能增加法律适用中的冲突。由于个人信息权在信息社会中的重要性,因此,首先应当在民法典中对个人信息权作出规定,而特别法则应当在民法典规定的基础上,对个人信息的保护作更具体的规定。

第五,增加关于未成年人人格权的保护规则。在网络时代,如何更好地保护未成年人的网络权益,是整个社会所普遍关注的重大问题。众所周知,青少年是最为活跃的互联网用户群体。根据有关的报告显示,截至 2017 年 6 月,中国网民总数已经达到 7.5 亿,其中,10 岁以下青少年网民占比约为 3.1%,约 0.23 亿;10~19 岁的青少年网民占比约为 19.4%,约 1.46 亿,上述未满 19 岁的总计已经超过 1.5 亿人,超过中国网民总数的五分之一。特别是对未成年人而言,他们正处于敏感、冲动、心智尚未成熟的年龄,隐私、个人信息非常容易受到侵害,这就需要特别强化对未成年人的人格权益的保护。例如,为防止儿童的信息泄露,应当要求对儿童个人信息的收集必须取得其监护人的同意。对未成年人器官捐赠问题,应当有专门的规范,这些规则也有必要写入人格权编。

第六,应增加人格权的特别保护规则,具体而言:一是恢复名誉、赔礼道歉等责任规则。这些责任形式主要适用于人格权,《侵权责任法》对其作出的规定也十分简略。如就赔礼道歉而言,如果责任人不主动承担此种责任,是否可以在媒体上公布判决书,或者通过罚款等方式实现对责任人的间接强制等,也应在人格权编中对其作出细化规定。二是精神损害赔偿责任。我国《侵权责任法》第 22 条对精神损害赔偿责任作出了规定,其保护范围限于人身权益,其中主要是人格权益。但该条的规定十分简略,草案虽然规定了违约中的精神损害赔偿,但对刑事附带民事诉讼中的精神损害赔偿责任没有作出规定,这也恰好是司法实践中亟待解决的重大疑难问题。关于确定精神损害赔偿数额的考量因素、法人是否可以享有精神损害赔偿请求权、侵害死者人格利益的精神损害赔偿等问题,该条均没有作出规定,这就需要人格权编对其作出细化规定。三是回应权。该权利是指定期发行的媒体,如果其中的报道涉及特定的个人,则相关的个人有权在法定期限内就相关事实作出回应,相关的媒体也有义务刊载回应。回应权由法国法首创,《瑞士民法典》在 1983 年法律修订时对其作出了规定。法律上规定回应权有利于权利人保护其名誉等人格权益,也有利于减少人格权纠纷。[1] 在很多情况下,权利人的回应在媒体上刊载后,其名誉能够得到及时维护,我国民法典人格权编也可以考虑对此种救济方式作出规定。四是请求新闻媒体、网站在报道错误的情形下的更正权。《草案》虽然规定了信息错误情形下的更正权,但并没有规定在新闻媒体、网站所刊载的报道内容失实或者有明显错误,侵害他人人格权的,受害人是否有权要求新闻媒体、网站及时更正。从实践来看,允许受害人行使此项权利,通过及时更正,可以将对受害人的损害降至最低限度,在最大程度上减少损害。规定更正权和回应权有利于体现人格权请求权的特点,并与侵权损害赔偿请求权进行严格区分,即使在没有构成侵权的情形下,权利人也有权行使这些权利,从而恢复权利人对其人格利益的圆满支配状态。在人格权遭受侵害的情形下,这些补救措施比恢复原状可能更有效率,对受害人救济而言,恢复名誉比金钱赔偿可能更为有效。[2] 我国民法典人格权编也可以考虑对这些保护方式作出细化规定。

---

[1] Vgl. U Kerpen, Das internationale Privatrecht der Persönlichkeitsrechtsverletzungen-Ein Untersuchung auf rechtsvergleichender Grundage, 2003, S. 134.

[2] See Neethling, JM Potgieter and PJ Visser, Neethling'slaw of personality, LexisNexis, 2005, p.171.

结　语

"明者因时而变,知者随事而制",面向新时代的新征程,民法典编纂也需要与时俱进。在人民物质文化水平得到全面提升的情形下,要使人民群众活得更有尊严、更体面、更有幸福感和安全感,就必须要在民法典编纂中全面加强对人格权的保护。而使人格权独立成编,既是现阶段强化人格权保护的必由之路,也是功在当下、利在千秋的重要举措。

人格权法总则

人格权的积极确权模式探讨

——兼论人格权法与侵权责任法之关系*

21世纪是走向权利的世纪,是尊重与保障私权的世纪,作为确认和保护权利的人格权法与侵权法也就成了当代民法新的增长点,其地位和作用日益凸显。在我国民法典制定过程中,关于如何处理人格权法与侵权法的关系,引发了激烈的争议。人格权法是否应当单独成编是制定民法典必须解决的前置性问题。不过,即使在立法上将人格权法单独成编,也仍然需要妥善处理人格权法与侵权法的关系。人格权法具体如何规定,与侵权法之间的关系如何处理,关乎民法典的立法体例问题。本文拟从人格权积极确权模式角度,对人格权法与侵权法的关系作出探讨。

一、人格权从消极保护到积极确权是民法的重要发展趋势

人格权积极确权模式,是指通过立法正面列举的方式,对具有广泛共识的人格性利益加以确认,进而实现人格权的积极保护。与此相对应的模式则是消极保护模式,即法律上并不详细规定人格权的具体形态,而是在人格权遭受侵害之后由法官援引侵权法的相关规定对人格权予以救济。

早期的法律主要采用消极保护模式。最初,生命、健康、名誉等人身权益都是通过侵权法进行保护的。罗马法中的私犯包括对人格和人体的侵害。罗马法上还存在"侵辱之诉",即凡是以语言文字侮辱他人的,都可以视为侵害人格的私犯处罚。① 这种模式对之后大陆法系国家的立法产生了深远影响。

在18、19世纪,由于人格权还没有形成一种独立的权利,其保护主要通过侵权法实现。虽然一些大陆法系国家的民法典在侵权法中对生命、名誉、

---

* 原载《法学家》2016年第2期。
① 参见陈朝璧:《罗马法原理》,法律出版社2006年版,第138页。

姓名等人格权作出了规定,但在保护方式上都采纳了消极保护模式。此种模式又可以进一步分为以下两种:一是法国模式,即通过侵权法的一般条款对人格权进行保护。受罗马法影响,在《法国民法典》中,侵权行为被作为"非合意而生之债"列入第三卷"取得财产的各种方法"中,"侵权行为"和"准侵权行为"两个概念代替了罗马法中的"私犯"和"准私犯",身体、健康等权益都纳入了侵权法的保护范畴。《法国民法典》第1382条规定:"任何行为使他人受损害时,因自己的过失而致行为发生之人,对该他人负赔偿责任。"这一规定虽然没有对人格性权利进行列举,但是却构成侵权损害赔偿的一般条款,可广泛适用于包括侵害人格权的各种侵权行为,并对后世的侵权行为立法产生了重大影响。正如《法国民法典》起草人塔里伯所言,"这一条款广泛包括了所有类型的损害,并要求对损害作出赔偿"①。该条既调整侵害财产权益的行为,也调整侵害人身权益的行为。因此,从理论上来说,对人格权的侵害行为都可以通过该条来进行规制。② 法国法的这种做法被比利时、西班牙、意大利等国继受。③ 二是德国模式。德国法并不通过侵权法一般条款保护权利和法益,而是通过列举的方式明确侵权法所保护的权益范围。在19世纪的德国,私法学者关注的重心是合同自由、财产权利和财产损害,民法尚未对人格权的保护提供全面救济。例如,在1908年德国的一个案例中,帝国法院宣称,"民法尚不知何谓人格权"④。《德国民法典》仅在第12条从正面规定了姓名权,其他人格利益主要是通过侵权规则进行保护,如该法典第823条第1款规定对生命、身体、健康和自由等几种人格权益的保护。而且《德国民法典》对侵害人格权益的财产性赔偿责任作了严格限制,即只有在严重侵害人格权益的情形以及没有其他救济方式能够提供救济时才能适用。⑤ 可见,德国法也主要是通过侵权法规则对人格权益进行保护。只不过,其与法国模式的不同之处在于,德国模式对具体人格权作了非常有限的列举,给法官提供了相对具体的指引。

---

① Jean Limpens, International Encyclopedia of Comparative Law, Vol. 4, Torts, Chapter 2, Liability for One's Own Act, J. C. B. Mohr(Paul Siebeck, Tübingen), 1975, p. 14.

② See Gert Brüggemeier, Aurelia Colombi Ciacchi and Patrick O'Callaghan, Personality Rights in European Tort Law, Cambridge University Press, 2010, pp. 10–15.

③ See Gert Brüggemeier, Aurelia Colombi Ciacchi, Patrick O'Callaghan, Personality Rights in European Tort Law, Cambridge University Press, 2010, p. 8.

④ RG, 07.11.1908, RGZ 69, 401, 403–Nietzsche letters.

⑤ See Gert Brüggemeier, Aurelia Colombi Ciacchi and Patrick O'Callaghan, Personality Rights in European Tort Law, Cambridge University Press, 2010, p. 8.

欧洲大陆其他国家的法律主要借鉴了这两种模式。例如,《奥地利民法典》在侵权法部分规定了对隐私(第1328条)、人身自由(第1329条)、名誉(第1330条)的侵害,尤其是第1328A条关于保护私人领域的权利,也扩张到身体健康、荣誉、肖像、死者人格利益等私人领域的保护。新近的《欧洲示范民法典草案》也主要通过侵权法对人格权进行保护。从总体上看,该草案主要调整合同和其他法律行为、合同与非合同上的权利义务以及相关的物权问题等财产关系,而没有对人格权作出详细规定,但该草案在"合同外责任"部分规定了对人格尊严、自由以及隐私的侵害(第6-2:204条)。

20世纪以来,两次世界大战的发生促进了人权运动的发展,尤其是第二次世界大战期间法西斯的暴行,促使人们对人格尊严的保护进行了深刻反思,并发起了大规模的人权保护运动,这也将人格尊严的法律保护提高到前所未有的历史高度。具体到法律技术层面,越来越多的国家开始从传统的消极保护模式走向积极确认路径,这具体表现在:一方面,侵权法进一步扩张了保护范围,这促进了人格权的进一步发展。宪法上的人格权作为基本权利,其主要对抗国家权力的侵害,国家负有形成私法上规范人格权的义务,使人格权不受国家或者第三人侵害。[1] 由于欧洲的天赋人权、自然权利观念比较盛行,宪法确立的人格尊严可以通过"宪法化"[2],直接在裁判中援引,许多国家宪法确认了公民的基本权利,如生命权、人身自由权、身体权、健康权等,实际上也是民法人格权的组成部分。在这一过程中,出现了对人格权的私法确认现象。例如,德国法院采纳了认为宪法所确认的权利可适用于私法关系的意见,根据第二次世界大战后德国制定的基本法第1条和第2条关于"人类尊严不得侵犯。尊重并保护人类尊严,系所有国家权力(机关)的义务","在不侵害他人权利及违反宪法秩序或公序良俗规定范围内,任何人均有自由发展其人格的权利"的规定,在司法判决中确立了"一般人格权"的概念。德国民法学上称其为"框架性权利"。[3] 另一方面,一些国家的立法开始从人格权的消极保护向积极确权方向发展。这一转变在很大程度上是受到有关保护人权的国际公约的影响。例如,欧洲各国基本都加入了《欧洲人权公约》,该公约规定了许多人权的内容,并通过各国法院和欧洲人权法院予以发

---

[1] 参见王泽鉴:《人格权法》,三民书局2012年版,第80页。

[2] 关于私法宪法化的专题讨论,可见Tom Barkhuysen, Siewert D. Lindenbergh (ed.), Constitutionisation of private law, 2005。

[3] Vgl. MünchKomm/Rixecker, Anh. zu §12, 2012, Rn. 9.

展。当然,由于欧洲各国宪法和国际人权公约已经构建了一个相对完善的人格权保护体系,这也在一定程度上会减少民法典关于人格权的规定。

人格权从消极保护向积极确权模式发展主要是通过立法的主动确权来完成的。在大陆法系国家,1950年《欧洲人权宣言》极大地推进了欧洲国家国内法的变革。① 例如,《法国民法典》主要通过侵权一般条款的方式对个人的人格权提供保护,其人格权法律制度的发展主要是通过判例发展起来的,法国于1970年7月17日颁布了一项法律,在《法国民法典》中增加了第9条:"每个人有私生活得到尊重的权利。"根据法院的判例,私生活包括:住址、肖像、声音、健康状况、情感生活、私人通信等。但是,法院对公众人物的财产信息的披露,不认为是侵犯其私生活。1994年7月29日,在《法国民法典》中增加了第16条:"法律须确保人的优先性,禁止对人的尊严的侵害,保证人自其生命伊始即得到尊重。"从该条出发,法国法发展出了"人体的不得处分原则",禁止人体组织与器官的有偿性处分。民法人格权由此被提升至一个更高的效力层级,可以给受益人带来更大的保护力度;尤其是当某项民事权利的客体同样受到基本权利的保护时,该民事权利相对于其他权利的排他性效力会明显增强。② 欧盟以外的一些大陆法系国家和地区也采用了积极确权模式规定人格权制度。以加拿大魁北克地区为例,1975年《魁北克人权宪章》规定了部分人格权,1994年《魁北克民法典》也以多个条款规定了民法人格权制度,该法典第三章规定了对名誉及私生活的尊重,第四章规定了死者人格利益的保护,第3题第一章规定了姓名权,一共将近30个条款,都规定在第一编"人"中。该法典对人格权进行了正面确权,例如,该法典第3条规定:"每个人都拥有人格权,诸如生命权、个人神圣不可侵犯与安全完整的权利,以及其姓名、名誉与隐私受到尊重的权利,上述权利是不可剥夺的。"该法典第10条还规定了人身完整权。

在人格权保护方面,英美法采取了所谓的"鸽洞模式",即通过具体列举各种侵权之诉的方式,对人格权提供保护,尤其是依据侵权法保护名誉和肖像的权利具有悠久的历史,并且形成了一套完整的制度体系。③ 但在

---

① 关于这方面的专题讨论,详见 Daniel Friedmann, Daphne Barak-Erez(e. d.) , Human Rights in Private Law, Hart Publishing, 2002。

② See Jean-Christophe Saint-Pau (dir.) , Droits de la personnalité, LexisNexis, 2013, pp. 432–434.

③ See Gert Brüggemeier, Aurelia Colombi Ciacchi and Patrick O'Callaghan, Personality Rights in European Tort Law, Cambridge University Press, 2010, p. 8.

美国法上，隐私权的产生具有司法确权的特点。最初，美国法上的隐私权只是一种独处的权利，以及保持自己个性的权利①，但后来，隐私权的概念不断扩张，其几乎覆盖了绝大部分人格利益，其保护范围包括了名誉、肖像等人格利益。② 至20世纪60年代，美国法院尤其是联邦最高法院，又通过一系列司法判例，将隐私逐渐从普通法权利上升为一种宪法权利，创立了"宪法上的隐私权"的概念。该权利被归入公民所享有的基本权利类型，并被作为联邦法令及各州违宪审查的依据。③ 其中最突出的是法院根据宪法第四、第五修正案将隐私权解释为公民享有的对抗警察非法搜查、拒绝自我归罪的权利。④ 在司法实践中，法官通过司法判决解释宪法修正案，从而扩张了对隐私权的保护。例如，1965年，在格里斯沃尔诉康涅狄格（Griswold v. Connecticut）一案中，隐私权被正式确立为独立于第四、第五修正案的一般性宪法权利。⑤ 值得特别指出的是，美国的一些成文法也确认了对隐私权的保护。

从两大法系的历史发展经验来看，人格权经历了一个从司法的消极保护到立法积极确权的过程。从比较法上看，许多国家的人格权益转变过程，是从其获得司法上的实质保护开始到最终的法律承认⑥，并在此基础上形成了相对独立的人格权法律制度。人格权的发展也进一步推动了侵权法保护范围的扩张。

二、从司法确权向立法确权转变彰显了 新世纪民法的时代精神和特征

（一）民法典采用人格权积极确权模式彰显了人文关怀的价值理念

21世纪是弘扬人格尊严和价值的世纪。正如孟德斯鸠所言，"在民

---

① 参见〔美〕阿丽塔·L.艾伦、理查德·C.托克音顿：《美国隐私法：学说、判例与立法》，冯建妹等编译，中国民主法制出版社2004年版，第14—15页。

② See Prosser, Privacy, Calit. L. R., vol. 48, 1960, p. 383.

③ See Richard G. Turkington and Anita L. Allen, Privacy, second edition, West Group, 2002, p. 24.

④ See Richard G. Turkington and Anita L. Allen, Privacy, second edition, West Group, 2002, p. 24.

⑤ See Griswold v. Connecticut, U. S. Supreme Court 381 U. S. 479 (1965).

⑥ See Gert Brüggemeier, Aurelia Colombi Ciacchi, Patrick O'Callaghan, Personality Rights in European Tort Law, Cambridge University Press, 2010, p. 3.

法的慈母般的眼里,每一个个人就是整个的国家"①。日本法学家田中耕太郎也曾指出:"私法的基本概念是人(Person)。"②我国民法典也应当充分反映人文关怀的时代精神。现代科学技术的发展对民法的人文关怀提出了一定的挑战。例如,生物技术的发展使得人体组织和器官的移植甚至克隆都成为可能,人体组织、器官可能成为物法或者债法的调整对象,这些都威胁着人的主体地位和人的尊严。这就需要强调人的尊严作为民法的一项基本原则,任何损害尊严的行为在民法上都是无效的。21世纪民法的价值理念正在发生深刻的变化,在贯彻私法自治理念的同时,也应当体现民法的人文关怀精神。

就人格权法领域而言,民法的人文关怀精神就是要强化对人格权的保护,维护个人的人格尊严和人身自由。在传统民法中,人格权始终找不到其应有的位置,它或者处于民事主体制度中,作为自然人的固有权利而有简单规定,或者成为侵权法的保护对象,作为侵权的特殊形态而被简略提及。总之,人格权始终未能在民法分则体系中占有一席之地。就我国的情况来看,《民法通则》在"民事权利"一章中集中规定了人格权,体现了立法者在经历"文化大革命"之后,对"人"本身的重视和关爱,彰显了浓厚的人文关怀精神,这也是对传统民法"重物轻人"观念的一次矫正,给人格权将来在中国民法典独立成编积累了宝贵经验。《民法通则》第一次在法律上明确宣告每个人依法享有人格权,包括生命、健康、名誉、肖像、姓名等权利,并第一次赋予权利人在受害之后的精神损害赔偿请求权。《民法通则》公布后,我国才出现了第一例有关精神损害赔偿的案件,并有了相应的司法裁决。在今天看来,正是《民法通则》关于人格权的开创性规定,才催生了"人格权"观念在中华大地上的萌芽和成长。从那时起,人们逐渐意识到,挂牌子、"戴高帽"、"驾飞机"、剃"阴阳头"等行为是侵犯人格权的行为,是为法律所禁止的行为,也正是从那时起,学术话语和民间讨论才开始讲述"人格权"的故事。在这些意义上,我们今天将《民法通则》称为"民事权利的宣言书""个人人权的护身符"毫不为过,《民法通则》的颁布是我国人权保障事业的重大进步。

《民法通则》对各项人格权进行集中规定,并为人格权的保护提供了具体的可操作性规则,为人格权的司法保障提供了法律依据,也使人权保护工作获得了有效的实现机制,彰显了民法典人文关怀的时代特征和精

---

① 〔法〕孟德斯鸠:《论法的精神》(下册),张雁深译,商务印书馆1997年版,第190页。
② 转引自〔日〕星野英一:《私法中的人》,王闯译,中国法制出版社2004年版,第20页。

神。我国要制定和发展人格权法,不仅有利于提升全民尊重和保护人格权的一般观念,而且可以加强对各项具体人格权的切实保护,更是对我国《宪法》2004 年修正案关于"国家尊重和保障人权"条款的有效落实。在相当长的时间内,我国的一些学者习惯于从一个极为抽象的层面对"人权"概念进行讨论,但"人权"的概念十分宽泛,学者也未就人权的内涵达成共识,我们应当把抽象的"人权"概念具体化,注重结合具体的时空和语境,将抽象的人权保护通过具体的法律制度的规定予以落实,才有可能使"尊重和保障人权"这一宪法任务得以实现。因此,我们应当在总结《民法通则》立法和司法实践经验的基础上,通过独立成编的人格权法对生命权、健康权、隐私权、肖像权等诸多具体的人格权利作出规定,以具体彰显人文关怀的价值理念。正如大村敦志所说,使民法真正成为"'活着的人'的法、'想更好地活着的人的法'"①。

(二) 民法典采用人格权积极确权模式符合 21 世纪的时代特征

《民法通则》关于人格权的集中规定为我国未来民法典人格权的定位奠定了良好的基础。我国民法典应当反映 21 世纪的时代特征。如果说《法国民法典》是一部 19 世纪风车水磨时代的民法典的代表,《德国民法典》是 20 世纪工业社会民法典的代表,那么我们的民法典则应当成为 21 世纪民法典的代表之作。那么,我国民法典如何反映 21 世纪的时代特征?

随着计算机和互联网技术的发展,人类社会进入到一个信息爆炸的时代。互联网深刻地改变了人类社会的生活方式,给人类的交往和信息获取、传播带来了巨大的方便,高度发达的网络使得人与人之间的距离越来越小,我们的生活也与互联网密不可分。在这一过程中,传统民法规则注定会面临来自诸多方面的机遇和挑战:首先,网络技术的发展创造出了很多前所未有的权益类型,例如,声音、特有的肢体动作等,在传统技术条件下的人格利益重要性并不突出,但借助于网络,其经济价值日益凸显,而且也可以作为一种人格权的客体存在。有一些学者甚至认为,网络环境下的人格利益可以成为一种权利。② 其次,在网络环境中,侵权损害易发。网络的无边界性以及受众的无限性,使得侵权言论一旦发表就可以

---

① 〔日〕大村敦志:《从三个纬度看日本民法研究——30 年、60 年、120 年》,渠涛等译,中国法制出版社 2015 年版,第 36 页。

② See Gert Brüggemeier, Aurelia Colombi Ciacchi and Patrick O'Callaghan, Personality Rights in European Tort Law, Cambridge University Press, 2010, p. 575.

瞬间实现全球范围的传播,而且在网络环境下,信息的传播具有快速性和广泛性,损害一旦发生,就难以恢复原状,犹如覆水难收。这也要求网络环境下的人格权救济方式应当考虑网络的便捷性和广泛性特点。最后,损害赔偿计算具有特殊性。在网络环境下,受众对象广泛,且信息发布成本低廉,一旦造成侵害,后果将极为严重。在损害赔偿额的计算上,应当考虑损害后果的严重性,以及侵权行为的成本和后果的不对称性。

在现代社会,对个人权利的尊重和保护成为人类社会文明发展的必然趋势。现代网络通信技术、计算机技术、生物工程技术等高科技的迅猛发展给人类带来了巨大的福祉,但同时也改变了传统生产和生活形式,增加了民事主体权利受侵害的风险。例如,许多高科技的发明对个人隐私权的保护带来了巨大的威胁,因而有学者认为隐私权变成了"零隐权"(Zero Privacy)。① 因此,一些国家的民法典专门对隐私权作出规定。② 又如,生物技术的发展、试管婴儿的出现改变了对生命的理解,虽然人工器官制造技术、干细胞研究、克隆技术和组织工程学的发展为人类最终解决器官来源问题铺平了道路,但与此同时,上述科学技术也对生命、身体、健康等人格权和生命尊严提出了新的挑战。在现代社会,随着医学的进步,受精卵和冷冻胚胎可以成为独立的生命实体。有的国家,如德国,对生命的保护起始于受精卵形成时,德国法院认为受精卵一经形成,便可以发展出生命,也就具备了生命体的属性,应当视为生命加以保护。我国司法实践中也已经出现了相关案例,无锡冷冻胚胎案就提出了冷冻胚胎的法律地位问题③,主审法官称:"年轻夫妻留下来的胚胎,已成为双方家族血脉的唯一载体,承载着哀思寄托、精神慰藉、情感抚慰等人格利益。"④那么,冷冻胚胎是否可以受到人格权法的保护?在受到侵害时能否适用精神损害赔偿?人格权法是否应允许有偿代孕?等等,均需要法律作出回应。

人类社会自20世纪80年代以来,逐渐进入信息时代,个人信息逐渐

---

① See A. Michael Froomkin, Cyberspace and Privacy: A New legal Paradigm? The Death of Privacy? 52 Stan. L. Rev. 1461 (2000).

② 参见《法国民法典》第9条,《葡萄牙民法典》第26条。另外,一些欧盟国家根据《欧洲人权公约》第8条第1款的规定,直接在裁判中保护隐私权。

③ 江苏宜兴一对双独年轻夫妻不幸因车祸身亡,小两口生前曾在南京鼓楼医院做试管婴儿,并留下4枚冷冻胚胎。为保留香火,双方老人与医院对簿公堂,要求医院归还胚胎。二审法院判决支持双方老人共同处置4枚冷冻胚胎。参见江苏省无锡市中级人民法院(2014)锡民终字第01235号民事判决书。

④ 《双独夫妻车祸身亡 父母医院争夺胚胎》,载《楚天都市报》2014年9月18日。

成为一项重要的社会资源。对个人信息提供法律保护的必要性日益凸显。数字化以及数据库的发展,使信息的搜集、加工、处理变得非常容易,信息的市场价值也愈发受到重视,对信息权和隐私权的保护需求也日益增强。个人信息作为个人享有的基本人权也日益受到法律的高度重视。1976 年,德国学者 Christoph Mallmann 在 Steinmüller 报告的基础上,最先提出"个人自决权"(das Recht auf informationelle Selbstbestimmung)的概念,并为两大法系所广泛接受。① 在欧洲,比较流行的观点仍然是将个人信息作为一项独立的权利对待。② 但笔者认为,个人信息虽然具有财产和人身双重属性,但其本质上仍然属于人格权,且其在内容上与隐私权难以分离,应该把个人信息权作为人格权法里面一项基本的人格权,或者一项重要的人格权规定下来。我国司法实践已经开始对个人信息提供保护。③ 因此,需要在人格权法中明确规定个人信息权,以平衡个人信息利用与保护之间的关系。

基于此,在未来民法典的编纂过程中,必须要强化人格权立法,采取积极确权的模式,重点规定有关生命健康权、名誉权、隐私权、个人信息权以及网络环境下的人格利益保护等问题,这也是回应现代社会对民事立法的挑战和需求,是 21 世纪时代精神的具体体现。

三、积极确权模式具有消极保护模式不可替代的优势

如前所述,消极保护模式主要通过侵权法规则调整人格权关系,而积极确权模式则主要从正面对人格权作出系统规定,确认主体所享有的各项人格权益。在人格权的发展过程中,积极确权与消极保护这两种立法模式都发挥着各自的作用。消极保护方式虽然可以促进人格权的保护,避免行为人责任的过度扩张以及对行为自由的过度干涉,但其不利于确立体系化的人格权法律制度。例如,在英国长期以来一直不承认隐私权,早在 1932 年英国学者温菲尔德就建议英国法院应当将侵害隐私作为一种侵权类型对待,但一直未能得到采纳。④ 英国普通法通过"违反保密义

---

① Vgl. Mallmann, Christoph, Datenschutz in Verwaltungsinformationssystemen, 1976, S. 54 f.
② See James B. Rule and Graham Greenleaf (ed.), Global Privacy Protection, Edward Elgar Publishing, 2008, p.58.
③ 参见朱迎光与中国联合网络通信有限公司连云港市分公司、傅红隐私权纠纷案,江苏省高级人民法院(2015)苏审二民申字第 01014 号民事裁定书。
④ 参见王泽鉴:《人格权法》,三民书局 2012 年版,第 225 页。

务"(breach of confidence)的侵权之诉建立起隐私的概念。① 但事实上,由于缺乏立法的构建,对新型人格权的保护只能依靠既有的侵权诉由,这虽然能够解决一时的问题,但这种局部保护很难形成科学、完善的隐私权保护体系,因此这种做法一直受到批评。② 因此,英国法后来通过制定保护个人信息单行法律的方式保护个人信息隐私权。③

比较而言,通过积极确权模式确立人格权体系的立法、司法成本较低,有效避免法官造法的不一致性。更重要的是,积极确权模式可以迅速确立系统的人格权框架体系,能够为法官在确认和保护新型人格权时提供明确依据。具体而言,与消极保护模式相比,积极确权模式具有以下积极功能:

一是维护行为自由的功能。自由止于权利,因此,权利的确认本身也是对自由的一种界定。权利的核心和本质都是类型化的自由,确认某种权利,在给予权利人行为自由的同时,也划定了其他人的行为自由界限。就人格权保护而言,消极保护模式无法准确划定权利人和第三人行为自由的界限,难以有效发挥维护行为自由的功能。拉伦茨认为,德国法院通过司法确认一般人格权在内容上极难确定,故侵害一般人格权不适用民法关于侵权行为的规定。④ 可见,消极保护模式并不利于全面维护个人的行为自由,这就有必要通过正面确权的方式,划定人格权的保护范围,从而充分维护个人的行为自由。

二是行为引导功能。积极确权的方式能够从正面确立一种行为模式,告诉行为人自己的行为界限,以及违反相关规则的法律后果。当通过立法确认了人格权的具体内容时,权利人与第三人均能够知道自己行为自由的界限以及权利冲突时的规则。例如,德国法院直接援引基本法而创设出一般人格权的概念、扩大具体人格权范围的做法,在法学方法上受到一些权威学者的批评。⑤ 他们认为,此种做法超越了法院职权,加剧了

---

① See David Price and Korieh Duodu, Defamation, Law, Procedure and Practice, Sweet & Maxwell, 2004, p.472.
② See Deakin Johnston, markesinis tort law, 6th, 2008, p.860.
③ 在英国,也将个人信息资料纳入隐私的保护范围之内。在1998年英国颁布《资料保护法》,法律的名称为"资料保护"(data protection),但是将其作为隐私而加以保护。该法对可存储数据、数据的加工处理以及泄露范围作出了限定,并且对于个人享有的信息资料的权利作出了明确规定。
④ Vgl. Larenz, Lehrbuch des Schuldrechts, Bd. II. 1962, S. 366.
⑤ Vgl. Larenz, NJW 1955, 521.

法律的不确定性。① 一些德国学者认为,一般人格权具有广泛性和不确定性的特点,不宜作为法律概念。

三是侵害预防功能。对人格权的积极确认也有利于实现侵害预防功能。例如,《民法通则》第 99 条第 1 款规定:"公民享有姓名权,有权决定、使用和依照规定改变自己的姓名,禁止他人干涉、盗用、假冒。"该条不仅从正面规定了人格权,还从反面规定了禁止的行为,对于社会公众具有警示作用,从而有助于预防侵害的发生。同时,积极确权能够明确权利的边界,便于法官识别不同类型的人格权利,尤其是在权利之间发生冲突的情况下,通过积极确权的方式能够使法官明晰不同的权利,从而精准找法,作出正确裁判。显然,仅从侵权抗辩事由的角度无法解决权利冲突的问题,在法律中明确规定权利的位阶极其重要。

四是预防权利冲突功能。积极确权也有利于明确人格权的行使和限制规则,从而预防各项人格权之间以及人格权与其他权利之间的冲突。人格权作为一种具体民事权利,其行使应受到一定限制。例如,隐私权领域中的"公众人物无隐私"的公认原则即反映了隐私权应受限制的原则。此类对权利限制的规则难以通过消极保护实现,也不适合全部交由法官进行自由裁量。在我国,因为立法上缺乏对隐私权的保护,更没有隐私权限制的规定,是通过司法判例来实现的②,由于公众人物概念的模糊性以及公众人物隐私权保障的复杂性,完全由法官确定其保护规则并不妥当,而且人格权属于基本民事权利范畴,完全交由法官自由裁量,也有违《立法法》所规定的民事基本权利应当由法律规定的原则。

五是限制自由裁量的功能。从消极保护模式的司法实践来看,其并不利于限制法官的自由裁量权。在大陆法系国家,法国模式仅仅只是以一个抽象的、笼统的损害概念来涵盖各种人格法益的保护,既无法区分人格权利与利益,又无法准确列举权利的类型和内容,从而给法官留下了巨大的自由裁量权。德国的模式虽然列举了所保护的权益的范围,具有较强的确定性,但内容狭窄的《德国民法典》第 823 条难以适应人格权益开放、发展的体系特征。一般人格权制度的创立虽然可以摆脱法条的束缚,

---

① 参见王泽鉴:《人格权之保护与非财产损害赔偿》,载王泽鉴:《民法学说与判例研究》(第一辑),1992 年自版,第 31 页。

② 最早在实践中确立这一规则的是范志毅诉文汇新民联合报业集团侵犯名誉权纠纷案,参见上海市静安区人民法院(2002)静民一(民)初字第 1776 号民事判决书。

但又同样要面临前述法国模式的问题。① 上述两种消极确权模式的共同弊病是给予了法官过大的自由裁量权。英美法国家也遇到了同样的问题。以美国隐私权为例,自 1896 年隐私权概念形成之后,1960 年美国联邦最高法院及各州法院共做成了大约 300 个隐私权的判例。但隐私权的内容及侵害隐私权的构成要件各不相同,以至于形成了法律适用的不安定性。因为这个原因,普洛塞(Prosser)教授对隐私权案例进行了详尽的整理,形成了四种侵害隐私权的类型。1960 年,普洛塞教授在总结以往二百多个判例的基础上,不仅对隐私权进行了重新定义,而且将隐私权概括为四种类型。② 尽管如此,普洛塞教授仍然抱怨其关于隐私的四种分类并不存在共同点,因而隐私本质上构成了一种集合性的概念。③ 在我国,由于人格权立法仍不健全,这就必然使法官的自由裁量权过大,前述司法实践中创设公众人物的概念对公众人物的人格权进行限制,就反映了这一问题。此外,过大的自由裁量权也会导致裁判标准不一致,从而引发"同案不同判"的现象,损害司法的统一性。因此,只有通过正面确权的方式,才能形成明确、具体的人格权保护规则,从而统一裁判规则,增进法的安定性。

六是人格权宣示和弘扬功能。人格权虽有固有性,但也有法定性,人格权观念的形成有赖于立法的明确规定,也取决于权利主体在观念上的启蒙。只有当法律赋予权利的人在内心深处充分意识到了其法定权利,并积极主动地去行使和保护这种权利,相应的权利才可能真正变成公民的福利。通过独立成编的人格权法对人格权予以系统构建和确认,有助于对公众公开宣示关于人格尊严和人格发展的美好未来前景,并引导公民产生发自内心的人格权观念,激励公民以实际行动去主张自身的人格权和尊重他人的人格权,从而形成关于人格权保护的新观念和新境界。事实上,我国已经有了成功的经验,《物权法》的颁布就对物权观念的弘扬和物权的切实保护发挥了至关重要的作用。

此外,积极确权模式也是与我国当前的宪法实施机制相契合的。从比较法上来看,消极保护模式与宪法司法化有密切联系,因为人格权常常在宪法中加以列举,法官会援引宪法对人格权加以保护。但这种方式在我国是难以实施的。依据我国现行《宪法》的规定,只有全国人大常委会

---

① Vgl. Palandt, in: Kommentar zum Bürgerlichen Gesetzbuch, 15. Aufl., 1956, S. 674.
② See William L. Prosser, Privacy, 48. Cal. L. Rev., 383, 389 (1960).
③ See Prosser, The Law of Torts, 3rd ed, West Publishing Co., 1964, p.843.

才有权解释宪法,法官无权解释宪法。对此,最高人民法院《关于裁判文书引用法律、法规等规范性法律文件的规定》第4条规定:"民事裁判文书应当引用法律、法律解释或者司法解释。对于应当适用的行政法规、地方性法规或者自治条例和单行条例,可以直接引用。"该条并未将宪法列入民事裁判文书可以引用的范围之列,因此,法官无法直接援引宪法裁判民事案件,宪法也就不能直接作为法官处理人格权纠纷所援引的裁判依据。这就要求我国必须制定和完善人格权法,特别是对一般人格权作出规定,为法官裁判人格权纠纷提供明确的裁判依据。简言之,宪法中的人格尊严必须经由民法典具体化,透过具体的概念和规则才能成为法官的基本裁判规则,有效地规范民事活动,解决民事争议。

四、人格权法与侵权法的功能区分

我国《侵权责任法》第2条就所保护的权利范围列举了18项权利,其中近半数是人格权,由此表明了对人格权保护的高度重视,该法第15条规定的8种救济方式以及第22条的精神损害赔偿都可以适用于侵害人格权的救济。我国《侵权责任法》通过扩张权益保护范围及采用多种责任形式的方式,强化了对人格权的保护,从而使侵权责任法与人格权法的关系变得更加密切。如果采取积极确权模式,就必然产生如何协调与侵权责任法之间的关系这个问题。但即便如此,也不能忽略侵权责任法与人格权法在法律功能上的区分。

人格权法和侵权责任法之间的关系本质上是权利法和救济法之间的关系。事实上,有关人格权的规则主要是确权、保护、利用和冲突协调四个方面。侵权法虽然也可能会涉及上述规则,但无法对其全面涵盖,因此,这些规则应当规定在人格权法中。人格权法与侵权法的法律功能不同,侵权法不能完全取代人格权法。

第一,人格权的类型确认应由人格权法完成。侵权法主要是救济法,其主要功能并不是正面确认权利,而是预防和填补损害。而人格权法是权利法,其与物权法等法律一样,其主要功能在于确权,即通过规定各类人格权及其内容与效力,从而为侵权法的救济提供法律依据。更重要的是,随着社会的快速发展,各种新型人格权益不断出现,人格权的具体保护、利用等规则,均需要法律作出明确规定,作为救济法的侵权法显然无法胜任这一重任。

第二,人格权的具体内容宜由人格权法规定。每一种人格权都具有其自身的作用或功能,这些权能不是单一的,而是多样的。我国《侵权责任法》第 2 条虽然对八项人格权进行了宣示性保护,但并没有也不可能进一步规范各种权利的具体权能。例如,肖像权具有形象再现、使用、转让等权能;隐私权的内容可进一步具体化为个人生活秘密的权利、通信自由、私人生活安宁、空间隐私等。① 就私人生活秘密而言,又可进一步分类为身体隐私、个人信息隐私、基因隐私、健康隐私、家庭隐私等。不同的隐私由于类型不同在权利内容及侵权构成要件上又有所差异。公民和法人的人格权,不管是一般人格权还是各项具体人格权,又都具有较为丰富和复杂的权利内容。正是在这个意义上,只有制定人格权法,才能全面确认人格权的各项具体内容,充分回应私权行使和保护的需求。

第三,人格权的利用、行使规则应由人格权法规定。在当代社会,人格权制度已经取得了很大发展,人格权的种类和内涵在不断扩展。例如,互联网技术的发展使个人信息的经济效用日益凸显,而且侵害个人信息的现象也日益普遍,这也推动了个人信息权制度的发展。不仅人格权的外延在不断扩大,人格权的内涵也在不断扩张。如人格权的商业化利用,使部分人格权不再仅仅是消极防御性权利,而且具有了一定的积极利用权能。② 法律不仅要列举与表彰各种权能,也要具体规定各种权能的行使与效果。尽管人格权原则上不能转让,但权利人可以许可他人对其人格权进行利用。例如,肖像权的使用权能与法人的名称权可以转让。尤其是如果将来在人格权法中规定个人信息权,也必须规定个人信息的利用规则。还应当注意到,虽然大多数人格权是与生俱来的,如生命健康权等,但还有一些人格权需要通过实施一定的行为才能取得,如名誉权等。法律也应当规定人格权的具体行使、利用规则,这些规则显然非侵权法所能包括的。

第四,人格权与其他权利的冲突规则应由人格权法规定。人格权在行使过程中,常常会与其他权利发生冲突。这些冲突包括人格权与财产权、隐私与新闻自由、名誉权与舆论监督权之间的冲突。人格权在行使过程中,还可能与公权力发生冲突。另外,各项具体人格权之间也可能发生交叉和冲突,因而需要在人格权法中确立解决冲突的规则。侵权法难以

---

① See Patrick O'Callaghan, Refining Privacy in Tort Law, Springer, 2013, pp. 32—34.

② See Huw Beverley-Smith, The Commercial Appropriation of Personality, Cambridge University Press, 2002, p. 173.

确立解决权利行使和权利冲突的规则。此外,为了维护公共利益、社会秩序等,在法律上有必要对人格权作出一定的限制,这些限制规则(如对公众人物人格权的限制、人格权与言论自由的关系等)也很难在侵权法中加以规定,而只能由人格权法规定。

另外,以侵权法吸收人格权法存在难以逾越的立法技术障碍。通过侵权法提供事后救济的被动保护不足以充分保护人格权。我国《侵权责任法》体现了鲜明的中国特色,不是依据侵害的对象而是基于归责原则这一"中心轴"构建体系。《侵权责任法》采纳了三元归责原则体系,即过错责任、过错推定责任和严格责任。在该体系下,有关过错责任的一般规则适用于总则部分的内容,适用过错原则之外的特殊归责原则的,如严格责任、过错推定责任等,都是分则的内容。人格权如果置于侵权法中,主要适用过错责任。因此,侵犯人格权很难被规定为一种特殊侵权。从《侵权责任法》的层面来看,第6条第1款即可适用人格权的侵害,无须在分则中具体列举侵犯人格权的责任,如果列举就会发生体系冲突。侵害人格权也不能专门纳入侵权法总则,因为总则主要规定侵权责任的构成要件和抗辩事由,总则不是根据侵害对象构建的。所以,侵权法虽然能够为人格权提供一定保护,但无法全面确认人格权保护制度。

从上述分析可见,《侵权责任法》的实施虽然强化了对人格权的保护,但不应影响人格权法的制定。相反,为了配合侵权法共同实现对人格权的确认和保护,应当制定独立的人格权法。

五、人格权法与侵权法的功能协同

单独制定人格权法并不意味着要完全割裂其与侵权法之间的关系。人格权法属于权利法的范畴,积极确权模式是人格权法作为权利法的必然要求。当然,人格权法的独立成编并不会弱化侵权法的功能。相反,如果体系和内容设计得当,则能够与侵权法实现相互补充、相得益彰的效果。例如,知识产权法从传统民法中分离后,形成了一个相对独立的法律部门,但在知识产权受到侵害后,仍需从侵权法中寻找具体的裁判规则,这也实现了知识产权法与侵权法的有机协调。这种经验对人格权立法同样适用。也就是说,可以通过独立成编的人格权法积极确认人格权,再通过侵权法的具体规则保护人格权,从而形成二者的良性互动。

需要进一步探讨的是,在法律适用层面,积极确权模式是否会弱化对人格权的保护？有一种观点认为,采积极确权模式之后,有关人格权的规定仍然是一个不完全法条。因为,此种规定并没有明确规定侵害人格权的法律后果。因此,还不如将其全部纳入侵权法中予以规定,形成一个完全法条,实现对人格权的周密保护。这种观点是反对人格权法在民法典中独立成编的一项重要理由。笔者认为,此种观点虽不无道理,但缺乏现实可行性,因为侵权法主要是救济法,其无法对人格权进行正面确权,而且侵权法也不可能针对每一种人格权和人格利益设计救济条款,形成完全法条。人格权纷繁芜杂,且呈现出开放性特性,不可能在侵权法中得以充分确认。而通过人格权法对人格权进行正面确权,反而可以为侵权法对人格权的保护提供依据,这不仅不会弱化对人格权的保护,反而可以起到一种权利宣示作用,强化对人格权的保护。还应当看到,人格权法既是裁判规范又是行为规范,具有指引功能。因此,从正面规定人格权不仅有利于对人格权提供保护,而且还能指引民事主体的行为,如尊重生命、对生命的救助义务、尊重他人隐私和自由等。即使是英美法也开始通过成文法来确认人格权,例如美国颁布了《隐私法》,英国颁布了《个人信息保护法》。尤其是,美国的一些成文法也确认了对隐私权的保护。美国国会就制定了6部保护个人信息隐私的法律。为强化对隐私的保护,美国一些州也制定了相应的法律。目前美国至少10个州在其宪法中明确了对隐私权的保护。[①]

尤其需要指出的是,积极确权模式有利于发挥侵权法的裁判功能:一方面,人格权法关于人格权的规定和侵权法的规定可以共同构成人格权保护的完全法条。所谓完全法条,通常是指兼备构成要件与法律效果两个要素的法律条文。作为大前提的法律规范,一般应包括构成要件和法律效果两个部分。但一个完全法条并非仅仅是通过一部法律或者一个孤立的法条能够形成的。事实上,不完全法条的结合运用,并与事实要件相吻合,完全可以得出裁判结论。此种模式也是三段论推理中的一种类型。[②] 就人格权保护而言,通过人格权法对人格权进行正面确权,再通过侵权法确定相关的保护规则,二者可以共同组成裁判依据。例如,人格权法规定肖像权及其利用规则,如果行为人的行为侵害了肖像权,法官完全可以通过援引人格

---

① 加利福尼亚州、佛罗里达州、路易斯安那州、阿拉斯加州、亚利桑那州、夏威夷州、伊利诺伊州、蒙大拿州、南卡罗来纳州、华盛顿州。

② 参见王泽鉴:《民法思维:请求权基础理论体系》,北京大学出版社2009年版,第158页。

权法的相关规则,并结合侵权法的侵权责任规则形成一个完全法条,判令侵权人承担侵权责任。另一方面,从逻辑上看,必须先有原权利,才能构成原权利受侵害而产生的救济权。英美法崇尚"救济走在权利前面",法官可以创设判例直接提供救济,不依赖于成文法对实体权利的确认,通过创设判例直接提供救济。与英美法系不同,在大陆法系法官依照成文法裁判,必须先有成文法确认的权利才能给予救济。以物权法为例,物权法规定的各类物权当然受到侵权法的保护,但是,并不能认为有关物权的规范和侵权法保护的规范必须合二为一。

还应看到,物权的保护并不限于侵权请求权,作为物权本身权能的物权请求权在某些情况下更有利于物权的保护。人格权法的保护也是如此,不应当将人格权的确权规则与保护规则都规定在侵权法中,而应当通过人格权法的正面确权,为侵权法提供保护依据。人格权的积极确认模式为司法裁判积极确认和保护人格权提供了明确的充分依据,也有利于发挥侵权法的裁判功能。据统计,仅从 2014 年 1 月至 2015 年 6 月,全国法院公布的人格权案件就达 11 万件。[①] 其中不少属于新型的人格利益纠纷。虽然《侵权责任法》第 2 条关于侵权法的权益保护范围采取了开放列举的方式,并采用民事权益的表述方法。但在实践中,由于新型的人格利益不断发展,诉争的人格权类型也日益复杂化。在不少情况下,即便法官有足够的价值共识去保护某一种新型的人格利益诉求,但鉴于《侵权责任法》第 2 条规定的一般性和抽象性,法官常常难以寻找到足够的裁判依据。另一方面,该条的模糊性也使其无法为民事主体提供足够明晰的行为指引,已经影响到人格权的保护和司法裁判本身的权威性。这就需要协调人格权法与侵权法的功能,以实现对人格权最大限度的保护。

具体来说,人格权法在对人格权进行确认后,在如下几个方面还需要侵权责任法予以协调与配合,从而形成二者在功能上的衔接和互动:

第一,在确认某项人格权之后,需要通过侵权法确定对侵害人格权的侵权救济方式。人格权的具体内涵、行使规则、侵权责任的特殊构成要件等,都应当由人格权法作出具体规定,而侵害人格权的一般构成要件、侵害人格权的责任承担等,则可以由侵权法作出规定。在侵权的构成方面,人格权中的规定有助于确定侵权法所保护对象的具体范围。事实上,《侵权责任法》第 6 条第 1 款规定了因过错侵权的一般条款,一般条款本身可

---

① 参见王竹:《编纂民法典的合宪性思考》,中国政法大学出版社 2015 年版,第 360 页。

以和权利法所确定的规范结合起来,从而形成完全规范。例如,在侵害姓名权的情形下,《民法通则》第 99 条和《侵权责任法》第 6 条第 1 款就构成了一个侵害姓名权的完全法条。

第二,人格权法对人格权进行正面确权之后,可以同时从反面列举禁止性的规范,禁止性的规范是法律的强制性规定,其可以确定民事主体行为自由的范围,禁止性规定应当在权利列举的规定中列举,而不应当在侵权法中列举。禁止性规范是"命令当事人不得为一定行为之法律规定",其在性质上属于禁止当事人为一定行为的强行性规范。① 禁止性规范不同于侵权法中的权利救济规则,本质上属于行为规范的范畴,其功能在于规定权利行使的范围,因而不应纳入侵权法的范畴。在人格权领域,禁止性规范通常是由人格权法规定的,《民法通则》在列举人格权的规范时,也同时规定了一些禁止性规范,但禁止性规范可与侵权责任法的规定结合起来,同时构成侵害人格权的构成要件。例如,《民法通则》第 101 条规定:"公民、法人享有名誉权,公民的人格尊严受法律保护,禁止用侮辱、诽谤等方式损害公民、法人的名誉。"禁止用侮辱、诽谤等方式损害公民、法人的名誉本身就成了侵害名誉权的行为要件,该条可以与《侵权责任法》第 6 条第 1 款关于过错责任一般条款的规定结合起来,从而形成名誉权保护的完整规范。

第三,人格权法中的权利冲突规则能够与侵权法的规定相结合。例如,在实践中,常常出现人格权与言论自由、舆论监督等权利发生冲突。肖像权也可能会与著作权发生冲突。在此情况下,究竟哪一种权利应当得到优先保护,的确需要依据权利冲突的处理规则处理。权利冲突规则有助于确定行为人所承担的注意义务,从而有助于确定过错侵权责任中的过错构成要件。如新闻报道可能会使用他人的隐私、肖像等,但其一般并不构成对他人人格权的侵害。这实际上也确定了人格权的权利边界。可见,从某种意义上说,权利冲突规则本质上是划定各项人格权权利边界的规则,这些规则属于人格权设权规范的范畴,应当规定在人格权法中。但在发生权利冲突后,在具体判断相关的行为是否构成侵权,应承担何种侵权责任时,则应借助于侵权法规则。而人格权法中的权利冲突规则可以为侵权责任的认定提供前提和基础。

第四,人格权法有关人格权商业利用的规定可以与侵权法中有关财

---

① 参见王轶:《论物权法的规范配置》,载《中国法学》2007 年第 6 期。

产损害赔偿的规则衔接起来,构成完全法条。人格权最初属于消极防御性的权利,此时,侵权法已经足以对人格权提供充分的保护。但随着人格权制度的发展,尤其是人格权商业化利用实践的开展,一些人格权的积极利用权能在不断发展,人格权商业化利用本质上是人格权积极利用权能扩展的结果,因此,有关人格权商业化利用的规则属于人格权的正面确权规范,应当规定在人格权法中。但在行为人未经许可对他人的人格权益进行商业化利用时,则构成侵权行为,具体责任认定和承担则应当适用侵权法规则。以肖像权为例,《民法通则》第 99 条第 2 款规定:"法人、个体工商户、个人合伙享有名称权。企业法人、个体工商户、个人合伙有权使用、依法转让自己的名称。"该条实际上规定了名称权的积极利用规则。但在名称权受到侵害时,则应依据侵权法规则具体认定行为人的侵权责任,《侵权责任法》第 20 条就是对侵害人身权的侵权责任作出的具体规定。可见,我国现行立法已经采纳了人格权积极利用与侵权法保护规则相衔接的做法。

第五,人格权法能够细化侵权责任在侵害人格权情形中的具体责任方式。《侵权责任法》第 15 条与第 22 条虽然规定了侵权责任的承担方式,但仅适用于人格权的责任形式,如赔礼道歉、恢复名誉、精神损害赔偿等相关规定过于概括,不利于具体责任形式的适用,有必要在人格权法中对相关责任形式作出细化规定。近年来,由于通过网络侵害人格权的行为数量不断增加,一些国家对人格权的保护措施作了特殊规定,如采用禁令等方式,防止损害后果的扩大。① 在最终判决作出之前,法官还可以作出预先裁决,责令行为人停止出版、禁止发行流通,或责令将出版物全部或部分予以查禁。② 德国法也经常采用禁令对侵害人格权的行为进行规制。③ 一些国家的法律普遍赋予受害人删除权、请求声明撤回等权利。这尤其表现在以言论的方式侵害他人名誉的情形。④ 在我国,对人格权的保护措施,有必要在人格权法中进一步细化。以精神损害赔偿为例,《侵权

---

① 《法国民法典》第 9 条第 2 款规定:"在不影响对所受损害给予赔偿的情况下,法官得规定采取诸如对有争执的财产实行保管、扣押或其他适于阻止或制止妨害私生活隐私的任何措施;如情况紧急,此种措施得依紧急审理命令之。"
② 参见〔奥〕赫尔穆特·考茨欧、〔奥〕亚历山大·瓦齐莱克主编:《针对大众媒体侵害人格权的保护:各种制度与实践》,匡敦校等译,中国法制出版社 2012 年版,第 170 页。
③ BGHZ §138, 311 (318).
④ 参见〔奥〕赫尔穆特·考茨欧、〔奥〕亚历山大·瓦齐莱克主编:《针对大众媒体侵害人格权的保护:各种制度与实践》,匡敦校等译,中国法制出版社 2012 年版,第 284 页。

责任法》第22条过于概括,而精神损害赔偿责任的具体认定规则非常复杂,该条不能为精神损害赔偿责任的适用提供具体规则。最高人民法院已于2001年出台了《精神损害赔偿司法解释》,我国未来人格权法可以此为基础总结我国既有的司法实践经验,对侵害人格权的精神损害赔偿侵权责任作出全面的规定。

综上所述,侵权法消极保护人格权模式的存在并不能否认人格权法作为一个独立民事法律部门的必要性。相比较而言,在权利确认上,积极确权模式的优势非常明显。事实上,无论是积极确权还是消极保护,都涉及权利的确认和保护,如一项利益未被法律正面确认为权利和法益,侵权法就很难对其提供保护。在民法典分编之首,设独立一编规定人格权内容,有助于完善民事权利体系,彰显人格利益保护,推动我国人权法制建设,体现了我国民法学者积极探索在新的社会条件下完善民法体系的成果。

论人格权的法定性与开放性[*]

2018年8月27日,十三届全国人大第五次会议审议了《民法典(草案)》(一审稿)(以下简称《草案》),这是继2017年《民法总则》颁行后,民法典编纂迈出的第二步。该《草案》将人格权作为独立的一编加以规定,该编下设六章,共包括45个条文,详细规定了生命权、身体权、健康权、姓名权、名称权、肖像权、名誉权、荣誉权、隐私权、个人信息等权益,并规定了人格权保护的一般规则,开创了新时代人格权保护的新篇章,在我国民事立法史上将会产生重大而深远的影响。然而,人格权独立成编虽然强化了人格权的保护,但由于人格权是不断发展变动的,因而,人格权又要保持其应有的开放性。我国正在制定的民法典人格权编必须在对人格权实行法定化的同时,高度重视人格权体系的开放性,并有效协调和衔接二者的关系。

一、人格权具有法定性和开放性

所谓人格权的法定性,是指人格权的类型、内容和效力,以及行使方式,原则上需要由法律加以规定。如果法律没有将某种人格利益规定为人格权,则其在性质上应当属于人格利益,也应受法律保护。实际上,人格权的法定化也是近现代民法实定化发展的表现。从近代民法的发展历史来看,包括人格权在内的私人权利的承认和保护机制,都开始从原来的道德体系和宗教体系转向实定法体系的保护机制。人格权制度的发展历史实际上就是一个人格权权利类型、内容法定化的过程。

我国1986年《民法通则》第一次在立法上对人格权实行了法定化,该法列举了生命健康权、姓名权、名称权、肖像权、名誉权、荣誉权、婚姻自主权等具体人格权类型。《民法总则》第109条、第110条对民事主体所享有的各项具体人格权作出了规定,包括生命权、身体权、健康权、姓名权、

---

[*] 原载《经贸法律评论》2018年第1期。

肖像权、名誉权、荣誉权、隐私权、婚姻自主权、名称权等具体人格权以及一般人格权,但《民法总则》只是对具体人格权作概括列举,而没有将其详细展开。依据《民法总则》的规定,民法典分编草案人格权编详细列举了九种人格权,包括生命权、身体权、健康权、姓名权、名称权、肖像权、名誉权、荣誉权和隐私权,并专门规定了个人信息保护规则。这实际上也对人格权类型采取了法定主义。

从法律上看,人格权法定包含如下几个方面内容:一是具体人格权的类型具有法定性。人格权作为基本的民事权利,其具体类型必须是由法律规定的。从我国民事立法来看,人格权的类型是不断发展的,哪些人格利益可以上升为人格权,是由法律加以确认的。二是人格权内容的法定性。每项人格权都有其特定的内涵,每项人格权的具体内涵和效力都应当是由法律规定的,这也是有效区分各项人格权的前提。因此,对人格权的限制,只能由法律明确规定,不能由行政法规和规章加以限制,当事人之间的约定也不能对人格权的基本内容加以排除。例如,约定免除当事人因故意或者过失侵害他人生命健康权的责任是无效的。三是人格利益保护的法定性。人格权法定并不排除对人格权以外的人格利益的保护,人格权以外的人格利益仍然受一般人格权或者人格权一般条款的保护。四是救济方式的法定性。在人格权遭受侵害的情形下,除适用法律规定的侵权责任承担方式外,每项具体人格权还可能有自己特有的救济方式,如侵害名誉权的消除影响、恢复名誉等,法律还可能对某些具体人格权的救济方式作出特别规定。

人格权的法定化,毫无疑问有利于全面确认并保护人格权。人格权之所以要法定化,就是要使个人明确其能够享有哪些人格权,权利的内容如何、义务人应承担何种相应的义务,并使权利人能够在其权利受侵害时,请求义务人履行义务和保护其权利。人格权法定化有助于公民和法人培养其权利意识和法治精神。正是通过公开透明的实定法的确认和保护,才能明确人与人之间所享有的私人权利的边界,为私人权利的行使和义务的履行提供一套明确的依据,让每个人都能够并行不悖地享有和行使自己的私权利,从而有助于人们形成稳定的行为预期。同时,在发生争议之后,一套公开明确的实定法依据也有助于裁判者作出公开、透明的判决,提高裁判的权威性和可接受性。因此,人格权只有法定化,才能够明确权利的边界,国家才能通过强制力对人格权提供更强的保护。例如,在《民法通则》确认人格权以后,对人格权的保护才日益受到重视,自然人、法人的人格权才得到了确实的保障。

人格权的法定化,有利于明确各项人格权的边界,防止权利冲突。人格权的类型复杂,各项人格权之间可能存在一定的交叉。例如,隐私权、个人信息权、名誉权之间就可能存在交叉。这就有必要通过法定化明确权利的内涵和外延,防止各项人格权之间发生冲突。人格权法定有利于权利人行使其权利,捍卫其权利,通过人格权的法定,可以区分某一人格权与其他人格权,尤其是对人格权进行法定限制的规则,有利于保障人的行为自由。[1] 例如,隐私权具有可克减性,但应受哪些限制,须由法律规定。同时,通过人格权的法定化,有利于防止人格权的泛化。尽管人格权的法定化不像物权那样严格,但人格权的种类也要受到法律的约束,如果某种人格利益并没有被法律明确规定为人格权,则可以作为具体人格利益保护,但不宜将其视为具体人格权的类型。[2]

人格权的法定化,有利于保障人格权的正当行使,防止权利滥用。任何权利都是受限制的,人格权尤其是精神性人格权,也是受限制的,过度扩张人格权的内涵和范围,可能会损害其他社会利益。例如,过度扩张隐私权的适用范围,可能会影响他人的行为自由,也可能影响正常的新闻报道和舆论监督。法律确认了每项人格权益后,也需要对权利人控制、支配其人格利益的权利作出明确规定,从这一意义上说,人格权的积极行使也是人格权法定化的必然结果。正如有学者所言,人格权本身具有固有性,本无须法律的明文确认,但如果法律不对人格权加以规定,可能混淆"应然"和"实然",造成法律体系的混乱,而且法律明确规定各项人格权,也可以降低相关的信息成本,有利于保障个人的行为自由。[3] 如果人格权不能够行使或利用的话,则法律设定该权利的目的也就不复存在了。[4] 正是通过法律的确认,使得人格权的行使或利用方式日益多样化,使得人民在行使人格权过程中能够获得一个稳定的预期,使人们的人格尊严得到有效维护。

当然,尽管人格权需要法定,但与物权法定主义相比较,人格权的法定性并不是十分严格的,即便是法律没有明确规定的人格利益,也应当受

---

[1] 参见马特、袁雪石:《人格权法教程》,中国人民大学出版社 2007 年版,第 16 页。

[2] 参见杨立新等:《〈中国民法典·人格权编〉草案建议稿的说明》,载王利明主编:《中国民法典草案建议稿及说明》,中国法制出版社 2004 年版,第 321 页。

[3] 参见张平华:《人格权的利益结构与人格权法定》,载《中国法学》2013 年第 2 期。

[4] See Neethling, JM Potgieter and PJ Visser, Neethling's law of personality, LexisNexis South Africa, 2005, p. 24.

到法律保护。因为人格权本身无法完全通过列举的方式加以规定。人格权是随着社会经济的发展和人们权利意识的提高而不断发展的。所以,新的人格利益也会不断涌现,绝对的法定化将会限制人格权的发展,这也决定了人格权的保护需要兜底条款。同时,人格权不像物权那样涉及交易中的第三人利益,即便不严格依法限定人格权的类型,也不会直接影响交易安全。因此,无须像物权那样为保护交易安全和第三人的利益而对人格权的类型实行严格的法定主义。

人格权不仅具有法定性,也具有开放性。所谓人格权的开放性,是指人格权是一个发展变动的体系,在法律上无法列举穷尽。人格权之所以具有开放性,主要是因为:

第一,人格尊严的完整性要求人格权具有开放性,否则无法实现对人格利益的完整保护。人格尊严在不同的时期也是不断发展和演变的,保护人格权本身也是凸显人作为主体的地位。人的主体意识和权益保护需要也在加强和多样化。人格权具有极强的演进性,随着社会观念的变化而不断发展,人对自身的认识必然是随着时代的发展而不断深化的。改革开放以来的社会发展实践也说明了这一点,在食不果腹的年代,生存权是需要保护的重点。而在进入新时代以后,人们的温饱问题已经基本解决,对人格尊严的追求就更加强烈,对于基于尊严保护而产生的各种新型人格权就具有了保护的必要。隐私权的发展史就很好地说明了这一点。在改革开放初期,隐私是被作为阴私对待的,并没有成为法律保护的对象;后来,隐私利益是作为名誉权的一种形式来保护的;再后来,隐私权才获得了明确的类型化承认。[①]

第二,人格的自由发展,要求人格权保持开放性。所谓人格的自由发展,是指人的个性在社会中的自由发展和展开。按照马克思主义理论,人的地位是最高的。马克思主义倡导人的解放,实现人的全面发展,归根结底都是为了人。[②] 通过对新型人格利益的保护,就凸显出了对人的全面保护,使得人的主体地位得到了非限于法律框架的认可,有利于保障人的自由发展。同时,人对自身的认识也是随着时代的发展而进一步深化的,一些国家的立法和司法实践开始确认环境人格权、私人生活自决权、身世知

[①] 例如,传统上将隐私解释为阴私,即涉及男女私生活、奸情或其他淫秽内容。参见《法学词典》编辑委员会编:《法学词典》,上海辞书出版社1985年版,第872页。

[②] 参见丰子义:《历史唯物主义与马克思主义哲学主题》,载《中国社会科学》2012年第3期。

情权等新型人格权,这些人格权内涵的发展,都体现了人格权的开放性,从而使得人格的自由发展成为不争的事实。

第三,社会和科技的发展,要求人格权保持开放性。随着社会的发展,尤其是科学技术的进步,许多人格要素有被强化保护的需要。例如,正是因为照相机技术的发展,使得肖像权保护的必要性不断增强,并最终成为法定的人格权;同样,随着监控技术、互联网技术、大数据技术的发展,一些人格要素利用的方式日益多元化,或者受到的威胁日益增加,法律才有强化保护的必要。隐私权和个人信息的产生和发展就是如此。所以,社会的发展和科学技术的进步,客观上也会不断扩张人格权的体系,要求人格权具有开放性。随着科学技术的发展,有关人体胚胎、代孕、人体试验等不断对人的主体性以及尊严的维护提出挑战,这些都需要进一步加强对新型人格利益的保护。例如,随着语音合成技术的发展,导致声音的利益越来越重要。在德国法上,一般人格权是与人格尊严和人格自由发展密切相关的概念,其在性质上属于框架性权利,是可以对各项新型人格利益提供法律保护的依据,这就保持了人格权益类型体系的开放性。[1] 人格权的开放性不仅表现为人格权类型的丰富与发展,而且还表现为各类具体人格权的内容的开放性。例如,姓名权的内容从身份登记上的本名的保护,发展到了对符合法定条件的笔名、艺名、字号等的同等保护。这也是网络科技时代笔名等人格要素被广泛传播而引发的新型问题。《草案》中的人格权编明确规定了对笔名、艺名和字号的保护,就是人格权开放性的体现。

第四,人格权保持开放性,有助于为司法机关在甄别和承认新型人格利益时,提供一种制度安排上的可行性和裁判依据。从我国人格权保护的历史发展经验来看,新型人格利益的保护常常是先通过司法机关的试验性判决来开启的。在相应判决得到量的累积和经验总结之后,才会最终被升格为一项独立的人格权予以保护。从实践来看,出现了各种法官在裁判中创设"祭奠权""声音权""亲吻权"等权利。这些权利虽然并不规范,但也反映出随着社会发展,一些新型人格利益不断出现,在法律未对此类人格利益的保护作出规定时,法官将面临寻找法律依据、适用法律规则的困难。而人格权保持开放性,就意味着这种人格利益的承认与提升在制度安排上具有广泛的空间。在遇到新生人格权益诉求时,法官能

---

[1] 参见杨芳:《德国一般人格权中的隐私保护——信息自由原则下对"自决"观念的限制》,载《东方法学》2016年第6期。

够更积极、主动地思考该权利诉求是否能够得到支持。相反,如果人格权的体系是固定的,则法官常常拘泥于现行法承认的有限的人格权类型来判断新型的人格权诉求,对法无规定的权利不予保护,这就不利于人格权和人格尊严的丰富和发展。例如,我国现行立法并没有明确确认信用权,但也有法院在裁判实践中明确采用"公民的信用权"这样的表述,如在王志华诉中国银行股份有限公司涟源支行名誉权纠纷案中,二审法院认为,在认定公民享有信用权的前提下认定侵犯信用权的行为应当作为侵犯名誉权来加以处理。① 由此可见,如果立法不对该规定的新型人格权加以规定,完全由法官根据自己的理解创设新型的人格权名称,就可能导致司法裁判的不统一,也会引发法律适用的混乱。

二、人格权的开放性与法定性之关系

人格权法定主义并不是要限制人格权体系的发展,不是将人格权体系固化,相反,是要更有利于全面保障人格权。有一种观点认为,人格权独立成编之后,将人格权规定得越详细,越不利于人格的保护,因为人格权法定主义有可能限制人格权保护的种类和内容,最终有损人格权的保护。② 笔者认为,此种观点是值得商榷的。如前所述,法律对各项人格权的类型和内容作出规定,实际上是要细化各项人格权的规则,人格权规则的细化与人格权体系的开放性之间也并不矛盾,细化本身使人格权的权利内容更加清晰,有利于法官裁判的统一化并保障权利的正当行使,确保秩序的安全与稳定,但这绝不意味着法律只保护法定人格权,而不保护法定人格权之外的人格利益。

人格权的开放性意味着人格权体系是一个多元和开放的体系,需要不断适应随着科技进步和社会经济发展而产生和认可的诸多新的人格利益,并将这些利益类型化为法定权利。这也是前文所说的人格权的法定性,但人格权的法定性并不等于人格权类型的限定,将人格权通过实定法加以明确承认和规定,并不等于将人格权体系仅仅固化在某几种有限的人格权类型中。相反,法定的人格权体系除了要明确当前广为认可的具

---

① 参见湖南省娄底市中级人民法院(2016)湘13民终93号民事判决书。
② 参见中国社会科学院民法典工作项目组:《法理念、法体系与法技术:人格权保护立法模式之反思》,载微信公众号"与民法典同行"(https://mp.weixin.qq.com/s/Fa7rAYTbkS8TIsejOwdQmQ),访问日期:2018年5月11日。

体人格权类型,而且还应当是一个开放的人格权保护框架,能够随时准备接纳新生的人格利益。根据我国《民法总则》109 条的规定,自然人的人身自由、人格尊严受法律保护,该条确认了一般人格权,实际上是为新型人格利益的发展提供兜底保护。《草案》第 774 条第 1 款在宣告民事主体的人格权受法律保护的同时,该条第 2 款又规定:"除本编规定的人格权外,自然人享有基于人身自由、人格尊严产生的其他人格权益。"该条使用"其他人格权益"的表述,表明了除民法典具体规定的人格权外,民法典没有明确规定的人格利益也应当受到法律保护。这不仅重申了《民法总则》的制度开放性安排,而且进一步明确了人格权体系开放性的具体实现机制,民法典颁行后,法官可以援引该规则对新型人格利益提供保护。可以说,正是通过开放性的规定,为人格权的未来发展提供了足够的保护依据,这也使得民法典人格权能够更好地适应社会发展的需要。

人格权之所以要独立成编,也就是要构建一个对人格权的完整保护体系,为既有的和新生的人格权益类型都提供制度安排空间。当前人类社会的科学技术飞速发展、一日千里。互联网、大数据、人工智能和生物科技一方面极大地增进了人类的生活福祉,但另一方面,也给人类的生活安宁与安全带来了前所未有的挑战。互联网拉近了人与人之间的距离,个人足不出户便可知天下,但各种高科技的发明如无人机探测、红外线扫描、远距离拍照、卫星定位、红外透视技术、手机定位等,也给个人信息和隐私等人格权益造成了极大威胁。大数据让我们对人类自身状况和未来命运的认知能力提高到了前所未有的水平,数据比我们自己更了解自己,但同时大数据也让个人的私人生活甚至心理完全暴露在人前,使现代社会的人好像处于"裸奔"状态。生物科技的广泛应用大幅提高了生命的韧性,但同时也需要深刻注意到,胚胎技术、克隆人、器官移植、人体医学试验等生物科技的应用活动在增进人类福祉的同时,也给人格权特别是物质性人格权的保护和人格尊严的维护提出了新的挑战。人工智能在给人类社会生活带来前所未有的便利的同时,也可能因为应用技术成熟度、应用制度环境等方面的原因而威胁到人类在市民社会的基本权利。哈佛大学法学院的 Berkman Klein Center 于 2018 年 9 月 25 日发布了《人工智能与人权:机遇与风险》的报告,从刑事司法、个人信用评估、医学诊疗、网络资料审查、人力资源、教育六大人工智能应用场景,逐一分析了人工智能在这些领域给人类的人权事业带来的机遇和风险。其中,报告详细分析了人工智能应用对个人自由、个人信用、就业平等各类人格权带来的威胁。甚至在不少时候,这些威胁处于隐形状态,不容易被我们知道。如果我们没有提前预估这些风险并从法律和技术层面制定预案,那么,大量人格权可能在人工智能规模化应用之后面临难以挽回的损失。① 在此背景下,使人格权独立成编,突出和强化人格权的保护,使人格权保护机制富于弹性和开放性,正是应对人格权所面临的科技挑战的积极措施。独立成编就意味着要构建一个由一般人格权和具体人格权组成的完整人格权体系。尤其是鉴于人格权制度处于不断发展过程之中,需要通过独立成编的人格权编为未来新型人格权益的发展提供足够的制度空间,及时容纳新型人格权类型和规则。如果完全通过侵权责任编来保护人格权,不可能为人格权的发展提供必要的空间。所以,人格权独立成编绝不是要使人格权的类型和内容僵化,而是要为人格权制度的发展预留足够的空间。人格权之所以要独立成编,说到底就是要提供一个足够的人格权发展空间。独立成编不仅在观念上提升人们对人格权重要性的认识,而且通过概括性的条款、兜底性条款为未来的发展提供了制度环境。

民法典人格权编在对各种具体人格权进行规定的时候,绝不应该在某项权利的内容、客体等方面作严格限制性的僵化规定。相反,要保持适度的开放性。例如,在现代社会,各国法上的隐私的概念都出现了不断发展和变动的现象,美国司法实践之所以用合理预期(reasonbale expectation)保护学说,主要就是为了应对人民在社会发展中不断出现的对新生隐私权益的保护预期和要求。《草案》第811条第2款规定:"本法所称隐私是具有私密性的私人空间、私人活动和私人信息等。"该条对法律所保护的隐私的范围,明确提供了开放的空间。例如,私人空间的概念具有很强的包容性,不仅包括私人住宅,还包括了私人箱包、车辆、办公场所和公共场所的帐篷。尤其是,从物理空间演变为虚拟空间,如个人的邮箱、博客、朋友圈等私人不希望外界所知晓的场所,都可能构成法律予以保护的私人空间。私人活动和私人信息同样如此。可见,人格权的法定性与人格权的开放性之间并不冲突。

具体来说,关于人格权的法定性与开放性之间的关系,可以从如下几方面理解:

第一,人格权的法定性与人格权的开放性是相辅相成的,二者有机结

---

① Filippo Raso etc. "Artifical Intelligence & Human Rights: Opportunities & Risks", Berkman Klein Center, 25 September, 2018, available at https://today.law.harvard.edu/evaluating-the-impact-of-artificial-intelligence-on-human-rights/(last visited: 5 Oct 2018).

合成为完整的人格权保护法律体系。法定性是以开放性为前提的,开放性是以法定性为基础的,两者的结合恰恰是自然法理论和实证主义理论的结合。人格权的法定性有助于明确具体人格权的保护范围,而人格权的开放性则有助于扩大人格权益保护的范围,但这种扩大实际上仍然要以法定性为基础和前提。也就是说,通过法定性构建了完整的人格权体系后,为了实现人格权的开放性,而保持人格权及其权益的开放性。一方面,人格权体系本身要具有开放性,要不断适应社会的发展,承认新的人格权类型。另一方面,要使人格权益保持开放性,为人格权益在法律上提供足够的空间予以保护。并非所有的人格权益都可以通过立法对权利的逐一固定化来实现,因为立法者在立法之时必须保持谦抑性,只能将理论上毫无争议的权利规定在民法典之中,对于相对新型的人格利益,仍有待民法学理论与司法实践来进一步检验与发展,所以不宜直接固定下来,从而要求必须通过开放性的人格权体系来加以接纳。

第二,人格权的法定性和开放性都是实现全面保护人格权的机制和途径。其目的都是为了更全面地保障主体的人格权益,更充分地维护人格利益和人格尊严。开放性一方面体现为法定人格权的类型是不断丰富和发展的,例如,随着社会的发展,应当受到法律保护的人格利益类型会不断扩展,其中有些需要法律更强程度保护的人格利益可能会被立法确认为法定人格权(如我国法上的隐私权);另一方面是指应当受到法律保护的人格利益也处于不断扩张过程中,但人格权益通过法律的保护逐步上升为具有固定类型的权利。尤其是在这些人格利益已经具有明确的边界,且与其他权利能够加以区分的情况下,应该通过法定的权利予以保护。就两者保护的侧重点而言,人格权的开放性侧重于表达受到法律保护的人格权和人格利益的类型和范围是开放的,而人格权的法定性则侧重于表达人格权的类型应该由法律明确确认,与非法定化的人格利益相比,这些受到法律确认的人格权就会受到法律更强程度的保护。

第三,人格权的开放性必然要求司法裁判者具有自由裁量权,是司法保护新型人格利益的根本前提。而人格权的法定性则可以在各项法定化人格权的保护上确定一套完善的规则,从而为司法裁判者提供裁判依据。人格权的保护规则也可以为法官裁判人格利益纠纷提供依据和参考,法官可以通过类推解释等法解释的方法比照现有制度以及民法学基础理论来对新型的人格利益予以保护,并在条件成熟的时候将其类型化为法定权利。从这一意义上说,人格权的法定性有利于非法定化人格利益的保护,而人格权的开放性反过来也可以丰富法定人格权的类型,完善人格权的体系。

三、人格权法定性、开放性与民法典分编编纂

人格权独立成编进一步强化了对人格权的保护,但并不意味着将人格权法定化之后要否定人格权的开放性,固化人格权的类型和内容反而不利于对人格权的保护。随着社会生活的发展,各种新型人格利益将不断涌现,尤其是当前人类社会的科学技术飞速发展、一日千里,虽然极大地增进了人类的生活福祉,但也给人类的生活安宁与安全带来了前所未有的挑战。人格权完全绝对法定化将不利于对新型人格利益的保护。因此,在通过人格权独立成编实现人格权法定化的同时,也应该保持人格权体系的开放性,如此才能够真正实现民法典充分、全面保护人格权,维护人格尊严的宗旨。同时,也能够使我国民法典更好地适应我国社会经济和技术迅速发展的需要。事实上,我国民法典人格权编在编纂过程中充分考虑了人格权体系的开放性问题,有效地实现了人格权法定性与开放性关系的协调,这也使得民法典人格权编体现了很强的时代特征,能够适应现代社会发展的需要。

具体而言,我国《草案》人格权编关于人格权体系的开放性,首先体现在一般人格权的设立上。所谓一般人格权(das allgemeine Persönlichkeitsrecht),是相对于具体人格权而言的,即以人格尊严、人格平等、人身自由为内容的、具有高度概括性和权利集合性特点的权利。我国《民法总则》第109条规定:"自然人的人身自由、人格尊严受法律保护。"该条对一般人格权作出了规定。《草案》第774条第1款在宣告民事主体的人格权受法律保护的同时,该条第2款又规定:"除本编规定的人格权外,自然人享有基于人身自由、人格尊严产生的其他人格权益。"该条进一步规定了一般人格权。民法典分编草案人格权编之所以要在具体人格权之外规定一般人格权,旨在通过一般人格权的设定形成兜底条款,将为随着社会发展而出现的需要法律保护的新型人格利益上升为独立的权利形态提供充分的空间,并经法官的公平裁量使之类型化,上升为法律保护的权利,形成一种开放的人格权法体系,从而不断扩大人格权益保障的范围。① 当现行法对具体人格权的规定存在不足或者有漏洞时,可以依据侵害人格尊严的规

---

① 参见薛军:《人格权的两种基本理论模式与中国人格权立法》,载《法商研究》2004年第4期。

定进行弥补。例如，在超市搜身案中，超市的保安怀疑消费者偷拿财物，对其进行搜身，虽然没有侵犯原告的名誉权，但实际上侵犯了原告的人格尊严。① 实践中，许多损害自然人人格尊严的行为（如就业歧视、代孕等），都很难通过现有类型化人格权给予保护，这就需要借助一般人格权对权利人提供保护。也就是说，对此类新型纠纷，法官在裁判时首先要判断行为人的行为是否侵害了受害人的人格尊严，如果构成对受害人人格尊严的侵害，则受害人有权依据一般人格权主张权利。可见，人格尊严的内涵具有开放性，可以为新型人格利益的保护提供法律依据，从而实现对人格权益的兜底保护。需要指出的是，《草案》第774条第2款除了确定一般人格权之外，也是人格权益保护的兜底条款。该条使用"其他人格权益"的表述，表明了除民法典具体规定的人格权受到法律保护之外，即便民法典没有明确规定的人格利益，也同样受到法律保护，这就保持了人格权益体系的开放性。人格权独立成编的立法创举为人格权法理论的发展提供了立法支撑，将有助于人格权法理论的研究，从而极大丰富人格权法理论的内容，最终将反过来促使人格权立法得以进一步完善。

《草案》人格权编在规定各项具体人格权时，也保持了各项具体人格权规则的开放性，具体而言：

第一，姓名权、名称权的扩张保护。《草案》第797条规定："具有一定社会知名度、为相关公众所知悉的笔名、艺名、网名、简称、字号等，被他人使用足以致使公众混淆的，与姓名和名称受同等保护。"依据这一规定，如果笔名、艺名、网名等能够识别个人的身份，具有一定社会知名度、为相关公众所知悉的，则其也应当受到人格权法保护。草案之所以作出此种规定，主要是基于如下原因：一方面，这些符号与特定个人的身份、人格尊严具有内在的联系；对笔名、艺名、网名的冒用，会对特定个人的公众形象与声誉等造成损害，在公众中引起不必要的误会、混淆。例如，鲁迅、梅兰芳、成龙等名字，具有一定的社会知名度，往往与个人的身份联系在一起，个人对其享有一定的人格利益，如果他人冒用某一用户的网名，以其名义发布信息，足以使他人产生混淆，此类行为也应当受到法律制裁。正如王泽鉴先生所指出的，"凡在社会交易及生活上具有识别性功能的标志，均

---

① 参见钱缘诉上海屈臣氏日用品有限公司搜身侵犯名誉权案，上海市虹口区人民法院（1998）虹民初字第2681号民事判决书，上海市第二中级人民法院（1998）沪二中民终字第2300号民事判决书。

应纳入受'姓名权'保护的范围"①。另一方面,笔名、艺名、网名有时候还具有一定的商业价值,对这些特定符号的保护,有利于防止不诚实的商业行为和不正当竞争行为,有利于维护社会经济秩序。

第二,肖像权的扩张保护。学理上通常将肖像的内涵限于以面部特征为中心的外部形象,即肖像应当再现自然人的面部特征,自然人的其他身体特征即便能够反映个人的外在形象,也不应当属于肖像。② 但《草案》在总结司法实践经验的基础上,于第798条规定:"本法所称肖像是通过影像、雕塑、绘画等方式在一定载体上所反映的特定自然人可被识别的外部形象。"由此可见,《草案》在规定肖像的内涵时已经放弃了"以面部为中心"的理论,而转向"可被识别"性的标准。所以,肖像是指通过摄影、雕塑、录像、电影等方式在一定载体上所反映的特定自然人可被识别的外部形象。从"以面部为中心"到"可被识别"性的转化,旨在扩大肖像的保护范围。这一转化实际上扩大了肖像权的保护范围,将面部以外的具有可识别性的其他身体特征纳入肖像权的保护范畴,符合肖像权制度设立的初衷。例如,某人特有的肢体动作、侧影等,如果为相关公众所知悉,能够对外展现个人的形象,则应当受到法律保护,而如果将肖像的内涵限于面部特征,则面部以外的具有可识别性的身体特征将难以受到法律保护。

第三,隐私权内涵界定的开放性。一方面,《草案》在规定隐私权的客体时采用了兜底性的规定。关于隐私权的客体,《草案》第811条第2款规定:"本法所称隐私是具有私密性的私人空间、私人活动和私人信息等。"该条在列举私人空间、私人活动和私人信息这三项隐私权客体时,还使用了"等"字这一兜底性的规定,这就保持了隐私权内涵的开放性。另一方面,《草案》采用正、反两方面规定的方式规定了隐私权的内涵,兼顾了隐私权内涵的法定性与开放性。除《草案》第811条第2款对隐私权的客体作出正面规定外,《草案》第812条还对侵害隐私权的行为作出了规定,该条第5项规定:"以短信、电话、即时通信工具、传单、电子邮件等方式侵扰他人的生活安宁。"该规定实际上就确立了对私人生活安宁的保护。这实际上是将私生活安宁作为隐私权的客体加以规定。可见,《草案》是采用了正、反两方面规定的方式界定了隐私权的内涵。

第四,个人信息内涵的开放性。《草案》第813条规定:"自然人的个

---

① 王泽鉴:《人格权法》,2012年自版,第139页。
② 参见郭明瑞、张玉东:《肖像权三题》,载《浙江工商大学学报》2014年第1期。

人信息受法律保护。本法所称个人信息是以电子或者其他方式记录的能够单独或者与其他信息结合识别自然人个人身份的各种信息,包括自然人的姓名、出生日期、身份证件号码、个人生物识别信息、住址、电话号码等。"该条基本沿袭了《网络安全法》第 76 条第 5 项关于个人信息的定义,但该条所保护的个人信息范围更加广泛,即不再限于网络环境下的个人信息保护。尤其是该条在列举个人信息的类型时采用了"等"字这一表述,表明个人信息的类型不限于明确列举的类型,这也保持了个人信息内涵的开放性。

总之,我国《草案》对人格权的保护注重协调人格权法定性与开放性的关系。但应当看到,权利和利益的保护毕竟存在一定的区别,法律明确规定具体人格权有利于明确义务人的行为义务,这也有利于人格权的保护。因此,为了强化对人格权的保护,凡是在法律上能够确认为具体人格权的,应当尽可能将其法定化。笔者认为,民法典有必要对一些新型人格利益,将其类型化为法定人格权。一是声音权。所谓声音权,是指自然人对其声音利益所享有的自主支配并排除他人干涉的权利。① 声音是通过物体震动产生的声波,人的声音是由人的声带震动发出,每个人的声音都具有独特性,因而可以成为标识个人身份的重要依据。尽管在现实生活中,人们往往难以识别个人的声音,但借助计算机、人工智能算法等,可以很好地识别个人的声音,可见,声音反映了一个人的人格特征,并且可以被复制、传播,因此,随着现代科学技术的发展,声音与个人身份的关联性将越来越紧密。语音识别将越来越广泛地被用于生产和生活中,这也决定了对声音这一人格利益的保护日益重要。从比较法上看,许多国家都对个人的声音利益予以保护。例如,《秘鲁共和国民法典》第 15 条第 1 款规定:"未取得本人明确授权的,不得利用其肖像和声音,或在本人已死亡时,只能按顺位经其配偶、卑血亲、尊血亲或兄弟姐妹同意,方可利用之。"我国司法实践中也出现了一些有关个人声音的纠纷,随着声音利用方式和利用范围的扩展,法律有必要确认声音权的具体人格权地位。二是信用权。所谓信用权,是指民事主体享受并支配其信用及其利益的人格权,或者说是自然人、法人或者非法人组织对其所具有的经济活动及其能力的良好评价所享有的权利。《草案》第 804 条第 2 款规定:"本法所称名誉是他人对民事主体的品德、声望、才能、信誉、信用等的社会评价。"由此可

---

① 参见杨立新、袁雪石:《论声音权的独立及其民法保护》,载《法商研究》2005 年第 4 期。

见,《草案》实际上是沿袭了《民法总则》的规定,在名誉权一章中规定了信用权。但信用不同于名誉,两种权利的客体不同,通过名誉权难以对信用利益提供充分保护,尤其是在信用记录不实的情形下,如果没有导致权利人社会评价的降低,则难以通过名誉权对信用利益提供保护。例如,在周某诉中国银行股份有限公司上海市分行名誉权纠纷案中,被告某银行征信系统中的不良信用记录有误,该银行在多次向原告发出催款通知后,向人民法院提起诉讼,要求原告偿还信用卡欠款,为此发生争议。法院认定,被告在审核信用卡申请信息中确实存在一定的过错导致原告的信用报告存在不真实的记载。但是,被告所报送的欠款信息是源于原告名下信用卡的真实欠款记录,并非捏造,故不构成侵害原告名誉权的行为。同时,名誉权受损害的损害后果应当是造成原告的社会评价降低,但是,中国人民银行的征信系统是一个相对封闭的系统,原告的信用记录并未在不特定的人群中进行传播,不会造成其社会评价的降低。故未支持原告的主张。① 其实在该案中,原告的名誉可能并没有受到影响,但其信用权确实受到了侵害。可见,名誉权规则可能难以有效保护信用利益,将信用规定在名誉权中并不完全妥当,未来立法有必要规定独立的信用权。

结　语

"法与时转则治",民法典人格权编要保持其时代性,实现其全面强化对人格权保护的目的,必须妥当处理好人格权法定性与开放性的关系,这也是我国民法典人格权编制定过程中的重大理论问题。人格权编的各项规则在强化各项具体人格权保护的同时,也应当为新型人格利益的保护预留足够的空间,同时,在新型人格利益有进一步强化保护的必要时,立法也应当适时确认其法定人格权的地位。

---

① 参见《最高人民法院公报》2012 年第 9 期。

论一般人格权*

一般人格权(das allgemeine Persönlichkeitsrecht),是相对于具体人格权而言的。所谓具体人格权,又称为个别人格权(das einzelne Persönlichkeitsrecht),是指由法律具体列举的由公民或法人享有的各项人格权,如生命健康权、姓名权、肖像权、名誉权等。所谓一般人格权,则是指法律采用高度概括的方式而赋予公民和法人享有的具有权利集合性特点的人格权,是适应新型人格利益保护而产生的兜底保护条款。[①] 一般人格权的产生是人格权法发展的重要标志,本文拟对一般人格权问题谈几点看法。

一、一般人格权的产生和发展

在人格权制度的发展历史上,首先出现具体人格权,然后才形成一般人格权的概念,而一般人格权的产生和发展,标志着人格权制度的日趋完善。1804年的《法国民法典》受法国《人权宣言》的影响,极为重视个人的自由,提出了契约自由、过失责任和无限制所有权近代民法三大基本原则,从而为后世西方国家民法提供了蓝本。但该法典中却未提及人格权的概念,更未涉及一般人格权的概念。在《法国民法典》的几次修订中,修订者曾建议在该民法典中规定一般人格权,但并没有被多数人接受。1959年,Nerson 指出:"有一件事是大家所一致接受的:在法国,每个人都认为在技术层面并不存在着一个所谓的一般人格权。"[②] 由于《法国民法典》第1382条规定了侵权责任的一般条款,已经可以对各项人格利益提供救济,因此,从整体上看,法国学者并不主张借鉴德国法上的一般人格权概念。[③] 司法实践中,法官常常扩张适用《法国民法典》第9条关于私

---

* 本文完稿于1998年。
① 参见王泽鉴:《民法总则》,中国政法大学出版社2001年版,第126页。
② Nerson, De la protection de la personnalité en droit français, in Travaux de l'Association Henri Capitant, t. 13, Dalloz, 1963, p. 86.
③ See Marino, Responsabilité civile, activité d'information et média, PUAM-Economica, 1997, p. 210.

生活保护的规定,但该条规定,仍属于对具体人格权而非一般人格权的规定。

一般认为,一般人格权概念产生于德国。在德国,哲学家康德在其哲学体系中提出了人格的理论,将人格视为自由展开的能力,已经类似于后世的一般人格权理论。1866年民法学家诺依内尔(Neuner)提出了人格权的概念,他认为人格权是主张自我目的并且展开自我目的的权利,人格权作为一种新型的权利,能够融入潘德克顿法学体系之中,并将人格权界定为人自身目的存在和人自我目的的宣示和发展的权利。① 一般认为,诺依内尔是一般人格权的首倡者。② 1895年,德国学者基尔克曾在其《德国私法》一书中,强烈呼吁应当在法律上采纳一般人格权的概念,但1900年的《德国民法典》并没有采纳这一观点,也没有接受一般性的、广泛的人格权,而只是规定了生命、健康、姓名等个别的人格权。按照拉伦茨的看法,《德国民法典》之所以没有采纳一般人格权的概念,是因为难以给这种权利划界,而划界则明显地取决于在具体财产或利益的相互冲突中,究竟哪一方有更大的利益。③ 梅迪库斯认为:"民法典有意识地既未将一般人格权,也未将名誉纳入第823条第1款保护的法益范围。"④直到第二次世界大战以后,德国民法开始强化对人格权的保护。战后基本法对人类尊严的重视,促使了民法人格权理论的发展。依据基本法的规定,德国法院采纳了德国学者莱普迪(Nipperdey)、Nawiasky等人的主张,认为宪法所确认的权利可以适用于私法关系,从而根据战后《德国基本法》第2条关于"人类尊严不得侵犯。尊重并保护人类尊严,系所有国家权力(机关)的义务","在不侵害他人权利及违反宪法秩序或公序良俗规定范围内,任何人均有自由发展其人格的权利"的规定,确定了"一般人格权"的概念。在1954年的读者来信案中,法院判决认为,被告的行为将原告置于一种错误的事实状态中,让读者误以为其同情纳粹,这侵害了原告的人格。法院根据《德国基本法》第1条关于人格尊严的规定,认为一般人格权应当被视为由宪法所

---

① Vgl. Neuner, Wessen und Arten der Privatrechtverhältniss, 1866, S. 15.
② See Stefan Gottwald, Das allgemeine Persönlichkeitsrecht: ein zeitgeschichtliches Erklärungsmodell, Berlin Verlag, 1996, S. 12.
③ 参见[德]卡尔·拉伦茨:《德国民法通论》(上册),王晓晔等译,法律出版社2003年版,第171页。
④ [德]迪特尔·梅迪库斯:《德国民法总论》,邵建东译,法律出版社2000年版,第805页。

保障的基本权利,并推导出一般人格权的概念。① 此后,在1957年的一个案例中,法院明确地将一般人格权解释为《德国民法典》第823条第1款中的"其他权利"(即绝对性权利)。②

需要注意的是,根据联邦最高法院以后的相关判例,一般人格权最直接的法律渊源为《德国民法典》第823条第1款所规定的"其他权利",德国民法学上称其为"框架性权利"。德国法院采用一般人格权的概念,解释出一系列具体的人格权。例如,德国法院在司法实践中根据"一般人格权"而具体确定出对肖像的权利、对谈话的权利、秘密权、尊重私人领域的权利等,完善了对人格利益的司法保护。③ 从德国判例来看,一般人格权的具体保护对象包括隐私、肖像、名誉、形象、姓名、信息自决、尊严、荣誉、名誉等。④ 在某些案例中,德国联邦最高法院认为,侵害一般人格权并不直接导致精神损害赔偿,而只是产生恢复原状的效果,应剥夺行为人因侵害一般人格权而获得的全部利益。自骑士案⑤之后,一些案例表明侵害一般人格权也会产生精神损害赔偿。⑥

不过,德国法院直接援引基本法而创设出一般人格权的概念、扩大具体人格权范围的做法,在法学方法上也受到一些权威学者,如拉伦茨等人的批评。他们认为此种做法超越了法院的职权,加剧了法律的不确定性。⑦ 一些德国学者认为,一般人格权的概念富有广泛性和不确定性的特点,不宜作为法律概念。例如,拉伦茨认为,一般人格权在内容上极难确定,故侵害一般人格权不适用民法关于侵权行为的规定。⑧ 也有人认为,因为一般人格权在内容上"无止境地扩大",因此可能危及法律的安全性,对言论自由及新闻自由也可能发生妨碍。⑨ 但是,大多数德国学者认为,法律不可能通过列举的方式将各种具体的人格权予以穷尽列举,为扩大

---

① Schacht-Brief Decision, BGHZ 13, 334 (1954). 有关本案的介绍,可参见〔德〕迪特尔·梅迪库斯:《德国民法总论》,邵建东译,法律出版社2000年版,第805—806页。
② BGH, 02.04.1957, BGHZ 24,72.
③ 参见施启扬:《从个别人格权到一般人格权》,载《台大法学论丛》1974年第1期。
④ See Gert Brüggemeier, Protection of personality rights in European Tort Law, Cambridge University Press, 2010, p.25.
⑤ BGHZ 26, 349 (1958).
⑥ See Basil S. Markesinis: Protecting Privacy. Oxford University Press, 1999. pp.36-37.
⑦ 参见王泽鉴:《人格权之保护与非财产损害赔偿》,载王泽鉴:《民法学说与判例研究》(第一辑),1992年自版,第31页。
⑧ Vgl. Larenz, Lehrbuch des Schuldrechts, Band Ⅱ, 1962, S. 366.
⑨ Vgl. Palandt, in: Kommentar zum Bürgerlichen Gesetzbuch, 15. Aufl., 1956, S. 674.

人格权的保护范围,需采纳一般人格权的概念。尤其是一般人格权的概念可广泛运用于对自然人人格利益的保护,从而可弥补法律规定的不足。因此,采纳一般人格权的概念是必要的。目前,在德国,一般人格权概念已得到广泛确认。

受德国法的影响,一些大陆法系国家和地区在民法典中明确承认了一般人格权。例如,《匈牙利民法典》第 85 条承认了一般人格权。《葡萄牙民法典》第 70 条第 1 款规定了一般人格权。在荷兰,受《欧洲人权公约》的影响,荷兰最高法院已经确认要尊重每一个公民私生活的一般权利,与该权利相同的称谓为隐私权、保护隐私的权利、人格权、一般人格权等。尽管一般人格权的法律属性并不确定,但其被认为是其他一些权利(如隐私权)的基础。[①]《日本民法典》中没有承认独立的人格权制度,只是在第 710 条中规定,"不问是侵害他人身体、自由或名誉情形,还是侵害他人财产权情形,依前条规定应负赔偿责任者,对财产以外的损害,亦应赔偿"。但是,自从 20 世纪 50 年代开始,也逐渐以个别增加的方式发展人格权制度。[②] 一些学者主张采纳"一般人格权"的概念,实务采取了扩张解释《日本民法典》第 709 条"权利的侵害"的态度,认为其与《法国民法典》第 1380 条同样包含了各种对"法律上应受保护的利益的侵害",因此不存在将认定损害赔偿的前提仅限于具体人格权的必要。[③]

在美国法中,并不存在人格权或一般人格权的概念,因为英美法从中世纪后期就产生了诽谤法,并形成了一个完整的体系,对名誉等权利进行保护,使得名誉权等人格利益置于侵权法的保护之下,这就限制了人格权作为独立民事权利的理论发展。尤其是英美法中并没有统一的人格概念,有关姓名、肖像、名誉等人格利益是分别依照仿冒之诉、诽谤之诉等相应的诉因进行的,所以难以形成统一的人格权概念。值得注意的是,从 20 世纪初以来,美国的隐私权制度得到迅速发展,隐私权包含的范围非常宽泛,已经具有了与一般人格权相同的功能。

由此可见,从比较法上看,各国和地区都在不断强化对人格权益的保

---

① Vgl. M Smits, Constitutionalisering van het vermogensrecht in JM Smits et at (eds) Preadvtezenuitgebracht voor de Nederlandse Vereniging voor Rectsvergelijking (2003).

② 参见邓曾甲:《日本民法概论》,法律出版社 1995 年版,第 116 页。

③ 参见〔日〕星野英一:《私法中的人——以民法财产法为中心》,王闯译,中国法制出版社 2004 年版,第 181 页。

护,即在具体人格权之外,逐步强化对人格利益的保护,许多国家和地区都通过一般人格权实现对新型人格利益的保护,这也使得人格权益的保护体系更为完整,在保护范围上也更为周延。经过几十年的发展,一般人格权的内容已经非常丰富,形成了体系化和类型化的内容结构,同时,一般人格权在性质上属于框架性权利,可以为许多新型人格利益的保护提供法律依据,从而不断满足社会发展的需要。

我国《民法通则》在"民事权利"一章中单设了"人身权"一节,其中详细规定了各种具体的人格权,但《民法通则》并没有规定一般人格权的概念。虽然在《民法通则》第101条中作了"公民的人格尊严受法律保护"的规定,但该法第120条却只规定具体人格权的损害可以请求加害人承担民事责任,侵害人格尊严的侵权行为并不包括在内。王泽鉴先生在评述《民法通则》时曾指出,此种列举方式对人格权的保护较欠周全,由于无一般人格权制度,因此在自由、贞操、隐私等人格利益遭受侵害时应如何处理尚缺乏依据。[1] 从我国立法和司法实践来看,也越来越注意到具体人格权之外的一般人格权制度的重要性。从实践的发展趋势来看,一方面,具体人格权的类型和内容越来越丰富,另一方面,对一般人格权制度也越来越予以认可。《侵权责任法》第2条第2款所规定的侵权责任法保护的人格权益就不仅仅包括各种具体人格权,还涉及其他的"人身权益",这实际上涉及对一般人格权的保护。2001年2月26日通过的最高人民法院《精神损害赔偿司法解释》第1条也规定:"自然人因下列人格权利遭受非法侵害,向人民法院起诉请求赔偿精神损害的,人民法院应当依法予以受理:(一)生命权、健康权、身体权;(二)姓名权、肖像权、名誉权、荣誉权;(三)人格尊严权、人身自由权。违反社会公共利益、社会公德侵害他人隐私或者其他人格利益,受害人以侵权为由向人民法院起诉请求赔偿精神损害的,人民法院应当依法予以受理。"从而将人身自由权和人格尊严权作为精神损害赔偿制度保护的范围。按照起草人的解释,"人格尊严"在理论上被称为"一般人格权",是人格权利一般价值的集中体现,因此,它具有补充法律规定的具体人格权利立法不足的重要作用。在处理具体案件时,可以将人格尊严作为一般人格权以补充具体人

---

[1] 参见王泽鉴:《民法学说与判例研究》(第六册),中国政法大学出版社1998年版,第293页。

格权。① 由此可见,最高人民法院实际上也已经将《宪法》关于"中华人民共和国公民的人身自由不受侵犯"和"中华人民共和国公民的人格尊严不受侵犯"的规定,解释为人身自由权和人格尊严权,这实际上是通过司法解释确认了一般人格权。《民法总则》第 109 条规定:"自然人的人身自由、人格尊严受法律保护。"该条对一般人格权作出了规定,不仅弥补了我国因一般人格权制度的欠缺而导致的人格权制度的不足,而且保持了人格权益保护范围的开放性,为充分全面地保护个人所享有的各项人格利益提供了依据。

二、一般人格权的内容

依据我国《民法总则》第 109 条的规定,一般人格权包括人格尊严与人身自由两方面的内容。

(一) 人格尊严

所谓人格尊严,是指作为法律主体得到承认和尊重,换言之,是人作为人应当受到的尊重。人在社会中生存,不仅要维持其生命,而且要有尊严的生活。因此,人格尊严是人作为社会关系主体的一项基本前提,其是指公民作为一个人所应有的最基本的社会地位并且应当受到社会和他人的最基本的尊重,是公民基于自己所处的社会环境、地位、声望、工作环境、家庭关系等各种客观条件而对自己和他人的人格价值和社会价值的认识和尊重。

人格尊严作为一种法益,是在 17 至 18 世纪,从传统到现代社会的转变过程中,由启蒙哲学家从自然法理论中产生的。基于基督教伦理和教会法,通过格劳秀斯(Grotius)、托马斯(Thomasius)、普芬道夫(Pufendorf)等学者的著作,作为 persona 的一项典型特征,被广泛认可和接受,并被 19 世纪以后的法律所普遍采纳。② 第二次世界大战以后,由于战争给人类带来的深重灾难、纳粹对人格尊严的严重践踏,促使各国对此加以反思,并将人格尊严置于极为重要的地位,而于法律中加以确认。尤其是 1948 年《世界人权宣言》中确立了对人格尊严的保护,进一步促进了对人格尊严

---

① 参见陈现杰:《〈最高人民法院关于确定民事侵权精神损害赔偿责任若干问题的解释〉的理解与适用》,载《人民法院报》2001 年 3 月 28 日。

② See Gert Brüggemeier, Aurelia Colombi Ciacchi and Patrick O'Callaghan (eds.), Personality Rights in European Tort Law, Cambridge University Press, 2010, p.7.

价值的传播。各国和地区在其宪法中一般都宣告保护人的尊严;而当代主要的人权公约,如 1966 年《公民权利及政治权利国际公约》、2000 年《欧洲联盟基本权利宪章》等,都对人的尊严予以突出的保护。将人格尊严纳入一般人格权并作为其重要内容的做法始于德国。从制度史的角度来看,德国法上的一般人格权就是法官依据《德国基本法》第 1 条关于人的尊严的规定发展起来的。"从'人格尊严'这一最高宪法原则的意义上来说,并不能够直接得出传统意义上对自由的保护,但是从当代社会的发展和对人格保护的需要来说,(一般人格权)存在其出现的必要性。"①从发展趋势来看,现在人格尊严越来越多地被认可为一种可诉之权利,日益突出并占据优势地位。②《欧洲民法典(草案)》的起草者认为在民法中有必要为隐私和人格尊严设置专门的条款,并转换成一条私法规则作为《欧洲人权宪章》的第 1 条庄严地公布于世。③

在我国,人格尊严是《宪法》规定的政治权利,同时也应作为民法上的一般人格权来对待。我国《民法通则》第 101 条规定,"公民、法人享有名誉权,公民的人格尊严受法律保护"。我国有关特别法也对自然人的人格尊严作出了规定。例如,《妇女权益保障法》第 42 条第 2 款规定,"禁止用侮辱、诽谤等方式损害妇女的人格尊严"。我国《精神损害赔偿司法解释》第 1 条也确认了"人格尊严权"的概念,这是人格尊严成为一般人格权内容的法律依据。《民法总则》将人格尊严的保护规定在民事权利之首,一方面,表明人格尊严作为民事权利保护的价值来源和价值基础,也表明其具有最高价值,私权本身是为了保障个人的尊严,尊严是私权的基础和依归,这实际上是将人格尊严保护作为民法典规则的价值基础。因此,《民法总则》将人格尊严保护置于各项民事权利之首加以规定。另一方面,法律的终极目标是个人的幸福和福祉,而这一切都离不开对人格尊严的保护。正如有学者所指出的,人不是为社会和国家而存在的,相反,社会和国家是为人而存在的。人是目的,社会和国家是手段,因此,维护个人的人格尊严也是国家的重要目的。④ 可见,确认人格尊严原则对于维护

---

① BVerfGE 54, 148 (153).
② See C. MCCRUDDEN, Human Dignity and Judicial Interpretation of Human Rights, in 19 Eur. J. Int. L. 655, 667 (2008).
③ 这就是现在的 Sect. VI‐2:203。See K. VON BAR, Non-Contractual Liability Arising out of Damage Caused to Another, 2009, p.418.
④ 参见王家福、刘海平、李林主编:《人权与 21 世纪》,中国法制出版社 2000 年版,第 7 页。

社会的和谐具有重要的意义。还要看到,人格尊严体现人格权保护的基本价值,表达了人格权保护的根本目的。换言之,法律之所以保障各种人格权,很大程度上就是为了维护个人的人格尊严。确认人格尊严作为一种人格权,也有利于保持人格权法的开放性,提升对各种新型人格利益的周密保护。

人格尊严原则作为一般人格权的重要内容,具有弥补具体人格权因列举而难以满足对人格利益的全面保护的功能,即人格尊严原则具有补充性。许多学者认为,对人格尊严权的保护就是对一般人格权的保护。① 其原因在于:一方面,人格尊严是具体人格权立法的基础。公民的各项人格权都在不同程度上体现了人格尊严的要求,表现了我国法律对人格尊严的尊重。事实上,许多侵害人格权的行为,如侮辱和诽谤他人、宣扬他人隐私、毁损他人肖像、虐待他人等,均有损他人的人格尊严。另一方面,人格尊严作为一般人格权可以弥补我国民法对具体人格权规定的不足。在有关立法中,提出了人格尊严权的概念,但这并非意味着人格尊严成为一项具体的人格权,实际上,人格尊严应当属于一般人格权的内容,而不应当成为一种具体的人格权。例如,《民法通则》第 101 条规定:"公民、法人享有名誉权,公民的人格尊严受法律保护,禁止用侮辱、诽谤等方式损害公民、法人的名誉。"该条实际上就是将人格尊严作为一种补充性的条款来规定的。也就是说,对于公民的名誉权,一般适用名誉权的规定,但对侮辱他人并不为第三人所知,且未造成社会评价降低的行为,虽不能适用名誉权的规定,但可以通过禁止侵害人格尊严条款加以保护,这就体现了人格尊严的补充适用性。② 当现行立法对具体人格权的规定不足或者存有漏洞的时候,可以依据法律关于侵害人格尊严的规定进行弥补。例如,在著名的超市搜身案中,超市保安怀疑消费者偷拿财物,对其进行搜身,这实际上就侵犯了消费者的人格尊严,但并没有造成原告社会评价降低,因此,并没有侵害原告的名誉权。③ 再如,马某诉崔某一般人格权纠纷案,被告在原告举行结婚仪式前,故意将垃圾撒在其家门口,被告应当赔

---

① 参见杨立新主编:《民商法理论争议问题——精神损害赔偿》,中国人民大学出版社 2004 年版,第 8 页。
② 参见唐德华主编:《最高人民法院〈关于确定民事侵权精神损害赔偿责任若干问题的解释〉的理解与适用》,人民法院出版社 2001 年版,第 30 页。
③ 参见钱缘诉上海屈臣氏日用品有限公司搜身侵犯名誉权案,上海市第二中级人民法院(1998)沪二中民终字第 2300 号民事判决书。

偿原告精神损失。① 此案被告实际上也侵害了原告的人格尊严。

(二) 人身自由

人身自由有广义和狭义之分,从狭义上理解,人身自由特指身体活动的自由,从这个意义上理解,人身自由在性质上应当属于具体人格权的范畴,对此,笔者将在下文讨论。而从广义上理解,人身自由不仅包括人身自由权,还包括精神的自由、个人依法享有的自主决定的权利,从这一意义上说,人身自由在性质上又属于一般人格权的范畴。我国《民法总则》第 109 条所规定的"人身自由",应理解为一般人格权的内容。

人身自由作为一般人格权的内容,首先可以解释对一些新型人格权加以保护的基础。例如,在德国法上,由于民法典中本来也没有隐私权的概念,因此,无法沿用隐私权对个人信息加以保护。随后,德国法院发展出了所谓的"信息自决权",其理论基础就是一般人格权。除此之外,对于一些新的人格利益,如果援用具体人格权无法保护,也可以援引一般人格权中的人格自由加以解释和保护。具体来说,人身自由包括如下几个方面的内容:

第一,身体活动的自由。此处所说的身体活动的自由,主要是肢体行为等物理活动上的自由。也就是说个人可以自由支配其身体组成部分,并且进行自由活动。在德国 1957 年的 Elfes 案中,法官 Dieter Grimm 根据《德国基本法》第 2 条的规定,提出了"自由发展个人人格的权利"②。从保障人权的角度看,"保障人身自由权是保障一切人权的基础"已成为各国和地区的共识,这也表明了人身自由原则的极端重要性。③ 因此,身体活动自由是人身自由的重要内容。

第二,自主决定权。关于自主决定权是否应该成为一项独立的人格权,存在不同观点。从比较法上看,一些国家和地区通过判例确立了自主决定权,例如美国罗伊诉韦德堕胎(Roe v. Wade)案中确认堕胎自由属于个人自主决定的范围。④ 我国也有不少学者主张将自主决定权作为一项独立的具体人格权。笔者认为,自主决定权不应作为一项独立的人格权。主要理由在于:一方面,自主决定权是私法自治的延伸,如果将自主决定

---

① 参见河南省济源市人民法院 (2011)济民一初字第 238 号民事判决书。
② Donald P. Kommers: The Constitutional Jurisprudence of the Federal Republic of Germany, Duke University Press, 1997, p.315.
③ 参见谢佑平:《公民人身自由权的宪法保障与司法保护——以刑事司法为中心》,载《河南省政法管理干部学院学报》2005 年第 1 期。
④ See Roe v. Wade, 410 U.S. 113 (1973).

权作为一项独立的人格权,其范围将很难确定,而且有很多具体的人格权都会涉及自主决定,也就容易造成不必要的竞合。自主决定权的范围比较模糊,如果将其认可为独立的人格权,则很难确定权利的边界,也容易导致此种权利与其他权利不易区分。另一方面,人格权法上的自主决定权是与人格利益联系在一起的。例如,我国《侵权责任法》规定了患者自主决定权;再如,我国《婚姻法》规定的婚姻自主是对婚姻利益的一种自主决定。这些自主决定权都是人格自由的内容,而不宜作为一项具体人格权。人格权法上的自主决定权不是一般意义上的自主决定,而是指可以包含在一般人格权的人格自由之中的人格利益。

笔者认为,自主决定权可以作为人身自由的内容,从而弥补具体人格权规定的不足。由于人身自由的内涵十分宽泛,可以将自主决定权包含其中。从我国现行立法来看,有的法律将自主决定权作为具体人格权的内容。例如,我国《侵权责任法》规定了患者自主决定权,此种权利很难包括在隐私权之中。患者自主决定权和隐私权不同之处在于,患者自主决定权很难说是对私生活的决定,其主要是对个人事务的自由决定。但是,如果医疗机构侵害了患者的自主决定权,没有造成患者的损害,是否可以作为侵害一般人格权,而请求精神损害赔偿?例如,在日本曾经发生过违反患者的意愿为其输血的案件,虽然没有导致患者的生命权或健康权的侵害,但是,侵害了其自主决定权。① 对此,侵权法上没有明确规定,笔者认为可以通过一般人格权制度为受害人提供保护。

第三,精神活动的自由。精神活动的自由是指自然人按照自己的意志和利益,在法律规定的范围内自主思维的权利,是自然人自由支配自己内在思维活动的权利②,是自然人进行意思表示或其他民事活动的意志决定自由。③ 在我国台湾地区,有学者认为,在欺诈、胁迫等情形,受害人有权请求侵害精神活动的自由的赔偿。也有学者主张精神自由权的概念。④ 笔者认为,精神自由权不宜规定为具体人格权,但其可以作为一般人格权在例外情形下保护受害人。尤其是考虑到精神自由概念的模糊性,法官认定侵害精神自由时应当尽到尽可能充分的论证义务。

---

① 参见日本最高法院判决,平成 12 年(2000 年)2 月 29 日,民集 54-2-582。
② 参见杨立新:《人格权法专论》,高等教育出版社 2005 年版,第 324 页。
③ 参见冉克平:《论人格权法中的人身自由权》,载《法学》2012 年第 3 期。
④ 参见杨立新主编:《民商法理论争议问题——精神损害赔偿》,中国人民大学出版社 2004 年版,第 8 页。

三、一般人格权与具体人格权的关系

学界关于一般人格权的本质,存在不同的认识,概括起来有如下几种学说:

1. 人格关系说

一般人格权,在瑞士法中称为"人格关系"(die persönlichen Verhältnisse)。不过,瑞士学者对一般人格权或"人格关系"均无明确的定义。我国台湾地区学者施启扬在对瑞士民法的规定进行解释时,也认为人格关系即为一般人格权。施启扬提出应该将台湾地区"民法"中关于侵害"人格法"的规定(第18条)改为侵害人格关系,"因为人格权是一个'上层概念',人格权中的各种具体内容权利,只是一种地位或资格,与一般权利在性质上并不相同"①。

2. 概括性的权利说

大多数德国学者将一般人格权视为一种概括性的权利。如拉伦茨认为,一般人格权具有"概括广泛性"②。而另一个德国学者莱普迪则认为一般人格权不仅涉及国家和个人的关系,而且也涉及《德国民法典》第823条所包括的具体人格权,一般人格权范围极为广泛,在内容上是不可列举穷尽的。③ 法官的任务只是依有关价值观念将一般人格权具体化并确定其界限。因为人格的本质不易明确划分其界限,一般人格权作为概括性权利,在内容上是不易完全确定的。④ 按照许多德国学者的观点,一般人格权是一种"渊源权"(das Muttergrundrecht, das Quellrecht)或"权利的渊源",由此可引导出各种具体的人格权。⑤ 按照艾内克卢斯(Enneccerus)等人的观点,依据"一般人格权"可发掘出某些具体的人格权,这样可扩大人格权的保护范围。⑥

---

① 施启扬:《关于侵害人格权时非财产上损害赔偿制度的研究修正意见》,载《法学丛刊》1999年第83期。
② Larenz, Lehrbuch des Schuldrechts, Band Ⅱ, 1962, S. 366.
③ See Stig Strömholm, Right of Privacy and Right of the Personality, Stockholm, Norstedt, 1967, p.57.
④ 参见施启扬:《从个别人格权到一般人格权》,载《台大法学论丛》1974年第1期。
⑤ 参见施启扬:《从个别人格权到一般人格权》,载《台大法学论丛》1974年第1期。
⑥ Vgl. Enneccerus-Kipp, Lehrbuch des bürgerlichen Rechts, Recht der schuldverhältnisse, 1995. S. 937.

3. 个人的基本权利说

20世纪50年代,德国学者胡伯曼针对否定一般人格权的观点主张,否定一般人格权实际上否认了个人的基本权利。他认为,一般人格权不同于人格权本身,亦不同于各项具体人格权。他将一般人格权分为发展个人人格权的权利、保护个人人格权的权利、捍卫个人独立性的权利,这三种权利分别受到公法、私法等法律的保护,并共同组成一般人格权。①

4. 一般权利说

有学者认为,一般人格权相当于知识产权的概念,而具体人格权则相当于著作权、商标权等具体的知识产权。有学者认为,从实际产生过程来看,一般人格权的概念不是作为具体人格权的抽象而提出的,而是作为具体人格权的补充而提出的,也就是说,一般人格权不是一种抽象权利,而是一种现实权利。②

以上四种学说从不同角度阐述了一般人格权的本质。笔者认为,一般人格权既是各种权利的概括,同时也是各种具体人格权产生的基础。一般人格权具有渊源权的功能。此种权利作为个人的基本权利,最本质地表现了人格权的特点。但是,一般人格权不能等同于人格关系,因为人格权是人格关系的内容,而不同于人格或人格关系。要真正了解一般人格权的本质,还必须清楚一般人格权与具体人格权之间的关系。具体来说,两者之间应当具有如下关系:

第一,抽象的和具体的关系。具体人格权是指由法律具体列举的由公民或法人享有的各项人格权,如生命健康权、姓名权、肖像权、名誉权等。一般人格权是以民事主体全部人格利益为标的的总括性权利,是以民事主体依法享有并概括和决定其具体人格权的人格利益。正如哲学上的一般和具体、普遍和个别的关系一样,一般人格权和具体人格权实际上也是这种一般和个别的关系。也就是说,一般人格权是一般性的权利,而具体人格权是个别的人格权。一般人格权确定了人格权的基本价值,其包容的价值非常抽象、概括;具体人格权具有确定的内涵和外延,并且被法律确定为特定的权利。

一般人格权也可以说明具体人格权存在的正当性。一般人格权凸显以人为本的理念,明确了人格权立法的目的与宗旨,因为人格权要作为一

---

① See Stig Strömholm, Right of Privacy and Right of the Personality, Stockholm, Norstedt, 1967, p.39.

② 参见胡吕银:《一般人格权探析》,载《学海》2001年第5期。

项独立的制度而存在,必须要有自身的原则与宗旨。对一般人格权的确认,将有助于解释个别人格权保护的目的,如对公民的生命健康、名誉、肖像、隐私等各项具体人格权的保护,都是由公民依法享有人身自由和人格尊严所决定的,同时也将表明我国法律对人格利益的高度重视。例如,确认公民享有人身自由和人格尊严为一般人格权,这不仅是对公民作为人的共同价值的确认,也是对社会主义条件下公民价值的认可,同时也表明公民能够在不违法的条件下自由从事各种活动,享受各种人身利益和财产利益。①

第二,本源和派生的关系。尽管从人格权发展的历史来看,先有具体人格权,之后逐步形成一般人格权,但是,由于一般人格权确定了人格权的基本价值,因此在产生一般人格权之后,又推动了具体人格权的发展。尤其是一般人格权揭示了人格权的基本价值,因此从中派生了许多具体人格权。从这个意义上说,两者之间是本源和派生的关系。一般人格权和具体人格权是相对应的,其具有统摄和创设的功能,相当于一种渊源权。

由于一般人格权确定了民法中的基本价值,因此它和民法的基本原则具有相似性。因为民法的基本原则是一项克服成文法局限性的立法技术,它在普遍性、概括性等方面和一般人格权有些相近。但规定一般人格权和设立民法的基本原则并不冲突,因为民法的基本原则更为抽象,其普遍适用于民法的各个部门,基本原则本身不具有创设权利的功能,而一般人格权具有创设权利的功能,且法官可以依据一般人格权来确定哪些属于人格利益或非人格利益,这种功能是基本原则所不具有的。但二者都具有概括和抽象的特点,都给法官留下了一定自由裁量的空间。

第三,既定和补充的关系。尽管在法律上,人格权不能实行法定列举主义,但是也不能任由当事人对其进行自由设定。同时,人格权作为一种需要予以规范的权利,也不能由法官任意裁量。否则,将造成人格权创设的混乱,并会在一定程度上威胁个人行为自由。例如实践中出现的"亲吻权""悼念权"等。② 如果其中存在需要法律提供保护的合法人格利益时,则将其归入具体人格权或者一般人格权特别是其中的人格尊严中加以保护,对不宜提供法律保护的部分,则不能上升为人格权益。由于许多新型

---

① 参见刘心稳:《试论人身权》,载《政法论坛》1988 年第 2 期。
② 参见陶莉萍诉吴曦道路交通事故人身损害赔偿纠纷案,四川省广汉市人民法院(2001)广汉民初字第 832 号民事判决书。

人格利益不可能在法律上获得权利的地位,因此需要借助一般人格权来补充。在具体人格权类型还不丰富时,可以适用一般人格权来保护各种新型的人格利益。例如,侮辱他人并未被第三人知道,受害人的社会评价未降低,故不构成侵害名誉权,同时也不构成对身体权的侵害,此时具体人格权没有受到侵害,就可以通过一般人格权来对受害人加以保护。

第四,一般和特殊的关系。在一般人格权与具体人格权的法律适用上,一般认为,在具体处理案件时,应当优先适用具体人格权的规定,而将一般人格权作为补充适用的条款。① 拉伦茨认为,对于"一般人格权"和"特别人格权"的关系可做如下概括:"一般人格权作为任何人都应当尊重的权利,是所有特别人格权的基础,特别人格权是一般人格权的一部分。因此,从法律逻辑上说,一般人格权,优先于特别人格权。在法律适用中,如特别人格权受到侵害,但因难以划界从而不能援引关于一般人格权的规定,则优先适用特别人格权。与'一般人格权'相比,特别人格权在内容上规定得较为明确,或者还可以规定出来。"②所以,一般人格权和具体人格权之间可以说是一般和特殊的关系。如果某种人格利益受到侵害以后,能够从具体人格权中找到法律适用的依据,首先应当适用具体人格权的规定。如果没有具体人格权的规定,则可以适用一般人格权的规定。

四、一般人格权的适用

一般人格权是一种高度概括的权利,其适用应当受到一定的条件限制,因为一般人格权规定是弹性较大的条款,具有很强的包容性,适用一般人格权会给法官很大的自由裁量空间,如果对一般人格权的适用缺乏限制,就会使得一些不应受到人格权保护的利益受到一般人格权的保护,从而无限制地扩大了精神损害的范围,其结果会造成法律的不确定性,所以一般人格权的适用应当具有严格的条件限制。笔者认为,一般人格权适用的条件主要包括如下几个方面:

1. 必须发生侵害不能为具体人格权所包含的合法的人格利益之行为

一般人格权只有在侵害人格利益的情况下才能适用。但这并不意味

---

① 参见陈现杰:《人格权司法保护的重大进步和发展——〈最高人民法院关于确定民事侵权精神损害赔偿若干问题的解释〉的理解与适用》,载《人民法院报》2001 年 3 月 28 日。

② 〔德〕卡尔·拉伦茨:《德国民法通论》(上册),王晓晔等译,法律出版社 2003 年版,第 173 页。

着所有侵害人格利益的行为都应该适用一般人格权。一般人格权只有在不能适用具体人格权时才有适用余地。因为一般人格权只是补充具体人格权的规定,如果具体人格权有适用余地,则不必适用一般人格权。法律有具体条款规定的,必须先适用具体规定,只有在穷尽了具体条款之后,才能用一般条款进行裁判,否则就会出现"向一般条款逃逸"的趋势。在借鉴德国法上一般人格权的概念时,必须注意到,由于《德国民法典》中具体人格权的规定并不发达,德国法官在实践中从一般人格权中解释出具体人格权。因为我国《民法总则》已经规定了一些重要的具体人格权,在此情况下不必通过援引一般人格权解释出众多的具体人格权,也没有必要通过一般人格权发展出具体的人格权。而应当优先适用具体人格权的规定,只有在没有相关具体人格权的规定时,才有必要适用一般人格权的规定补充有关具体人格权规定的不足。

2. 无法类推适用和准用具体人格权

在侵害新型人格利益的情况下,法院往往最多只能通过类推适用的方法对其提供及时的保护,这种办法也在一定程度上为自然人人格利益提供了保护。在一般人格权设立以后,也应给予法官保护新型人格利益自由裁量的空间和技术手段。因此在出现新的人格利益需要作为权利加以保护之后,法院也不必采用类推的方式保护人格利益。由于我国《民法通则》没有建立一般人格权保护制度,因此,在司法实践中,对于侵害一般人格权的侵权行为,只能采取法律类推的方式,对受害者进行法律保护。最明显的例证是,《民法总则》第185条对侵害英雄烈士等的姓名、肖像、名誉、荣誉四项人格利益的民事责任作出了规定,但侵害英雄烈士等的上述四项人格利益之外的人格利益,如隐私,则无法适用《民法总则》第185条的规定,这就需要类推适用该条对相关的行为予以规范。再如,关于简称的保护,《民法总则》虽然规定了法人、非法人组织的名称权,但并没有对法人、非法人组织的简称保护作出规定,这也需要类推适用名称权的规则。

不过,从立法上看,司法上的类推适用仅属于权宜之计,其存在明显的缺陷。一方面,类推适用给法官过大的自由裁量权,容易造成法律适用的不安定性。因为各种新型具体人格权是大量存在的,很难完全借助于法官的自由裁量权予以判断。另一方面,某些新型人格利益往往可能超出具体人格权内容的涵盖范围,此时类推适用有可能造成牵强附会和体系上的不和谐。例如,名誉和隐私存在较大的差异性,自然人的一般人格权包括人身自由和人格尊严,而名誉权则是具体人格权中的一项具体的权利,二者并不是同一概念。对法律尚未规定为权利的具体人格利益,采取类推方式保护的方法是不足取的。只有全面建立一般人格权的民法保护机制,才能全面实现宪法关于保护公民人格权的原则,切实保护公民的一般人格权。因而,只有在不能类推的情况下,才能通过一般人格权进行保护。

另外,在某些情况下,法律可能规定,在特殊情况下,要准用其他具体人格权的规则。例如,法律可以规定,就声音的侵害,可以准用侵害肖像的规定。如果法律规定了准用的规则,法官也不能直接适用一般人格权的规则。

3. 新的人格利益符合一般人格权所承载的价值

如前所述,一般人格权的价值包括人格自由、人格尊严,这也应该成为对新型人格利益进行司法保护时的重要判断标准。当某种新的人格利益出现以后,应该根据一般人格权所承载的价值,判断其是否需要得到保护。在实践中存在这样一些案例,如在他人墓碑上书写侮辱他人的言辞或毁损他人的墓碑,或者故意向他人发出噩耗以愚弄他人,殡仪馆工作人员将原告父亲的骨灰盒弄错致使原告遭受精神痛苦等。在这些案件中,如何确定是否应该适用一般人格权应当分为两个步骤加以考虑:一是法官应当判断是否存在人格利益遭受侵害的情形。这就是说,法官应当首先判断受侵害的利益究竟是财产利益还是人格利益。例如,毁损他人的墓碑,虽然也包含了对财产利益的侵害,但其主要是对人格利益的侵害。二是应当根据社会一般人的看法、生活习惯、传统伦理道德等多种因素来考虑,确定原告所遭受侵害的人格利益是否符合一般人格权的价值。同时,法官还应当结合具体案件的情况,通过衡平考虑各种应受法律保护的利益和价值判断受害人的利益是否需要保护。① 例如,在原告吴某某等诉被告鄱阳县殡仪馆人身损害赔偿纠纷案中,原告的父亲去世后,原告与殡仪馆协商好了火化时间,但嗣后因为设备故障,导致原告的父亲的遗体没有按照约定的时间被火化,影响到原告对其父亲的骨灰进行按时安葬。法院认为,"关于侵犯死者的人格尊严权方面:就人格尊严权这个概念在民法上来说,不是一个具体的人格权,属于一般人格权的范畴"②。笔者认为,此种观点不无道理。从社会一般人的观念来看,被告的行为虽然没有造成原告的财产损失,但造成了对原告人格尊严的损害,我国现行立法

---

① Vgl. Fuchs, Deliktsrecht, 2 Aufl., 1996, S. 35.
② 江西省鄱阳县人民法院(2006)鄱民一初字第951号民事判决书。

没有规定此种行为侵害了原告的何种人格利益,此时,即可通过一般人格权对原告进行兜底保护。

4. 加害人的行为违反善良风俗

在侵害一般人格权的情况下,通常来说,行为人的行为都违反了善良风俗。根据我国《精神损害赔偿司法解释》第1条第2款的规定:"违反社会公共利益、社会公德侵害他人隐私或者其他人格利益,受害人以侵权为由向人民法院起诉请求赔偿精神损害的,人民法院应当依法予以受理。"依据该条规定,侵害其他人格利益的责任应以行为人的行为违反社会公共利益、社会公德为要件。笔者认为,该条规定中的"人格利益"并非指一般人格权,但其所规定的责任要件也可适用于一般人格权。主要原因在于:一方面,由于一般人格权包含的范围非常宽泛,应当对其做必要的限定。毕竟一般人格权的规定属于弹性很大的条款,其保护的法益范围不宜过宽,不然就会危及法律的稳定性,给法官随意裁判提供机会。另一方面,现行立法缺乏规定,通过善良风俗原则加以限制能够将社会生活中的最低限度的道德要求引入法律裁判过程中,提供了将这些道德要求法律化的途径。

此外,在通过适用一般人格权对受害人提供精神损害补救时,也应当考虑受害人是否实际遭受了精神损害,应当结合社会的一般观念和受害人个人的感受来确定是否遭受精神损害以及受害程度。

五、一般人格权的救济

在侵害一般人格权的情形,虽然受侵害的仅是一种法益,但是,法律也为受害人提供了充分的救济。因此,受害人可以按照侵权法的一般规则,请求获得救济。例如,对受害人遭受的财产损失,加害人应当予以赔偿。再如,受害人主张加害人赔礼道歉、消除影响的,法院也可以支持。

在一般人格权遭受侵害的情形下,受害人能否主张精神损害赔偿?从比较法上看,1959年,德国联邦政府向联邦议院提呈《关于修订民法中保护人格与名誉的法律草案》,其中建议肯定侵害一般人格权的精神损害赔偿责任,但该草案受到了强烈批评。有观点认为,这一规定可能使媒体的新闻自由受到单方面限制,将不当影响信息的传播,后该草案并没有获得通过。[①] 到目前为止,关于一般人格权遭受侵害后权利人能否主张精神

---

① 参见《德国民法人格与名誉保护新规则法草案》,王洪亮译,载王洪亮等主编:《中德私法研究12:数人侵权责任》,北京大学出版社2016年版。

损害赔偿责任,立法中并不明确,但司法实践实际上肯定了受害人的精神损害赔偿请求权。

侵害一般人格权,是否可以请求精神损害赔偿？对此,也值得探讨。《民法总则》第109条就人身自由和人格尊严作出了规定,学界通常理解为是确立了一般人格权。从《侵权责任法》第22条的规定来看,精神损害赔偿的适用前提是侵害"人身权益",这一适用条件比较宽泛,只要可以被解释为人身权益的权利和利益受到侵害之后,都可以请求精神损害赔偿。一般人格权属于"人身权益"的一种类型,因此,侵害一般人格权也可以依据《侵权责任法》第22条的规定主张精神损害赔偿。

具体来说,《民法总则》第109条所规定的"人身自由""人格尊严",可以具体包含如下几种类型:一是各种新型的人格利益。现代社会进入了一个互联网、大数据时代,科学技术发展日新月异,这也使得许多新型人格利益不断涌现,急需法律作出应对。市场经济的发展、商业模式的改变以及网络营销等发展,在深刻改变我们消费方式的同时,也对我们的个人信息安全、隐私权保护等构成了一定的威胁。征信制度、黑名单制度的建立也都给个人信息的保护带来了挑战。各种名目繁多的评级、企业自己建立的黑名单制度,因信息失真导致评价不准确,不仅会导致对他人名誉、信用等的损害,也会影响他人正常的经营活动。因此,信用利益的保护在现代社会显得越来越重要。正是因为上述原因,导致新型人格利益不断出现,我国《民法总则》第109条确立的一般人格权,能够有效应对社会生活的发展需要,许多新型人格利益遭受侵害后,都可以借助一般人格权加以调整。例如,声音、肢体动作、悼念等,只要侵害了这些利益,损害了人格尊严和人身自由等基本价值,就可以受到一般人格权的保护。二是《民法总则》第185条所列举的英雄烈士的四项权益之外的其他人格权益,都可以依据《民法总则》第109条的规定获得保护。例如,侵害英雄烈士的隐私、个人信息,无法类推适用死者人格权利益的保护规则,就有必要通过一般人格权来保护。三是其他具体人格利益无法包含的利益,具体而言,主要包括如下几种:

1. 遗体利益

死者的遗体不仅关系死者的人格尊严,而且也关系生者的人格利益。关于自然人死亡以后,遗体在法律上具有何种性质,是否应当受到人格权法的保护,存在争议。笔者认为,遗体不同于自然人的身体,其不具有生命特征,不能够作为自然人身体权的对象。身体区别于遗体的地方在于它是活体,自然人死亡后,身体就转化为遗体,因此,也就谈不上身体利益了。自然人一旦死亡,其主体便归于消灭,身体权也就当然随之消灭了。因此,即使存在所谓的延伸利益,其也不是死者的利益,因为死者不再是民事主体,不可能独立享有任何利益。在民法上,除了人之外,所有的物都无法成为权利的主体。① 首先,遗体既非活体,当然就不会承载人格。其次,遗体也不同于单纯的物,不能简单地将其视为权利客体。遗体本身体现了一定的精神利益,不能将遗体简单地作为所有权的客体,因为遗体寄托了死者近亲属的个人感情、对死者的怀念、死者和生者的尊严,也体现了一定的善良风俗。

依据《精神损害赔偿司法解释》第 3 条的规定,行为人"非法利用、损害遗体、遗骨,或者以违反社会公共利益、社会公德的其他方式侵害遗体、遗骨"的,死者近亲属有权主张精神损害赔偿责任。该条实际上已经对遗体的保护作出了规定。但死者近亲属究竟对死者遗体享有何种人格利益,该条并没有作出规定。笔者认为,在行为人侵害死者遗体的情形下,死者近亲属应有权主张其一般人格权遭受侵害,并据此请求行为人承担侵权责任。从我国司法实践来看,在侵害死者遗体的情形下,法院也大都通过一般人格权对受害人提供救济。例如,在汪某明、李某翠与程某斌、程某红等一般人格权纠纷案中,法院认为:"父母对子女具有人格上的利益。汪某鹏死亡后,其父母汪某明、李某翠有权对遗体进行告别、悼念,且遗体的处理属于其父母汪某明、李某翠的人格权利。而上诉人程某斌在死者的母亲李某翠没有到场的情况下,也没有充足证据证明其已获得汪某明、李某翠的明确授权以及征询汪某鹏母亲李某翠意见的前提下,代为签字同意火化死者汪某鹏的遗体,侵犯了汪某明和李某翠的一般人格权,上诉人程某斌存在一定过错,应当承担赔偿责任。"②

2. 祭奠利益

祭奠利益是指公民基于亲属关系等产生的对死者表示追思和敬仰的利益。③ 中华民族历来重视通过祭奠仪式寄托生者对死者的悼念和追思,因此,祭奠利益在性质上应当是一项重要的人格利益。我国现行立法并没有对祭奠利益作出明确规定,笔者认为,祭奠利益应当属于一般人格权的范畴。从我国司法实践来看,侵害他人祭奠利益的行为主要体现为破

---

① 参见余能斌、涂文:《论人体器官移植的现代民法理论基础》,载《中国法学》2003 年第 6 期。
② 湖北省随州市中级人民法院(2015)鄂随中民一终字第 00304 号民事判决书。
③ 参见张红:《侵害祭奠利益之侵权责任》,载《法学评论》2018 年第 2 期。

坏他人坟墓、遗失他人骨灰等。例如,在孟甲与孟某兰等一般人格权纠纷案中,法院认为,"孟甲与孟乙均系孟某兰与宋某琴之子女,现双方因宋某琴去世后的祭奠等问题发生争议。对此本院认为,孟某兰、孟甲、孟乙作为宋某琴的直系亲属均有知悉宋某琴的去世、遗体告别及祭奠的权利,但孟某兰、孟乙未能知悉宋某琴的去世,孟甲在将宋某琴火化后亦自行处理了其骨灰,该行为侵害了孟某兰等人的一般人格权"①。

3. 墓碑、坟墓等体现的人格利益

墓碑和坟墓记载了死者的相关信息,还可能包含了生者对死者的相关评价,因此是重要的死者人格利益。同时,墓碑和坟墓虽然是有形财产,但也寄托了生者对死者的哀思,其中也包含了人格尊严和人格利益,应当受到法律保护。从司法实践来看,侵害他人墓碑、坟墓的,一般通过一般人格权对受害人提供救济。例如,在邱某铭、王某刚一般人格权纠纷案中,法院认为,由于上诉人邱某铭家祖坟没有墓碑、安葬刘某贤的时间较久,墓冢不明显,因此,上诉人王某刚在平整屋后土地之前没有提前与墓冢的后人协商,在听到提醒、阻止之后,也未停工协商处理,上诉人王某刚存在过错,其行为导致邱某铭家族今后无法寄托对亲人的哀思,给上诉人邱某铭的家族成员带来精神上的损害。②

4. 婚姻仪式中体现的人格利益

我国有重视婚姻仪式的传统,婚姻仪式也寄托了个人对婚姻关系的重视,个人对婚姻仪式应当享有重要的人格利益。行为人破坏他人的婚姻仪式,将有损他人的人格尊严,侵害他人的一般人格权。例如,在赵某有、郎某菊、赵某斌与扎兰屯市金百灵大酒店有限责任公司人格权纠纷案中,法院认为:"被告扎兰屯市金百灵大酒店有限责任公司在婚庆订单上明确写明新娘名字的情况下,婚庆主持人在婚礼现场两次说错其名字,可见被告作为专业的婚庆服务机构,未尽到相应的义务,存在过错。然三原告人格权是否受到损害,应依据婚礼主持人的错误是否得以消除及是否造成严重后果加以判断。"③在该案中,行为人在婚姻仪式上两次念错新娘的名字,破坏了他人的婚姻仪式,应当构成对他人一般人格权的侵害。除破坏婚姻仪式,如果行为人损坏了他人与婚姻相关的特定纪念物品,也可能侵害他人的一般人格权。例如,在白某某与莒县施华洛婚纱摄影店

---

① 北京市高级人民法院(2018)京民申118号民事裁定书。
② 参见四川省宜宾市中级人民法院(2015)宜民终字第1369号民事判决书。
③ 内蒙古自治区扎兰屯市人民法院(2016)内0783民初944号民事判决书。

一般人格权纠纷案中，法院认为："婚庆录像是属于具有人格象征意义的特定纪念物品，加之婚礼仪式的特殊性和不可重复性，录像光盘的丢失给被上诉人造成一定程度的伤害，原审支持被上诉人的精神损害抚慰金并无不当。"①在该案中，法院实际上认为，丢失他人的婚姻仪式录像光盘，也构成对他人一般人格权的侵害。

一般人格权是由法律采取高度概括的方式赋予自然人享有的具有包容性的、以人格利益为内容的权利。它不仅具有兜底条款的作用，而且为法官判断何种人格利益应当受法律保护提供了标准。一般人格权"随着人格自觉、社会进步、侵害的增加而扩大其保护范畴"②。日本法学家星野英一先生指出，一般人格权的产生，使得对那些需得到保护而实体法条文未具体规定的人格利益，或伴随社会发展而出现的新型人格利益给予保护成为可能。③ 因此，在法律上确认一般人格权，将会为随着社会发展而出现的需要法律保护的新型人格利益上升为独立的权利形态提供充分的空间，形成一种开放的人格权体系，不断扩大人格权保障的范围。从未来发展趋势来看，很多新型人格利益借助一般人格权受到保护，并且在成熟的时候发展为独立的人格权利。在一些新的人格利益产生之后，在确定此种利益是否构成人格利益时，应当考虑这些利益是否体现了人格尊严和人身自由、侵害这些人格利益是否违反了一般人格权中所包含的价值。

---

① 山东省日照市中级人民法院(2016)鲁 11 民终 546 号民事判决书。
② 王泽鉴：《侵权行为法：基本理论·一般侵权行为》（第一册），中国政法大学出版社 2001 年版，第 137 页。
③ 参见〔日〕星野英一：《私法中的人》，王闯译，载梁慧星主编：《为权利而斗争》，中国法制出版社 2000 年版，第 359 页。

论人格尊严的保护*

第十二届全国人大第五次会议审议通过了《民法总则》,在我国民事立法史上具有里程碑式的意义。《民法总则》第 109 条规定:"自然人的人身自由、人格尊严受法律保护。"该条首次从宏观层面对"人格自由"和"人格尊严"做了规定,在学理上被理解为一般人格权的基础。该规定宣示了人格权制度的立法目的与根本价值,即尊重与保护个人的人身自由、人格尊严。这一规定具有鲜明的时代特点,是中国现代民事立法的人文精神和人文关怀的具体体现。这一规定不仅将进一步提升我国对公民人格权的法律保护水平,而且为我国后续的民法典编纂工程提供了基础性指引。

一、《民法总则》宣示人格尊严受法律保护彰显了 21 世纪民法的时代精神

人格尊严,是指人作为法律主体应当得到承认和尊重。人格尊严是人作为社会关系主体的基本前提,应当受到法律的平等保护。① 从比较法上看,各国通常使用"人的尊严"(human dignity/dignity of the human being)这一表述取代人格尊严(personal dignity)。从语义上看,人格尊严与人的尊严虽然具有相似性,但人的尊严在内涵上不仅包括对个人人格尊严的保护,还包括对个人财产权的保护,而人格尊严的内涵则相对狭窄。我国法律历来采用"人格尊严"而非"人的尊严"的表述。从比较法上来看,现代民法对人格尊严的保护主要体现在如下几个方面:一是主体性的承认和保护。也就是说,法律首先应当确认人的主体性地位。人是社会关系的主体,不能被当成工具,更不能被当作客体来对待。二是对人格尊严的平等保护。这意味着,每一个人都平等地享有人格尊严,在主体性方面并

---

* 原载《中国人民大学学报》2017 年第 4 期。原标题为《试论〈民法总则〉对人格尊严的保护》。

① 参见李适时主编:《中华人民共和国民法总则释义》,法律出版社 2017 年版,第 337 页。

没有差别,不存在三六九等或者贵贱之分。三是完整性保护。法律应当全面保护个人的人格尊严。对人格尊严的保护,不仅在消极意义上要求国家不损害个人尊严,还要求为个人尊严的实现创造各种有利条件和可能。[①] 民法不仅保护物质性人格权,还保护精神性人格权,法律对人格权的保护贯穿个人的一生,充分体现了民法的人文关怀理念。

《民法总则》宣示人格尊严受法律保护是我国长期立法经验的总结。中华人民共和国成立后,"五四宪法"虽然规定了人格自由,但并未规定对人格尊严的保护。[②] "文化大革命"期间,诸如"戴高帽"、"架飞机"、剃"阴阳头"、擅自抄家、揪斗等严重侵害个人人格权、践踏人格尊严的现象比比皆是,这些侮辱人格、蔑视人权的行径使广大人民群众蒙受了巨大的灾难。正是在反思"文革"教训的基础上,1982年《宪法》才规定了对人格尊严的保护。该法第38条规定:"中华人民共和国公民的人格尊严不受侵犯。禁止用任何方法对公民进行侮辱、诽谤和诬告陷害。"为了具体落实这一规定,1986年《民法通则》第101条规定:"公民、法人享有名誉权,公民的人格尊严受法律保护,禁止用侮辱、诽谤等方式损害公民、法人的名誉。"从该条规定来看,其虽然使用了"人格尊严"这一表述,但其主要是对"名誉权"等有限类型人格权的概括,而没有在法律上将其上升到一般人格权的高度。《民法通则》虽然第一次以专节的形式系统全面地规定了人格权,但准确地说,这一时期关于"人格尊严"的讨论主要还处于对各类具体人格权不断摸索的过程中,尚未认识到人格尊严作为一种基本价值在民法价值体系中的重要性。

《民法总则》总结我国人格权保护的实践,宣示人格尊严受法律保护,彰显了21世纪民法的时代精神。我们要制定的民法典是21世纪的民法典,1804年的《法国民法典》可以被称为是19世纪风车水磨时代民法典的代表,1900年的《德国民法典》可以说是20世纪工业社会民法典的代表,我们正在编纂的民法典则应当成为21世纪互联网时代民法典的代表。21世纪也是互联网、高科技时代,但科学技术一旦被滥用,就可能对个人隐私权等人格权带来现实威胁。所有这些高科技发明都有一个共同的副作用,就是对个人隐私和人格权的威胁。有美国学者曾经提出"零隐权"(zero privacy)概念,认为我们在高科技时代已经无处藏身,隐私暴露不可避免。所有高科技发明都给人类带来了巨大的福祉,但也都面临着

---

① 参见郑贤君:《宪法"人格尊严"条款的规范地位之辨》,载《中国法学》2012年第2期。
② 参见1954年《宪法》第89条。

被误用或滥用的风险,从而对个人隐私和隐私权保护构成威胁①,这就更需要将对人的保护提到更高程度。《民法总则》宣示对人格尊严的保护,彰显了21世纪弘扬人格尊严与价值的时代精神,突出体现了对个人的人格尊严与合法权益的尊重。

《民法总则》宣示人格尊严受法律保护也体现了民法的本质和功能。"私法的基本概念是人"②,民法在某种意义上也被称为人法。现代民法应当充分体现人文关怀的精神,关爱人、尊重人、爱护人,就像黑格尔所说的,"让人成其为人,并尊重他人为人"。进入21世纪之后,尊重与保护个人的人格尊严已经成为国际社会的共识,这也是现代民法关注的重心。民法不仅要尊重个人的主体地位,而且要充分保护个人的人格尊严。民法本质上是人法,其目标是服务于人的发展。民法的这种精神实际上也体现了对中华优秀传统文化的传承,中华文化强调人本精神,儒学提倡"仁者爱人",其实就是一种感同身受的人文关怀精神。今天,在广大人民群众物质生活得到极大改善、全面依法治国战略不断推进的背景下,人们的权利意识逐渐觉醒,更加注重维护其人格尊严和人身自由。为适应这种需要,《民法总则》第109条关于保护人格尊严的规定,这也是促进个人全面发展、保障个人幸福生活的社会主义本质特征的体现。一部充分关爱人、保护人的民法典才是符合广大人民群众需要的、面向21世纪的民法典。因此,《民法总则》关于人格尊严保护的规定也彰显了民法的本质特征。

《民法总则》宣示对人格尊严的保护,必然要求建构和完善人格权保护体系。《民法总则》是在《民法通则》的基础上对人格权作出的规定,《民法总则》关于人格权的规定具有如下几个特点:一是正式确认了隐私权。《民法总则》第110条第1款规定:"自然人享有生命权、身体权、健康权、姓名权、肖像权、名誉权、荣誉权、隐私权、婚姻自主权等权利。"二是确认了对个人信息的保护。《民法总则》第111条规定:"自然人的个人信息受法律保护。任何组织和个人需要获取他人个人信息的,应当依法取得并确保信息安全,不得非法收集、使用、加工、传输他人个人信息,不得非法买卖、提供或者公开他人个人信息。"个人信息是与特定个人相关联的、反映其个体特征的、具有可识别性的符号系统,包括个人身份、家庭、财产、工作、健康等各方面的信息。三是确认了对英雄烈士等的人格利益的

---

① See A. Michael Froomkin, Cyberspace and Privacy: A New legal Paradigm? The Death of Privacy? 52 Stan. L. Rev. 1461, 2000.

② 〔日〕星野英一:《私法中的人》,王闯译,中国法制出版社2004年版,第20页。

保护。《民法总则》第 185 条规定:"侵害英雄烈士等的姓名、肖像、名誉、荣誉,损害社会公共利益的,应当承担民事责任。"该条对于淳化社会风气,弘扬社会正气,促进整个社会尊崇英雄烈士,维护社会主义核心价值观意义重大。四是对人格利益提供全面的兜底保护。《民法总则》第 109 条可以成为一种对人格利益进行兜底保护的条款,有利于适应未来人格利益发展的需要。《民法总则》的上述规定都彰显了人格尊严的价值,强化了对人格尊严的平等保护。《民法总则》第 109 条关于人格尊严保护的规定包含了非常丰富的内容,而且该法将人格尊严放在所有民事权利之首加以规定,也反映了人格尊严是所有民事权利的价值来源和基础。法律保护个人的各种民事权利,本质上都是为了维护个人的人格尊严。

《民法总则》宣示人格尊严受法律保护彰显了整个民法典的时代性,既为整个民法典的编纂工程奠定了价值底色,也为民法典各分编的编纂工作提供了价值指引。

二、民法总则保护人格尊严条款的基本功能

(一) 承接和实施宪法的功能

《民法总则》规定人格尊严条款具有承接宪法基本价值取向的功能。宪法在我国法律体系中居于根本法和最高法的地位,《宪法》第 38 条确认的保护公民人格尊严的原则,应成为各个法律部门必须要予以保护的价值。由于宪法条款并不能直接作为裁判依据,因而各部门法应当通过制度的建构,具体落实宪法保护人格尊严的精神。《民法总则》开宗明义地宣告,要"根据宪法,制定本法",并规定人格尊严条款,实际上是对宪法"人格尊严"保护规则的一种具体化,具有承接宪法规则的意义。也就是说,宪法所确认的保护人格尊严的原则必须通过民法具体予以落实:宪法虽然规定了对人格尊严的保护,但宪法作为根本大法,其规则往往是粗线条的,具有高度抽象性,许多规定,尤其是关于公民基本权利的规定,还有待各个部门法的具体落实。[1] 宪法中规定的人格尊严实际上仍然是一种价值表述和价值指引,无法保证裁判具有相对的确定性,难以实现"同等情况同等对待"的基本正义要求。因此,迫切需要对人格尊严的保护予以

---

[1] Vgl. Ernst-Wolfgang Böckenförde, Grundrechtstheorie und Grundrechtsinterpretation, NJW, 35, S. 1529.

细化,确定各项人格权的内容和保护范围,将之具体化为能被裁判所适用的有效性规则。《民法总则》对人格尊严保护作出规定,就可以满足这一需要。尤其应当看到,在我国,宪法不具有可司法性,最高人民法院的相关司法解释已经明确规定,法官在裁判时并不能直接援引宪法裁判①,这就排除了法官在个案中直接通过宪法保护人格尊严的可能。《民法总则》中规定人格尊严保护条款,既具有价值宣示功能,也可作为裁判依据,这有利于更好地实现宪法保护人格尊严的立法目的。

(二) 提供价值来源和价值指引的功能

《民法总则》采用概括性条款保护人格尊严,具有宣示保护人格尊严和提供价值指引的功能。人格权法律制度的根本目的在于保护个人的人格尊严,各项人格权都体现了人格尊严的保护要求。事实上,许多侵害人格权的行为,如侮辱和诽谤他人、毁损他人肖像、传播他人隐私、抽打他人耳光等,均损害了他人的人格尊严。从比较法上看,一些国家将人格尊严保护提高到了基本法的层面,如《德国基本法》第1条、第2条就明确规定了对人格尊严的保护,该法第1条规定:"人之尊严不可侵犯,尊重及保护此项尊严为所有国家机关之义务。"第2条规定:"人人有自由发展其人格之权利,但以不侵害他人之权利或不违反宪政秩序或道德规范者为限。"据此,维护人格尊严在德国被认为是宪法的最高建构原则,也是战后整个德国法秩序的价值基础。②《日本民法典》则将人格尊严保护规定为立法目的与宗旨,该法第2条规定:"本法须以个人的尊严及男女两性本质性平等为宗旨解释。"其将个人尊严作为解释民法典规则的基础,表明私权本身是为了保障个人的尊严,尊严是私权的基础和依归,这实际上是将人格尊严保护作为民法典规则的价值基础。我国《民法总则》将人格尊严保护规定在民事权利之首,其实也宣示了其在民事权利中的价值基础地位。

《民法总则》将人格尊严保护置于各项民事权利之首加以规定,表明人格尊严是保护民事权利的价值来源和价值基础,也表明其具有最高价值。在法律上,人格尊严是人格权民法保护的核心要素(the core ele-

---

① 最高人民法院《关于裁判文书引用法律、法规等规范性法律文件的规定》第4条规定:"民事裁判文书应当引用法律、法律解释或者司法解释。对于应当适用的行政法规、地方性法规或者自治条例和单行条例,可以直接引用。"

② Vgl. Dürig, Der Grundrechtssatz von der Menschenwürde, AöR 1956, 119 ff.

ments)①,具有绝对性和不可克减性。例如,关于尊严原则与科学研究自由的关系,欧洲理事会 1997 年奥维多公约(《欧洲人权与生物医学公约》)第 1 条即开宗明义地宣称:基于人格尊严原则,"个人的利益和福祉高于单纯的科学利益或社会利益"。科学技术本身是一种工具,其应当服务于人的全面发展的目的。② 联合国教科文组织 2005 年通过的《世界生物伦理与人权宣言》第 3 条也规定了同样的内容。可见,人格尊严作为法律秩序的最高价值,具有绝对性,任何情况下都不得以牺牲人格尊严为代价去保护其他价值,有学者甚至认为,人格尊严在某种意义上具有高于生命权的地位,因为即便在保留死刑的国家,生命权可以被合法剥夺,但人格尊严并不能被剥夺。③

(三) 人格权益保护的兜底功能

《民法总则》关于人格尊严保护的规定,也可以形成权利保护的兜底条款。人格权具有法定性,具体人格权的类型都是由法律规定的,但随着社会的发展,一些新型人格利益不断出现,很难通过已有的具体人格权类型予以保护。④ 这就需要借助人格尊严保护规则弥补既有具体人格权规则的不足。例如,在超市搜身案中,某超市的一名保安怀疑某消费者在超市偷拿财物,对其强行搜身,该行为虽然没有侵犯原告的名誉权,但侵犯了原告的人格尊严。⑤ 再如,在另外一起案件中,行为人在受害人举行结婚仪式前,故意将垃圾撒在其家门口,法院最终判决被告应当赔偿原告精神损失。⑥ 该案实际上也是侵害人格尊严纠纷。实践中,许多损害公民人格尊严的行为,如就业歧视、有偿代孕等,都难以通过现有的具体人格权予以保护,当出现这些新类型的案件时,首先要用是否侵害人格尊严作为评价标准,如果构成

---

① See Gert Brüggemeier, Aurelia Colombi Ciacchi, Patrick O'Callaghan, Personality Rights in European Tort Law, Cambridge University Press, 2010, p. 568.

② 参见王卫国:《技术理性对人的全面发展的影响》,载《商业文化(下半月)》2011 年第 3 期。

③ Patrick FRAISSEIX, la protection de la dignité de la personne et de l'espèce humaines dans le domaine de la biomédecine: l'exemple de la Convention d'Oviedo, in Revue internationale de droit comparé, 2000, vol. 2, p. 397.

④ 参见唐德华主编:《最高人民法院〈关于确定民事侵权精神损害赔偿责任若干问题的解释〉的理解与适用》,人民法院出版社 2001 年版,第 30 页。

⑤ 参见钱缘诉上海屈臣氏日用品有限公司搜身侵犯名誉权案,上海市虹口区人民法院(1998)虹民初字第 2681 号民事判决书,上海市第二中级人民法院(1998)沪二中民终字第 2300 号民事判决书。

⑥ 参见河南省济源市人民法院(2011)济民一初字第 238 号民事判决书。

对个人人格尊严的侵害,则权利人应当受到人格权法的救济,行为人应当承担精神损害赔偿责任。人格尊严的内涵具有开放性,可以为新型人格利益的保护提供法律依据,从而实现对人格权益的兜底保护。

(四) 提升人格权保护水平的功能

对人的关怀不仅需要在静态层面实现对现有人格利益的确认和保护,还要在动态层面充分认识和维护个人人格的自由成长和发展。《民法总则》广泛确认了个人所享有的各项人格权益,增设了胎儿利益保护规则、成年监护制度、英雄烈士等的人格利益保护规则等,实现对人"从摇篮到坟墓"各个阶段的保护。每个人都将在民法慈母般爱抚的目光下走完自己的人生旅程。在每个阶段都进一步强化了对人格尊严的保护。《民法总则》对人格尊严保护做出规定,可以为民法典相关规则的设计和解释提供价值指引,从而提升人格权保护的水平。例如,《民法总则》关于监护制度的构建,改变了传统大陆法系国家立法禁治产制度仅将被监护人作为管理对象的做法,而真正尊重被监护人的主体地位,维护其人格尊严,这些都有利于尽可能地尊重被监护人的意志和利益。

三、人格尊严具有一般人格权的属性

(一) 人格尊严不属于具体人格权

所谓具体人格权,是指由法律确认的民事主体所享有的各项具体的人格权利。关于人格尊严是否为一项具体人格权,值得探讨。2001年最高人民法院发布的《精神损害赔偿司法解释》第1条使用了"人格尊严权"的表述,但从《民法总则》第109条的规定来看,其并没有使用"人格尊严权"的表述,而只是使用了"人格尊严"的表述。笔者认为,人格尊严在性质上并不是一项具体人格权,主要理由在于:

第一,将人格尊严界定为一项具体人格权会不当降低其法律地位。如前所述,人格尊严是各项民事权利的价值来源和价值基础,是其他民事权利的母体,将其界定为一项具体人格权,则会弱化其地位和价值。事实上,《精神损害赔偿司法解释》第1条在保护人格尊严时虽然使用了"人格尊严权"这一表述,但该司法解释起草人认为,此处的"人格尊严"应当被理解为"一般人格权",是人格权一般价值的集中体现,在功能上具有弥补具体人格权类型列举不足的重要作用。也就是说,法官在处理具体案件时,可以一般人格权对个人的人格利益进行兜底保护。① 例如,名誉权保护个人的社会评价,但并不保护个人的名誉感,这就可以借助人格尊严保护规则对其进行补充保护。②

第二,将人格尊严界定为一项具体人格权不利于发挥人格尊严条款的补充功能。人格尊严条款具有弥补具体人格权保护人格利益不足的功能③,也就是说,随着社会的发展,许多新型的人格利益不断出现,但还难以将其与其他人格利益进行明确区分,与相关权利的关系也不清晰,能否上升为具体人格权也不明确,不应过早赋予其权利的地位,这就需要借助人格尊严对其提供保护。例如,我国法律很长时间一直未确认隐私权的概念,而是采用"尊重隐私"等表述,表明立法只是将隐私作为一种利益而非权利,但由于法律没有确认其为一项独立的权利,实践中主要通过名誉权对个人隐私进行保护,直至2009年,《侵权责任法》第2条才正式规定了隐私权。如果将人格尊严规定为一种权利,出现某种新型人格利益需要保护时,就不需要类推适用某具体人格权的规则,而可以直接适用人格尊严保护条款,这就可以起到保护新型人格利益的作用。

第三,将人格尊严界定为一项具体人格权,也存在法律技术上的难题。一方面,人格尊严保护的是人之所以成为人、人成为人类共同体成员的基本的价值,这也是法律所保护的最基础的法益,并不指向某种具体的人格利益,很难将其认定为一项具体人格权。另一方面,将人格尊严界定为一项具体人格权,也会使其与其他具体人格权在内涵上存在一定交叉,难以进行区分。对各项具体人格权的保护,实际上都体现了对个人人格尊严的保护。例如,保护个人的隐私权、名誉权等,本质上都保护了个人的人格尊严。因此,将人格尊严界定为一项具体人格权,将面临诸多立法技术和解释上的困难。

(二) 人格尊严具有一般人格权的属性

从人格权制度的历史发展来看,人格尊严保护与一般人格权的产生

---

① 参见陈现杰:《人格权司法保护的重大进步和发展——〈最高人民法院关于确定民事侵权精神损害赔偿责任若干问题的解释〉的理解与适用》,载《人民法院报》2001年3月28日;杨立新:《人格权法专论》,高等教育出版社2005年版,第125页。

② 参见唐德华主编:《最高人民法院〈关于确定民事侵权精神损害赔偿责任若干问题的解释〉的理解与适用》,人民法院出版社2001版,第30页。

③ 参见杨立新主编:《民商法理论争议问题——精神损害赔偿》,中国人民大学出版社2004年版,第8页。

关联密切。一般认为,一般人格权的概念产生于德国。1866年,德国学者诺依内尔(Neuner)提出了人格权的概念,并且将人格权界定为个人主张自我目的并且展开自我目的的权利。有学者认为其属于最早有关一般人格权的理论。① 1895年,德国学者基尔克(Gierke)曾在其《德国私法》一书中强烈呼吁,应当在法律上规定一般人格权,但1900年的《德国民法典》并没有接受这一观点,而只是规定了姓名权(第12条)以及生命、健康、身体(第823条第1款)等人格利益的保护。但在第二次世界大战后,德国民法逐步强化了对人格权的保护,尤其是《德国基本法》第1条规定了对人的尊严的保护,这也促进了人格权理论的发展。在1954年的读者来信案中,法院认为,行为人的行为将受害人置于一种错误的事实状态中,可能使读者误以为其同情纳粹,这实际上是侵害了原告的人格,法院最终基于宪法的保护功能,根据《德国基本法》第1条关于人格尊严的规定推导出了一般人格权。② "从'人格尊严'这一最高宪法原则的意义上来说,并不能够直接得出传统意义上对自由的保护,但是从当代社会的发展和对人格保护的需要来说,(一般人格权)存在其出现的必要性。"③可见,一般人格权的产生主要就是为了保护个人的人格尊严。

我国《民法通则》以专节(第五章第四节)的形式详细规定了各种具体的人格权,成为《民法通则》的一大亮点,但该法并没有对一般人格权作出规定,因而使得对人格权的保护并不周延,不能适应人格权制度不断发展的需要。王泽鉴先生认为,《民法通则》通过具体列举的方式规定人格权,对人格权的保护较欠周全,而且由于《民法通则》没有规定一般人格权,因此很难在自由、贞操、隐私等人格利益遭受侵害时予以救济。④ 从我国现实需要来看,也急需建立一般人格权制度。由于具体人格权制度仅对特殊的人格利益予以保护(如对名誉、肖像、姓名等权利的保护),这显然是不够的。在社会生活中,一些人格利益虽然不属于具体人格权,但从维护公民的人身自由和人格尊严出发,又需要保护此种利益。

《民法总则》第109条对人格尊严的保护作出规定,第一次在法律上

---

① Vgl. Stefan Gottwald, Das allgemeine Persönlichkeitsrecht: ein zeitgeschichtlichesErklärungsmodell, Berlin Verlag, 1996, p. 12.

② Vgl. Schacht-Brief Decision, BGHZ 13, 334 (1954). 有关本案的介绍,可参见〔德〕迪特尔·梅迪库斯:《德国民法总论》,邵建东译,法律出版社2000年版,第805—806页。

③ BVerfGE 54, 148 (153).

④ 参见王泽鉴:《民法学说与判例研究》(第六册),中国政法大学出版社1998年版,第293页。

规定了一般人格权。确立一般人格权,有利于保持人格权法的开放性,提升对各种新型人格利益的周密保护。一方面,人格利益总是在不断发展的,尤其是随着现代生活和科技的发展,新型人格利益将不断出现。目前虽然采取法定主义,但人格权的内容通过具体的列举是难以穷尽的,而一般人格权作为一项框架性权利能够为新型人格利益提供可能的保护。另一方面,肯定一般人格权也有利于规范法官在认定与保护新型人格利益方面的自由裁量权。从我国司法实践来看,法官在保护新型人格利益时创设了一些新型权利,如亲吻权[1]、悼念权(祭奠权)[2],引发了不少争议。如果肯定一般人格权,并借助与人格尊严的关联性来认定新型人格利益,则可以有效规范法官的自由裁量权。此外,肯定一般人格权,也有利于克服立法的缺陷,为各种人格利益的保护提供法律依据。例如,《民法总则》第185条规定了对英雄烈士等人格利益的保护,但是英雄烈士以外的死者的人格利益如何保护,以及英雄烈士自身的除该条所列举的四种人格利益外,其隐私等人格利益如何保护,则缺乏法律依据。在此即可以考虑援引《民法总则》第109条关于人格尊严保护的规则,这实际上起到了一种兜底保护的效果。当然,由于一般人格权具有高度的概括性和抽象性,在存在具体人格权时,必须首先适用具体人格权,不能直接适用一般人格权,这就需要排除一般人格权的滥用,限制法官的自由裁量权,保证法律的确定性和安全性。《民法总则》保护人格尊严条款具有一般条款的功能,能够在保护人格尊严的具体法律适用过程中发挥拾遗补阙的作用。

四、人格尊严具有平等性

从人格尊严的固有属性来看,尊严本身就具有平等性。人作为社会生活的个体,其应当受到平等的对待,这也是黑格尔所说的,使人真正"成为一个人,并尊重他人为人"[3]。尊严受法律平等保护也是康德"人是目的"思想的引申。康德认为,人格尊严属于"绝对律令"(categorical operatives)[4],这

---

[1] 参见陶莉萍与吴曦道路交通事故人身损害赔偿纠纷案,四川省广汉市人民法院(2001)广汉民初字第832号民事判决书。
[2] 参见崔妍诉崔淑芳侵犯祭奠权案,北京市丰台区人民法院(2007)丰民初字第08923号民事判决书,载最高人民法院中国应用法学研究所编:《人民法院案例选》(2009年第1辑),人民法院出版社2009年版。
[3] [德]黑格尔:《法哲学原理》,范扬、张企泰译,商务印书馆1982年版,第46页。
[4] 参见[德]康德:《实践理性批判》,韩水法译,商务印书馆1999年版。

一思想明确包含了人格尊严平等受尊重的内涵,康德也因此被称为"人的尊严概念的现代之父"①(the father of the modern concept of human dignity)。

尊严在国际人权文件与各国宪法中有不同称谓,诸如人的尊严、人格尊严、人性尊严与人类尊严,但都表达了人人平等享有尊严的含义。正如法国学者 Molfessis 所指出的:"人从来不是其尊严的权利主体……因为尊严所体现的是人之为人的属性,而非每一个具有不同特点的个体的属性。强调存在着一种尊严获得他人尊重的权利,这将导致产生一种新的权利,它与我们所认为的人的尊严可能并无关系。尊严是人的内在条件,是人之为人的前提,它并不因主体的不同而有所不同。"②由此可见,确认人格尊严受法律保护,实际上就是强调平等保护每个人的尊严,意在强调平等保护的价值。

笔者认为,虽然我国《民法总则》第109条在规定人格尊严保护时并没有使用"平等"这一表述,但仍应当认定,其包含人格尊严平等性的内涵,主要理由在于:一方面,我国《民法总则》第109条的人格尊严保护规则源自宪法规范,宪法在确认个人人格尊严受法律保护时,基于维护社会交往秩序的目的,要求平等保护每个人的人格尊严。也就是说,就人格尊严的保护而言,人生而平等,不论是好人还是坏人,都应当受到法律的平等保护和他人的平等对待。另一方面,我国法律上人格尊严概念的提出有其特定的历史背景,在理解这一概念时,应当考虑我国特定的语境。1982年《宪法》第38条规定人格尊严受法律保护其实是对"文化大革命"的教训进行反思的产物,在"文革"期间,基于人的不同政治身份而导致的歧视和迫害,使个人的人格尊严受到严重践踏。因此,1982年《宪法》规定人格尊严受法律保护,其实也意味着禁止对个人尊严的践踏,意在宣告人格尊严受法律平等保护的价值理念。也就是说,任何人,无论其财产多寡,政治地位高低,也无论是好人还是坏人,其人格和尊严价值都是平等的,都要平等地受到法律保护。人格尊严的平等保护,既是法治社会的应有内容,也是法律面前人人平等的必然要求。《民法总则》第109条肯定人格尊严的平等保护具有如下重要意义:

第一,在立法层面,要基于平等维护每个人的尊严的目的构建人格权法的制度体系。也就是说,我国民法典应当按照人格尊严平等保护的原

---

① 郑贤君:《宪法"人格尊严"条款的规范地位之辨》,载《中国法学》2012年第2期。

② N. Molfessis, Le respect de la dignité de la personne humaine en droit civil, in Le respect de la dignité de la personne humaine, sous la dir. de Th. Revet, Economica, 1999, p.129.

则构建人格权制度体系。例如,关于个人信息的法律保护问题,现在各国法律普遍确认个人信息权,其目的并不只是为了保护个人信息所蕴含的财产价值,而更在于保护每个人对其信息的平等支配权,每个人对自己的个人信息都享有平等的不受他人非法利用、处理、转让的权利,任何人收集、利用、存储和处理他人信息时都应当依法进行。① 即便是对某个流浪汉的个人信息的收集和使用,也必须适用相同的法律规范,获得其同意。应当指出的是,某些人格权尤其是隐私权,具有内容上的可限制性,但法律在做出限制时,必须平等地对待所有民事主体,而不能仅针对某一类人做出歧视性规定。例如,在信息公开时,不能因为性别差异而对女性做出歧视性的对待。基于个人人格尊严的平等性,对个人人格权的限制应当依法进行,不得在法律规定之外设置额外的限制条件。例如,在对公众人物人格权进行限制时,应当严格依据公共利益的需要进行,该限制不得违反人格平等原则。

第二,在司法层面,要基于平等维护每个人人格尊严的目的切实保护个人的人格权。在人格权受到侵害后,受害人享有平等地获得保护的权利。《民法总则》第 179 条所规定的"停止侵害""赔偿损失""消除影响""恢复名誉""赔礼道歉"等民事责任方式,都可以适用于人格权受侵害的情形,尤其是精神损害赔偿、消除影响、恢复名誉、赔礼道歉等责任形式,就是专门针对人格权的救济方式。正所谓"无救济则无权利",只有通过平等的保护,才能实现真正意义上的人格平等。具体来说,在人格权被侵害的情形下,受害人都应当享有人格权请求权和侵权请求权,从而维护人格权的完整状态,恢复受侵害的权利。按照人格尊严平等保护规则,在人格权受到侵害时,每个人应当受到法律平等的保护,对于类似的侵害人格权的行为,权利人也应当获得类似的法律救济。

第三,在解释层面,应当基于人格尊严平等原则解释相关的规则,禁止人格歧视。例如,近年来发生的关于乙肝病毒携带者是否可以参加公务员考试、是否应当使女性和男性享有同样的机会,以及对女性公务员求职是否应该进行性病检查②等纠纷,都涉及人格权的平等保护问题。对于此类纠纷,应当基于人格尊严平等解释相关规则,确定其效力,我国司法实践也采取了此种做法。例如,在高彬诉北京敦煌餐饮有限责任公司人身损害赔偿纠纷案中,酒吧工作人员以原告"面容不太好,怕影响店中生

---

① 参见《欧盟通用数据保护条例》(EU-DSGVO)第 6 条。
② 参见《女公务员录用查性病被指间接歧视》,载《京华时报》2012 年 3 月 20 日。

意"为由而拒绝其入内。法院认定,被告因原告"外形不好"而拒绝其入内消费属不当的人格歧视行为,侵害了原告的人格尊严。① 这一判决是公正的。当然,某些俱乐部专门以特定类型的社会群体作为服务对象,如女子健身俱乐部等,并没有包含对特定个人的人格歧视,因而并不违反人格平等原则,也不构成人格歧视。

当然,《民法总则》规定的人格尊严保护规则虽然蕴含了平等保护的内涵,而且其对立法、司法以及法律解释均有重要意义,但这并不意味着人格尊严保护规则可以代替平等原则,因为二者的目的和功能存在一定的差别:平等原则所要解决的问题是禁止歧视和欠缺正当理由的差别待遇问题,其主要适用于社会法领域;而人格尊严保护规则更多是为了实现个人的自我决定,防止对人的尊严的侮辱与侵害,其人道价值更为突出,主要适用于生命伦理法领域。在民法领域,平等原则作为一项基本原则,其适用于整个民法,而人格尊严保护主要适用于对个人尊严的保护领域,在适用范围上要小于平等原则。

五、保护人格尊严应当使人格权独立成编

《民法总则》第 109 条规定的人格尊严保护规则也为未来民法典编纂指明了方向,为强化对人格尊严的保护,应当进一步加强人格权立法,在民法典中构建独立成编的人格权法。

《民法总则》虽然用 4 个条文(第 109、110、111、185 条)规定了人格权保护,但从总则关于人格权的规定来看,实际上,相对于世界发展趋势和现实的社会需要,还显得过于原则化,未能彰显全面保护人格权益的立法目的。要全面保护主体的合法权益,显然不能认为总则的四个条文足以保护全部的人格利益。近几十年颁行的民法典,如 1991 年的《魁北克民法典》、2002 年的《巴西新民法典》、2009 年的《罗马尼亚民法典》,都有十多个条文规定了人格权,这表明,最新的立法趋势是进一步强化对人格权的保护。《民法总则》即使和《民法通则》相比,也是不够的,因为《民法通则》用了 9 个条文规定人格权。还要看到,《民法总则》第 2 条在确定民法的调整对象时,明确规定调整平等主体的自然人、法人和非法人组织之间的人身关系和财产关系,并且将人身关系置于财产关系之前,可见,与《民

---

① 参见刘心稳、亓培冰:《"人格歧视"离我们有多远》,载《人民法院报》2002 年 5 月 21 日。

法通则》第 2 条相比较,该条更凸显了对人身关系的重视。这实际上表明,我国的民法典进一步强化了对人身权益的保护。财产关系已经在分则中分别独立成编,表现为物权、合同债权;人身关系主要分为两大类,即人格关系和身份关系,身份关系将表现为婚姻、继承,而人格关系则没有对应设编,因此人格权不能独立成编将成为民法典体系的一大缺陷。

人格权独立成编首先是保障每个人人格尊严的需要。我国现在已经成为全球第二大经济体,四十年的改革开放极大地提高了我国广大人民群众的物质生活水平,在此背景下,我们不仅要使人民群众生活富足,也要使每个人活得有尊严,维护尊严本身就是广大人民群众幸福生活的重要内容。尤其是人类社会已进入互联网和大数据时代,互联网以及各种高科技的发明在给人类带来福祉的同时,也给个人人格权的保护带来了巨大威胁。[1] 人格权独立成编也有利于回应互联网和大数据时代的需要。实践中,随着互联网的发展,各种人肉搜索泛滥,网上不少博客辱骂诽谤他人。所谓网络谣言,很多涉及对人格权的侵害,这些行为也污染了网络空间。还有人非法跟踪、窃听以及性骚扰、非法侵入他人邮箱等,这些行为都侵犯了他人人格权。还有人倒卖个人信息,严重侵害个人信息权。所有这些都表明,我国人格权保护事业还任重道远。因此,需要在民法法典化进程中加强人格权立法。这是 21 世纪时代精神和时代特征的体现,是落实党的十八届四中全会提出的"加强人权方面的立法的要求"的具体举措。

人格权独立成编与《民法通则》的立法经验是一脉相承的。《民法通则》以专节的形式单独对人格权作出规定,被实践证明是成功的、先进的立法经验,这也为人格权在民法典中独立成编奠定了基础。为了维持立法的连续性和稳定性,并继承和总结《民法通则》的成功经验,我们应当在民法典中专设人格权一编,这实际上也是我国立法的一贯做法。例如,2002 年的《民法(草案)》已经将人格权独立成编,这一立法经验应当继续延续。

尤其需要指出的是,正在拟定的民法典分则中,将要制定独立的侵权责任编,而侵权责任法也不能替代人格权法。这是因为:一方面,侵权责任法主要是救济法,并不具有确权功能,不能从正面确认各项具体人格权。而人格权法是权利法,其具有从正面规定各项人格权内容的功能。只有通过人格权法才能规定各类人格权及其内容、效力等,从而为侵权法

---

[1] See A. Michael Froomkin, Cyberspace and Privacy: A New legal Paradigm? The Death of Privacy? 52 Stan. L. Rev. 1461 (2000).

的救济提供基础。例如，全国人民代表大会常务委员会于 2014 年颁行了《关于〈中华人民共和国民法通则〉第九十九条第一款、〈中华人民共和国婚姻法〉第二十二条的解释》，该解释对姓名权的内涵、效力等规则做出了规定，该规则属于正面确权性质的规定，而不属于侵权保护的问题，难以纳入侵权法的调整范围。另一方面，侵权责任法不能具体规定各项人格权的内容。每一种具体人格权都具有其自身的作用或功能，这些权能不是单一的，而是多样的。例如，隐私权的内容较为复杂，可以类型化为多种权利，包括独处的权利、个人生活秘密的权利、通信自由、私人生活安宁、住宅隐私等。就私人生活秘密而言，又可以进一步分为身体隐私、个人信息隐私、家庭隐私、基因隐私、健康隐私等。还应当看到，不同类型的隐私利益在权利内容及侵权构成要件上都可能有所差异。因此，只有制定人格权法，才能全面确认人格权的各项具体内容，从而满足人格权私权行使和保护的需求。此外，侵权责任法作为救济法，其无法规定人格权的利用、行使等规则。尽管人格权原则上不能转让，但权利人可以通过许可使用等方式，对其人格权进行利用。例如，权利人可以许可他人利用其肖像权。因此，我国《侵权责任法》的颁行虽然强化了对人格权的保护，但这不应影响人格权法的制定和颁行。相反，为了配合侵权责任法共同实现对人格权的确认和保护，应当制定独立的人格权法。

结　语

《民法总则》第 109 条对人格尊严的保护是实现"中国梦"的重要保障，任何一个中国人都有向往和追求美好生活的权利，美好的生活不仅要求丰衣足食，住有所居，老有所养，而且要活得有尊严。中国梦也是个人尊严梦，是对人民有尊严生活的期许。在我国已经成为全球第二大经济体、人民群众物质生活已经得到极大改善的背景下，我们更应当让每个中国人有尊严地生活，让人格尊严作为基本人权受到法律保障。

试论患者知情同意权[*]

患者知情同意权是患者知情权和患者同意权的合称,包含患者的知情权与作出同意的权利,它是医学伦理的重要内容,也是现代侵权法和人格权法上的一项基本制度。从实践来看,医患关系紧张、医闹的频繁发生,很多都与患者知情同意权没有受到充分尊重和保护有关。[1] 因此,保障患者依法享有知情同意权,是维护患者合法权益、化解医患紧张关系、保障良好医疗秩序的重要措施。我国《侵权责任法》第55条对此作出规定具有极为重要的现实意义,但该条在适用中仍有一些争议的问题,有待进一步探讨。

一、患者知情同意权的产生和发展

患者知情同意权包含两种具体的权利,即患者知情权与患者同意权。所谓患者知情权,是指患者在诊疗过程中所享有的知悉其病情和医疗机构将对其采取的医疗措施及其后果的权利;所谓患者同意权,是指临床上具备独立判断能力的患者,或者在其丧失独立判断能力时由其近亲属代为行使的、对医疗人员制订的诊疗计划自行决定取舍的一种权利。严格地说,患者知情权和患者同意权是紧密联系、难以分开的权利,因此在判例学说上通常将其称为"知情同意权"(Informed Consent)。也有学者将患者的知情同意权称为"告知后同意法则"(the Doctrine of Informed Consent)。[2] 具体而言,两者的关系体现为:一方面,患者的知情权是患者同意权的基础,只有当患者对于医疗机构及其医务人员将对其采取的各种诊疗措施、存在的风险、可能造成的各种后果等情况都充分知悉之后,在此基础上患者才能够作出符合其最佳利益的选择。如果患者的同意是在

---

* 本文完稿于2009年。
[1] 参见徐昕、卢荣荣:《暴力与不信任——转型中国的医疗暴力研究:2000—2006》,载《法制与社会发展》2008年第1期。
[2] 参见龚赛红:《医疗损害赔偿立法研究》,法律出版社2001年版,第224页。

没有充分享有知情权的基础上作出的,则不能认为是患者的真实意思表示,因为其对于将要采取的诊疗措施及其风险尚未充分知悉,在此基础上作出的选择可能是片面的,未必符合其最佳利益。另一方面,患者知情的最终目的就是决定是否对医疗措施表示同意,从而实现患者的自主决定权和对其生命健康权、身体权的充分尊重。① 患者的知情权是为了保障患者同意权的有效行使,是患者同意权的基础和前提。

患者的知情同意权是近代法律发展的产物,是适应现代社会对患者人格的尊重、对患者人身权益的日益周密的保护而产生的,是人权运动发展的结果,也是消费者权益保护运动的产物。在罗马法中,曾有"经承诺的行为不为违法"的法谚,但其并没有明确患者知情权的规则。据学者考证,知情同意规则最早可追溯到1767年的英国②,而文艺复兴时期的人本主义思潮也极大地促进了该规则的产生和发展。1914年,美国纽约州上诉法院法官卡多佐(Cardozo)在 Schloendorff v. Society of New York Hospital 医疗纠纷案中首次明确提出了患者自主决定权的概念,在该案中,原告(Mary Schloendorff)同意被告(New York Hospital)对自己的肿瘤是否为恶性进行检查,但是并未允许被告对肿瘤进行切除,被告医院在检查后发现肿瘤为恶性,直接对原告进行了手术,以移除肿瘤。法官卡多佐认为:"所有具有健全精神状态的成年人,都有决定对自己身体作何处置的权利,医生如不经患者同意而对其进行手术,则构成伤害罪,应承担损害赔偿的责任。除非患者已经陷入无意识或者确有必要进行手术等紧急的情况下,均应遵循这一规则。"③在该案中,法官明确地肯定了患者的决定权。由于患者并非医学专家,对病情并不知晓时,无从行使决定权,因而,完整的决定权首先应当包括要求医生明确合理说明医疗行为的效果及风险的权利和在此基础上决定是否接受该医疗行为的权利。基于这种认识,患者的决定权逐步演化为知情决定权。④ 这一观点后为美国许多州的立法所确定,并颁布成文法。在总结这些判例和成文法的基础上,Jay Katz 教授提出了系统的知情同意理论,依据该理论,病人的治疗方案选择应当是通过病人与医生合作的方式作出的。⑤

---

① 参见龚赛红:《医疗损害赔偿立法研究》,法律出版社2001年版,第224页。
② Slater v. Baker and Stapleton (95 Eng Rep 860 [KB 1767]),参见赵西巨:《医事法研究》,法律出版社2008年版,第57页。
③ Schloendorff v. Society of New York Hospital, 211 N.Y. 125, 105 N.E. 92 (1914).
④ 参见艾尔肯:《论医疗知情同意理论》,载《河北法学》2008年第8期。
⑤ 参见吕建高:《死亡权及其限度》,东南大学出版社2011年版,第228页。

自第二次世界大战后,鉴于纳粹德国和日本等国以人体作战争实验的暴行,纽伦堡大审判特将人体实验事件列为审理之案件,并针对人体实验提出了所谓《纽伦堡纲领》(1947 年),其中规定了人体试验中的患者知情同意问题。① 1964 年第 18 届世界医学大会通过的《赫尔辛基宣言》(Declaration of Lisbon on the Rights of the Patient)采纳了《纽伦堡十项道德准则》的观点,正式确认了患者的自主决定的权利(Right to Self-determination)和知情权(Right to Information)。② 《赫尔辛基宣言》第 3 条规定:"一个心智健全的成年患者,有权给予或者保留对医疗措施或者方法的同意。患者有权获悉其做出决定所必需的任何信息。患者应当明确知悉其所接受的任何诊疗措施的目的以及结果,以便患者能够拒绝适用这些措施。"这也是对患者知情同意权的确认。从世界范围来看,由于第二次世界大战后人权活动的兴起和对人权保护的加强,患者的知情同意权获得了广泛的确认。例如,在德国民法中,医生未经患者同意而对其进行治疗的,则该行为具有违法性,患者有权请求其承担损害赔偿责任,同时,患者也有权主张该行为侵害了其自主决定权,从而有权主张精神损害赔偿责任。③ 也就是说,只有患者作出了有效的同意,医生才能对其采取医疗措施,也只有在此情形下,医生的行为才可以阻却违法,无须承担侵权责任。④

1957 年美国加利福尼亚州上诉法院在 Salgo v. Leland Stanford Jr. University Board of Trustees 案中,正式确立了知情同意(Informed Consent)规则。⑤ 在该案中,法院确认了医院所应披露的范围,包括治疗方案、可能出现的副作用和风险。其中,风险和相关替代手段的披露并非是一次性的义务,而是在之前的判例中就已经确定的对于医疗手段性质和结果的

---

① 在审判后通过的《纽伦堡十项道德准则》中针对人体实验规定:"人类受试者的自愿同意是绝对必要的;应该使他能够行使自由选择的权利,而没有任何暴力、欺骗、欺诈、强迫、哄骗以及其他隐蔽形式的强制或强迫等因素的干预;应该使他对所涉及的问题有充分的知识和理解,以便能够作出明智的决定。"

② 1981 年 10 月,在葡萄牙首都里斯本召开的世界医学大会上通过了《里斯本患者权利宣言》。该宣言分别于 1995 年 9 月和 2005 年 10 月在印度尼西亚巴厘和智利圣地亚哥举行的世界医学会议上进行了修订。该宣言包括序言、原则和患者应享有的 11 项权利等具体内容。

③ See LG Aachen VersR 1990, 1358.

④ Vgl. MünchKomm/Wagner, §823, Rn. 729 ff.

⑤ See Salgo v. Leland Stanford Jr. University Board of Trustees, 317 P.2d 170 (Cal. Ct. App. 1957).

逻辑延伸。① 自此之后,知情同意规则不仅被美国各州相继接受,而且也对其他国家和地区产生了重要影响。② 近几十年来,一些国家的立法或判例正式承认了患者知情同意权。例如,奥地利1956年的《医院法》第8条第3款就明确规定,实施包括手术在内的特殊治疗行为,应获得患者同意。1973年美国医院协会在美国人权运动、消费者权利运动的推动下通过了《病人权利典章》,其中宣称"患者就所有疾病有关之诊断、治疗、预测及危险性,有知的权利。对于看护、治疗有接受或拒绝的权利。在受到充分说明后,有亲身判断利害得失之自我决定权"。从各国立法和国际公约来看,承认患者的知情同意权,可以说是国际上通行的、普遍适用于医疗领域的做法。

我国历来重视患者的知情同意权。《医疗事故处理条例》第11条规定:"在医疗活动中,医疗机构及其医务人员应当将患者的病情、医疗措施、医疗风险等如实告知患者,及时解答其咨询;但是,应当避免对患者产生不利后果。"《执业医师法》第26条第1款规定,医师应当如实向患者或者其家属介绍病情。正是在总结既有法律法规关于患者知情同意权的规定的基础上,我国《侵权责任法》第55条规定:"医务人员在诊疗活动中应当向患者说明病情和医疗措施。需要实施手术、特殊检查、特殊治疗的,医务人员应当及时向患者说明医疗风险、替代医疗方案等情况,并取得其书面同意;不宜向患者说明的,应当向患者的近亲属说明,并取得其书面同意。医务人员未尽到前款义务,造成患者损害的,医疗机构应当承担赔偿责任。"这就在法律上第一次确认了患者的知情同意权。在法律上承认患者知情同意权具有重要意义:一方面,它有利于患者充分了解自己的病情,判断、接受特定医疗活动的危险,并自主决定是否接受特定医疗活动并承担相应的风险。因为,特定诊疗措施可能存在各种失败的风险,可能使患者遭受更为严重的健康损害。而患者是否要通过承受此种风险去追求诊疗措施成功后带来的利益,这在本质上仍属于民事主体对自己人身权益的处分。我国《侵权责任法》之所以强调患者的知情权和同意权,归根结底,是出于现代法律对人作为民事主体的自主权的尊重,是对自然人的自主决定权的尊重。③ 另一方面,确立患者的知情同意权也有利于缓和

---

① See Tom L. Beauchamp, Informed Consent: Its History, Meaning, and Present Challenges, 20 CAMBRIDGE Q. HEALTHCARE ETHICS 515, 523 (2011).
② 参见王泽鉴:《侵权行为》,北京大学出版社2009年版,第232页。
③ 参见赵西巨:《医事法研究》,法律出版社2008年版,第62页。

医患关系,化解医患矛盾,有利于社会主义和谐社会的构建。

二、患者知情同意权是患者的重要人格利益

由于患者知情同意权是在我国《侵权责任法》中确认的,而没有被直接规定为独立的民事权利,因此,学界对于其性质存在不同看法。从比较法上来看,由于患者知情权涉及对患者自主决定的尊重和对人格尊重的维护,因而,一些国家将患者知情同意权纳入人格权的范畴。例如,在德国法中,患者的自主决定权被认为是一般人格权的内容;而在美国法上,其被认为是隐私权所包含的基本权利。[①] 在我国,大多数学者赞同其属于人格权的范畴,但对于其究竟是具体人格权还是一般人格权,则存在不同的看法。有学者认为,人格权应采法定主义原则,既然我国《民法通则》和《侵权责任法》中对于人格权的具体列举并没有包括患者知情同意权,尤其是患者知情同意权只是针对特定主体而不是一般人所普遍享有的权利,所以,该项权利不属于人格权。也有学者认为,该项权利只不过是身体权在医疗领域的具体体现,并非独立的权利。此种看法不无道理,但笔者认为,患者知情同意权是一项人格权益,主要理由在于:

第一,该项权利涉及患者的生命健康的利益。尊重患者的知情同意权实际上是尊重患者的生命健康。因为对患者实施手术、特殊检查、特殊治疗等诊疗行为既可能关系到患者的生命健康,也关系到患者的人格尊严维护问题。例如,在对患者实施肿瘤切除手术中,许多患者因为年龄、身体状况和精神状态等问题并不适宜接受该种治疗手段,应当允许和尊重患者在全面知情的基础上作出选择的权利。因为,一旦决定失误就可能导致患者遭受不可逆的损失。

第二,该项权利包括了对患者人格尊严的维护。患者知情同意权是基于尊严和自我决定派生出来的,是人格尊严的组成部分。如果医疗机构不尊重患者的意愿而擅自作出决定,则侵犯了患者的人格尊严。例如,在绝大部分手术中,患者会承受身体上的疼痛和精神上的紧张焦虑,这会导致患者在身体和精神上均遭受痛苦。在这种情况下,可能会导致对患者的人格尊严的侵害。患者并不因为患有疾病,而导致其人格尊严和主体性地位被弱化或排除,相反,对于涉及其生命健康的手术、特殊治疗等

---

① 参见赵西巨:《医事法研究》,法律出版社 2008 年版,第 62 页。

活动,如果不保障其知情同意权,其人格尊严就不能得到应有的保障。①在比较法上也大多承认该项权利涉及人格尊严问题。例如,在德国,患者安宁死亡权是一种新型人格权,其从权利束角度提出,本质上关系到人格尊严问题。② 由于患者知情同意权直接关系到对个人人格尊严的保护,应当属于人格利益的范畴。

第三,患者知情同意权是患者自主决定权的具体体现。所谓自主决定权,主要是指自然人对自己与公共利益无关的私人生活领域进行自由决策、自主安排的权利。自主决定权是一项重要的人格利益。赋予患者知情同意权,就是为了保证患者通过自主决定确定是否承担特定风险来追求诊疗活动的利益。我国法律法规之所以确立患者的知情同意权,归根结底是出于现代法律对人作为民事主体的自主权的尊重,是对自然人的自主决定权的尊重。③ 患者应对医疗机构及其医务人员将对自己采取的诊疗措施、存在的风险、可能需要支出的费用等情况充分了解和知悉,并在此基础上作出是否同意的权利。基于此种原因,有学者指出:"病人将自己的生命、身体、健康等最重要的人格法益委托于医生诊断治疗,在病人与医生(医院)间形成一个以契约为基础,具人格性的信赖关系。其应受特别保护的,系病人的自主决定权及隐私权。"④患者有权对自己的身体和健康作出决定,这是患者人身自由的具体体现,如果医疗机构无须征询患者的同意即可作出手术的决定,则剥夺了患者的这种自主决定权。

患者知情同意权是独立的人格利益,无法被其他人格权益所涵盖。一方面,患者知情同意权虽然与生命健康权存在密切关联,且以保护患者的生命、健康权为目的。但是,毕竟涉及知情同意的情形范围很广泛,并非在所有情形下都涉及生命健康问题。即使对于一些不涉及生命健康的手术、特殊治疗等活动,患者也有权知悉具体的医疗风险、替代医疗方案等情况,并有权决定是否接受此类医疗措施。侵害患者知情同意权,并不当然导致患者的生命权、健康权遭受侵害,而且在患者知情同意权遭受侵害时,患者有权以该权利遭受侵害为由主张侵权责任,而不必以生命权、身体权等权利遭受侵害为由提出请求。因而,不能将患者的知情同意权

---

① See Daniel P. Sulmasy, Informed Consent Without Autonomy, 30 Fordham Urb. L. J. 207, 211 (2002).
② 参见姚建宗:《新兴权利研究》,中国人民大学出版社2011年版,第248页。
③ 参见赵西巨:《医事法研究》,法律出版社2008年版,第62页。
④ 王泽鉴:《人格权法》,三民书局2012年版,第113页。

完全纳入身体健康权的范围。另一方面，患者知情同意权不能纳入隐私的范畴。应当看到，在美国法中，采取了大隐私的概念，包括了自主决定，因此患者知情同意权可以包含在隐私权中。但在我国，隐私作为一种具体人格权，其范围较为确定，知情同意并非在所有情况下都涉及患者的隐私信息，因此不宜将其认定为隐私权。

患者知情同意权只是一种新型人格利益，对此种人格利益，法律应当予以保护，将其置于一般人格权中比较符合其体系定位。《民法总则》第109条规定："自然人的人身自由、人格尊严受法律保护。"如前所述，患者的知情同意权涉及对患者人格尊严的保护和自主决定的维护，因此可以为《民法总则》第109条所规定的一般人格权所涵盖。而且从实践来看，目前也没有必要将患者知情同意权法定化为具体人格权的必要，因而其在性质上应当属于一般人格权的范畴。

需要指出的是，患者知情同意权与其他人格权的不同之处在于，患者知情同意权作为一般人格权的内容其主体具有特殊性。其权利主体仅限于患者，但这并不影响其人格利益的性质，因为一方面，我国《民法通则》第104条和第105条规定了有关残疾人、妇女等所享有的权利。这就表明，其在列举一般主体普遍享有的人格权的同时，也对特殊主体的人格权作出了规定。另一方面，从民法的内在价值体系出发，应当将患者知情同意权规定为独立的人格权。法律上承认特殊主体的人格权，实际上是民法保障人权，更注重实质正义的体现，即民法不仅关注一般的人、抽象的人，而且关注具体的人、特殊的人，尤其是对弱者的关注，更能体现民法的人文关怀。虽然《侵权责任法》第2条没有详细列举，但是知情同意权仍是侵权责任法所保护的权益，该法第55条的规定可以认为是对此种权利的明确确认。

三、患者知情同意权不包括患者维生治疗拒绝权

所谓患者维生治疗拒绝权是指生命垂危、救治无望的病人，有权拒绝实施人为延长生命的侵入性等治疗手段的权利。在 Schloendorff v. Society of New York Hospital 案确立知情同意原则后，患者的维生治疗拒绝权也在比较法上被普遍接受。例如在美国的 Cruzan v. Director of Missouri Department of Health 案中，美国联邦最高法院肯定了对于患者的维生治疗拒绝权。在成文法方面，美国国会在1990年制定的《患者自主决定法》和英国

2005年通过的《意思能力法》均肯定了患者的维生治疗拒绝权。而在大陆法系,2005年法国通过的《关于患者权利与临终问题的法律》、2005年德国为响应欧洲理事会所发布的《赋予成员国临终患者医疗权的选择方案》而通过的《安宁疗复法》同样明确了患者的维生治疗拒绝权。可以看出,患者的维生治疗拒绝权已经成为在世界范围内被广泛接受的一项人格权益。

维生治疗拒绝权与知情同意原则密不可分,二者都是自主决定权在医疗领域中的体现。因此在我国,有学者认为,从《侵权责任法》第55条的规定中可以解释出患者维生治疗拒绝权,因而对于维生治疗拒绝权无须单独予以规定。① 应当看到,维生治疗拒绝权与知情同意权均体现了医疗自决,在表面上看,均是患者对于是否从事一定诊疗手段的决定。但笔者认为,知情同意权并不应包括维生治疗拒绝权。

首先,二者适用的场合不同。知情同意权普遍适用于需要采取手术等特殊诊疗手段的场合,在这些场合中,有的可能关系到患者的生命健康,有的则可能并不会对生命健康产生重要的影响。且在多种诊疗手段中存有择一进行的可能。而维生治疗拒绝权仅仅是针对生命垂危且无法治愈疾病情况下的人工延命治疗手段,此种情形下只有是否进行维生治疗的问题,而没有选择的问题。因而,就适用的场合而言,知情同意权的范围明显广于患者维生治疗拒绝权,不宜将二者混淆。

其次,二者行使的方式不同。知情同意权的行使主要通过在医院对患者的病情和诊疗手段的效果、替代方案等问题进行明确告知的情况下,由患者对是否采用该种诊疗手段,或选择何种诊疗手段作出决定。而在适用维生治疗拒绝权的场合,患者往往已经生命垂危,且无法治愈,因而,患者往往不能通过自己的意思表示行使该权利,而需要通过预嘱的方式行使权利。而且行使该权利也并不会如知情同意权一样进行选择,而只能表现为拒绝,即停止维生治疗措施。

最后,二者行使的效果不同。知情同意权的行使会导致诊疗手段的最终确定,即决定是否采取诊疗手段和采取何种诊疗手段,但诊疗手段的确定并不会直接产生患者死亡的后果。而维生治疗拒绝权的行使则会直接导致患者自然死亡。如果混淆上述权利,则医院在患者生命垂危且疾病不能治愈时,如果无法取得患者或家属的同意,则可以依据知情同意原

---

① 参见孙也龙:《预先医疗指示法律问题研究》,中国法制出版社2019年版,第100页。

则,认为患者并未同意进行救助,因而不积极抢救或径自撤除维生设备,而这显然有违医疗机构救死扶伤的宗旨。因而,在符合行使维生治疗拒绝权的场合,医疗机构应当按照维生治疗拒绝权的规则,判断在何种情况下可以通知对患者采取维生治疗措施。

基于以上认识,应当区分患者的知情同意权与维生治疗拒绝权。在解释《侵权责任法》第55条规定时,应当将在疾病无法治愈时的人为延命治疗措施排除在该条所规定的"手术、特殊检查、特殊治疗"之外。因此,从实际需要出发有必要在民法典人格权编中对于维生治疗拒绝权进行单独的规定,以彰显其与知情同意权的区分。

四、患者知情同意权的内容

(一) 患者知情权

确认患者此种知情权,主要是为了保证患者全面知晓病情和医疗措施以及相关诊疗结果的情况,以便自由选择自己认为最适合自己的诊疗措施。因而,患者的知情权范围越是广泛,其行使选择权才越可能符合自身利益。从广义上讲,患者知情权,是指患者在诊疗活动中或者诊疗活动结束后,对病情、拟实施诊疗措施的风险和替代方案、采取诊疗措施后的诊疗效果以及病历资料的知情权。从狭义上讲,患者知情权仅包括患者对其病情、拟实施诊疗措施的风险和替代方案、采取诊疗措施后的诊疗效果等享有的知情权。狭义上的患者知情权并不包括《侵权责任法》第61条第2款所规定的患者查阅、复制病历资料的权利,即对病历资料的知情权。病历资料知情权主要是便于患者在接受后续诊疗活动时准确判断病情,而狭义知情权则旨在保证患者对正在进行的诊疗活动的知情同意。由于病历资料是一个已经确定的客观内容,涉及的是对采取一定的诊疗手段后的后续治疗等问题,而非针对正在进行的诊疗活动,因此,此处所探讨的仅限于狭义上的患者知情权。

特定的权利往往对应着特定的义务。从患者的角度来说,知情权是患者的权利;而从医疗机构的角度来说,就是其负有的告知义务,此种义务被称为"说明义务"[1]。如果医疗机构未能全面告知相关情况,而有所隐瞒,甚至不向患者告知真相,可以认为医疗机构违反了说明义务,并有

---

[1] 黄丁全:《医事法》,中国政法大学出版社2003年版,第244页。

可能损害患者的利益,构成侵权。医疗机构的说明义务与患者的知情权之间是一种对应的关系,医疗机构的说明义务与患者的知情权的内容是同一问题的两个不同方面。医疗机构只要履行说明义务,就可以使患者的知情权得到实现。因而,判断医疗机构的说明义务是否已经履行的标准就是患者的知情权是否得到了充分的尊重。医疗机构"告知后同意"的义务不仅仅是一种伦理上的义务,更是一种法律上的义务,如果医疗机构没有尽到告知义务,导致患者的自主决定缺乏知情的基础,则对因此造成的损害,医疗机构应当承担责任。

医疗机构的说明义务的内容可以分为两个部分,即一般的说明义务和特殊的说明义务。一般的说明义务,是指在所有诊疗活动中,医疗机构所负有的就患者的病情和医疗措施的说明义务。特殊的说明义务,是指在法律特别规定的特定类型的诊疗活动中,医疗机构所负有的说明义务。医疗机构的告知义务主要包括:

1. 医疗机构在诊疗活动中应当向患者说明病情和医疗措施的一般说明义务

《侵权责任法》第55条第1款第1句规定,"医务人员在诊疗活动中应当向患者说明病情和医疗措施",这是对医疗机构在一般诊疗活动中应当对患者负有说明义务的规定。就说明的内容而言,依据《侵权责任法》第55条的规定,医疗机构在诊疗活动中应当向患者履行的说明义务,主要包括两个方面的内容:一是说明病情的义务。即医疗机构要具体告知患者所患何种疾病,并且该疾病的严重程度等。二是告知医疗措施的义务。这主要包括医疗机构可以选择的各种医疗措施、各种医疗措施的利弊分析、医疗机构希望采取的医疗措施等。告知是医院负有的义务,其目的在于通过告知病人相关事项,由患者在充分知情的基础上,作出相应的决定。因为医患关系本身就是具有高度人身信赖性质的关系,患者对于医疗机构和医务人员具有高度的信赖,如果任何诊疗活动都必须得到患者的同意才能实施,则医疗活动难以正常开展,这对于患者显然是不利的。所以,在一般情况下,医务人员只需要对患者说明病情和医疗措施,如果患者对此没有明确提出异议,则医务人员就可以实施医疗措施。但是如果患者明确表示反对,则医务人员不得实施。

但是对于医疗机构应当以何种标准说明至何种程度,立法并未明确规定,而需要通过法律的解释予以确定。有观点认为,告知义务的履行标准,应为确保患者行使知情权所掌握的信息达到使其能够作出正当合理判断的程度。① 在比较法上,关于医师说明的标准,美国法院采纳了三种不同标准:一是理性医师标准(reasonable physician standard),它是指应当将说明义务的范围、内容交由医疗专业机构来判断,依照个别医疗专业的医疗习惯(customary practices)而定。② 二是理性病人标准(reasonable patient standard),理性病人标准于1972年在Canterbury v. Spence案中被提出。在该案中,某政府机构雇用的打字员Canterbury在接受华盛顿医疗中心医生Spence所建议的椎板切除术治疗时,由于该医生没有事先告知手术的相关风险,导致原告在手术后尿失禁,下半身瘫痪。哥伦比亚特区巡回法院法官Robinson认为,医生所享有的医疗特权的范围必须受到严格限制,否则会破坏知情同意理论。该案中明确提出了以患者为导向,尊重患者的知情权,维护患者的自主权。③ 在该标准下,告知的范围、程度应当以"一般理性的病人,在一般情况下,都会想要知道的信息"为标准。三是具体病人标准,即要根据具体患者的情况,来决定说明义务的内容和方式。

笔者认为,在对医疗机构说明标准的判断上,从对受害人最为有利的角度考虑,应当采取具体病人标准。由于理性医师标准事实上并不考虑病人的具体情形,而完全从客观的医师标准进行要求,病人未必了解专业的医疗习惯,因而可能造成告知的内容过于专业、过于抽象,使得病人无从理解其内容,从而难以作出合乎自己意志的决定。而如果采理性病人的标准,不仅过于抽象,在特定患者难以具有理性病人的理解能力和认识能力的情况下,其就可能因为能力的欠缺而不能正确、全面理解医疗机构的说明,导致患者在不能全面知情的前提下行使同意权。因此,从这一意义上说,应当根据病人的具体情况来决定告知的内容,对于不同的病人,医疗机构应当在知悉病人情况的范围内,确定适合的告知方式。如果患者本身就是执业医师,则无须采取复杂的说明和解释,即可确保患者对医疗信息的理解,而对相较于理性病人认识和理解能力较低的患者,则应当采取相应的说明手段,如多次说明、通俗说明等方式,确保患者对病情和诊疗措施有完整的认识。就这一点而言,采具体病人标准比较合理。

---

① 参见赵明华:《医疗损害纠纷案件适用侵权责任法初探》,载《人民司法·应用》2010年第11期。
② 参见石旭雯:《医疗侵权责任的认定及类型化研究》,知识产权出版社2017年版,第175—176页。
③ See Canterbury v. Spence., 464 F.2d 772 (D.C. Cir. 1972).

2. 医疗机构进行特殊检查、实施手术和特殊治疗时的特殊说明义务

《侵权责任法》第 55 条规定:"……需要实施手术、特殊检查、特殊治疗的,医务人员应当及时向患者说明医疗风险、替代医疗方案等情况,并取得其书面同意;不宜向患者说明的,应当向患者的近亲属说明,并取得其书面同意。医务人员未尽到前款义务,造成患者损害的,医疗机构应当承担赔偿责任。"此处规定了特殊的说明义务,该条对医疗机构负有特殊说明义务的情形采取封闭式列举的方式,并没有采用"等"之类的表述,表明负有特殊说明义务的情形只限于法定的三种情形,即需要实施手术、特殊检查和特殊治疗。

(1) 实施手术。出于尊重个人生命权的需要而对病人实施新的治疗方法,实施麻醉、外科手术,切除或移植器官,必须要得到病人本人的同意。例如,美国加利福尼亚州高级法院在 1990 年曾经作出过一个判决,法院认为,病人对切除的细胞和组织并不拥有法律上的利益,但切除这些细胞和组织时,医生应负有告知义务。①《侵权责任法》第 55 条规定,实施手术时,医疗机构应当履行告知义务,此种告知的内容包括手术过程中可能要承受的不适以及手术不成功可能出现的后果、潜在危险,手术的成功率、目的、方法、预期效果等。②

(2) 特殊检查。此处所称的特殊检查是指相较于一般的检查,可能给就诊者带来一定身体伤害的检查。例如人体特定组织的活检。特殊检查包括使用 CT、B 超、X 光等诊断仪器和对体液的化验等诊断方法。特殊检查可能是运用对肉体有侵袭性伤害的治疗方法与手段,因此可能给患者带来一定的痛苦,甚至会影响患者的健康,因此需要取得患者的同意。③

(3) 特殊治疗。所谓特殊治疗,是指医疗机构对患者采取的不同于常规治疗的治疗方法。其中最为典型的是新治疗方法或新药物的临床试验。例如,特种癌症早期患者在住院期间,适逢某医药公司开发的新型抗癌药物临床试验,该药虽然在早期癌症患者群体中取得了不错的临床效果,但并没有被批准广泛应用,因而需要采取临床试验。对于此种治疗方法,医院需要征得患者的同意。

---

① See Moore v. Regents of the University of California. 793 P. 2d 479 at 490 (Cal. 1990).
② 参见唐德华主编:《〈医疗事故处理条例〉的理解与适用》,中国社会科学出版社 2002 年版,第 158 页。
③ 参见唐德华主编:《〈医疗事故处理条例〉的理解与适用》,中国社会科学出版社 2002 年版,第 160 页。

无论是特殊检查还是特殊治疗,都具有如下特点:第一,有一定危险性,可能产生不良后果的检查和治疗。例如,对患者进行化疗可能导致患者极度消瘦。第二,由于患者体质特殊或者病情危急,可能对患者产生不良后果和危险的检查和治疗。第三,收费可能对患者造成较大经济负担的检查和治疗[1],例如,对患者进行脑部 CT 扫描等。由于特殊检查和特殊治疗措施的采取,都将对患者的人身和财产产生较大的影响,因此医疗机构应当慎重对待,必须对患者或者其近亲属进行充分的告知说明,并取得其书面同意方可进行。

对于特殊说明义务中的说明内容,根据《侵权责任法》第 55 条的规定,应当是与患者的诊疗活动密切相关的内容。其主要包括:一是告知诊疗措施,即针对病人的病情所应该采取的措施、准备采用的医疗方案、可能引发的医疗风险、药剂的疗效,介绍应该客观、实事求是,不能隐瞒、遗漏。二是告知医疗风险,是指诊疗措施失败之后可能出现的风险。三是替代方案。替代方案是指一旦无法采取预定的诊疗方案或者采取预定的方案后失败,应当采取的补救方案或目前方案的候选方案。医务人员应当及时向患者说明医疗风险、替代方案等情况。[2] 在这些告知的内容中,均要求医疗机构的告知应当严谨、完整,不能有歧义;告知应当真实,不能夸大,也不能隐瞒不良后果。[3] 介绍病情应当客观,如确诊还是没有确诊,既不能夸大,也不能轻描淡写。

关于医疗机构告知的对象,可以分为两种情况:一是一般情况下,医疗机构应当直接向患者本人作出告知和说明;二是在不宜向患者直接告知的情况下,医疗机构应当向患者的近亲属进行说明和告知。具体来说,不宜向患者直接告知的情形包括两种:一是直接告知患者会增加患者的心理负担等,不利于患者的康复。例如,患者对癌症极为恐惧却身患癌症,医疗机构就应当向其近亲属告知。二是患者不具有正常的理解能力或完全的行为能力。例如,患者年龄尚小,不足以理解医疗机构的告知内容,医疗机构可以告知其监护人。由于在不宜向患者本人说明的情况下,仍然应当确保患者知情同意权的实现,因此,医疗机构的说明义务仍然不

---

[1] 参见《医疗机构管理条例实施细则》第 88 条。
[2] 关于替代方案,参见厦门同安医院案,载《最高人民法院公报》2004 年第 2 期。
[3] 参见何志:《侵权责任判解研究与适用》,人民法院出版社 2009 年版,第 491 页。

能免除,而应当向患者的近亲属进行说明。① 由于患者的近亲属与患者有着血缘等亲密的关系,能够代表患者的利益,因此医疗机构应当向患者的近亲属进行说明,由患者的近亲属代替患者作出判断,从而实现对患者知情权和同意权的尊重。

(二) 患者同意权

患者同意权是以患者知情权得到实现为前提的。所谓同意,是指当医疗机构尽到了说明义务、患者全面知情之后,对是否采取医疗机构所建议的诊疗措施作出同意与否的意思表示行为。在医疗机构及其医务人员行使告知义务之后,只有符合相应条件的患者才能行使同意权,且只有按照法定方式行使的同意权才具有法律效力。具体而言,患者作出同意的前提条件包括如下几个方面:

第一,同意能力。患者行使其同意权,应当具有同意能力。所谓同意能力,是指患者同意医疗机构对其实施手术等特殊治疗、特殊检查等的能力。② 患者的同意能力包括两个方面:一方面,在通常情况下,患者应当具有行为能力。完全民事行为能力表明患者能够自主从事民事法律行为并自负其果。另一方面,即使是具有完全民事行为能力的人,其神志不清醒,如成年患者因疾病而处于昏迷状态的,也不具有同意能力。如果患者不具有完全民事行为能力,则应当由其法定代理人来作出同意的意思表示。若本人为未成年人、丧失行为能力人或者处于昏迷状态的,则必须得到其父母、监护人或近亲属的同意。

第二,同意的前提。患者行使同意权以医疗机构尽到说明义务为前提。因为患者要行使同意权,医疗机构首先要履行必要的说明义务,才能使其作出正确的判断,从而实现患者的自主决定。患者在知晓医生提供其医疗决定所必需的足够信息的基础上,才能自愿作出同意。③ 同意和知情是密不可分的,如果不知情而作出的同意,实际上不是真实意思的表述,是对自己的权益的损害。④ 依据《侵权责任法》第55条第2款的规定,如果医疗机构违反了第1款的规定,就视为医务人员具有过错,此时应当

---

① 参见刘士国等:《侵权责任法重大疑难问题研究》,中国法制出版社2009年版,第205页。
② 参见黄丁全:《医事法》,中国政法大学出版社2003年版,第270页。
③ 参见何志:《侵权责任判解研究与适用》,人民法院出版社2009年版,第491页。
④ 参见李大平:《患者知情同意权》,载中国民商法律网(http://old.civillaw.com.cn/article/default.asp?id=16343),访问日期:2010年2月28日。

承担侵权赔偿责任。

第三,同意的内容。患者同意的内容,应当是针对医疗机构要采取的特殊治疗方式,包括医疗机构对患者的身体组织进行切开、切除、隔开、更换等具有一定伤害性的行为,对于这种行为,患者的同意构成医疗机构的免责事由。但患者的同意只表明医务人员有权对其身体实施医疗合同约定的诊疗行为,并不代表医务人员可以实施超出合同约定范围的其他伤害行为,也不意味着可以免除医疗机构在诊疗过程中的过错责任。一旦医务人员对患者实施的诊疗行为超出了合同的约定,或者诊疗过程中存在过错行为,并造成患者损害,医疗机构仍然不能被免除责任。

患者应当以书面形式作出明确的意思表示,且应当针对医务人员告知的内容作出,即针对医务人员告知的、将对患者本人采取的医疗措施、特殊检查等事项而作出。另外,患者同意不仅包括其愿意接受特殊的治疗行为(包括手术、特殊检查、特殊治疗),而且包括愿意接受特殊治疗行为的风险。

第四,同意的方式。患者同意权的行使应当采取要式的方式。《侵权责任法》第55条规定,患者必须作出书面同意。法律之所以如此规定,是考虑到同意权不论是对患者还是对医院来说都非常重要。对患者来说,同意治疗的行为可能会严重伤害自己的身体,尤其是在手术具有较大风险的情况下,是否同意治疗对患者的生命健康至关重要。在患者签订书面同意书之后,该书面同意书就是医务人员依法履行告知义务的主要证据。① 此外,同意必须以明示的方式作出,否则应当视为不同意。

患者知情权和患者同意权是相辅相成的,知情是同意的前提,同意是知情的实现。同意和知情是密不可分的,如果不知情而作出的同意,实际上不是真正的同意。② 如果只强调患者知情权或者患者同意权中的任何一个方面而忽视另一方面,那么患者知情同意权都是不完整的、难以得到真正实现的。因为只有在患者知情之后作出的同意,才是真正的有效的同意,而患者作出同意的意思表示,正是其知情权得到满足之后的结果。患者行使同意权以医疗机构尽到说明义务为前提。因为患者要行使同意权,医疗机构首先要履行必要的说明义务,才能使其作出正确的判断,从

---

① 参见林文学:《〈侵权责任法〉医疗损害责任规定若干问题探析》,载《法律适用》2010年第7期。

② 参见李大平:《患者知情同意权》,载中国民商法律网(http://old.civillaw.com.cn/article/default.asp?id=16343),访问日期:2010年2月28日。

而实现患者的自主决定。患者在知晓医生提供其医疗决定所必需的足够信息的基础上,才能自愿作出同意。① 所以,必须将这两方面视为一个整体,这也是笔者强调患者知情同意权是一种权利而不是两种权利的原因。

五、患者知情同意权在紧急情况下的排除

如前所述,患者知情同意权是患者的一项重要权利,医疗机构在对患者采取医疗措施时,应当取得患者的同意,否则可能构成侵权。当然,在例外情形下,也可以免除医疗机构的告知说明义务。② 1981 年《里斯本患者权利宣言》第 6 条规定:"只有在有法律授权且符合医疗伦理的情况下,才能够采取违反患者意愿的诊疗措施。"依据该条规定,在符合本国法律规定并且符合医疗伦理的前提下,为保护患者的生命安全,医疗机构可以不经过患者的同意而在紧急情况下采取适当的医疗措施。我国有关立法也对紧急情况下医疗机构的告知说明义务的免除作出了规定。③《侵权责任法》第 56 条规定:"因抢救生命垂危的患者等紧急情况,不能取得患者或者其近亲属意见的,经医疗机构负责人或者授权的负责人批准,可以立即实施相应的医疗措施。"该条确定了医疗机构在紧急情况下可以不经过患者及其近亲属的同意就可以对患者采取相应的治疗措施的规则。肖志军拒绝签字案发生以后,虽然医院的做法并不违反现行法律的规定④,但社会各界要求确立紧急情况下知情同意的例外规则。《侵权责任法》第 56 条规定反映了这一要求。⑤

---

① 参见何志:《侵权责任判解研究与适用》,人民法院出版社 2009 年版,第 491 页。
② 参见李大平:《患者知情同意权》,载中国民商法律网(http://old.civillaw.com.cn/article/default.asp?id=16343),访问日期:2010 年 2 月 28 日。
③ 例如,《医疗事故处理条例》第 33 条第 1 项规定,"在紧急情况下为抢救垂危患者生命而采取紧急医学措施造成不良后果的",不属于医疗事故。《执业医师法》第 24 条规定:"对急危患者,医师应当采取紧急措施进行诊治;不得拒绝急救处置。"《医疗机构管理条例》第 33 条规定:"……无法取得患者意见又无家属或者关系人在场,或者遇到其他特殊情况时,经治医师应当提出医疗处置方案,在取得医疗机构负责人或者被授权负责人员的批准后实施。"
④ 参见苏力:《医疗的知情同意与个人自由和责任——从肖志军拒签事件切入》,载《中国法学》2008 年第 2 期。
⑤ 肖志军拒绝签字案的案情是:2007 年 11 月 21 日,怀孕 9 个月的李丽云因呼吸困难,在同居男友肖志军的陪同下到北京某医院检查,医生检查发现孕妇及胎儿均生命垂危。由于肖志军多次拒绝在手术单上签字,医生无法进行治疗,最终孕妇及体内胎儿同时不治身亡。此事件在社会上引起了广泛的争议。

从比较法来看,大多数国家都存在例外的规定,允许在特殊情况下,免除医师的告知说明义务。① 有的国家要求当疾病已经危及患者生命时,为了保护患者的生命健康,即使代理人或者监护人不同意也应当进行治疗。② 根据1981年《里斯本患者权利宣言》第6条的规定,只要符合本国法律的规定,并且符合医疗伦理,则医疗机构可以不经过患者的同意,为保护患者的生命安全,在紧急情况下采取适当的医疗措施。我国有关法律、法规对于医疗机构在紧急情况下救治病人,也规定了可以在不经患者及其近亲属同意的情况下,实施特殊的诊疗行为。我国《侵权责任法》在总结有关法律、法规实践经验的基础上,也明确规定了紧急情况下知情同意的例外。根据《侵权责任法》第56条的规定,紧急情况下知情同意的例外必须符合如下条件:

第一,必须出现抢救生命垂危的患者等紧急情况。紧急情况是指出现了患者生命垂危、客观上来不及取得患者或者其近亲属同意的紧急情形。此处所说的紧急情况应存在严格的限制条件,必须是为了抢救生命垂危的病患,才能够视为紧急情况,普通的急症患者,如果病症并不危及生命,则不能够视为处于紧急情况。如何理解"生命垂危"?笔者认为,这里的"生命垂危"是指如果不采取必要的医疗措施,则病患很可能失去其生命,因为患者已经处于生命垂危的危急状态,需要进行抢救。③ 这种危及生命之虞必须得到医学上的普遍认可。除了生命垂危之外,其他如不采取相应措施将给患者造成难以挽回的巨大损害的情形也属于紧急情况,例如某患者被切断手掌,只有在某个特定时间段内为患者进行缝合,患者的手掌才能愈合,否则就可能落下残疾。

第二,不能取得患者或者其近亲属意见。所谓"不能",是指因客观原因而无法取得患者或者其近亲属的意见。例如,患者因生命垂危等处于昏迷或神志不清的状态,不可能取得患者的同意。此处所说的不能取得意见,是指既不能取得患者的意见,也不能取得患者近亲属的意见。如果医疗机构无法取得患者的意见,但可以取得患者近亲属的意见,则不属于《侵权责任法》第56条规定的适用范围。

---

① 参见李大平:《患者知情同意权》,载中国民商法律网(http://old.civillaw.com.cn/article/default.asp?id=16283),访问日期:2010年2月28日。
② 参见全国人大常委会法制工作委员会民法室编:《中华人民共和国侵权责任法条文说明、立法理由及相关规定》,北京大学出版社2010年版,第231页。
③ 参见孟强:《医疗损害责任:争点与案例》,法律出版社2010年版,第97页。

值得探讨的是,如果医疗机构征求了患者或者其近亲属的意见,但是得到了否定的答复,则此种情形是否属于《侵权责任法》第56条规定的适用范围?笔者认为,如果是要抢救生命垂危的患者,则既不需要得到患者的同意,也不需要得到其近亲属的同意。因为一方面,救死扶伤乃是医疗机构的天职,不能为了取得患者或者其近亲属的同意而耽搁对患者的抢救。如前所述,患者的知情同意权属于人格权的一种,但是在出现患者生命垂危的紧急情况时,面对生命健康权和人格权之间的利益权衡,医疗机构应当首先保护患者的生命健康权。为了这一更为重要的权益,而适度限制患者的知情同意权,是具有正当性的。另一方面,从《侵权责任法》第56条的规定来看,只是规定"取得患者或者其近亲属意见",并没有明确规定,必须取得患者及其近亲属的同意。在抢救生命垂危的患者时,因情况紧急,不能取得患者或者其近亲属的意见,可以采取相应的医疗措施。依据《侵权责任法》第56条的规定,即使不能取得患者或者其近亲属的意见,经过医疗机构负责人或者授权的负责人的批准,也可以立即实施相应的医疗措施。

第三,经医疗机构负责人或者授权的负责人批准。所谓医疗机构的负责人,是指医院、卫生所等机构的行政负责人。所谓授权的负责人,是指由医疗机构负责人授权可以代表医疗机构作出紧急决策的人员。例如,在负责人不在场的情况下,其事先授权的主治医师作出决定就属于授权的负责人批准的情况。

《侵权责任法》作出此种例外规定,是为了抢救患者的生命健康,因此,医疗机构在采取紧急抢救措施时,其所采取的措施应当以抢救患者生命健康为限,而不能以此为由对患者进行过度检查、过度医疗,否则必将加重患者的经济负担,从而损害患者的合法权利。即便是在紧急情况下,能够取得患者及其近亲属同意的,应尽量征求患者及其近亲属的同意。这样也可以避免事后发生医患纠纷。

关于医院是否负有确认患者近亲属身份的义务?笔者认为,不宜给医疗机构课以过重的对患者近亲属身份的识别义务。因为,一方面,医疗机构作为专业的诊疗疾病的机构,让其承担严格的对患者近亲属身份的识别义务,超出了医疗机构的业务范围和业务能力。另一方面,医疗机构一般也并不具备专业的身份识别技能和措施,其难以对患者近亲属的身份作出准确识别。毕竟医疗机构不是公安机关的户籍部门,其难以在短时间内查明患者的家庭成员及其亲属情况,也难以核实对方是否属于患者的近亲属。因此,由患者的近亲属或者陪同前往医疗机构者承担对患者近亲属身份的主动披露义务更为合理。要求医院核查患者近亲属的身份,势必给医院增加过多的负担,不利于对危急患者的抢救。相反,在危急情形下,患者近亲属信息的披露义务应当由患者的陪同人员承担,因为这是医疗机构与患者近亲属取得联系的最有效方式,且此种负担对患者的陪同者来说并没有什么利益损害,符合以人为本的基本精神。

论患者维生治疗拒绝权*

引 言

现代医学科技不断发展,医疗器械更新迭代,大幅提高了疑难杂症的治愈概率,极大地增进了人们的福祉。但从疾病治疗的过程来看,科技的运用就像是一把双刃剑,在给患者带来福祉的同时,也可能导致过度治疗、过度检查等问题。尤其是在医疗技术难以使生命垂危的病人起死回生、无力回天的情况下,医疗机构和家属为了抢救病人,只能采取将患者气管切开、连接呼吸机、插管等方式,这确实给患者增加了一定的痛苦。美国著名法学家德沃金就形象地描述了这一过程,"不管是快断气的病人、没有生存能力的病人、只能插管子才能存活的病人、动过大手术的病人、浑身痛得要命想要寻求解脱的病人,医生宣称,以当今的科技要让他们活下去——不管是几个星期,还是几年——是绰绰有余的。他们可能全身接满十几部维生机器,让十几位医生翻来覆去地检查。这些医生将他们视为战场上受伤惨重、毫无指望的战士,对其根本无动于衷。天晓得有多恐怖!我们都很害怕像行尸走肉般无意识地活着,就像个植物人"[①]。因此,他主张应当尊重个人对生命的临终决定权。

然而,患者是否享有维生治疗的拒绝权,涉及医学、自然科学和哲学社会科学等诸多问题。从法律层面来看,首先需要明确患者是否享有维生治疗拒绝权?更重要的是,如果患者享有这种权利,则患者行使该权利需要具备哪些条件,是否需要遵循相关的程序,等等。[②] 近几十年来,关于患者是否享有维生治疗拒绝权,引发了学术界和社会大众的广泛关注。笔者认为,我国正在制定的民法典人格权编有必要规定患者维生治疗拒绝权。

---

* 本文完稿于 2004 年,2018 年修改。

① 〔美〕罗纳德·M. 德沃金:《生命的自主权——堕胎、安乐死与个人自由的论辩》,郭贞伶、陈雅汝译,中国政法大学出版社 2013 年版,第 227 页。

② See Shai J. Lavi, The Modern Art of Dying, Princeton University Press, 2005, p.76.

一、患者维生治疗拒绝权:比较法的考察

所谓患者维生治疗拒绝权,是指在疾病无法治愈时,患者享有拒绝接受医疗机构为延长其生命而实施的介入性治疗措施的权利。维生治疗拒绝权的本质是患者根据自身情况自主决定是否采用或者继续采用相关的治疗行为。例如,针对身体核心器官严重衰竭的患者,医院为其采取气管切割手术,并安装呼吸机,以维持其生命。但如果患者感到极度痛苦,也明知来日无多,希望尽快结束极度痛苦的治疗,此时,患者是否有权要求医院停止实施维生治疗?这就涉及患者是否享有维生治疗拒绝权的问题。从比较法上来看,许多国家的法律出于减缓患者痛苦、加强人道关怀、维护个人的生命尊严等因素的考量,大多承认了患者的维生治疗拒绝权。

(一) 英美法系

在英国,出于实现患者利益最大化的考虑,法院认可了患者的维生治疗拒绝权。在著名的布兰德案中,1989 年 4 月,希尔斯伯勒足球场发生了严重的踩踏事故,布兰德被推倒在地,并且在踩踏中肺部受伤,造成了脑部的严重缺氧,成为植物人。1992 年,布兰德的父母请求法院允许医生关闭维生设备,法院认为这一行为符合病人的利益,因而同意了该项请求。该案上诉至英国上诉法院后,霍夫曼大法官认为,考虑到案件具体情况,如果布兰德自己做主的话,也会愿意结束生命。虽然有人认为,基于生命神圣的考虑,应当让他活下去,但是基于自决原则,应当支持布兰德终结自己的生命。英国上议院也赞同这一观点,其理由并非在于病人的自主权,而是基于病人利益最大化的考量,认为只有关闭维生设备,才符合病人最大的利益。[①] 英国 2005 年通过《意思能力法》(Mental Capacity Act 2005),2007 年通过《意思能力法实施法》(Mental Capacity Act 2005 Code of Practice),承认了患者生前预嘱的合法性,并对持久医疗授权和生前预嘱作出了系统规定。

在美国,不仅通过判例确认了患者的维生治疗拒绝权,也通过成文法的方式确认了这一权利。例如,加利福尼亚州议会于 1976 年率先通过了《自然死亡法案》(Nature Death Act),该法案允许个人通过预嘱表明在疾病无法治愈、生命即将终结的情况下,授权医生停止延续生命的措施,并

---

① See Airedale NHS Trust v. Bland, [1993] AC 789.

规定"任何成年人可执行一个指令,即在其临终条件下终止维持延续生命之措施"。其指令内容是"我的生命不再需要用人工延长"①。1985年美国统一州法委员会制定了《统一末期病患权利法案》,1987年纽约州制定了《公共卫生法》,规定患者有权拒绝心肺复苏术。1989年著名的克鲁赞案进一步推进了患者维生治疗拒绝权的产生和发展。在该案中,克鲁赞因为事故陷入昏迷状态成为植物人,其父母希望医院可以停止对克鲁赞进行维生治疗。但是依据密苏里州的法律,除非有证据证明患者会选择停止接受维生治疗,否则不应允许家属代替作出停止维生治疗的决定。克鲁赞的父母遂将密苏里州卫生部诉至法庭,要求密苏里州卫生部允许医院停止对克鲁赞的维生治疗。密苏里州最高法院认为,如果克鲁赞签署过正式的生前预嘱,则医院可以关闭其维生设备。当然,医院在关闭维生设备时,应当有"明确而又可信的"证据,也就是签署的正式文件显示病人作出了这样的决定。该案上诉至美国联邦最高法院后,美国联邦最高法院认为,密苏里州最高法院在判决是否允许医院关闭克鲁赞的维生设备之前,有权要求克鲁赞的父母提出更明确更可信的证据,如生前预嘱。② 该案正式确认了患者可以通过预先医疗指示的方式行使维生治疗拒绝权。受该案的影响,美国国会在1990年制定了《患者自决法案》(The Patient Self-Determination Act),规定患者有"对自己现在或通过预先医疗指令对将来的可能的治疗自己决定"的权利,由联邦政府出资的医疗机构和康复组织有将此权利告知患者的义务。1993年,美国统一州法委员会制定了《统一医疗决定法案》,该法是一部示范法,其规定,"本法承认一名有决定能力的人享有在一切情况下为自身医疗的所有方面作出决定的权利,包括拒绝接受医疗或指示终止医疗的权利,即使这样做会导致死亡"。这实际上也承认了患者维生治疗拒绝权。

(二) 大陆法系

在法国,《法国民法典》第16条规定了人的尊严不可侵犯,从该条出发,法国最高法院强调医生对患者负有告知义务,医疗机构违反此项告知义务,将侵害患者的尊严。③ 在医生告知了治疗方案及其后果后,患者可以拒绝接受治疗。拒绝接受治疗是患者意思自治和身体不可侵犯的逻辑

---

① 温静芳:《安宁死亡权研究》,科学出版社2009年版,第28页。
② See Cruzan v. Director of Missouri Department of Health, 109 SCt 3240 (US July 3, 1989).
③ Cass. 1ère civ., 3 juin 2010, in Dalloz Recueil, 2010, p. 1522, note par P. Sargos.

后果,而患者自决权和身体不可侵犯权则直接立足于尊严。1970 年颁布的《法国公共卫生法典》第 1111-4 条第 2 款规定:"医生在告知患者所选择的治疗方案的后果之后,应当尊重患者的意愿。"①但患者拒绝治疗权的行使通常也有一定的限制条件,即患者患有严重的、不可治愈(incurable)的疾病,处于临终状态;医生所建议的治疗方案是无用的或者可能给患者带来极大痛苦的,且无法治愈疾病,而纯粹只是以人工的方式延续患者的生命。此时,采取相关的医疗措施可能会危及患者的尊严。② 法国法认为,基于患者的尊严和自决权,并不能推导出患者享有积极安乐死(euthanasie active)的权利,因为这会导致对生命的直接危害,但对于处于临终状态的病人,其拒绝无意义的痛苦治疗,则是其生命尊严的必然内容,此种权利应得到尊重和承认。③ 2002 年,法国就通过一部法律,承认患者享有维生治疗拒绝权。2005 年,法国通过了《关于患者权利与临终问题的法律》,又称为《莱奥奈蒂法》,该法虽然禁止安乐死和医助自杀,但允许医师在继续治疗不合理的情况下,可以依照法定程序停止治疗;同时,该法承认了患者预先拒绝维生治疗的预嘱的效力。④

德国最初主要通过《德国民法典》第 1901a 条所规定的病人处分来解释医疗预先处分。这种处分在德国法上的约束力远不如美国预先医疗指示那样严格。对于维生治疗拒绝权,德国法一直非常谨慎。在 1984 年 7 月德国联邦法院的一个判例中,某个患者在意识清醒的状态下明确表示拒绝急救,后该患者服药自杀时,医师没有进行急救,德国联邦最高法院判决该医师无罪,认为当患者的病情已经无法治愈时,医生维持生命的义务已不存在。但是该判决并未明确承认患者的自主决定权。⑤ 1986 年 6 月,德国颁布了《临死协助法案》,该法案第 214 条第 1 款明确承认,在患者濒临死亡,依其明示且真挚的请求,医生拒绝维生治疗是可以免责的,这实际上是承认了患者的维生治疗拒绝权。2005 年,德国为响应欧洲理事会所发布的《赋予成员国临终患者医疗权的选择方案》,通过了《临终

---

① Jean-Christophe Saint-Pau (dir.), Droits de la personnalité, LexisNexis, 2013, p. 141.
② See Jean-Christophe Saint-Pau (dir.), Droits de la personnalité, LexisNexis, 2013, p. 141.
③ See Jean-Christophe Saint-Pau (dir.), Droits de la personnalité, LexisNexis, 2013, p. 142.
④ 参见孙也龙:《预先医疗指示法律问题研究》,中国法制出版社 2019 年版,第 53 页。
⑤ 参见 BHHst 32, 367,转引自曾淑瑜:《医疗·法律·伦理》,元照出版有限公司 2007 年版,第 201—202 页。

关怀法》,对患者在临终前处于清醒状态时的医疗决定、临终患者的认定标准、昏迷后的处分、医疗费用的来源等都作出了规定。2009 年 7 月,德国通过了《患者处分法》,承认了濒临死亡的患者可依据预先医疗指示拒绝维生治疗。

日本安乐死协会曾于 1976 年发起撤除维生治疗合法化的活动,并在 1979 年起草了"安乐死法案"。不过因为对于尊重生命和保护弱者的考量,该法案没有获得通过。自此之后,日本社会改变其策略,从试图挑战立法转向实施患者的预嘱。日本司法实践中允许患者通过其合法的预嘱停止维生治疗。[1]

2016 年 1 月 8 日,韩国国会审议通过了《关于对临终关怀姑息治疗及临终阶段患者的延命治疗决定的法案》,其主要内容就是肯定符合条件的患者可以拒绝进行无意义的延命治疗。[2] 该法律承认了患者的维生治疗拒绝权,并为患者行使此种权利提供了保障。

(三) 我国法律的规定

根据我国《侵权责任法》第 55 条的规定,医务人员在诊疗活动中应当向患者说明病情和医疗措施。需要实施手术、特殊检查、特殊治疗的,医务人员应当及时向患者说明医疗风险、替代医疗方案等情况,并取得其书面同意。依据《医疗机构管理条例》第 33 条的规定,医疗机构实施手术、特殊检查或者特殊治疗时,必须征得患者同意。据此有学者认为,由于维持生命治疗以具有身体侵入性的人工机械装置代替自然人的生物功能以实现延命目的,其应属于上述法条中的所谓"特殊治疗",必须取得患者的同意。从该条规定可以解释出,我国法律已经承认了患者维生治疗拒绝权。[3] 但笔者认为,上述规定主要针对的是患者与医院订立合同进行手术等医疗行为中的知情同意原则,而并不涉及医疗机构是否应对治愈无望且生命垂危的病人采取维生治疗的问题。从这一意义上说,上述规定并没有规定患者维生治疗拒绝权,而只是规定了对治疗方案与治疗措施的选择与拒绝。在实践中,有患者在事故中已经脑死亡,虽然在生命维持系统下还有心跳呼吸,但是继续抢救已无实际意义。此时,有的医院会建议

---

[1] 参见李长兵:《医疗技术革命对刑法的挑战及其应对》,知识产权出版社 2012 年版,第 64—65 页。

[2] 参见孙也龙:《临终患者自主权研究——以境外近期立法为切入》,载《西南政法大学学报》2017 年第 5 期。

[3] 参见孙也龙:《预先医疗指示法律问题研究》,中国法制出版社 2019 年版,第 100 页。

家属放弃抢救以减少病人及家属的生理心理痛苦。同时，有的医院会要求家属签下自愿放弃治疗的承诺书才会停止生命维持系统的使用。① 在这种情形中，患者及其家属签署的放弃治疗承诺书是否具有法律效力，能否导致医院被免责就成为法律上有争议的问题。不过，应当看到，在我国司法实践中，有的法院也认可了在患者处于意识不清醒的状态时，可以由患者家属作出拒绝维生治疗的决定。例如，在中国太平洋财产保险某某股份有限公司诉许某某等机动车交通事故责任纠纷案中，法院认为："顾某因涉案交通事故致颅脑损伤，虽经医院治疗但并无明显好转，且意识状况出现持续下降的情况，治疗单位亦因此向其家属送达危重病情通知书，在此情况下，家属做出放弃手术的决定实属尊重客观事实的无奈之举，并无任何过错，保险公司认为顾某的死亡系由于其家属主动放弃治疗所致，该主张与事实不符，本院不予采纳。"②这表明我国司法实务已认可了此项权利。我国立法应当在总结司法实践经验的基础上承认患者维生治疗拒绝权。

二、患者维生治疗拒绝权是生命尊严的具体体现

如前所述，比较法上普遍认可了患者维生治疗拒绝权，不少学者论证了承认此种权利的合理性，例如，减少过度治疗，尊重患者意思自治，节省医疗资源，减轻患者痛苦，降低社会负担，加强人文关怀等。这些都是从不同的角度论述了这一权利的合理性③，但笔者认为，从根本上讲，该权利实际上是尊重患者生命尊严的重要体现。法律上承认患者维生治疗拒绝权，充分彰显了对患者生命尊严的尊重。

尊严（dignity）一词源于拉丁文中的dignitas，意为有价值或有名誉的，"尊严"一词意味着人作为人应有的地位，也就是康德所说的是人能自治之结果。④ 所谓生命尊严，包括了两层含义，一是维护生命存续的质量。这就是说，在个人生存期间，法律维护生命尊严，就是要使人活得体面且

---

① 参见《患者家属自行停止呼吸机 我们该怎么办？》，载搜狐网（http://www.sohu.com/a/258058527_652863），访问日期：2019年7月4日。
② 上海市第一中级人民法院（2013）沪一中民一（民）终字第1292号民事判决书。
③ 参见孙也龙：《违反生前预嘱的法律责任——美国法的考察与启示》，载《金陵法律评论》2016年第1期；黄文煌：《植物人维生治疗决定中的法律与宗教问题——"特里·夏沃案"评析》，载《医学与法学》2012年第6期。
④ 参见李震山：《人性尊严与人权保障》，元照出版有限公司2001年版，第4页。

有尊严。即使是人体胚胎,也应当按照维护生命尊严的要求予以保护,而不能仅将其视为物。二是维护生命结束的质量。也就是说,个人可以确保自己生命不在难以忍受的痛苦中结束。所以国外将其称之为"优生"和"优死"①,分别指在生命存续时要保证生命质量以及在临终时可以获得有尊严的死亡。生命尊严本质上是人格尊严的重要内容,它是人格权的价值基础,具有确保人身安全、维护法律平等、符合人性的生活条件、促进人格自由发展等功能②,之所以说患者维生治疗拒绝权是生命尊严的具体体现,主要是因为如下原因:

第一,该项权利体现了尊重患者对生命质量的自我决定。承认患者维生治疗拒绝权是对患者医疗自决(autonomy)的尊重。自决是人类区别于其他生物的所在,人可以对其私人生活自主决定,是人之所以成为人的基础。③ 在患者生命垂危、抢救无望的情形下,此时是否继续治疗,涉及患者的利益,应当由其决定。同时,一个有能力、清醒的患者有权决定接受维生治疗或者接受死亡,尊重患者的自决,实际上是尊重了患者对私人事务的自主决定。患者维生治疗拒绝权的本质是拒绝权。也就是说,如果患者认为继续对其实施医疗行为,并不利于疾病的治愈,有权自主决定是否继续采取相关的医疗措施,如果患者认为采取相关医疗措施并无"意义",则其有权予以拒绝。

患者维生治疗拒绝权在一定程度上承认了患者有医疗决定权,但并非意味着患者享有生命自决权。在法律上应当区分患者医疗自决与生命自决,一方面,从生命尊严原则出发,生命并不是一项可以自由处置的利益,因此,承认患者维生治疗拒绝权也并不等于不鼓励积极治疗,相反,在有条件治愈的情形下,应当鼓励家属和医疗机构积极采取医疗措施,帮助病人解除病痛,这也是维护个人人格尊严的重要体现。但其前提是这些医疗措施都是有意义、有希望的。无意义的治疗通常是在患者濒临死亡、抢救无望的情形下所进行的治疗。如果此种治疗措施本身并不会给病人带来希望,相反,还会使患者承受极大的痛苦,这种情形下不应当单方面考虑救死扶伤的问题,还应当考虑所采取的医疗措施的实际效果,特别是

---

① 参见吴泽伟、周镇宏:《生与死的困惑》,新世纪出版社1990年版,第185页。
② 参见王泽鉴:《人格权法:法释义学、比较法、案例研究》,北京大学出版社2013年版,第65页。
③ See David A. J. Richards, Constitutional Privacy, the Right to Die and the Meaning of Life: A Moral Analysis, William and Mary Law Review. Vol. 22, 1981, pp.327–420.

这种效果对这些患者的身体和心理所产生的巨大影响。另一方面,患者行使维生治疗拒绝权是实现自然死亡,而不是像生命自决一样选择死亡。为确定相关诊疗行为是否属于"无意义"的治疗行为,医疗机构应当负有如实告知相关治疗行为可能产生的不利影响等义务,以保障患者在知情的基础上作出是否拒绝的决定。还要看到,从民法典各分编草案第783条规定来看,该条对于生命尊严的保护所采用的是"维护"的表述,该种表示旨在强调消极地保证生命尊严的维持,而非积极地对生命尊严加以处分。可见该条并没有承认对生命的自主决定。

第二,该项权利保障患者活得有尊严。美国联邦最高法院在克鲁赞案的判决中就用了一个贴切的比喻:未经患者同意进行身体侵入性的治疗,不仅是残酷的,而且侵犯了人的尊严(offensive to human dignity),"那些意愿不受尊重的严重疾病患者或临终患者,将成为维生措施或其他医疗器械的俘虏"[①]。一个患者之所以愿意积极接受医疗措施,是因为其相信医疗措施的运用能够帮助其解除疾病痛苦,或者能够延续生命,但在维生治疗的情形下,为了维持患者的生命,使患者遭受了痛苦,患者的亲属等可能感受到恐惧和不安。对于不少临终患者来说,这些医疗措施的采用不仅没有办法帮助其保持生命状态的希望,而且会加重其痛苦,是与其意愿相违背的,这也使得相关的医疗措施表面上看是治病救人,但难以达到治病救人的效果,反而使患者处于一种生理和心理的煎熬状态,因为生不再是患者的幸福而是巨大的痛苦。有学者认为:"如果法律这样保护人的权利,实际上是在让人履行一种承受巨大痛苦的'生'的悲惨义务。这样的法律,之于人的权益,究竟有多大的好处?"[②]在此种语境下,美国这一判决将这一类患者描述为介入性医疗措施的"俘虏",也不无道理。在患者生不如死时,应当由其选择有尊严地拒绝维生治疗。

第三,该项权利保障患者有尊严地死亡。法律上从维护生命尊严出发,需要鼓励病人与病魔做斗争,战胜病魔,乐观、自强。但是,当一个人走到生命尽头,应当允许患者选择以更人道、更体面、更有尊严的方式离开人世,安宁、平静地自然死亡。黑格尔曾经指出:"任何人都要死,自然的死亡是一种绝对的法律,这是自然对人所执行的法律。"[③]如前所述,患

---

① Cruzan v. Director of Missouri Department of Health, 109 SCt 3240 (US July 3, 1989).
② 杨立新:《重提安乐死》,载《检察日报》2002 年 4 月 3 日。
③ 〔德〕黑格尔:《哲学史演讲录》(第二卷),贺麟、王太庆译,商务印书馆 1960 年版,第 44 页。

者维生治疗拒绝权并不是对生命的自决权,确认患者享有此种权利也并非等同于允许患者自杀。相反,法律既要鼓励病人与病魔做斗争,也要鼓励医疗机构尽可能救死扶伤,但是如果患者疾病已经无法治愈,对其采用维生治疗,使患者遭受精神痛苦、恐惧,也未必妥当。按照德沃金的观点,一些病人将在受尽折磨或丧失尊严和不近人情的状态中死去,这是最残酷的。① 在这种情况下,还不如让病人自由决定有尊严地自然死亡。承认患者享有维生治疗拒绝权,有利于减轻临终患者的痛苦和不适,使其能够平静、有尊严地离世。在患者身患难以治愈的疾病时,采取相关的医疗措施虽然有可能延长个人生命的时间,但可能给患者带来巨大的痛苦,这显然无法体现对患者的临终关怀。衡量生命的方式有很多种,不能只考虑生命延续的时间,而不考虑生命的质量。②

生命利益的至高无上性并不意味着人有"生存的义务"(obligation de vivre);正如英国学者弗格森所指出的,"生命的神圣性价值并不意味着一切生命都必须以一切代价去保存"③;生命尊严不仅仅体现在活得有尊严,而且要求死得有尊严,生命对每个人是宝贵的,是无价的。生命是一个过程,从出生到幼年、成年、衰老、离世,每一个阶段都体现了人生的价值和意义,并且始终是法律关注和保护的重点所在。即使生命处于刚开始的胚胎阶段,也具有尊严的价值。生命的享有并不意味着个人必须负有痛苦生存的义务,不应不惜一切代价地生存,而应当享受生命的质量。正如德沃金所指出的,任何人类的有机体,包括胎儿,无论是否具有工具和个人价值,都具有生命的尊严。人类生命是神圣不可侵害的。而患者维生治疗拒绝权其实也是维护生命尊严的体现。④ 日本著名刑法学家大冢仁先生曾经定义过"尊严死"的概念,他认为,"尊严死"是指"对随着医学的进步而产生的没有康复希望的处在所谓的植物状态的患者等,摘掉其生命维持装置,中止延长其生命的医疗行为"⑤。大冢仁先生所界定的

---

① 参见〔美〕G. 德沃金、〔美〕R. G. 弗雷、〔美〕S. 博克:《安乐死和医生协助自杀——赞成和反对的论证》,翟晓梅、邱仁宗译,辽宁教育出版社2004年版,第72页。
② 参见〔美〕罗纳德·M. 德沃金:《生命的自主权——堕胎、安乐死与个人自由的论辩》,郭贞伶、陈雅汝译,中国政法大学出版社2013年版,第91页。
③ 〔英〕亚当·弗格森:《道德哲学原理》,孙飞宇、田耕译,上海人民出版社2005年版,第82页。
④ 参见〔美〕罗纳德·M. 德沃金:《生命的自主权——堕胎、安乐死与个人自由的论辩》,郭贞伶、陈雅汝译,中国政法大学出版社2013年版,第91页。
⑤ 〔日〕大冢仁:《刑法概说(总论)》(第三版),冯军译,中国人民大学出版社2003年版,第365页。

"尊严死"其实就是不再通过医疗措施以增加患者的病苦为代价,延长患者的生命,与患者维生治疗拒绝权的内涵较为接近。

三、患者维生治疗拒绝权不同于消极安乐死

患者维生治疗拒绝权的行使虽然会导致生命的结束,但并不等同于消极安乐死。所谓安乐死,是指对身患绝症濒临死亡的病人,为解除其极度的痛苦,由病人本人或亲属要求,经医生鉴定和有关司法部门认可,用医学方法提前终止其生命的过程。[①] 应当看到,患者维生治疗拒绝权是维护生命尊严的体现,其不同于生命自决权:一方面,生命本身作为最高的法益,不仅体现个人利益,也是社会利益,因此,承认生命自决权甚至允许自杀,是对生命本身价值的一种漠视,也不利于维护生命尊严。但患者维生治疗拒绝权只是为了维护患者的尊严、减缓患者的痛苦、强化对患者的关爱,允许患者拒绝无意义的治疗,而不是承认生命自决权,也不是承认个人享有自杀的权利。另一方面,它只是在生命无法延续、没有抢救必要时,停止相关的医疗措施,以在最大限度内保护其人格尊严。可见,患者维生治疗拒绝权的适用范围较小,适用条件较为严格,将其等同于生命自决权,将无法体现对生命的尊重,而且从根本上也不符合法律维护生命尊严的目的。由于患者维生治疗拒绝权本质上并不是生命自决权,其也不同于安乐死(包括消极安乐死)。

应当看到,在患者拒绝维生治疗后,会导致患者不可逆转地接近死亡。从这一意义上说,患者维生治疗拒绝权与消极安乐死具有一定的相似性。但是,安乐死与患者维生治疗拒绝权同样具有实质性的区别。据学者考证,"安乐死"(euthanasia)一词产生于17世纪,是由希腊文的"euthanatos"演变而来,其中"eu"是指好的、幸福的,而"thanatos"则指死亡。因而,安乐死原意为"幸福的死亡"[②]。在安乐死合法化的荷兰,有2%的死亡是通过安乐死实现的。[③] 依据实施的方式,可以将安乐死区分为积极安乐死与消极安乐死,积极安乐死是指通过积极的作为结束患者的生命,而消极安乐死则

[①] 参见石文亮:《试论安乐死立法》,载《法律与医学杂志》1995年第3期。
[②] 〔美〕G.德沃金、〔美〕R.G.弗雷、〔美〕S.博克:《安乐死和医生协助自杀——赞成和反对的论证》,翟晓梅、邱仁宗译,辽宁教育出版社2004年版,第100页。
[③] See David Sau-yan Wong, Leagl Issues for the Medical Practitioner, Hong Kong University Press, 2010, p.229.

是以消极的不作为为手段结束患者的生命。① 积极安乐死体现为采取积极的措施终止个人的生命,而消极安乐死则体现为消极不采取相关措施终止个人的生命。从比较法上来看,由于承认积极安乐死将承认个人享有自杀的权利,漠视了生命的价值,甚至具有杀害他人的性质②,且与医生救死扶伤的天职相违背,因此,除极个别国家和地区外,很少有国家和地区的法律承认积极安乐死。但针对消极安乐死,则因为其在一定程度上体现了对患者意愿的尊重,有利于缓解患者的痛苦,尊重患者的生命尊严,因而,已有一些国家和地区在特别法中对消极安乐死予以承认,如我国台湾地区颁布了"病人自主权利法",2019 年 1 月 6 日起已经开始正式实施。

我国现行立法并没有承认安乐死,虽然不少学者主张立法应当借鉴国外的上述立法经验,承认消极安乐死,但应当看到,世间最宝贵的是生命,而且每个人的生命只有一次,生命不仅仅体现为个人利益,而且体现为一种社会利益。其不仅仅关乎权利人本身的利益,而且关乎其家属、家庭的利益。因此,尊重生命、珍惜生命是法律的应有之义,也是法律所追求的根本目的。笔者认为,承认消极安乐死意味着需要医疗机构协助患者结束生命,这与医生救死扶伤的天职相矛盾,与法律尊重生命的宗旨相违背,甚至可能引发一定的道德风险,应当要求医疗机构对患者始终负有法律上的救助义务。如果允许家属作出放弃治疗的决定,则可能导致家属出于经济等方面的考虑,放弃对病人的治疗,这可能引发道德风险。如果病人还有救治希望,但不愿继续治疗,医院出于各种原因不予救助,这会带来极大的道德风险。

从表面上看,患者行使维生治疗拒绝权类似于消极安乐死,体现为不采取积极的医疗措施延续个人的生命,但严格地说,患者维生治疗拒绝权不同于消极安乐死,承认患者维生治疗拒绝权并不当然意味着承认消极安乐死,二者的区别主要体现为:

第一,适用对象不同。消极安乐死针对的是所有在医疗机构就诊的患者,但并不一定针对生命垂危、抢救无望的病人,在某些情况下,患者可能出于对疼痛无法忍受等原因,不愿意继续治疗,而要求停药或停止医疗手段。而患者维生治疗拒绝权仅针对生命垂危、治疗无望的患者。换言之,患者维生治疗拒绝权针对的主要是生命垂危、不可治愈的患者,在某

---

① 参见〔美〕G. 德沃金、〔美〕R. G. 弗雷、〔美〕S. 博克:《安乐死和医生协助自杀——赞成和反对的论证》,翟晓梅、邱仁宗译,辽宁教育出版社 2004 年版,第 100 页。

② See David Sau-yan Wong, Leagl Issues for the Medical Practitioner, Hong Kong University Press, 2010, p.229.

些情形下,对于尚未在医疗机构就诊的患者,如果法律承认该权利,则其也应当有权拒绝无意义的治疗。

第二,本质不同。消极安乐死本质上是患者行使生命自决权,它是一种放弃生命权的行为,实施消极安乐死将导致患者死亡。从这一意义上说,可以将消极安乐死视为一种特殊的死亡方式,即在不违背临终病人的意愿或受其委托的前提下,出于对病人的同情或帮助,及对患者死亡权利和个人尊严的尊重,采取断水、断食、移除治疗设备等措施,使病人无痛苦地结束生命。① 而患者维生治疗拒绝权本质上不是生命自决权的行使,而是患者为了维护生命尊严而拒绝维生治疗,使患者不必接受介入性的手术等方式,让生命自然延续或终止。在患者行使此种权利时,并不需要采取相关的医疗措施,而是使患者自然死亡,它体现的是对患者临终的关怀和对患者尊严的尊重。也正是因为这一原因,患者维生治疗拒绝权属于广义上的临终关怀。

法律上之所以承认患者维生治疗拒绝权,在某种程度上体现了对患者的临终关怀,这是尊重患者生命尊严的具体体现。所谓临终关怀,是指在通过医学手段无法治愈病人时,为减轻患者的极度痛苦,维系其人格尊严,并增强其对死亡的生理、心理状态而提升适应能力的社会卫生服务。② 临终关怀以缓和医疗为手段,根据世界卫生组织(WHO)的定义,缓和医疗(Palliative Care)是指以早期识别并及时阻止患者及其家属身体、心理和精神上的问题,以提升患者及其亲属面对威胁生命疾病的生活质量的一种方法。③ 从广义上讲,将减缓病人临终前的痛苦和维护病人生命尊严作为临终关怀的内容,那么患者维生治疗拒绝权也应当属于广义的临终关怀。而消极安乐死不同于临终关怀,因为一方面,临终关怀解决的是个人生命末端的生命质量问题,而消极安乐死解决的则是生命终结的问题,前者属于优生的问题,而后者属于优死的范畴。④ 另一方面,临终关怀是

---

① 参见呼满红、张晖:《"安乐死"离我们有多远》,载《民主与法制》2001 年第 11 期。
② 参见石大璞:《临终关怀在我国的实施境遇及其与安乐死之异同说》,载《中国医学伦理学》1991 年第 3 期。
③ See WHO, WHO Definition of Palliative Care, available at https://www.who.int/cancer/palliative/definition/en/, last visit on 2019-03-05.
④ 参见石大璞:《临终关怀在我国的实施境遇及其与安乐死之异同说》,载《中国医学伦理学》1991 年第 3 期。严格地说,从狭义上理解,临终关怀与患者拒绝维生治疗权并不完全相同,临终关怀主要是对患者采用护理手段,而不是对患者的疾病进行治疗,而患者维生治疗拒绝权针对的则是具有明显身体侵入性的治疗措施。

护理手段,而非治疗手段。临终关怀并不是以治疗疾病为目的,而只是全面照顾、帮助患者并使患者解除痛苦,从而使其活得有意义、有尊严,提高生命质量。① 而消极安乐死则属于拒绝治疗的范畴,针对的是医疗机构的诊疗行为。②

第三,是否需要医疗机构协助不同。在消极安乐死的情况下,虽然不像积极安乐死那样需要医疗机构采取积极措施终止其生命,但仍然需要医疗机构采取一定的医疗措施(如断水、断食),以终止其生命;而对患者维生治疗拒绝权而言,一般不需要医疗机构的协助。消极安乐死需要借助医生的配合行为,采取消极的诊疗措施,如停止开具处方、停药等行为。但患者维生治疗拒绝权并不需要医生的协助行为,而只是停止正在进行的维生治疗。患者拒绝医疗机构采取维生治疗措施,只是拒绝采取使患者感到极为痛苦的、超常规的治疗措施以维持生命,选择自然死亡。

第四,是否需要通过患者生前预嘱的方式实现不同。消极安乐死的申请既可以由患者本人提出,也可以在患者无意识能力时,由患者近亲属提出,因而,此种方式并不需要患者明确表示同意。而患者维生治疗拒绝权则只能由患者本人明确表示同意。此种同意就是通过生前预嘱的方式来实现的。所谓生前预嘱,是指患者事先作出的在满足一定条件时放弃治疗的指示。消极安乐死不一定通过患者的生前预嘱实现,而患者维生治疗拒绝权主要通过患者生前预嘱的方式实现,也就是说,只有患者可以决定是否拒绝维生治疗,其他主体无权代替其决定。

除此之外,二者考虑的因素不同。消极安乐死主要是为了减轻患者的痛苦,而患者维生治疗拒绝权的认定则要考虑多种因素,除减轻患者的治疗痛苦外,其还需要考虑减轻或摆脱家庭经济困境、患者护理等问题。③ 一般而言,患者维生治疗拒绝权仍然处于广义上的患者知情同意权的框架内,而消极安乐死则超出了患者知情同意权的框架。

四、患者维生治疗拒绝权本质上是一种人格权益

由于患者维生治疗拒绝权是一项新型权利,因此,如果在法律上承认

---

① 参见李惠:《生命、心理、情境:中国安乐死研究》,法律出版社 2011 年版,第 83 页。
② 参见孙也龙:《临终患者自主权研究——以境外近期立法为切入》,载《西南政法大学学报》2017 年第 5 期。
③ 参见李惠:《生命、心理、情境:中国安乐死研究》,法律出版社 2011 年版,第 66 页。

患者维生治疗拒绝权,毫无疑问,普遍的共识认为此种权利属于私权的范畴,而非公法上的权利。而且由于该类权利性质上并非财产权,因而在性质上只能归属于人格权的范畴。① 问题在于,在人格权的权利体系中,其应当属于哪一类权利？应当是具体人格权还是一般人格权,法律上应当如何保护该权利？对此仍然存在不同的观点。

(一) 患者维生治疗拒绝权不是一种具体人格权

讨论患者维生治疗拒绝权时,有观点认为其是一种具体人格权。但是在具体人格权中,其究竟属于何种具体人格权,存在一定争议。一种观点认为,患者维生治疗拒绝权属于生命自决权,因而属于生命权的一种类型。从民事权利角度来看,生命权属于公民个人的私权,自然人完全有权决定在身患绝症并难以忍受痛苦时结束自己的生命。这是对当事人权利的尊重和保护,是身患绝症的患者对其生命利益绝对支配的表现形式。② 维护生命尊严意味着尊重个人对生命的自决权。③ 另一种观点认为,此种权利属于隐私权的范畴,因为该种权利属于个人对其自主生活的决定。笔者认为,上述两种观点值得商榷。

1. 患者维生治疗拒绝权不是生命权范畴

应当看到,患者维生治疗拒绝权与生命权有着密切的联系。二者都关系到生命能否获得延续。行使患者维生治疗拒绝权可能导致生命的终结,基于两者的关联性,因此民法典各分编草案第783条规定:"自然人享有生命权,有权维护自己的生命安全和生命尊严。任何组织或者个人不得侵害他人的生命权。"该条并未肯定权利人自决的权利,患者维生治疗拒绝权并不属于生命权,主要理由在于:

第一,生命权通常是一种消极的防御性的权利,并不包含生命自决权的内容。在通常情形下生命权并不会产生积极行使的效果,而只是体现为在生命权遭受侵害时,权利人主张权利,向行为人提出请求,以维护其生命。而患者维生治疗拒绝权则是一种积极的权利,在性质上是对医疗事务进行自决的权利。在患者行使维生治疗拒绝权时,权利人的生命权并未遭受侵害或者妨害,这与生命权的消极防御性并不相同。

第二,生命权的内容是维护生命安全,是维持持续存活的权利。但是

---

① 参见孙也龙:《预先医疗指示法律问题研究》,中国法制出版社2019年版,第79页。
② 参见温静芳:《安乐死权研究》,载徐显明主编:《人权研究》(第八卷),山东人民出版社2009年版,第194页。
③ 参见温静芳:《安宁死亡权研究》,科学出版社2009年版,第52页。

患者维生治疗拒绝权只是基于尊严的自主决定,其主要是为了维护生命质量和生命尊严,患者行使此种权利既是为了实现生存的尊严,也是为了有尊严地死亡。承认患者维生治疗拒绝权并不意味着承认患者的生命自决权,因此不会导致萨维尼所批评的承认个人享有自杀的权利。即便承认患者维生治疗拒绝权,也不能认定其属于生命自决权。尤其应当看到,从根本上讲,医疗机构即便是违反了患者的预嘱,也不构成对患者生命权的侵害,继续进行维生治疗只是为了使患者生命存续。

第三,侵害生命权常常导致死亡,所以受害人家属有权以侵害物质性人格权为由请求赔偿损失。而在患者维生治疗拒绝权遭受侵害时,并不必然导致受害人死亡,所产生的也不是损害赔偿的问题。侵害患者维生治疗拒绝权的损害后果并不会导致个人死亡,相反,在采取相关的医疗措施后,还可能延长个人的生命期间,这显然不同于侵害生命权的损害后果。由于在违反患者个人预嘱、漠视患者维生治疗拒绝权的情形下,其损害后果更多的是侵害个人的生命尊严,并可能因此增加个人的痛苦,因此受到损害的应当予以精神损害赔偿,而一般不会产生物质性损害赔偿。

2. 患者维生治疗拒绝权不是隐私权

从比较法上来看,美国将患者维生治疗拒绝权作为隐私权的内容加以保护。在美国法中,有一种观点认为,患者维生治疗拒绝权与隐私权关系非常密切。这主要是因为,美国法采纳了大隐私的概念,包括了对私生活的各种决定。因而,患者对医疗手段的决定也属于自主决定的范畴。在 Schloendorff v. Society of New York Hospital 案中,原告同意被告就自己的肿瘤进行检查,但是被告在检查发现肿瘤为恶性后,直接对原告进行了手术,以移除肿瘤。卡多佐法官认为:"任何一个心智健全的成年人有权决定如何处置自己的身体,在未经患者同意的情况下实施手术构成了对患者的侵犯。除非在患者失去意识的紧急情况下,均应获得患者的同意。"① 在该案中,昆兰(Quinlan)因为不明原因陷入昏迷,医生为其实施了气管切开术并连接呼吸机。但是昆兰的父母向新泽西州法院请求行使监护权,停止呼吸机,不再对女儿进行维生治疗,但是昆兰的医生认为昆兰并未死亡,其监护人的行为违反了州法保护生命的利益的规定。初审法院并未支持监护人的请求,但是上诉法院认为,昆兰所享有的宪法上的隐私权使其足以拒绝呼吸机的维生治疗。休斯(Hughes)法官认为,隐私权

---

① 211 N. Y. 125, 105 N. E. 92 (1914).

包括了死亡的权利,隐私权的范围足够广泛以赋予在特定条件下病人选择死亡的权利,就如同其也足够广泛以赋予妇女在特定条件下堕胎的权利。病人所享有的隐私权要求病人可以拒绝治疗手段对其身体的侵入,即便只有侵入手段才能维持其生命。只有在这种权利和保护生命的价值冲突时,才可能限制这种权利。在何种价值优先这一问题上,应当判断患者被治愈的可能。在治愈已经无望时,患者死亡的权利是优先的。① 自此案之后大多数法院将拒绝医疗的权利视为普通法上的知情同意权或者宪法上的隐私权范畴。②

应当承认,患者维生治疗拒绝权与隐私权之间有密切的联系。美国法中因为采取广义的隐私概念,将私生活的自主纳入隐私之中,而患者的医疗自主属于私生活自主的组成部分。因此,美国法往往将患者维生治疗拒绝权纳入隐私权之中。但是我国立法和司法实践中并未采取广义隐私权的概念,而是将隐私作为一项有别于其他具体人格权的具体人格权,而非包罗万象的广义隐私。隐私权本身具有其特定的内容和特定的客体。《民法典(草案)》(三审稿)第 811 条第 2 款规定:"本法所称隐私是具有私密性的私人空间、私人活动和私人信息等。"该条是对隐私的定义,其中包括了三个方面的内容,并未将自主决定纳入隐私权的保护范围。这主要是考虑到自主决定与私人生活虽然存在一定的交集,但是二者并不存在包含与被包含的关系,而具有独立的适用范围。

即使隐私中包括了私生活自主决定,也应当看到,患者维生治疗拒绝权不同于私生活自主决定权。私生活自主决定权主要是对个人生存状态下私人事务的自主决定,其不应当包括对死亡的决定。虽然患者也享有隐私权,医疗机构也负有相应的告知义务,但其主要针对诊疗活动本身,并不涉及对生命的自决,与患者维生治疗拒绝权存在明显的区别。因为在医疗活动中,患者的病情与诊疗手段虽然具有一定的私人属性,对他人而言可能构成隐私,但是对于医疗机构而言,患者必须如实向医疗机构告知病情,医疗机构如果不了解和知悉患者的病情就无法进行医疗服务。因此,从这一意义上说,医疗事务的自主决定不应当包括在隐私的范畴中。而患者维生治疗拒绝权恰恰是对医疗机构行使的权利,因此,不宜将其作为隐私权加以规定。

---

① See In re Quinlan, 70 N. J. 10, 355 A. 2d 647 (1976).
② 参见孙也龙:《预先医疗指示法律问题研究》,中国法制出版社 2019 年版,第 81 页。

(二) 患者维生治疗拒绝权本质上是一种人格权益

患者维生治疗拒绝权并不是具体人格权,而是一般人格权,也就是说,它是基于尊严和自我决定派生出来的,是人格尊严的组成部分,是民法总则所确认的人格尊严的内容,应将其纳入一般人格权的范畴。患者维生治疗拒绝权是个人生命尊严的具体体现。希腊人用了两个不同的单词来描述生命,即 zoe 和 bios,其中 zoe 是指生理或生物意义上的生命,而 bios 则是指由行动、决策和事件等总和构成的所经历的一生。[①] 可见,单纯物理上的存在并不足以构成生命本身,生命尊严也应当是生命的组成部分。生命尊严不包括对生命利益的处分,体现的是一种生命的质量和有尊严的死亡。任何人类的有机体,包括胎儿,无论是否具有工具和个人价值,都具有生命的尊严。人类生命是神圣不可侵害的。[②]

笔者赞成患者维生治疗拒绝权属于一般人格权的观点。患者维生治疗拒绝权本质上是为了保护个人的生命尊严,其应当属于一般人格权的重要内容,主要理由在于:

第一,符合比较法的发展趋势。患者的人格利益应受到尊重,这是其人格尊严的体现。[③] 从比较法上看,普遍认为患者维生治疗拒绝权是一种新型的人格利益,体现的是人格尊严价值。法国法认为,从尊严原则出发,生命并不是一项可自由处置的利益,因此,基于患者的尊严和自决权,并不能推导出患者享有积极安乐死的权利,因为这会导致对生命的直接危害。但是,对于处于临终状态的病人,其拒绝无意义的痛苦治疗,则是其尊严的必然内容,此种权利应得到尊重和承认。[④] 在德国,安宁死亡权是一种新型人格权,其从权利束的角度提出,本质上关系到人格尊严的问题。[⑤] 德国学者迪尔克·雅尔(Dirk Jarre)在 1956 年提出,人性尊严包括两项重要的基本权利,首先是独立性,即自我决定自身生活的权利。患者维生治疗拒绝权尊重了生命尊严,这种尊严也是人格尊严的重要内容。

第二,停止维生治疗的正当性基础在于病人的自决,是个人自决的体现。对于完全民事行为能力人而言,其有权决定自己的重大事务,也就是

[①] See Leo Tosltoy, Anna Karenina, trans. Rosemary Edmunds, Penguin, 1978, p. 749.
[②] 参见〔美〕罗纳德·M. 德沃金:《生命的自主权——堕胎、安乐死与个人自由的论辩》,郭贞伶、陈雅汝译,中国政法大学出版社 2013 年版,第 91 页。
[③] 参见孙也龙:《预先医疗指示法律问题研究》,中国法制出版社 2019 年版,第 80 页。
[④] Jean-Christophe Saint-Pau (dir.), Droits de la personnalité, LexisNexis, 2013, p. 142.
[⑤] 参见姚建宗等:《新兴权利研究》,中国人民大学出版社 2011 年版,第 248 页。

在关涉人格尊严时应当由患者自己决定。① 有观点认为,立法的首要目的在于保护患者的生命及患者的自决,而其衍生的目的则在于,保护实现当事人自决的法律便利,在医疗伦理的指导下行为,为医生提供安全的法律环境。② 因此,由于维生治疗关系着患者的生命健康利益,因而必须遵循患者的自主决定。从实践来看,维护生命尊严体现了许多患者的意志。例如,2007年对于302例住院癌症患者的调查显示,77%的癌症患者认同"病情难以逆转,应当淡化治疗、减轻痛苦、提供尊严"③。还有调查发现,通过临终关怀教育整合重症监护治疗及临终关怀,对临终患者家属进行尊严死教育,使得临终前选择积极治疗的患者比例明显下降,选择临终关怀的患者比例明显提升。④ 可见,此种权利体现了患者的人格尊严,符合患者的意愿。

第三,按照我国现行立法,将患者维生治疗拒绝权界定为一般人格权,也符合其体系定位,因为我国现行立法还没有承认患者维生治疗拒绝权为具体人格权,其只是一种新型人格利益,对此种人格利益,法律应当予以保护,将其置于一般人格权中比较符合其体系定位。随着社会的发展和科技的进步,新的人格利益不断产生,一般人格权可以为这些新型人格利益的保护提供法律依据,一般人格权也能够起到兜底性条款的作用,从而能够对具体列举的具体人格权所未能涵盖的部分提供概括保护,为社会变迁中出现的新型人格利益确立了请求权的基础。因此,应当将患者维生治疗拒绝权作为一般人格权进行保护。

五、患者应当通过预嘱的方式行使维生治疗拒绝权

所谓医疗预嘱,是指患者事先作出的放弃治疗的指示,从广义上说它是患者医疗自主决定权的重要内容。尊重患者医疗预先指示的目的在于

---

① 参见刘士国:《论主体地位人格与人格尊严人格》,载《法律科学(西北政法大学学报)》2016年第2期。

② See John Griffiths, Alex Bood and Heleen Weyers, Euthanasia and Other Medical Behavior that Shortens Life as a Problem of Regulation, Amsterdam University Press, 1998, pp.260-263.

③ 曾铁英等:《癌症患者对终末期治疗和死亡的态度调查》,载《护理学杂志》2008年第7期,转引自孙也龙:《预先医疗指示法律问题研究》,中国法制出版社2019年版,第2页。

④ 参见王福平、古利明:《尊严死教育在ICU临终患者疗护中的应用》,载《中国医学伦理学》2014年第1期,转引自孙也龙:《预先医疗指示法律问题研究》,中国法制出版社2019年版,第2页。

保障患者的医疗自主,即个人可以根据自己的规划,自主决定相关的医疗事务,从而维护其真实的医疗意愿。预先自主决定始于美国,据考证,美国律师路易斯·库特纳在 1969 年首创了"生前预嘱"(living will),他认为,正如遗嘱包含个人关于其死后事务的意愿,个人也可以将其丧失意思能力时的医疗意愿记录在生前预嘱之中。① 美国一些医学团体采纳了该建议,于 1972 年印刷出了第一版预嘱范本,并予以推行。由于许多国家承认了患者维生治疗拒绝权,因而使得预嘱被广泛采用。因为绝大多数的患者维生治疗拒绝权均是通过预嘱的方式作出的。即使承认非基于预嘱也可以实现患者维生治疗拒绝权,但是,以预嘱的方式实现仍然是绝大多数的情形。患者的预先医疗指示与维生治疗拒绝权之间存在密切关联,虽然个人也可以对采用何种治疗方案治疗疾病作出指示,但由于缺乏医学知识背景,在患病之前或者在疾病治疗过程中,个人很难对采取何种治疗方案作出预先指示,因此,患者的预先医疗指示主要是体现为在疾病难以治愈时拒绝维生治疗。从这一意义上说,患者的预先医疗指示与维生治疗拒绝权之间存在内在的关联。

患者的预先医疗指示之所以被称为"预嘱",是因为其是患者对自己医疗事务的一种预先安排,在患者病情加重,已注定无法治愈、抢救无望之时,可设定预嘱。其不同于遗嘱,因为遗嘱是对死后财产分配等做的预先安排,且遗嘱属于死因法律行为,在死亡后才发生效力,而预嘱并不属于死因法律行为,在预嘱设定条件出现时,就可以发生效力。②

问题在于,患者维生治疗拒绝权是否必须通过预嘱的方式实现,在患者意识清醒时,其能否不通过预嘱的方式而直接行使维生治疗拒绝权?笔者认为,患者维生治疗拒绝权关系重大,甚至直接关系到患者的生死,人命关天,不可轻率,因此,必须有患者正式的书面形式的预嘱。更何况,预嘱发生效力后,可能导致医疗机构被免责等,因而,患者行使维生治疗拒绝权必须采用书面预嘱的方式。

患者通过生前预嘱拒绝维生治疗,对这种生前预嘱效力的认可,也要具有一定的条件。患者维生治疗拒绝权的行使应当具备如下要件。

(一)适用对象必须是生命垂危且不可治愈的患者

第一,生命已经处于医学上无法挽救的、不可逆转的临终患者。只有

---

① 参见孙也龙:《预先医疗指示法律问题研究》,中国法制出版社 2019 年版,第 41 页。
② 参见孙也龙:《预先医疗指示法律问题研究》,中国法制出版社 2019 年版,第 67 页。

此类患者才享有拒绝维生治疗的权利。所谓维生,是指采取侵入性的医疗手段,在治愈无望的前提下,人为延长患者生命的治疗手段。应当看到,现代社会医学科学发展和进步迅猛,很多过去认为不可治愈的疾病(如结核、肿瘤、艾滋病等),目前已可以治愈或基本能控制症状,维持较好的生存状态。因此,何为维生治疗,可能需要结合当时的医疗水平等多种因素予以判断。但是在现有条件下确实有许多疾病无法治愈,如果患者所患疾病在现有的科技条件下确认为无法治愈,仍然继续进行维生治疗就可能损害患者的生存尊严。

第二,患者必须要处于生命垂危的状态,继续治疗并无意义,只能暂时延缓生命。有观点认为,患者不应享有维生治疗的拒绝权,其主要理由在于,医生之所以绝不能关掉病人的维生系统,因为人生无奇不有,尽管可能性微乎其微,但是病人还是有可能奇迹般地苏醒过来,只要有一丝恢复的机会,也要让植物人无期限地活下去,这不会违反植物人的权益。① 此种看法虽不无道理,但是在现有的科技条件下,生命维持技术往往只能延后死亡或使永久性失去意识的病人维持生命,但不能逆转他们致命的病情,而且可能让病人活得更痛苦,还不如在病人的明确要求下停止维生治疗,这样更加体现对人的死亡尊严的尊重。当然,法律上应当鼓励人们与病魔做斗争,但是在确实治愈无望而只能靠维生措施来维持生命时,应当允许病人选择行使维生治疗拒绝权。

第三,如果继续生存使患者承受巨大痛苦和折磨,且治愈无望,其有权拒绝介入性手术等治疗。与其让患者痛苦地维持生命,不如尊重其意愿,让其选择终结自己的生命。当然,如果要承认患者维生治疗拒绝权,可能还要通过特别立法的形式进行,完全交由法官进行解释可能仍存在一定问题。

(二) 患者必须具有行为能力且意识清醒(conscious and competence)

在行使患者维生治疗拒绝权时,患者应当具有民事行为能力,且应当处于意识清醒的状态,具体而言:

第一,患者必须要具有行为能力。患者维生治疗拒绝权本质上是患者自主决定权的体现,但是患者的自主决定要求患者具有完全的行为能

---

① 参见〔美〕罗纳德·M. 德沃金:《生命的自主权——堕胎、安乐死与个人自由的论辩》,郭贞伶、陈雅汝译,中国政法大学出版社2013年版,第253—254页。

力,缺乏行为能力的患者不能完全自主决定。个人在作出医疗预先指示时,应当具有民事行为能力,且处于清醒状态,在其失去民事行为能力与意思能力后,该预先指示仍应当具有效力,这就有利于保护个人的真实意愿。而对于无民事行为能力人,患者维生治疗拒绝权应当如何行使?有学者认为,此时发生了价值冲突,在如患者为植物人的情形下,应当允许其近亲属代其作出拒绝治疗的决定。① 但有学者持反对意见,认为法定代理人不能作出对被代理人生命的处分,因此法定代理人无权作出放弃治疗的决定。② 在患者的法定代理人拒绝延长生命的继续治疗方案,而医院认为有必要时,有学者认为应当通过法院推定来确定患者的意愿。③ 如果患者是成年人,可以通过预嘱在其未丧失行为能力时,决定在其丧失行为能力后的医疗决定,或者选任代理人。但是未成年人作为无民事行为能力人或限制民事行为能力人,并不能独立作出预嘱,由于患者维生治疗拒绝权关系到患者的生死问题,在患者本人不具有作出预嘱的能力时,监护人无权代为作出预嘱。

第二,患者应当处于意识清醒的状态,即便患者属于完全民事行为能力人,但如果患者并非处于意识清醒的状态,则其并不能独立作出决定,由于是否采取维生治疗措施将直接决定患者的生死。因此,应当严格限定患者维生治疗拒绝权的行使条件,只有患者处于意识清醒的状态时,才能行使该权利。对临终患者而言,如果其具有行为能力,意识清醒,且确实治疗无望,而且继续治疗将使其承受无法忍受的痛苦,则应允许其通过预嘱等方式放弃无意义的治疗。这实际上也是临终关怀的一种体现。

对于处于意识清醒状态的患者而言,维生治疗拒绝权应当由患者本人行使,但如植物人、脑死亡者、严重畸形婴儿、智力严重低下者,能否由他人代为行使该权利?我国台湾地区的"安宁缓和医治条例"虽然也是以患者本人的决定为原则,但是作为例外情况,规定患者的法定代理人可以代已经失去意识的被代理人申请安乐死。甚至,我国台湾地区还规定了"预立医疗委托代理人"制度,在患者预先已经选定代理人的情况下,如果

---

① 参见张莉:《植物人终止救治的法律规制》,载《法学》2012 年第 7 期。
② Vgl. Seitz, ZPR, 1998, 417, 420,转引自张文婷:《论患者临终阶段的自决权》,载南京大学—哥廷根大学中德法学研究所编:《中德法学论坛》(第七辑),南京大学出版社 2009 年版。
③ Vgl. Becker Schwarze, FPR 2007, 52, 55,转引自张文婷:《论患者临终阶段的自决权》,载南京大学—哥廷根大学中德法学研究所编:《中德法学论坛》(第七辑),南京大学出版社 2009 年版。

病人失去行为能力,则可以由该代理人代其作出决定。① 笔者认为,患者维生治疗拒绝权原则上应当由患者本身行使,也可以由患者预先指定的代理人代理行使,否则,即便是患者近亲属,也不能代替患者作出拒绝维生治疗的决定。

(三) 医疗机构履行了告知义务

在患者行使维生治疗拒绝权之前,医疗机构应当如实告知患者的病情、医疗方案程序、目的、其他可供选择的诊疗方法以及可能带来的相关影响等,以便患者作出决定。在患者已经不具有行为能力时,则应当告知患者家属。在患者行使维生治疗拒绝权之前,医疗机构应当进行有效的告知,即医疗机构的告知应当能够为患者或者患者家属所理解,为此,医疗机构应当采取合理、易懂的方式告知相关情况,从而便于患者及其家属理解。②

(四) 患者必须作出书面预嘱

1. 患者的预嘱应当采用书面形式

患者在以预嘱的方式行使患者维生治疗拒绝权时,应当采用书面的形式,从而能够为医疗机构以及患者的近亲属等主体所知悉。关于患者预嘱能否以口头的形式作出,美国曾经发生了相关的案例,在克鲁赞案中,患者成了永久植物人,患者的父母表示其成为植物人之前多次提起,自己不想以植物人的状态活下去,但该案上诉至密苏里州最高法院后,州最高法院认为,只有患者生前签署的预嘱才能够证明其结束治疗的意愿,证词并不具有此种效力。该案后又上诉至美国联邦最高法院。美国联邦最高法院同样认为,应当提供更为充分的证据以证明"预留医疗指示"的存在。③ 该案后,美国的许多州多修改了法律,承认了"生前遗嘱"或预立医疗委任代理人委托书的效力。1990 年,美国通过了一项法律规定,即使只是做一个小手术,所有医院也都必须告知每位入院病人该州关于"预留医疗指示"的规定。④ 此外,患者除需要采用书面形式行使患者维生治疗拒绝权之外,还应当事先将该预嘱予以公开,因为该预嘱关系到患者的生死,为了防止被他人篡改,患者在作出预嘱后,应当在一定范围

---

① 参见王晓慧:《论安乐死》,吉林人民出版社 2004 年版,第 59 页。
② 参见温静芳:《安宁死亡权研究》,科学出版社 2009 年版,第 96 页。
③ See Cruzan v. Director, Missouri Department of Health, 497 U.S. 261 (1990).
④ 参见〔美〕罗纳德·M. 德沃金:《生命的自主权——堕胎,安乐死与个人自由的论辩》,郭贞伶、陈雅汝译,中国政法大学出版社 2013 年版,第 227 页。

内公开。

2. 在没有书面预嘱情况下不得对当事人的意思进行推测

在美国法中,如果患者没有作出书面预嘱,在患者欠缺行为能力时,允许对患者的意思进行推测。关于如何推测患者预嘱的意思,司法实践采取了如下三种不同的标准:

一是最佳利益标准,它是指从客观出发,由他人考察如果患者可以作出选择,何种选择对患者更为有利。此种标准事实上是以他人的标准来判断拒绝维生治疗是否对患者有利,由于按照此种标准推测的结果可能偏离患者的本意,因此,此种标准受到了一定的批评。①

二是替代判断标准,它是指站在患者的立场判断患者是否会拒绝维生治疗,也就是说,即使大多数人不愿意接受治疗也不意味着患者会拒绝治疗,必须站在患者的立场证明该患者不会接受维生治疗,才可以推测患者具有拒绝维生治疗的意愿。相较于最佳利益标准而言,替代判断标准的使用更为广泛。例如,在 Superintendent of Belchertown State School v. Saikewicz 案中,Saikewicz 因为罹患疾病,精神发育迟缓,不具有行为能力,一直接受医院提供的维生治疗。在其是否可以停止维生治疗的问题上,法官认为,法律并不一定要求所有出生有缺陷的人必须接受维生治疗。基于平等尊重原则,任何人都有权拒绝接受维生治疗。但是因为患者没有行为能力,各州应当基于被告的利益最大化,以尽可能主观的标准来判断患者是否应当继续接受维生治疗。综合考察具体案情后,法院认为如果 Saikewicz 具有决定的能力,也会拒绝该维生治疗,因而准许结束对 Saikewicz 进行维生治疗。② 在前述昆兰案中,法院事实上也是采用了替代判断的方法,即原告必须要证明病人如果能决定的话,也会拒绝治疗。③ 这种标准相较于最佳利益标准而言,相对主观,能够在一定程度上兼顾患者的意愿。

三是主观判断标准,它完全从患者是否具有主观上终结维生治疗意愿的角度出发,只有有明确的证据证明患者选择拒绝维生治疗,才能终止维生治疗,因而其是最为严格的判断标准。主观判断标准对于患者的保护是最为有利的④,基于这种标准,除非有证据证明患者已经选择放弃维

---

① 参见吕建高:《死亡权及其限度》,东南大学出版社 2011 年版,第 257—258 页。
② See 373 Mass. 728, 370 N. E. 2d 417 (1977).
③ See Nancy K. Rhoden, Litigating Life and Death, 102 HARV. L. REV. 375 (1988).
④ 参见吕建高:《死亡权及其限度》,东南大学出版社 2011 年版,第 257—258 页。

生治疗,否则不能认为患者作出此种选择,应当继续提供维生治疗。与前述最佳利益标准和替代判断标准相比,主观标准是最为严格的标准。

笔者认为,由于患者维生治疗拒绝权关系到患者生命的维系,一旦患者行使该权利并产生效力,将导致医疗机构停止使用相关的维生医疗设备和手段,患者将会自然死亡。从这一意义上而言,由于拒绝维生治疗将直接影响患者生命的延续,因而必须严格认定患者的意愿,而不应任意推定甚至推测患者具有拒绝维生治疗的意愿。在患者具有明示的意思表示,并作出书面预嘱的情形下,可以认为患者愿意行使维生治疗拒绝权。美国法上的部分标准虽然允许了在欠缺患者明示的情况下,推定患者具有拒绝维生治疗的权利,但是这种推定可能与患者的意思相悖,因而不宜完全肯定。

六、患者维生治疗拒绝权行使的效力

(一) 预嘱的法律效力

在患者病情已经无法医治,面临是否需要接受维生治疗的选择时,患者的预嘱即开始发生效力。预嘱就其本意而言不同于遗嘱,因为遗嘱是在死后才发生效力,而预嘱则在满足特定条件时就发生效力。在患者因病丧失行为能力,无法作出意思表示时,应当按照预嘱的内容确认患者的意思。如果预嘱中有拒绝维生治疗的意思表示,则患者近亲属以及医疗机构都应当尊重患者的预嘱,不再采取维生治疗措施。

患者行使维生治疗拒绝权的直接效果是要求医疗机构停止维生治疗手段,这些维生治疗手段主要是指侵入性的医疗手段,如切开气管、连接呼吸器设备等。当然,停止对患者进行维生治疗并不意味着医疗机构可以完全不作为,患者维生治疗拒绝权的行使只是要求医疗机构不再实施积极的侵入性或延命治疗手段,但并不意味着停止对病人进行适当的临终关怀,例如供食、供水等应当继续,并给患者提供心理抚慰。因而,在患者预嘱生效后,医疗机构仍应当对患者采取维生治疗之外的其他医疗措施。医疗机构停止维生治疗手段也不同于协助自杀,因为停止维生治疗手段只是停止了维生的治疗和维持的措施,并不会人为地改变患者的死亡时间。例如,在患者预嘱生效后,如果病人请求停止进食进水,则事实上属于自杀,此时,如果医生予以协助,则应当构成协助自杀,此种情形显然不同于停止维生治疗手段的情形。①

在患者预嘱生效后,医疗机构停止维生治疗手段导致患者自然死亡的,医疗机构无须承担责任。一般而言,如果医疗机构拒绝与患者订立医疗服务合同,或者在订立合同后不采取适当的医疗手段,则可能导致医疗机构承担侵权或违约责任。但在患者预嘱生效后,医疗机构则不再负有维生治疗的义务,此时,患者及其家属应当无权请求医疗机构承担侵权或违约责任。

(二) 预嘱的执行

预嘱由预嘱执行人执行。在预嘱中,患者可以选定其近亲属作为预嘱的执行人,在预嘱没有设置预嘱执行人时,可以考虑参照《民法总则》相关规范中关于成年监护人的规则来确定预嘱执行人。问题在于,患者虽然身患重疾,但如果其并未丧失行为能力且意识清醒,此时,能否由预嘱执行人决定拒绝维生治疗?有观点认为,在患者已经在预嘱中选定了预嘱执行人时,可以由该预嘱执行人作出此种选择。② 笔者认为,此种观点值得商榷,在患者意识清醒且具有行为能力时,应当认定其所作出的预嘱尚未发生效力,此时,仍应当由患者自行确定是否接受维生治疗,而不应当由预嘱执行人作出选择。

在此需要探讨的是,患者能否在预嘱中选定由医生作为预嘱执行人?在诊疗活动中,医生负有详细说明病情与治疗手段的功能和效果的义务,一旦患者选择医生作为预嘱执行人,则意味着医生将被免除说明的义务,而可以直接为患者作出决定,这等于是患者变相放弃了知情同意权。在美国,对于患者放弃知情同意权利的限制非常严格,如果患者将决定权交给医师,则医师必须明确提示患者其具有知情同意权,且在具体施行个别的医疗手段时,还要再次确认患者的意向,而且此种放弃并不免除医生的告知义务。③ 这种做法事实上并没有赋予医师预嘱执行人的地位。笔者认为,患者在预嘱中选择医生作为预嘱执行人的,可能影响其知情同意权,因此,不宜认可医生可以作为预嘱执行人。

(三) 违反预嘱的法律后果

如果违反患者的预嘱,将产生何种法律后果?首先,如果患者仍然生

---

① 参见〔美〕G. 德沃金、〔美〕R. G. 弗雷、〔美〕S. 博克:《安乐死和医生协助自杀——赞成和反对的论证》,翟晓梅、邱仁宗译,辽宁教育出版社 2004 年版,第 28 页。
② 参见吕建高:《死亡权及其限度》,东南大学出版社 2011 年版,第 227 页。
③ 参见艾尔肯:《论医疗知情同意理论》,载《河北法学》2008 年第 8 期。

存,则其可以请求医疗机构或者预嘱执行人承担责任;如果患者已经去世,则其他近亲属可以请求医院和预嘱执行人承担责任。问题在于,违反预嘱究竟应当承担何种责任?一种观点认为,行为人违反患者的预嘱,应当承担侵权责任,因为该行为侵害了患者维生治疗拒绝权,侵害了患者的一般人格权。另一种观点认为,行为人违反患者的预嘱,只是使患者近亲属遭受一定的精神损害,应当由近亲属主张精神损害赔偿。

应当看到,违反预嘱与侵害生命权之间存在本质上的区别。侵害生命权通常会导致死亡等后果,但是预嘱的违反则可能意味着医疗机构继续进行维生治疗,而不会产生死亡的后果。由此所产生的也不是对生命权的侵害。侵害患者维生治疗拒绝权的后果是医疗机构继续抢救病人,这恰恰也是救死扶伤的体现,而不存在对生命权的侵害。但由于违反预嘱给患者及其家属造成了痛苦,所以其产生的主要是精神损害赔偿。具体而言:

一是请求继续执行预嘱。患者近亲属违反患者预嘱主要表现为:在符合预嘱事先确定的维生治疗拒绝的条件时,患者近亲属拒不执行预嘱内容,而要求医疗机构进行维生治疗,或者拒不同意医疗机构停止维生治疗的决定。该行为虽然也侵害了患者的权利,但此种情形下的损害赔偿责任往往并无实际意义,因为患者近亲属往往作为患者的继承人,在产生损害赔偿责任后,赔偿金作为患者的财产将会被患者的继承人继承;如果患者近亲属尚未获得赔偿时,则可能产生类似于债的混同的结果发生。当然,在患者的预嘱已经公开的情形下,即便患者近亲属不执行预嘱,医疗机构也应当有权依据预嘱拒绝对患者采取维生治疗措施。

二是精神损害赔偿。在符合患者维生治疗拒绝权构成要件的情况下,且患者或其家属已经表示行使该权利时,医疗机构仍然采用积极的具有侵入性的医疗手段进行维生治疗的,医疗机构的维生治疗行为可能给患者带来巨大的精神痛苦,应当认为医疗机构的行为构成侵权。

结　语

《民法典(草案)》(三审稿)第 783 条规定:"自然人享有生命权,有权维护自己的生命安全和生命尊严。任何组织或者个人不得侵害他人的生命权。"该条将维护生命安全与生命尊严并列作为生命权的内容,肯定了生命尊严的维护受到民法的保护,具有十分重要的意义。民法典人格权编以人格尊严的保护为立法目的。就生命权而言,生命尊严是人格尊严的核心内容,民法典人格权编对生命尊严进行保护是全面维护人格尊严的要求。在患者的疾病没有治愈希望、采取维生治疗可能给患者带来巨大痛苦时,应当允许患者通过预嘱的方式拒绝维生治疗,以更好地体现对患者生命尊严的尊重。

论人格权商业化利用[*]

人格权商业化利用也称为人格要素的商业化利用,它是指在市场经济社会,人格权的某些权能可以依法转让或者授权他人使用,以及在其遭受侵害以后可以通过财产损害赔偿的方式获得救济。人格权商业化利用是人格权在市场经济语境中的必然发展,是人文主义理念和市场经济相结合的产物。在法律上确认人格权商业化利用制度,也是完整保护人格权的需要。有鉴于此,本文拟对我国的人格权立法如何应对人格权商业化利用问题谈几点看法。

一、人格权商业化利用是现代市场经济发展的结果

在商品经济并不发达的情况下,人格权不可能作为财产进行利用或者交易。如罗马法仅区分有体物和无体物,认为名誉、荣誉等既非有体物,也非无体物,不属于财产。到中世纪,因市场经济尚未确立,因此也缺乏对人格利益进行财产评价的有效机制,如侵害人格利益不能通过市场价格来计算损失,因此不存在人格权商业化利用的现象,甚至对侵害人格权的行为的制裁也不是补偿性的,而只能是惩罚性的。[①]

人格权商业化利用的实践早在19世纪就已经开始了。[②] 19世纪初人身保险的兴起,已经产生了人格权商业化利用的现象[③],19世纪末20世纪初,一些名人的姓名和肖像已经被广泛用于香水、雪茄、药品等商品。[④] 20世纪以来,现代广告业的发展使个人的名誉、肖像、姓名等人格权中的经

---

[*] 原载《法律科学(西北政法大学学报)》2013年第4期,原题目为《论人格权商品化》。

[①] See Eric H. Reiter, Personality and Patrimony: Comparative Perspectives on the Right to One's Image, 76 Tul. L. Rev 676.

[②] See J. P. Wood, The Story of Advertising, Ronald Press Co., 1958, p.123.

[③] See V. Zelizer, Human Values and the Market: The Case of Life-Insurance and Death in 19th Century America, in 84 Am. J. Soc. 591 (1978).

[④] See Huw Beverley-Smith, Ansgar Ohly, Agnes Lucas-Schloetter, Privacy, Property and Personality, Cambridge University Press, 2005, p.1.

济价值逐渐凸显,并可以大量进行商业化利用。日益普及的大众传媒深刻地影响了人们的日常生活,改变了人们的生活方式和商品的营销方式。借助于大众传媒的传播功能,人的肖像、姓名的商业化利用价值越来越大,从而具有商业化利用的现实性。[1]

随着互联网技术的发展,个人信息逐渐转化为通过数字化的形式记载、储存、传播、利用。网络的全球性、开放性和瞬间性以及在储存和利用信息方面的无限性,使各种个人信息资料都可以通过互联网在瞬间收集、整理、存储和传播。网络环境下个人的所有行为都会被转化为个人信息,所有的个人信息碎片都可以被通过网络数字化的处理形成个人信息的"人格拼图"。例如,通过对个人购物偏好的分析,可以了解个人性格、私生活的信息等;日常生活中个人的某些行为或者偏好等都可能会通过网络进行处理并进行商业化利用。所有这些都表明:人格权商业化利用已经成为现代市场经济社会大量存在的现象。

人格权为什么可以商业化利用,需要从人格权自身寻找原因。笔者认为,人格权商业化利用的原因,主要体现在以下几点:

第一,某些人格权尤其是标表性的人格权本身具有一定的可利用价值。例如,名人的姓名、肖像、声音以及法人的名称等都具有一定的社会知名度,因此在商业上就有相当程度的利用价值,也就具有了一定的商业价值,可以用金钱加以衡量。[2] 肖像首先是作为商标来使用的(例如肯德基就使用了创始人本人的肖像作为企业的标志,同时也作为其产品的商标使用),但使用范围并不限于此。即使是普通人的姓名、肖像等也有用作宣传广告等可能。此外,人格权之外的特定人格利益,如声音、特定人体动作等也都具有利用的可能性。但如果利用权利人的肖像、隐私等进行商业上的使用,如未经同意用名人的肖像做挂历,获取一定的经济利益,这种经济利益的获得是没有法律依据的,可以构成对人格权的损害。

第二,某些人格权的权能具有与人身的可分离性。众所周知,人格权具有固有性和专属性,许多人格权和主体本身密不可分、无法转让,如名誉权、生命健康权等;但也有一些人格权的权能可以在一定程度上与主体

---

[1] 参见杨立新:《制定民法典人格权法编需要解决的若干问题"中国民法典制定研讨会"讨论问题辑要及评论(一)》,载《河南省政法管理干部学院学报》2004年第6期。

[2] 例如,英国王妃戴安娜逝世10周年之后,围绕戴安娜的各种回忆录等都给作者带来了不菲的收入,仅纪念戴安娜的一首歌曲《风中之烛》在一周内就卖出大约350万张CD,到2005年,其销量已达3 180万张。参见李丹:《公开权研究——比较法的视角》,中国人民大学2009年博士学位论文,第68页。

本身相分离,权利人可以授权他人使用。例如,肖像具有可复制性,从而使肖像利用权在一定程度上能够与主体相分离,并且能够用于一些商业活动,即权利人自己能够加以利用,也能够授权他人加以使用。甚至某些权利如姓名权、肖像权等在权利人本身死亡以后,被授权人还可以在合同所约定的范围内继续对这些权益加以使用。

第三,某些人格权的财产价值具有可继承性。严格意义上说,可继承性也是人格权可分离性的必然结果,既然权利人可以通过许可他人使用自己的部分人格权益,并且获得一定的收益,那么人格权中的经济价值在权利人死后就应当可以被继承。① 例如,德国联邦法院曾主张人格权是值得保护的价值,能够逾越人的权利能力存在。在死者"人格权"受侵害场合,其人格主体虽消失,但其家属以信托人身份,有权将死者的事务当成自己的权利处理。② 从这一意义上说,死者的部分人格权益是可以继承的。在美国法中,对于死者的姓名、肖像等人格利益,大多数州法规定是可以继承的。③ 我国实务中曾经发生过有关鲁迅姓名中的财产利益能否由其继承人继承的案例,学界对此展开过讨论。④ 笔者认为,死者人格利益中的财产价值可以通过继承的方式进行相应的保护,只要不违反法律法规的禁止性规定和公序良俗,就应当允许其继承。一般情况下,死者生前知名度和影响力越高,其人格权中所包含的经济价值就越大,其近亲属可以继承的财产利益也就越大,但这种继承不得损害国家利益和社会公共利益。

第四,对可商业化利用的人格权的侵害可采用财产赔偿的方式予以补救。也就是说,对一些可商业化利用的人格权的侵害,不仅可以通过精神损害赔偿的方式予以救济,更可根据其商业化利用后的经济价值而对权利人予以补救。例如,对于非法利用他人肖像从事商业广告宣传的,权利人可要求通过财产赔偿的方式获得救济,这也是可商业化利用的人格

---

① 参见张民安主编:《公开权侵权责任研究:肖像、隐私及其他人格特征侵权》,中山大学出版社2010年版,第11页。

② Vgl. BGHZ 15, 247(259). 转引自黄立:《民法总则》,中国政法大学出版社2002年版,第112页。按照德国学者胡布曼(Hubmann)的说法,死者虽无权利能力,但在其价值、作品存续的范围内,与之相对的权利即人格权是存在的。即使死者自己不能行使上述权利,亦不妨为其遗属所可保护的利益。参见〔日〕五十岚清:《人格权论》,一粒社1989年版,第164页。

③ See David Collins, Age of the Living Dead: Personality Rights of Deceased Celebrities, 39 Alberta L. Rev. p.924.

④ 参见杨立新等:《鲁迅肖像权及姓名权案评析》,载《判解研究》2002年第1辑。

权与一般人格权的重大区别。

总之,现代社会,人格权的专属与非专属的概念界限也日渐模糊。① 与此同时,人格权商业化利用理论也在不断发展,该理论主要是近代民法的产物。19世纪德国著名学者基尔克提出了人格权商业化利用理论。他认为,某些具体人格权同时也是财产权。② 在19世纪末期,虽然立法者已经注意到非法利用他人姓名或肖像以获取利益的行为是客观存在的,但并没有对此引起重视。司法界普遍认为,允许通过支付费用的方式利用自己的姓名、肖像供他人获取利益的市场化行为是违背人的尊严的。但自第二次世界大战以后,随着人格权观念的发展以及对人格权保护的加强,德国司法实务和民法理论越来越重视人格权的商业化利用问题,利用自己的人格特点在市场中获利的行为不再被认为是不道德的。在著名的Paul Dahlke一案中,德国联邦最高法院认为,在广告中使用名人的肖像,在很多情况下只能通过巨额费用才能获取对方的同意,因而肖像权具有一定的价值,从而在法律上承认了人格权市场化的行为。③ 德国联邦最高法院在此案中也将肖像权归入"具有财产价值的排他性权利"(des vermögenswertes Ausschließlichkeitsrecht)。此后,该观点亦适用于姓名权,并认为一般人格权也包含一定的财产价值。④ 此外,欧洲其他一些国家也广泛承认了人格权商业化利用。例如,在意大利,非法利用他人姓名、肖像等行为被法学家们界定为对肖像权或姓名权等的侵害。⑤

市场经济条件下,人格权商业化利用趋势日益明显,例如,名称可以注册为商标,也可以成为商号。特别是名人的姓名、肖像等人格标识具有特殊的影响力,具有较大的商业价值和感召力,当利用名人的形象、姓名做广告时,对于产品的销量能够产生巨大的推动作用。⑥ 所以,人格权商业化利用现象越来越受到许多国家法律的重视。由以上分析可见,人格权商业化利用是人格权在市场经济中的必要发展,对人格权商业化利用

---

① See T. Hassler, La crise d'identité des droits de la personnalité, in Pet. Aff., 2004, n. 244, 3.
② Vgl. O. Gierke, Deutsches Privatrecht I, 1895. S. 706.
③ See BGHZ 20, 345 (353).
④ See BGHZ, 214 (219).
⑤ See P Vercellone, Diritti della personalita e rights of publicity, Rivista trimestrale di diritto e procedura civile, 1995, pp. 1163–1174.
⑥ 参见杨立新等:《〈中国民法典·人格权编〉草案建议稿的说明》,载王利明主编:《中国民法典草案建议稿及说明》,中国法制出版社2004年版,第327页。

的保护和限制实际上是人格权保护在当代的重要体现。在市场经济社会,人格权与财产权结合在一起,形成一种商业化的利益,任何人侵害这种可商业化利用的人格权,都应当承担相应的损害赔偿责任。

二、人格权商业化利用对人格权概念的发展

人格权的商业化利用也对人格权的概念和内涵产生了一定的影响。主要表现在如下几个方面:

首先,对人格权的专属性的影响。所谓专属性,是指人格权只能为特定的权利人所享有,与权利主体不可分离。自产生以来,人格权就被认为是一种专属性的权利。专属性是人格权与财产权的重要区别。[①] 这种专属性具体表现为:一方面,人格权始终与主体相伴随,主体产生以后就享有生命权、身体权、健康权、姓名权等人格权,主体消灭则人格权也不复存在。另一方面,人格权具有不可转让性。与财产权可以与权利主体发生分离不同,人格权与权利主体是不可分离的。即人格权只有权利人本人才能享有,除法律有明确规定外,一般不能转让。但是,在现代社会中,人格权商业化利用使人格权的利用与人格权主体分离,对于某些人格权,例如姓名权、肖像权、个人信息权等,人格权主体和人格权能利用主体往往并非同一人。例如,权利人可以将个人肖像许可他人利用作为商品广告或者作为注册商标,这也对人格权的专属性产生了一定的影响;同时,某些人格权中的经济价值具有可继承性,在权利人主体资格消灭后,其人格权中的经济价值可以继承。一般而言,只有财产权具有可继承性,而人格权通常与主体不可分离,并不具有可继承性。但伴随着人格权商业化利用的趋势,某些人格权也具有一定的可继承性。例如,在王金荣等诉中国老年基金会北京崇文松堂关怀医院等死者肖像使用权案中,法院认为,被告擅自使用原告母亲的肖像,构成侵权,因而应当承担损害赔偿责任。在该案中,原告继承的是死者肖像所具有的财产利益,而不是人格利益。[②]

正是因为人格权商业化利用的发展,人格权与人格权主体发生了一定程度的分离,因此不能将人格权规定于主体制度之中。将人格权规定于主体制度之中,其基础在于人格权与主体的不可分离性,但如上所述,人格权与主体事实上可以部分分离,如果采取这种做法,可能妨碍对人格

[①] 参见陈民:《论人格权》,载《法律评论》1962 年第 8 期。
[②] 参见北京市崇文区人民法院(1999)崇民初字第 1189 号民事判决书。

权的商业化利用,无法对人格权商业化利用作出细致规定,也可能难以协调与主体制度其他规则的关系,并与主体制度的基本精神发生冲突。这从另一个侧面印证了人格权独立成编的必要性。

其次,对人格权内容的影响。按照传统见解,民法应调整平等主体之间的人身关系和财产关系,因此,将权利区分为人身权和财产权,人格权属于人身权的范畴,其客体主要表现为与财产相分离的人格利益,这正是其与财产权的显著区别。但是,人格权商业化利用使得人格利益与财产利益相互结合起来,从而形成人格权和财产权的结合状态。例如,就肖像权而言,权利人可以通过使用自己的肖像获取一定的利益,也可以通过许可他人使用自己的肖像而获得一定的利益。肖像权人既可以自己使用肖像以取得精神上的满足和财产上的利益,也有权同意他人使用自己的肖像以获取适当的报酬。① 再如,就个人信息权而言,权利人对个人信息不仅享有支配的权利,还可以自己利用和允许他人利用个人信息,并可以通过许可他人将包含了个人信息的数据共享。由此,就某项人格权而言,其不再是一个单纯的人身性权利,而是同时蕴含了财产权的一些特征,具有人身权和财产权的双重属性。

正是基于这个原因,美国法突出了这些人格权利商业化利用时的财产属性,将之规定为独立的公开权。但笔者认为,尽管人格权商业化利用导致了人格权财产属性的产生,但应注意到,人格权本质上仍是人格尊严的权利体现,从人格权制度的发展来看,人格权法逐步从物质性的人格权发展到精神性的人格权;过去更多地关注物质属性的人格权,现在则更强调社会属性的人格权。② 法律确认各种精神性人格权,即便其内容具有财产因素,但仍然凸显的是其人格尊严,财产属性是附属于人格利益属性的,是从人格利益属性中派生出来的,在对人格权中经济价值进行利用时,应当考虑到对个人人格尊严的保护。如果将人格权中的经济价值作为独立的财产权,可能会忽视对人格权尊严的保护。即使就个人信息权而言,其虽然具有明显的财产属性,但主要还是一种人格权。据此,1976年,德国学者克里斯托夫·马尔曼(Christoph Mallmann)率先提出"个人信息自决权"(das Recht auf informationelle Selbstbestimmung),认为个人信息

---

① 参见张新宝:《中国侵权行为法》(第二版),中国社会科学出版社 1998 年版,第 302 页。

② See Philippe Malinvaud, Introduction à l'étude du droit, 9e édition, Litec, 2002, pp. 258–284.

对于个人人格的发展具有重大的意义,是个人自我表现(die Selbstdarstellung)和与社会环境交流的媒介,因此,基于自决权,权利人应当享有对个人信息的知情同意等权利。① 个人信息自决权在德国法的语境中是指个人依照法律控制自己的个人信息并决定其是否被收集和利用的权利。依据德国联邦宪法法院的观点,这一权利是所谓的基本权利,其产生的基础为一般人格权②,其内在基础是个人自决和人格受尊重。所以,人格权商业化利用仍然要以个人自决和受尊重作为基础和前提,是个人自决和个人尊严在现代市场社会中的投射和延伸。

再次,对人格权效力的影响。传统上,人格权侧重于排除他人的干涉和侵害,所采取的是一种消极保护方式。即对于物质性的人格权等权利而言,其内容不表现为积极的利用和处分,而是一种消极的保有和维护,只是在其受到外来侵害时才表现出来。法律赋予主体享有人格利益主要是为了使主体维护其生命、身体的安全和健康,人格权的核心是确认并保障民事主体的人格利益免受他人的侵扰,这是一种对消极自由的确认和保障。正是从这个意义上,人格权也可以被称为禁止权。而在人格权商业化利用中,所侧重的是人格权主体如何积极地利用其人格获取利益。在这些权利中,权利人除了可以消极防御第三人的侵害,还可以享有积极利用的权利。③ 人格权商业化利用的方式是多样的,具体表现为:其一,权利人对可商业化利用的人格权的自己利用,例如,权利人将自己的姓名作为注册商标或作为商业名称使用。其二,权利人许可他人对自己的某些人格权进行利用。例如允许他人将自己的肖像印刷在各种挂历、宣传手册中。其三,某些人格权的内容具有主动行使的特点,因此,这些权利被称为主动的人格权。④ 例如,个人信息权就是一种主动的人格权,权利人在发现商业机构所搜集的个人信息不完整或错误时,可以要求商业机构对其进行补充和更正。当然,这两者并非截然对立,在私法自治的意义上,人格权的消极保护当然是实现权利主体的意思自治,但对人格权主体

---

① Vgl. Mallmann und Christoph, Datenschutz in Verwaltungsinformationssystemen, 1976, S. 54 f.

② Vgl. BVerfG, Urteil des Ersten Senats vom 15. Dezember 1983, 1 BvR 209/83 u. a.-Volkszählung-, BVerfGE 65, 1.

③ 参见〔日〕五十岚清:《人格权法》,〔日〕铃木贤、葛敏译,北京大学出版社2009年版,第15页。

④ 参见〔日〕五十岚清:《人格权法》,〔日〕铃木贤、葛敏译,北京大学出版社2009年版,第15页。

通过自己的意志利用其人格利益的承认和保护,也是在另外一个方向实现权利主体的意思自治。

最后,在某些人格权的损害赔偿方面,应当考虑其经济价值因素。正如美国一个案例中,法院判决指出,侵害肖像权的基础在于对个人人格特征商业价值的滥用。① 正是因为肖像权具有财产价值,因此可以用金钱赔偿的方式加以救济。对此类人格权益的损害,多数都可以通过财产赔偿的方式加以弥补,这也是人格权商业化利用与普通人格权的重大区别。

三、人格权商业化利用的两种立法模式

面对人格权商业化利用的趋势,各国立法和判例都作出了相应调整,由此产生了两种人格权商业化利用的保护模式,即德国模式和美国模式。

一是德国模式。即在人格权制度范畴内解决人格权益中经济价值的法律保护问题,而不将人格权中的经济价值作为一种独立的权利进行保护。此种观点认为,可以将人格权视为一个统一的权利,其包含两个部分,一部分旨在保护人格的精神利益,另外一部分保护人格的财产利益,该部分可称之为使用权,二者统一构成人格权。在德国,因为独立的、可任意转让的、财产性的人格权违反了《德国基本法》第1条第1款关于人的尊严的规定,因此采纳统一权利说的保护方式。② 采纳此种观点的必要性在于,即使承认人格权商业化利用,其仍具有专属性,即无法将一个人的人格权毫无保留地移转给另外一个人(如肖像权不能完全转让,只能是其利用权能的转让)。在统一权利说理论下,人格权的财产部分仍包括在人格权中,无法完全脱离人格权而单独存在,因此无法自由转让。在统一权利模式下,人格权中的精神利益和财产利益也可以被加以区分,若其中的财产利益遭受非法侵害,则应以市场价格来计算损害,并对权利人予以补救。例如,在迪特利希(Dietrich)一案中,迪特利希本人的肖像和手迹

---

① See Rogers v. Grimaldi 875 F2d 994 (2nd Cir 1989), 1003-4.
② Vgl. Forkel, FS Neumeyer, S. 229, 230 ff.; Götting, Vermögensrechte, S. 137, 167, 275 ff; Magold, Personenmerchadising, S. 521 ff., 663 ff.; Freitag, Kommerzialisierung, S. 73; Seemann, Prominenz, S. 148 ff.; von Holleben, Geldersatz, S. 87 ff.; Helle, RabelsZ 60 (1996), 448, 459, 463 ff.; G. Wagner, GRUR 2000, 717 (718); Kläver, ZUM 2002, 205 (209); C. Ahrens, Verwertung, S. 155, 166 ff.

被非法用于广告,法官认为对财产价值部分的损害可以要求财产损害赔偿。① 对精神利益仍然要按照人格权的性质进行保护,有利于维护主体资格的统一性。总体说来,德国判例学说确立的统一权利模式承认了人格权的商业化利用,而这种人格权商业化利用也成为德国民法中人格权法的发展趋势。

二是美国模式。此种观点认为,应当从人格权中将其具有财产价值的部分分离出来,上升为公开权单独进行保护。公开权(publicity rights),又称形象权,指公民对自己的姓名、肖像、角色、声音、姿态以及图像、卡通人物形象等因素所享有的进行商业利用和保护的权利。此种权利常被界定为具有财产权性质的权利。② 作为美国法中的一个特有概念,公开权是人格权商业化利用的一种表现。对于其究竟属于知识产权还是人格权,目前仍有争议。但是,无可否认的是,其与人格利益有密切的联系。公开权概念最初由尼默(Nimmer)于 1954 年提出③,于 1977 年得到了美国最高法院的支持。④ 在 1953 年的美国黑伦实业公司诉托普斯口香糖有限公司一案中,法院首先承认了公开权的概念。⑤ 在该案中,美国第二巡回法院将公开权定义为"对自己的姓名、肖像和角色拥有、保护和进行商业利用"的权利。目前美国法上通常认为"公开权是限制他人未经许可使用自己姓名、肖像及其他方面个人特性(identity)的隐私权的一个分支权利"⑥。美国法律学会于 1995 年出版的《美国反不正当竞争法重述》(第三版)

---

① 该案的判决要旨是:一般人格权及其特殊表现形式,如肖像权和姓名权,不仅保护人格的精神利益,还保护人格的商业利益。人格权的财产价值组成部分因为肖像、姓名或其他人格标识受到侵害的,人格权主体得请求损害赔偿,此项损害赔偿不受侵害强度之影响。参见 BGH NJW 2000, 2195。

② See Michael Henry (ed.), International Privacy, Publicity and Personality Laws, Reed Elsevier (UK), 2001, p. 88.

③ 公开权是从隐私权(right of privacy)中发展起来的。1954 年尼默发表了一篇《论公开权》的论文,最先使用了公开权的概念。他认为,"公开权是每个人对其创造和购买的公开的价值享有控制或获取利益的权利"。See Nimmer, The Right of Publicity, 19 Law & Contemp. Prob, 203, 2 16 (1954).

④ 参见程合红:《商事人格权论》,中国人民大学出版社 2002 年版,第 56 页。

⑤ See Haelan Laboratories v. Topps Chewing Gum, 202 F. 2d 866 (C. A. 2. 1953). 在该案中,被告未经原告的同意而使用其姓名和照片,原告作为一个棒球运动员具有一定的知名度,而被告侵占了原告的利益。法院认为,公开权是否是财产权并不重要,关键是被告侵害了原告金钱上的价值。

⑥ See Michael Henry, International Privacy, Publicity and Personality laws, Butterworth, 2001, p. 476.

规定了"侵占个人形象的商业性价值构成侵害公开权",第46条规定,"为了交易的目的未经允许而使用他人姓名、肖像和其他具有人格特征的利益,侵占他人在经济上的价值",将构成不正当竞争。目前虽然美国有一些州法院仍未承认公开权,但实际上这一概念已经基本被美国多数法院普遍接受。

上述两种不同制度安排的区别集中在如下几点:从形式上看,体现为是否承认独立的、可任意转让的财产性的人格权。从价值层面来看,体现的是美国法和德国法在人格权保护价值取向方面的区别,耶鲁大学惠特曼教授曾经提出美国和欧洲在对个人私生活保护方面存在着不同的价值观,美国法主要保障的是个人的人身自由,而欧洲法主要保护个人的人格尊严。[①] 正是因为这种价值层面的区别而导致了两种模式的差异,美国的公开权制度就是将权利人的隐私、肖像等权利中的财产价值凝聚为一种独立的财产权,认为将财产利益予以利用是个人自由的体现,其独特的作用首先在于对个人自由的全面维护,因此应对这种自由予以保护。而以德国为代表的欧陆国家更注重对人格尊严的保护,因此人格权商业化利用仍然是在人格权内部发展,成为人格权内容的一部分,而未将人格权中的经济价值作为独立的权利。德国法并不是将人格权中的经济价值独立为一种权利进行保护,而是通过变通解释传统人格权法的规则对人格中的经济价值予以保护;随着传媒业、广告业的发展,人格权中经济价值日益凸显,为克服隐私权概念的局限性,美国法上承认了独立的公开权,将人格权中的经济价值确立为独立的财产权,以为其提供更全面的保护。

美国法中公开权概念的产生,与其缺乏人格权的抽象概念密切相关,特别是其并没有列举具体人格权类型,只有较为宽泛的隐私权的概念,关于姓名、肖像等的权利往往包括在隐私权内予以保护。由于美国公开权制度是美国法律体系中的一个特有的产物,完全照搬到中国来很可能造成"水土不服"的问题。一方面,如果引入公开权的概念,将对我国现有的人格权体系造成不必要的冲击。在美国法中,关于公开权能否自由移转、继承虽然也存在争论,但通说认为公开权应为一种财产权,其专属性较弱,因此可以转让、继承。[②] 比较而言,我国继受的是大陆法系的人格权理论,若在此基础上承认可以自由转让、继承的人格权,很可能对既有体系

---

① See James Q. Whitman. The Two Western Cultures of Privacy: Dignity versus Liberty, 113 Yale L. J. 1151 (2004).

② See Thomas McCarthy, The Right of Publicity and Privacy at§5.5 (B)(4), 1995.

造成过大的冲击。所以，我们仍然应当在大陆法系的传统下解释人格权商业化利用现象。另一方面，公开权制度并非体系一贯的产物，其产生没有彰显人格权的本质属性，没有将人格尊严的属性凸显出来，无法实现对人格权的整体考察。就可商业化利用的人格权而言，如姓名权、肖像权等，确实具有双重性，但此类人格权的主导属性是人身性而非财产性。例如，就肖像权而言，每个人无论穷富贵贱，均享有肖像权，任何人的肖像权都具有不可侵害性，应当受到法律的保护，因此肖像权虽然可以被利用，但其本质上还是一种人身性权利。单独突出公开权，可能不利于彰显其人格尊严的不受侵害性价值。

笔者认为，应当承认在市场经济条件下，某些人格权具有一定经济价值，可以作为商业利用的对象，但这并不改变其人格权的本质属性，只要承认人格权的经济价值即可。这只是某些人格权的内容或权能上的扩充，而没有必要创设出诸如公开权、商业化利用权之类的新型独立权利。在这一点上，我们应当结合我国实践，借鉴德国的统一权利模式，承认人格权中包含财产利益和精神利益两部分，财产利益可以进行商业化利用并作为交易的对象，侵害了这一财产利益应当承担损害赔偿责任。

四、我国对人格权商业化利用应采用的立法对策

笔者认为，我国立法应当确认人格权商业化利用现象，并采取相应的对策。主要有如下几点：

（一）建立人格权商业化利用制度适应人格权商业化利用的趋势

人格权商业化利用是市场经济发展的新现象，如前所述，广告业和现代传媒业等新型产业的发展，极大地推进了人格权商业化利用的进程，而自从人类社会进入信息社会后，互联网和数字化技术的发展，极大地促进了个人人格权的商业化利用。从未来的发展趋势来看，人格权商业化利用现象将会越来越普遍，并将成为民法中一个新的不可忽视的问题。一方面，我们要充分肯定人格权本质上是一种精神权利，其内容主要以精神性利益为主，通过人格权制度来彰显个人人格尊严，维护个人人格自由。另一方面，我们也要承认人格权商业化利用的现实。某些人格权不再是与财产绝缘的纯粹精神性权利，不仅某些标表性人格权可以商业化利用，一些精神性的人格权如隐私权也可以商业化利用，此外，人格权之外的一些特殊的人格利益，如声音、形象等也可以商业化利用，甚至一个人的日

记、动作、神态以及其表演的形象等,都具有可商业化使用的价值,对此有必要在法律上予以保护。以上诸种发展要求我们在未来的人格权立法中建立人格权商业化利用制度,以应对人格权商业化利用的挑战。

事实上,我国现行立法也体现了财产利益是包含在人格权之中的思想。例如,根据《民法通则》第 100 条的规定,公民享有肖像权,未经本人同意,不得以营利为目的使用公民的肖像。该条从反面确认了不得擅自对他人肖像进行商业化使用,这是规定在人格权条款中的,而并非在肖像权之外确认了一种独立的权利。至于某些利益,如虚拟人物的商业化利用等,可以通过反不正当竞争法予以保护,没有必要将其确认为一种独立的权利。有学者认为:"因社会经济活动的扩大,科技的发展,特定人格权既已进入市场而商业化,具有一定经济利益的内涵,应肯定其兼具有财产权的性质。"[1]此种观点有一定的道理,但笔者认为,人格权商业化利用并没有改变人格权的性质,从根本上说,它只是使人格权的内容和权能增加了经济利用的性质,但人格权本身的固有属性并没有改变。所以,对人格权商业化利用仍然需要在人格权法中加以规定。

在我国当前人格权法立法不完善的情况下,司法实践中对商业化利用的权利采取了通过知识产权间接保护的方式。例如,在上海世纪华创文化形象管理有限公司诉张飞燕等侵犯著作权纠纷一案中,法院主要采取了著作权的方式对可商业化利用的人格权进行保护。[2] 笔者认为,间接保护方式只是一种权宜之计,为了更全面地保护商业化利用的人格权,未来民法典中有必要特别确认人格权中的财产利益。另外,既然人格权商业化利用不形成独立的权利,而仍然包含在人格权中,也就不应该通过知识产权法、反不正当竞争法等加以保护。在人格权法中,需要确认人格权中的财产利益,并对其商业化利用的方式设立相应的法律规则。例如,人格权法有必要规定人格权许可利用合同,该合同发生争议时的解释规则,以及何种情形下可以解除合同等。

以上讨论了比较法上存在的两种立法模式,笔者认为应当采取德国法模式,即在人格权法范围内解决人格权商业化利用的保护问题,但针对这一模式,也可能存在两种具体的立法方式:一是在人格权法中以专章的形式规定人格权商业化利用的相关问题。二是在相关具体人格权中设计具体的条文分别规定。笔者认为,集中规定的立法模式更加简约,也有助

---

[1] 王泽鉴:《民法总则》(增订版),中国政法大学出版社 2001 年版,第 134 页。
[2] 参见福州市中级人民法院 (2009)榕民初字第 1938 号民事判决书。

于避免分别规定可能带来的体系冲突。因此,应当在人格权法中以专章的形式对人格权商业化利用制度作出规定。

(二) 损害赔偿

既然承认应当在人格权范畴内解决人格权商业化利用问题,在侵害他人具有商业化利用的人格权的情形下,首先应考虑适用精神损害赔偿制度加以救济。精神损害赔偿本身具有调节功能,在财产损害不足的情况下,可以通过精神损害赔偿的方式予以调节。需要指出的是,自《民法通则》确认精神损害赔偿以来,无论是理论界还是实务界,大多认为对人格权的侵害主要应采用停止侵害、恢复名誉、消除影响、精神损害赔偿等方法,并不注重对财产损害的赔偿。有观点甚至认为,一旦使用财产损害赔偿容易导致对人格利益的异化。此种观点显然没有注意到市场经济社会人格权商业化利用的发展趋势。在商业化利用趋势下,单纯的精神损害赔偿已无法对人格权中的财产利益进行有效的保护,而必须借助传统的财产损害赔偿方法。保护人格权中的财产利益是人格权保护的一个重要内容,在现实生活中,发生非法将他人人格权商业化利用的情况时,被侵权人大都认为其首先在经济方面遭受到了损失,只有在极少的案件中,当事人认为其主要遭受到精神利益的损害。如果仅仅提供对精神痛苦的抚慰,而不对财产损失进行赔偿,尤其是在不法行为人侵害他人人格权获得非法的巨大经济利益的情况下,如果不予赔偿将可能导致对受害人严重不公平的后果。因此,对人格权的侵害应当区分精神损害和财产损害,并进一步分别计算赔偿额。

(三) 财产损害赔偿的计算

在财产损害赔偿的具体计算方式上,应当考虑人格权商业化利用的现象。《侵权责任法》第 20 条规定:"侵害他人人身权益造成财产损失的,按照被侵权人因此受到的损失赔偿;被侵权人的损失难以确定,侵权人因此获得利益的,按照其获得的利益赔偿;侵权人因此获得的利益难以确定,被侵权人和侵权人就赔偿数额协商不一致,向人民法院提起诉讼的,由人民法院根据实际情况确定赔偿数额。"该规则被称为将获利视为损害的规则。例如,在崔永元诉北京华麟企业(集团)有限公司侵害肖像权、名誉权案中,一审法院认为,"因为原告未举出其他证据证明其遭受了经济损失,所以,对其要求赔偿经济损失的诉讼请求,本院不予支持"[①]。此种

---

① 北京市朝阳区人民法院(1999)朝民初字第 4247 号民事判决书。

做法在实践中比较普遍,法院虽因原告无法证明其损失而驳回诉讼请求,但通过适当提高精神损害赔偿的方法来弥补受害人的损失,但是,以精神损害赔偿来替代财产损害赔偿也是不妥当的。因为精神损害赔偿的目的主要是抚慰受害人,并不能达到剥夺侵权人收益的目的。另外,精神损害赔偿的数额是有限的,无法达到制裁侵权人的目的,甚至在一定程度上鼓励了侵权行为。例如,在上述案例中,原告认为,被告未经许可利用原告的肖像做广告,在全国90家电视台播放,同时,被告还四处散发该广告,从中获取了大量利益,因此,要求被告赔偿其经济损失170万元。该数字是否准确无法查证,但是,法院完全驳回原告赔偿经济损失的请求,确实不妥,无法起到遏制被告侵权行为的作用。

就赔偿标准而言,首先,应按照实际损失赔偿。尽管侵害的对象是人身权益,但是,其造成了财产损害,所以,也适用财产损害赔偿的原则。另外,从侵权责任法的一般原理来说,损害赔偿就是按照受害人的现实损害进行赔偿,所以,《侵权责任法》第20条的规定也符合一般原理。因此,在造成财产损失的情况下,受害人应当举证证明损害的存在和范围,据此确定赔偿的数额。其次,在难以确定损失情况下的赔偿。在侵害肖像权的情况下,根据《侵权责任法》第20条的规定,可以按照如下两个标准进行赔偿:

一是获利标准。获利标准也称为侵权获利标准,这就是说,在受害人的损失难以确定时,可以按照侵权人的获利进行赔偿。《侵权责任法》第20条被称为将获利视为损害的规则。这一规定符合侵权责任法上的完全赔偿原则,即只要是与侵权行为有因果关系的损害,都应当予以赔偿,从而使受害人恢复到如同损害没有发生的状态。该条适用于侵害他人人身权益的情况,被侵害人权益包括的范围非常宽泛,不仅包括人格权、身份权,而且包括权利以外的利益,但是不能包括财产权益。它适用的典型情形就是侵害肖像权。这一规则主要运用于可商业化利用的人格权受侵害的情形。例如,某企业未经某著名演员的许可将其肖像印刷在广告和商品包装上,该演员虽无法证明自己遭受的损失,但可以证明企业因此获得的利益,可以按照企业所获的利益赔偿。此种赔偿在性质上属于财产损害赔偿的一种,应当包括侵权人获取的利益或节省的费用。又如,某人未经他人许可而利用他人肖像做广告,因此节省了相应的广告费用,所以,其应赔偿聘请同类的人做广告所应支付的费用。如果某个肖像权人是明星等公众人物,使用其肖像所得利益比使用普通人的肖像更为巨大。一般而言,肖像权人的名气和获益成正比关系,因此,在计算损害赔偿金额时,可以考虑各明星肖像使用许可的市场价格。对于肖像非商业化的利用,如果确实造成精神损害,应当赔偿精神损害。

二是法院酌定标准。酌定的情形适用于获利难以确定的情况,也包括侵权人没有获利的情况。在此情况下,受害人仍然无法证明自己的损失,因此,运用前述标准来赔偿是不可能的,只能通过法院酌定的办法来确定赔偿额。法院在酌定赔偿数额时,虽然没有最高额或最低额的限制,但是也应当谨慎确定,避免赔偿数额过高或过低。就侵害肖像权的案件来说,法院在酌定赔偿数额时,应考虑侵权人的过错程度、具体侵权行为和方式、造成的损害后果和影响等因素综合考量确定。[①] 在司法实践中,有的法院认为,如果有一般许可使用费可以参照,法院可以结合侵权人过错、侵权的情节、该许可使用的范围、时间、受害人知名度等因素,参照许可使用费确定赔偿数额。[②] 此种看法不无道理。

在确定损害赔偿的时候要考虑侵害方式。这就是说,在确定损害赔偿时,对肖像制作的背景、是否具有私人或公共属性、如何制作的、是否公开制作、使用何种设备(如是否使用长聚焦镜头)、肖像的类型与特征是什么、制作了多长时间、肖像的尺寸大小如何、肖像以前是否可以获得、有无涉及隐私部位、肖像是否曾被复制、被告是否从中获利、肖像所要传递的信息是否具有娱乐价值、肖像权人的地位和特征、是否属于公众人物、本人是否愿意出版肖像、出版肖像对本人是否有实际的不利等情况,都应当酌情予以考虑。如果侵害肖像权造成了对其他人格利益的侵害,如散布他人裸体照片,导致他人的名誉权、隐私权等权利受侵害,表明受害人的损害后果是综合性的,较为严重,在计算损害赔偿数额时应当予以考虑。

结　语

世易时移、变法宜易,在人类社会已经进入21世纪的今天,人格权已经成为民法新的发展领域,也是现代民法中发展最为活跃的制度,我国未来民法典既要顺应人格权的发展趋势,也要关注人格权内部的最新发展,即人格权商业化利用趋势,我们的人格权立法应当积极应对这一发展趋势,在法律上完善相关的规则。

---

① 参见全国人大常委会法制工作委员会民法室编:《〈中华人民共和国侵权责任法〉条文说明、立法理由及相关规定》,北京大学出版社2010年版,第76页。
② 参见江苏省高级人民法院(2006)苏民终字第109号民事判决书。

美国公开权制度与人格权的商业化利用[*]

美国法上的公开权概念是人格权商业化利用的重要体现。所谓人格权商业化利用,是指在市场经济社会,人格权的某些权能可以依法授权他人使用,以及在其遭受侵害以后可以通过财产损害赔偿的方式获得救济。在大陆法系国家,人格权商业化利用主要是在人格权法律制度内部、通过变通运用人格权相关法律规则予以实现的;而在美国法中,人格权商业化利用主要是通过独立的公开权予以规范的。美国公开权制度具有自身的特点,我国人格权立法能否予以借鉴,需要作进一步探讨。

一、美国法上的公开权概念

公开权(publicity rights),又称为形象权,指公民对自己的姓名、肖像、角色、声音、姿态以及图像、卡通人物形象等因素所享有的进行商业利用和保护的权利。此种权利常常被界定为具有财产权性质的权利。[①] 作为美国法中的一个特有概念,公开权是人格权商业化利用的一种表现。对于公开权究竟属于知识产权还是人格权,目前仍有争议。但是,无可否认的是,其与人格利益有密切的联系。

公开权是从隐私权(right of privacy)中发展起来的。1954年尼默(Nimmer)发表了一篇《论公开权》的论文,最先使用了公开权的概念。他认为,"公开权是每个人对其创造和购买的公开的价值享有控制或获取利益的权利"[②]。根据这一定义,不仅不能通过商业广告或广告目的使用他人的姓名或肖像,而且也不能通过电视节目使用他人的姓名或肖像。1977年,美国最高法院在Zacchini v. Scripps-Howard Broadcasting Co.案[③]

---

[*] 本文完稿于1999年。

[①] See Michael Henry (ed.), International Privacy, Publicity and Personality Laws, Reed Elsevier (UK), 2001, p.88.

[②] Nimmer, The Right of Publicity, 19 Law & Contemp. Prob, 203, 2 16 (1954).

[③] See Zacchini v. Scripps-Howard Broadcasting Co., 433 U.S. 562 (1977).

中正式承认了公开权概念。但事实上,在尼默提出公开权之前,法院已经认可了公开权的概念。在1953年的美国黑伦实业公司诉托普斯口香糖有限公司一案中,法院首先承认了公开权的概念。① 在该案中,被告托普斯口香糖有限公司未经原告黑伦实业公司的同意而使用某棒球运动员的姓名和照片,黑伦实业公司与该棒球运动员有合同关系,而被告侵害了原告的利益。法院认为,公开权是否是财产权并不重要,关键是被告侵害了原告金钱上的价值,从而侵害了原告的公开权。在该案中,美国第二巡回法院将公开权定义为"对自己的姓名、肖像和角色拥有、保护和进行商业利用"的权利。1960年,美国著名侵权法专家Prossor教授将侵害隐私权的方式分为以下四种:侵扰他人隐私或安宁、揭露他人的私生活或使他人因此难堪、公开或者诋毁他人以及未经允许利用他人姓名等获取商业利益。② 第四种侵害隐私权的行为即属于侵害公开权的范畴。据此,个人对其姓名、肖像等就享有了一种类似于财产的利益(quasi-property interest)。③ 现在在美国,通常认为,"公开权是限制他人未经许可使用自己姓名、肖像及其他方面个人特性(identity)的隐私权的一个分支权利"④。美国法律学会于1995年出版的《美国反不正当竞争法重述》(第三版)规定了"侵占个人形象的商业性价值构成侵害公开权",第46条规定"为了交易的目的未经允许而使用他人姓名、肖像和其他具有人格特征的利益,侵占他人在经济上的价值",将构成不正当竞争。现在虽然美国有一些州法院并没有承认公开权,但这一概念实际上已经基本被美国法院普遍接受。

在美国法理论上,公开权具有如下法律特征:

第一,公开权是具有财产价值的权利。关于公开权的性质,有学者认为,公开权本身属于财产权,而不属于人身权。作为财产权,它与物权和知识产权一样,可以转让继承。⑤ 美国学者麦卡锡(McCarthy)对公开权所下的定义为:"公开权简单地说就是这样:每一个自然人固有的、对其人格标识的商业使用进行控制的权利。未经许可使用他人人格标识将侵害他人的公开权,并且损害他人这一固有权利包含的商业价值,而且这种擅自

---

① See Haelan Laboratories v. Topps Chewing Gum, 202 F. 2d 866 (C. A. 2. 1953).
② See Prosser, Privacy, Calit. L. R., vol. 48 (1960), p. 383.
③ See Gert Brüggemeier, Aurelia Colombi Ciacchi, Patrick O'Callaghan, Personality Rights in European Tort Law, Cambridge University Press, 2010, p. 71.
④ See Michael Henry, International Privacy, Publicity and Personality laws, Butterworth, 2001, p. 476.
⑤ 参见董炳和:《论形象权》,载《法律科学(西北政法学院学报)》1998年第4期。

使用不能根据言论自由原则豁免其责任。"① 也有学者认为,其性质为一种知识产权,因为它是无形和非物质性的权利,应通过反不正当竞争法予以保护。

第二,公开权的主体具有特殊性。关于公开权的主体,存在三种观点。一种观点认为,公开权的主体是一般主体,并非特殊主体。也就是说,所有的人对自己的姓名、肖像、生活经历等都享有开发利用并禁止他人以营利为目的非法利用的权利。正如波斯纳所指出的,有关隐私的法律中不太有问题的一个方面是"公开权",它给一个人这样一种权利,即没有得到他本人的同意,不能在任何广告中使用他人的姓名和肖像。所有的人都应当受到公开权的保护。② 第二种观点认为,仅名人才具有公开权,非名人只能主张隐私权。或者说非名人享有传统的人格权。③ 例如,在某个案例中,纽约州法院认为,被告对原告公开权的侵害并不构成诉因,因为原告无法证明其具有公众形象,具有公开的人格利益(public personality),只有公众人物才具有此种利益。原告要主张其照片、姓名等被侵害,只能根据隐私权主张权利。④ 第三种观点认为,如果原告要主张其公开权受到侵害,必须要证明其曾经利用了自身的人格标识。例如,在某个案例中,原告主张其公开权,必须要证明其曾经对其姓名或肖像有过利用和开发行为。⑤ 但是,在实践中,名人的姓名、肖像、声音等通常更易于被利用,其知名度越高,在社会中影响越大,公开权所具有的价值也就越大。所以,在美国,公开权通常被认为是名人的权利,是不无道理的。

第三,公开权的客体具有特殊性,其主要是指姓名、照片、肖像和声音等人格利益。美国著名法官弗兰克在1953年的一个案例中,将公开权视为一个人控制其姓名或者肖像商业使用的权利。⑥ 所以,公开权的保护范围主要是姓名、肖像等利益。但如果非属于权利人的人格利益,不受保

---

① Thomas McCarthy, The Right of Publicity and Privacy, §5:5, Clark Boardman Callaghan, 1995.
② 参见[美]理查德·A. 波斯纳:《超越法律》,苏力译,中国政法大学出版社2001年版,第609页。
③ 参见姜新东、孙法柏:《形象权探讨》,载《山东科技大学学报(社会科学版)》2003年第2期。
④ See Delan by Delan v. CBS, Inc., 91 A. D. 2d 255, 260, 458 N. Y. S. 2d 608 (2nd Dept. 1983).
⑤ See Lerman v. Flynt Distributing Co., 745 F. 2d 123 (2d Cir. 1984).
⑥ See Don R. Pember. Mass Media Law (Fifth Edition), Wm. C. Browm Publishers, 1990, p.214.

护。例如,在 Midler v. Ford Motor Co. 一案中,被告福特汽车公司在其电视商业广告中使用了与原告迈德尔(Midler)声音相似的人所唱的歌曲。法院指出,肖像一词应当指本人的形象,而不包括模仿。被告福特汽车公司使用的是另外一个人的声音,而不是原告迈德尔的声音,因此,不构成对权利人公开权的侵害。① 需要指出的是,美国各个州对该权利范围的规定是不一样的。例如,纽约州规定保护姓名、照片、肖像和声音;肯塔基州规定保护声音和肖像;加利福尼亚州规定保护姓名、声音、签名、照片和肖像;而印第安纳州则规定保护姓名、声音、签名、图画、形象、照片以及姿态动作等人身的财产利益。②

第四,公开权具有一定的可移转性。由于公开权主要具有财产属性,因此也有转让的可能性。如果承认公开权的财产属性,则在逻辑上必然会得出这样的结论,即公开权是可让与和可继承的权利。③ 公开权的特征表现为它对传统的人格权与主体不可分离与转让原则的突破。关于公开权的移转问题,大多数学者认为,公开权可以移转。在这一点上,它和隐私权是不同的,隐私权具有专属性,不能移转,公开权作为一种具有财产性的权利是可以移转的。在 1978 年的一个案例中,法官认为,公开权和隐私权的不同之处就在于,公开权可以移转,也可以继承。④ 在另外一个案件中,法官认为,某人将其公开权让与给他人而拥有 22% 的股份,是合法的。⑤

第五,公开权是有期限的权利。主体生前就其姓名、肖像、声音等人格标识享有公开权,死者生前享有的公开权死后也应当受到保护,但通说认为,公开权的保护存有期限。对于公开权的保护期限,一般规定为自然人去世后的一定年限内,加利福尼亚州是 50 至 70 年,印第安纳州是 100 年,而田纳西州则规定公开权永远受到保护。⑥

公开权可否继承,对此存在着两种观点:一种观点认为,公开权与隐私权一样是不能继承的。名人一旦死亡,则其肖像等将成为公共财产。其主要理由是,如果公开权可以继承,对于社会公共利益不利,且公开权

---

① See Midler v. Ford Motor Co. 549 F. 2d 460 (9th Cir. 1988).
② See Thomas McCarthy, The Right of Publicity and Privacy at§5. 5 (B)(4), 1995.
③ See Scott Jon Shagin and Matthew Savare: Intersection of Right of Publicity and Copyright, Member, NY, NJ & CA Bars.
④ See Lombardo v. Doyle, Dane and Bermbach, Inc., 579 F.2d 215 (C. A.2 1978).
⑤ See Factors Etc., Inc. v. Pro Arts, Inc., 579 F.2d 215 (C. A.2. 1978).
⑥ See Tenn. Code Ann. sec. 47 – 25 –1104 (b).

如果可以继承,其存续期间很难确定。① 另一种观点认为,公开权可以实行有条件的继承,其条件是死者生前就已利用过公开权。还有一种观点认为,一个人的姓名、肖像等财产权利不应当在死后成为公共财产,而应当由死者的继承人予以继承。不管死者生前是否已实际利用,公开权都可以继承。如果某人临死前来不及利用公开权,其公开权就不能继承,这对其继承人来说也是不公平的。在美国,除了犹他州,几乎所有的州都认为公开权在继承时并不需要有生前的实际利用行为的限制。② 美国有13个州明确规定公开权是可以继承的,但也有一些州不允许继承公开权。如纽约州认为,公开权在死后不能得到保护。③

二、公开权保护的权利范围

公开权的保护范围主要包括姓名、照片、肖像和声音等人格利益。公开权产生初期,其保护范围是非常狭窄的,仅指"赋予发布(原告的)图像的独占特权"。以后,普洛塞教授在其论著中则将这一范围作了扩展,使其包括原告的姓名或肖像。④ 美国著名法官弗兰克也将公开权视为一个人控制其姓名或者肖像商业使用的权利。⑤ 一般来说,公开权并不保护有形的商品,而仅保护个人的人格利益用于商业化使用的价值。⑥ 具体包括:

一是肖像。未经允许使用他人的肖像构成侵害公开权。但是,原告要主张肖像利益,必须要说明是自己的肖像受到侵害,且其肖像具有一定的财产价值。早在1907年的爱迪生一案中,被告将著名发明家爱迪生的姓名和肖像用于商业广告,法院认为,原告并没有遭受精神痛苦,但是被告侵害了原告独占的财产权。⑦ 由此可见,在该案中,法院实际上已经承

---

① See Lugosi v. Universal Picture Co., 25 Cal. 3d 813, 603 P. 2d 425, 10 A. L. R. 4th 1150 (Cal. 1979).

② See David Collins, Age of the Living Dead: Personality Rights of Deceased Celebrities, 39 Alberta L. Rev. 924.

③ See Scott Jon Shagin and Matthew Savare, Intersection of Right of Publicity and Copyright, Member, NY, NJ & CA Bars.

④ 参见郭玉军、向在胜:《美国公开权研究》,载《时代法学》2003年第1期。

⑤ See Don R. Pember. Mass Media Law (Fifth Edition), Wm. C. Browm Publishers, 1990, p.214.

⑥ 参见赖国钦:《形象宣传权之研究》,中国文化大学法律学研究所1999年硕士论文,第58页。

⑦ See Edison v. Edison Polyform Mfg Co. 67 A 392 (1907).

认了个人姓名、肖像中具有一定的财产价值,应当受到法律保护。在公开权概念产生以后,一系列案例都通过公开权对姓名、肖像中的经济价值进行保护。例如,在1984年的奥纳西斯案中,被告在杂志上刊登的广告画中使用了一个酷似肯尼迪夫人的模特的肖像,法院认为被告的行为侵害了原告的隐私权,被告为商业性目的而使用的肖像与原告的肖像接近或者相似,构成对原告隐私权的侵害。①

二是姓名。姓名既包括自己的名称,也包括自己的别名。凡是未经允许使用他人的姓名,将构成侵害公开权。例如,在麦克法兰(McFarland)一案中,原告麦克法兰先前曾是一个童星,他在一个电视剧中扮演了一个名为"Spanky"的角色。但在一个名为《我们这一伙》的电视剧中,被告将麦克法兰的名字与角色名字结合,用"SPANKY MCFARLAND'S"作为餐馆名称。地区法院驳回了原告的请求,认为原告在1936年与一个影像公司签订合同,已将其权利转让。原告去世以后,其代理人仍继续提起诉讼至美国第三巡回法院要求再审该案件。第三巡回法院认为,公开权在原告去世以后仍然存在,有关证据表明 SPANKY MCFARLAND 的姓名已经成为麦克法兰的固有特征,公众很难将两者区分开,因此应该受到保护。②

三是模仿声音。某人的声音如果与其个人特征密切联系在一起,成为一种重要的人格标识,也能够作为公开权的客体。当他人以商业营利为目的而擅自使用时,并使得人们可以辨认出原告的声音时,原告可以主张对该声音的权利。例如,在 Midder v. Ford Motor Ca 一案中,原告是一位著名的女歌唱家,被告福特公司在其产品广告中使用了原告的一首音乐作为背景音乐,被告虽然从版权人处获得了使用授权,但其使用原告声音的行为并没有得到原告的同意,而是雇用了另一名歌手模仿原告的声音。法院认为,被告的行为构成侵权。③

四是可辨认为特定人的外在形象。即如果行为人擅自模拟他人的外形、声音、表演风格、特殊举止等,如果该行为能够使人立即联想到特定的人,则可以认为是可辨认为特定人的利益。④ 例如,在1992年的怀特诉三星一案中,争议涉及的一个机器人,穿着与怀特相似的衣服,站在一个游

---

① See Onassis v. Christian Dior-New York, 472 N.Y.S. 2d 254, 261 (N.Y. Sup. Ct. 1984).
② See McFarland v. Miller, 14 F.3d 912 (3d Cir. 1994).
③ See Midler v. Ford Motor Company 849 F.3d 460 (1988).
④ 参见郭玉军、向在胜:《美国公开权研究》,载《时代法学》2003年第1期。

戏机版的幸运人旁边。底下的字幕显示:"最长的游戏表演,2012 A. D. 。"怀特认为这侵害了其权利,地区法院驳回其请求,认为并没有使用其姓名和肖像。美国第九上诉法院认为有关普通法的权利不应像地区法院认为的那样狭窄,被告如果利用了原告的可辨认的人格利益,就侵害了原告公开权。① 当然,如前所述,就上述利益而言,美国各个州对该权利范围的规定是不一样的。

美国法上的公开权制度实际上是将人格权中的财产价值分离出来,形成一种独立的权利,公开权是具有财产价值的权利,但其保护中是否应当强调商业性的利用? 有一种观点认为,上述权利必须经过商业化的利用才能受到公开权的保护,因为公开权是一种财产权,因此侵害公开权的方式主要表现为从事商业利用活动,此种商业利用活动主要是指商业广告或促销行为。② 而新闻传播和娱乐通常不被认为是商业活动。③ 在美国,一般认为,商业利用主要包括商业广告和促销。P. L. 库纳什(P. L. Kunath)认为,在纪实性的影片中利用某人的形象,不能认为是商业利用。④《美国反不正当竞争法重述》(第三版)规定了利用个人的姓名、肖像作商业目的使用的,构成侵权,商业利用不一定就是营利活动,而是指商业广告和产品促销活动。⑤ 但另一种观点认为,上述权利即使没有经过商业化利用,也应当受到公开权保护。例如,《纽约民法典》第 51 条规定:"任何人的姓名、肖像或照片在本州内不得被随意使用,如果被告故意使用,法官可判惩罚性的损害赔偿。"一旦侵权成立,原告就有权要求法院下达禁令。

公开权是美国法上独特的概念,正如美国学者克沃尔(Kwall)所指出的,美国是公开权的主要支持者,美国始终坚持保护名人,使其不受未经授权而利用其人格的侵害。⑥ 他认为民主的影响、美国梦、消费主义和资本主义都有助于解释美国为何如此重视保护名人的权利。⑦ 然而,公开权制度是否应在法律上加以承认,迄今为止一直存在争议。主张赞成保护

---

① See White v. Samsung Elecs. Am., Inc., 971 F. 2d 1395 (9th Cir. 1992).
② See Stephen R. Barnett, The Right to One's Own Image: Publicity and Privacy Rights in the United States and Spain, Am. J. Comp. L. 567.
③ See Guglielmi v. Spelling-Goldberg Productions, 25 Cal. 3d 860, 873 (1979).
④ See P. L. Kunath, Lights, Camera, Animate! The Right of Publicity's Effect on Computer Animated Celebrities, (1996) 29 Loy. L. A. L. Rev. 863 at 896. at 882 and 887.
⑤ See American Law Institute, Restatement, Third, of Unfair Competition, sec. 46 (1995).
⑥ See Rosenthal Kwall, Fame, 73 Indiana L. J. 1, 15, 16 (1997).
⑦ See Rosenthal Kwall, Fame, 73 Indiana L. J. 1, 15, 16 (1997).

的理由主要有：一是劳动保护说。以尼默为代表的学者认为，名人的各种人格利益也是其劳动成果的体现，因此应当受到保护。如果利用名人做广告，将会吸引大众。但名人姓名、肖像等的影响力是其投入相当的时间、努力、技术甚至相当的金钱之后才获得的，根据美国法理上的基本原则，"每个人都有权享受其劳动成果，除非有相反的公共政策考虑，否则对此种权利应予保护"①。二是防止不当得利说。此种观点认为，利用名人的肖像、姓名等获取商业利益，应当支付相应的报酬，否则构成不当得利。② 三是激发潜能说。根据该说，名人为了自己更有名，会付出加倍的努力，这样就会尽可能地激发其潜能，从而实际上促进个人的创造力，并最终刺激经济的发展。就像财产权概念能够有助于资源得到有效利用，对公开权的保护也有助于提高效率。

但也有不少法官和学者反对公开权的概念，认为"公开权适用范围的扩张，将使得一些事物、话语和行为被垄断化，并在公众的支配中消失"③。美国学者迈德尔（Madow）强烈反对公开权制度，他认为，某人是否出名，是一个复杂的社会现象，并不是名人付出劳动的结果，保护公开权也无助于刺激经济的发展，甚至有可能威胁言论自由。④ 尽管存在争议，但美国的判例普遍接受了公开权的概念。

三、公开权的性质探讨

公开权理论萌生、发达于美国。该理论对世界各国法制影响较大。但是，在美国法中，关于公开权的性质，在理论上争论较大，主要有隐私权、知识产权和财产权三种学说，下面分别予以评述。

（一）隐私权说

在美国，许多学者认为，公开权是从隐私权中衍生出的一种新型权利，其是对隐私公开从而商业化使用的权利。⑤ 有人认为，公开权不过是

---

① Melville Nimmer, The Right of the Publicity, 19 Law & Contemp. probs. 203 (1954).
② See Kalven, Privacy in Tort Law: Were Warren and Brandies Wrong, 31 Law & Contempt. Probs. 331 (1966).
③ Carson v. Here's Johnny Portable Toilets, Inc., 698 F. 2d 831 (6th Cir. 1983).
④ See Michael Madow, Private Ownership of Publicity, 49 Duke L. J. 383 (1999).
⑤ See David Collins, Age of the Living Dead: Personality Rights of Deceased Celebrities, 39 Alberta L. Rev. 924.

确认了每个人个人人格中固有的特征,一些法院不愿意承认姓名、肖像等人格利益具有财产因素,因而创造了公开权概念予以保护,实际上,所谓公开权可以包括在隐私之中,不管是侵害财产还是造成精神损害,都可以认为是对隐私的侵害。①

应当看到,在美国法中,公开权与隐私权是一对孪生兄弟,公开权"既附属于隐私权,又独立于隐私权"。美国判例认为,名人们默示放弃了个人隐私权,自愿面对公众。这样,名人就会缺乏针对利用其人格特征的不法广告的保护手段,所以,美国判例法构建了公开权,以制裁将人格权非法商业化利用的侵权行为。虽然美国也有学者甚至还坚持公开权仍然是隐私权的范畴,但通说认为,隐私权及对他人的姓名和肖像的保护权利都是精神权利,该权利只能由本人享有,他们的继承人不能继承该权利。而公开权更像是一种经济权利,因此理论上,公开权是可被继承的。在这一点上,它和隐私权是不同的。在美国法上,它们存在许多相同点:一方面,从权利主体来看,对于公开权所保护的主体范围,在美国虽存在争议,但现在,多数学者主张公开权的主体是所有自然人,从而公开权的主体范围与隐私权的主体范围是一致的。另一方面,从权利客体或对象来看,二者都以自然人个人的隐私材料作为对象或客体。②

通说认为,公开权是名人将自己的姓名、肖像等个人特征从事商业开发和利用所形成的权利,是一种与隐私权既相互联系,又相互区别的权利。侵害此种权利,主要适用财产损害赔偿。这种权利未经权利人许可而被他人商业利用,则构成对公开权的侵害。相反,按照一些学者的看法,隐私权是自然人对隐私的保有,而公开权则是对隐私的公开,故二者呈现反比例关系:自然人保守自己的隐私越多,则他从公开权中的获利就越少;相反,如果他公开自己的隐私越多,则其所保有的属于自己的隐私就越少。③

大陆法系一些国家的判例和学说也采纳了公开权的概念。④ 但从大陆法系的隐私权概念出发,与美国的公开权概念相比较,二者的联系虽然

---

① See Paul L. Murphy (ed.), The Bill of Rights and American Legal History, A Garland Series, Garland Publishing. Inc, 1990, p.156.
② See Robert G. Howell, The common Law Appropriation of Personality Tort, Intellectual Property Journal 149, 1986, pp.153–155.
③ 参见张新宝:《隐私权的法律保护》,群众出版社1997年版,第107页。
④ See Michael Henry, International Privacy, Publicity and Personality Laws, Butterworth, 2001, p.88.

密切,但也有很多区别。

第一,两者在权利性质上是不同的。隐私权旨在保护权利人的精神利益,公开权旨在保护权利人的财产利益。隐私权体现一种精神利益,而公开权强调财产利益。隐私权本质上仍属于传统的人格权,具有非财产性;而公开权则是人格权商业化利用的结果,其性质更多地表现为财产权。

第二,两者在权能和行使方面不同。隐私权在权利存在形态上具有消极性或防御性,这就是说,权利人行使隐私权主要是为了维护自己的私人生活空间不受他人侵扰,而公开权的目的就是通过放弃隐私权以获取相应的财产利益,因此,公开权是一种积极性的权利。与此相对,在权利的行使形态上,隐私权无须主体作出某种积极的作为,而公开权的行使则有赖于主体作出某种积极的行为。例如,权利人与使用人订立许可使用协议,获得报酬等。

第三,两者保护的客体不同。公开权主要保护个人公共形象的商业利益,保护其姓名、肖像及生活故事等不被他人以一定的方式进行商业利用;而隐私权所保护的主要是个人感情,使个人姓名、肖像不被他人非法公开和利用。[1]

第四,两者的专属性不同。隐私权是专属权,公开权的专属性较弱。在可转让性上,隐私权囿于人格权的专属性而不得转让、继承,而公开权的财产权属性则决定了其可以转让、继承,而这也是承认公开权的主要意义。

第五,两者的侵害后果和救济方式不同。侵害隐私权,会导致权利主体精神的痛苦,因此一般要承担精神损害赔偿责任;而公开权的财产权属性决定了对其的侵害是对"钱包"的侵害,而非对人格的侵害,因此只需要承担财产损失赔偿责任,而不必承担精神损害赔偿责任。

(二) 知识产权说

在美国,有学者主张,将姓名权、肖像权及美国法中的公开权发展为一种"具有人格特征的新型的知识产权"(a new intellectual property right in persona)。[2] 公开权在性质上属于知识产权,因为它是无形和非物质性

---

[1] 参见王娟:《隐私权》,载王利明、杨立新主编:《人格权与新闻侵权》,中国方正出版社1995年版,第430页。

[2] See Julius C. S. Pinckaers, From Privacy toward a New Intellectual Property Right in Persona, Kluwer Law International, 1996, p.425.

的权利,特别是像声音、虚构角色等,与作者的智力创作活动是联系在一起的。公开权也是无形的财产权,因此,可以将公开权纳入知识产权领域。① 在英国,公开权问题是通过普通法传统的假冒之诉(passing-off)解决的。②

公开权与知识产权关系密切。因为公开权中涉及的表演、模仿、漫画、形体动作等都可能涉及与知识产权保护的重叠问题。但严格地说,公开权与知识产权还是存在区别的。因为,一方面,知识产权保护的客体是智力成果和工商业标识,而公开权保护的并不是独创性的劳动,而是先天具备的人格特质,如个人的肖像等,后天的行为只是增加了其经济价值的含量。在这方面,公开权显然与知识产权保护的客体不同。另一方面,知识产权可以继承、转让,在权利人死亡若干年后再进入公共领域,而公开权是否能够继承一直存在争议。还要看到,知识产权具有地域性,按照一国法律授予的知识产权,只能在该国受到保护,而姓名权、肖像权等权利是权利人固有的,此类人格利益在商业化利用过程中并不因为地域的限制而失去保护。③

此外,公开权也是不正当竞争法所不能涵盖的,因为对人格标志的经济价值的侵害,可能只是对特定自然人人格权的侵害,而不是发生在市场竞争者之间,也不涉及市场竞争秩序的问题。

(三) 财产权说

美国法中,通说认为,公开权本身属于财产权,而不属于人身权。作为财产权,它与物权和知识产权一样,可以转让继承。④ 认为公开权是财产权的观点在美国较为流行,一些学者认为,公开权是一种独立的财产权,以保护自然人的姓名、肖像、声音等人格标识的商业价值,并允许继承和转让。⑤ 1995 年《美国反不正当竞争法重述》(第三版)第 46 条(对他人人格标识的商业价值的不当占有:公开权)规定:"未经允许以商业目的使用他人的姓名、肖像或其他人格标识而不当占有他人人格标识的商业

---

① See Thomas McCarthy, The Right of Publicity and Privacy at§5.5 (B)(4), 1995.
② See Michael Henry, International Privacy, Publicity and Personality Laws, Butterworth, 2001, p.88.
③ 参见吴汉东:《形象的商品化与商品化的形象权》,载《法学》2004 年第 10 期。
④ 参见董炳和:《论形象权》,载《法律科学(西北政法学院学报)》1998 年第 4 期。
⑤ See Julius C. S. Pinckaers, From Privacy toward a New Intellectual Property Right in Persona, Kluwer Law International, 1996, p.14.

价值的人,负有本法第48条、第49条规定的返还不当占有的责任。"正是因为公开权是一种财产权,因此侵害公开权的方式主要表现为从事商业利用活动,此种商业利用活动主要是指商业广告或促销行为。①

应当承认,美国法中的公开权具有浓厚的财产属性。公开权主要保护个人人格利益中的经济价值,而非人格利益中的精神性利益。传统的人格权只能由本人享有,但公开权与这些权利不同,其更为注重的是人格利益中经济价值的利用和保护,因此公开权主要是一种财产权。财产权一般具有可让与性,因此,如果承认公开权的财产属性,则在逻辑上必然推出公开权是可让与和可继承的权利。②

需要指出的是,财产权说在非英美法系国家也产生了巨大影响。例如,在日本,对于公开权,尽管侵害该权利与侵害肖像权或姓名权的影响相类似,但是该权利仍被认为是一种独立的财产权利而不是精神权利。公开权是一种利用和控制与某人吸引公众注意力的能力相关的经济价值的一种排他性权利。诸如著名的歌星、演员和职业运动员等名人的姓名或肖像一旦被用于产品和广告中,就有通过他们的声望、名声和良好的形象促进销售的功能。一般来讲,这些名人希望自己的姓名或肖像被公众知晓,因此,尽管非法利用他们的姓名或肖像有可能未给他们带来精神痛苦,但这种滥用行为却可能给他们带来经济损失。③ 因此,需要通过公开权制度对名人财产利益的损失给予补救。④

总之,公开权是美国法中特有的概念,就其性质而言,它是指个人授权他人对其姓名、肖像等进行商业化利用,并禁止他人未经许可使用其姓名、肖像的权利。在美国法中,公开权本质上将人格利益中的财产价值界定为一种独立的财产权。正如有学者所指出的,"在一个格外注重商业化利用、产品认可与名人崇拜的社会中,公开权非常重要"⑤。但在大陆法系语境下,其本质上属于对人格权益中经济价值的一种商业化利用。

---

① See Stephen R. Barnett, The Right to One's Own Image: Publicity and Privacy Rights in the United States and Spain, Am. J. Comp. L. 567., p.47.

② See Scott Jon Shagin and Matthew Savare: Intersection of Right of Publicity and Copyright, Member, NY, NJ & CA Bars.

③ See Michael Henry, International Privacy, Publicity and Personality Laws, Butterworth, 2001, p.289.

④ See Tokyo High Court, 26 September 1991, Hanrei-jiho, vol 1400, p.3.

⑤ Michael Henry, International Privacy, Publicity and Personality Laws, Butterworth, 2001, p.5.

四、侵害公开权的救济

在侵害公开权的情况下,主要采取以下方式对受害人进行救济:

第一,颁发禁令。所谓禁令,是指由法院发布的,责令行为人停止继续将他人形象用于商业活动的行为。根据《美国反不正当竞争法重述》(第三版)第 48 条的规定,如果行为人将他人的形象进行商业化利用,如果该行为符合该重述第 46 条的规定,则权利人有权请求法院颁行禁令,以避免对个人形象特征的持续侵害。受害人在其权利遭受侵害之后,除有权要求赔偿实际损失以外,还可以要求发布禁令。① 在 1984 年的奥纳西斯案中,法院针对被告的行为颁发了禁令。② 在特殊情形下,受害人也可以请求法院颁发永久性禁令,它是指当原告证明被告有可能在将来再度侵犯自己的权利的时候,法院可以责令被告永远不得侵犯原告的相关权利。但此种方式比较严厉,法院很少采用。③

第二,损害赔偿。公开权主要采取损害赔偿的救济方法。在侵害公开权的损害赔偿的计算上,美国法院一般按照权利人的转让费来计算。④ 因为在许多情况下,原告证明其所遭受的损失或者证明被告的获利可能面临一定的困难,因此,通过原告的许可费损失计算财产损失。⑤ 转让费通常由市场价格确定。假如某个名人已经将其公开权转让,就可以根据转让费来计算损失;如果没有转让,则应当通过与其同等的名人的转让费来计算。当然除了要考虑转让费,还要考虑对原告的名誉及未来公开价值的损失。例如某人以他人名义演出,模仿他人的声音,法院认为这种行为损害了他人的名誉及其未来的价值,应当予以赔偿。美国一些州还规定了最低的赔偿额,如加利福尼亚州规定不得少于 750 美元。在计算实际损失的时候,通常不考虑惩罚性赔偿。

《美国反不正当竞争法重述》(第三版)第 49 条对侵害公开权的损害赔偿作出了规定,该条实际上是将侵害行为分为商业化利用与非商业化

---

① See Scott Jon Shagin and Matthew Savare :Intersection of Right of Publicity and Copyright, Member, NY, NJ & CA Bars.
② See Onassis v. Christian Dior-New York, 472 N.Y.S. 2d 254, 261(N.Y. Sup. Ct. 1984).
③ 参见李明德:《美国知识产权法》,法律出版社 2003 年版,第 230 页。
④ 参见李明德:《美国形象权法研究》,载《环球法律评论》2003 年第 4 期。
⑤ See Cher v. Forum International, Ltd., 213 USPQ 96 (CD Cal 1982).

利用,规定了实际上商业化利用的损害赔偿。根据该条规定,在擅自进行商业化利用的情况下,应当对因该行为给他人造成的财产损失进行赔偿,或者应当根据行为人自己不当利用他人形象特征而获取的经济利益负赔偿责任。① 但在确定损害赔偿的范围时,法官需要综合考虑行为人利用他人形象的确定性程度、受害人因此受到的损害以及行为人的获利情况、行为人侵权行为的特点、行为人行为的动机以及行为人是否明知或者应当知道其行为的违法性等因素确定具体的损害赔偿数额,如果原告不能证明具体的财产损害,法院除了可以作出上述救济方式,还可判决被告承担名义上的损害赔偿(nominal)。②

在美国法中,在侵害公开权的情况下,能否适用精神损害赔偿,对此存在争议。在有的判决中,法官支持了原告的精神损害赔偿请求,例如,在汤姆·韦特案中,被告未经原告许可而在广告中模仿原告的声音,美国第九巡回法院认为被告的行为给原告造成了一定的精神损害,因此判决被告赔偿20万美元。在该案中,法院声称:"虽然来自对公开权侵犯的损害或许大部分,乃至全部是经济的或物资性的损害,但笔者认为盗用名人的人格标识导致其感到耻辱、尴尬和精神痛苦也是可能的。"③但主流的观点认为,公开权主要是财产权,这种单纯的商业利用一般不会造成受害人的精神损害,通常不适用精神损害赔偿,精神损害赔偿则通常由隐私权救济制度来解决。④ 例如,在罗伯森案中,被告未经原告同意,将其照片用于面粉厂的广告中,并使原告的名声受损,精神遭受痛苦,但法院并没有支持原告精神损害赔偿的请求。⑤

公开权的权利人生前就其姓名、肖像、声音等人格标识享有公开权,在其死后,其权利也应当受到保护,但通说认为,死者生前享有的公开权在其死后只能在一定期限内受到保护。对于公开权的保护期限,一般规定为自然人去世后的一定年限内,加利福尼亚州是50至70年,印第安纳州是100年,但也有个别州认为,公开权应当永远受到保护,并无期限限

---

① 参见李明德:《美国形象权法研究》,载《环球法律评论》2003年第4期。
② See Zim v. Western Publishing Co., 573 F 2d 1318 (1978).
③ Waits v. Trito-Lay Inc., 978F. 2d 1992, 23 U.S.P.Q., 2d 1721, 20 Media L. Rptr, 1585, at 1591 (C.A.9 1992).
④ See J.C.S. Pinckaers, From Privacy toward a New Intellectual Property Right in persona, Kluwer Law International, 1996, p.66.
⑤ See Roberson v. Rochester Folding Box Co., 171 N.Y. 538, 64 N.E. 442 (N.Y. 1902).

制,例如,田纳西州规定公开权永远受到保护。①

五、公开权与我国权利体系

公开权揭示了人格权在市场经济条件下商业化利用的事实,将该权利与传统的隐私权等人格权加以区别,确有其合理性。从美国法来看,该制度设立的初衷是为了克服隐私权的局限,因为隐私权最初是一种独处权,即便之后其内容有一些扩张,例如发展出自决权等内涵,但仍然突出的是保护个人的人格尊严和自由,而无法适应互联网、数字化以及广告传媒业等产业的发展,难以对人格权中的财产价值进行全面完整的利用,因此,有必要创设公开权制度,以克服隐私权制度对人格利益中经济价值保护的不足。② 但该制度产生后也对大陆法系的一些国家产生了影响,有的国家借鉴了这一定义,例如,西班牙就采纳了这一概念。③ 由于美国公开权制度是美国法律体系中的一个特有的产物,完全照搬到中国来必然造成"水土不服"的问题,主要理由在于:

第一,美国法中公开权概念的产生,是与其缺乏人格权的抽象概念相联系的,特别是其没有列举具体人格权类型,只有较为宽泛的隐私权的概念,姓名、肖像等权利往往包括在隐私权内予以保护。而事实上,这些权利与隐私权存在区别,它可以进行商业化的利用,这就有必要从隐私权中脱离,于是,在隐私权的基础上则形成了其特有的公开权制度。④ 而在大陆法系国家,这些人格标识性的权利已经成为独立的人格权,尤其是在我国的法律制度中,姓名权、肖像权已经被立法确认为独立的具体人格权,因此,就没有必要在此基础上抽象出一个独立的、宽泛的公开权概念。或许双重权利模式符合美国的权利救济体系和逻辑方式,但是,在中国的法律逻辑体系下,这一观点将存在矛盾,不能认为隐私权的利用方式是一种新的独立的权利形式,它只能包含在隐私权的权能之中,未经他人的同意对隐私权进行商业化利用,只能视为对隐私权的侵犯,而非侵犯了一种新的权利。

---

① See Tenn. Code Ann. sec. 47-25-1104 (b).
② See Scott Jon Shagin and Matthew Savare, Intersection of Right of Publicity and Copyright, Member, NY, NJ & CA Bars.
③ See Stephen R. Barnett, The Right to One's Own Image, Publicity and Privacy Rights in the United States and Spain, 47 Am. J. Comp. L. 567.
④ See Scott Jon Shagin and Matthew Savare, Intersection of Right of Publicity and Copyright, Member, NY, NJ & CA Bars.

第二,如果引入公开权的概念,可能对我国既有的人格权体系造成不必要的冲击。在美国法中,关于公开权能否自由移转、继承存在争论,但通说认为公开权应为一种财产权,因此可以转让、继承,其专属性较弱①,这和人格权理论存在着明显的冲突和矛盾。如果认为公开权是一种人格权,则必然会造成人格权与财产权的划分界限模糊和混乱。与其如此,还不如承认某些特殊的人格权具有经济价值,其本质上虽然为人格权,但其使用权能上包含商业化利用的权能,如果他人侵害此种权能,则权利人可以请求财产损害赔偿。公开权可以包含在人格权中,因此,人格权即使包含了可利用的权能,整个权利一般不能转让。此外,依照许多学者的观点,公开权可以由死者的后代通过继承享有其经济利益,这也与人格权的专属性不符。因为人格权是不可能为人格已消灭的死者所享有,或者被其后代所继承的。

第三,公开权未能彰显人格尊严和人格平等的价值。一方面,人格权本质上是人格尊严和价值的体现,随着广告传媒等产业的发展,人格权中的经济价值日益凸显,但如果将可商业化利用的人格权作为一项独立的财产权,突出其经济价值属性则可能会降低其人格属性,可能不利于彰显其人格尊严不受侵害的价值。另一方面,美国有些判例认为,公开权只能由名人等特殊的主体所享有,按照许多美国学者的解释,公开权是对名人的姓名、肖像等个人特征的商业开发,这样实际上将人的姓名、肖像分为了名人的姓名、肖像和非名人的姓名、肖像。② 美国法是从救济方便的原则出发来构建公开权制度的,但如果将权利分为名人和非名人的权利,有可能与人格权的普遍性和平等性相违背。

第四,如前所述,对公开权的保护,更近似于对财产权的保护,因此,在公开权受到侵害的情况下,主要适用财产损害赔偿,或者通过不当得利制度解决利益返还的问题,受害人通常不能请求精神损害赔偿,这就不能对受害人提供充分的救济。因为公开权的财产权属性决定了对其的侵害是对权利人经济利益的侵害,而非对人格的侵害,因此侵权人主要承担财产损失赔偿责任,而不必承担精神损害赔偿责任。但应当看到,侵害公开权可能同时侵害人格利益,在公开权遭受侵害的情况下,受害人也会遭受精神损害,所以,引入公开权制度也与人格权保护制度不相协调,不能对受害人提供充分的救济。

---

① See Thomas McCarthy, The Right of Publicity and Privacy at §5.5(B)(4), 1995.
② 参见李明德:《美国形象权法研究》,载《环球法律评论》2003 年第 4 期。

此外，如果引入公开权的概念，则公民所享有的姓名权、肖像权等具体人格权与公开权这种新型权利的关系难以理顺，就可能产生就同一人格利益而形成多重权利的格局。在公民的姓名、肖像受到侵害后，可能既发生公开权侵害的问题，又发生人格权侵害的问题，致使侵权行为的侵害客体发生混乱，可能人为地造成不必要的责任竞合，从而不利于公民权利的保护和法官准确适用法律。

总之，公开权是美国法上特有的概念，它是市场经济发展和人格权商业化利用的结果。美国的公开权制度就是将权利人的姓名、肖像等权利中的财产价值凝聚为一种独立的财产权，美国法注重保护公开权中的市场价值，尤其是考虑到名人人格利益的特殊商业利用价值，要对各种可商业化利用的人格权进行分门别类的保护。① 美国法上的公开权是在人格权之外产生发展的，并不具有大陆法系人格权统一保护模式的可能性，而是采用了单独保护的方式，这就产生了对于在人格权商业化利用的情况下，权利是否可以转让、是否可以采取精神损害赔偿救济等认识上的差别。但由于我国已经采纳人格权的概念，通过承认人格权概念中的财产利益部分就可以有效解决人格权商业化利用的相关问题，因此，不宜在人格权概念之外再发展出公开权的概念，以免造成概念上的叠床架屋，也避免在法系混合继受上出现混乱。笔者认为，在市场经济条件下，应当承认某些人格权具有一定经济价值，可以作为商业利用的对象，但这只是某些人格权的内容或权能上的扩充，并没有改变人格权的本质属性。在保护的模式上，我们应当采纳德国的统一权利模式，承认人格权中包含财产利益和精神利益两部分，财产利益可以进行商业化利用并作为交易的对象，侵害了这一财产利益应当承担损害赔偿责任，而没有必要创设出诸如公开权、商业化利用权之类的新型的独立权利。

---

① See Michael Henry, International Privacy, Publicity and Personality Laws, Butterworth, 2001, p. 5.

论死者人格利益的保护*

死者人格利益是人格权延伸保护的对象。在主体死亡之后，人格权因死亡而消灭，但法律为了强化和全面保护人格利益，充分体现维护人格尊严的宪法理念，对自然人死亡后的人格利益仍予以保护，形成了对自然人人格利益保护的周延体系。由于死者人格利益涉及的问题较多，本文拟对此谈几个问题。

一、死者人格利益保护的必要性

死者人格利益是指自然人死亡以后，其姓名、肖像、名誉、隐私等利益，这些人格利益是否应当受到保护，历来有赞成和否定两种观点。赞成说认为，保护死者人格利益是人身权的延伸法律保护[1]，或者说是对遗属的名誉权的保护，因为死者名誉的损害会不同程度地侵害到其遗属的名誉权。[2] 否定说认为，人格权是专属性的权利，这就决定了除自然人本人以外，其他人都不可能通过转让、继承来取得他人的人格权。所以，自然人死亡以后，其姓名、肖像、名誉等受损的事实，不能视为近亲属民事权利受损。人格权应当伴随主体的人格始终，始于出生，终于死亡，故而死者不享有人格权。保护死者人格利益是保护家庭的人格利益的需要，死者名誉和遗属名誉可以用家庭利益为中介连接，法律保护的是家庭的人格利益。[3]

上述各种观点都不无道理，但笔者认为，对死者人格利益应当予以保护。从法律上看，死者人格利益本身是人格权益的组成部分。保护人格权益，就是要保护人格尊严，这种人格尊严不仅要在自然人生前获得保

---
* 本文完稿于1997年。
  [1] 参见杨立新、王海英、孙博：《人身权的延伸法律保护》，载《法学研究》1995年第2期。
  [2] 参见史浩明：《关于名誉权法律保护的几个理论和实践问题》，载《学术论坛》1990年第3期。
  [3] 参见陈爽：《浅论死者名誉与家庭名誉》，载《法学研究》1991年第9期。

护,在其死后也应当获得保护。古人说得好,"神龟虽寿,犹有尽时","人固有一死",但生前的荣耀不应随着死亡而丧失。亚里士多德认为,"死者也有善与恶(一个人活着的时候会碰到善与恶,但是对这些毫无意识),例如子孙后代们是享受荣誉或是屈辱,或是遭受好运和厄运"①。

康德曾经说过:"一个人死了,在法律的角度看,他不再存在的时候,认为他还能够占有任何东西是荒谬的,如果这里所讲的东西是指有形物的话。但是,好名声却是天生的和外在的占有(虽然这仅仅是精神方面的占有),它不可分离地依附在这个人身上。"②这就是说,人格尊严不仅仅在自然人活着的时候存在,而且延续到其死亡之后。法律保护其生前的人格尊严与其死后的人格尊严,乃是一个不可分割的整体。从各国有关人格权保护的判例和学说来看,几乎都赞成对死者人格利益进行保护,这也是人格权法律制度发展的一个趋势。目前,对于死者人格利益应当受到法律保护,已经形成了基本共识。③ 从社会效果来看,保护死者人格利益的必要性在于:

第一,有助于促进社会的进步。社会的进步与个人追求良好的名声具有密切的关系。俗话说,"雁过留声,人过留名",许多人生前为社会作出贡献,甚至为了民族、社会的利益而献身,也是为了青史留名,至少不希望受后人指责甚至唾弃。文天祥说"人生自古谁无死,留取丹心照汗青",这就典型地反映了人们希望通过自己生前的努力以获得一个死后的好名声。多少仁人志士修身养性、廉洁自律,追求事业功名,也是为了博取好的名声。正是因为人们对好名声的不懈追求,才推动了社会道德的进步和人类文明的提高。所以,任何社会都要鼓励人们获得符合社会要求的良好名誉。因此,保护死者人格利益尤其是死者的名誉,对于鼓励生者积极向上、奋发有为,从而促进社会的进步,具有重大的意义。④

第二,有助于维护良好的社会风尚。尊重死者既是对死者人格的尊重,也是对人们追求良好的道德、风尚、声誉等的尊重。而漠视死者人格,实际上就是蔑视生者对良好的道德的追求,所以对死者人格利益的保护,涉及社会的公共道德,尊重先人也是中华民族传统文化的组成部分。绝

---

① 〔古希腊〕亚里士多德:《尼各马可伦理学》,王旭凤、陈晓旭译,中国社会科学出版社 2007 年版,第 33 页。
② 〔德〕康德:《法的形而上学原理——权利的科学》,沈叔平译,商务印书馆 1991 年版,第 118 页。
③ 参见《匈牙利民法典》第 85 条、《捷克民法典》第 15 条。
④ 参见亓培冰:《死者肖像权的保护及其法律适用》,载《人民司法》2000 年第 5 期。

大多数的社会成员,都希望其死后不会受到他人的贬损和侮辱,这是一个社会可以延续下去的重要保障。曾子曰:"慎终追远,民德归厚矣。"(《论语·学而》)可见尊重死者也是社会人伦的体现。如果对死者的人格利益不予保护,实际上就是不鼓励人们在生前从事正当的行为,这就会引发严重的道德风险。① 也会导致人们的价值观、荣辱观、道德观产生扭曲,社会利益将受到极大损害,同时也不利于社会秩序的稳定。

第三,有利于维护社会公共利益。许多名人的名誉、肖像等已经成为社会利益甚至是国家利益的组成部分。尤其是领袖、伟人的肖像等涉及整个国家利益和公共利益。对其的贬损,不仅是对历史的不尊重,而且是对民族感情的伤害。所以,对于这些人,即使其近亲属不提起诉讼,有关机关也应当有权提起诉讼,请求停止侵害。②

第四,有助于安慰死者的近亲属。死者的人格利益与生者的感情、尊严、名誉等是不可分的,辱骂他人的长辈、祖先,在某种程度上,也是对生者的辱骂。侮辱先人实际上也是对后人的蔑视。所以,死者的名誉、隐私等常常和生者的名誉等联系在一起。侵害死者的人格利益往往也侵害了生者的人格利益。正如康德所说:"他的后代和后继者——不管是他的亲属或不相识的人——都有资格去维护他的好名声,好像维护自己的权利一样。"③另外,即使不涉及近亲属的名誉等,侵害死者人格,也会侵害近亲属的追思之情。

虽然对死者人格利益的侵害往往会伴随着对生者人格利益的侵害,但将死者人格利益等同于其遗属的利益或者家庭的利益,显然是不妥当的。一方面,如果将死者的人格利益等同于生者的利益,在法律上很难明确地确定行为人究竟侵害了生者的何种权利,行为人的行为和生者的权益受到侵害之间是否具有因果联系。因为生者要主张精神损害赔偿,应当证明其权利受到侵害。④ 另一方面,死者可能根本没有近亲属,但这并不意味着死者人格利益就不应当受到保护,因为即使死者没有近亲属,毁谤已故名人,也可能侵害了公共利益,故也应当保护死者人格利益。⑤ 还

---

① 参见魏振瀛主编:《民法》,北京大学出版社、高等教育出版社2000年版,第54页。
② 参见亓培冰:《死者肖像权的保护及其法律适用》,载《人民司法》2000年第5期。
③ 〔德〕康德:《法的形而上学原理——权利的科学》,沈叔平译,商务印书馆1991年版,第120页。
④ 参见魏振瀛:《侵害名誉权的认定》,载《中外法学》1990年第1期。
⑤ 参见王全弟、李挺:《论死者人格精神利益的民法保护》,载《法治研究》2011年第11期。

要看到,将死者人格利益等同于其遗属的利益或者家庭的利益,实际上是否定了死者人格利益的存在。① 当然,当公民死亡后,死者的名誉好坏,有可能影响对其近亲属的评价,因为侵害死者名誉、披露其隐私可能同时侵害其亲属的名誉。如果其近亲属可以证明其人格利益因此而受到侵害,其可以单独地以其自己的人格利益受到侵害为由提起诉讼,而并不一定要以死者人格利益受到侵害为由来主张权利。②

二、死者人格利益的性质

关于死者人格利益的性质,是比较法上的难点。比如德国学者就承认,德国民法保护死者人格利益的理论基础尚不明确,而且关于死者人格利益的保护规范比较零散。③ 在学界存在不同看法,主要有以下几种不同的学说:一是延伸利益说。该说认为,人格权的保护和所有权一样,是一种无期限的权利,即使在死后也受到保护。④ 民事主体在其诞生前和死亡后,存在着与人身权利相区别的先期法益和延续法益。先期的人身法益与延续的人身法益与人身权利相互衔接,统一构成民事主体完整的人身利益。向后延伸保护的是人死亡后的人身法益。⑤ 二是权利保护说。该说认为,死者仍然是民事主体,享有权利。这种理论的直接依据是有的国家的法律没有规定人的民事权利能力终止于死亡。最高人民法院有关司法解释采取此种观点。⑥ 三是法益保护说。该说把应当保护的死者的人格利益称为法益,这种法益保护,实际上保护的是社会利益而不是私人利益。⑦

上述几种观点的争议涉及对死者人格利益的性质界定问题。从侵权法的角度来看,对权利和利益的保护,就其责任的构成要件而言,是存在差别的。对权利的侵害在方式上通常并没有特别要求,但对利益的侵害,

---

① 在德国,宪法法院不赞成德国联邦法院的观点,否定死者享有人格利益,其主要理由在于个人死亡以后,其遗属为保护死者的名誉、秘密,只能根据自己的权利,以自己人格利益受侵害为由主张权利。参见黄立:《民法总则》,中国政法大学出版社2002年版,第112页。
② 参见魏振瀛:《侵害名誉权的认定》,载《中外法学》1990年第1期。
③ Vgl. MünchKomm/Rixecker, Anhang zu §12, Rn. 32.
④ 参见杨立新、王海英、孙博:《人身权的延伸法律保护》,载《法学研究》1995年第2期。
⑤ 参见杨立新、王海英、孙博:《人身权的延伸法律保护》,载《法学研究》1995年第2期。
⑥ 参见1989年最高人民法院《关于死亡人的名誉权应受法律保护的函》认为:"吉文贞(艺名荷花女)死亡后,其名誉权应依法保护,其母陈秀琴亦有权向人民法院提起诉讼。"在该解释中,确定了死者的名誉应当受到保护。
⑦ 参见王利明主编:《人格权法新论》,吉林人民出版社1994年版,第444—445页。

可能要求侵害的方式需违背善良风俗。另外,有的国家法律规定,对权利的侵害采取一般的过错责任原则,无论是故意还是过失都可构成。但对利益的侵害往往要求加害人具有故意或重大过失,行为人仅具有一般过失,可能不构成侵权。

就死者人格利益的性质界定问题,笔者认为权利保护说虽不无道理,但在法理上值得商榷。一方面,该学说与民事主体制度之间存在明显的冲突。既然自然人已经死亡,权利主体已经消灭,怎么可能仍然享有权利呢？死者是不可能再享有任何权利的,否则在法律上便出现了没有主体的权利。另一方面,赋予死者人格权也无法实际行使,因为权利主体已经不存在,权利也就失去了载体,人格权和人格权主体不可分离,赋予死者人格权没有实际的意义。

笔者认为延伸利益说虽然指出了对死者人身利益进行延伸保护的必要性,但是没有指出进行此种保护的实质原因,仅仅说是一种"延伸利益",过于笼统,并没有明确说明为什么人格利益要延伸而财产利益不延伸,为什么有些人格利益要延伸而有些不需要延伸？另外,此种学说没有揭示出延伸的根源,尤其是在很多情况下,对死者利益的保护和对生者利益的保护交织在一起,此种学说也没有揭示此种利益归属于谁。

笔者主张,死者人格利益在法律上仍然是一种法益,法律出于维护社会道德和近亲属的感情以及社会公共利益的需要,有必要对死者的人格利益予以保护。但是对死者人格利益的保护必须与对其近亲属的人格保护区分开来,仅仅侵害了生者对逝者的感情,并不足以成立人格权侵害。[1] 自然人在死亡以后,原则上对其利益的保护终止,我们无法想象死者具有部分的权利能力,也无法想象没有主体的权利。[2] 尽管死者不再享有任何权利,其名誉权、肖像权等人格权也不复存在,但其人格利益并不因死亡而消灭,死者的人格尊严仍然不受侵犯。[3] 权利内容本身是个人利益和社会利益的产物。在利益中,不仅包括民事主体的个人利益,可能还包括社会公共利益。例如,对于死者的名誉、肖像而言,在死者死亡后其个人享有的利益已经不复存在,但由于这种利益在一定程度上体现了社会公共利益和公共道德,从

---

[1] Vgl. MünchKomm/Rixecker, Anhang zu §12, Rn. 34.
[2] Vgl. MünchKomm/Rixecker, Anhang zu §12, Rn. 35.
[3] Vgl. MünchKomm/Rixecker, Anhang zu §12, Rn. 38.

公序良俗的要求出发,故有必要对该利益加以保护。① 实际上,保护死者人格利益是社会公共道德和公序良俗原则的体现,本质上也是社会公共利益的一种具体表现形态。我国《民法通则》第5条规定,"合法的民事权益受法律保护"。此处兼采权利和利益的概念,表明在权利之外仍然有一些合法的利益存在,但它们并没有被确认为权利。我国《侵权责任法》第2条第2款规定:"本法所称民事权益,包括生命权、健康权、姓名权、名誉权、荣誉权、肖像权、隐私权、婚姻自主权、监护权、所有权、用益物权、担保物权、著作权、专利权、商标专用权、发现权、股权、继承权等人身、财产权益。"死者人格利益就属于该条规定的"人身、财产权益"范畴。

还需要指出的是,对死者的人格利益不能用一般人格权加以概括性的保护,只能明确规定应当受到保护的几种具体人格利益。其原因在于,一方面,一般人格权本身是一种权利,尤其是其中包含的人格自由和平等,只能是生者所能享有的权利,死者无所谓自由、平等的问题。另一方面,一般人格权条款是一个兜底条款,对于死者人格利益而言,本身就是法律特别列举的保护,故不能适用人格权的兜底条款来扩张保护死者人格利益的范围。

三、死者人格利益保护的范围

所谓死者人格利益保护的范围,是指死者的哪些人格利益应受法律保护。显然,一个人生前所享有的人格权和其死后享有的人格利益是不可能同一的,不能认为生者的所有人格利益在死后都要受到保护。② 有学者认为,死者人格利益包括名誉、肖像、身体、隐私、姓名和名称、荣誉。③ 笔者认为,这一解释过于宽泛。例如,生前所享有的物质性人格权不可能继续存在;与身体相联系的人格权,如身体权等,死者也不可能享有;与人身有密切联系的人格权,如人身自由权等也不可能继续存在。即使就精神性人格权而言,像贞操等人格利益在死后也是不能受到保护的。

关于死者人格利益的保护范围,司法实践中存在一个不断发展的过程。

---

① 参见王全弟、李挺:《论死者人格精神利益的民法保护》,载《法治研究》2011年第11期。

② 参见马丽、朱显国:《死者人格利益保护理论的反思与重构——基于法的规范功能的分析》,载《南京理工大学学报(社会科学版)》2009年第4期。

③ 参见杨立新:《人身权法论》(修订版),人民法院出版社2002年版,第307—308页。

它最初仅限于名誉利益,以后逐步扩及隐私等利益。《精神损害赔偿司法解释》第3条规定:"自然人死亡后,其近亲属因下列侵权行为遭受精神痛苦,向人民法院起诉请求赔偿精神损害的,人民法院应当依法予以受理:(一)以侮辱、诽谤、贬损、丑化或者违反社会公共利益、社会公德的其他方式,侵害死者姓名、肖像、名誉、荣誉;(二)非法披露、利用死者隐私,或者以违反社会公共利益、社会公德的其他方式侵害死者隐私;(三)非法利用、损害遗体、遗骨,或者以违反社会公共利益、社会公德的其他方式侵害遗体、遗骨。"这一解释显然扩张了死者人格利益保护的范围,它不限于对死者名誉利益进行保护,还包括死者的姓名、肖像、名誉、荣誉、隐私以及遗体和遗骨等人格利益方面的保护。死者人格利益的范围包括如下几种:

第一,侵害死者的姓名、肖像、名誉利益。《精神损害赔偿司法解释》第3条规定,"以侮辱、诽谤、贬损、丑化或者违反社会公共利益、社会公德的其他方式,侵害死者姓名、肖像、名誉、荣誉"。依据这一规定,此类情况可以包括如下几种行为:其一,侵害死者姓名。主要表现形式是非法利用死者的姓名招摇撞骗,利用死者的姓名从事其他非法活动,导致对死者人格的贬损。至于未经死者近亲属的同意,擅自利用死者的肖像从事营利性活动,牟取非法利益,是否构成侵权,从上述规定来看,显然不属于该条所规定的情形。例如,在著名的鲁迅冠名权一案中,绍兴市中级人民法院一审判决被告绍兴鲁迅外国语学校将鲁迅姓名用于学校的命名属于正当行为。[①] 笔者认为,该判决符合上述司法解释的规定。其二,侵害死者肖像。最高人民法院《关于周海婴诉绍兴越王珠宝金行侵犯鲁迅肖像权一案应否受理的答复意见》中指出:"公民死亡后,其肖像权应依法保护。任何污损、丑化或擅自以营利为目的使用死者肖像构成侵权的,死者的近亲属有权向人民法院提起诉讼。"例如,擅自在网上披露死者的裸体照片,或者将死者的肖像丑化等。关于以营利为目的非法利用死者的肖像,是否构成侵权,从该规定来看,显然只限于以贬损、丑化或者违反社会公共利益、社会公德的方式侵害死者肖像,而并没有包括以营利为目的的使用,因而还不能包括此种情况。其三,侵害死者的名誉、荣誉。在审判实践中,对死者人格利益的侵害主要是指故意诋毁死者的名声、辱骂或者丑化死者等,从而侵害了死者的名誉。例如,著名的荷花女案、海灯法师案、徐

[①] 该案已经二审调解,双方达成和解协议。参见《鲁迅冠名权纠纷:周海婴收回起诉书 双方庭外和解》,载《北京青年报》2001年12月20日。

大雯状告宋祖德和刘信达侵犯谢晋名誉权案①等就属于此类情形。需要指出的是,《精神损害赔偿司法解释》第 3 条对侵害死者人格利益的侵权方式作出了明确规定,即行为人必须是"以侮辱、诽谤、贬损、丑化或者违反社会公共利益、社会公德的其他方式"侵害死者人格利益,否则,受害人难以依据该条规定请求行为人承担责任。

第二,侵害死者的隐私利益。《精神损害赔偿司法解释》第 3 条规定,"非法披露、利用死者隐私,或者以违反社会公共利益、社会公德的其他方式侵害死者隐私"。侵害死者的隐私即便没有侵害名誉的,也应当承担精神损害赔偿责任。之所以将死者隐私单独规定,这主要是因为,我国法律当时并未对隐私权作出规定,但实践中出现了大量的侵害隐私的情形,因此,有必要专门对此作出规定。依据该条规定,侵害死者隐私的方式主要有两种,一是非法披露。例如,在甘维寿案中,行为人将原告已经死亡的女儿的姓名、年龄、两性关系等隐私信息泄露,法院认为,该行为人侵害了死者的隐私,应当承担精神损害赔偿责任。② 二是非法利用。如未经死者近亲属同意,擅自将死者隐私改编成剧本,拍成电影、电视剧等。这两种方式都以违反社会公共利益、社会公德的其他方式侵害了死者隐私。最高人民法院的上述司法解释出台以后,隐私利益仍然是作为一种权利外的利益加以保护的。

第三,侵害遗体、遗骨利益。严格地说,自然人死亡后,其物质性人格权已经不复存在,但其遗体、遗骨、骨灰等仍与其人格尊严存在密切关联,仍有保护的必要。从比较法上看,许多国家都有禁止侵害遗体完整性的规定,因为遗体不仅关系到死者的人格尊严,而且关系到生者对死者追思敬慕的感情。③ 中华民族的优良传统要求尊重自己祖先或者长辈,其中就包括了对死者遗体和遗骨的尊重,中国传统文化也历来认为,掘墓毁尸是严重违反社会伦理的极端行为。可见,遗体寄托着生者对死者的感情和思念,对其进行保护在一定程度上也体现了对死者的尊重和对生者人格利益的保护,保护遗体并不是为了保护身体权,而是为了保护死者人格尊严和死者近亲属的

---

① 在徐大雯状告宋祖德、刘信达侵犯谢晋名誉权案中,法院认定,被告宋祖德在博客里称谢晋因嫖妓致死及与他人有私生子均非事实,法院由此作出一审判决,要求被告宋祖德、刘信达立即停止对谢晋名誉的侵害;在判决生效之日起 10 日内连续 10 天在多家网站和报纸醒目位置刊登向原告徐大雯公开赔礼道歉的声明,致歉声明内容须经法院审核同意,消除影响,为谢晋恢复名誉;赔偿损失 29 万元。参见《谢晋遗孀告"大嘴"宋祖德名誉权案昨一审宣判宋祖德被判赔 29 万登报道歉》,载《扬子晚报》2009 年 12 月 26 日。
② 参见新疆维吾尔自治区奇台县人民法院(2006)奇民一初字第 524 号民事判决书。
③ 参见税兵:《超越民法的民法解释学》,北京大学出版社 2018 年版,第 86 页。

人格利益。同时,对遗体的保护还涉及公共利益和公共道德的保护,因为如果允许人们可以随意侮辱死者的遗体,显然也是对公共道德的蔑视和侵犯。因为这一原因,有学者认为,应当承认死后身体受尊重权以及亲属的遗体处置权。① 从实践来看,侵害遗体、遗骨的行为主要表现为:擅自盗取死者的器官②、抛撒死者的遗骨或骨灰③、丢失死者遗骨④等。

关于遗体、遗骨的法律定位,有学者认为,死者遗体、遗骨在性质上属于人格物,并非单纯的物,是体现了一定人格利益的物。⑤ 根据《精神损害赔偿司法解释》第 3 条第 3 项的规定,非法利用、损害遗体、遗骨,或者以违反社会公共利益、社会公德的其他方式侵害遗体、遗骨的,应当对死者的近亲属予以精神损害赔偿。从该规定来看,其认为死者遗体、遗骨也体现了死者的人格利益,如果因此造成死者近亲属严重精神痛苦,应适用精神损害赔偿。该条对侵害遗体、遗骨的行为适用精神损害赔偿责任具有一定的合理性,因为侵害死者遗体、遗骨的行为直接伤害了生者对死者的感情和尊严,也会给生者造成一定的精神痛苦。除民事立法外,我国相关立法也对遗体、遗骨的保护作出了规定。例如,《刑法》第 302 条还专门规定了"盗窃、侮辱、故意毁坏尸体、尸骨、骨灰罪",依据该条规定,"盗窃、侮辱、故意毁坏尸体、尸骨、骨灰的,处三年以下有期徒刑、拘役或者管制"。

依据上述司法解释,构成侵害遗体、遗骨的精神损害赔偿责任应当符合如下条件:其一,行为人实施了侵害遗体、遗骨的行为。例如,在韩某某诉中铁六局集团北京铁路建设有限公司一般人格权案中,法院认为,被告的施工行为致使原告家位于施工范围内的墓穴及墓穴周围地貌发生了改变,其行为侵犯了原告的合法权益,给其造成精神痛苦,应承担精神损害赔偿责任。⑥ 其二,违反了社会公共利益、社会公德。例如,在周某与俞甲一般人格权纠纷上诉案中,周某故意驾车冲撞俞甲父亲的出殡现场,撞倒骨灰盒、灵牌、花篮,法院认为被告的行为构成以违反社会公共利益、社会

---

① 参见徐国栋主编:《绿色民法典草案》,社会科学文献出版社 2004 年版,第 84 页。
② 参见杨某某等诉原兰州军区乌鲁木齐总医院擅自解剖死者尸体留取脏器侵权纠纷案,载最高人民法院中国应用法学研究所编:《人民法院案例选》(1994 年第 3 辑),人民法院出版社 1994 年版。
③ 参见何美英等诉普觉寺墓园工作人员帮助安放骨灰盒时不慎跌落致使骨灰泼洒精神损害赔偿案,载最高人民法院中国应用法学研究所编:《人民法院案例选》(2001 年第 2 辑),人民法院出版社 2001 年版。
④ 参见广东省信宜市人民法院(2015)茂信法民一初字第 291 号民事判决书。
⑤ 参见冷传莉:《论人格物的界定与动态发展》,载《法学论坛》2010 年第 2 期。
⑥ 参见北京市门头沟区人民法院(2008)门民初字第 771 号民事判决书。

公德的其他方式侵害遗体、遗骨。① 以违反善良风俗的方式侵害遗体、遗骨不同于一般的非法利用和损害遗体遗骨就在于,该行为本身是不道德的。其三,行为人主观上具有故意。在侵害他人遗体、遗骨的情形中,行为人主观上都是出于故意,从《精神损害赔偿司法解释》的规定来看,因过失行为而侵害他人遗体、遗骨的,一般不适用精神损害赔偿责任。

笔者认为,对死者人格利益应当采取法定的限制,而不得对其作扩张解释。这些限制主要体现在三个方面:其一,受保护的死者人格利益范围具有限制性。依据《精神损害赔偿司法解释》第3条的规定,受保护的死者人格利益范围包括死者姓名、肖像、名誉、荣誉、隐私以及遗体、遗骨,在对死者人格利益进行保护时应以此为限。其二,侵犯死者人格利益的侵权责任构成要件应具有严格性。就侵权方式而言,除了《精神损害赔偿司法解释》第3条所明确列举的侮辱、诽谤、贬损、丑化、非法披露、非法利用、非法损害等侵权方式外,其他侵犯死者人格利益的方式应以"违反社会公共利益、社会公德"为必要。其三,对死者人格利益的保护还有期限性,如果年代过于久远,则可能难以对其加以保护。②

四、关于死者人格利益中财产部分的继承

在民法上,遗产通常都是指被继承人生前合法所有的财产,死者人格利益在性质上是否可以作为一种财产由其继承人继承,在判例、学说上是存在不同看法的。一是否定说。在日本,对死者名誉的侵害事实上是对生者名誉的侵害,因而谈不上死者人格利益的继承问题。③ 二是肯定说。在德国,德国联邦法院曾主张人格权之值得保护的价值,逾越人的权利能力而存在。在死者"人格权"受侵害场合,其人格权主体虽消失,但其家属以信托人(der Treuhändler)身份有权把死者之事务当成自己的权利处理。④ 从

---

① 参见浙江省舟山市中级人民法院(2011)浙舟民终字第86号民事判决书。
② 参见杨巍:《死者人格利益之保护期限》,载《法学》2012年第4期。
③ 参见杨立新等:《鲁迅肖像权及姓名权案评析》,载《判解研究》2002年第1辑;姚辉:《逝者如斯夫——死者人格利益保护问题研究》,载《判解研究》2002年第1辑。
④ 参见BGHZ 15, 247(259). 转引自黄立:《民法总则》,中国政法大学出版社2002年版,第112页。按照德国学者胡布曼(Hubmann)的说法,死者虽无权利能力,但在其价值、作品存续的范围内,以之相对的权利即人格权是存在的。即使死者自己不能行使上述权利,亦不妨为其遗属所可保护的利益。参见〔日〕五十岚清:《人格权论》,一粒社1989年版,第164页。

这一意义上说,死者的人格利益是可以受到保护的[1],其财产性的人格法益是可以继承的。[2] 在美国法中,对于死者的姓名、肖像等人格利益,大多数州认为是可以继承的。[3]

在我国,许多学者认为,死者人格利益不能继承。[4] 但也有学者认为,死者的身体利益、人格利益和部分身份利益都可以继承,此外,名誉利益也可以由法律主体以遗嘱方式遗赠给他人。[5] 笔者认为,对于死者的人格利益,应当区分两种情况,一种是不能继承的人格利益。如果死者的人格利益涉及社会公共利益的,甚至本身就是公共利益的组成部分的,则无论其是否具有财产因素,都不能继承,因为若允许继承,将有损公共利益。例如,有关历史人物的肖像等已经成为历史的组成部分,对这些死者人格利益的利用不能损害社会公共利益,包括商业化利用。另一种是死者人格利益中的财产部分,权利人死亡后,其人格权中的财产利益仍然存在,这些财产利益是可以由其近亲属继承的。例如,名人的肖像、姓名等人格标志中的财产利益,在其死后只要不涉及公共利益,就可能被继承。在我国实务中曾经发生过有关鲁迅姓名中的财产利益能否由其继承人加以继承的案例,学界曾对此展开了讨论。[6] 笔者认为,死者人格利益中财产部分也可以通过继承的方式进行相应的保护。凡是死者具有财产因素的人格利益,只要不违反法律法规的禁止性规定和公序良俗,应当允许其继承人继承。通常死者生前知名度和影响力越高,转化为财产利益的可能性和利益的量就越大,则其近亲属可以继承的财产利益也就越大,但这种继承不得损害国家利益和社会公共利益。

应当指出的是,死者人格利益即使具有商业价值,能够为继承人所利用,也不能由继承人转让。此外,还应看到,继承人利用死者人格标志中的财产利益,也不能损害死者近亲属的人格利益,造成其精神痛苦。死者的人格利益和这种利益中所包含的人格因素不能截然地分开。如果将人格利益中的财产利益作为商品转让,不仅将违反人格利益的专属性规则,而且这种

---

[1] Vgl. MünchKomm/Rixecker, Anhang zu §12, Rn. 32 ff.
[2] Vgl. MünchKomm/Rixecker, Anhang zu §12, Rn. 37.
[3] See David Collins: Age of the Living Dead: Personality Rights of Deceased Celebrities, 39 Alberta L. Rev. 924.
[4] 参见谢怀栻:《论民事权利体系》,载《法学研究》1996 年第 2 期。
[5] 参见郭明瑞、房绍坤、唐广良:《民商法原理(一):民商法总论 人身权法》,中国人民大学出版社 1999 年版,第 468 页以下。
[6] 参见杨立新等:《鲁迅肖像权及姓名权案评析》,载《判解研究》2002 年第 1 辑。

转让使人格成为一种商品,是对死者人格的不尊重。所以,笔者认为,死者人格标志中的财产利益是不能转让的。即使死者人格利益上隐藏着巨大的商业价值,对这种商业价值进行开发可以创造巨大的商业利益,也只能限于由其继承人在法律规定的范围内进行利用,而不能转让。

五、关于死者人格利益保护是否应当有期限的限制以及如何限制

对死者人格利益的保护是否应有期限限制,笔者认为,死者人格利益的保护应当有一定的期限限制。因为一方面,如果死者去世年代已久,其涉及隐私、名誉等的问题已经无从考证,从法律角度看,其人格利益已经进入公共领域。如果法律要对其进行保护,则失去保护的正当性。另一方面,对死者人格利益进行保护的正当性在于要维护其与近亲属间的感情,如果死者去世已久,也就谈不上近亲属,因此从近亲属的角度进行保护就没有必要。尤其应当看到,去世已久,对死者人格利益仍然进行保护,从诉讼的保护来看,也存在一定的困难。究竟谁有资格提起诉讼本身就存在问题。① 如果对死者人格利益无期限地进行保护,必然将引发千百年前的死者的保护问题,并引发一系列争议,1976 年发生在我国台湾地区的诽韩案就足以说明这一问题。② 2017 年,潘金莲后人在北京市朝阳区人民法院提起诉讼,起诉电影《我不是潘金莲》的导演冯小刚等人,要求为其先人潘金莲正名,引起媒体广泛关注。③

从国外立法来看,普遍对于死者人格利益的保护有一定的期限限制。国外关于死者人格利益的保护期限有两种模式。一是仅规定肖像利益受到期限的限制,其他人格利益并不作严格限制。例如,德国《艺术与摄影作品著作权法》第 22 条的第 3 款和第 4 款规定死者肖像在死后 10 年的期限内,可以受到保护。④ 这也得到了德国部分司法实践的赞同,即对死

---

① 参见杨仁寿:《诽韩案之启示》,载杨仁寿:《法学方法论》,中国政法大学出版社 1999 年版,第 3—8 页。
② 所谓诽韩案,是指有人撰文认为韩愈"曾在潮州染风流病,以致体力过度消耗",其第 39 代孙(即该案原告)以"孝思忆念"为由提起了"名誉毁损"之诉。
③ 参见颜甲:《潘金莲状告冯小刚 潘家后人:这是骂我祖宗十八代!》,载《重庆晨报》2017 年 3 月 22 日。
④ Vgl. Schricker/Gerstenberg, Urheberrecht, 1987, ss 22 and 60 of the Kunsturhebergesetz, para 24 with examples.

者的财产性人格利益的保护期限应当类推这一规定,将其保护期限确定为 10 年。① 不过学界仍持怀疑态度。② 美国加利福尼亚州法律规定,肖像权在权利人死后 50 至 70 年内仍受法律保护,印第安纳州和俄克拉何马州则规定的是 100 年。③ 二是对各种死者人格都不作期限限制,但限定在其近亲属范围内。例如,《希腊民法典》第 57 条规定:"如果侵害行为针对死者的人格,那么上述权利归属于死者的配偶、后代、直系尊亲属、兄弟姐妹或遗嘱指定的遗产承受人。上述权利不排除基于侵权行为法而进一步要求损害赔偿。"④

在我国,有一些学者认为,对于死者人格利益的保护应当在法律上规定一定的期限,随着时间的流逝,死者的人格利益进入公共领域,成为历史事实,因此应当以死后 30 年作为期限加以限制。⑤ 笔者认为,期限的规定过于僵硬,也没有考虑到各种不同的死者人格利益遭受侵害的具体情形。最高人民法院《关于审理名誉权案件若干问题的解答》第 5 条答复:"死者名誉受到损害的,其近亲属有权向人民法院起诉。近亲属包括:配偶、父母、子女、兄弟姐妹、祖父母、外祖父母、孙子女、外孙子女。"我国的司法实践也采纳了以近亲属为标准的期限限制。所谓近亲属是指三代以内的亲属。只要这些亲属存在,即可提起诉讼,其他亲属不得起诉。这本身就构成对死者人格利益保护期间的限制。笔者认为,对死者利益的保护期限予以必要的限制是有一定的道理的,因为毕竟死者存在近亲属,才可以由其近亲属主张权利,且只有在存在近亲属的情况下,才具有维护死者利益的动力。如果没有三代以内的近亲属,确有必要提起公益诉讼的,也可允许第三人提出,但要考虑死者的人格利益是否直接关系到社会公共利益。如果侮辱死者将构成对历史的玷污,伤害广大民众的感情,对于这种情况,即使死者年代久远,也应当允许有关国家机关或者个人提出诉讼。

六、死者人格利益保护中请求权的主体

所谓请求权的主体,是指在人格利益遭受侵害以后,究竟由谁来主张

---

① Vgl. BGHZ 169, 193 = NJW 2007, 684.
② Vgl. MünchKomm/Rixecker, Anhang zu § 12, Rn. 37.
③ 参见《印第安纳州法典》第 32-12-1 条以下;《俄克拉荷马州法典》附件 12,第 1448 条以下。
④ Greek Civil Code, translated by C Taliadoros, 1992.
⑤ 参见亓培冰:《死者肖像权的保护及其法律适用》,载《人民司法》2000 年第 5 期。

对死者人格利益的保护。在比较法上,德国学者主张区别精神利益和财产利益进行处理,精神利益首先由死者指定的人来进行保护,其次应该由其近亲属来保护,而财产利益则由继承人进行保护。① 在法律上明确请求权的主体,不仅明确了诉讼中的合格原告,甚至对于哪些人格利益应当受到保护也具有十分重要的意义。

1993年6月15日,最高人民法院《关于审理名誉权案件若干问题的解答》中明确了死者名誉受到侵害,其近亲属可以作为原告提起民事诉讼,从而解决了死者名誉是否应当受法律保护的问题。但该解释仅仅涉及死者名誉受侵害的问题,而没有对死者的其他人格利益受侵害作出规定。《精神损害赔偿司法解释》的第7条规定:"自然人因侵权行为致死,或者自然人死亡后其人格或者遗体遭受侵害,死者的配偶、父母和子女向人民法院起诉请求赔偿精神损害的,列其配偶、父母和子女为原告;没有配偶、父母和子女的,可以由其他近亲属提起诉讼,列其他近亲属为原告。"作出这种解释是因为,"当前的中国社会,三代同堂、四代同堂的大家庭很多,除了父母、配偶、子女之外,祖父母与孙子女、外祖父母与外孙子女以及兄弟姐妹之间长期共同生活,建立了深厚的感情,他们之间也存在着法定的赡养、抚养和扶养关系"②。从该规定来看,将请求死者人格利益的主体限定在死者的"近亲属"之内,由近亲属作为请求权主体是有道理的。因为在一般情况下,人格利益不直接表现为公共利益,不能由国家机关来进行管理,仍然应由死者的近亲属来进行管理。死者的人格利益遭受侵害,当然也只能由他们来主张权利。

问题在于,死者近亲属是否存在顺序问题。按照《民法通则》的规定,近亲属都可以提起诉讼,但是否存在顺序限制?按照有关司法解释起草者的解释,该条实际上存在一个顺位的规定,第一顺位是配偶、父母、子女;第二顺位是其他近亲属。如果第一顺位的人不提起诉讼,那么,第二顺位的人无权提起诉讼。如果他们都是受害人,都有通过诉讼获得救济的权利。③ 笔者认为,死者人格利益的保护是对生者的感情利益的保护,对死者利益的侵害还涉及社会公共道德和风气的保护,如果设定提起诉

---

① Vgl. MünchKomm/Rixecker, Anhang zu §12, Rn. 35 ff.
② 唐德华主编:《最高人民法院〈关于确定民事侵权精神损害赔偿责任若干问题的解释〉的理解与适用》,人民法院出版社2001年版,第56—57页。
③ 参见唐德华主编:《最高人民法院〈关于确定民事侵权精神损害赔偿责任若干问题的解释〉的理解与适用》,人民法院出版社2001年版,第58页。

讼的顺序,则未免与死者人格利益保护制度设置的目的相悖。所以,原则上不得采取近亲属按序主张权利的方式。例如,某一家庭成员因侵权行为而死亡,将给其他家庭成员带来极大的精神伤害,使其产生极大的精神痛苦。若外祖父母和外孙子女长期在一起生活,建立了深厚的感情,外祖父母死亡后,其人格利益遭受侵害,如果第一顺序的人不主张,又不允许死者的外孙子女主张精神痛苦,则是不妥当的。

还需要指出的是,近亲属以外的其他人能否主张对死者人格利益的保护?笔者认为,近亲属范围可以扩张解释到没有血缘关系,但是长期在一起生活的人。例如,与死者长期同居的伴侣等,如果其与死者曾经有很深的感情,在死者人格利益受到侵害后,其确实遭受了精神痛苦,应可以请求赔偿。当然,法律上对这种赔偿应该有严格的限制。

死者人格利益保护中还有可以涉及公益诉讼的问题。许多学者认为,如果死者人格利益关系到公共利益,尤其是像历史名人、领袖等,其形象与名誉往往与历史传统、民族感情、国家形象紧密联系,损害其死后的人格,也必将会损害公共利益、危害公共道德。所以,在没有近亲属提起诉讼时,法律上也可规定公益诉讼。如《匈牙利民法典》第86条规定:"如果损害死者(或者已撤销的法人)声誉的行为同时也损害社会利益,则检察长也有权提起诉讼。"这一观点从理论上说确有一定的道理。我国《民法总则》第185条规定:"侵害英雄烈士等的姓名、肖像、名誉、荣誉,损害社会公共利益的,应当承担民事责任。"该条从维护公共利益出发,对侵害英雄烈士人格利益的侵权责任作出了规定,其中也涉及对死者人格利益的保护。从该条规定来看,行为人依据该条规定承担侵权责任时,应当以其行为损害社会公共利益为前提。笔者认为,在判断死者人格利益是否涉及公共利益时较为困难,因为死者人格利益主要还是涉及私法上的利益,按照私法自治原则,国家机关一般没有必要进行干预。但如果确实涉及公共利益的死者人格利益保护,其近亲属又不能主张的,也未尝不可以由检察机关直接向人民法院起诉,以维护重大社会公共利益,但对此应当作出严格的限制。可以考虑,将其限定在确实涉及重大公共利益,且近亲属又不能主张的情况。

七、关于精神损害赔偿的适用

对于死者人格利益的侵害是否可以适用精神损害赔偿,对此,学理上存在不同看法。德国判例一般不支持在侵害死者人格利益的情况下提起精神损害赔偿的请求。但是,如果能够认定侵害死者人格利益同时也侵害了其亲属的人格权,二者之间存在法律的因果联系,则其亲属可以要求精神损害赔偿。① 美国判例中对于死者姓名、肖像等人格利益的保护,只承认财产损害赔偿,而不承认精神损害赔偿。②

在我国,一般认为,只有因为侵害了死者人格利益而导致近亲属的人格利益受到侵害的情况下,其近亲属才可以主张精神损害赔偿。如果因为侵害而导致近亲属遭受了精神痛苦,应当给予抚慰。③ 法律之所以设立精神损害赔偿是为了对近亲属的精神损害予以安慰,如果近亲属并没有遭受任何精神损害,近亲属以死者人格利益受到侵害为由主张精神损害赔偿,这和法律设定精神损害赔偿的目的是不符合的。笔者赞同这一看法。我国司法实践实际上经历了从直接保护模式向间接保护模式转变的过程。在1989 年的荷花女案中,最高人民法院作出了《关于死亡人的名誉权应受法律保护的函》,其中指出,"吉文贞(艺名荷花女)死亡后,其名誉权应依法保护,其母陈秀琴亦有权向人民法院提起诉讼"。从该批复的规定来看,最高人民法院肯定了吉文贞(艺名荷花女)死亡后仍然享有名誉权,显然是采纳了直接保护模式。④ 但在随后的司法实践中,最高人民法院在死者人格利益保护方面的态度发生了一定的转变。1993 年最高人民法院在《关于审理名誉权案件若干问题的解答》中规定:"死者名誉受到损害的,其近亲属有权向人民法院起诉。近亲属包括:配偶、父母、子女、兄弟姐妹、祖父母、外祖父母、孙子女、外孙子女。"《精神损害赔偿司法解释》第 3 条规定:"自然人死亡后,其近亲属因下列侵权行为遭受精神痛苦,向人民法院起诉请求赔偿精神损害的,人民法院应当依法予以受理……"从上述规定来看,最高人民法院实际上已否定了死者仍然享有人格权,在侵害死者名誉等人格利益的情形下,死者的近亲属有权提出精神损害赔偿的请求,而且

---

① Vgl. Schricker/Gerstenberg, Urheberrecht, 1987, ss 22 and 60 of the Kunsturhebergesetz, para 24 with examples.

② See David Collins: Age of the Living Dead: Personality Rights of Deceased Celebrities, 39 Alberta L. Rev. 924.

③ 参见曹诗权、李政辉:《论侵害生命权在民法上的责任》,载《法学评论》1998 年第 5 期。

④ 再如,在海灯法师案中,最高人民法院也作出了《关于范应莲诉敬永祥侵害海灯名誉一案如何处理的复函》。该批复也肯定了死者享有名誉权,实际上是对死者人格利益采纳了直接保护模式。

死者近亲属提出请求的主要目的是为了救济自身所遭受的精神损害,这实际上是采纳了间接保护模式。笔者认为,采用间接保护模式更为合理。直接保护模式通过肯定死者具有部分权利能力,实现对死者的直接保护,虽然具有一定的合理性,但如果采用此种保护模式,可能需要对我国既有的法律制度进行较大的调整,尤其会对我国的民事主体制度、民事权利能力制度等产生较大冲击。而间接保护模式通过保护死者近亲属而间接保护死者本人,则能够更好地契合我国既有的法律制度。在间接保护模式下,如果因为侵害死者人格利益而导致近亲属遭受了精神痛苦,应当给予抚慰。如果行为人的同一行为同时侵害了死者人格利益和死者近亲属的人格利益,可以认为,该行为既侵害了死者的人格利益,也侵害了近亲属的人格利益。此时,将分别产生两种不同的请求权,即近亲属既可以主张死者人格利益受到侵害,也可以主张自身人格利益遭受侵害。但是,考虑到其造成的直接后果仍然是对近亲属人格利益的侵害,最终后果仍然是由其近亲属承担,即由死者近亲属向行为人提出请求。

综上所述,对死者人格利益的保护,主要应当采用停止侵害、消除危险、恢复名誉等方式进行补救。对死者近亲属的精神损害赔偿请求应作严格限制。

侵害英雄烈士人格利益的民事责任*

《民法总则》第185条对侵害英雄烈士人格利益的民事责任作出了规定,有利于弘扬良好的道德风尚,培育和践行社会主义核心价值观。英雄烈士是一个国家和民族精神的重要体现,是引领社会风尚的标杆,是人们行为的榜样。因此,强化对英雄烈士人格利益的保护,有利于弘扬烈士精神,培养公民的爱国主义精神,增强中华民族的凝聚力,也有利于激发实现中华民族伟大复兴的强大精神力量。[①]

一、侵害英雄烈士等的人格利益的民事责任概述

"天地英雄气,千秋尚凛然。"英雄先烈是我们民族的脊梁,也是激励我们前行的力量。在《民法总则》颁行前,我国司法实践中出现了一些侵害英雄烈士人格利益的纠纷,如邱少云案[②]、狼牙山五壮士案[③],此类行为不仅损害了广大人民群众的民族情感,也不利于凝聚民族精神。[④] 为了有效规范此类行为,保护英雄烈士等的人格利益,《民法总则》第185条规定:"侵害英雄烈士等的姓名、肖像、名誉、荣誉,损害社会公共利益的,应当承担民事责任。"该条对侵害英雄烈士等人格利益的民事责任作出了规定,具有重要的现实意义。

《民法总则》第185条确认英雄烈士人格利益的保护条款,其主要原因在于:一方面,英雄烈士人格利益的保护具有特殊性。英雄烈士人格利益的保护不同于一般民事主体所享有的人格权益,也不同于死者人格利益的一般规则,因为一般民事主体所享有的人格权益与死者人格利益保护与社会公共利益之间并不存在直接关联,而侵害英雄烈士等的人格利

---

* 本文完稿于2018年。
① 参见张新宝:《〈中华人民共和国民法总则〉释义》,中国人民大学出版社2017年版,第401页。
② 参见北京市大兴区人民法院(2015)大民初字第10012号民事判决书。
③ 参见北京市第二中级人民法院(2016)京02民终6272号民事判决书。
④ 参见陈甦主编:《民法总则评注》(下册),法律出版社2017年版,第1324页。

益则可能造成社会公共利益的损害。另一方面,保护目的具有特殊性。英雄烈士人格利益保护与社会公共利益存在密切关联,行为人侵害英雄烈士人格利益,不仅会对造成损害,也可能损害社会公共利益,也就是说,英雄烈士人格利益的保护兼具私益保护与公益保护的特点。《民法总则》对侵害英雄烈士等的人格利益的民事责任作出规定,对于强化对英雄、烈士姓名、名誉、荣誉等的法律保护,对于维护民族精神、弘扬社会公共道德、有效保护英雄烈士人格利益、弘扬社会主义核心价值观,具有重要意义。① 例如,在彭家惠诉《中国故事》杂志社名誉权纠纷案中,法院认定,《中国故事》于 1998 年第 4 期刊登的小说《祸祟》,"虚构情节,用较大篇幅将在辛亥革命中英勇牺牲的彭家珍烈士,描写为令人厌恶的反面人物,严重丑化了彭家珍烈士的人格,侵害了彭家珍烈士的名誉,事实清楚,证据充分,各当事人对此均无异议。由于彭家珍烈士的父母已故,其本人没有配偶和子女,原告彭家惠是彭家珍烈士的妹妹,有权向侵害彭家珍烈士名誉权的单位或个人提起民事诉讼"。当然,彭家惠作为彭家珍烈士的近亲属起诉,是维护彭家珍烈士的名誉,而非自身的名誉权受到侵害。②

在《民法总则》第 185 条对侵害英雄烈士等的人格权益的民事权益作出了规定之后,民法典人格权编也可对该规定作出细化规定。人格权编有必要对侵害英雄烈士人格利益的构成要件、请求权主体、责任形式等,进一步作出细化规定。从法律适用层面看,人格权编应当优先于《民法总则》的规定而适用。2018 年 4 月 27 日通过的《英雄烈士保护法》也专门对英雄烈士的人格利益保护作出了规定,该法进一步细化了英雄烈士人格利益保护的条件,并对侵害英雄烈士人格利益的民事责任规则作出了细化规定。该法可以视为英雄烈士保护的特别法。

关于侵害英雄烈士等的人格利益民事责任的立法目的,存在不同看法。有观点认为,《民法总则》第 185 条属于死者人格利益保护条款。③ 笔者认为,《民法总则》第 185 条并非专门的死者人格利益保护条款,主要理由在于:一方面,该条保护的范围是"英雄烈士等",其并不限于已经故去的烈士,还包括英雄以及其他主体,因此,将该条界定为死者人格利益

---

① 参见石宏主编:《〈中华人民共和国民法总则〉条文说明、立法理由及相关规定》,北京大学出版社 2017 年版,第 440 页。
② 参见彭家惠诉《中国故事》杂志社名誉权纠纷案,载《最高人民法院公报》2002 年第 6 期。
③ 参见杨立新主编:《中华人民共和国民法总则要义与案例解读》,中国法制出版社 2017 年版,第 687 页。

保护规则并不妥当。另一方面,从《民法总则》第185条规定的文义来看,侵害英雄烈士等的人格利益的民事责任的成立以"损害社会公共利益"为要件,目的在于淳化社会道德风尚,强化社会主义核心价值观。在行为人侵害英雄烈士等的人格利益并未损害社会公共利益时,相关主体则无法依据《民法总则》第185条的规定请求行为人承担民事责任。因此,该条在性质上并不属于专门的死者人格利益保护条款。尤其应当看到,在侵害死者人格利益的情形下,请求权人限于死者的近亲属,而在侵害英雄烈士人格利益的情形下,请求权人的范围并不限于英雄烈士的近亲属。在侵害英雄烈士人格利益损害公共利益的情形下,有关机关出于维护公共利益的需要,也可以向行为人提出请求,因此,不宜将《民法总则》第185条解释为死者人格利益保护规则。

《英雄烈士保护法》第25条第1、2款规定:"对侵害英雄烈士的姓名、肖像、名誉、荣誉的行为,英雄烈士的近亲属可以依法向人民法院提起诉讼。英雄烈士没有近亲属或者近亲属不提起诉讼的,检察机关依法对侵害英雄烈士的姓名、肖像、名誉、荣誉,损害社会公共利益的行为向人民法院提起诉讼。"依据该条规定,在行为人侵害英雄烈士人格利益的情形下,英雄烈士的近亲属可以请求行为人承担民事责任,该条第1款在规定英雄烈士近亲属的请求权时,并没有以损害社会公共利益作为行为人承担民事责任的条件,可见,该条第1款的目的在于保护英雄烈士近亲属的利益,而不是为了保护社会公共利益。该条第2款在规定检察机关的请求权时,将"损害社会公共利益"作为条件,可见,该款的规范目的在于保护社会公共利益。

二、侵害英雄烈士等的人格利益民事责任的构成要件

(一) 侵害了英雄烈士等的利益

依据《民法总则》第185条的规定,行为人承担民事责任必须是侵害了英雄烈士等的人格利益。关于《民法总则》第185条中"英雄"的内涵,学界存在一定的争议:一种观点认为,此处的"英雄"在性质上属于形容词,应当将该条中的"英雄烈士"解释为"具有英雄品质的烈士"[①]。另一

[①] 张新宝:《〈中华人民共和国民法总则〉释义》,中国人民大学出版社2017年版,第400页。

种观点认为,该条中的"英雄"属于名词,其属于与烈士并列的人,而且此处的"英雄"应当指已经去世的英雄人物。① 笔者认为,《民法总则》第185条中的"英雄"应当属于名词,即属于与"烈士"并列的人,而且,从该条规定来看,其并没有要求"英雄"必须已经牺牲,因此,其既可以是已经牺牲的英雄,也可以是未牺牲的英雄。所以,该条并不限于保护已经故去的英雄、烈士,还包括仍然健在的英雄等主体。

关于烈士的范围,我国专门颁行了《烈士褒扬条例》和《民政部军人抚恤优待条例》,分别对公民被评定为烈士的条件和现役军人被批准为烈士的条件作出了规定。② 因此,关于何为烈士,并不存在太大争议,但关于《民法总则》第185条中"等"字的理解,存在争议。有观点认为,本条中的"等"字有特定的指向,即指"在我国近现代历史上,为争取民族独立和人民自由幸福、国家繁荣富强作出了突出贡献的楷模","只要是能够作为民族精神的代表、民族文化的旗帜的人",都属于本条中"等"字的范畴。③ 笔者认为,该条使用"英雄烈士等"这一表述,表明其保护范围不限于英雄、烈士,也包括其他人格利益,但按照同类解释(Eiusdem Generis)规则④,其他人也应当是与英雄、烈士类似的人,如为了人民利益英勇斗争牺牲、堪称楷模的人,以及在保卫国家和国家建设中作出巨大贡献、建立卓越功勋的已经故去的人。⑤ 因此,《民法总则》第185条并不包括一般的死者人格利益。

需要指出的是,《英雄烈士保护法》在规定英雄烈士人格利益保护时,并没有继续使用《民法总则》第185条的"英雄烈士等"这一表述,表明其保护范围限于英雄烈士,而不包括一般的死者人格利益。可见,《民法总则》在保护范围上要大于《英雄烈士保护法》,因此,行为人侵害英雄烈士以外的人的人格利益并损害社会公共利益的,如果符合《民法总则》第185条的规定,相关主体仍可依据该条向行为人提出请求。

---

① 参见杨立新:《英烈与其他死者人格利益的平等保护》,载法制网(http://www.legal-daily.com.cn/fxjy/content/2017-03/16/content_7056376.htm?node=70948),访问日期:2017年4月15日。

② 参见《烈士褒扬条例》第8条、《民政部军人抚恤优待条例》第8条。

③ 参见张新宝:《〈中华人民共和国民法总则〉释义》,中国人民大学出版社2017年版,第402页。

④ 同类解释规则是指如果法律上列举了具体的人或物,然后将其归属于"一般性的类别",那么,这个一般性的类别就应当与具体列举的人或物属于同一类型。

⑤ 参见李适时主编:《中华人民共和国民法总则释义》,法律出版社2017年版,第580页。

（二）侵害了姓名、肖像、名誉、名誉四项人格利益

从《民法总则》第185条和《英雄烈士保护法》第25、26条的规定来看，其所保护的英雄烈士等的人格利益范围限于姓名、肖像、名誉、荣誉。《英雄烈士保护法》第22条规定："禁止歪曲、丑化、亵渎、否定英雄烈士事迹和精神。英雄烈士的姓名、肖像、名誉、荣誉受法律保护。任何组织和个人不得在公共场所、互联网或者利用广播电视、电影、出版物等，以侮辱、诽谤或者其他方式侵害英雄烈士的姓名、肖像、名誉、荣誉。任何组织和个人不得将英雄烈士的姓名、肖像用于或者变相用于商标、商业广告，损害英雄烈士的名誉、荣誉。公安、文化、新闻出版、广播电视、电影、网信、市场监督管理、负责英雄烈士保护工作的部门发现前款规定行为的，应当依法及时处理。"

上述规则在规定英雄烈士等的人格利益保护范围时，采取了具体列举的模式，即仅限于姓名、肖像、名誉、荣誉这几种人格利益。从实践来看，侵害英雄烈士等人格权益的行为主要也是侵害姓名、肖像、名誉、荣誉的行为。当然，《民法总则》第185条采用封闭式列举的方式确定所保护的人格权益的范围，也存在一定的问题，因为除上述人格利益外，行为人侵害英雄烈士等的其他人格利益，同样可能损害社会公共利益，如侵害英雄、烈士等的隐私等，关于如何规范此类行为，存在三种观点：一种观点认为，应当类推适用《民法总则》第185条的规定规范此类行为，追究行为人的民事责任。另一种观点认为，应当适用《民法总则》第126条关于民事权益保护的规则规范上述行为。还有一种观点认为，应当适用《民法总则》第109条关于一般人格权保护的规定规范上述行为。笔者认为，由于《民法总则》第185条涉及社会公共利益问题，由于个人信息、隐私等一般不涉及社会公共利益，因此立法者将其排除在外，类推适用该条的规定并不妥当。但其他人格利益毕竟属于一种人格利益，因此应当受到法律保护。关于究竟应当适用第109条还是第126条，笔者认为，《民法总则》第126条的保护范围十分宽泛，其适用于所有的人格权益的保护，与第126条的规定相比，第109条关于一般人格权的规定更具有针对性，因此，应当适用第109条的规定规范侵害英雄烈士等隐私、个人信息的行为。

（三）损害社会公共利益

依据《民法总则》第185条的规定，行为人在依据该条规定承担民事责任时，要求其行为必须损害了社会公共利益。社会公共利益其实是一种反射利益，也就是说，是因为侵害了英雄烈士等的姓名、肖像、名誉、荣

誉而引发的一种间接损害。由于英雄烈士的人格利益常常会与社会公共利益联系在一起,因此需要特别保护。例如,在叶挺后人诉"暴走漫画"案中,法院认为,"叶挺烈士在皖南事变后在狱中创作的《囚歌》充分体现了叶挺烈士百折不挠的革命意志和坚定不移的政治信仰,表现出的崇高革命气节和伟大爱国精神已经获得了全民族的广泛认同,已成为中华民族共同记忆的一部分,是中华民族宝贵的精神财富和社会主义核心价值观的重要内容,同时也是叶挺烈士享有崇高声誉的基础。西安摩摩公司制作的该视频篡改了《囚歌》内容,亵渎了叶挺烈士的大无畏革命精神,损害了叶挺烈士的名誉,不仅给叶挺烈士亲属造成精神痛苦,也伤害了社会公众的民族和历史感情,损害了社会公共利益,故被告西安摩摩公司上述行为已构成名誉侵权",因此判决被告赔礼道歉,并赔偿10万元人民币。①《英雄烈士保护法》第1条也明确规定:"为了加强对英雄烈士的保护,维护社会公共利益,传承和弘扬英雄烈士精神、爱国主义精神,培育和践行社会主义核心价值观,激发实现中华民族伟大复兴中国梦的强大精神力量,根据宪法,制定本法。"英雄烈士的事迹成为社会公众追随的榜样,其与我国的社会共识和主流价值观密切关联,在某种程度上已经成为中华民族共同记忆和民族感情的重要组成部分,正是从这个意义上说,侵害英雄烈士等的人格利益,同时也会伤害社会公众的民族感情,损害社会公共利益。因此,侵害英雄烈士等的人格利益的案件也可以作为公益诉讼案件,在受害人及其近亲属未提起诉讼的情形下,检察机关以及有关公益组织也应有权提起诉讼,请求行为人承担相应的民事责任。

三、侵害英雄烈士等的人格利益的民事责任

(一)请求权主体

在侵害英雄烈士等的人格权益的情形下,哪些主体有权请求行为人承担责任?《民法总则》第185条并没有对此作出明确规定。依据《英雄烈士保护法》第25条的规定,在行为人侵害英雄烈士人格利益的情形下,英雄烈士的近亲属可以依法向人民法院提起诉讼,如果英雄烈士没有近亲属或者近亲属不提起诉讼的,检察机关依法对侵害英雄烈士的姓名、肖

---

① 参见《叶挺后人诉"暴走漫画"案宣判:公开致歉赔10万元》,载《法制晚报》2018年9月28日。

像、名誉、荣誉,并且损害社会公共利益的行为向人民法院提起诉讼。该条规定明确了侵害英雄烈士人格利益的请求权主体,一定程度上填补了《民法总则》第185条的法律空白。关于侵害英雄烈士人格利益的请求权主体,《英雄烈士保护法》第25条确立了如下规则:

首先,由英雄烈士的近亲属提出请求。从该条规定来看,在英雄烈士人格利益遭受侵害时,由英雄烈士的近亲属提出请求,只有在英雄烈士没有近亲属或者近亲属不提起诉讼时,才由检察机关提出请求,这实际上是将英雄烈士的近亲属作为第一顺位的请求权主体。此种规定具有一定的合理性,因为在英雄烈士人格利益遭受侵害的情形下,遭受损害的主要是英雄烈士的近亲属,首先由其提出请求,符合民法的私法自治原则。所谓私法自治(Privatautonomie),是指民事主体依法享有在法定范围内广泛的行为自由,并可以根据自己的意志产生、变更、消灭民事法律关系。也就是说,每个人都能在自我决定下依据个人的意思规划私人的生活关系,在其权利遭受侵害的情形下,应当由受害人选择是否主张权利,国家一般不主动干预个人的选择。① "私法自治"本质上是尊重个人的自由和自主,即充分发挥个人在现代社会治理中的作用。正如拉伦茨指出的:"私法是整个法律制度中的一个组成部分,它以个人与个人之间的平等和自决(私法自治)为基础,规定个人与个人之间的关系。与私法相对,公法是法律制度中的另外一个部分,它规定国家同其他被赋予公权的团体相互之间、它们同它们的成员之间的关系以及这些团体的组织结构。"② 由于英雄烈士等的人格利益仍然属于私权的范畴,侵害此种利益损害的是权利人本人或者其近亲属的利益,因此,在此种利益遭受侵害时,首先应当尊重权利人及其近亲属的选择。从《英雄烈士保护法》第25条的规定来看,英雄烈士的近亲属在向行为人提出请求时,并不以侵害英雄烈士的行为损害社会公共利益为条件,也就是说,英雄烈士的近亲属提出请求主要是为了救济其自身损害,而非维护社会公共利益,应当由其自主选择是否提出请求。

其次,在英雄烈士没有近亲属或者近亲属不提起诉讼时,由检察机关就公共利益部分的损害提出请求。从《英雄烈士保护法》第25条的规定来看,检察机关的请求权具有次位性,如果英雄烈士的近亲属提出了请求,则检察

---

① Vgl. Brox/Walker, Allgemeiner Teil des BGB, 32. Aufl., Carl Heymanns Verlag, 2008, Rn. 25, S. 16.

② 〔德〕卡尔·拉伦茨:《德国民法通论》(上册),王晓晔等译,法律出版社2003年版,第3页。

机关无权再向行为人提出请求。当然，从该条规定来看，只有侵害英雄烈士人格利益的行为同时损害社会公共利益时，检察机关才能向行为人提出请求，因此，与近亲属的请求权不同，检察机关提出请求的目的在于维护社会公共利益。如前所述，英雄烈士等的人格利益属于私权的范畴，应当按照私法自治原则，尊重当事人的选择，但应当看到，英雄烈士等的人格利益并非纯粹的私人利益，在一定程度上也涉及社会公共利益，侵害英雄烈士等的人格利益，可能影响社会道德风尚，影响公共秩序，因此，在侵害英雄烈士人格利益并损害社会公共利益时，如果英雄烈士的近亲属不提出请求，检察机关应当有权提出请求，以维护社会公共利益。

可见，在英雄烈士人格利益遭受侵害的情形下，英雄烈士的近亲属与检察机关都是适格的请求权主体，当然，从《英雄烈士保护法》第 25 条的规定来看，英雄烈士近亲属的请求权主要救济的是英雄烈士近亲属自身的损害，而检察机关的请求权则主要救济公共利益的损害。问题在于，如果行为人侵害英雄烈士人格利益同时损害英雄烈士近亲属的权益与社会公共利益时，如何确定请求权主体？笔者认为，在侵害英雄烈士人格利益同时损害社会公共利益时，应当根据损害后果确定适格的请求权主体，具体而言：一是对英雄烈士近亲属的损害而言，由于其并不属于社会公共利益损害，应当由英雄烈士近亲属提出请求，对此种损害，即便英雄烈士近亲属并未提出请求，检察机关也无权向行为人提出请求。二是就社会公共利益损害而言，适格的请求权主体是检察机关。由于此种损害后果并不涉及英雄烈士近亲属的利益保护，因此，在近亲属提出请求时，其无权就社会公共利益损害的部分向行为人提出请求。就侵害英雄烈士人格利益造成社会公共利益损害的部分，应当由检察机关向行为人提出请求，而且就公共利益损害而言，检察机关提出请求并不以英雄烈士没有近亲属或者近亲属不提出请求为条件。三是英雄烈士近亲属的请求权与检察机关的请求权的救济对象不同，应当可以同时行使。如前所述，英雄烈士近亲属请求权的功能在于救济其私益损害，而检察机关请求权的功能在于救济公共利益损害，二者救济对象不同，应当可以同时行使。也正是因为这一原因，笔者认为，在侵害英雄烈士等的人格利益损害社会公共利益的情形下，行为人就侵害英雄烈士或者其近亲属利益所承担的责任与就侵害社会公共利益所承担的责任应当可以并存，也就是说，在行为人侵害英雄烈士等的人格利益的情形下，行为人除需要依据《民法总则》第 185 条承担民事责任外，受害人本人或者其近亲属也应当有权请求行为人承担侵权责任。①

(二) 责任形式

从《民法总则》第185条和《英雄烈士保护法》第25、26条规定来看，其只是规定了在英雄烈士人格利益遭受侵害的情形下，行为人应当承担民事责任，但行为人究竟应当承担何种民事责任，并不明确。笔者认为，对于法律规定的各种民事责任形式而言，在符合法律规定的条件时，只要是有利于预防不法侵害行为，有利于填补受害人的损害，相关的责任形式都可以适用。例如，行为人的不法侵害行为正在进行的情形下，相关主体有权请求行为人停止侵害；在加害行为导致英雄烈士近亲属精神损害的情形下，则英雄烈士的近亲属应有权请求行为人承担精神损害赔偿责任。

关于侵害英雄烈士等人格利益的责任形式，我国《民法典(草案)》(三审稿)(以下简称《草案》)虽然没有专门对此作出规定，但是已对侵害人格权益的责任形式作出了规定，具体而言：一是适用多种责任形式对英雄烈士的人格利益进行保护。《草案》第778条第1款规定："侵害民事主体人格权的，应当依照本法和其他法律的规定承担停止侵害、排除妨碍、消除危险、赔偿损失、消除影响、恢复名誉、赔礼道歉等民事责任。"这实际上也是对我国现行侵权责任法保护模式的延续。因此，在侵害英雄烈士等的人格利益的情形下，请求权人既可请求恢复名誉、赔礼道歉，又可以请求损害赔偿，而且可以同时请求恢复名誉和赔偿损失，从而将两种责任方式有效地结合起来，可以有效地、充分地发挥其制裁不法行为人，并保护受害人利益的作用。二是通过人格权请求权对英雄烈士人格利益进行保护。所谓人格权请求权，是指民事主体在其人格权受到侵害、妨害或者有妨害之虞时，有权向加害人或者人民法院请求加害人停止侵害、排除妨害、消除危险、恢复名誉、赔礼道歉，以恢复人格权的圆满状态。《草案》将人格权请求权与侵权损害赔偿请求权分离，从而加强了对人格权的保护，同时也有利于预防损害后果的发生。《草案》第778条第2款规定："民事主体依照前款规定提出的停止侵害、排除妨碍、消除危险、消除影响、恢复名誉、赔礼道歉请求权不受诉讼时效的限制。"该条实际上对人格权请求权作出了规定。因此，在民法典通过之后，针对侵害英雄烈士等的人格利益的行为，请求权人可以主张人格权请求权。

---

① 参见王叶刚：《论侵害英雄烈士等人格权益的民事责任——以〈民法总则〉第185条为中心》，载《中国人民大学学报》2017年第4期。

公众人物人格权的限制和保护*

公众人物(public figure)是指在社会生活中具有一定知名度的人,大致包括:政府公职人员、公益组织领导人、文艺界、娱乐界、体育界的"明星"以及文学家、科学家、知名学者、劳动模范等知名人士。公众人物的概念起源于美国,1964年《纽约时报》诉沙利文一案中首先确立了"公共官员"的概念。[1] 我国法律中本来没有公众人物的概念,在许多侵犯名誉权的案件中,对于政府官员、演艺明星等公众人物的诉讼往往依据民法有关名誉权的一般理论,判决新闻报道者败诉,如杨殿庆侵犯他人名誉权案等。[2] 2002年范志毅诉文汇新民联合报业集团侵犯名誉权案,首次在判决书中提出了公众人物的概念。该案在人格权领域堪称一个里程碑式的判例,对于公众人物概念的确立具有重要意义。此后我国司法实践中已有一些案例在审判中运用公众人物的理论。该理论在学术界引起了广泛的探讨。据此,笔者拟就该问题谈一点看法。

一、据以研究的案例

案例一:范志毅诉文汇新民联合报业集团侵犯名誉权案

2002年6月16日,文汇新民联合报业集团在其出版发行的《东方体育日报》上刊出题名《中哥战传闻范志毅涉嫌赌球》的报道,随后于6月17日、19日又对该事件进行了连续报道,刊登了对范志毅父亲的采访及

---

* 原载《中州学刊》2005年第2期。

[1] See New York Times v. Sullivan, 376 U.S. 25 (1964).

[2] 1999年11月4日,大连市轻化工研究所员工杨殿庆在大连市万港大酒店就餐,认为物价偏高,反映到大连市中山区物价检查所。检查所核实后认定价格偏高,罚款5 000元,返还杨殿庆30元。研究所领导向某报记者透露,酒店老板认识市政府某领导秘书,该秘书过问罚款一事,检查所对罚款很难执行。杨殿庆知道后,于11月17日在大连广播电台热线直播节目反映此事,认为该秘书干扰执法,给市政府抹黑。播出第二天,该秘书以名誉侵权为由起诉。2000年5月,大连市西岗区人民法院判杨殿庆侵权,向该秘书道歉并赔偿6 000元精神损失费。2000年11月,二审法院维持原判。参见石树仁:《公众人物与舆论监督成本》,载《法制日报》2001年5月14日。

范志毅没有赌球的声明；最后于6月21日以《真相大白：范志毅没有涉嫌赌球》为题，为整个事件撰写了后续文章。同年7月，范志毅以《东方体育日报》于2002年6月16日刊登的《中哥战传闻范志毅涉嫌赌球》侵害其名誉权为由，起诉到上海市静安区人民法院，要求被告向他公开赔礼道歉，并赔偿精神损失费人民币5万元。

2002年12月18日下午，上海市静安区人民法院对范志毅诉文汇新民联合报业集团侵犯名誉权纠纷案作出一审判决：1.原告范志毅要求被告文汇新民联合报业集团赔礼道歉的诉讼请求，不予支持。2.原告范志毅要求被告文汇新民联合报业集团赔偿精神损失费人民币5万元的诉讼请求，不予支持。3.案件受理费人民币2 110元，由原告范志毅承担。该判决书首次使用了"公众人物"的概念，明确阐述："即使原告认为争议的报道点名道姓称其涉嫌赌球有损其名誉，但作为公众人物的原告，对媒体在行使正当舆论监督的过程中，可能造成的轻微损害应当予以容忍与理解。"

案例二：臧天朔诉北京网蛙数字音乐技术有限公司等侵害名誉权、人格权、肖像权纠纷案①

2000年底，北京市一家名为"网蛙"的网站评出了"国内歌坛十大丑星"引来一片非议，这家网站列出了包括那英、刘欢、朴树、崔健、高枫、田震等30名国内著名歌星在内的一份候选名单，让网民投票选举丑星。结果蔡国庆、韦唯、臧天朔等歌星都榜上有名，众歌星对此一片哗然。原告臧天朔遂提起诉讼，要求被告北京网蛙数字音乐技术有限公司和广州网易计算机系统有限公司停止侵害，在《新华社通稿》《北京青年报》《南方周末》等报刊和网蛙、网易、新浪、搜狐等网站上就二被告侵害其人格权、名誉权和肖像权的行为公开赔礼道歉、消除影响，判令二被告赔偿因此给臧天朔造成的经济损失人民币65万元，精神损失费20万元，承担臧天朔为此案支付的律师费10万元和公证费1 500元。

北京市朝阳区人民法院经公开审理查明：原告臧天朔在国内歌坛是具有一定知名度的歌手，虽然属于社会关注的公众人物，但其仍是社会中的一般自然人，其所享有的合法权益同样受到法律的保护。被告北京网蛙数字音乐技术有限公司和广州网易计算机系统有限公司在经营过程中，未告知原告臧天朔并征得其本人同意，擅自将原告臧天朔列为"国内歌坛十大丑星评选"活动的候选人之一，在"评丑"的前提下，还加配了涉

---

① 参见国家法官学院、中国人民大学法学院编：《中国审判案例要览》(2003年民事审判案例卷)，中国人民大学出版社、人民法院出版社2004年版，第299—303页。

及原告臧天朔人身的调侃性文字,让网民发表评选意见,并根据网民的选票,最终给原告臧天朔冠以了"国内歌坛十大丑星第三名"的称谓。原告臧天朔因此受到他人无端干扰,产生不安和痛苦,已经超越了其作为公众人物的正常承受范畴,属正常的内心感受。二被告的行为侵犯了原告臧天朔作为社会一般人应受尊重的权利,构成了对原告臧天朔人格尊严的侵害。二被告在上述"评丑"活动中,使用的虽是原告臧天朔的公开演出照片,但二被告既未经原告臧天朔本人同意,更不是对原告臧天朔的社会活动进行报道或评论,且"评丑"活动客观上提高了网民对二被告网站的点击率,在一定程度上,是以营利为目的的经营性行为,已构成了对原告臧天朔肖像权的侵害。被告网蛙公司所称的使用已公开的照片不构成肖像侵权的抗辩主张,不是法律规定的阻却肖像违法的事由,法院不予采纳。故判决:被告北京网蛙数字音乐技术有限公司和被告广州网易计算机系统有限公司停止侵权行为,赔礼道歉,并一次性赔偿原告臧天朔经济损失人民币1 500元,精神抚慰金人民币2万元。被告不服,提起上诉。北京市第二中级人民法院判决驳回上诉,维持原判。

二、公众人物的概念和分类

公众人物的概念滥觞于1964年一起在美国传媒史上具有里程碑意义的案例——《纽约时报》诉沙利文案,在该案中,美国联邦最高法院的布伦南大法官首次提出了"公共官员"的概念,他认为,"公共官员的问题辩论应当是无拘束、热烈和完全公开的,可以对政府和公共官员进行猛烈、辛辣、令人不快的尖锐攻击"[1]。沙利文案中虽然只产生了"公共官员"的概念,但实际上已形成了公众人物的概念。3年以后,在巴茨案件中,法院提出了公众人物的概念。首席大法官沃伦对公众人物的概念界定为:"公众人物是指其在关系到公共问题和公共事件的观点与行为上涉及公民的程度,常常与政府官员对于相同问题和事件的态度和行为上涉及公民的程度相当。"[2]该案的判决虽然没有明确界定什么是公众人物,但实际上法院认为公众人物都涉及公共利益。[3]

公众人物并不是一个政治概念,而是一个为了保护言论自由、限制名誉

---

[1] New York Times v. Sullivan, 376 U. S. 254 (1964).
[2] Curdis Publishing Co. v. Butt 3, 388 U. S. 130 (1967) and A 680 cited Pre 33v.
[3] See Curtis Publishing Co. v. Butts, 388 U. S. 130 (1967).

权和隐私权而创设的概念,它更多地应用在诽谤法和隐私法中。按照美国有些判例的分类,公众人物可以包括三类人:一是在政府机关担任重要公职的人员。在一些案例中,法官将其称为"完全目的的公众人物"(public figure for all purpose),此类人拥有极大的权力和影响力,如吉米·卡特等人,他们的活动、言行都关系到公众的知情权问题,对他们的隐私、名誉应作必要的限制。在一些案例中,法院认为,这些人在社会事务中具有特别出众的作用,他们都是一些著名的、有影响的人,因此必须要由其举证证明侵害人具有实际恶意或重大过失,才能对其名誉损害进行补救。① 但这并不是说,所有的公职人员的隐私都不应得到法律的保护,如果某人的职位过低,也没有必要作为公众人物对待。按照西方的传统,高官无隐私,只有高官的隐私权才受到限制。二是自愿的公众人物(public figures voluntarily),也称为"有限目的的公众人物"(limited purpose public figure),即指影星、歌星、体育明星等公众人物。② 这些人的行为涉及公众的兴趣和娱乐生活,这种公众兴趣虽然不是公共利益,但涉及公众的利益,因此在法律上也有必要从维护大众的利益考虑对其名誉、隐私等人格利益进行限制。三是非自愿的公众人物(public figures involuntarily),它是指某些人本身不是公众人物,不会引起公众兴趣,更不会涉及公共利益,但因为某些事件的发生而偶然卷入其中从而成为"公众人物"。偶然的公众人物具有暂时性,随着这些事件的"降温",这些公众人物又回归到普通人物的行列了。在美国法中,"公众人物可以是偶然的,他们由于莫名的运气偶然地卷入某公共事件,这些人通常是很少的"③。当然,公众人物作为一个抽象的概念,其内涵和外延具有一定的模糊性,即便是在美国,关于公众人物和非公众人物的标准仍然是模糊不清的。④ 至今美国判例对其所作解释也各不相同。例如,在某些情况下,医生作为职业者并不属于公众人物,但如果他对卫生管理署作证证明某个药品有危险,也可能被作为公众人物对待。⑤

公众人物在人格权的保护上有自身的特点,适用不同的规则,其与非公众人物的区别主要表现在以下三个方面。

---

① See Gertz v. Robert Welch, Inc., 418 U.S. 323 (1974).
② See Eric Walker: Defamation Law: Public Figure—Who Are They? 45 Baylor L. Rev. 955.
③ Damerson v. Washington Magazine, inc., 779F. 2d 736 (D. C. Cir. 1985).
④ See Gerald G. Ashdown, of Public Figures and Public Interest —The libel Law Conundrum, in 25 Wm. & Mary L. Rev. 940-941 (1983-1984).
⑤ See Eric Walker: Defamation Law: Public Figure—Who Are They? 45 Baylor L. Rev. 955.

第一,公众人物是一个特有的概念,其只能是自然人,而且仅是指担任社会公职和具有社会影响的自然人,法人不能成为公众人物。应当看到,一些政府机关和社会团体的名誉权也会受到限制,但对这些机关和团体不能因其人格权受到限制而认为其属于公众人物。因为一方面,公众人物只能是个人;另一方面,隐私、肖像等作为公众人物受到限制的主要人格权利,本身只能为自然人所享有,而不能由法人享有。法人即使具有知名度,也只能说其信用较好,这和公共利益没有什么联系。

第二,公众人物具有公共性。此处所说的公共性,是指公众人物因担任公共职务,或者在社会公共生活中具有较高的知名度,而在其身上存在着社会公共利益和社会公众的兴趣,对于公职人员或知名人士而言,其言行品德往往关系到社会公共利益。在一些特殊的领域、行业,有一些著名的人士,如商贾名流,他们的言行也引起了公众的广泛关注,公众对他们的财产、婚姻家庭等情况有浓厚的兴趣。由于公众人物身上存在着公共利益或公众兴趣,所以与非公众人物不同,无论公众人物是否愿意,法律基于维护公共利益或满足公众的知情权以及加强社会监督的需要等考虑,都有必要对公众人物的某些人格权作出必要的限制。

第三,公众人物的概念常常与大众传媒联系在一起。因为一方面,公众人物本身就是随着大众传媒的发展而出现的一种社会现象,对公众人物人格权的利用也主要发生在大众传媒报道时。另一方面,公众人物一般比非公众人物更接近媒体,因而有能力在遭受侵害之后通过在媒体上陈述哪些是虚假的哪些是真实的来减轻损害。尽管在诽谤案中涉及公众人物时也要证明有过错,但其标准显然是非常严格的,因为由媒体证明其所披露事实的真实性是非常困难的,将会导致妨碍言论自由。从这个意义上讲,在美国法中产生公众人物的概念并对公众人物的隐私、名誉等权利作适当的限制在很大程度上是为了维护言论自由,例如,在美国法上对公众人物适用实际恶意的标准,但对非公众人物则不能适用这一标准。[1]

如前所述,关于公众人物的分类,在美国法中有所谓完全目的、有限目的及非自愿的公众人物的分法。这些分类标准大多是从实际案例的判决需要出发而形成的,并不完全符合逻辑,也不一定精确,但公众人物的概念是值得借鉴的。从我国的实际情况出发,笔者认为可以将公众人物分为两类:一是政治公众人物,主要指政府公职人员等国家官员。二是社会公众人物,

---

[1] See Friderick Schauer, Public Figures, in 25 Wm. & Mary L. Rev. 906 (1983–1984).

主要包括公益组织领导人、文艺界、娱乐界、体育界的"明星"、文学家、科学家、知名学者、劳动模范等知名人士。这种分类的意义在于:前者更多地涉及国家利益、公共利益和舆论监督的问题;后者则是因为其具有一定的知名度而在社会生活中引人注目,涉及公众感兴趣的问题。

至于固有的公众人物和偶然的公众人物的划分,并不十分科学。在我国没有必要采用偶然的公众人物这一概念,主要理由在于:第一,对于哪一些人士应当属于偶然的公众人物本身缺乏准确的判断标准,而在很大程度上取决于法官的个人判断。例如,在美国某个案例中,原告的妻子跳楼自杀,被告正好拍摄到其跳楼的瞬间,并将其作为新闻来披露,法院认为原告的妻子在跳楼的一瞬间成了公众人物,因此被告的行为并不构成侵权。① 自然本案的判决受到了一些质疑,依据 Powell 大法官在 Gertz 案中的见解,偶然的公众人物是"自愿"地投入公共争议中,因此原则上没有"不自愿"的公众人物。② 可见,偶然的公众人物概念本身即给予了法官过大的自由确定公众人物的权利,这显然不妥当。第二,偶然的公众人物本身是普通公民,尽管他们在卷入到某个争议事件中时引发了公众兴趣,也只能说该事件涉及了公共利益和公共兴趣,而对于该事件的报道,则不应当扩张到对有关个人隐私等方面的利益进行限制。如果按照偶然的公众人物这一概念的提法,孙志刚、齐玉苓等应当属于偶然的公众人物,某人生了三胞胎或某人中了体育彩票而成为大家关注的焦点也应当属于偶然的公众人物,那么势必要适用公众人物的标准而对这些人的人格权利进行一定程度的限制,这显然是不妥当的。

三、公众人物人格权的限制

公众人物概念的产生在很大程度上是为了对其人格权的限制提供合理性,美国《纽约时报》诉沙利文案中首次确立"公共官员"的概念,即为了对公众人物的人格权提供合理的限制。我国近年来出现的涉及公众人物的案例中,也都提出了对公众人物的人格权限制问题。③ 笔者认为,对

---

① See Metter v. Los Angeles Examiner, 35 Cal. App. 2d 304, 95 P. 2d 491 (Dist. Ct. App. 1939)。
② See Gertz v. Robert Welch, Inc., 418 U.S. 323, 351 (1974)。
③ 参见国家法官学院、中国人民大学法学院编:《中国审判案例要览》(2002 年民事审判案例卷),中国人民大学出版社 2003 年版。

公众人物的人格权应当作适当的限制,理由如下:

第一,维护社会公共利益和满足公众兴趣的需要。一方面,公众人物尤其是政治家等,其财产状况、言行举止以及他们所从事的活动常常关系到公共利益,理应满足公众的知情权以强化对其的社会舆论监督。阳光是最佳的防腐剂,对公众人物的隐私权进行必要的限制,对于反腐倡廉也是有意义的。① 另一方面,公众对国家高级公务人员或社会知名人士在心理上非常关注并有了解、知情的愿望。公众人物的某些隐私问题成为"新闻事件"并由此可被自由陈述。② 正如恩格斯所指出的,"个人隐私应受法律保护,但当个人私事甚至隐私与最重要的公共利益发生联系的时候,个人的私事就已经不是一般意义的私事,而属于政治的一部分,它应成为新闻报道不可回避的内容"③。

第二,协调舆论监督权和人格权保护的需要。在二者发生冲突的时候,应当侧重于保护舆论监督的权利,因为舆论监督的权利毕竟关系到公共利益的维护。④ 正如法院在 2002 年范志毅诉文汇新民联合报业集团侵犯名誉权纠纷案的判决书中所宣称的:"即使原告认为争议的报道点名道姓称其涉嫌赌球有损其名誉,但作为公众人物的原告,对媒体在行使正当舆论监督的过程中,可能造成的轻微损害应当予以容忍与理解。"在我国新闻舆论监督机制仍不健全、舆论监督的作用发挥不够的背景下,为了加强社会主义民主建设和反腐倡廉工作,有必要对新闻工作者所从事的正当的舆论监督实行保护,以鼓励新闻工作者大胆行使舆论监督权利,尤其需要对公众人物的人格权作出必要的限制。⑤ 而对一些公众人物的财产等隐私依法予以披露,有助于反腐倡廉。

第三,保障公民知情权的需要。知情权与隐私权是相对应的概念,要限制公众人物的隐私,在很大程度上就是要保障公众的知情权。保障公民知情权的最重要手段,是要保障公民最大限度地从新闻媒体中获取真

---

① 参见丁晓燕:《论对新闻名誉侵权案件中对公众人物的反向倾斜保护》,载《人民司法》2004 年第 4 期。
② See C. Bigot, Protection des droits de la personnalite et liberte de l'information, Dalloz, 1998, Chronique, p. 238.
③ 《马克思恩格斯全集》(第十八卷),人民出版社 1995 年版,第 591 页。
④ 参见王军:《舆论监督与公众人物名誉权保护——从"范志毅名誉权"官司说起》,载《法学杂志》2005 年第 1 期。
⑤ 参见丁晓燕:《论对新闻名誉侵权案件中对公众人物的反向倾斜保护》,载《人民司法》2004 年第 4 期。

实信息的自由。在许多情况下,公民的知情权会涉及社会公共利益,例如对突发的传染病进行及时报道能够有效地提醒人们加强警惕,有效地控制传染病的传播扩散。公众人物拥有特殊的地位、声誉或者职权,他们应当负担接受民众监督的义务。因为满足公民知情权的需要,在某些方面也可以说是满足社会成员的共同利益的需要。

对公众人物人格权进行限制的对象主要是人格权中的精神性人格权,而对物质性的人格权,如生命、健康等,是不能限制的。对于精神性的人格权中与生命权、健康权关系密切的人格权,例如身体隐私权,也不得任意限制,或允许他人随便披露。还应当看到,虽然公众人物的人格权受到适当的限制,但并非公众人物的所有人格权都不受法律保护,对其人格权的限制仅限于与公共领域、公众兴趣相关,或者应当受到公众监督的部分。通常受到限制的公众人物人格权主要包括以下四种:

一是名誉权。名誉是一种褒义性的社会评价,公众人物的名誉权涉及公共利益,因而社会公众对公众人物的议论和评价属正常现象,即便偶有疏漏,也不能认定为侵权。新闻报道和评论中所述的事实真实,定性准确,但遣词造句不当,甚至个别言词有夸大现象,只要作者主观上是出于善意,并无侮辱和诽谤的恶意,就不应将其认定为侵权。

二是隐私权。在精神性的人格权中,公众人物的人格权的限制主要体现在隐私权的限制上。例如,披露公众人物的财产状况、婚姻家庭状况、个人出生日期等。法谚所谓"高官无隐私"也在一定程度上表明了这一点。但并非所有的隐私都应当受到限制,例如,身体的隐私、住宅的隐私、通讯秘密等都不应当受到他人的干扰。不过,迄今为止,各国关于公众人物隐私权究竟应当受到何种限制,"谁构成了公众人物以及在何种程度上公众人物放弃了隐私权的保护还没有形成定论"[1]。

三是肖像权。公众人物出席某些场合尤其是公众场合时,如果确实是出于舆论监督或满足公众兴趣的需要等,即使没有取得公众人物的同意而公开其肖像也是合法的。一些著名政治家出席社会活动的肖像构成社会新闻的组成部分,一些明星的肖像常常可以作为新闻满足公众的兴趣。必要地刊载公众人物的肖像也是大众传播媒介应尽的社会责任,因此大众传播媒介使用公众人物的肖像时,即使未征得其本人同意,也不构成对本人肖像权的侵害,例如陈铎、李振盛诉中远威药业有限公司侵犯肖

---

[1] Michael Henry (ed.), International Privacy, Publicity and Personality Laws, Reed Elsevier (UK), 2001, p.278.

像权纠纷案中，法院即采取此种观点。①

四是姓名权。公众人物被他人在一定范围内合理使用其姓名，不能以此主张侵权。姓名是人格的外在标志，是主体进行各种社会活动的符号。媒体对公众人物进行报道时，不可避免地要使用公众人物的姓名，社会公众也正是通过公众人物的姓名来知晓、关注、议论和评价公众人物的，因此，公众人物的姓名权应当受到必要的限制。当然，公众人物的姓名具有巨大的广告价值，能够为商家带来经济价值，如果商家对公众人物的姓名进行商业化利用，则不应当属于合理使用的范围。

在对公众人物的人格权进行限制时，要区分媒体与非媒体对公众人物人格权的利用。原则上，从保护舆论监督的目的出发，对正当的舆论监督应当予以适当的保护。在此我们有必要讨论美国"实际恶意"的原则，按照这一原则，只要媒体对公众人物的报道并非出于"实际恶意"，则公众人物应对该报道所引发的损害予以忍受，只有在能够证明媒体具有"实际恶意"时，才能提起诽谤诉讼。这一原则旨在鼓励媒体对公众人物为公众所关注的事宜进行报道，防止出现"寒蝉效应"。它也是个案衡量的一种方法，值得借鉴。因此，对涉及公众人物的新闻报道，只要事实基本准确、真实，评论正当，就不能认定为侵权，因此，应当对公众人物的人格权予以适当的限制。对非媒体对于公众人物人格权的合理评论，虽然没有必要考虑新闻自由和舆论监督的问题，但也有保护言论自由的必要，应当考虑到社会公众言论自由与公众人物人格权的冲突，在具体个案中考量各方利益的平衡。

四、公众人物人格权的保护

公众人物的人格权应当受到限制，但这并非意味着某人一旦成为公众人物，其人格权就不应当受到保护。基于公共利益的限制必须针对那些确实涉及社会全体成员利益的人格权，而不能盗用公共利益之名任意限制个人的隐私权。例如对于官员的信息披露并不意味着其家庭、婚姻等私人生活可以完全在公众面前曝光。公众人物的人格权只是基于公共利益和公众兴趣的需要而在他人合理使用的范围内受到必要的限制，但并不意味着其人格权被完全剥夺，从而对任何人以任何方式所从事的侵

---

① 参见钱卫清：《陈铎、李振盛诉中远威药业有限公司侵犯肖像权案评析》，载中国人民大学民商事法律科学研究中心、最高人民法院《人民司法》编辑部主办：《判解研究》2001年第2辑，人民法院出版社2001年版。

权行为都不能主张其人格权。笔者认为,在如下的情况下对公众人物人格权的妨害应当构成侵权:

1. 对纯粹私人领域的侵害。一般认为,对公众人物的隐私作出限制符合公共利益和公众兴趣的需要,在一定程度上也是符合公众人物本身的意愿的。对明星等公众人物而言,常常推定其默许媒体对其私生活进行报道,这是其本身的社会角色决定的。但是笔者认为,公众人物并非绝对被排除在隐私权的保护之外。例如身体的隐私是私人生活中最私密、最敏感的领域,擅自暴露他人的身体隐私,非法拍摄并披露他人的裸体照片,不仅会造成他人隐私权损害,而且会对他人的名誉造成损害,因此即使是知名人士,其人格中最隐秘的部分也会受到保护。① 无论采取何种手段,未经他人同意暴露身体隐私,构成侵害隐私权。所以,公众人物与社会政治利益、公共利益、公共兴趣完全无关的事务,应当受到保护。例如,一个公务员的健康状况,就其是否影响工作而言,事关公共利益;但他的私生活细节,如怪癖嗜好、正常的婚恋、夫妻两性生活等则与公益无关。又如影视歌星为求高知名度而自愿暴露于镁光灯下,可以说有放弃其"私人"生活的默示,加上其中一些人被称为青少年的偶像,言行举止对青少年有引领的效果,因此可以适当地限制其隐私权。但这并非意味着其家庭的正常生活可以受到不正当的骚扰、妨害等。私人住址作为一种私人信息也应当受到隐私权的保护。在法国,巴黎法院在宣判向公众透露摩纳哥王子私人地址一案中,认为,"住所属于隐私的范围……未经授权复制在个人私有住宅中拍摄的照片……侵犯了该人的隐私权"②。在我国曾经就媒体是否可以披露明星的家庭住址发生过争论。笔者认为,非法暴露个人的家庭住址,即使是暴露明星的家庭住址,也已经超出对公众人物隐私权的限制范畴,构成对隐私权的侵害。

2. 对公众人物私人空间的侵害。凡是私人支配的空间场所,无论是有形的,还是虚拟的,都属于个人隐私的范畴。在私人空间中,住宅空间具有尤为重要的意义。此处所说的住宅,不仅指法定住所,也包括临时居住、栖身之处,如栖身的房间、工人临时居住的工棚、无房户居住的办公室等。住宅是个人所享有的隐私的重要组成部分。正如英国法学家提出的

---

① See Michael Henry, International Privacy, Publicity and Personality Laws, Butterworth, 2001, p.44.

② Michael Henry (ed.), International Privacy, Publicity and Personality Laws, Reed Elsevier (UK), 2001, p.136.

法谚所说,"隐私止于屋门之前","住宅是个人的城堡"(a man's house is his castle①)。在古老的法律中,住宅是人们遮风避雨的场所。在习惯法中,即使是债权人也不得闯入债务人的房屋讨债,而只能等在屋外讨债。《汉谟拉比法典》第 21 条也有禁止他人非法闯入住宅的规定。② 空间隐私除个人合法占有的房屋之外,还包括私人合法支配的空间,例如,更衣室、电话厅等。公众人物对这些空间也享有隐私权,任何人未经其许可,不得擅自闯入公众人物的私人所有的、合法占有的房屋以及其他空间,也不得非法采用红外线扫描,高倍望远镜探测、长焦距拍照等手段窥视、偷拍,否则,即构成对公众人物隐私权的侵害。

3. 为了商业目的而利用公众人物的肖像、隐私等。对公众人物的肖像、隐私的公开必须具有正当的理由③,因为公众人物的人格权未经授权不得用于广告或其他营利性活动,这已经成为各国和地区所承认的通例。人格权主要是一种精神权利而非财产权,一些人格权特别是生命权、健康权、名誉权等具有强烈的固有性,其与人格本身密不可分,不能将该种人格权与主体分离而进行财产性利用,但某些人格权,主要是姓名、肖像等标识性人格权,具有在特定条件下与主体人格相分离,从而进行商业化利用的可能性。其原因在于,随着市场经济的发展,广告宣传对于商品销售具有重要的推广作用,而名人的肖像、姓名有助于提高商品知名度,增强商品的号召力,形成巨大的名人效应。但名人的姓名、肖像所包含的经济价值并不是先天所具有的,只有经过后天的努力、创造性的劳动和经营才能获得。④ 因此对公众人物而言,即使可以基于公共利益和满足公众兴趣的需要而公开其姓名或肖像等,也不能未经其同意就利用其姓名、肖像等牟取非法利益,否则,也构成对公众人物人格权的侵害。

4. 恶意侵害他人名誉权、隐私权等人格权,严重贬损他人人格尊严。虽然公众人物的人格权受到限制,对公众人物的肖像、名誉和隐私允许他人进行合理使用。但是,此种合理使用只能限于使用人是为了维护公众利益和满足公众兴趣,在这种情况下即使使用人因主观上存在某种程度

---

① Michael Henry (ed.), International Privacy, Publicity and Personality Laws, Reed Elsevier (UK), 2001, p. 14.

② See Richard G. Turkington and Anita, L. Allen, Privacy (Second Edition), West Group, 2002, p. 9.

③ See Michael Henry (ed.,) International Privacy, Publicity and Personality Laws, p. 137.

④ 参见赖国钦:《形象宣传权之研究》,中国文化大学法律学研究所 1999 年硕士论文,第 155 页。

的过失而疏于审查核实,所报道的事实存在轻微的失实,也不构成侵权。而如果使用人主观上存在恶意,明知所报道的并非事实而故意加害他人,恶意贬损他人人格尊严,所报道的事实严重失实或使用侮辱、毁谤他人的言论,则不得援引公众人物的理由予以抗辩。因为在此情况下,行为人的行为已经超出了公众利益的界限,属于基于个人目的的恶意加害行为,故应当由行为人承担责任。①

五、对上述案例的简单评述

应该说,本文开头所引述的两个案例完整地展现了我国司法实践中对公众人物人格权限制与保护两方面的真实图景,也对我国法院审理类似案件具有相当示范性的借鉴意义。从理论上对这两个案例进行评述,并结合域外法的考察必将有助于我们对同类问题的理性判断。

案例一是我国第一个提出公众人物概念的案例,范志毅作为一个球星,属于社会公众人物,尤其本案发生之时其在国内足坛的人气极高,球迷对其足球运动生活及个人私生活都给予非常高的关注度,因此媒体对于其个人训练、比赛以及个人生活进行报道都是为了迎合公众的兴趣。从这个意义上说,作为球星的范志毅的人格权会受到一定的限制,否则媒体无法对其作广泛全面的报道以满足公众的兴趣。而就本案来看,被告《东方体育日报》报道的内容不仅涉及公众兴趣的问题,还事关社会和公众利益。众所周知,中国足坛的假球现象一直受到公众质疑,尤其是中国足球队第一次打进世界杯而与哥斯达黎加队进行世界杯决赛阶段第一场比赛,受到全国乃至世界各地球迷的关注。球迷对该场比赛所展示出来的球队实力及比赛结果表示关心乃至质疑,都是正当的。被告所作的有关报道,不仅满足了公众的兴趣,也是对球队和球员所实施的舆论监督。被告《东方体育日报》上刊出题名《中哥战传闻范志毅涉嫌赌球》的报道,是对中国国家队的国际比赛中范志毅的表现及其背后的原因所作出的分析,这一场国际性比赛本身涉及国家荣誉,对于有幸参与其中的每一个足球队员,媒体都有舆论监督的权利。因此从这个角度来看,《东方体育日报》的报道并不为过,尤其从被告后续的一系列报道并最终以《真相大白:范志毅没有涉嫌赌球》对整个事情的来龙去脉作了详尽的报道来看,

---

① 参见侯健:《舆论监督与名誉权问题研究》,北京大学出版社 2002 年版,第 92 页。

很难看出其具有主观恶意。从这个角度来看，法院的判决很好地把握了对公众人物进行舆论监督和人格权保护的平衡。

　　案例二提出了公众人物的人格权也应该受到保护的问题。在本案中，原告臧天朔因一曲《朋友》而成为全国知名的歌手，无疑应该属于公众人物的范畴。作为一名公众人物，尤其是一名在娱乐圈有一定知名度的人，公众对其具有浓厚的兴趣。被告在未征得其同意的情况下将其列为"国内歌坛十大丑星评选"活动的候选人，刊载了其照片，此种行为若针对一般人而言，无疑是侵犯了其人格权，但对于像臧天朔这样的公众人物而言，既然其人格权应当受到限制，那么其就不能仅以此为由而主张人格权受到侵害。一审法院以原告臧天朔未提供充分证据证明二被告的行为确已造成其社会评价降低的法律后果为由，并没有支持原告关于二被告侵害名誉权的诉讼主张。笔者认为法院的这一判决有一定的道理。但本案的关键并不在于被告的社会评价是否降低；而在于其作为公众人物的人格权是否应当受到保护。如前所述，即使是公众人物，其人格权也并非完全不受保护，如果以营利为目的使用公众人物的人格特征，便超出了限制的范畴。二被告在上述"评丑"活动中，使用的虽是原告臧天朔的公开演出照片，但二被告既未经原告臧天朔本人同意，更不是对原告臧天朔的社会活动进行报道或评论，且二被告的行为客观上属于以营利为目的的经营性行为，这些事实已经构成了对原告臧天朔肖像权的侵害。因此法院基于这一事由判决二被告承担一定的损害赔偿责任是合理的。案例二给我们的启示是，对于公众人物的人格权究竟应该作出哪些方面限制，尤其是当此种利用系出于营利目的时，应如何对公众人物加以保障。这一问题目前仍然是我国立法和司法解释中的空白。而在国外例如美国，已经形成了一套所谓的"公开权"制度，对名人人格权进行商业利用时予以严格保护。我国未来的民法典也有必要对名人享有包括了商业利用价值的人格权予以保护。

论人格权保护与舆论监督的相互关系[*]

一、舆论监督与人格权保护的关系

自从《民法通则》颁行以来,人身权第一次获得了民法的确认和保护,侵害人格权,包括新闻侵害人格权的纠纷迅速增多。据统计,1988年上半年,在全国各级人民法院受理的侵害名誉权的近千件案件中,影响极大的案件均为新闻侵权案件,此类案件约占侵害名誉权案件的1/5左右[①],而投诉于法院并未立案以及投诉于纪检部门在内部解决的新闻纠纷则难以统计[②],由此形成了一种"告记者热""告作家热"现象。对此类现象,学者褒贬不一,看法各异,许多新闻界人士对此深感不安和忧虑,认为新闻侵权纠纷的增多将妨碍新闻工作者在从事新闻舆论监督工作方面主动性的发挥。也有些学者以新闻自由和舆论监督为立论根据,主张新闻报道活动不能构成侵权责任。[③] 为此,有必要探讨新闻自由、舆论监督与人格权保护的相互关系。

所谓新闻自由,是我国宪法规定的公民的言论、出版自由在新闻活动中的体现[④],它作为言论、出版的重要组成部分,已被我国法律所确认。早在1949年中国人民政治协商会议制定的《共同纲领》中就规定了"保护报道真实新闻的自由"。现行《宪法》第35条明确规定:"中华人民共和国公民有言论、出版、集会、结社、游行、示威的自由。"新闻自由是广大新闻工作者基于人民的委托所享有的依法自由从事采访、写作、发表、出版新闻作品并不受他人非法干涉的权利。而人民群众也基于新闻自由原则,广泛了解各种新闻和信息,撰稿发表意见,监督政府及其工作人员的工

---

[*] 原载《法学家》1994年第5期。
[①] 参见关今华、庄仲希:《精神损害赔偿实务》,人民法院出版社1992年版,第100页。
[②] 参见王晋闽:《试论新闻侵权》,载《国际新闻界》1991年第5—6期。
[③] 参见杨立新:《新闻侵权问题的再思考》,载《中南政法学院学报》1994年第1期。
[④] 参见中国大百科全书出版社编辑部编:《中国大百科全书·新闻出版》,中国大百科全书出版社1990年版,第421页。

作。可见,新闻自由也是广大公民所享有的权利。

舆论监督是舆论界(主要是指新闻界)利用传播媒介发表各种意见或言论,对社会的政治和文化生活进行批评、监督的权利。舆论作为广泛流行的、消除个人观念误差的多数人的共同意见①,是以传播为其形成渠道和载体的。在各种传播方式中,新闻传播工具在反映舆论和形成、引导舆论过程中具有决定性作用,只有通过大众传播工具,才能把舆论凝聚起来,影响人们的思想和行动。舆论是新闻报道的重要内容,新闻报道是舆论传播的主要方式②,正是从这个意义上说,舆论监督属于新闻自由的范畴,新闻工作者通过行使新闻批评的自由权利,才能实现对社会生活的舆论监督作用。③

那么,新闻自由、舆论监督与人格权保护之间具有何种关系呢?人格权作为公民享有的基本人权,是人能够真正作为个人而存在,并同他人协调地生存在一起所必备的权利,也是个人把自己与社会联结起来并与社会发生各种联系和交往的前提。人格权要赋予个人享有一种同一切"轻视人、蔑视人、使人不成其为人"的现象作斗争的武器。人格权的保护与新闻自由、舆论监督都是现代社会的产物,也是社会文明的重要标志。它们从根本上说是一致的,都是建立社会的民主和法治,保持现代社会的稳定与和谐所不可缺少的制度。一方面,透过大众传播媒介所作出的新闻传播、评论等可以向人民告知各种情况、提供形成民意的渠道、作出监督政府的行为,从而在整个民主政治的运作中起着极为重要的作用。如果法律仅注重保护人格权而忽略了对新闻自由、舆论监督的保护,那么,个人的人格及其尊严虽然得到了他人尤其是新闻界的尊重,但此种保护以压制新闻自由为代价,使社会缺乏一个大胆批评、畅所欲言的宽松环境。人们对社会生活中出现的各种丑陋和违法现象,不能借助大众传播工具予以大胆披露和批评,这不仅会纵容一些侵害公民权利包括侵害公民人格权的行为,而且会使个人的人格权沦为一种与社会利益不协调的绝对化的极端的个人权利。另一方面,由于保护人格权是实现个人的人格尊严、自由的重要手段,人们彼此互相尊重他人的人格权,并自觉捍卫自己的权利,将会为民主和法治的实现奠定基础。法律注重人格权保护的另

---

① 参见张隆栋:《大众传播学总论》,中国人民大学出版社1993年版,第192页。
② 参见中国大百科全书出版社编辑部编:《中国大百科全书·新闻出版》,中国大百科全书出版社1990年版,第457页。
③ 参见杨立新:《新闻侵权问题的再思考》,载《中南政法学院学报》1994年第1期。

一个重要原因在于:新闻自由、舆论监督作为一种法律承认的权利和自由,在其存在目的、内容以及权利行使方式等诸方面都与公民的人格权有着不可分割的联系。新闻自由、舆论监督在社会生活中所具有的极端重要性,并不意味着此种权利和自由是不受任何限制的。事实上,在任何社会中,权利、自由都是相对的,都要受到反映统治阶级意志的法律的限制,这就是像孟德斯鸠所说的"自由是做法律所许可的一切事情的权利,如果一个公民能够做法律所禁止的事情,他就不再自由了,因为其他的人也同样会有这个权利"①。因此,新闻自由的权利也要在法律规定的限度内行使,即使是那些把新闻自由视为"天赋人权"或所谓"现代国家的象征"的西方社会,对新闻自由也有严格限制,这一限制集中体现在行使新闻自由的权利不得侵害公民的人格权方面。尤其是随着现代社会的发展,这种限制更为重要:一方面,现代社会对新闻自由多采取倾斜性保护政策,逐渐取消了对新闻界的事前限制,而采取了事后惩罚措施。在我国,党和政府出于反腐倡廉等需要,注重舆论监督。新闻界更应自律,同时法律必须通过加强对人格权的保护,来限制和防止新闻业者滥用新闻自由的权利。另一方面,随着19世纪末期以来,新的通信技术的发展,高科技在大众传播中的广泛运用,大众传播手段日益先进,对社会影响更为深刻,在此情况下,利用大众传播媒介对个人隐私等人格权进行侵害也变得更为容易,侵害人格权以后造成的影响也更为严重。所以,法律必须加强对人格权的保护以限制滥用新闻自由权的现象。

从我国法律规定来看,虽然目前新闻侵权法还不尽完善,但禁止滥用新闻自由权,侵害公民人格权,历来为我国宪法所确认。我国《宪法》第38条规定:"中华人民共和国公民的人格尊严不受侵犯。禁止用任何方法对公民进行侮辱、诽谤和诬告陷害。"第51条也规定:"中华人民共和国公民在行使自由和权利的时候,不得损害国家的、社会的、集体的利益和其他公民的合法的自由和权利。"这些规定都表明,新闻工作者行使新闻自由权、舆论监督权,必须严格遵守国家的法律和法规,尊重他人的人格权,维护他人的人格尊严和自由。由此可见,法律所设定的人格权制度乃是对新闻自由和内容的限制,新闻工作者享有新闻自由、舆论监督权,也有尊重他人人格尊严、不得侵害他人名誉和隐私等权利的义务。此种义务不是道德义务而是法定义务,是和权利密切结合在一起的。例如,舆论

---

① 〔法〕孟德斯鸠:《论法的精神》(上册),商务印书馆1978年版,第154页。

监督内容之一是披露各种必须由人民知道的有关国家管理中的重要情况，维护人民的知情权，但并不是说所有的情况都要借助舆论予以披露。如果新闻报道内容纯属个人私人秘密，并与公共利益和公共兴趣无关，并因此报道侵犯了公民个人生活的安宁，引起了个人精神上的痛苦或不安时，则报道超出了新闻自由的范畴。还应该看到，在我国现实生活中，新闻舆论对社会生活的影响作用是巨大的，但越是重要就越需要对新闻自由和舆论监督权实行制衡，越需要法律对这种权利作出限制。从现实来看，各种因新闻活动引起的纠纷，仅仅通过新闻单位自律，或通过党政渠道解决都是不够的，这就必须通过为公民的人格权提供法律救济来实行权力制衡；也就是说，一旦公民的人格权受到了来自新闻部门和新闻工作者的侵害，公民可主动地提出赔偿请求，这就可以防止舆论监督的不正当行使。这种权力的制衡，从根本上说也是符合新闻自由和舆论监督的目的的。因为在我国，新闻自由、舆论监督是赋予广大人民享有的当家作主、参与国家管理的权利，也是表达民意、帮助人民监督政府的途径。新闻自由、舆论监督作为一种权利，由新闻工作者享有并行使，完全是人民委托的结果。因此新闻工作者在从事新闻活动中必须遵守法律和新闻职业道德，最大限度地服从人民的意志和利益，而任何侵害公民人格权的行为，都从根本上违背了人民的意愿和利益，也背离了法律设置新闻自由、舆论监督的目的。

新闻自由、舆论监督与公民的人格权制度是统一的、不可分割的整体，而新闻自由和舆论监督作用的发挥，也是人格权得以正当行使的保证。恩格斯曾说：个人隐私应受法律保护，但当个人私事甚至阴私与最重要的公共利益——政治生活发生联系的时候，个人的私事就已经不是一般意义的私事，而属于政治的一部分了，它不受隐私权的保护，而应成为新闻报道不可回避的内容。[1] 我国民法对人格权的保护，不是个人主义的产物，而是出于维护社会利益的需要。法律的价值是多样的，在社会公共利益和个人人格权之间发生冲突时，法律的天平应倾斜到公共利益一方。[2] 新闻工作者为维护社会公共利益，需要披露社会阴暗面，揭露、批评一些违背人民利益的错误言行和不良现象，如果这些批评属于正当的舆论监督，批评的事实是真实的，则被批评者不能以其名誉受到损害、个人秘密受到披露为由而要求他人承担侵害人格权的责任。当然，正当的舆论批评

---

[1] 参见《马克思恩格斯全集》（第十八卷），人民出版社1995年版，第591页。
[2] 参见曹三明：《新闻纠纷的法律思考》，载《新闻记者》1991年7月号。

在效果上会影响到被批评者的名誉,但事实上社会对他们评价的下降以及他们名誉上的贬损,并不是新闻批评造成的,而是他们自身的不良行为造成的。①

总之,对公民的人格权应予以充分尊重。人格权既是民法所确认的民事权利,也是宪法所确认的公民的基本权利,它和新闻自由一样都是公民享有的基本权利,并应受到法律的充分保护。所以,在对待当前的"新闻官司"时绝不能认为因为人格权制度的存在妨碍了舆论监督。② 相反,应该看到,这些现象恰好表明:人格权制度的形成为法治大厦奠定了一块坚实的基石。所以笔者认为对"告记者热"的现象应该作准确的分析,如果这种现象表明了公民的权利观念的产生和法律意识的觉醒,体现了公民对不正当的舆论应予以监督的要求,那么,当事人对簿公堂不是什么坏事,这表明我们的社会在逐步走向成熟,走向进步,尤其是表明社会的民主和法治正在逐步完善。当然,应当承认在新闻纠纷中,确实存在着一些无理告状或当事人提出的诉求理由不充分的现象。一些记者出于维护正义的良好愿望,大胆披露社会中的某些丑陋现象,却因为事实稍有出入而招致麻烦,甚至对不正之风、滥用职权等行为予以批评和斥责,在事实上并无出入而因为个别地方遣词造句不当,也引起诉讼,这确实不利于记者大胆行使舆论监督权。对此,应该在法律上采取必要措施切实保障舆论监督职能的发挥,但绝不能据此要求削弱甚至取消对人格权的保护。

二、应妥当平衡人格权保护与舆论监督之间的关系

保护新闻自由、舆论监督及公民的人格权,必须认识到它们之间是有一些冲突和矛盾的。因为新闻侵权的主要对象是公民的人格权,特别是公民的名誉权和隐私权,法律对新闻侵权行为制裁程度不同,将直接影响到对新闻自由与公民人格权的不同保护。一方面,法律若特别强调对公民的人格权的保护,则必须适当限制新闻工作者在从事新闻活动方面的某些自由,并在一定程度上为新闻工作者从事新闻活动确定规则和范围;反过来说,如果法律对舆论监督活动予以充分保护,则必须对新闻侵害人格权的行为特别是轻微的侵害人格权的行为予以容忍,法律必须限制受

---

① 参见刘天运:《浅谈舆论监督与侵权的界限》,载《新闻知识》1992 年第 4 期。
② 在各种对"新闻官司"的看法和意见中,新闻界多数人对此种现象表示不理解。参见张西明:《"新闻官司"何其多》,载《中国经贸》1999 年第 Z1 期。

到轻微损害的受害人提出某些请求。另一方面,为了准确认定新闻侵权责任,也有必要妥当平衡人格权保护与舆论监督之间的关系。从实践来看,人格权保护与舆论监督之间的冲突主要体现为舆论监督与名誉权、肖像权、隐私权等权利保护之间的冲突。在新闻报道侵害人格权的情形中,行为人是否具有过错,往往难以进行准确判断,它需要在个案中综合考量言论的目的、类型、内容,权利人是否属于公众人物、机关团体或者国家工作人员,言论是否包含侮辱性和隐私,事实陈述是否真实,陈述人是否具有恶意、是否尽到了合理审查义务,事实陈述或者意见表达与公共利益的关联性。例如,为了保护食品安全,新闻媒体对某企业产品的质量报道不实,导致该企业的名誉权受损,在认定新闻媒体是否构成侵权时,即应当考虑其保障食品安全的目的。尤其应当看到,在新闻活动中,新闻工作者行使舆论监督的权利,大胆揭露和批评一些违法和不良现象,总会涉及对被批评者的指责,而由于新闻活动过程环节多、时间短促、专业性强,不可能绝对准确地把握事实和意见,也不可能完全避免过失。① 所以,如果将任何失实的、哪怕是轻微失实的新闻都作为新闻侵权处理,这虽然会加强对人格权的保护,但也确实会影响舆论监督权的正当行使。

人格权和新闻自由的冲突,是各国法律都必须要面对的一种"价值的冲突"(a clash of value),在此情况下,法律必须选择优先保护的法益。从国外的经验来看,大都倾向对新闻自由实行优先保护。例如,根据美国1964年联邦最高法院的一个判决,在出版物涉及公众关注的问题时,言论自由和出版自由的价值将比个人名誉更优先受到保护。② 在英国的一个判例中,法官迪普洛克(Diplock)曾宣称,法律虽应在对言论自由和个人权利之间的保护方面谋求平衡,但应对涉及公众关注的利益的言论提供优先保护。笔者认为,从我国的实际情况来看,在人格权和舆论监督的权利之间发生冲突时,应该对舆论监督的权利实行优先保护。其原因在于,一方面,中国正在向法治社会迈进,要建立民主和法治、加强廉政建设,新闻舆论监督机制的健全是必不可少的。为了使广大人民通过大众传媒参与国家管理、监督政府行为、纠正各种社会不良现象,新闻传媒应该享有比较充分的自由和权利,在保护人格权与新闻自由之间,法律应向后者倾斜。另一方面,在现实生活中,舆论监督机制尚不够健全,舆论监督的作用没有得到充分的发挥,广大新闻工作者对各种丑陋、违法现象进行揭露

---

① 参见王晋闽:《试论新闻侵权》,载《国际新闻界》1991年第5—6期。
② See New York Times v. Sullivan, 376 U.S. 254 (1964).

和批评,总会遇到各种阻力和困难。在此情况下,更应该鼓励新闻工作者大胆行使舆论监督的权利,并对正当的监督实行特殊保护,因为,"如果诽谤判得太多,记者和传媒动辄受罚,在我们这样一个舆论监督本来就不发达的国家,其后果就可想而知了"①,且这种状况也根本背离了人格权保护的立法宗旨。

法律在两种法益冲突的情况下,向一种法益的保护倾斜是必不可少的。例如,所有权与生命权发生矛盾,法律一般应当向生命权保护倾斜,以体现对生命尊严的维护。不过,在新闻侵权领域,对新闻自由和舆论监督提供倾斜保护,并不意味着要赋予负有舆论监督职责的新闻记者以特殊地位。因为新闻记者并不是在任何情况下都应享受特殊保护,只有在他们行使正当的舆论监督和新闻自由权时,其新闻活动才应受到保护,对滥用权利的行为,不仅不应保护,反而应使其承担法律责任。所以,法律的特殊保护不是针对某一类特殊团体和个人,而是针对某一类法益、某一类行为。当然,要实现倾斜保护,必须正确区分正当的舆论监督与不正当的舆论监督的界限,不能将一些不正当的侵害他人权利的行为作为舆论监督行为而予以保护。

保障正当的舆论监督的关键在于:侵权责任法应当将新闻侵害人格权的行为与一般的侵害人格权的行为区别对待,分别调整。这首先需要建立严格的新闻侵权责任构成要件。责任构成要件是行为人承担责任的条件,也是判断行为人是否应负侵权责任的根据。在责任构成要件中,既不能简单地套用一般侵权行为的构成要件,也不能混同一般的侵害人格权行为与新闻侵权行为。对一般的侵害人格权的行为,可以通过较为宽松的构成要件加以制裁,从而向人格权的保护倾斜。而对新闻侵权则应采取较为严格的构成要件,限制过多的新闻侵权责任的产生,从而实现对舆论监督的特殊保护。这具体表现在:第一,新闻工作者和其他公民在从事正当的舆论监督中,只要不是无中生有、凭空捏造、丑化他人人格,只要不是抓住他人隐私或个别事实对他人人格进行侮辱、诽谤、诋毁,只要基本事实存在,即使在新闻报道和评论中出现了一些轻微的失实,但造成的损害后果并不严重时,可借鉴国外的一些立法采取的"微罪不举"规则,要求受损害者予以忍受,而不应认定为侵权。第二,新闻报道和评论中所述的事实属实、定性准确,但遣词造句不当,甚至个别言词有夸大现象,只要

---

① 孙旭培:《新闻工作者与新闻纠纷》,载《新闻通讯》1991 年第 6 期。

作者主观上是出于善意,并无侮辱和诽谤的故意,不应将其认定为侵权。如将某部门的不正当的罚款称为"强盗行径",虽然用词不当,但并不能轻易认定为诽谤。第三,新闻报道的内容虽然失实,但未损害他人名誉权和未造成不良后果的,不应认定行为人侵害了他人的名誉权。例如,为树立所谓典型形象,虚构、夸大人物事迹,尽管对知道真相的人来说,会对被褒扬者产生不良印象,但毕竟作者主观上并无侵权的意图,且此种情况一般对被褒扬者不会产生不良后果,因此不能轻易认定作者侵权。第四,对用假名和隐名方式进行新闻批评,引起"对号入座"的名誉权纠纷,一定要严格确定批评的对象及对该对象的批评是否准确、公允,不能因某方面特征相符,就认定某人为作品中批评的对象。对于那些自愿"对号入座"者的请求,法院不应支持。第五,对于在有关新闻单位主办的《内参》《内部情况反映》《情况汇编》等内部刊物上发表的、仅供有关部门的领导参考的新闻作品,应当与在公开的报刊上发表的有关文章相区别。对于前一类作品,因其并未公开发表,登载的目的也只是仅供一定范围内的人士参阅,且大多为反映情况和意见,因此不能要求作品反映的事实完全正确,只要事实大体上是真实的,特别是考虑到作者反映和披露某些情况时,主观上是善意的,是出于发挥舆论监督的目的及良好愿望而撰写这些文章的,就不应简单地认定作者侵权。总之,笔者认为,对新闻工作者和其他公民从事正当的舆论监督活动,不能轻易地认定其为侵权。

　　保障正当的舆论监督的另一项措施是明确一定的免责条件。免责条件的成立将导致行为人责任的免除,所以免责条件是对责任构成的否定。为了实现对舆论监督的倾斜保护,在侵权法中应建立一定的免责条件,为新闻工作者在出现新闻纠纷时提供免责的机会。例如,社会公共利益就是各国侵权法中广泛承认的一种抗辩事由,这一规则对新闻工作者实行了有效的保护。在我国侵权法中,也应当采纳这一标准。这就意味着凡与社会公共利益相关的事项,理应置于舆论监督之下,对这方面的事和人的批评应属正当的舆论监督范围内的行为。而为了维护社会公共利益从事的新闻报道的评论,应获得更多的免责机会。再如,美国法中确定的"公众人物"(public figures)的概念,认为那些地位特殊或为公众所瞩目的人(如政府官员、候选人、体育艺术明星等),其表现或与公共利益有重大关系或为大众关心的焦点,新闻媒介对这些公众人物的评论报道满足了大众要求知悉的心理,因此符合社会利益,而公众人物对新闻媒介披露其隐私也应适当容忍。这一经验值得我们借鉴。同时,允许报刊适当报道一些公众人物的情况,也极有利于保障政府官员的公正廉洁。

三、不当舆论监督与人格权侵权的认定

如前所述,正当的舆论监督有利于维护公序良俗和公共道德,从根本上讲,正当的舆论监督也有利于民事主体合法权益的保护,舆论监督的作用的发挥,有利于降低人格权保护的成本,也是人格权得以正当行使的保证。从这一意义上说,舆论监督与人格权制度是统一的、不可分割的整体。因此,正当的舆论监督,即使对人格权作出了一定的限制,也不构成侵权。新闻工作者为维护社会公共利益,需要对一些负面新闻进行报道,这就有可能侵害相关主体的人格权。对新闻报道而言,如果其所报道的事实是真实的,则应当属于正当的舆论监督,不应当承担侵权责任。也就是说,虽然正当的舆论监督在客观上会影响到被批评者的名誉,但社会对他们评价的下降并非新闻批评本身所造成的,而是他们自身的不良行为造成的。① 最高人民法院《关于审理名誉权案件若干问题的解释》第9条规定:"新闻单位对生产者、经营者、销售者的产品质量或者服务质量进行批评、评论,内容基本属实,没有侮辱内容的,不应当认定为侵害其名誉权;主要内容失实,损害其名誉的,应当认定为侵害名誉权。"因此,在新闻媒体上发表报道和评论,只要主要内容属实,即使是在个别细节上有失真实或遣词造句不当,也不能认为构成侵权。例如,在广州侨房公司诉改革杂志社侵犯名誉权纠纷案②中,法院认定正当行使舆论监督,即使细节存在瑕疵也不构成侵权。毕竟舆论监督在本质上符合社会公共利益,且因为新闻报道的时效性、实时性等原因,难免发生报道存在瑕疵的情况,在此情形下,应当保障新闻报道自由。

《民法典(草案)》(一审稿)第805条规定:"行为人为维护公序良俗实施新闻报道、舆论监督等行为,影响他人名誉的,不承担民事责任。但是行为人捏造事实、歪曲事实、对他人提供的事实未尽到合理审查义务或者包含过度贬损他人名誉内容的除外。"依据该条规定,下述情形不属于正当舆论监督。

第一,捏造、歪曲事实。即使行为人主观上具有舆论监督的目的,但客观上实施了捏造、歪曲事实的行为,也不应当属于正当的舆论监督。例

---

① 参见刘天运:《浅谈舆论监督与侵权的界限》,载《新闻知识》1992年第4期。
② 参见广东省广州市天河区人民法院(2003)天法民一初字第1832号民事判决书。

如,在方是民等名誉权纠纷案中,法院认为,"方是民恶意歪曲事实、断章取义,使用'一笔德艺双声馨的好交易''忽然对崔永元的正常收入很感兴趣'的表述,实际上是在误导公众作出崔永元存在利益交换、谋取私利的判断,其言论本身已经偏离了质疑批评性言论的轨道,构成侵权"①。但是,如果相关表述未歪曲事实,则不应认定构成侵权。例如,在胡觉照与立德共识(北京)网络传媒科技有限公司名誉权纠纷案中,法院认为,"立德共识公司刊载的《胡觉照:岂能翻'剽窃'的案》一文,其内容主要是对诸葛亮历史评价问题的学术成果是否存在抄袭争议进行分析评论,属于学术批判类以及社会现象批判性文章;从文字用语看,该文章个别地方稍有偏激或不当,但并没有明显以侮辱、诽谤等方式故意贬损胡觉照的个人名誉及人格,亦未达到故意捏造歪曲事实,或者刻意侮辱诽谤的程度"②,因此,不构成侵害名誉权。

第二,对他人提供的事实未尽审查义务。也就是说,除消息具有足够的权威来源外,行为人对通过其他渠道所了解的消息应当具有审查义务,不能仅凭道听途说的事实未尽审核义务而加以传播,否则可能构成侵权。例如,在南方报业传媒集团与世奢会(北京)国际商业管理有限公司名誉权纠纷案中,法院认为,"新闻媒体只有违背了真实性审核义务,故意歪曲事实进行不实报道,或者因过失未尽合理审查义务导致不实报道的,才构成侵权。反之,新闻媒体没有歪曲事实、不实报道的主观故意或过失,且有合理可信赖的消息来源为依据,则不应承担侵权责任"③。再如,在北京秀水街市场有限公司与北京法制晚报社名誉权纠纷案中,法院认为,"新闻媒体作为面向大众的传媒机构,在对某一对象进行批评揭露式报道时,应当有更强的审慎意识,不得使用未经核实的消息来源,要进行符合常理的善意推理。新闻媒体违背了真实性审核义务,故意歪曲事实进行不实报道,或者因未尽到合理审理义务导致不实报道的,构成名誉权侵权"④。因此,被告法制晚报社构成侵权。

在判断行为人是否尽到其相应的审查义务时,主要应当考虑如下因素:一是所陈述事实来源的可信性。⑤ 行为人在公开发布相关言论和消息

---

① 北京市第一中级人民法院(2015)一中民终字第07485号民事判决书。
② 陕西省高级人民法院(2017)陕民申1914号民事裁定书。
③ 北京市第三中级人民法院(2014)三中民终字第07694号民事判决书。
④ 北京市朝阳区人民法院(2015)朝民初字第57355号民事判决书。
⑤ 参见周敏:《新闻侵权民事责任的抗辩事由》,载《法学》1999年第1期。

时,首先要判断其披露的事实来源的可信程度。如果其依据官方的资料、档案或者新闻发布会上的材料所描述的事实,即便此后证明是失实的,那么也不应简单地认定其构成侵权。反之,如果是道听途说,未作任何调查核实就加以披露,则应当构成侵权。二是对于显然可能引发争议的内容是否进行了必要的调查。如果相关言词极有可能引发争议,则行为人应当尽到更高的调查义务,以尽可能确定报道内容的真伪状况。例如,某人在网上披露某明星涉嫌偷税漏税等违法犯罪行为,该消息一旦披露,就可能引发极大的争议,此时,行为人在披露该事实时即应当尽到更高的调查与核实义务。三是所陈述事实的时效性和与公共利益的关联性。① 一方面,需要考虑相关言词的时效性。例如,就新闻报道而言,其具有很强的时效性,因此,应当适当减轻新闻报道者对信息真实性的审查义务,不宜要求新闻媒体对消息的真实性进行过于烦冗的调查。另一方面,需要考虑相关言词与公共利益的关联程度,如果新闻报道的内容与社会公共利益关联密切,需要及时报道,则也不应当对报道人课以过重的审核义务。四是受害人名誉贬损的程度。也就是说,如果相关言词所涉及主体名誉权的损害程度越高,则其审查义务也越高,反之,则行为人的审查义务也应当随之降低。五是审查的成本。确定报道人的审查义务标准时,还应当考虑审查的成本,如果报道人付出极小的成本即可对报道内容的真实性进行审查,则其应当尽到相应的审查义务,反之,其审查成本较高,其审查义务则应当相应降低。

第三,相关评论包含了过度贬损他人名誉的内容。应该指出,即便主要内容是真实的,但如果行为人具有侮辱、诽谤他人的恶意,则仍可构成侵害名誉权。依据最高人民法院《关于审理名誉权案件若干问题的解答》第8问,认定是否构成侵害他人名誉权,除认定该言词的内容是否基本属实外,还要考虑该言词是否具有诽谤性。例如,在周某某与杨某某名誉权纠纷上诉案中,法院认为,即使原告所述内容属实,但在"帖中使用了'道德败坏''贪官''作恶多端必自毙'等带有侮辱性的字眼并辱及杨某某家人。上述网帖发布后,部分网友点击阅读并进行了跟帖回复,以上言论足以使人相信杨某某品德低下、为人不端,造成社会公众对杨某某的评价降低"②,因此,构成侵害名誉权。据此,要成为名誉权侵权的抗辩事由,要求相关言论一方面必须主要内容真实,即该言论的主要内容必须符合客

---

① 参见刘文杰:《论新闻侵权的归责原则》,载《环球法律评论》2010年第4期。
② 浙江省杭州市中级人民法院(2017)浙01民终191号民事判决书。

观情况;同时,该言论必须不存在侮辱、诽谤的内容,即便相关言论的内容真实,但如果其包含侮辱、诽谤的内容,则仍可能侵害他人的名誉权。例如,某人发表的文章中尽管陈述的事实是真实的,但辱骂他人是泼妇、娼妓等,也可能构成侵权。

不过,在确定言词的内容是否具有诽谤性时,必须对该言词作全面、整体的分析和理解。例如,某篇文章中对某句话是否具有诽谤性存有争议,则应分析整篇文章的内容,然后确定该句话是否具有诽谤性[①],绝不能断章取义,肢解言词的全部内容。一般来说,言词是否具有诽谤性,应由原告举证证明。

[①] 参见唐德华主编:《民事审判若干理论与实践问题》,吉林人民出版社1991年版,第167页。

论人格权请求权与侵权损害赔偿请求权的分离[*]

所谓人格权请求权,是指民事主体在其人格权受到侵害、妨害或者有妨害之虞时,有权向加害人或者人民法院请求加害人承担停止侵害、排除妨害、消除危险、恢复名誉、赔礼道歉等责任,以恢复人格权的圆满状态的请求权。[①] 我国《侵权责任法》采纳"大侵权模式",该法第 15 条规定了多种侵权责任形式,其中包括了人格权请求权,此种模式可称之为"吸收模式",即在侵权责任中吸收人格权请求权,正因为这一原因,在人格权立法过程中,关于是否存在独立的人格权请求权,存在不同观点。笔者认为,在我国民法典制定中,有必要在侵权责任编中继续保留"大侵权模式",同时在人格权编之中使人格权请求权与侵权损害赔偿请求权相分离,并在人格权编中对人格权请求权作出系统规定,此种模式可称之为"分离模式"。采纳此种"分离模式"是人格权能否独立成编的关键和核心问题,也是区分人格权编与侵权责任编的重要基础。我国《民法典(草案)》(一审稿)第 778 条已经在人格权编中对人格权请求权作出了规定,但这一规定的理论基础以及其与侵权损害赔偿请求权的区别仍然值得深入探讨。[②] 笔者不揣浅陋,拟就此谈一点看法。

---

[*] 原载《中国法学》2019 年第 1 期。
[①] 参见杨立新、袁雪石:《论人格权请求权》,载《法学研究》2003 年第 6 期;马特、袁雪石:《人格权法教程》,中国人民大学出版社 2007 年版,第 159 页。王泽鉴教授也指出,人格权请求权不同于侵权行为法上的请求权,参见王泽鉴:《人格权法:法释义学、比较法、案例研究》,北京大学出版社 2013 年版,第 387 页。
[②] 《民法典(草案)》(一审稿)第 778 条第 1 规定:"侵害民事主体人格权的,应当依照本法和其他法律的规定承担停止侵害、排除妨碍、消除危险、赔偿损失、消除影响、恢复名誉、赔礼道歉等民事责任。"

一、人格权请求权的独立性是其与侵权损害赔偿请求权分离的基础

在民法中,基础性的民事权利都有相应的请求权,并因基础权利的功能差异而各自独立,物权请求权与债权请求权的区分就是适例。人格权不同于其他民事权利,人格权请求权因此也具有独立性。具体说来,人格权是绝对权,具有支配性和排他性,这一点与物权、知识产权等绝对权无异。基于人格权,权利人对其人格利益享有支配的权能,并可以对抗第三人,只要权利人对其人格利益的圆满支配状态受到了不法侵害,权利人都有权提出相关请求,以恢复此种圆满支配状态,而且权利人在提出此种请求时,不以行为人的行为构成侵权为前提。正如拉伦茨所指出的,人格权请求权使人格权主体能够排除行为人的不法侵害行为,以恢复人格权的圆满状态。① 尤其是,与其他的绝对权一样,人格权不仅具有积极行使的功能,而且具有保护人格权权能的消极效力。这就是说,人格权的行使受到不当妨害时,权利人有权依据人格权请求权请求行为人停止侵害、排除妨害、消除危险,以维护人格权的圆满支配状态。可见,人格权请求权也正是人格权消极效力的具体体现,同时,在保护人格权方面也具有独特的功能。一言以蔽之,作为保护人格利益的绝对权,人格权不同于其他民事权利,和其他绝对权一样,其也具有自身独立的请求权。②

上述认识在比较法上也有先例可循。《瑞士民法典》最早规定了人格权的一般保护规则,开创了人格权请求权的先河,该法典第28a条规定:"原告可以向法官申请:(1)禁止即将面临的侵害行为;(2)除去已经发生的侵害行为……"根据瑞士学者的解释,《瑞士民法典》和《瑞士债法》规定了两种不同类型的人格权诉讼,确立了绝对权请求权诉讼与侵权诉讼并列的二元诉讼模式。③ 一是防御性诉讼,即由《瑞士民法典》第28a条第1款规定的三种类型的防御性诉讼,包括妨害预防诉讼(即针对即将发生的、对人格权的不法妨害而提起的诉讼)、妨害排除诉讼(即针对正在持

---

① 参见〔德〕卡尔·拉伦茨:《德国民法通论》(上册),王晓晔等译,法律出版社2003年版,第326—328页。
② Vgl. MüKoBGB/Rixecker, BGB §12 Anh., Rn. 58 ff.
③ Vgl. Olivier Guillod, Droit des Persones, 4e edition, Helbing Lichtenhahn, 2015, S. 135–143.

续的不法妨害行为而提起的诉讼)以及确认权利之诉(即针对侵害行为虽已结束但造成的损害仍未完全消除,权利人所提起的请求确认侵害行为不法性的诉讼)。二是损害赔偿诉讼,即针对因人格权被侵害所遭受的损失所提起的诉讼,此类诉讼由《瑞士债法典》第41条(侵权一般条款)和第49条(侵害人格权)所规定。损害赔偿诉讼既包括财产损害赔偿诉讼、精神损害赔偿诉讼,也包括返还侵权得利诉讼。① 由此可见,在瑞士法中,人格权请求权与包括侵权损害请求权在内的其他请求权是相分离的。

其他大陆法系国家民法虽然没有规定人格权请求权,而主要通过侵权法规则来保护人格权,但这种立法已不足以应对实际需求,一些国家不得不通过司法来创设人格权请求权。比如,德国法院认为,物权以外的其他绝对权,由于缺少类似于物权请求权的保护方法,存在一项法的漏洞,因此,基于正义的要求,司法实践中的法官法在一定程度上填补了这一漏洞,即通过整体的类推适用《德国刑法典》第12条、第862条、第1004条,承认排除妨碍和消除危险请求权,以对抗那些仅仅在客观上不法的对受法律保护的权利的侵害。② 2005年10月25日,德国联邦宪法法院发布裁定,明确指出,针对一项损害他人名誉的言论,应当适用不作为请求权保护一般人格权,其规范基础是《德国刑法典》第1004条第1款、第823条第2款以及《德国刑法典》第186条。③

法国法并没有在立法中明确规定人格权请求权,但1970年《法国民法典》在修订时增加了第9条规定:"每个人均享有其私生活受到尊重的权利。"基于这一规定,法国法院对于侵害私生活受尊重权利的民事责任的构成要件进行了明确规定。法国最高法院在判决中确认,该条独立于第1382条侵权责任,构成一项独立的诉讼,不需要过错等要件。法国最高法院在1996年11月5日的一个著名判例中指出:"根据民法典第9条,证实损害的存在就足以授予受害人以赔偿"④;这就是说,对他人私生活一切任意性的干涉都是非法的,对他人私生活的不法调查应受到法律制裁。有论者指出,这是对主张侵权责任一般原则吸收《法国民法典》第9条论点的彻底推翻。⑤ 正是通过对私生活受保护的解释,法国法逐渐形成

---

① 参见石佳友:《人格权立法的历史演进及其趋势》,载《中国政法大学学报》2018年第4期。
② Vgl. BeckOGK/Spohnheimer, 2017, BGB §1004, Rn. 13.
③ Vgl. BVerfG NJW 2006, 207 (208).
④ Cass. Civ. 1ère, le 5 novembre 1996, in Bulletin Civil, I, n°378.
⑤ Cass. Civ. 1ère, le 25 février 1997, in JCP, G., 1997, II, p.22783, note J. Ravanas.

了不同于《法国民法典》第 1382 条过错侵权责任的特殊构成要件,从而也表明了人格权请求权的特殊性。

日本民法虽然也没有在立法中承认人格权请求权,但日本最高法院在北方杂志案中的判决中明确指出:名誉遭受违法侵害者,除可要求损害赔偿及恢复名誉外,对于作为人格权的名誉权,出于排除现实进行的侵害行为或预防将来会发生的侵害的目的,应解释为还可以要求加害者停止侵害。可见,日本法上在名誉权遭受侵害的情况下,权利人除可以要求损害赔偿及恢复名誉外,对于现实的侵害行为和将来可能发生的侵害行为,权利人还可以请求行为人停止侵害。[1] 此外,日本的学说总体上也倾向于支持本国法院的判例,承认人格权请求权具有独立性,否认侵权请求权包括停止行为请求权。[2]

我国现行法没有单独规定人格权请求权,在人格权遭受侵害的情形下,现行立法主要通过侵权请求权对权利人提供救济。《侵权责任法》第 15 条规定了"吸收模式",此种模式的优点是:在一定程度上便利当事人同时利用多种责任形式实现对权利的全面救济,并可以通过一次侵权诉讼同时解决损害赔偿和权利的防御性保护问题。但是,此种模式没有区分绝对权请求权和侵权损害赔偿请求权,在人格权保护领域,此种模式也没有区分人格权请求权与侵权损害赔偿请求权。然而,无论从人格权自身的特点来看,还是从域外立法经验来看,人格权请求权都具有独立性,这种独立性表现在:第一,人格权请求权依附于人格权,是基于人格权效力而产生的人格权独有的保护方式。只要人格权确定存在,人格权请求权即随之产生,一旦其行使受到或者可能受到妨碍,无论是否构成侵权,权利人都可以主张人格权请求权;人格权请求权附随于人格权,具有强烈的人身专属性,不能与人格权相分离而独立存在,只能由人格权主体享有,权利人不能将其单独转让,或者允许他人继承;权利人死亡时,人格权请求权也一并消灭。[3] 第二,人格权请求权的功能具有独立性。侵权损害赔偿请求权的主要功能是损害填补和损害预防,人格权请求权虽然也具有损害预防的功能,但其主要功能在于维护权利人对其人格利益的圆满

---

[1] 参见姚辉:《民法上的"停止侵害请求权"——从两个日本判例看人格权保护》,载法苑精萃编辑委员会编:《中国民法学精萃》(2003 年卷),机械工业出版社 2004 年版,第 578—580 页。

[2] 参见杨立新:《人格权法》,中国法制出版社 2006 年版,第 63 页。

[3] Vgl. Jauernig/Teichmann, BGB §823, Rn. 64 ff.

支配状态。第三,人格权请求权的适用条件具有独特性,尤其是其适用不以行为人构成侵权为条件①,即使在没有构成侵权的情形下,只要是妨害了人格权或者可能妨害人格权,权利人都可以行使人格权请求权。第四,人格权请求权的适用对象具有特殊性。人格权请求权适用于各种妨害人格权或者可能妨害人格权的行为,不论此类行为是否造成了现实的损害后果,权利人都有权主张人格权请求权。正因如此,人格权请求权不能被包括侵权损害赔偿请求权在内的其他请求权所包容,这是其与侵权损害赔偿请求权分离的基础。

二、人格权请求权与侵权损害赔偿请求权的区别是其二者分离的原因

人格权请求权是基于人格权的效力而产生的,是对作为绝对权的人格权进行保护的特有方法。人格权因侵权行为而受损害,受害人可以请求侵权损害赔偿,包括财产损害赔偿和精神损害赔偿。② 从性质上看,侵权损害赔偿请求权适用于所有的侵权案件,它不是基于绝对权的效力而产生的,其本身具有债权的性质。我国《民法典(草案)》(一审稿)侵权责任编对侵权责任归责原则的表述使用了"损害"的概念③,表明归责原则主要是损害赔偿的归责原则,而不是各种侵权责任形式的归责原则,侵权法所规定的过错责任,只是针对侵权损害赔偿请求权而言的。④ 对损害赔偿之外的责任形式,如停止侵害、排除妨碍、消除危险等请求权而言,其并不当然适用过错归责原则,这也为区分侵权损害赔偿请求权与人格权请求权等其他请求权提供了依据。

侵权损害赔偿请求权是对所有民事权益的救济方法,也就是说,任何民事权益因侵权而遭受损害,受害人都可能主张侵权损害赔偿请求权。但是人格权请求权则是专门针对人格权的救济方法。在人格权遭受侵害后,人格权请求权的作用在于恢复人格权的圆满状态,而不是为了填补权

---

① 参见王泽鉴:《人格权法:法释义学、比较法、案例研究》,北京大学出版社2013年版,第387页。

② 参见王泽鉴:《人格权法:法释义学、比较法、案例研究》,北京大学出版社2013年版,第396页。

③ 《民法典(草案)》(一审稿)第945条规定:"行为人损害他人民事权益,不论行为人有无过错,法律规定应当承担侵权责任的,依照其规定。"

④ 参见程啸:《侵权责任法》,法律出版社2015年版,第85页。

利人的实际损害。正是因为人格权具有特殊性,所以要恢复其圆满状态,就必然要采取与救济财产权不同的方式。

通常,侵害人格权的损害赔偿不同于侵害物权等财产权的损害赔偿,难以通过损害赔偿的一般规则(即"差额说")来界定人格权被侵害时受害人所遭受的损害。尤其应当看到,在人格权遭受侵害的情形下,侵权损害赔偿不能对受害人提供充分的救济:损害赔偿是一种事后救济,而且对精神利益的侵害,仅仅通过金钱的支付可能难以实现有效补救。而通过恢复名誉、消除影响、赔礼道歉等方式,在救济精神损害方面可能比金钱赔偿更为有效。早在一百多年前,德国学者耶林曾经抨击了罗马法中赔偿制度的广泛采用的不合理性:当损害难以举证,或受害人提起诉讼不是为了获得金钱利益而是"为了主张人格本身及其法感情这一理想目的"时,盲目采用损害赔偿则无助于对权利的充分保护。① 此外,还要看到,在人格权遭受侵害的情形下,受害人往往难以证明损害的具体程度和数额,甚至难以证明遭受了现实的损害。例如,在未经许可擅自利用他人的肖像、无正当理由拒绝他人的姓名变更请求、个人信息记录不准确、个人信息被不当共享等情形中,权利人往往难以证明其遭受了何种损害。这些情形都表明,在人格权遭受侵害的情形下,人格权具有不同于财产权的特殊救济方式,这就是人格权请求权。

具体而言,人格权请求权与侵权损害赔偿请求权的区别主要体现为:

第一,是否考虑过错不同。侵权损害赔偿责任的成立需要行为人主观上存在一定的过错。侵权损害赔偿也是救济人格权的重要方法,但此种责任形式在构成要件上原则上要求满足过错要件②,以保障一般行为自由,实现行为的可预期性。而人格权请求权在性质上属于绝对权请求权,绝对权请求权的目的都在于恢复个人对其绝对权利益的圆满支配状态,人格权请求权也不例外,因此该请求权的行使并不要求行为人具有过错。③ 正如《瑞士民法典》起草人胡贝尔教授在解释该法所设立的人格权请求权制度时指出的,妨害排除诉讼的目的就在于排除妨害行为,而不考

---

① 参见耶林:《为权利而斗争》,载梁慧星主编:《民商法论丛》(第二卷),法律出版社1994年版,第21页。

② 参见王泽鉴:《人格权法:法释义学、比较法、案例研究》,北京大学出版社2013年版,第394页。

③ 参见王泽鉴:《人格权法:法释义学、比较法、案例研究》,北京大学出版社2013年版,第387页。

虑行为人是否存有过错。① 比较法上的经验可证明这一点。例如,在德国法中,排除妨碍并不需要直接证明妨碍人具有主观上的过错,只要妨碍人格权益等绝对权益的事由是客观存在的,就可以通过第 1004 条请求排除对权利人所带来的实体以及精神上的影响。② 根据法国最高法院的判例,对隐私权的侵害同样不要求过错的存在。③ 我国《侵权责任法》第 6 条第 1 款规定了过错责任的归责原则,但事实上,这一归责原则很难适用于停止侵害、排除妨害等责任形式,其适用对象主要是侵权损害赔偿。由此可见,在人格权遭受侵害或者有遭受侵害的危险时,赋予权利人人格权请求权,并且不考虑行为人是否具有过错,有利于防止损害的发生或者扩大,更有利于对人格权的保护。也就是说,只要行为人的行为影响到权利人对其人格利益的圆满支配状态,权利人即有权主张人格权请求权,以消除相关的危险或者不法侵害行为,而不需要证明行为人主观上具有过错,这显然更有利于减轻权利人的举证负担。

第二,是否具有对人格权侵害的预防功能不同。在瑞士法中,人格权请求权被纳入防御性诉讼(actions défensives)中,就是因为人格权请求权具有损害预防功能。侵权损害赔偿主要是一种事后的救济,是在各种绝对权遭受侵害的情况下对受害人的事后补救,而人格权请求权并不完全侧重于对损害的事后救济,而侧重于对损害的事先预防:一方面,在行为人妨害他人人格权但不构成侵权时,权利人虽无法主张侵权损害赔偿请求权,但其仍然可以主张人格权请求权。正是因为这一原因,其就可以发挥损害预防的功能;另一方面,人格权请求权所包含的各种责任形式,如就停止侵害、消除危险等预防性的侵权责任形式而言,其本身可以起到预防的作用。因为许多人格权一旦遭受侵害,损害后果具有不可逆转性,很难恢复到如同损害没有发生的状态(例如,某个名人的隐私照片被公布,就不能再恢复到受侵害以前的状态),所以,许多学者认为,人格权的保护要注重"防患于未然"④。此外,还应该看到,按照传统观点,人格权在性质上属于消极防御性的权利,只有在遭受侵害时,权利人才能主张权利⑤,

---

① 参见石佳友:《人格权立法的历史演进及其趋势》,载《中国政法大学学报》2018 年第 4 期。
② Vgl. BGH NJW 2011, 1005; BGH BeckRS 2011, 4947.
③ Cass. Civ. 1ère, le 5 novembre 1996.
④ L. Enneccerus/H. Lehmann, Recht der Schuldverhältnisse, 15. Aufl., 1958, S. 1008 f.
⑤ 参见王泽鉴:《人格权法:法释义学、比较法、案例研究》,北京大学出版社 2013 年版,第 252—253 页。

而人格权请求权则具有积极主动的特点,尤其是随着个人信息和隐私保护等的发展,人格权请求权主动的特点更有利于有效地维护人格权的完整性。例如,在侵害隐私和个人信息权时,受害人有权要求采取更正、删除、封锁、补充等措施,以保护其权利。可见,侵权损害赔偿制度侧重于提供事后的救济,其一般以发生实际损害为前提,而人格权请求权制度则更注重事前的预防,因此,其不以损害的实际发生为前提,而仅需要人格权受到妨害或者有受到妨害的可能。

第三,是否要求证明实际损害不同。在法律上之所以确认人格权请求权,一方面是因为在人格权遭受侵害的情形下,受害人往往面临损害举证的困难,或者难以确定损害的具体数额,必须寻求侵权损害赔偿责任之外的救济方式;另一方面,在妨害人格权行使的情形下,虽然没有发生实际损害,但通过允许权利人行使人格权请求权,有利于制止损害的发生,从而达到"防患于未然"的目的。正是因为上述原因,人格权请求权的行使并不要求损害已经实际发生,在人格权益有遭受损害之虞时,权利人即可以要求行为人消除危险;而在侵害行为正在进行时,虽然侵害结果还没有发生,权利人也可以要求行为人排除妨害。由于侵权损害赔偿之债以填补受害人实际损害为主要目的,因此,其适用需要受害人证明其遭受了实际损害。可见,人格权请求权与损害赔偿请求权在是否要求证明实际损害方面存在区别。

第四,是否以构成侵权为适用条件。对侵权损害赔偿请求权而言,其适用前提是行为人的行为已经构成侵权。而人格权请求权的功能在于维持权利人对其人格利益的圆满支配状态,其适用并不需要行为人的行为已经构成侵权。① 我国民法典之所以需要规定人格权请求权,是因为人格权请求权的适用不以构成侵权为前提,在保护人格权方面具有独特的功能。例如,有关新闻媒体、网站所刊载的报道内容失实或者有明显错误,侵害他人人格权的,受害人有权要求新闻媒体、网站及时更正。上述情形中并不一定要求行为人的行为构成侵权,也不要求权利人必须证明行为人的行为应当承担侵权损害赔偿责任。

第五,是否适用诉讼时效不同。侵权损害赔偿之债作为一种债的关系,应当适用诉讼时效制度。也就是说,如果权利人没有在时效期间内主张权利,债务人将享有时效利益,可以基于此对权利人履行债务的请求提出抗

---

① 参见杨立新、袁雪石:《论人格权请求权》,载《法学研究》2003 年第 6 期。

辩。当然,除损害赔偿责任,许多责任形式也难以适用诉讼时效制度。例如,就停止侵害、排除妨害等责任形式而言,由于相关的侵害行为处于持续状态,因此难以适用诉讼时效制度。对此,我国《民法总则》第 196 条第 1 款也规定,"请求停止侵害、排除妨碍、消除危险"的请求权不适用诉讼时效的规定,此处所说的"请求停止侵害、排除妨碍、消除危险"的请求权也包括了人格权请求权。《民法典(草案)》(一审稿)第 778 条第 2 款规定:"民事主体依照前款规定提出的停止侵害、排除妨碍、消除危险、消除影响、恢复名誉、赔礼道歉请求权不受诉讼时效的限制。"草案作出此种规定的主要理由在于:一方面,人格权请求权作为一种绝对权请求权属性的权利,本身不应受到诉讼时效的限制。在人格权受到妨害或者可能受到妨害的情形下,权利人应当有权随时提出请求,以恢复权利人对其人格利益的圆满支配状态,因此该请求权不应当受到诉讼时效的限制。[①] 人格权请求权的功能在于保护民事主体对其人格利益的圆满支配,只要该圆满支配的状态受到不当影响,权利人即有权主张人格权请求权。因此,人格权请求权原则上不应当适用诉讼时效制度。如果对人格权的侵害和妨碍仍处于持续状态,则权利人即应当享有人格权请求权,以消除相应的不利影响。而且从保护权利人的角度出发,只要其能举证证明其人格权处于受到妨害或者可能受到妨害的状态,则其就应当享有人格权请求权,该权利不应当受到诉讼时效的限制;另一方面,我国《民法总则》第 196 条第 1 款规定,"请求停止侵害、排除妨碍、消除危险"的请求权不适用诉讼时效的规定,而停止侵害、排除妨碍、消除危险本身也是人格权请求权的主要内容,在请求停止侵害、排除妨碍、消除危险的情形下,由于行为人的行为一直处于持续状态,诉讼时效无法确定起算点,因此,不应当适用诉讼时效。以生命权、健康权为例,只要侵害或者妨碍生命权、健康权的行为一直持续,则权利人即应当有权主张人格权请求权。

正是因为人格权请求权和损害赔偿请求权存有如前所述的不同,因此,有必要在人格权编中设立专门条文对人格权请求权作出明确规定。

三、充分有效保护人格权是人格权请求权与侵权损害赔偿请求权分离的目的

人格权以维护人之尊严为其核心价值,充分有效保护人格权是现代

[①] 参见王泽鉴:《人格权法:法释义学、比较法、案例研究》,北京大学出版社 2013 年版,第 387 页。

民法的重要价值目标,也是我国民法典编纂所要达到的基本目标之一。①正如前述,人格权请求权与侵权损害赔偿请求权存在本质差异,单靠后者来保护人格权,不仅不能实现充分有效保护,反而会削弱对人格权的保护。为了充分有效保护人格权,人格权请求权必须与侵权损害请求权分离。

(一) 弥补现行法在人格权保护制度方面的不足

如前所述,我国现行立法所采取的"吸收模式"在保护人格权等权利方面具有其独特性,但由于其没有区分侵权损害赔偿请求权与人格权请求权,难以适应人格权保护的特殊需要。如前所述,对侵权损害赔偿请求权而言,其一般适用过错责任原则,要求受害人不仅要证明行为人具有过错,而且要证明自己的损害,还必须证明行为人的行为构成侵权。而在人格权的行使受到妨害时,权利人往往会遇到各种举证困难。例如,在行为人无正当理由拒绝权利人的名称和姓名的变更请求、行为人无正当理由拒绝对简称进行保护、征信机构收集的信用信息不准确但拒绝更正等情形下,要求权利人证明自己遭受了现实的损害,以及证明行为人的行为已经构成侵权,确实是十分困难的。人格权请求权不适用诉讼时效制度,但在"吸收模式"之下,难以解释为何某些类型的侵权责任不适用诉讼时效制度。

而通过人格权请求权与侵权损害赔偿请求权的分离,既可以进一步明确请求权的逻辑体系,又能更充分有效地保护人格权。前文提及的域外经验也验证了这一点,即针对人格权保护的特殊性,就人格权的保护设置了与物权请求权相类似的人格权请求权保护方法,该请求权的行使并不要求行为人的行为构成侵权,只要其可能侵害人格权,影响人格权的实现,权利人即可提出人格权请求权,且不受诉讼时效限制,这显然更有利于对人格权的保护②,也可以使权利保护的规则更加精细化。

(二) 强化对人格权侵害的有效预防

人格权请求权具有突出的损害预防的功能,主要原因在于:一是在出现妨害而没有造成实际损害后果的情形下,可以通过人格权请求权对权

---

① 沈春耀同志在《关于〈民法典各分编(草案)〉的说明》中指出:"全国人大常委会法工委研究认为,人格权是民事主体对其特定的人格利益享有的权利,关系到每个人的人格尊严,是民事主体最基本、最重要的权利。保护人格权、维护人格尊严,是我国法治建设的重要任务。"参见《民法典分编草案首次提请审议》,载《人民日报》2018 年 8 月 28 日。

② 参见石佳友:《人格权立法的历史演进及其趋势》,载《中国政法大学学报》2018 年第 4 期。

利人提供救济,这就有利于及时防止损害后果的发生和扩大。二是在行使人格权请求权时,权利人不需要证明自身的损害和行为人的过错,即使是在没有构成侵权的情形下,只要有可能将要造成对人格权的侵害,权利人也可以主张人格权请求权,预防未来发生的损害。三是人格权请求权的一些责任形式如停止侵害、排除妨害、消除危险等,与作为事后救济受害人的责任形式即损害赔偿责任相比较,本身具有强烈的预防损害发生的功能。正如德国学者拉伦茨所指出的,人格权请求权的内容具有特殊性,即在人格权有受到侵害之虞时,司法实践准许权利人请求消除危险;在继续受到侵害时,准许请求停止侵害。① 四是人格权请求权的各种表现形式,如更正、撤回、删除、补充、回应等,都具有预防损害发生的功能和作用,人格权请求权之所以应当与侵权损害赔偿请求权相分离,正是为了适应现代社会发展对侵害人格权行为进行预防的特殊需求。

在互联网、大数据时代,强化对侵害人格权损害后果的预防更加重要。网络技术在给我们带来极大便利的同时,也给我们的生活带来了一些负面影响。与传统社会的信息传播方式不同,网络信息的传播具有即时性,而且网络的无边界性以及受众的无限性,也使得网络环境对信息的传播具有一种无限放大效应,网络信息一经发布,可以瞬间实现在全球范围的传播;在网络环境下,侵害人格权的损害后果具有不可逆性,损害一旦发生,即难以恢复原状。网络环境下损害后果的易扩散性,也使得人格权在现代社会显得十分脆弱,极易遭受侵害,特别是名誉、隐私、肖像、姓名等精神性人格权,很容易遭到他人的侵犯。② 这些都使得网络侵权行为具有易发性、损害后果具有不可逆性。人格权在遭受侵害后,很难恢复原状,因此,就人格权保护而言,应当更加重视对损害后果的预防。但"吸收模式"并不是专门针对人格权保护而设计的,而是针对所有权益侵害的情形,所以,其无法满足人格权保护在损害预防方面的特殊需要。

如前述,德国、法国、日本等大陆法系国家司法实践中都是基于人格权请求权的作用,而强化了其预防功能,从而使之与侵权损害赔偿请求权相分离。我国司法实践中有的法院也基于现代社会发展的需求,在相关的人格权纠纷中,在侵权责任承担方式之外,运用了预防性的救济方式。

---

① 参见〔德〕卡尔·拉伦茨:《德国民法通论》(上册),王晓晔等译,法律出版社2003年版,第169—170页。

② Kenneth C. Creech, Electronic Media Law Regulation, 5th Edition, at288 (Elsevier, Focal Press, 2007).

例如,在著名的钱钟书书信案中,北京市第二中级人民法院在充分考虑该案对隐私权可能造成的侵害后,准确地作出了司法禁令,禁止被告从事拍卖书信的行为,既有效保护了著作权人的权利,又保护了原告的隐私权。① 可见,虽然我国立法主要通过侵权法规则保护人格权,而没有单独规定人格权请求权,但从司法实践来看,人格权纠纷的解决并非只能按照侵权处理,在人格权可能遭受侵害的情形下,也可能通过人格权请求权对权利人进行救济。

(三) 有利于法律规则的准确适用和裁判的统一

我国《侵权责任法》第15条统一规定了各种责任承担方式,似乎各种责任承担方式的适用条件是相同的,而没有必要区分不同侵权责任形式的适用条件。这就导致"吸收模式"在适用中存在一个突出问题,即极易使法官产生一种误解,认为所有侵权责任承担方式的适用要件都是相同的,都必须构成侵权才能适用,且权利人需要证明行为人有过错,甚至也不考虑在时效方面是否存在区别,这就不利于一些责任形式的准确适用。事实上,人格权请求权与侵权损害赔偿请求权在构成要件、诉讼时效的适用等方面存在差异。例如,就停止侵害而言,作为侵权责任承担方式的停止侵害请求权,其适用需要行为人构成侵权;而作为人格权请求权的停止侵害,其适用并不要求行为人构成侵权。采取人格权请求权与侵权损害赔偿请求权相分离的模式,将人格权请求权单独规定,进而与侵权损害赔偿请求权相区分,有助于明确两种请求权构成要件的不同,避免混淆,更有利于法官的适用。

采取人格权请求权与侵权损害赔偿请求权相分离的模式,有利于实现"同案同判",维护司法裁判的统一。我国《侵权责任法》虽然规定了各种责任形式,但并没有规定各项责任形式的适用条件,这就可能导致司法裁判的不统一。从司法实践来看,就排除妨碍、消除危险的法律适用,有的法院要求原告证明被告有过错,有的法院并未作此要求。以信用权纠纷为例,针对个人的信用记录不实造成个人损害的案件,有的法院认为,行为人构成对权利人名誉权的侵害,应当承担删除不良信用记录、张贴书面道歉声明、送达书面道歉说明等责任。② 而有的法院则认为,"商业银

---

① 参见李恩树:《钱钟书书信案引出新民诉法首例诉前禁令》,载《法制日报》2014年2月26日。
② 参见河南省高级人民法院(2015)豫法立二民申字第00159号民事裁定书。

行应当遵守中国人民银行发布的个人信用数据库标准及其有关要求,准确、完整、及时地向个人信用数据库报送个人信用信息",行为人将权利人的相关信用信息报送至中国人民银行征信中心时未能做到准确、及时、完整,构成对权利人名誉权的侵害,应当予以消除。① 在该案中,法院在认定行为人构成对权利人名誉权的侵害并应当承担消除相关不良影响后果的责任时,并没有提及行为人是否需要具有过错。必须看到,司法实践中的同案不同判,会严重损害法律的权威性。所以,在立法时将人格权请求权独立出来,明确人格权请求权的适用并不需要过错,也不需要当事人证明行为人是否具有过错,这也有利于统一司法裁判。

(四) 有效应对现代社会发展出现的人格权保护的新问题

人格权是不断发展的权利,随着经济社会发展,人格权的类型也日益丰富,而人格权请求权与人格权具有不可分性,人格权作为绝对权的发展,必然导致人格权请求权的发展。将人格权请求权与侵权损害赔偿请求权分离,能适应人格权发展的新趋势,解决人格权保护的新问题。具体说来,随着人格权的发展变化,人格权请求权出现了其独立存在的新局面:一是广泛采用停止侵害的方式,预防侵害人格权行为的发生。例如,如果相关出版、发行的作品可能侵害他人的人格权,则在最终判决作出之前,法官还可以作出预先裁决,责令行为人停止出版、禁止发行流通,或责令将出版物全部或部分予以查禁。② 二是请求撤回声明权利的行使。所谓撤回,是指在侵害名誉等的情形,将侵害人所作的陈述撤回。在德国,近几十年来,司法实践在《德国民法典》第 1004 条所规定的物权请求权的基础上发展出了撤回请求权(der Widerrufsanspruch),此种请求权具有一定的独立性,且旨在保护权利人的名誉。③ 按照德国通说见解,撤回属于排除妨害的一种具体情形,其以侵害行为具有违法性为要件,以侵害人有故意或过失为前提。④ 三是发展了补充、更正等请求权。例如,欧盟《一

---

① 参见山西省临汾市中级人民法院(2015)临民终字第 1209 号民事判决书。
② 参见〔奥〕赫尔穆特·考茨欧、〔奥〕亚历山大·瓦齐莱克主编:《针对大众媒体侵害人格权的保护:各种制度与实践》,匡敦校等译,中国法制出版社 2012 年版,第 170 页。
③ Vgl. BeckOGK/Spohnheimer, 2017, BGB §1004, Rn. 14. 司法实践在适用该请求权时有时直接适用第 1004 条,有时类推适用第 1004 条,有时直接适用 823 条和第 1004 条,有时又类推适用第 823 条和第 1004 条,虽然路径不一,但结果基本一致,即不要求行为人具有过错。BeckOGK/Spohnheimer, 2017, BGB §1004, Rn. 326.
④ 参见王泽鉴:《人格权法:法释义学、比较法、案例研究》,北京大学出版社 2013 年版,第 431 页。

般数据保护条例》(GDPR)第17条规定的更正权、删除权等,很大程度上都是人格权保护请求权的表现形式。

另外,人格权请求权在一定程度上也能促成新型人格权的生成和发展,即一旦立法规定了人格权请求权,法官可以依据这一制度,促进人格权本身的发展,促成新类型人格权的产生。例如,我国现行立法并没有对声音的保护作出规定,但通过人格权请求权的适用,声音的保护也逐渐得到认可,并最终可能被确认为一种新型人格权。在瑞士,由Tercier教授主持的人格权立法草案的理由报告中也指出,"人格的范围不能也不应该以严格的方式去界定,应该交由法官根据社会观念和对人格的各种危害的变化,来逐渐填补其内容"①。所以,未来一旦我国在人格权法中规定了人格权请求权,法官就可以援引这些规则,来丰富和发展人格权的类型,强化对人格权的保护。

四、人格权请求权可适用于未构成侵权的情形是其与侵权损害赔偿请求权相分离的重要表现

民法典之所以要承认人格权请求权,并使其与侵权损害赔偿请求权相分离,一方面,是因为其具有较为宽泛的适用范围,在侵害人格权的情形下,如果尚未造成实际的损害(包括财产损失和精神损害),或者即便有损害但权利人要主张侵权损害赔偿之外的责任形式,其都可以主张人格权请求权;另一方面,人格权请求权不仅可以适用于侵权的情形,而且在妨害人格权的情形下,即便没有构成侵权,也可以适用人格权请求权。由于侵权责任形式必须以构成侵权为适用前提,这就决定了侵权法不能完全包含人格权请求权。

诚然,我国《侵权责任法》将停止侵害、排除妨碍等作为其责任形式,这似乎意味着,只有构成侵权才能适用这些责任形式,如果未构成侵权,则不能适用。笔者认为,在未承认独立的人格权请求权时,这种理解是正确的,但是如果承认独立的人格权请求权,将停止侵害等责任形式纳入其中,则这种理解就未必准确。因为在适用人格权请求权的情形下,未必一定以行为人构成侵权为前提。例如,受害人基于人格权请求权要求行为

---

① 石佳友:《人格权立法的历史演进及其趋势》,载《中国政法大学学报》2018年第4期。

人停止侵害,其并不需要证明行为人具有过错或者造成了实际损害,从这一意义上说,人格权请求权的适用并不当然以行为人构成侵权为前提。

人格权请求权之所以可适用于未构成侵权的情形,主要原因在于:

第一,人格权请求权的效力作用决定了其可适用于未构成侵权的情形。如前所述,人格权具有积极效力和消极效力两个方面,积极效力是指人格权所具有的支配、控制、依法利用等权能。人格权与其他的绝对权一样,有积极行使的功能。消极效力是指人格权受到侵害或可能受到侵害时,权利人享有的保护其权利的权能,即所谓的排他效力。基于人格权请求权的效力,当人格权受到侵害或者有受侵害之虞时,权利人即有权主张人格权请求权。例如,权利人的姓名变更请求权被无理拒绝、征信机构记载的信用记录有误、行为人对他人实施轻微性骚扰等,在这些情形下,虽然无法确定行为人是否构成侵权,但只要权利人的权利行使有障碍,就可以主动行使人格权请求权,以消除障碍。

第二,人格权请求权所具有的维持人格权圆满支配状态的功能决定了其可适用于未构成侵权的情形。侵害财产权大多可以通过金钱赔偿而恢复原状,侵权损害赔偿请求权的目的是为了填补损害。而侵害人格权的损害后果往往具有不可逆转性(如隐私一旦公开就无法恢复原状),所以,需要更多地强调对损害的预防,即需要通过停止侵害、恢复名誉、消除影响等方式为人格权提供救济。人格权请求权的功能在于维持权利人对其人格权的圆满支配状态,只要行为人不当妨害了权利人对其人格利益的圆满支配状态,即便不构成侵权,权利人也可以主张人格权请求权。例如,信息控制者所收集、公开的个人信息不准确,权利人请求其及时更正时,并不需要证明信息控制者构成侵权。

第三,人格权请求权预防功能的发挥也决定了其可适用于未构成侵权的情形。人格权请求权是直接针对侵害人格权的行为所采取的预防和保护措施,权利人在主张人格权请求权时,并不需要证明行为人具有过错,也不需要证明自己遭受了现实的损害,只要人格权的行使或权利人对其人格利益的圆满支配状态受到了不当影响,权利人均可以主张人格权请求权,以积极主动地保护人格权、预防侵害人格权的行为。由于人格权请求权可以适用于不构成侵权的情形,因此,并不需要通过法院确定行为人是否构成侵权,而可以直接向行为人提出请求,这就更有利于对人格权提供救济。由于人格权请求权可适用于未构成侵权的情形,可以将损害预防的时间提前,更有利于及时制止侵害人格权的行为。

尤其应当看到，人格权请求权形式的多样化决定了其可以针对各种妨害人格权的行为行使，而不仅仅针对已构成侵权行为的侵害人格权的情形。如前述，人格权请求权的发展已呈现出多种形式，而我国有关现行立法也适应了人格权请求权的这一发展趋势，对相关的人格权请求权作出了规定。《民法典（草案）》（一审稿）在总结这一经验的基础上，也对多种形式的人格权请求权作出了规定，具体而言，人格权请求权所适用的未构成侵权的情形包括：

一是更正权的行使。所谓更正权，是指报刊、网络等媒体刊载的报道内容失实或有关信息控制者记载、公开的信息有误，侵害他人人格权益的，则受害人有权请求该媒体或信息控制者及时更正。从比较法上看，许多国家的新闻法，如法国、丹麦、芬兰、泰国以及塞内加尔等，都对更正与答辩权作出了规定。① 在德国法中，在人格权保护（尤其是名誉权的保护）的司法实践中，大量采用了更正请求权（der Berichtigungsanspruch）和撤回请求权（der Widerrufsanspruch）。正如一些德国学者所指出的，更正请求权系非财产性请求权，但与不作为请求权指向未来的不法行为不同，更正请求权指向的是在过去已经出现且还在持续的妨害。② 我国《网络安全法》第43条规定："个人发现网络运营者违反法律、行政法规的规定或者双方的约定收集、使用其个人信息的，有权要求网络运营者删除其个人信息；发现网络运营者收集、存储的其个人信息有错误的，有权要求网络运营者予以更正。网络运营者应当采取措施予以删除或者更正。"该条对更正权作出了规定，国务院《出版管理条例》第27条③也对更正与答辩权作出了规定。我国民法典分编草案虽然没有对其作出规定，但是就信息控制者在发布信息方面的义务作出了规定：一是征信机构对他人的信用评价发生错误，权利人有权要求更正。《民法典（草案）》（一审稿）第808条规定："民事主体可以依法查询自己的信用评价；发现信用评价错

---

① 参见《法国新闻自由法》第二章第二节、《丹麦新闻法》第9、10条、《芬兰新闻自由法》第25条、《泰国新闻法》第40—43条、《塞内加尔新闻刊物和记者职业法》第一篇第三章第三节。

② Vgl. Götting/Schertz/Seitz, Handbuch Persönlichkeitsrecht, C. H. Beck, 2008, §49 Rn. 4 f.

③ 该条规定："出版物的内容不真实或者不公正，致使公民、法人或者其他组织的合法权益受到侵害的，其出版单位应当公开更正，消除影响，并依法承担其他民事责任。报纸、期刊发表的作品内容不真实或者不公正，致使公民、法人或者其他组织的合法权益受到侵害的，当事人有权要求有关出版单位更正或者答辩，有关出版单位应当在其近期出版的报纸、期刊上予以发表；拒绝发表的，当事人可以向人民法院提起诉讼。"

误或者侵害自己合法权益的,有权提出异议并要求采取更正、删除等必要措施。信用评价人应及时核查,经核查属实的,应当及时采取必要措施。"二是信息持有人收集的他人信息发生错误,权利人有权请求更正。《民法典(草案)》(一审稿)第 815 条第 1 款规定:"自然人可以向信息持有人依法查阅、抄录或者复制其个人信息;发现信息有错误的,有权提出异议并要求及时采取更正等必要措施。"依据该条规定,只要权利人发现信息有错误,就有权请求及时更正。三是信息收集人、持有人确保信息安全的义务,其中也包括了允许权利人及时查询、更正相关信息的权利。《民法典(草案)》(一审稿)第 817 条第 2 款对此作出了规定。在行使更正权的情形下,权利人并不需要证明侵权是否发生,也不需要证明其已遭受现实的损害,而只需要证明有错误,即可行使这一权利,尤其是不需要信息的收集者、控制者、发布者存在过错,即使没有过错,其也应当及时更正。

二是删除权的行使。所谓删除权,是指在信息的收集发生错误,或者信息收集的目的已经达到等情形下,权利人可以请求相关的信息收集者、持有者及时清除相关的信息。从比较法上来看,许多国家承认了权利人的删除权。例如,德国联邦宪法法院在人口普查案中对"个人信息自主权"即主体对自己信息的控制、知悉、查阅、修改和删除权的创设。① 欧盟《一般数据保护条例》第 17 条也承认该项权利。依据我国《网络安全法》第 43 条的规定,只要网络运营者非法收集、使用、储存个人信息,权利人均可要求网络运营者更正、删除相关的个人信息,权利人的更正权、删除权的行使并不需要网络运营者的行为构成侵权,也不要求权利人必须通过诉讼的方式向网络运营者提出更正、删除的请求。《民法典(草案)》(一审稿)第 815 条第 2 款在总结上述规定的基础上,进一步规定:"有下列情形之一的,自然人可以请求信息持有人及时删除其个人信息:(一)存在非法收集、使用信息的行为;(二)持有侵害自然人合法权益的信息;(三)持有的信息储存期限依法已经届满;(四)根据收集或者使用的特定目的,信息持有人持有信息已经没有必要;(五)其他没有正当理由继续持有信息的情形。"这就进一步确认了信息主体的删除权。我国相关立法也对信息主体的删除权作出了规定,例如,《征信业管理条例》第 16 条第 1 款规定:"征信机构对个人不良信息的保存期限,自不良行为或者事件终止之日起为 5 年;超过 5 年的,应当予以删除。"删除权的行使不以构成侵

---

① 参见《西德联邦宪法法院裁判选辑》(一),萧文生译,《司法周刊》1995 年版,第 288—384 页。

权为必要,权利人在行使删除权时,无须证明其遭受了现实的损害,也不需要证明信息的收集者、持有者具有过错。

三是回应权(droit de réponse)的行使。所谓回应权,是指当有关报刊、网络等媒体披露、报道的信息包含直接涉及他人名誉的事实时,权利人可以请求该媒体及时采取合理的方式免费发布其针对相关事实的必要回应。例如,某人在网上披露某明星通过签订"阴阳合同"的方式偷税漏税,该明星如果认为披露的事实有误,则其有权请求该网站刊载其回应的文章,以澄清事实。一方面,法律规定回应权有利于及时更正有关信息、消除不良影响,因为其可使媒体受众在较短时间内获取当事人的正反陈述,从而及时消除不实报道的影响;另一方面,回应权制度有助于及时解决纠纷①,因为通过回应的方式更正信息能够有助于快速解决纠纷,而不再需要借助诉讼途径予以解决。从这个意义上讲,回应权具有预防损害发生的功能,而且与损害赔偿等责任承担方式相比,回应权对于恢复受害人良好的声誉可能更为有效。② 从比较法上看,回应权最早由法国在1822年的《新闻法》中予以确立,其称为"反驳权制度",该制度被许多国家立法和判例所采纳。例如,1983年修订的《瑞士民法典》在第28g-281条规定了"回应权制度",并明确规定了当参加政府的公共讨论时,对于忠于事实的报道,如果当事人也参加了讨论,则回应权不能成立。同时,瑞士法还对回应权的行使规则作出了细化规定,如规定当事人只能通过简洁的方式针对有异议的事实进行回应,如果当事人的回应违背事实、违反法律或者公序良俗,则相关媒体有权拒绝其回应请求。③ 德国司法实践也承认了回应权制度。④ 此外,依据《汉堡新闻法》第11条的规定,如果相关主体受到新闻报道的影响,不论其是个人还是机构,均应当享有回应权。⑤ 在我国,前述《出版管理条例》第27条规定,"报纸、期刊发表的作品内容不真实或者不公正,致使公民、法人或者其他组织的合法权益受到侵害的,当事人有权要求有关出版单位更正或者答辩,有关出版单位应当

---

① Vgl. Kerpen, Das internationale Privatrecht der Persönlichkeitsrechtsverletzungen-Ein Untersuchung auf rechtsvergleichender Grundage, 2003, S. 134.

② See Neethling, JM Potgieter and PJ Visser, Neethling's law of personality, LexisNexis South Africa, 2005, p.221.

③ 参见〔日〕五十岚清:《人格权法》,〔日〕铃木贤、葛敏译,北京大学出版社2009年版,第214页。

④ Rüdiger Klüber, Persönlichkeitsrechtsschutz und Kommerzialisierung, 2007, S. 118.

⑤ 参见靳羽:《域外回应权制度及其启示》,载《中共南京市委党校学报》2013年第3期。

在其近期出版的报纸、期刊上予以发表;拒绝发表的,当事人可以向人民法院提起诉讼"。该条中的"答辩",其实就是回应。从该条规定来看,回应权的行使以权利人合法权益受到侵害为要件,在行使回应权的情形下,权利人只需提出初步证据证明行为人报道的事实有误,并不需要证明行为人是否有过错以及是否造成实际损害,就可以在相关媒体上作出回应。遗憾的是,我国正在制定的《民法典(草案)》(一审稿)人格权编并没有对回应权作出规定,笔者认为,我国民法典有必要明确规定回应权。从《出版管理条例》第 27 条的规定来看,回应权的行使以权利人的合法权益受到侵害为要件,但从有效保护权利人的人格权出发,只要权利人认为事实有误,为了澄清事实,其就有权作出回应,而不需要证明行为人的行为已构成侵权,也不需要证明自身遭受了一定的损害。

上述权利的行使是人格权请求权行使的具体体现,彰显了人格权的效力。正是因为上述权利的行使不需要权利人证明行为人构成侵权,由此也表明,人格权请求权可适用于未构成侵权的情形,因而,侵权请求权也不能完全涵盖人格权请求权,这也是人格权请求权应当与侵权损害赔偿请求权相分离的重要原因。

五、民法典草案关于人格权请求权与侵权损害赔偿请求权分离的立法选择

如前所述,我国《侵权责任法》采纳了"吸收模式",以侵权请求权涵盖人格权请求权,这一模式的优点在于,在侵权发生之后,可以为受害人提供多元化的救济方式,可以由受害人自由选择,从而有利于对受害人的充分救济。从这一意义上,笔者曾将其称为公民维权的"百宝囊"。但"吸收模式"并非一种精细化的权利保护模式,尤其是针对人格权保护而言,因其没有区分侵权与非侵权,以及人格权请求权与侵权损害赔偿请求权所具有的不同构成要件和时效适用的情形,因而有必要对"吸收模式"进行必要的改造。

笔者认为,即使在民法典人格权编规定人格权请求权后,仍然应当保留《侵权责任法》所确立的"大侵权模式"。我国《民法典(草案)》(一审稿)第 946 条规定:"侵权行为危及他人人身、财产安全的,被侵权人有权请求侵权人承担停止侵害、排除妨碍、消除危险等侵权责任。"从该条规定来看,《民法典(草案)》(一审稿)仍然保留了停止侵害等预防性的责任形

式,这在一定程度上也延续了《侵权责任法》所确立的"大侵权模式",之所以需要保留这一模式,是因为侵权法保护的范围极为宽泛,依据《侵权责任法》第 2 条的规定,除绝对权外,侵权法还保护股权、继承权等各种民事权益,而且随着社会的发展,除人格权、物权、知识产权外,将来还有可能出现新型的绝对权益,在这些绝对权益遭受侵害的情形下,都需要借助多元化的责任方式予以救济。从这个意义上讲,即便人格权请求权与侵权损害赔偿请求权发生了分离,但民法典侵权责任编中关于侵权责任的预防性承担方式的规定仍然具有兜底性。

但在保留"大侵权模式"的前提下,必须采纳"分离模式",使人格权请求权与侵权损害赔偿请求权发生分离,使民法典侵权责任编的规则聚焦于侵权损害赔偿,《侵权责任法》第二章所规定的"责任构成和责任方式"应当认为"责任构成和损害赔偿"。也就是说,民法典侵权责任编虽然仍然保留"大侵权模式",但其规则主要围绕侵权损害赔偿责任而展开。换言之,侵权责任法主要是对已经造成的实际损害的救济,但对其他侵权行为如妨害、正在进行的侵害和危险等,可以适用人格权请求权等绝对权请求权。

事实上,我国《民法典(草案)》(一审稿)在侵权责任编中区分了损害和侵害,且主要是以损害赔偿为中心构建责任体系。一方面,该草案已经将原《侵权责任法》第 6 条第 1 款中的"侵害"改为"损害"[1],这实际上是将过错归责原则界定为损害的归责原则,而不是包括了所有的绝对权遭受侵害的不利后果。因为妨害、危险以及正在持续的侵害还没有造成实际的损害后果,或者虽然发生了一定的后果,但损害仍在持续,在此情形下,不能适用过错责任,而应当采用严格责任,且不能适用诉讼时效,因此不能适用侵权责任法的过错责任原则,这也说明有必要规定独立的人格权请求权。侵权责任编的此种修改虽然只是一字之差的改动,但其实际上是对归责原则适用范围的重新界定,侵权责任法的过错责任原则应当聚焦于损害,而损害之外的绝对权遭受的妨害等不利后果,则应当交由绝对权请求权予以调整。这也为人格权请求权与侵权损害赔偿请求权的区分提供了有力支撑。另一方面,民法典侵权责任编中的多个条款都强调了造成损害承担侵权责任。尤其应当看到,在人格权编和物权编中分别

---

[1] 《侵权责任法》第 6 条第 1 款规定:"行为人因过错侵害他人民事权益,应当承担侵权责任。"《民法典(草案)》(一审稿)第 944 条第 1 款规定:"行为人因过错损害他人民事权益,应当承担侵权责任。"

规定了人格权请求权和物权请求权,使这两项请求权与侵权损害赔偿请求权发生了分离,此种立法模式符合我国现行立法的做法,值得肯定。

总之,未来侵权责任编仍然需要保留"大侵权模式",但就人格权保护而言,将要区分侵权损害赔偿请求权与人格权请求权。笔者认为,准确适用两种请求权应当注意如下问题:

(一) 区分损害和妨害的不同情形,分别适用人格权请求权和侵权损害赔偿请求权

在人格权受到侵害或者妨害的情形下,究竟应当适用人格权请求权还是侵权损害赔偿请求权,需要明确两个制度各自的适用范围。原则上来说,人格权受到妨害(或持续的侵害)或可能受到妨害时,应当适用人格权请求权;而人格权受到侵害并且造成了损害时,就应当适用侵权损害赔偿请求权。这里的关键就是要区分妨害和损害,为人格权请求权和侵权损害赔偿请求权寻找各自的适用领域,从德国法的经验来看,德国学界通过一系列的判决扩张适用了《德国民法典》第1004条的规定。[①] 该条规定位于民法物权编之中,其原本的规范意旨仅仅是为了排除对于物权人特别是所有权人行使物上权利的障碍,但为了填补人格权益保护空白的需要,通过类推的方式,将第1004条的适用范围扩张到保护人格权益特别是一般人格权的情况。具体来说,对于损害名誉、侵害肖像权以及公开个人隐私之类的情况,法院都会通过适用第1004条而非传统的第823条以下,来制止和排除对于人格权益的现实的和正在发生的侵害。[②] 排除妨害请求权解决的是为将来排除损害源(die Schadenquelle)或妨害源(die Störungsquelle)的问题,而不是赔偿已经造成的损害。其所适用的是严格责任,而非过错责任。

这一经验给我们的启示在于,可以通过区分损害和妨害,而分别适用人格权请求权和侵权损害赔偿请求权。所谓损害,是指因侵权行为而造成受害人的不利益,此种不利益往往可以通过金钱价值予以评价,所以,可以通过"差额说"予以估算,并对受害人提供准确的救济。[③] 损害是已经现实发生的、客观存在的,受害人请求行为人承担损害赔偿责任时,其应当证明损害的具体程度和数额,否则可能难以获得救济。而妨害则是

---

① Vgl. G. Wagner, FS Medicus, 2009, S. 589 ff.
② Vgl. MüKoBGB/Baldus, BGB §1004, Rn. 35.
③ 参见程啸:《侵权责任法》,法律出版社2015年版,第217页。

正在持续的侵害状态,其最终损害的具体程度和数额尚不确定,还没有形成最终的结果状态。妨害不一定造成实际的损害后果,它是一种持续性的不利影响;损害是已经结束的侵害状态,而妨害是正在进行、尚未结束的一种侵害状态。妨害行为常常无法用金钱价值予以衡量,其表现为对受害人绝对权的圆满支配状态构成持续性的干涉。通常,在造成损害的情形下,可以纳入侵权损害赔偿请求权予以救济;而在单纯构成妨害的情形下,由于并未造成实际的损害,只可以适用人格权请求权。

区分侵权损害赔偿请求权与人格权请求权等绝对权请求权的关键在于,将损害与妨害进行必要的区分,由于损害和妨害的分离是客观存在的,这也决定了人格权请求权与侵权损害赔偿请求权的分离是必要的,而且是可行的。就人格权保护而言,将妨害作为人格权请求权的救济对象是十分必要的,因为在人格权受妨害侵害的情形下,权利人往往难以证明其客观上遭受了何种实际损失,此时,允许权利人主张人格权请求权,以除去其遭受的妨害,具有十分重要的意义。例如,在自己创作的作品上擅自写上他人的姓名,擅自将他人的语音合成演讲视频并在网上发布,擅自对他人肖像进行商业利用,等等,在上述情形下,权利人往往难以证明自身遭受了何种实际损害。这就是说,凡是因侵权行为致他人损害的情形,应当统一适用侵权损害赔偿请求权,而损害之外的其他妨害,则应当分别适用各种绝对权请求权。正如德国一些学者所指出的,侵权损害赔偿请求权以补偿功能(die Kompensationsfunktion)为主要功能,妨碍排除请求权更强调预防功能(die Präventionsfunktion),一般不具有补偿功能。① 在区分侵权损害赔偿请求权与人格权请求权的模式下,准确适用人格权请求权与侵权损害赔偿请求权,需要区分损害和妨害的不同情形,具体而言:

一是妨害和损害并存。在人格权既受到妨害又受到侵害并导致损害的情形下,仅仅适用人格权请求权,不能对损害提供救济,还必须要适用侵权损害赔偿请求权,因为侵权损害赔偿请求权旨在对受害人提供事后的救济,而人格权请求权则旨在对受害人提供事前的预防。此时,将发生人格权请求权和侵权损害赔偿请求权的聚合。这就是说,权利人既可以主张侵权损害赔偿请求权,又可以主张人格权请求权。例如,某人在网络上非法披露他人隐私,受害人既遭受了损害,又因为信息仍然存在于网络上而存在对人格权的妨害。虽然从表面上看,权利人既要主张人格权请

---

① Vgl. Staudinger/Karl-Heinz Gursky, 2012, BGB §1004, Rn. 139.

求权,又要主张侵权请求权,似乎比较烦琐,不如所谓"吸收模式"简便,但这是法律科学性和法律准确适用的必然要求。在既有损害又有妨害的情形下,适用"吸收模式"可能产生一定的问题:如果对损害和妨害都不要求行为人具有过错,则可能不当妨害行为自由;反之,如果都要求行为人具有过错,则可能不利于对人格权益的保护。因此,在妨害和损害并存时,应当综合考虑责任形式的适用。例如,在马华林诉沈立波模仿其字体制作铭牌并署其名侵犯姓名权纠纷案中,被告模仿原告的字体为学校做铜字铭牌,并署了原告的姓名,法院认为,该行为构成对原告姓名权的侵害,被告应当承担赔礼道歉、消除影响的责任,并赔偿原告的财产损失。① 笔者认为,对此种情形,在民法典人格权编规定人格权请求权之后,对妨害应当适用人格权请求权,而对受害人所遭受的损害,则应当适用侵权损害赔偿请求权。

二是仅有损害而无妨害。在仅有损害而无妨害的情形下,通过侵权损害赔偿请求权已经足以对权利人提供救济,此时,也就没有必要再行使人格权请求权。例如,被告驾驶机动车而导致受害人受伤,就属于仅有损害而无妨害的情形,此时,侵权损害赔偿请求权已经足以对权利人提供救济,权利人无权再主张人格权请求权。例如,在吴某、张某某生命权、健康权、身体权纠纷案中,被告吴某侵害原告张某某的身体,致张某某的健康及精神遭受损害,法院判决被告吴某应当赔偿原告张某某的损失。② 在该案中,权利人仅遭受损害而并未遭受妨害,此种情形下,侵权损害赔偿请求权已经足以对权利人提供充分救济,权利人无权再主张人格权请求权。

三是仅有妨害而无损害。在此种情况下,权利人的人格权只是受到一定的妨害,而没有遭受现实的损害,此时,通过人格权请求权已经足以对权利人提供救济。例如,行为人将他人的隐私非法制作成视频,即将在网上发布,受害人知道后立即停止侵害。在此情形下,权利人的人格权只是受到一定的妨害,此时,人格权请求权已经足以对权利人提供充分的救济,由于权利人并没有遭受现实的损害,因此,其无权主张侵权损害赔偿。例如,在文某诉张某隐私权纠纷案中,被告作为小区业主委员会副主任,擅自在小区业主微信群中公告原告起诉小区业主委员会的信息,并在微信群内发布了原告起诉小区业主委员会的起诉书,其中包括了原告的姓

---

① 参见最高人民法院中国应用法学研究所编:《人民法院案例选(分类重排本)》(民事卷六),人民法院出版社 2017 年版,第 3152 页。
② 参见河南省郑州市中级人民法院(2018)豫 01 民终 6899 号民事判决书。

名、住址、身份证号、电话等隐私内容,法院认为,被告侵害了原告的隐私权,应当承担排除妨害、删除帖子、赔礼道歉等责任,但原告无法证明自身遭受了严重的精神损害后果,因此无权主张精神损害赔偿。① 笔者认为,本案中,原告仅遭受了妨害,并未遭受现实的损害,在我国民法典规定人格权请求权之后,权利人主张人格权请求权已经足以救济其权利,而不需要再主张侵权损害赔偿请求权。

人格权请求权所对应的责任承担方式具有显著的多样性②,重点救济对人格权益的妨害,但在行为人侵害他人人格权造成权利人损害的情形下,人格权请求权难以为权利人的损害提供有效救济,而应当交由侵权损害赔偿请求权提供救济;侵权责任则主要聚焦于损害,侧重于救济现实的损害。即便侵权责任编对停止侵害等预防性的责任承担方式作出了规定,而且某些人格权请求权在形式上似乎是一些预防性的责任形式的具体化,也不宜将人格权请求权与此类预防性的责任承担方式的关系认定为特别法与一般法的关系。因为一方面,人格权请求权是绝对权的保护方式,在性质上不同于侵权责任承担方式;另一方面,某些人格权请求权是一些人格权所特有的保护方式,无法被预防性的侵权责任承担方式所涵盖。此外,人格权请求权的适用并不需要行为人的行为构成侵权,而对预防性的侵权责任承担方式而言,其适用以行为人构成侵权为前提。

在人格权请求权与侵权损害赔偿请求权分离之后,我国民事立法中就会形成完整的绝对权请求权体系,这就是由物权请求权、人格权请求权和知识产权请求权组成的体系。绝对权请求权与侵权损害赔偿请求权相分离,将使我国民法权利保障制度更加完善。

(二) 区分侵害行为是否持续且是否产生损害后果

如果侵害人格权的行为已经终结,并产生了实际的损害后果,此时,主要应当适用侵权损害赔偿请求权对受害人提供救济。但如果侵害行为处于持续状态,尚未产生实际损害后果,或者损害后果难以判断,此时,应当通过人格权请求权对权利人提供救济。需要指出的是,由于人格权请求权是一种概括性的权利,在适用时必须注重具体情形,根据不同情形来准确适用人格权请求权,只有这样,才能实现其充分有效保护人格权的功能。例如,针对可能发生的妨害,就要考虑不同情形而分别适用人格权请求权。正如

---

① 参见北京市昌平区人民法院(2017)京 0114 民初 15482 号民事判决书。
② Vgl. Jauernig/Teichmann, BGB §823, Rn. 64 ff.

王泽鉴教授所指出的,"第一次侵害后,其后有侵害之虞,得为推定。对生命、身体、健康、自由(如绑架)的侵害之虞应从宽认定。对名誉、隐私(包括姓名、肖像)等的侵害,多涉及言论自由,事先干预应更审慎"①。

(三) 区分是否针对侵权诉讼而适用

区分损害和妨害的不同情形,有利于界分两种请求权的适用条件。侵权损害赔偿请求权以造成损害为前提,以行为人具有过错为要件。而人格权请求权则并不要求受害人证明自身损害,也不需要证明行为人具有过错,正是因为这一原因,该项请求权的行使并不需要行为人的行为构成侵权,也不需要权利人必须通过诉讼的方式行使权利。

需要指出的是,虽然人格权请求权可以在诉讼外行使,但与侵权损害赔偿请求权类似,权利人在行使人格权请求权时,也应当负有容忍轻微妨害的义务。因为任何人都必须容忍来自他人的轻微妨害,以维护社会安定及人与人之间的和睦、团结。正如冯·巴尔教授所指出的,人格权保护必须基于侵害的非轻微性,否则不得行使人格权之排除妨害请求权,排斥他人的轻微妨害。此外,权利人在提出请求权以后,如果相对人具有正当的抗辩事由,如相对人是在正当地行使新闻自由等权利,那么这些行为都可以阻止权利人人格权请求权的行使。因此,人格权请求权的行使也应当遵循诚实信用原则和公平原则,对于轻微的妨害,权利人应当予以容忍。

(四) 充分尊重当事人对请求权的选择

区分损害和妨害的不同情形而适用不同的请求权,但具体如何适用,则应当根据私法自治原则,尊重当事人对请求权的选择。在人格权请求权与停止侵害、排除妨碍等预防性的侵权责任承担方式并存的情形下,行为人侵害他人人格权时,权利人能否同时主张人格权请求权与侵权损害赔偿请求权?此时究竟发生请求权的竞合还是聚合?笔者认为,此种情形应当构成请求权的竞合而非聚合,权利人有权选择主张人格权请求权或者侵权请求权,按照私法自治原则,依据何种请求权提出请求,应当由权利人自由选择,法官也应当尊重当事人的选择。当然,在权利人选择依据侵权请求权提出请求时,其应当举证证明行为人构成侵权,而且权利人应当通过诉讼的方式主张权利,从这一意义上说,主张人格权请求权对权

---

① 王泽鉴:《人格权法:法释义学、比较法、案例研究》,北京大学出版社2013年版,第390页。

利人人格权的救济更为有利。

结　语

王泽鉴教授指出:"人格权是构成法秩序的基石。"①设置独立的人格权编突出了人格权保护的重要价值,是对民法典体系的重大完善,也是保障人民美好幸福生活的重要内容。我国《民法典(草案)》已经设置了独立成编的人格权,但有关人格权请求权与侵权损害赔偿请求权的关系,在理论界还存在许多模糊认识,不从理论上加以澄清,会影响对人格权编的正确理解和适用。因此,只有在综合既有理论、实践发展和域外法律经验的基础上,科学论证人格权请求权与侵权损害赔偿请求权的分离,才能为人格权编提供坚实的理论基础,也才有助于对人格权编的正确理解和准确适用。

---

① 王泽鉴:《人格权法:法释义学、比较法、案例研究》,北京大学出版社2013年版,第1页。

论侵害人格权的诉前禁令制度[*]

引 言

《民法典(草案)》(一审稿)第780条在总结司法实践经验的基础上,对侵害人格权的诉前禁令(Preliminary Injunction)制度作出了规定。侵害人格权的诉前禁令制度(以下简称"诉前禁令")对于及时制止侵害人格权的行为、有效预防侵害人格权损害后果的发生具有重要意义。我国民法典各分编草案对侵害人格权的诉前禁令制度作出规定,这既是对我国民事司法实践经验的总结,也是民事立法的重大创新,势必会对人格权的救济手段产生重大影响。然而,在民法典人格权编的制定中,对于是否需要在该编中规定诉前禁令,仍存在争议。有鉴于此,笔者拟对人格权编规定人格权诉前禁令的必要性及其基本制度谈一点看法。

一、人格权诉前禁令彰显了人格权法独特的损害预防功能

诉前禁令是近几十年来在民法尤其是知识产权法领域日益受到重视的一项制度。[①] 所谓诉前禁令,是指当侵害他人权益的行为已经发生或即将发生,如果不及时制止,将导致损害后果迅速扩大或难以弥补,在此情形下,受害人有权依法请求法院颁发禁止令,责令行为人停止相关侵权行为。诉前禁令的主要功能在于及时制止不法行为,防止损害的发生或者持续扩大,从而对权利人提供及时的救济。民法典所规定的诉前禁令与程序法上的诉前禁令虽有密切联系,但也存在明显区别。程序法上的诉

---

[*] 原载《财经法学》2019年第4期。

[①] See Tilman Vossius, Current Trends in Interlocutory Injunction Proceedings Relating to Patent Cases in Europe, in: Hugh C. Hansen (editor), International Intellectual Property Law & Policy-Volume 2, Chapter 20, Juris Publishing 1998, p.20.

前禁令是指在原告提起诉讼前,为防止诉讼迟误可能对权利人造成不可弥补的损害或者证据有被销毁的危险,法院依照一方当事人请求,采取及时有效的临时性措施,责令侵权人停止有关侵权行为的一种行为保全措施。① 而实体法上的诉前禁令则是由实体法所规定的、防范侵权发生和扩大的预防手段。从比较法上来看,许多国家认可了诉前禁令制度,其主要应用于知识产权等领域,但现在有逐渐扩大的趋势,在人格权侵权中受到了越来越多的重视。②

英美法中,诉前禁令被称为"临时性禁令",它是由英国历史上的衡平法院发展而来的、由法院自由裁量给予当事人的一种救济方式,目的在于弥补普通法法院给予的法律救济的不足,预防侵权行为的发生和制止侵权行为的继续。有学者认为,诉前禁令始于 1975 年以丹尼勋爵为院长的英国上诉法院所发布的玛丽瓦禁令③(Mareva Injunction),此种禁令主要适用于情况紧急的状态,目的在于及时制止损害后果的发生和扩大。④ 该制度也经常适用于对名誉等权利的保护,例如,为了制止诽谤性的言辞进一步传播,造成不可弥补的后果,受害人有权申请"临时的禁令"(interim injunctions),以制止损害的扩大。⑤ 法院经过审查可以向侵权行为人本人发布停止侵权的禁令,一旦禁令到达侵权行为人本人,便对其发生法律效力。在美国法中,诉前禁令针对的是那些情况紧急的情形,当事人申请禁令应当提供足够的证据,证明如果不采取诉前禁令方式,其合法权益将会遭受无法弥补的损失。⑥ 对此,法院应当及时进行审查,而且由于侵害行为往往具有紧迫性,法院通常只是对申请人的请求进行形式审查。⑦

在大陆法系,与英美法的禁令制度比较类似的制度是诉前保全制度。在德国,近年来,诉前保全程序的适用范围有不断扩大的趋势,其主要适

---

① 参见李义凤:《论环境公益诉讼中的"诉前禁令"》,载《河南社会科学》2013 年第 6 期。
② Vgl. E. Guldix, A. Wylleman, De positie en de handhaving van persoonlijkheidsrechten in het Belgisch privaatrecht, Tijdschrift voor Privaatrecht 1999 1585, p. 1645 ff.
③ 参见江伟、肖建国主编:《民事诉讼法》(第八版),中国人民大学出版社 2018 年版,第 257 页。
④ 参见李义凤:《论环境公益诉讼中的"诉前禁令"》,载《河南社会科学》2013 年第 6 期。
⑤ See David Price and Korieh Duodu, Defamation, Law, Procedure and Practice, Sweet & Maxwell, 2004, p. 231.
⑥ See Peter S. Menell, Patent Case Management Judicial Guide, Third Edition, Volume I, Pretrial Case Management, Clause 8 Publishing, 2016, pp. 2-3.
⑦ 参见和育东:《试析专利侵权诉前禁令制度存在的问题》,载《法学杂志》2009 年第 3 期。

用于如下领域:一是人格权侵权。例如,名誉权或其他人格权有受不法侵害的危险,或有继续受侵害的危险,受害人可申请诉前保全,制止行为人在一定期限内为一定行为。德国法经常采用禁止令保护人格权。① 二是公司法领域。例如,某种行为侵害公司的经营权,也有可能适用诉前保全制度。三是竞争关系领域。例如,《德国不正当竞争法》(UWG)规定了妨害竞争的假处分、竞业禁止假处分以及不正当竞争禁止假处分等。② 假处分是相对假扣押而言的,主要针对非金钱债务,即用于保全金钱债权以外特定给付请求权的假处分,其实质是防止债务人对系争标的物实施处分、隐匿等危及债权实现的行为。③ 四是知识产权法领域。例如,针对侵害知识产权的行为,法院在最终判决作出之前,可以作出预先裁决,责令行为人停止出版、禁止发行流通,或责令将出版物全部或部分予以查禁。④ 此种保全措施对于避免侵权行为所造成的持续损害具有重要意义。⑤ 法国民事诉讼法也规定了临时裁定制度,允许法官根据一方当事人的请求,在紧急情况下发布命令制止侵权行为的继续。⑥ 也有一些大陆法系国家借鉴了英美法的做法,采取了禁令的方式。例如,日本借鉴美国的经验,当某人的精神权利将要被侵犯或正在被侵犯时,赋予其向法院要求禁令救济的权利⑦,以避免将要发生的侵害或减轻正在发生的侵害。在日本债法修改中,许多学者就建议规定人格权请求权中的禁令制度,以预防和制止侵权的发生和扩大。⑧ 但该建议尚未被采纳。欧洲人权法院也采用此种方式为受害人提供救济。例如,在审理 Editions Plon v. France 一案中,原告认为,被告出版相关书籍违反了医疗保密义务,将侵害法国前总统密特朗的隐私,因此提出颁发禁止令的申请,欧洲人权法院颁发了禁止出版

---

① Vgl. BGHZ 138, 311(318).
② 参见江伟、肖建国主编:《民事诉讼法》(第八版),中国人民大学出版社2018年版,第252—253页。
③ 参见江伟、肖建国主编:《民事诉讼法》(第八版),中国人民大学出版社2018年版,第251—252页。
④ 参见[奥]赫尔穆特·考茨欧、[奥]亚历山大·瓦齐莱克主编:《针对大众媒体侵害人格权的保护:各种制度与实践》,匡敦校等译,中国法制出版社2012年版,第170页。
⑤ 参见李义凤:《论环境公益诉讼中的"诉前禁令"》,载《河南社会科学》2013年第6期。
⑥ 参见沈达明编著:《衡平法初论》,对外经济贸易大学出版社1997年版,第290—291页。
⑦ See Supreme Court, 11 June 1986, Hanrei-Times No 605, p.42(Hoppou Journal Case).
⑧ 参见《民法改正案》,载《法律时报》2009年增刊。

令,以防止损害的扩大。①

在我国《民事诉讼法》修改之前,我国知识产权法中就已经规定了诉前停止侵权行为制度②,即在知识产权权利人有证据证明他人正在或者即将实施侵权行为,如果不制止将使其合法权益遭受难以弥补的损害时,可以在起诉前向法院申请责令停止有关行为。2017 年修改的《民事诉讼法》第 100 条第 1 款规定:"人民法院对于可能因当事人一方的行为或者其他原因,使判决难以执行或者造成当事人其他损害的案件,根据对方当事人的申请,可以裁定对其财产进行保全、责令其作出一定行为或者禁止其作出一定行为;当事人没有提出申请的,人民法院在必要时也可以裁定采取保全措施。"这就从程序法的角度确立了诉前禁令(诉前行为保全)制度。诉讼法所规定的诉前禁令制度在性质上是一种诉前行为保全,其请求权基础来自实体法(如知识产权法)的规定。应当看到民事诉讼法规定的诉前行为保全制度对实体法禁令制度的适用虽然有一定的借鉴意义,但其无法代替实体法上的诉前禁令制度,因为一方面,在当事人人格权遭受侵害或有可能遭受侵害的紧急情况下,受害人在请求法院颁发诉前禁令时,只能以实体法为依据,而不能以程序法为依据。法院在判断是否具备颁发诉前禁令的条件时,尤其是申请人是否存在胜诉的可能性时,也应当以实体法为依据。另一方面,民事诉讼法所规定的诉前禁令制度在性质上是一项程序性规范,而人格权法所规定的诉前禁令制度是人格权效力的体现,这也进一步明确了程序法上诉前禁令的请求权基础。诉前禁令不仅具有救济的功能,而且还具有预防侵权行为发生的功能。尤其是在民事诉讼法中,诉前禁令措施被称为行为保全③,但与财产保全不同,人格权法中的诉前禁令是人格权效力的体现,其主要功能并不在于保全财产以保障将来判决的有效执行,而在于制止不法侵害行为的发生或者扩大。因此,不宜以民事诉讼法中的诉前禁令制度替代人格权法中的诉前禁令制度。

在我国司法实践中,有的法院已经在侵害人格权的纠纷中采用了诉前禁令的方式。例如,在杨季康(笔名杨绛)诉中贸圣佳国际拍卖有限公司(简称中贸圣佳公司)、李国强侵害著作权及隐私权纠纷案(以下简称"钱钟书书信案")中,中贸圣佳公司于 2013 年 5 月间发布公告称,其将于

---

① See Editions Plon v. France, App. No. 58148/00, 42 Eur. H. R. Rep. 36 (2006).
② 参见《著作权法》第 50 条、《专利法》第 66 条和《商标法》第 65 条。
③ 参见赵钢、占善刚、刘学在:《民事诉讼法》,武汉大学出版社 2008 年版,第 8 页。

2013年6月21日公开拍卖上述私人信件,并在拍卖前举行研讨会和预展活动。此后,杨季康提出诉前申请,请求法院发布禁令,北京市第二中级人民法院经审查后,依法于6月3日作出了禁止中贸圣佳公司实施侵害著作权行为的裁定,中贸圣佳公司随后宣布停拍。由于我国立法尚未规定侵害人格权的诉前禁令制度,因此,该案是通过侵害著作权的行为保全裁定对权利人提供救济的。笔者认为,通过著作权法保护民法上的人格权是不周延的,可能无法有效制止许多侵害人格权的行为。因此,民法典各分编草案在总结司法实践经验的基础上,对侵害人格权的诉前禁令制度作出了规定。当然,民法典和未来相关法律应当进一步明确诉前禁令的适用程序和条件,以防止当事人恶意申请,滥用诉前禁令制度。

诉前禁令的主要功能在于预防损害。在人格权法中对诉前禁令作出规定,是发挥人格权法立法功能的重要体现。人格权法注重事前防范、事前预防,而侵权法则注重事后救济。发挥人格权法的预防功能,正是人格权独立成编价值的体现。在互联网时代,一旦发生网络侵权行为,其损害后果即覆水难收、不可逆转,甚至会造成难以估计的损害,因此,在人格权保护中,更应当强调对损害的事先预防。例如,有人拍到了一个明星的隐私照片,对外扬言准备发布,受害人要打侵权官司,则其很难证明行为人的行为符合侵权责任构成要件,因为在其发布相关照片之前,并未造成实际的损害后果,行为人的拍摄行为可能是合法的,不能当然认定其拍摄行为构成侵权,如果必须等到其发布相关的照片后再对权利人进行救济,则损害后果将难以估计,也难以恢复原状,正是为了进一步强化对人格权侵权的预防功能,《民法典(草案)》(一审稿)第780条规定了诉前禁令规则,允许受害人向法院申请责令停止有关行为的诉前禁令。

需要指出的是,诉前禁令作为一种预防损害的措施,很难在侵权责任法中作出规定。一方面,侵权法是救济法,是在权利遭受侵害的情形下对受害人所遭受的损害进行救济,在通过侵权法对受害人提供救济的情形下,通常需要存在侵权行为,而且造成了实际的损害后果,即便对预防性的责任形式而言,其适用也需要行为人构成侵权。但在适用诉前禁令的情况下,权利人并不需要证明行为人构成侵权。另一方面,现代侵权法虽然也有预防功能,但与人格权法相比,其损害预防功能相对较弱,其只能规定事后的救济,而无法事先规定相对人的义务,以发挥其预防功能,而这恰好是人格权编应当发挥的功能。由此可见,将诉前禁令规定在人格权编是十分恰当的。

在民法典中规定独立成编的人格权编,将诉前禁令等制度纳入其中,有利于强化对侵害人格权行为的预防功能。人格权编的一些规则不仅可以规定权利人的权利,还可以规定相关主体的义务。例如,就性骚扰而言,人格权编就规定了用人单位有采取相关措施避免性骚扰行为发生的义务。再比如,信用评价人对他人的信用评价要及时核查,发现错误要及时纠正。这些规定其实都是为了防范侵害人格权的行为发生,这也是人格权独立成编以后所能够发挥的、侵权责任法无法替代的作用。笔者认为,应当在民法典人格权编中对此作出相应的规定,以起到预防的效果。再如,在互联网、高科技时代,法律遇到的最严峻挑战就是隐私、个人信息的保护问题,个人信息泄露已经成为一种"公害",如何保护个人信息,如何强化信息收集者、共享者以及大数据开发者的信息安全保护义务等,是人格权编应当发挥的功能,而这恰好也是侵权责任法无法解决的问题。

二、人格权诉前禁令不能为停止侵害的责任形式所涵盖

民法典各分编草案在借鉴我国知识产权法和民事诉讼法立法经验的基础上,为了强化对人格权的救济,于《民法典(草案)》(一审稿)第780条规定:"民事主体有证据证明他人正在实施或者即将实施侵害其人格权的行为,如不及时制止将会使其合法权益受到难以弥补的损害的,可以在起诉前依法向人民法院申请采取责令停止有关行为的措施。"该条对侵害人格权的诉前禁令制度作出了规定,该制度的设立是从中国实际出发、针对实践中大量出现的侵权而采取的一种预防侵害人格权行为的有效方式,相对于《民事诉讼法》规定的行为保全制度而言,人格权诉前禁令制度具有特殊性,有必要在民法典中作出特殊规定。

问题在于,诉前禁令是否应当包含在停止侵害的责任形式中?对此存在一定争议。有观点认为,诉前禁令本质上是停止侵害的一种形式,没有必要再额外单独作出规定。应当看到,诉前禁令和停止侵害具有相似性,与停止侵害一样,诉前禁令的主要功能在于预防侵害行为的发生和扩大。在美国法中,诉前禁令旨在在判决前制止侵权行为,其主要功能在于避免损害的发生或者继续扩大,以防止给权利人造成难以弥补的损失,而

不是为了保障将来判决的顺利执行。① 我国民法典人格权编采纳该规定，也是为了发挥类似的功能。诉前禁令的适用既可以防止侵权行为的继续，也可以在有发生侵权行为之虞时，阻止侵权行为的发生。因为在这种情况下，诉前禁令制度能够阻止损害的实际发生，客观上起到了预防效果。例如，前述钱钟书书信案中，行为人的拍卖行为虽然尚未实施，但一旦实施，将侵害权利人的隐私权益，在此情形下，权利人可以申请法院颁发禁令，责令行为人停止相关行为，以防止侵害隐私权行为的发生。再如，在丁某某与东营市东营区旅游局等申请诉前停止侵犯著作权纠纷案②中，被申请人未经申请人同意，擅自使用申请人拍摄的《黄河故道晨曦》制作旅游宣传画册和大型户外宣传广告，进行广告宣传。法院应申请人的请求，颁发诉前禁令，要求"被申请人立即停止使用申请人拍摄的《黄河故道晨曦》摄影作品并收回所出售的旅游宣传画册"。尤其是，诉前禁令可以用于阻止侵权损害后果的扩大，这就是说，在侵权行为处于持续状态时，通过禁令制止行为人的侵权行为，可以有效防止损害后果的持续扩大。例如，行为人在网上散播严重毁损他人名誉的言论，受害人一经发现，即可以申请法院颁行禁令，要求网站予以删除、屏蔽，以防止损害后果的扩大。虽然诉前禁令与停止侵害在功能上具有相似性，但诉前禁令在性质上不同于停止侵害，也不能包括在停止侵害的责任形式中，其原因在于：

第一，二者行使的条件不同。停止侵害一般针对持续性、重复性侵权行为，其适用要求侵害行为正在进行，而且行为人的行为存在明显的侵权外观；同时，停止侵害作为责任承担方式，以判决的生效为前提条件。而对诉前禁令而言，行为人的行为是否构成侵权尚不确定，与停止侵害不同，在相关的侵害行为尚未实施时，权利人难以主张行为人停止侵害，但可以采用禁令的方式，预防侵害行为的发生。同时，诉前禁令仅适用于情况紧急的侵害行为，即在民事主体有证据证明他人正在实施或者即将实施侵害其人格权益的行为，如不及时制止将会使其合法权益受到难以弥补的损害的，可以依法向人民法院申请采取责令停止有关行为的措施。也就是说，在特定情形下，如果不及时采取禁令措施，制止侵权行为的继续进行，可能会造成损害的进一步扩大，甚至导致权利人遭受经济损害以

---

① 参见郭小冬：《民事诉讼侵害阻断制度释义及其必要性分析》，载《法律科学（西北政法大学学报）》2009年第3期。

② 参见山东省东营市中级人民法院（2008）东民三禁字第5号民事裁定书。

外的其他难以弥补的损害(如其他人格利益的损害、商誉的减损、市场份额的下降、专利价值的减损等)。① 而停止侵害作为一种侵权责任承担方式,必须是在责任确认之后才可以由法院作出,此时损害后果已经产生,并可能被无限扩大,从这一意义上说,停止侵害是一种事后救济措施。这就有必要在实体判决结果作出之前,通过诉前禁令制度在程序法上给予当事人一种临时的救济措施,以防止损害后果的发生和扩大。可见,与停止侵害相比,诉前禁令制度能够将法院发出强制性命令的时间点提前,从而更早实现对损害的预防。

第二,二者是否具有临时性不同。人格权诉前禁令具有临时性措施的特征。诉前禁令是申请人针对侵权人实施的侵权行为,申请法院责令被申请人停止一定的行为,其通常被认为是一种临时性的措施。诉前禁令临时性措施的特点主要表现在如下三个方面:一是诉前禁令是出于紧迫情况而发布的,其不同于法院的终局判决。诉前禁令须贯彻最低限度的程序保障,不过程序保障的程度较低,难以与本案诉讼相提并论,法院往往根据申请人的陈述、履行必要的简易听证程序即可颁行禁令。实践中存在法院仅对当事人的申请进行书面审查的做法,使得禁令的颁行缺乏审判中的质证等程序。二是诉前禁令的功能在于临时制止行为人的侵害行为,即人格权在遭受侵害或者有受侵害之虞时,通过颁发禁令的方式临时制止行为人的侵害行为,其并不能终局性地确定当事人之间的权利义务关系。三是诉前禁令的效力期间较短。与法院的终局判决不同,诉前禁令的有效期一般较短,判决中停止侵害的效力可以面向未来一直发生效力,即停止侵害作为一种救济受害人的法律措施,在效力上具有终局性。而诉前禁令的有效期间则往往较短。当然,在诉前禁令的有效期间经过后,当事人可以重新申请禁令,从而延长其效力期间。

第三,是否是侵权责任形式不同。停止侵害本质上是一种侵权责任的承担方式,并为我国相关法律所认可。② 但是诉前禁令本质上并不是侵权责任承担方式。应当看到,诉前禁令也具有救济的功能,即当权利受到侵害或者威胁时,为了制止损害的发生或者扩大,避免权利人遭受难以弥补的

---

① See Peter S. Menell, Patent Case Management Judicial Guide, Third Edition, Volume I, Pretrial Case Management, Clause 8 Publishing, pp.3–10.

② 参见《侵权责任法》第 15 条、《民法总则》第 179 条。

损害,有必要及时制止行为人的不法侵害行为。① 也就是说,在人格权遭受侵害或有受侵害之虞时,诉前禁令可以为权利人提供一种临时性的救济,但严格地说,诉前禁令并不是一种责任方式,因为诉前禁令的功能在于及时制止可能的加害行为,但并不是向行为人施加侵权责任。提起诉前禁令之后,也并不意味着行为人当然构成侵权,并应当承担侵权责任。

第四,是否属于人格权的效力不同。停止侵害是一种侵权责任形式,其适用于各种侵害绝对权的侵权形态,它并不是人格权效力的体现。而在人格权法中,诉前禁令则是人格权效力的体现。人格权不同于其他民事权利之处在于,一些人格权,如生命权、身体权、健康权等,是每个自然人与生俱来的基本权利,但其也是法定的权利,因此,在人格权受到侵害的情形下,不论行为人是否具有过错,也不论其客观上是否造成了损害,权利人都可以直接主张人格权请求权。人格权诉前禁令的适用既不要求行为人的行为具有不法性,不要求其具有过错②,也不论损害后果是否已经发生,都可以适用。据此可见,诉前禁令应当是人格权效力的重要体现。也就是说,在权利人对其人格利益圆满支配状态受到不当影响时,权利人可以通过申请诉前禁令的方式,制止不法行为的发生或者持续,从而维护权利人对其人格利益的圆满支配状态。

此外,人格权诉前禁令与先予执行也十分类似。③ 所谓先予执行,是指法院在作出判决之前,申请人可以请求法院裁定债务人给付一定数额的金钱或其他财物,或者实施或停止某种行为。④《民事诉讼法》第106条规定:"人民法院对下列案件,根据当事人的申请,可以裁定先予执行:(一)追索赡养费、扶养费、抚育费、抚恤金、医疗费用的;(二)追索劳动报酬的;(三)因情况紧急需要先予执行的。"该条对先予执行作出了规定,从该条规定来看,与诉前禁令类似,先予执行也适用于情况紧急的情形,但人格权诉前禁令不同于先予执行,二者的区别主要体现为:一是性质不同。人格权诉前禁令是实体法上的规则,其功能在于及时制止不法侵害,

---

① 参见郭小冬:《民事诉讼侵害阻断制度释义及其必要性分析》,载《法律科学(西北政法大学学报)》2009年第3期。

② Vgl. U. Kerpen Das internationale Privatrecht der Persönlichkeitsrechtsverletzungen, 2003, S. 26.

③ 有观点认为,我国的行为保全制度与英国的禁制令在效力上、法院是否有必要采取强制执行措施等方面存在明显区别。参见周翠:《行为保全问题研究——对〈民事诉讼法〉第100—105条的解释》,载《法律科学(西北政法大学学报)》2015年第4期。

④ 参见江伟主编:《民事诉讼法》,中国人民大学出版社2007年版,第244页。

在实体法上并不具有确定当事人权利义务关系的作用。而先予执行则是程序法上的制度,先予执行虽然不是对案件实质的最终解决,但往往预示着庭审的可能结局。① 二是适用范围不同。人格权编中的诉前禁令仅适用于侵害人格权的情形,它既包括构成侵权的情形,也包括侵害人格权但尚未构成侵权的情形,而民事诉讼法中的先予执行仅适用于双方具有持续性关系,或者针对当事人之间存在合同关系的案件但无法适用先予执行制度。三是适用条件不同。先予执行的适用要求双方当事人之间的权利义务关系明确、债务人有履行能力、不先予执行将会给债权人的生产生活造成严重损失的情形,而人格权诉前禁令制度则是为了制止紧迫的"不法"侵害行为。四是适用时间不同。先予执行只能在诉讼过程中适用②,而人格权诉前禁令则适用于诉讼开始之前。五是制度功能不同。先予执行是为了使权利人的权利在判决之前全部或部分地得到实现和满足,而人格权诉前禁令则是为了制止行为人的不法侵害行为。

三、人格权诉前禁令具有独特的适用条件

诉前禁令作为一项独立的制度,具有其独特的构成要件,不能为其他制度所替代。诉前禁令适用于诉讼程序开始之前,依一方当事人的申请而适用,这就使得诉前禁令的颁发不可能像诉讼活动那样,经由双方的举证、质证、辩论等环节确定法律事实。由于诉前禁令主要适用于时间紧迫、需要及时制止不法行为的情形,法院在颁发禁令时往往无法查明案件事实,这也有可能导致诉前禁令制度的滥用。因此,为了防止诉前禁令制度被不当使用,需要明确诉前禁令的适用条件,并由法院对诉前禁令的适用条件进行必要的审查。

依据《民法典(草案)》(一审稿)第 780 条的规定,人格权诉前禁令的适用应当具备如下要件:

第一,行为人正在实施或者即将实施侵害人格权的行为。诉前禁令的适用要求必须存在侵害或者可能侵害人格权的情形,这使得申请人在最终的实体审判中具有较高的胜诉概率。因此,《民法典(草案)》(一审稿)第 780 条强调诉前禁令必须针对"他人正在实施或者即将实施侵害其人格权的行为",具体而言包括如下两种情形:一是行为人正在实施侵害

---

① 参见江伟、肖建国:《民事诉讼中的行为保全初探》,载《政法论坛》1994 年第 3 期。
② 参见江伟、肖建国:《民事诉讼中的行为保全初探》,载《政法论坛》1994 年第 3 期。

他人人格权的行为。例如,行为人已经在网上发布他人的裸照,如果不及时制止,就可能使受害人的名誉、隐私遭受重大损害。二是行为人可能实施侵害他人人格权的行为。所谓有侵害人格权之虞,是指未来有可能发生侵害人格权的危险,且发生的盖然性较高。这就是说,对此种侵害之虞的判断通常需要基于社会一般人的观点,但针对不同的侵害行为,也应该有不同的判断标准。按照王泽鉴教授的观点,对于第一次侵害人格权的情形,权利人申请诉前禁令时需要提供充分的证据,而在第一次侵害之后,即可以推定行为人有侵害之虞;同时,在具体判断时也需要区分不同的人格权类型,对生命权、健康权而言,判断存在侵害之虞的标准应当从宽,而对侵害名誉、隐私等权利而言,需要与言论自由等法益的保护相平衡,因此,认定时应当更加审慎。① 此种看法值得赞同。

问题在于,正在实施或者即将实施侵害人格权的行为是否必须构成侵权?申请人是否必须对此进行举证?笔者认为,对正在实施的侵害人格权的行为,申请人尚有可能证明行为人构成侵权,而在行为人有侵害之虞的情形中,申请人则很难证明行为人构成侵权,因为在此情形下,损害后果并未发生,因此是否造成损害以及造成多大的损害难以判断,此时不宜要求申请人证明行为人构成侵权。例如,在美国,法院在审查是否有必要针对侵害专利的行为颁发禁令时,要考虑如果没有禁令提供的保护,权利人将很可能在未来的市场竞争中损失产品销量以及利润,并很难如没有侵权产品存在时那样获得市场中的交易机会,同时,侵权产品的持续存在,还有可能对专利人作为发明人的声誉产生损害,而此种损害是很难用金钱量化的。② 对于是否确定造成损害,则并不一定要求权利人举证。当然,对将要实施的侵害行为,法院在审查时应当确认是否有证据证明行为人将要实施侵害行为,并有可能造成受害人不可弥补的损害。

第二,如不及时制止将会使损害后果迅速扩大或难以弥补。诉前禁令针对的是正在发生和将要发生的侵害行为,损害常常具有急迫性。也就是说,如果通过正常的诉讼程序维权,因为诉讼耗时等原因,可能导致损害后果的迅速扩大或难以弥补。笔者认为,在解释《民法典(草案)》(一审稿)第780条所规定的"如不及时制止将会使其合法权益受到难以

---

① 参见王泽鉴:《人格权法:法释义学、比较法、案例研究》,北京大学出版社2013年版,第390页。

② See Rozek, Richard P. Economic Analysis of the Risks Associated with Seeking a Preliminary Injunction. European Journal of Risk Regulation Vol. 7, Iussue 1, 2016, p.207.

弥补的损害的"这一条件时,应当将其与《民事诉讼法》第 101 条所规定的"情况紧急,不立即申请保全将会使其合法权益受到难以弥补的损害"作同种解释,也就是说,如果不立即采取禁令措施,将会对申请人造成难以用金钱来弥补的损害,非金钱损害的判断因素包括了"侵犯人格权、身份权等人身权利,难以恢复圆满的情形"[①]。侵犯人格权、身份权等人身权利通常具有不可恢复性或者难以弥补性,单纯的事后金钱赔偿救济方式难以起到保护权利和救济的作用。与金钱损害案件相比,人身权利一旦遭受侵害,损害后果通常难以弥补,无法使用金钱对损害进行完全的补偿。[②] 草案中所谓损害后果难以弥补,也是指这种对人格权益的侵害无法通过金钱弥补,或者说这种损失具有不可逆性,无法通过金钱赔偿予以恢复原状。事实上,对人格权侵害而言,一旦发生侵害行为,损害后果往往都难以恢复原状,特别是在互联网时代,侵害隐私、名誉等人格权益的损害后果一旦发生,即很难通过金钱赔偿的方式对受害人进行完全弥补。因此,应当适当放宽对该要件的认定。如果损害后果的发生不具有急迫性,或者即便发生,也可以通过其他方式弥补,则应当对此种情形进行严格审查。一般来说,如果损失能够通过金钱方式在事后进行充分赔偿,则不应认为该损失是不可弥补的。[③] 例如,行为人未经权利人许可擅自利用其肖像,其主要损害了权利人的财产利益,可以通过赔偿财产损失的方式对其提供救济,此时,一般不宜通过诉前禁令制度解决纠纷。但如果是将某人的裸照用于网上广告用途,一旦传播,则可能造成受害人严重精神损害,而且该损害难以通过金钱赔偿恢复原状,此时,就有必要通过诉前禁令制度对权利人提供救济。

此外,由于互联网环境对损害后果具有无限放大效应,也就是说,在网络环境下,侵害人格权的损害后果一旦发生,便难以恢复原状,损害后果甚至可能被迅速扩大。例如,在网上发布他人的裸照,如果不及时屏蔽或者删除,则可能瞬间实现全球范围的传播。因此,有必要通过诉前禁令及时制止不法行为。在损害后果迅速扩大的情况下,虽然损害后果并非完全不能弥补,但也不宜放任损害后果的扩大,所以笔者建议在诉前禁令

[①] 江伟、肖建国主编:《民事诉讼法》(第八版),中国人民大学出版社 2018 年版,第 258 页。

[②] 参见江伟、肖建国主编:《民事诉讼法》(第八版),中国人民大学出版社 2018 年版,第 258 页。

[③] See Abbott Labs. v. Andrx Pharms., Inc., 452 F.3d 1331, (Fed. Cir. 2006).

的规则中加上"所造成的损害具有紧迫性",即行为人正在实施或者将要实施的行为所造成的或可能造成的损害是否具有紧迫性。也就是说,一方面,行为必须造成现实的损害,如果相关行为不可能造成损害后果,则不应颁发禁令。另一方面,这种损害应当具有紧迫性,如果不及时制止,可能造成难以弥补的损害。例如,行为人在某个公开场合辱骂他人,此时损害已经发生,颁发禁令已不具有实际意义,也无必要。

第三,申请人具有较大的胜诉可能性。这就是说,当权利人提出颁发诉前禁令的请求之后,法院虽然不进行实质审查,但应当对胜诉的可能性进行初步判断,只有当权利人所申请禁止实施的行为确有可能构成侵权,而且将依法承担法律责任时,法院才有必要颁发诉前禁令。如果被申请人的行为是否构成侵权存在较大不确定性,就匆忙颁布诉前禁令,将可能损害正当的言论自由或行为自由,也可能使被申请人遭受难以弥补的损失。[1] 特别是当禁令与最终的判决不一致时,更可能损害司法的权威性。因此,在判断是否要颁发禁令时,法院要考虑正在发生或者将要发生的行为的性质、所可能导致的后果,以及该行为与他人合法权益以及公共利益的关系,以最终确定胜诉的可能性。当然,此种胜诉的可能性只是一种盖然性的判断,即只有当申请人的胜诉可能性达到一定程度时,法院才能够颁发诉前禁令。

第四,申请人有证据证明行为人正在实施或者即将实施相关侵害行为。从《民法典(草案)》(一审稿)第780条的规定来看,诉前禁令的适用要求"民事主体有证据证明他人正在实施或者即将实施侵害其人格权的行为",这就是说,禁令应当由权利人提出,但权利人提出发布禁令的请求时,必须提出相关的证据证明已经具备适用诉前禁令的条件。通常来说,权利人必须证明侵害人格权的行为已经发生并将持续发生,而此种情形具有急迫性。在此有必要区分侵害人格权的行为是否已经发生,对于已经发生的侵害行为,权利人的举证较为简单,而对侵害尚未发生的情形,则应当适当提高申请人的举证负担,以防止诉前禁令制度的滥用。在这里需要讨论的是证明标准的问题,即申请人提供的证据应当达到何种程度才能颁发诉前禁令?笔者认为,应当采纳盖然性的证明标准,即只要当事人证明他人的行为可能造成损害或有损害之虞,则应当认定满足了相应的证明标准,而并不要求必须达到本案诉讼的证明标准,即最高人民法

---

[1] See Peter S. Menell, Patent Case Management Judicial Guide, Third Edition, Volume I, Pretrial Case Management, Clause 8 Publishing, pp. 3-8.

院《关于适用〈中华人民共和国民事诉讼法〉的解释》第 108 条所规定的"高度可能性"标准。

还需要指出的是,在比较法上,对诉前禁令的适用条件还存在着司法审查制度。在英美法中,诉前禁令被视为一种"不寻常的法律救济"①,因此在决定是否适用诉前禁令时,应该从多个维度对诉前禁令可能带来的正负面影响进行综合考量,在适用上应保持谨慎态度。② 在我国,在民法典规定诉前禁令后,因为诉前禁令并不通过正常的诉讼程序实现,双方当事人不能按照法定程序表达自己的主张,很容易导致该制度的滥用。尤其是这种制度给了法官过大的自由裁量权,一旦法官过度放宽其适用条件,就可能导致该制度被滥用。所以,为了规范诉前禁令制度滥用,限制法官滥用自由裁量权,应对法官的考量因素进行必要的规范。从比较法上看,美国法上适用诉前禁令时,法官应当对该申请进行必要的审查。但法官在审查时主要考虑如下因素:一是根据事实判断原告胜诉的可能性;二是在颁布诉前禁令之外是否有其他的法律救济手段;三是不颁布诉前禁令是否会导致无法弥补的损害;四是不颁布诉前禁令给原告造成的损失是否会超过被告因诉前禁令可能遭受的损失;五是颁布诉前禁令是否会危及公共安全。③ 这一经验值得我们借鉴。在司法实践中,法官应综合考量上述因素,平等对待各方主体利益,最终得出最为公平合理的裁决结果。司法审查的关键是进行利益平衡。从申请人的角度看,临时禁令的发出将有利于保护申请人的权利;但从被申请人的角度看,临时禁令是对其行为自由的直接限制,对其造成的影响甚至并不小于申请人。④ 因此,法官在决定是否发出临时禁令时,应对双方的利益进行综合考量,即法官需要权衡不颁发禁令可能给申请人造成的损害与颁发禁令可能给被申请人造成的损害之间,哪一个损害更大。例如,如果申请人能够证明不颁发禁令可能给其造成难以弥补的损害,而颁发禁令给行为人造成的损害较小,则法院应当颁发禁令;反之,如果行为人能够证明颁发禁令可能给其造成的损害远大于不颁发禁令给申请人造成的损害,则可以阻止申请人

---

① 毕潇潇、房绍坤:《美国法上临时禁令的适用及借鉴》,载《苏州大学学报(哲学社会科学版)》2017 年第 2 期。

② See eBay Inc. and Half.com, v. Merc Exchange, L. L. C. 547 U. S. 388. (2006).

③ 参见王迁:《知识产权法教程》,中国人民大学出版社 2016 年版,第 13 页。

④ See Peter S. Menell, Patent Case Management Judicial Guide, Third Edition, Volume I, Pretrial Case Management, Clause 8 Publishing, pp. 3–13.

获得禁令。①

此外,在某些情况下,对被申请人发出临时禁令还可能对社会公共利益造成影响。特别是在侵害人格权纠纷中,一旦对侵权人发出禁令,不仅会对其个人的行为自由造成限制,还可能在相当程度上对社会公众的行为取向产生影响。例如,行为人在发布某则新闻报道时,因为时效性的要求而来不及对信息内容进行严格审查,就可能因消息不实而造成他人损害,此时,是否需要发出禁令制止该报道行为,就需要对申请人的个人利益以及对新闻报道自由可能产生的影响进行利益平衡。

法院在作出禁令裁定时需要对权利人的申请进行必要的审查,问题在于,此种审查究竟是形式审查还是实质审查?笔者认为,法院仅对权利人的申请进行形式审查,并不足以有效平衡各方主体利益,因为临时禁令一旦被滥用,不仅会使争讼双方的利益发生失衡,还可能造成法律规则适用的不确定性。因此,只有对原告胜诉的可能性、禁令签发的必要性以及各方主体利益的平衡关系进行综合考量,才能确保禁令真正发挥其制度效用,而这显然已经超出了形式审查的范围。同时,鉴于诉前禁令裁定作出后,当事人常常能够达成和解而不再提起诉讼,这也使得诉前禁令成为权利实现的途径和解决纠纷的手段,然而,诉前禁令制度适用不当,将会严重损害当事人的合法权益。因此,法院在作出诉前禁令时应慎之又慎,德国、日本学者认为,诉前禁令的颁发程序很大程度上类似于本案审理程序,应贯彻辩论原则,而不宜仅依当事人申请即予以颁发,其道理就在于此。②

四、人格权诉前禁令的效力具有独特性

(一)人格权诉前禁令的直接效力

诉前禁令一旦颁布,在到达行为人时即发生效力,行为人应当按照诉前禁令的要求立即停止相关侵权行为。例如,在前述钱钟书书信案中,原告杨季康提出诉前申请,请求法院发布禁令,北京市第二中级人民法院审查后,依法于 6 月 3 日作出了禁止中贸圣佳公司实施侵害著作权行为的

---

① 参见江伟、肖建国主编:《民事诉讼法》(第八版),中国人民大学出版社 2018 年版,第 259 页。

② 参见江伟、肖建国主编:《民事诉讼法》(第八版),中国人民大学出版社 2018 年版,第 260 页。

裁定,中贸圣佳公司随后宣布停拍。诉前禁令虽然不是法院的终审判决,但其也具有法律效力,在行为人违反诉前禁令要求时,法院可以强制执行。需要指出的是,在该案中,法院禁止中贸圣佳公司实施侵害著作权行为的裁定只是暂时性的,一旦申请人未在法定期间内提起诉讼,或者被申请人对诉前禁令不服,提起复议,而法院在审查过程中发现本案不具备颁发诉前禁令的条件,则可以撤销诉前禁令,诉前禁令将因此失去效力,行为人仍可继续实施其行为。

(二) 人格权诉前禁令的失效

关于诉前禁令效力的存续期间,存在不同的观点,一种观点认为,在诉讼活动开始或者作出新的禁令时,诉前禁令的效力即归于消灭。① 另一种观点认为,在法院的终局判决生效时,诉前禁令的效力归于消灭。笔者认为,在如下三种情况下,诉前禁令将失去效力:

第一,申请人未在法定期间内提起诉讼。按照前述观点,在终局判决生效后,诉前禁令即失去效力,此种观点值得赞同。但问题在于,权利人申请诉前禁令后,是否必须要提起诉讼?笔者认为,诉前禁令只是临时性的救济措施,而不是确定当事人权利义务关系的终局依据。因此,申请人在申请诉前禁令之后,如果没有在法定的期限内提起诉讼,该临时禁令措施应当失去效力。问题在于,申请人在申请诉前禁令后,其是否有向法院提起诉讼的义务?有观点认为,如果行为人在申请法院颁布诉前禁令后又不提起诉讼的,此时法院颁布的禁令已经事实上损害到了他人的行为自由并可能给他人造成特定损害,应当推定申请人的申请行为构成侵权,申请人应当承担相应侵权责任。笔者认为,诉前禁令的目的在于及时制止相关侵害行为,但申请人并不因此负有提起诉讼的义务,在申请诉前禁令后,是否通过诉讼的方式主张救济,应当交由权利人选择。当然,申请诉前禁令后,如果申请人不在法定期间内提起诉讼,则应当导致诉前禁令失效。

第二,法院撤销诉前禁令。依据最高人民法院《关于适用〈中华人民共和国民事诉讼法〉的解释》第171条,在诉前禁令颁布后,被申请人对诉前禁令裁定不服的,可以自收到裁定书之日起5日内向作出裁定的人民法院申请复议,人民法院应当在收到复议申请后的10日内审查。裁定正

---

① 参见毕潇潇、房绍坤:《美国法上临时禁令的适用及借鉴》,载《苏州大学学报(哲学社会科学版)》2017年第2期。

确的,驳回当事人的申请;裁定不当的,应当变更或撤销原裁定。也就是说,在被申请人提出复议后,法院在审查过程中发现本案不具备颁发诉前禁令的条件,则可以撤销诉前禁令,人格权诉前禁令的功能在于制止不法侵害行为,其并不具有证明侵权行为成立的效力,因为法院在审查禁令申请时对证据的审查不同于诉讼中对相关证据的审查,因而诉前禁令有可能发生错误,这就需要有一个复议程序,以防止诉前禁令的错误。笔者认为,民法典人格权编中可以不对诉前禁令的复议程序规则作出规定,而可以适用民事诉讼法的相关规定。

第三,终局裁判生效后自动失效。在未出现前述两种情形时,诉前禁令应当一直有效,但在法院所作出的终局裁判生效后,人格权诉前禁令应当失去效力。诉前禁令本身并不具有终局裁判的效力,其效力延续到本案判决作出时,诉前禁令与终局裁判的关系表现在如下两个方面:一方面,在终局判决生效之前,诉前禁令所禁止的行为在法律上是否构成侵权、是否允许实施,是悬而未决的问题,只有通过终局判决,才能最终确定行为人所实施的行为是否构成侵权。[①] 终局裁判可以改变临时禁令的措施,权利人主张停止侵害,但判决驳回其请求,则临时禁令应当失效。如果诉前禁令的内容与终局判决不一致,则应当以终局判决为准,因错误申请造成被申请人损失的,申请人应当承担赔偿责任。也就是说,终局裁判生效后,应当以该终局裁判作为确定当事人权利义务关系的依据,禁令的效力也随即终止。如果行为人不履行该终局裁判,则应当依据该终局裁判追究其法律责任,而不再依据诉前禁令追究其责任。另一方面,诉前禁令的制度价值在于阻止侵权行为造成更大的损害后果,在终局判决生效之前,如果认定诉前禁令失去效力,则被禁止的行为可能继续实施,这可能导致禁令颁发的目的落空。

(三) 错误申请人格权诉前禁令的法律后果

在临时禁令的有效期内,行为人违反禁令造成申请人损失的,则申请人有权请求行为人赔偿。此种损害赔偿纠纷通常与案件一并审理。错误申请人格权诉前禁令的,申请人也应当承担相应的法律责任。毕竟申请禁令将使行为人停止实施某种行为,这可能给其造成一定的损失。例如,在前述钱钟书书信案中,被告已经为拍卖做了大量的准备,并支付了一定

---

① 参见毕潇潇、房绍坤:《美国法上临时禁令的适用及借鉴》,载《苏州大学学报(哲学社会科学版)》2017年第2期。

的费用,如果法院作出了撤销诉前禁令的裁判,或者在审查中认为颁发诉前禁令的条件不具备,则申请人应当对因此给行为人造成的损害承担责任。在终局裁判生效后,因为诉前禁令所造成的损害,申请人应当承担相应的法律责任,受害人可以另诉请求申请人赔偿。依据我国《民事诉讼法》第100条的规定,申请人在提出诉前禁令申请时,应当提出相应的担保,以防止因错误申请而给被申请人造成损失,该规定也应当可以适用于人格权诉前禁令制度。

结　语

《民法典(草案)》(一审稿)中的诉前禁令制度作为一项制度创新,进一步增强了人格权编的预防功能,适应了互联网、高科技时代的制度需求和人格权侵权的特征。可以预见,该制度的实施将使人格权保护的时间得到提前,维度被扩大,保护的范围也将从实际遭受侵害的状态扩张到有损害之虞的状态。由于该制度具有自身独特的适用范围、制度功能、构成要件和法律效力,因此,在人格权编中有必要明确规定该制度,该制度的确立也必将进一步强化对人格权的保护,充分彰显人格权的价值和功能。

论违约责任中的精神损害赔偿[*]

引 言

美国学者 Tuohey 指出,"精神损害是否值得违约保障的探讨已经困扰司法界六百多年"[①],所谓精神损害,是指自然人因遭受外界刺激所产生的精神痛苦和不良情绪[②],精神损害赔偿则是针对自然人因人格权益遭受侵害而产生的精神损害所提供的补救,因而其主要适用于侵权的情形。从比较法上来看,精神损害赔偿是否可以基于违约而请求,历来存在不同的做法。绝大多数国家将精神损害赔偿限于侵权领域,但有些国家也允许在例外情况下基于违约请求。[③] 依据我国《侵权责任法》第 22 条的规定,精神损害赔偿属于侵权救济的范畴,只能适用于侵权责任,而不应适用于违约责任。但是在出现了一种行为同时构成侵权与违约时,可否依据违约主张精神损害赔偿? 在民法典人格权编制定过程中,对此存在争议,本文拟就此谈一点看法。

一、比较法上通常不支持违约精神损害赔偿

从比较法来看,各国家和地区的合同法大都确认,违约责任原则上不应对精神损害予以补救,只有在例外情况下,才存在允许基于违约责任而赔偿受害人精神损害的可能。尤其是在大陆法系,从传统债法原理和立法例来看,绝大多数国家和地区原则上都将精神损害赔偿限于侵权领域。

---

[*] 本文完稿于 2009 年。

[①] Conrad G. Tuohey, Negligent Infliction of Emotional Distress Arising from a Breach of Contract: Jarchow v. Transamerica Title Insurance Company, 8:3 Sw L Rev 655, 1976.

[②] 参见杨立新主编:《民商法理论争议问题——精神损害赔偿》,中国人民大学出版社 2004 年版,第 18 页。

[③] 参见〔德〕U. 马格努斯主编:《侵权法的统一:损害与损害赔偿》,谢鸿飞译,法律出版社 2009 年版,第 281 页。

但伴随着司法实践和民法理论的发展,越来越多的立法例开始承认,在例外情形下基于违约也可以请求精神损害赔偿。

(一) 法国法

在法国民法中,当事人主张违约责任时,原则上不适用精神损害赔偿(domage moral,préjudice moral),但在司法实践中,如果因违约而造成精神损害,将涉及违约和侵权的竞合问题,法院允许受害人在对违约和侵权不作严格区分的情况下要求精神损害赔偿。例如,雇主因为违反雇佣合同致雇员在工作中受到精神损害,也要承担赔偿责任。[①] 在诸如屠夫冒犯顾客的宗教信仰,葬礼承办人造成死者家属的精神痛苦等场合,法院均支持了精神损害赔偿。甚至在原告与被告订立照顾马匹的合同中,由于被告的疏忽致使马匹死亡,原告的精神损害赔偿也被支持。[②] 尽管在这一系列案件中,既可以依据合同也可以依据侵权请求赔偿,但法院认为,精神损害原则上不适用于违约责任,当然,从《法国民法典》的规定来看,其并没有将合同中的损害赔偿仅仅局限于物质损害。从这些案例可以看出,法国法院在责任竞合的情形下,有时不考虑合同目的而承认精神损害赔偿,或者依据违约责任对精神损害予以救济。[③] 目前,法国的通说仍然认为,违约责任原则上不赔偿精神损害,甚至在 2011 年的《泰雷责任法草案》中,虽然扩张了精神损害赔偿的适用范围,但仍然将其限于侵权之内。[④]

(二) 德国法

《德国民法典》第 253 条规定:"非财产损害,除法律另有规定外,始得以金钱赔偿之。"《德国民法典》第 847 条侵权行为项下规定:"在侵害身体、健康以及剥夺人身自由的情况下,受害人所受损害即使不是财产上的损失,亦可以因受损害而要求合理的金钱赔偿。"依据前述规定作体系解释,可知立法将精神损害赔偿主要限于侵权行为,尤其是侵害身体等,而并未承认违约中的精神损害赔偿。尽管该法典第 847 条规定了身体遭受

[①] 参见〔德〕U. 马格努斯主编:《侵权法的统一:损害与损害赔偿》,谢鸿飞译,法律出版社 2009 年版,第 281 页。

[②] Cass. Civ. 16 Jan. 1962, D. 1962, 199.

[③] See Guenter H. Treitel, International Encyclopedia of Comparative Law, Vol. VII, Contract in General, Chapter 16, Remedies for Breach of Contract, Tübingen, 1976. p.86.

[④] 该草案第 3 条规定,"除另有规定外,对人身和精神的损害应适用本章之规定,即使损害是在合同履行过程中发生的",这就强调人身和精神损害的救济只能适用侵权法。参见石佳友:《民法典与社会转型》,中国人民大学出版社 2018 年版,第 326 页。

损害的损害赔偿(该条现已被删除),但是普遍观点仍然认为,这只适用于侵权而不适用于合同,如果出现违约责任与侵权责任的竞合,精神损害赔偿仍应适用于侵权。这一规则导致合同中的精神损害赔偿被限缩在非常小的范围内。① 当然,在德国司法实践中,确实存在着可以赔偿精神损害的例外情形,其中最典型的是著名的海上旅行案,在该案中,一对夫妇在海上旅行时,因被告未能将其行李箱按时送达,原告夫妇在途中无法正常地更换衣物。原告向法院主张被告赔偿其由此遭受的损害,法院认为,该违约行为损害了原告的旅行休憩利益,因而判决被告支付相应的赔偿。② 在骑士案中,被告是一家制造壮阳药的企业,其在为某种壮阳药做广告时,擅自使用了原告的照片,法院认为,原告的人格权属于《德国民法典》第 823 条中的"其他权利",在人格权遭受侵害的情形下,受害人可以依据第 847 条关于非财产损害赔偿的规则主张赔偿。③

但是在 2002 年《德国民法典》债法改革之后,原第 253 条变为第 253 条第 1 款,新增加第 2 款规定:"因侵害身体、健康、自由和性的自我决定而须赔偿损害的,也可以因非财产损害而请求公平的金钱赔偿。"由于该规定以前位于第 847 条(不法行为),适用于侵权责任,而在经过债法现代化改革后,该条位置提前,进入损害赔偿一般规定,而不限于侵权,因此,这就意味着其适用范围也扩张至整个损害赔偿法。④ 据此,有学者认为,精神损害赔偿(德国法称之为公平的金钱赔偿)也可适用于合同责任。⑤ 德国债法理论的发展也推动了违约精神损害赔偿的发展。传统民法理论将债的内容限缩于财产性的给付,而现代理论则区分了狭义之债和广义之债。在包含了附随义务的广义之债中,合同关系就可能含有保护债权人人格利益的内容。⑥

(三) 意大利法

《意大利民法典》第 2059 条规定:"只有在法律特别规定的情况下才可以要求精神损害赔偿。"由于债法中并没有对违约精神损害赔偿作出特

---

① Vgl. Enneccerus und Lehmann, Recht der Schuldverhältnisse, 1958, S. 94.
② 参见曾世雄:《非财产上之损害赔偿》,中国政法大学出版社 2001 年版,第 10—11 页。
③ Vgl. BGHZ 26, 349.
④ Vgl. MüKoBGB/Oetker, 7. Aufl., 2016, BGB §253, Rn. 18.
⑤ 参见〔德〕马克西米利安·福克斯:《侵权行为法》(2004 年第 5 版),齐晓琨译,法律出版社 2006 年版,第 224 页。
⑥ 参见陆青:《违约精神损害赔偿问题研究》,载《清华法学》2011 年第 5 期。

别规定,因此一般认为,违约中不存在精神损害赔偿。学界大多认为,合同中的给付仅具有财产属性,因而在订立合同的过程中,财产性的利益才是被考虑的内容,对于精神损害的赔偿超出了这一范围。① 然而,关于违约中是否可以请求精神损害赔偿,对此学界曾有激烈的争论。有一种观点认为,合同不仅满足财产交易的需要,也可以满足精神利益的需要,合同也可以成为创造精神财富、满足精神需求和实现人的价值的工具。因此,在出现违反精神利益需求的合同中,非违约方也可以请求精神损害赔偿。② 此种理论也为立法确认例外情形下的违约精神损害赔偿提供了依据。例如,意大利于1995年3月17日颁布的第111号法律第15条规定:"旅游组织者应当对在包价旅游中因其部分或者全部没有履行义务而给旅游者造成的任何损失承担赔偿责任。"该条所规定的赔偿责任中就包括了精神损害赔偿。

(四) 我国台湾地区法律

我国台湾地区1999年"民法"债编修正后,增加了债务不履行中对非财产损害的赔偿规定。台湾地区"民法"第227条之一规定:"债务人因债务不履行,致债权人之人格权受侵害者,准用第一百九十二条至第一百九十五条及第一百九十七条之规定,负损害赔偿责任。"依据该条规定,因债务人不履行债务导致债权人之人格权受侵害的,适用关于侵害人格权法益的非财产上损害的金钱赔偿。从该条规定来看,台湾地区"民法"主要是将违约精神损害赔偿适用于责任竞合的情形。有学者认为,这是侵权请求权与合同请求权的竞合由法条竞合变为请求权竞合说后,进一步发展的创设性规定,从而扩大了合同责任的适用范围。③

此外,台湾地区"民法"第514条之八规定,因可归责于旅行社的事由,导致旅游不能依约定旅程进行的,旅客可以就时间的浪费,按日请求赔偿,但不得超过旅行社所收取的日均费用。由于该规定实际上可适用于违约,因此可以看作违约损害赔偿的例外规定。但这仅仅是一项突破性的例外规定,而不得类推适用。在诸如承揽人因定做结婚礼服延迟的情况下,定作人仍然不能就其精神痛苦请求赔偿相当金额。④

---

① 参见陆青:《违约精神损害赔偿问题研究》,载《清华法学》2011年第5期。
② 参见陆青:《违约精神损害赔偿问题研究》,载《清华法学》2011年第5期。
③ 参见王泽鉴:《损害赔偿》,北京大学出版社2017年版,第245页。
④ 参见王泽鉴:《损害赔偿》,北京大学出版社2017年版,第245页。

(五) 英美法系

英美法一般认为,合同之诉不适用精神损害(injured feelings)的赔偿问题。早在1909年Addis v. Gramphone Co.一案中,一位雇员因"尖锐且侮辱"地被解雇而起诉请求精神损害赔偿,法院在此确认了如下规则,即精神损害不得依据合同请求赔偿(pain and suffering is not compensable for breach of contract.)。① 但英美法在以后的发展中逐渐开始承认例外情形下的违约精神损害赔偿。在1848年的Robinson v. Harman一案中,法官Parke认为,在违约损害赔偿中,"合同目的"是请求精神需求的基础,精神需求也属于期待利益的保护范围。赔偿精神损失是使当事人处于合同正常履行后所处的状况。② 但是,该案并没有明确针对以实现精神利益为目的的合同可以适用精神损害赔偿。

英国法中,针对以精神上满足为目的的合同适用精神损害赔偿,最早源于贾维斯诉天鹅旅游有限公司案(Jarvis v. Swans Tours Ltd)。在该案中,法院支持了原告就被告违反旅游合同的承诺所造成的精神损害予以赔偿的请求,打破了以往的精神损害因难以确定而不予赔偿的先例。在该案中,原告与被告订立了旅游合同,约定由被告提供具有"家庭聚会"式的度假和丰富的节目表演的内容,但是在原告进行度假后,却发现第二周旅馆就只剩下他一个人,根本没有什么"家庭聚会"式的享受,表演和饮食也与合同中的约定明显不同,原告诉至法院请求退还部分价款,并对精神损害进行赔偿。丹宁勋爵认为,既然在侵权中所遭受的震惊可以获得赔偿,那么违约中遭受的精神痛苦应当同样可以进行赔偿。③ 在1991年的Watts v. Morrow案④中,原告听信了被告的房屋质量检测报告而购买了房屋,但是在购买后才发现房屋需要进行大修才能入住,遂向法院提起诉讼请求精神损害赔偿。法官Bingham在该案的判决中,提出了违约中获得精神损害赔偿的两个标准:一是合同本身以给予当事人令人愉悦的体验或精神上的安宁为目的;二是的确存在精神上的损害,且精神上的损害必须由身体不适引发或者带来身体上的不适。在以后的相关案例中,英国法针对如酒店住宿、假期旅行和婚礼、葬礼等精神上满足为目的的合同

---

① See Addis v. Gramophone Co., Ltd., 1909 A. C. 488.
② See Robinson v. Harman, (1848) 1 Ex Rep 850.
③ See Jarvis v. Swans Tours Ltd, (1973) 1 QB 233.
④ See Watts v. Morrow, (1991) 1 WLR 1421.

（此类案件通常被称为"假日案"），适用精神损害赔偿。①

在美国法中，对于违约精神损害赔偿一直采取严格限制的态度。《美国合同法重述》（第二版）第 353 条（因精神损害带来的损失）规定："禁止对精神损害获取赔偿，除非违约同时造成了身体伤害，或者合同或违约系如此特殊以致严重的精神损害成为一种极易发生的结果。"一般认为，该条实际上只是允许在例外情形下在违约责任中适用精神损害赔偿责任。②上述损害虽然主要发生在侵权中，但普通法原则上从损害的角度出发，确定是否适用精神损害赔偿，而不考虑其究竟是由合同抑或侵权所引发。因此，如果某人所购买的货物具有瑕疵，致使其遭受了同样的损害，即使出卖人不会承担侵权责任，出卖人也必须进行赔偿。③ 例如，在 Heywood v. Wellers 案④中，原告聘请的律师因其疏忽，没有依约定履行义务，导致原告仍然遭受某人的不断骚扰。法官 Bridge LJ 认为："精神损失有两种可能的原因，一种是因为违约行为导致偶然发生的或者是附属发生的结果，另一种是违约行为导致的直接的、不可避免的损失，那么第二种显然属于赔偿的范围。"

（六）相关示范法

一些示范法也确认了在例外情形下的精神损害赔偿，例如，1996 年的《欧洲合同法原则》（Principles of European Contract Law）第 9.501 条规定，由于对方不履行，非违约方可获得的损害赔偿包括：(1) 非金钱损害和 (2) 合理的将会发生的未来损害，由此可见该示范法实际上承认了违约中的精神损害赔偿。具有较大影响的《欧洲示范民法典草案》第 III-3:701 条规定了违约的损害赔偿，其明确规定"损失"包括经济损失与非经济损失。"非经济损失"包括痛苦与创伤以及对生活品质的损害。从这些规定来看，精神损害赔偿原则上不适用于违约领域，但如果因违约造成他人人格权损害，并因此造成受害人精神痛苦的，则受害人应当有权主张精神损害赔偿责任。但由 Koziol 教授等起草的《欧洲侵权法原则》第 4 条规定，"合同不履行所引发的损害赔偿，仅得依据合同法有关的规则"。这就是说，原则上禁止责任竞合和当事人选择请求权。如果发生人身伤害和精

---

① 参见马特、李昊：《英美合同法导论》，对外经济贸易大学出版社 2009 年版，第 223 页。

② See Renee Holmes, Mental Distress Damages for Breach of Contract, 35 Victoria U. Wellington L. Rev. 687, 710 (2004).

③ See Godley v. Perry, 1960, 1 WLR 9.

④ See Heywood v. Wellers, 1976, QB 446.

神损害,原则上必须适用侵权法。[1]

当然,应当看到,示范法彼此之间仍然存在不协调的问题。2009年的《欧盟法原则》(Principle Acquis)第8:402条规定,"仅当债务承担的目的中包含了对非财产性利益的满足和保护"时,才有违约精神损害赔偿适用的余地。可见该原则实际上将精神损害赔偿限于责任竞合的情形。可以说,该条比较准确地概括了欧洲对于这一问题的态度,即原则上仍将精神损害赔偿适用于侵权,但在出现请求权竞合或在以精神利益满足为内容的合同中,可以请求违约精神损害赔偿。

从比较法分析可见,各国和地区关于违约赔偿的范围虽然规定不同,但大多数国家和地区基本上都认为违约原则上不对精神损害提供救济,而仅在特殊情形下承认违约中的精神损害赔偿。这一经验反映了违约和侵权界分的结果,但是,从现代合同法发展的趋势来看,违约责任中的精神损害赔偿确实有不断扩张的趋势,从中可以看出,各国和地区普遍承认的是两种情形下的违约精神损害赔偿,一是在违约与侵权责任竞合时的精神损害赔偿;二是在以精神利益满足为内容的合同中的违约精神损害赔偿。

二、违约责任原则上不宜适用精神损害赔偿

在我国,精神损害赔偿是侵权法中的一种责任方式,也是主要针对人格权侵害的救济方式,确切而言,它是针对侵害人格权的精神损害的救济方式。

早在1986年,《民法通则》第120条第1款便明确规定:"公民的姓名权、肖像权、名誉权、荣誉权受到侵害的,有权要求停止侵害,恢复名誉,消除影响,赔礼道歉,并可以要求赔偿损失。"该条所规定的"赔偿损失"实际上就是指精神损害赔偿。但从该规定来看,精神损害赔偿适用于侵权。自《民法通则》颁行后,最高人民法院于2001年颁行了《关于确定民事侵权精神损害赔偿责任若干问题的解释》,对精神损害赔偿责任作出了细化规定,该解释第1条第1款规定:"自然人因下列人格权利遭受非法侵害,向人民法院起诉请求赔偿精神损害的,人民法院应当依法予以受理:(一)生命权、健康权、身体权;(二)姓名权、肖像权、名誉权、荣誉权;(三)人格尊严权、人身自由权。"从该条规定来看,精神损害赔偿仅适用于侵权责任,这

---

[1] 参见石佳友:《民法典与社会转型》,中国人民大学出版社2018年版,第326页。

实际上是排斥了精神损害赔偿在违约情况下的适用。我国《侵权责任法》第 22 条对精神损害赔偿责任作出规定,"侵害他人人身权益,造成他人严重精神损害的,被侵权人可以请求精神损害赔偿"。该条采用"侵害他人人身权益"的表述,表明只有侵权法才能提供对精神损害的补救,而合同法对因违约行为而造成的精神损害,一般是不提供补救的。因此,从该规定来看,精神损害赔偿责任仅适用于侵权责任。

因此,依据我国现行立法和司法解释,精神损害赔偿仅适用于侵权,而不适用于违约。当然,在例外情况下,如果合同的履行与人格利益的实现具有密切的联系,尤其是在订约即是为了实现某种人格利益时,此时由于一方违约而导致另一方精神损害,是否可以适用精神损害赔偿,对此,学界存在两种不同的观点。

1. 否定说。此种观点认为,违约责任不能适用精神损害赔偿,其主要理由是,精神损害是合同当事人在订约时难以预见的,因此不能基于合同之诉请求赔偿,如果确因一方的违约给另一方造成人身权益的损害,可产生违约和侵权责任的竞合。① 该种观点认为,违约损害赔偿请求权和侵权损害赔偿请求权作为两种不同的请求权基础,其重要的区别就在于是否能够涵盖精神损害的赔偿范围。如果在违约中同样允许精神损害赔偿,那么就会导致违约与侵权的界限模糊。且在违约中出现的精神损害赔偿可能超过了当事人的可预见范围。一旦允许在违约中对精神损害予以赔偿,甚至可能导致人格被商品化,当事人也会对其权利进行滥用。② 在赔偿数额的确定上,精神损害赔偿难以估量,如果肯定违约中的精神损害赔偿,则会导致法官的自由裁量权过大,也不适宜法律的统一适用。如果要求违约损害赔偿局限于发生违约与侵权竞合的场合,那么完全可以通过侵权之诉获得精神损害赔偿,而不必在违约中承认精神损害赔偿。③

2. 肯定说。此种观点认为,违约责任中应适用精神损害赔偿,理由主要在于,一是在以实现或维持精神利益为主要履行利益的合同(如旅游合同等)中,违约导致精神损害赔偿是订立合同时当事人所能够预见的。④ 二是

---

① 参见陈明添、游素华:《精神损害赔偿法律关系之客体研究》,载《福建政法管理干部学院学报》2002 年第 3 期。
② 参见陈帆:《我国违约精神损害赔偿争论之我见》,载《理论学刊》2005 年第 4 期。
③ 参见余延满、冉克平:《违约行为引起的非财产损害赔偿问题研究》,载《法学论坛》2005 年第 1 期。
④ 参见沈晓明:《完善我国现行精神损害赔偿制度的若干构想》,载《法律适用》2004 年第 5 期。

违约责任中适用精神损害赔偿也不会产生不当得利,因为判处违约方承担财产损害赔偿与精神损害赔偿,受害人弥补了财产损失之后,非财产损失也得到补偿,并未得到双重赔偿。① 三是既然违约与侵权均为责任形式,均可体现为损害赔偿,而损害赔偿以不损害为目的,那么无论是基于违约还是基于侵权,只要发生了精神损害,则法律不应进行区别对待,而应一并准许赔偿。② 守约方有时选择违约的精神损害赔偿,较之基于侵权责任主张精神损害赔偿,更为有利。③ 四是承认违约中的精神损害赔偿责任,也并不当然违反可预见性规则。在因违约造成对方精神损害的情形下,对方当事人的精神损害往往也是违约方可以预见的。④

笔者认为,我国《侵权责任法》第 22 条将精神损害赔偿责任的适用范围限于侵权,这一立法经验应当予以保留,目前并没有充分的理由改变这一基本规则。能否对精神损害提供补救,也是违约责任和侵权责任的重要区别之一。依据现行法律规定,违约损害赔偿的范围主要包括赔偿财产损失,而不包括非财产损失,特别是精神损害。有学者认为,我国《侵权责任法》第 2 条将侵权责任的保护范围确定为民事权益,但民事权益中是否可以解释为债权? 如果可以解释为债权,那么违约也可以构成侵权。笔者认为,从《侵权责任法》第 2 条列举的 18 项权利来看,基本上都是绝对权,唯独缺乏对债权的列举,因而可见其保护的对象不包括债权。虽然在特定情况下,债权可以作为一种民事利益被加以保护,但是这并不能解释出,违约行为构成对侵权责任法中权益的侵害,从而适用精神损害赔偿。⑤

我国民法典之所以应当保持《侵权责任法》所确立的上述原则,主要原因在于:

第一,从救济对象来看,违约责任主要救济合同债权,而侵权责任的救济对象主要是物权、人身权等绝对权。违约责任具有替代原合同履行的作用,即通过违约损害赔偿可以填补非违约方因信赖合同有效履行而遭受的损害。在一般情况下,违约损害赔偿原则上应当仅包括财产损失,

---

① 参见姜作利:《美国合同法中的精神损害赔偿探析》,载《法学论坛》2001 年第 6 期。
② 参见何谦:《浅议违约与精神损害赔偿》,载《当代法学》2002 年第 7 期。
③ 参见崔建远:《论违约的精神损害赔偿》,载《河南省政法管理干部学院学报》2008 年第 1 期。
④ 参见李永军:《非财产性损害的契约性救济及其正当性——违约责任与侵权责任的二元制体系下的边际案例救济》,载《比较法研究》2003 年第 6 期。
⑤ 参见许中缘、崔雪炜:《论合同中的人格利益损害赔偿》,载《法律科学(西北政法大学学报)》2018 年第 3 期。

而不包括非财产损失,特别是精神损害。至于因瑕疵履行造成人身伤害时,也仅赔偿因人身伤害所致的各种财产损失。[1] 而对于侵权损害赔偿来说,不仅应赔偿财产损失,而且在侵害人格权的情形下,也应当赔偿非财产损失,对于受害人因侵权遭受的精神损害,可通过侵权之诉获得救济。所以侵权损害赔偿所称的"损害",作为对权利和利益的侵害后果,包括了财产损失和精神损害等非财产损失,而违约损害赔偿所称的损害限于财产损失,仅指财产的减少或丧失。精神损害赔偿是对人格利益进行直接保护的救济方式。对于财产权和合同权利的侵害,通常不会导致对个人人格利益的直接侵害,由此引发的精神损害通常也不会得到赔偿,除非此种损害严重侵害了人的尊严或人的身体完整性。[2]

第二,在违约责任中,对精神损害提供补救有可能会破坏交易的基本法则。损害赔偿在本质上是交易的一种特殊形态,仍然反映交易的需要,而精神损害赔偿使得非违约方获得了交易之外的利益,这就违背了交易的基本原则,与等价交换的精神相违背。例如,甲乙之间订立了借款500万元的民间借贷合同,约定一年后偿还,但债务人到期后并未清偿债务,致使甲因急需钱用而寝食难安,十分焦虑,后来甲诉至法院请求乙除支付本息外,还额外请求50万元的精神损害赔偿。对于该精神损害赔偿能否予以支持?笔者认为不能,因为允许该笔费用的赔偿,实际上是在交易之外,额外增加了对方当事人的负担,并使非违约方获得了交易之外的利益。

第三,在违约责任中适用精神损害赔偿责任,并不符合违约责任中的可预见性规则。所谓可预见性规则,是指违约损害赔偿责任不得超过违约方在订立合同时已经预见或应当预见到的因违约造成的损失。《合同法》第113条也规定,损害赔偿不得超过违反合同一方订立合同时应当预见到的因违反合同可能造成的损失。因此,可预见性规则是对违约方所承担的损害赔偿范围的限制,任何损害只要可以由合同法予以补救,就应当适用可预见性规则。如果将精神损害也作为违约方赔偿的范围,当然应当适用可预见性规则。但通常情形下,非违约方因违约而遭受精神损害,是违约方在缔约时无法预见的,其不应当对此承担责任。例如,一方在借款到期之后恶意多次拖欠还款,导致债权人遭受精神痛苦,因为借款不还是实践中经常发生的,对此,债务人可能无法预见债权人会因此遭受多大的精神

---

[1] 参见梁慧星:《民法》,四川人民出版社1988年版,第420页。
[2] See Neethling, Potgieter and Visser n 1 above at 63–5; Karner and Koziol n 27 above at 110.

痛苦,并应当承担多大的精神损害赔偿责任。如果对违约方订约时无法预见的精神损害,都要求其承担赔偿责任,则可能造成交易成本显著提升,甚至等价交易的规则遭到破坏,严重妨害交易和市场经济的发展。

第四,如果允许合同责任中赔偿精神损害,则当事人应当可以就精神损害赔偿约定违约金,且数额较大,由于精神损害缺乏客观的认定标准,难以准确确定,允许当事人就精神损害赔偿约定此类违约金,则可能使违约金具有一定的赌博性质,也将会违反等价交换的法则。同时,允许当事人在违约责任中主张精神损害赔偿责任,也可以赋予法官过大的自由裁量权,难以保障法官准确、公正地确定赔偿数额。此外,允许当事人在违约责任中主张精神损害赔偿责任,可能使违约责任与侵权责任在救济范围上存在重叠和交叉,这也会人为造成违约责任与侵权责任的竞合。

我国司法实践依据法律规定,也一般否定了违约责任中的精神损害赔偿责任。例如,在郑雪峰、陈国青诉江苏省人民医院医疗服务合同纠纷案中,原告夫妻二人在医院进行人工辅助生殖。人工辅助生殖有 IVF 和 ICSI 两种技术手段,原告按照 ICSI 技术进行缴费,但是医院却在后来的治疗中使用了 IVF 技术,且最后治疗未获成功。原告二人以医院违反医疗服务合同为由,请求医院赔偿精神损害。法院在审理中明确拒绝了原告的精神损害赔偿的请求,法院认为,本案为违约之诉,依据《合同法》第 107 条、第 113 条第 1 款的规定,合同当事人未适当履行合同义务的,应当承担赔偿损失等违约责任。赔偿的数额应当相当于因违约所造成的损失,但不包括精神损害,因而对于原告的精神损害赔偿请求未予支持。[①]

总之,民法典侵权责任编应当保持《侵权责任法》第 22 条的立法经验,将精神损害赔偿责任的适用范围限于侵权,合同法仍然要坚持从传统意思自治出发,违约赔偿损失的范围要受到"可预见性规则"的限制,限于履行利益或信赖利益的损失。至于对其他方面的利益,尤其是精神损失的补救,主要应由侵权法予以实现。

三、精神损害赔偿在例外情形下可适用于违约

在我国,精神损害赔偿虽然是侵权法中的一种责任方式,也是主要针对人格权侵害的救济方式,确切而言,它是针对侵害人格权的精神损害的

[①] 参见《最高人民法院公报》2004 年第 8 期。

救济方式;但并不意味着绝对排斥违约中的精神损害赔偿。有学者收集了裁判文书网上的八百余个涉及违约精神损害赔偿的案例①,由此可见,在我国司法实践中,在例外情况下允许基于违约责任而赔偿受害人的精神损害,其目的在于更好地保护受害人的合法权益。尤其应当看到,精神损害难以通过金钱进行计算,其数额难以进行精确计算,而只能由法官根据具体情况予以确定。由于在违约责任中适用精神损害赔偿责任毕竟只是例外情形,应当对其进行必要的限制。从实践来看,违约精神损害赔偿主要包括如下两类:

(一)违约精神损害赔偿主要适用于责任竞合的场合

所谓竞合,是指一种行为侵害了受害人的人格权和财产权,既符合违约责任的构成要件,也符合侵权责任的构成要件,受害人有权选择违约或侵权请求权。从产生的基础来看,侵权损害赔偿的发生根据是侵权行为人因过错使受害人的人身、财产遭受损害。在侵权行为发生时,当事人之间常常没有合同关系存在,即使存在合同关系也不是损害赔偿发生的基础。但违约损害赔偿则是以当事人不履行合同为前提的。在违约发生时,当事人之间存在着合同关系,正是因为一方违反了合同义务且造成了另一方的损害,才应当承担违约损害赔偿责任。当然,在特殊情况下,因侵权行为直接导致违约后果,从而产生责任竞合。

在涉及违约和侵权竞合的情形中,我国司法实践大多否认了受害人可以依据违约请求精神损害赔偿。例如,在前述郑雪峰、陈国青诉江苏省人民医院医疗服务合同纠纷案中,在违约责任与侵权责任竞合的情形下,法院就否定了违约责任中的精神损害赔偿责任。但是在《民法通则》颁布之后,针对责任竞合的问题,由于法律并没有禁止法院在责任竞合的情形下适用精神损害赔偿责任,因而,法院也在一些竞合案件中承认了精神损害赔偿责任。最早承认竞合情形下精神损害赔偿责任的案件是 1995 年的贾国宇案,在该案中,受害人贾国宇在就餐时因餐馆煤气爆炸导致其容貌被毁,手指变形,留下残疾,后受害人向法院提起诉讼,请求饭店赔偿其精神损失。在审判中,法院依据《消费者权益保护法》,通过残疾人生活补助费的方式实际上赔偿了受害人的精神损害。② 这实际上是在责任竞合

---

① 参见许中缘、崔雪炜:《论合同中的人格利益损害赔偿》,载《法律科学(西北政法大学学报)》2018 年第 3 期。

② 参见马军:《"贾国宇案",12 年里的压力与欣喜——法官讲述"精神损害赔偿案"的三大突破》,载《法律与生活》2009 年第 17 期。

情形下允许受害人主张精神损害赔偿。

即使在《合同法》颁布之后,针对一些责任竞合的情形,有的法院判决也支持了原告的违约精神损害赔偿的请求。例如,在吴文景、张恺逸、吴彩娟诉厦门市康健旅行社有限公司、福建省永春牛姆林旅游发展服务有限公司人身损害赔偿纠纷案中,原告与被告旅行社订立了两日的自驾游旅行合同,前往牛姆林旅行。在进入景区后,天气突变,导游仍坚持带领受害人进入森林,导致受害人被狂风暴雨中倾倒的大树砸中,医治无效身亡。法院认为导游在天气预报有雨的情况下,坚持带游客冒险进入林区,其行为具有明显过错,原告请求在死亡赔偿金以外给付精神损害抚慰金合法,并判决被告支付精神损害抚慰金。① 再如,在朱玉梅诉驻马店市汽车运输总公司等公路旅客运输合同纠纷案中,原告乘坐被告公司的长途汽车途中,因客车过于颠簸,原告胸12椎体压缩性骨折,并入院进行手术治疗。原告诉至法院请求赔偿损失并支付精神损害抚慰金。法院认为:"世间最宝贵的莫过于人的生命与健康,原告朱玉梅因乘坐车辆身体受到伤害,且构成伤残,对其精神上的打击是长久和深远的,虽然健康不能用金钱来衡量,但至少能体现出和谐社会法律的温暖和人性的仁爱,给原告以后的生活带来一丝安慰。但鉴于被告杨方生车辆造成原告伤害无重大过失,据此,本院酌定精神损害赔偿金为3 000元。"② 由此可见,法院对此处于一种矛盾的状态,这也在一定程度上表明对《合同法》第122条关于责任竞合的情况下能否适用精神损害赔偿责任仍存在不同的理解和解释。但笔者认为,在责任竞合的情形下,违约方承担精神损害赔偿,也是其应承担的责任。

(二)违反以精神利益实现为内容的合同

我国司法实践也承认以实现某种精神利益为订约目的的合同,但对于此类合同中一方违约是否可以赔偿精神损害确实存在两种不同的观点。一种观点认为,依据我国《侵权责任法》第22条的规定,精神损害赔偿只限于侵权而不适用于违约。违约精神损害赔偿于法无据。例如,在吴敏与章贡区伊轩女子专业美容美体会所服务合同纠纷上诉案中,原告以储值的方式到被告美容美体会所进行消费,并与该美容美体会所订立了服务合同,原告在没有消费完余额时,诉至法院请求退还其已经支付的

---

① 参见福建省厦门市中级人民法院(2005)厦民终字第2405号民事判决书。
② 河南省驻马店市汝南县人民法院(2009)汝民初字第834号民事判决书。

费用,并赔偿精神损害。法院认为,本案系服务合同纠纷,而精神损害赔偿是指权利主体在人身权或者法律规定的特定财产权利受到不法侵害而遭受精神痛苦或精神损害时要求侵害人给予赔偿的一种民事责任,故上诉人吴敏主张被上诉人赔偿其精神损失缺乏依据。① 再如,在吕培果与上海途牛国际旅行社有限公司旅游合同纠纷上诉案中,原告使用手机 APP 与被告公司签订了旅游合同,但是在姓名栏中将姓名写作"吕小姐"而并未使用其真实姓名。后被告公司在未与原告确认的情形下,使用"吕小姐"作为姓名向航空公司订票,导致订票失败,原告无法按照合同约定前往三亚市旅游。原告诉至法院要求被告退还其所支付的费用并赔偿其精神损害。法院审理认为,"鉴于本案为合同之诉,故只能主张因合同违约产生的损失,精神损害抚慰金不属于合同违约产生的损失,双方签订的合同中亦无相关约定,故不予支持"②。另一种观点认为,虽然法律上并未承认违约精神损害赔偿,但是对于旅游、医疗服务等以精神利益实现为目的的合同,在一方违约的情况下,可以对原告进行精神损害的赔偿。

在司法实践中,有的法院确实突破了现行法律关于精神损害赔偿仅适用于侵权的规则,在特殊情形下对违反以精神利益的实现为目的的合同也适用精神损害赔偿责任。

1. 违反旅游合同

旅游服务合同是指旅行社等旅游经营者提供一定的旅游服务、旅游者支付相应费用的合同,以及为实现旅游服务的目的而由旅行社与其他服务业经营者签订的有关运送、住宿等服务合同。③ 在旅游服务合同中,旅游者订立合同的目的并不是为了获得物质上的回报,而是为了获取愉悦等精神利益,使自身休闲娱乐、游览名胜、观赏风景,获得精神上的愉悦和享受。因此,在旅游服务提供者违反旅游服务合同的情形下,旅游者也会遭受一定的精神损害,但现行法律并没有规定旅游者能否主张精神损害赔偿。在焦建军与江苏省中山国际旅行社有限公司、第三人中国康辉南京国际旅行社有限责任公司旅游侵权纠纷案中,原告与被告旅行社签订了旅游合同,约定由被告提供赴东南亚多国进行旅游的服务。但原告乘坐的旅游车在返回泰国曼谷途中发生交通事故车辆侧翻,致使原告等多人受伤,法院判决被

---

① 参见江西省赣州市中级人民法院(2017)赣 07 民终 3318 号民事判决书。
② 上海市第二中级人民法院(2018)沪 02 民终 3343 号民事判决书。
③ 参见曾隆兴:《现代非典型契约论》,三民书局 1988 年版,第 253 页。

告旅行社应当支付原告医药费和精神损害赔偿金。①

2. 违反婚礼服务合同

所谓婚礼服务合同,是指一方按照约定提供婚礼策划、婚礼现场布置、婚礼主持、在婚礼过程中摄影摄像并提供摄像资料等服务,另一方支付报酬的合同。例如,在李晓峰等诉遵义市天赐良缘文化传媒有限公司服务合同纠纷案中,原告与被告订立了婚庆服务合同,但被告在婚礼现场安排混乱,且后来提供的摄影和摄像资料中完全没有出现新娘和婚礼现场的画面。原告遂请求被告退还其支付的合同费用,并对其进行精神损害的赔偿。法院经审理认为,婚礼录像记录的是人生重大活动,具有永久纪念意义,当时的场景、人物和神态具有时间性、珍贵性和不可再现性,是无法补救、不可替代的特定纪念物品,其承载的人格和精神利益要远大于其本身的价值。被告的违约行为导致二原告的婚礼视频缺少重要内容,丧失了原本应有的价值和意义,造成了无法弥补和挽回的损失,给原告造成了极大的精神损害,因此被告应适当赔偿原告精神抚慰金。②

3. 违反医疗服务合同

所谓医疗服务合同,是指医疗机构与患者之间订立的,一方提供诊疗服务,另一方支付医疗费用的合同。医疗机构违反医疗服务合同,不仅无法实现约定的诊疗目的,而且可能导致另一方额外的人身和精神损害。例如,在邵坚与华美医学整形美容门诊部损害赔偿纠纷上诉案中,原告听信被告的广告内容,在被告处进行了鼻局部整形和脸部光子美白祛斑等美容整形服务,但是由于被告在整形美容中操作不当,造成了原告脸部浅表层灼伤和色素沉积。造成原告心理上精神负担的加重。在判决中,法院认为被告没有履行告知义务,因而依据《民法通则》第 106 条第 2 款判决其承担精神损害赔偿,支持了原告的诉讼请求。③

4. 违反骨灰等人格物的保管合同

人格物是指有形的实体但附着一定的精神利益的物,或者该物寄托了个人的特殊感情。④ 例如,在张海兰、魏超与某县殡葬管理所保管合同纠纷案中,死者系原告的丈夫,原告与被告签订了火化服务和骨灰保管合同,约定由被告保管骨灰一年。但是在死者尸体火化过程中,原告前往他处冲

---

① 参见《最高人民法院公报》2012 年第 11 期。
② 参见贵州省遵义市汇川区人民法院(2018)黔 0303 民初 262 号民事判决书。
③ 参见广东省广州市中级人民法院(2004)穗中法民一终字第 1743 号民事判决书。
④ 参见冷传莉:《民法上人格物的确立及其保护》,载《法学》2007 年第 7 期。

洗死者照片。死者的父母前来被告处领取了死者的骨灰,原告冲洗照片后返回至被告处,发现骨灰已被取走。原告遂起诉至法院请求赔偿其精神损害。法院审理认为,被告的违约行为致使原告无法获得死者的骨灰进行寄托哀思和悼念,法院判决被告向原告支付精神抚慰金 15 000 元。①

5. 违反其他合同所致的精神损害赔偿

在朱某诉长阔出租汽车公司、付某赔偿纠纷案中,被告付某在履行运输职责时,对突发癫痫病的原告朱某不仅不尽救助的法定义务,反而中途停车,将昏睡中的朱某弃于路旁,使朱某处于危险状态下。付某的行为虽未危及朱某的生命、健康,但对朱某的精神造成了一定刺激,侵犯了朱某作为旅客应当享有的合法权利。法院认为,原告应享有精神损害赔偿请求权。②

综上所述,在实践中,有的法院确实已经突破了《侵权责任法》第 22 条的界限,在一些案件中认可了违约中的精神损害赔偿。作出此种突破不无道理,从客观效果来看,确实有利于对受害人进行救济。因为在某些特殊情形下,受害人如果确实因违约遭受严重精神痛苦,基于侵权又难以提供充分的救济,此时,完全不考虑受害人的精神损害,并不合理,尤其是在旅游服务合同、医疗服务合同等合同纠纷中,一方违约会使对方遭受严重精神痛苦,是违约方在订约时可以合理预见的,此时,适用精神损害赔偿责任并不会不当加重其负担。但是,司法判例的承认也带来了法律上的问题,即司法裁判的不统一问题。从上述分析可见,对于违约中的精神损害赔偿,即使有的法院在例外情形下予以承认,也有法院以缺乏明确法律依据为由拒绝,存在两种不同的观点。由此形成的不统一的司法实践状态,使得当事人缺乏合理的预期,而完全将此问题委诸法官,也会赋予法官过大的自由裁量权,造成司法极不统一。因而,在我国未来立法中,应当着力解决这一问题。

四、我国民法典人格权编中的违约精神损害赔偿

(一) 人格权编应当承认在竞合情形下的违约精神损害赔偿

如前述,在违约责任与侵权责任竞合情形下,是否允许精神损害赔

---

① 参见河北省保定市中级人民法院(2010)保民四终字第 00299 号民事判决书。
② 参见朱某诉长阔出租汽车公司、付某赔偿纠纷案,载《最高人民法院公报》2002 年第 3 期。

偿,对此我国司法实践的做法极不一致。从立法上看,《合同法》第122条承认了竞合。该条规定,"因当事人一方的违约行为,侵害对方人身、财产权益的,受损害方有权选择依照本法要求其承担违约责任或者依照其他法律要求其承担侵权责任"。有观点认为,该条既然承认了责任的竞合,则意味着其允许在竞合情形下依据违约责任请求侵权责任的全部赔偿,当然包括精神损害赔偿。笔者认为,此种观点是值得商榷的。事实上,从该条规定来看,其只是规定在出现竞合的情形下,当事人只能选择一种请求权进行请求,但并没有具体规定可以请求的内容,更没有允许在违约的情形下可请求精神损害赔偿。由于《侵权责任法》严格限定了精神损害赔偿的适用范围,因此,如果当事人选择了侵权请求权,则毫无疑问可以主张精神损害赔偿;但是如果当事人只是选择了违约请求权,不一定当然可以获得精神损害赔偿。正是因为这一原因,不少法院认为,即便在责任竞合的情形下,原告也不能基于违约主张精神损害赔偿。

从最高人民法院的观点来看,相关司法解释认为,即使在责任竞合的情形下,受害人也不能基于违约主张精神损害赔偿。例如,最高人民法院《关于审理旅游纠纷案件适用法律若干问题的规定》(以下简称《旅游纠纷司法解释》)第21条规定:"旅游者提起违约之诉,主张精神损害赔偿的,人民法院应告知其变更为侵权之诉;旅游者仍坚持提起违约之诉的,对于其精神损害赔偿的主张,人民法院不予支持。"该条实际上明确拒绝了当事人依据违约请求权提起的精神损害赔偿,而仅肯定依据侵权请求权要求精神损害赔偿。因此,依据该条规定,前述旅游合同中依据违约提起的精神损害赔偿是不能够获得支持的。该规则也再次说明了,在责任竞合的情形下,只援引《合同法》第122条是不能证明当事人可以在违约中主张精神损害赔偿的。

因此,在《合同法》确认了责任竞合的规则之后,并没有当然解决受害人是否可以基于违约主张精神损害赔偿的问题。为了统一裁判规则,我国正在制定的民法典有必要针对责任竞合时受害人能否基于违约主张精神损害赔偿作出规定,使法院在裁判中支持原告的违约精神损害赔偿于法有据。如前所述,从比较法上来看,各国家和地区普遍承认了在侵权与违约竞合的情形下,可以适用精神损害赔偿。从民法上看,这种观点显然是具有正当性的。因为,如果一种行为既构成侵权并造成他人精神损害,同时也构成违约并造成了他人的重大精神损害,则基于侵权赔偿精神损害和基于违约赔偿精神损害,都是违约人应承担的责任,并非使非违约方获得不当得利。虽然合同原则上主要保护财产利益,而不保护精神利益,但是违约救济的根本目的还是要使受害人处于合同如同没有被违反时的状态。正如 Tony Weir 所指出的,"侵权之债的规则主要起到保护财富的作用,合同之债的规则应具有创造财富的功能。换言之,侵权人之所以承担责任是因为其使事情变得更糟,而合同当事人承担责任是因为其没有把事情变得更好(making things better)"[1]。违约的救济同样如此,其应当使受害人通过救济达到如同合同已经被履行的状态,而不是比合同订立前更糟的状态。国际统一私法协会《国际商事合同通则》第7.4.2条(完全赔偿)规定:"(1)受损害方对由于不履行而遭受的损害有权得到完全赔偿。该损害既包括该方当事人遭受的任何损失,也包括其被剥夺的任何利益,但应当考虑到受损方因避免发生的成本或损害而得到的任何收益。(2)此损害可以是非金钱性质的,并且包括例如肉体或精神上的痛苦。"因而,在出现责任竞合的情形下,通过违约责任补救精神损害,以达到合同如同已经被履行的状态,也是合理的。

基于上述原因,《民法典(草案)》(一审稿)第782条规定:"因当事人一方的违约行为,损害对方人格权造成严重精神损害,受损害方选择请求其承担违约责任的,不影响受损害方请求精神损害赔偿。"该条实际上是对精神损害赔偿的特殊规定。从表面上看,该规定似乎与《侵权责任法》第22条不相符合,但二者在本质上是一致的。从该规定来看,在因为一方的违约行为导致对方人格权遭受重大损害时已经出现了责任竞合,行为人的违约行为已经产生了侵害人格权的后果,并且受害人遭受了精神损害,在此情形下,毫无疑问,受害人可以根据《侵权责任法》第22条主张精神损害赔偿责任,但因为该后果也是因违约行为引发的,所以,该草案在借鉴立法和司法实践经验的基础上,也允许受害人可以基于违约责任主张精神损害赔偿。该草案规定对违约情形下的精神损害赔偿责任也作了严格限制,要求必须是一方的违约行为损害对方人格权并造成严重精神损害。如果仅造成受害人轻微的精神痛苦,则可以通过财产损害的方式对受害人提供救济,而不需要借助精神损害赔偿责任。同时,如果对轻微的精神损害也进行救济,可能导致诉讼的泛滥。可以说,该规则在一定程度上弥补了我国民法对人格权保护的缺陷。主要原因在于:

第一,民法典人格权编所确立的规则实际上确定了责任竞合情形下

---

[1] Tony Weir, International Encyclopedia of comparativeLaw, vol. Ⅺ, Chapter 12, J. C. B. Mohr(Paul Siebeck,Tübingen), 1976, p.6.

的违约精神损害赔偿的请求权基础。在现有的法律框架下,针对责任竞合下的违约精神损害赔偿,无论是侵权法还是合同法都未明确提供请求权基础。在立法上,当然可以通过选择修改合同法或侵权法的方式来完善相关规则,但是这种方案也存有一定困难。如果修改侵权法,则会将精神损害赔偿限定在侵权之内;而如果在合同法中进行修订,也面临着究竟在何种合同中可以适用精神损害赔偿的难题。因而在人格权编对该问题进行规定应当是更合理的方式。

第二,确立了在责任竞合情况下,受害人选择违约请求权,可以就精神损害获得救济。《合同法》第122条对违约责任与侵权责任的竞合规则作出了规定,但该条规定较为笼统,不少学者认为,该条实际上是否定了违约情形下的精神损害赔偿责任。例如,有观点认为,既然允许违约责任与侵权责任的竞合,则意味着,当事人如果选择违约责任,就不得主张精神损害赔偿,而只有选择侵权责任才可以主张精神损害赔偿,所以该条并不能为违约精神损害赔偿提供基础。按照此种观点,在责任竞合的情形下,受害人将无法基于违约责任主张精神损害赔偿。应当看到,民事责任的根本目的主要在于充分救济受害人,在责任竞合的情形下,如果受害人选择主张违约责任就无法主张精神损害赔偿,则难以对受害人提供充分的救济。因此,我国《民法典(草案)》(一审稿)在例外情况下允许受害人在违约责任中主张精神损害赔偿责任,在一定程度上有利于弥补上述缺陷。

第三,为法院提供了以违约之诉请求精神损害赔偿的裁判依据,解决了司法实践的长期困惑。这有利于规则的统一适用和保证裁判结果的公平合理。如前述,由于在责任竞合的情形下,是否需要赔偿精神损害,在司法实践中存在不同做法,导致裁判的不统一,因而,上述规定有利于强化对受害人的救济并统一裁判规则。

此外,这一规则与人格权的商业化利用规则相一致。人格权的商业化利用往往以订立合同的方式进行,此时就可能出现违约的情形。在此类合同中,对精神利益的追求就是其重要目的,如果合同义务被违反,则会引发侵权的后果,导致精神利益被损害,如果不能通过违约予以请求,就可能导致此类合同中的精神损害无法获得救济。例如,某明星与某公司签订了肖像许可合同,合同明确约定肖像只用于该公司的减肥保健品的推销,后该明星发现其肖像被用于治疗性病的药品之上。因为该公司的违约导致了该明星的名誉受损,在此情形下,应当允许该明星就其所遭受的精神损害请求损害赔偿。

然而,在合同中当事人已经约定了违约金的场合,当事人能否在主张违约金的同时又主张精神损害赔偿呢？有观点认为,应当允许当事人同时主张精神损害的赔偿。① 笔者认为,在当事人已经约定违约金条款的情形下,原则上不宜承认非违约方关于同时支付违约金与精神损害赔偿责任的请求。因为双方约定的违约金已经是对合同中因违约行为所造成的所有可能的损害的预估。通过支付违约金已经使非违约方遭受的损失得到了补救,在此情形下,非违约方不能再要求违约方就其精神损害进行赔偿,否则会导致非违约方通过违约金和精神损害赔偿获得双倍的赔偿,这与损害赔偿中的完全赔偿和禁止重复赔偿的价值相矛盾。除非在双方当事人约定的违约金明定为只是对财产损害的赔偿,且其精神损害的赔偿符合法律关于违约精神损害赔偿的要件时,才能例外地认可当事人同时请求精神损害赔偿与违约金。

(二) 民法典应否承认违反以精神利益实现为内容的合同的精神损害赔偿

如前所述,对于一方违反以精神利益实现为内容的合同时,另一方是否可以赔偿精神损害,学界一直存有争议。一种观点认为,就这些以精神利益实现为内容的合同而言,精神利益的实现是当事人的订约目的,如果因一方的违约行为致使另一方当事人遭受精神损害,订约目的不能实现。因此,对于以精神利益实现为内容的合同,可以通过对既有的违约责任内容进行扩大解释,认为违约中的损失可以包括精神损害赔偿。例如,在旅游合同签订时,旅游营业人就已经默认承担确保旅游者充分享受假期愉悦的合同义务,对这一约定的违反当然构成合同违约,应承担相应的赔偿责任。② 另一种观点认为,合同本身是一种交易,违约所保护的仍然是当事人的财产利益,因而即便是在以精神利益实现为内容的合同中,也不应对当事人的精神损害进行赔偿。

从比较法上来看,对以精神利益为内容的合同是否都可以适用精神损害赔偿,以及是否存在着精神目的的合同,在理论上都是存有争议的。笔者认为,在我国正在制定的民法典分编中,不宜泛泛地承认以精神利益

---

① 参见崔建远:《论违约的精神损害赔偿》,载《河南省政法管理干部学院学报》2008年第1期。

② 参见许中缘、崔雪炜:《论合同中的人格利益损害赔偿》,载《法律科学(西北政法大学学报)》2018年第3期。

实现为目的的合同,并承认违反此类合同导致精神损害赔偿。

第一,以实现精神利益为目的的合同内涵很难确定。从学理上看,大多将该种合同认定为包括旅游合同、婚礼葬礼服务合同等,但是实际上,这类合同的内涵和外延都并不十分清晰。《美国合同法重述》(第二版)之所以对确立违反此类合同的精神损害赔偿举棋不定,其原因很大程度上在于:一是以精神利益作为目的应当以何种标准进行确定;二是此类合同的主要内容是精神性的,还是只要涉及精神性的内容就可以认定为以实现精神利益为目的的合同,往往很难确定。① 如果在合同法中规定以精神利益为目的的合同,就必须要划定此类合同的范围,以明确究竟在何种合同中可以适用精神损害赔偿。然而,由于许多合同都可能在不同程度上涉及精神损害的问题,要在合同法中明确哪些合同可以适用精神损害赔偿责任,哪些不能适用,确实存在困难。

第二,以实现精神利益为目的的合同的边界难以判断,其原因还在于,究竟是主要内容涉及精神利益还是次要内容涉及精神利益即可获得精神损害赔偿,这在法律上难以明确。有观点认为,可以将违约所带来的精神损害区分为两种,即直接精神损害和间接精神损害。例如,在旅游合同、保险合同、美容合同等中,合同的内容就是为当事人提供一定的精神享受或人身利益,在这种情形下,违约会直接导致本应因合同履行而获得的精神利益落空,因而会导致直接精神损害;而在对其他合同的违反中,主要涉及间接精神损害。对于前者而言,精神损害的赔偿可能性应当明显高于后者。② 笔者认为,这一观点是值得商榷的,因为即使就旅游服务合同而言,有的当事人因为对方违约而无法按照计划参与旅游活动,不同的主体的主观感受不同,不宜一概认定所有的非违约方均会遭受精神损害。而对借款等合同而言,如果债务人长期不还款,则可能使非违约方遭受精神损害。因此,仅通过合同类型进行分类,可能并不妥当。即使在以实现精神利益为目的的合同,当事人对于精神上的满足为"主要""唯一"目的,很难作出明确的界定,这导致实践中难以确定精神损失赔偿的范围。③ 如果此类合同难以准确界定,就泛泛地承认违反此类合同会承担精神损害赔偿的责任,将不当地扩大违约当中的损害赔偿范围,可能损害交

---

① See Nelson Enonchong, Breach of Contract and Damages for Mental Distress, 16 Oxford J. Legal Stud. 617, 640 (1996).
② 参见方乐坤:《违约精神损害类型化分析》,载《甘肃政法学院学报》2012年第3期。
③ 参见陈任:《英国合同赔偿制度研究》,法律出版社2013年版,第193页。

易的可预期性,并增加交易成本和负担。在大量的交易中,当事人的违约行为均可能导致交易当事人精神上的不悦或焦虑,例如,在借款合同中,债务人不及时还款,可能导致债权人的紧张和焦虑,此时显然不能要求债务人赔偿债权人的精神损害。如果法律上泛泛地承认此类合同的精神损害,且界限不清,则可能导致法官不当使用该条款,不当扩大违约精神损害赔偿的适用范围。

第三,即便存在着以精神利益实现为目的的合同,在判断精神损害是否是因为违约行为而造成时,也是比较复杂的。但在出现责任竞合的情形下,是比较容易判断的,因为一方的违约导致另一方遭受了人身伤亡的后果,按照社会一般人的看法,在此情形下,也会伴随精神损害。例如,在前述贾国宇案中,因为一方的违约导致对方遭受面部受伤的后果,则一般可以推定受害人精神上遭受了痛苦,此时,赔偿精神损害是合理的。但如果仅仅只是违反提供精神利益的合同,就主张精神损害赔偿,往往难以判断,因为同一违约行为对不同的人的影响是不同的,有的人感到失望,有的人感到愤怒,有的人则能够泰然处之,不宜一概认定受害人遭受了严重的精神痛苦。因此,即便对以实现精神利益为目的的合同而言,能否适用精神损害赔偿责任,也应当根据个案具体判断。

第四,如果合同的确是以精神利益的实现为目的,可以在有名合同中予以特别的规定,而不宜作为违约损害赔偿的一般规定。例如,合同编分则部分可以在诸如旅游合同中,规定因违约行为造成精神损害的可以请求精神损害赔偿。有学者认为,《合同法》第112条"当事人一方不履行合同义务或者履行合同义务不符合约定的,在履行义务或者采取补救措施后,对方还有其他损失的,应当赔偿损失"的规定存在解释空间,如其中所说的"损失"的概念能否包括精神损害?笔者认为,合同本质上还是一种财产性质的交易,违约所造成的损失主要还是体现为财产上的损失,以物质层面的损失为主。此处所说的"损失"应当被局限于财产上的损失。另一方面,从体系解释来看,民法上在使用"损害"的概念时,通常包括财产损害与精神损害,而在适用"损失"时通常是指财产损害而不应包括精神损害。因此,也不能通过扩大解释第112条中的"损失"使得违约精神损害赔偿的范围扩大。

那么,在现行立法并未对以精神利益实现为目的的合同中的违约精神损害赔偿作出规定的情形下,能否认为现行立法出现了漏洞?笔者认为,立法之所以未规定违约精神损害赔偿责任规则,并不是因为立法者考虑得不周延,而是形成了立法者有意的沉默,也就是说,立法者以沉默的方式表明了其拒绝在违约责任中承认精神损害赔偿的态度。由于此种立法者有意的沉默并不属于法律漏洞,因此,法官不能通过填补漏洞的方法承认违约精神损害赔偿。

从根本上说,精神损害赔偿其实并非一般意义上的损失赔偿,德国法、日本法等将其称为"抚慰金",说明其是一种货币化的补偿或精神安慰,主要是基于人格权受损害造成精神痛苦,而对受害人所作的抚慰。这种赔偿其实很难依据明确的市场价格进行计算,也缺乏明确的计量标准,这给予法官确认赔偿数额的极大的自由裁量权。因而,在法律上必须慎用精神损害赔偿。尤其是在合同中,由于其本质上是财产的交易,过度适用精神损害赔偿将会对财产交易带来威胁甚至造成危害。基于这一原因,笔者认为,民法典分编草案不宜一般性地承认在以精神利益实现为目的的合同中的违约精神损害赔偿,而可以考虑在有名合同中,针对诸如旅游合同等的违反,规定精神损害赔偿责任。对其他一些涉及精神利益的合同,可以通过特别立法、辅之以司法解释,以准确适用精神损害赔偿责任。

人格权法分则

论网络环境下人格权的保护*

随着计算机和互联网技术的发展，人类社会进入到一个信息爆炸的时代。互联网深刻地改变了人类社会的生活方式，给人类的交往和信息获取、传播带来了巨大的便利，使地球成为真正的"地球村"。互联网技术创造出来的"虚拟空间"，极大地扩张了人们活动的领域和空间，使得信息的发布和收集更为容易，更为简便。① 但网络在促进社会发展、方便信息传递的同时，利用网络披露他人隐私、毁损他人名誉等行为也大量存在。因此，网络环境下的人格权就成为一个需要研究的新课题，人格权法也应对此有所体现。

一、网络环境下人格权的特殊性

互联网不仅在受众上有无限性和超地域性，且登录和使用具有自由性，一旦被不正当使用，就可能对个人人格权益构成严重威胁，并可能造成严重的损害后果，法律有必要对其加以规制。② 在网络环境下，人格权概念本身并没有发生变化，法律有关人格权的规定可以适用于网络环境下的人格权，但与现实生活中的人格权相比，网络环境下的人格权有自身的特点，主要表现为人格利益的特殊性：

第一，网络环境下的人格利益具有集合性。在网络环境下，各种人格利益通常是相互交织在一起的，对某一人格权或人格利益的侵害可能同时构成对其他人格权或人格利益的侵害。例如，在网络上非法披露他人隐私，可能既侵害隐私权，同时也构成对他人名誉权的侵害。这些人格利益和权利一起，组合成了人格权益。《侵权责任法》第 36 条中提到侵害民事权益，但没有具体列举被侵害的权益，从实践来看，在网络环境下遭受

---

* 原载《中国地质大学学报（社会科学版）》2012 年第 4 期。
① See Douglas Thomas and Brain D. Loader, Cybercrime, Routledge, 2000, p.10.
② See Margaret C. Jasper, Privacy and the Internet：Your Expectations and Rights under the Law, Oxford University Press, 2009, Introduction.

侵害的权益主要是人格权益,网络环境下的人格权保护不仅仅保护各种具体的人格权,还包括其他的人格权益。

第二,网络环境下的人格利益具有扩展性。网络环境下的人格权是对各种人格权的统称,并非一种具体的人格权类型,也不是一种新类型的、框架性的权利。与现实人格权一样,网络环境下的人格权以名誉、肖像、隐私等各种人格利益为客体,但因为网络的放大效应和受众的无限性,现实中并不重要的人格利益在网络环境中就成为需要保护的重要人格利益,从而体现了拓展性的特点。例如,自然人的声音虽然并非一种独立的人格权客体,但通过语言合成技术,将他人的声音信息收集后,进行加工、篡改,再制作成视频放到网上,对他人人格利益的侵害可能极为严重,因此,应将声音作为一种网络环境下的重要人格利益加以保护。还要看到,在网络环境下,人格利益的范围较之前任何时代都有所拓宽,除了具有个性化特征的声音,肢体语言、形体动作、可被利用的个人偏好信息都有被法律保护的意义。在此要特别注意对个人信息的保护,例如,在网络上,利用搜索引擎和云计算技术可以将资料的碎片汇集到一起,从而实现对各种个人信息的收集、整理、加工等,这些个人信息一旦被商业机构收集和利用,将会给个体带来不良后果。这表明,在网络环境下,一旦个人信息被非法利用和擅自披露,就会对权利人的权益造成重大侵害。例如,在网络暴力第一案中,原告的个人家庭住址等信息被被告在网上披露后,很多网民据此前来围堵,给原告的生活安宁造成很大侵扰。① 再如,在网络上披露某女明星的年龄,将导致该明星的演艺生涯受到影响。② 当然,网络环境下的人格利益具有扩展性,并不意味着在网络环境下某些极易遭受侵害的人格利益就应上升为人格权,只是在客观上凸显了其保护的必要性和重要性。

第三,网络环境下的人格利益结合了虚拟性与实体性。一方面,网络环境具有虚拟性,即网络环境并非实体的空间,在非实名制的情况下,行为人往往使用不表明其身份的网名,行为人与受害人之间并不存在直接的接触,侵害行为的发生通常是借助于虚拟网络环境而发生和实现。但网络环境下的人格权的虚拟性并不意味着,对其的侵害不会导致现实的损害后果。例如,在网络上侮辱他人也会导致受害人的社会评价降低,从

---

① 参见傅沙沙:《网络暴力第一案:司法建议监管网民言论引争议》,载《新京报》2008年12月19日。

② 参见《泄漏女星年龄 网站被告索赔》,载《参考消息》2011年10月19日。

而构成对其名誉权的侵害。在网络环境下,人格权的侵害环境和手段都是虚拟的,甚至当事人也是通过网名隐匿的,但遭受侵害以后会导致现实的损害后果。① 另一方面,网络环境下的人格权本身也是实体性的权利,行为人实施的侵害行为虽然是在虚拟空间发生,但其损害后果却是实际存在的,并会对权利人造成现实的损害。从这个角度来看,现实生活中的人格权和网络环境下的人格权是没有本质区别的,这也再次表明,网络环境下的人格权并非人格权的新类型,也并非产生了新的人格利益,只不过,某种人格利益在网络环境下,其表现形式、保护方式等具有特殊性。

第四,网络环境下的人格利益,容易被商业化利用。互联网的传播迅速、受众广泛、成本低廉,权利人极易实现对人格权益的积极利用,获取经济利益,实现人格权益的商业化利用。例如,某明星与某企业签订商品代言协议,将其为某企业所代言的商业广告短片上传到其微博,这就实现了姓名权、肖像权等人格权益的商业化利用。这意味着,在网络环境下,人格利益的可商业化利用现象十分明显。在实践中,一些商业网站常常收集、利用个人偏好信息等,用于对个人构成不当侵扰的商业行为。当然,如果其广告宣传内容具有虚假性,所产生的后果也更为广泛和严重,并有可能对公共利益构成侵害。还要看到,在互联网时代,出现了一种"信息茧房"(Information Cocoons)现象,按照这一概念的提出者哈佛大学桑斯坦教授所说,"公众长期只接触自己兴趣范围之内的信息,长此以往,用户仿佛是被桎梏于蚕茧之中的蚕蛹,被禁锢于信息的茧房之中"②。这就是说,用户在网上点击了其感兴趣的内容,网络服务提供者会根据其兴趣特点源源不断地向其推送相关内容,这不仅使用户获取的信息渠道受限,而且会使用户的观察和判断产生误导,这也是商家利用用户偏好信息所实施的一种常见的商业策略。因此,有必要对网络环境下的人格权的商业化利用予以特别规范。

第五,网络环境下的人格利益的保护方式具有特殊性。在网络环境下,人格权是与网络联系在一起的,对网络人格权的侵害也大多借助于网络而发生。在手机和网络形成交互平台时,也可能借助于电信渠道来实施侵权行为。相应地,网络环境下的人格利益的保护方式应当具有特殊性。其主要表现在:一方面,救济方式具有特殊性。网络环境下的人格权

---

① 参见于雪锋:《网络侵权法律应用指南》,法律出版社2010年版,第7页。
② 〔美〕凯斯·R.桑斯坦:《信息乌托邦:众人如何生产知识》,毕竞悦译,法律出版社2008年版,第6页。

救济方式应当考虑网络的便捷性和广泛性特点。例如,行为人的赔礼道歉声明通常应当在同一网站的首页进行;网络服务提供者可以采取删除、屏蔽、停止服务等网上特有的方式保护受害人。另一方面,损害赔偿计算的特殊性。在网络环境下,受众具有广泛性,且信息发布成本低廉,一旦造成侵害,后果将极为严重。在损害赔偿的计算上,应当考虑损害后果的严重性,以及侵权行为的成本和后果的不对称性。此外,尽管侵权法对网络环境下的侵权提供了事后的救济,但其并没有对人格权的范围、界限、行使的规则等非常重要的内容加以规定,故应在人格权法中规定网络环境下的人格权规则。

二、在人格权法中专门规定网络环境下人格权保护的必要性

虽然我国《侵权责任法》第 36 条也将网络侵权作为一种侵权形态进行了规定,但侵权责任法的规定不能代替人格权法的功能。一方面,侵权责任法只是救济法,一般并没有确权的功能,不能代替人格权法的确权作用。网络环境下所涉及的各项人格权益,侵权责任法并不能进行全面的列举,还需要通过人格权法来进行全面的确认。另一方面,即便就侵权形态而言,侵权责任法的规定比较原则,仅仅从责任主体与责任后果方面进行规定,但对侵害方式、侵害客体、损害后果等没有进行全面的规定。由于受其功能的限制,侵权责任法主要是救济法,无法对网络环境下侵害人格权权益的具体方式、侵害客体等进行全面的规定。这就需要人格权法对网络环境下的人格权保护进行单独规定。

由于网络环境下的人格权保护具有特殊性,在法律规范时,也不宜与具体人格权混为一谈,在人格权法中应体现其特殊性。要表现其特殊性,可以在每一具体人格权条文中设置网络环境下的保护款项,但这样一来,不仅会出现叠床架屋的累赘,不符合立法简约化的精神,还会因为立法空间有限而不能实现完全保护,显然不妥。要避免这些欠缺,就应当对网络环境下的人格权保护进行专门统一规定,而网络环境下人格权的共性也是为其设置保护的特殊规则的原因。具体说来,这些共性表现为:

第一,主体具有一定的虚拟性。与现实世界所不同的是,在网络世界中,我们所面对的不是真实和可以辨识的个人,而是作为个人代号的网名、IP 地址等符号或数字。在现实生活中,人格权都是由特定的主体所享

有的,主体具有确定性;但是在网络环境下,由于网络的虚拟性(非物质性),双方所使用的往往都不会是真实的姓名,而只是注册的用户名或网名。曾有一句名言:在互联网上,没人知道你是一条狗(On the Internet, nobody knows you are a dog①)。尽管借助一定的技术手段,可以找到行为人的 IP 地址,但是对于行为人的确定却不容易,尤其是侵权人在开放性的计算机室(比如公用网吧)里上网发布侵害他人人格权的信息时更是如此。②

第二,损害的易发性。在网络环境中,侵害他人权益的行为十分容易发生,例如,在网络上随意剽窃他人文章,比在现实世界中更为容易;发布针对他人的诽谤言论或者侵害他人隐私的言论,很容易完成,这类言论特别是在论坛、微博、朋友圈等平台中很容易发表,发表后又很容易得到他人的围观、评论和传播。在网络环境中,受害人和加害人身份角色之间更容易发生转换。一方面,所有人都可能成为网络诽谤行为的受害者,而并不仅限于名人;另一方面,每个普通用户如果发表或者有过失地转发此种诽谤言论,或者侵害他人隐私的言论,同样可以成为加害者。

第三,侵害客体的特殊性。如前所述,网络环境下的人格权具有集合性,侵害行为通常构成对多种人格权益的侵害,而并非仅是某一单项的人格权益。由于网络环境下的人格权具有可商业化利用的特点,对其进行侵害可能既构成对人格利益的侵害,同时也构成对权利人财产权益的侵害。例如,在网络环境下,各种个人信息的碎片都可能通过互联网数据加工处理,以数据资料的形式表现出来。个人的购物偏好,在现实生活中不一定具有现实意义,但是在网络环境下经过整理加工之后所形成的数据资料具有经济价值。再如,在网络环境下,个人的肖像可以进行技术加工,一个人的头像可以与另一个人的身体嫁接,或者将一个人的形体动作与他人的肖像连接起来,这就使得网络环境下个人的肖像利益也具有其独特的特点。

第四,侵害方式在技术上的特殊性。这表现在,一方面,侵权行为具有隐蔽性、侵权地域具有不确定性。因为网络空间具有匿名性和分散性,所以在互联网空间发生的侵权行为往往很难确定实际侵权行为人,或者

---

① David Price and Korieh Duodu, Defamation, Law, Procedure and Practice, Sweet & Maxwell, 2004, p.415.

② See David Price and Korieh Duodu, Defamation, Law, Procedure and Practice, Sweet & Maxwell, 2004, p.420.

即使可以通过技术手段追踪,但维权成本也过高。① 例如,某人坐在家里,就可以以匿名的形式发布侵害他人名誉的言辞,使侵权行为更为隐蔽,对人格权的保护变得更为困难。另一方面,网络的技术性越来越强,使得对人格权的侵害更为复杂。网络环境下侵害人格权通常需要使用一定的技术手段。例如,Cookie 的运用,黑客用于远程攻击的木马程序、群发邮件技术等。② 而网络黑客是通过各种手段侵入他人电脑窃取个人数据、证券交易的有关记录等行为,技术性就更强。此外,网络环境下,个人的信息和数据都可能会被进行数字化处理,而这种处理方式增加了个人信息被利用、处理、传播的可能性。所以,在网络环境下,个人信息权无法通过对隐私权的保护完全实现,有必要单独予以处理,欧盟的一些指令和《通用数据保护条例》(GDPR)就通过单行法的方式对个人信息权予以保护,这表明传统的隐私权保护已经不能完全适应网络环境下的个人信息保护的需求。

第五,损害后果易扩散性。网络无边界、受众具有无限性、网络的超地域性,使得侵权言论一旦发表,就可以为全球用户所知晓;如果是诽谤性的不实言论,就会在大范围内造成对受害人名誉权的严重侵犯。如在网上传播他人的裸照,损害的后果可能在短时间内向全世界传播,他人可以无数次地下载,由此造成的损害后果巨大而且覆水难收、不可逆转。网络环境下,主体在传统世界中所享有的权利很容易遭受侵害,"人"在此种环境中具有很明显的脆弱性,特别是其名誉、隐私、肖像、姓名等精神性人格权,很容易遭到他人的侵犯。③

第六,网络侵犯人格权的后果更为严重。由于互联网具有多维、多向、无国界、开放性等特点,通过网络手段侵害他人人格权,一旦特定信息在网上公布,则迅速地传播流转,影响极为广泛,损害后果无法准确确定,甚至可以说,会导致难以预测的后果。所以,在网络环境中的侵权行为,其侵害后果具有不可逆转性,即使可以在一定范围内消除影响,但往往不易完全恢复原状。通过赔礼道歉等方式并不能及时、完全地消除损害后果,使权利恢复到未受侵害的状态。④ 甚至有许多学者认为,网络侵权发

---

① 参见张新宝、任鸿雁:《互联网上的侵权责任:〈侵权责任法〉第 36 条解读》,载《中国人民大学学报》2010 年第 4 期。
② 参见张新宝:《隐私权的法律保护》(第二版),群众出版社 2004 年版,第 164—168 页。
③ See Kenneth C. Creech, Electronic Media Law Regulation, Fifth Edition, Elsevier, Focal Press, 2007, p. 288.
④ See Douglas Thomas and Brain D. Loader, Cybercrime, Routledge, 2000, p. 22.

生以后,是不可能恢复原状的,只能请求损害赔偿。就损害赔偿而言,在网络环境下,损害的范围难以完全确定,举证比较困难;另一方面,因为其波及面较广,这种损害相比实体环境下也更严重。例如,在国内某个网站上发布了某些侵害他人人格权的信息,即便在国内各网站上被消除,但不能或很难删除国外网站上的信息,因而可以说,此种后果是很难彻底消除的。在网络侵权的情形下,损害的确定和损害的计算都很困难。

第七,责任主体有一定的特殊性。我国《侵权责任法》第36条第1款规定:"网络用户、网络服务提供者利用网络侵害他人民事权益的,应当承担侵权责任。"在网络环境下,侵权责任主体具有复合性,除网络用户之外,如果网络服务提供者符合《侵权责任法》第36条第2、3款规定的条件,也应当承担侵权责任。就网络用户而言,在网络环境下,信息发布者之外的其他传播者在一定条件下也可能需要承担侵权责任。例如,在网络上非法传播诽谤信息、非法传播他人的隐私,也可能构成侵权。就网络服务提供者而言,其所提供的网络服务有所区别,如BBS、贴吧、搜索引擎服务均不相同,这样,不同的网络服务提供者所应承担的责任应当有所区别,其注意义务也应该有所差别,在责任的认定上要根据不同服务的性质而具体确定。

第八,限制和免责事由具有特殊性。一方面,从加害人的角度看,在网络环境下,网络用户和网络服务提供者的注意义务不同,其免责事由也相应地有所差别。比如,网络用户在未经他人同意的情况下,擅自发布他人隐私等,就当然构成对他人人格权的侵害。而网络服务提供者的注意义务则与网络用户不同,如果其在不知情的情况下为网络用户提供了信息传播服务,则需要在受害人通知其采取相应侵害制止措施而未采取的情况下,方须承担侵权责任。另一方面,从受害人的角度看,在网络环境下,对公众人物人格权的侵害与对一般公众人格权的侵害,在责任限制和免责事由方面存在一定差别。与一般公众相比,公众人物的人格权应当受到适当限制。当然,对网络上的公众人物人格权限制规则的适用应当更加谨慎,公众人物也应当受到更多的保护,其家庭住址等个人信息不得随意发布。这主要是考虑到,在网络环境下,网络传播具有广泛性、及时性等特点,受害人可能遭受更严重的损害,而且,此种损害往往难以消除。此外,网络环境下还应当注重人格权保护与信息传播之间的平衡。在网络环境下,应当注重自然人人格权的保护,同时也应保障公众的知情权以及信息传播的自由等。

在布局形式上,可以考虑借鉴《侵权责任法》第四章关于责任主体的特殊规定的立法体例,考虑在人格权法中设立单独一章规定"特殊主体及特殊环境下的人格权",将网络环境下的人格权保护与死者人格利益、胎儿人格利益等特殊问题一并规定,这样既节约了立法空间,又表明它们属于人格权法中的特殊规定。在立法技术上无法在每一项具体人格权条款下分别规定互联网侵权问题,否则不符合立法的简约化;而对网络环境下的人格权进行统一规定是比较妥当的。

三、人格权法对网络环境下人格权进行保护的重点

对网络环境下人格权的保护是各个法律部门共同的任务,也是整个民法适应社会生活需要所应当规范的重点。对网络环境下人格权的保护应当主要从两个方面进行:一方面是从权利的救济角度,即侵权损害赔偿责任角度进行保护;另一方面则是从人格权法的角度进行保护。就网络环境下人格权保护而言,主要应当从以下四个方面进行规定。

(一)全面确认网络环境下的各项人格权益

网络环境下的人格权主要涉及如下七类。

一是姓名权。自然人的姓名权在网络环境下也是重要的民事权益,应当受到法律保护。姓名权的客体包括户口簿上的姓名,也包括其别名、笔名等所有具有一定知名度、可以与特定自然人相联系的名称。网上侵害他人姓名权主要包括:恶意抢注他人的姓名作为自己的网络域名[1]、恶意利用他人的姓名作为自己的网名、假冒他人的姓名从事侵权行为等。网名如果能够辨认为某个具体的个人,即与真实的个人联系在一起,具有可识别性,则和笔名、别名等一样可受到姓名权的保护。[2] 如个人姓名和家庭住址等在现实生活中并不一定是隐私,但是在网络环境下则可能成为一种重要的隐私,披露者将承担相应的侵权责任。在网上擅自删除他

---

[1] 例如,美国好莱坞著名女星朱莉娅·罗伯茨(Julia Roberts)和世界知识产权组织(WIPO)共同起诉美国新泽西州普林斯顿市的 Russell Boyd 公司注册了一个以"Julia Roberts"命名的域名,侵犯了罗伯茨的权利。WIPO 仲裁委员会根据普通法判定,罗伯茨对其姓名享有权利,这家公司主观上出于恶意注册"JILIAROBERTS.COM"的域名,侵犯了罗伯茨的姓名权,仲裁委员会要求其停止侵权行为,取消该域名。

[2] 参见彭姣时、韩桂琼:《侵害网络姓名权一案昨开庭审理 未当庭宣判》,载《广州日报》2007 年 10 月 26 日。

人的网名,也可能构成对人格权益的侵害。

二是名称权。法人名称权在网络环境下也需要被保护,如以某公司的名称作为域名,或者未经许可,在自己的网站上使用其他企业名称进行广告宣传,不仅侵犯了该企业的名称权,而且会导致消费者对服务主体造成混淆,扰乱了市场秩序,构成不正当竞争。①

三是名誉权。在网络环境下,侵害名誉权的行为较为普遍,具体表现形态主要有:在博客中攻击他人②,在论坛网帖、微信朋友圈、公众号等诽谤他人③等。近年来,侵害网络名誉权的案件层出不穷,表现形态多种多样,既有对自然人名誉权的侵害,又有对法人名誉权的侵害,所以,在网络时代,名誉权的保护应当成为重要内容。

四是隐私权。在网络环境下,对隐私权侵害的表现形态有多种,例如在网上擅自披露他人的私生活秘密、公布他人的个人信息,都会对个人生活安定造成不当的侵害。尤其是随着信息搜索技术的发展,利用网络搜集个人信息更加方便④,而这些信息一旦传播,对其恢复也更加困难。据此,许多学者认为,网络环境下的隐私权是信息网络时代的重要人权。在现实生活中,生活安宁表现为住所不受他人侵害;而在网络环境下,表现为个人虚拟空间安宁不受打扰,如个人电子邮箱不受他人侵入、窥探、垃圾邮件骚扰等。网络隐私形成了一种新的空间隐私。在网络隐私权下,权利人的个人信息、生活安宁等都是其虚拟空间中享有的一种权利,而不是在现实生活中享有的权利,这也是网络环境的特殊性。⑤

---

① 参见深圳市人某人装饰设计工程有限公司诉深圳市海某装饰设计工程有限公司侵犯企业名称权及不正当竞争纠纷案,深圳市宝安区人民法院(2010)深宝法知产初字第161号民事判决书。

② 博客的注册用户"沈阳",在浏览网站的过程中,认为作者为"秦尘"的文章有侮辱诽谤自己的内容,使其名誉受到了侵害,而该博客的托管网站——"博客网"未能及时删除这些文章。于是,"沈阳"于2006年3月3日将"秦尘"告上法庭。此案为国内首例博客告博客侵犯名誉权的案件。2006年10月,北京市海淀区人民法院就此案作出了判决,认定被告侵权成立,责令被告在网站上发表道歉声明。

③ 参见海大装饰公司诉新浪公司侵犯名誉权案,深圳市中级人民法院(2005)深中法民一终字第3747号民事判决书。

④ 参见《"人肉搜索"侵权案的法律分析——严某诉王某、甲公司名誉权纠纷案法律问题研究》,载北京市高级人民法院编:《审判前沿:新类型案件审判实务》(总第二十五集),法律出版社2010年版。

⑤ 参见张新宝:《侵权责任法原理》,中国人民大学出版社2005年版,第256页。

五是肖像权。网络上经常出现"晒某大学校花素颜照"①,甚至公布他人的裸体照片,将他人的头像与色情图片剪接在一起等,这些行为都侵害了权利人的肖像权。《民法通则》第 100 条规定:"公民享有肖像权,未经本人同意,不得以营利为目的使用公民的肖像。"但在网络环境下,对肖像权的侵害大都是不以营利为目的的,或者营利性很难认定,这就凸现出《民法通则》的保护模式在网络环境下很难起到制裁加害人、保护权利人的功能。

六是个人信息权。个人信息是指与特定个人相关联的反映个体特征的具有可识别性的符号系统,它包括个人出身、身份、工作、家庭、财产、健康等各方面信息的资料。个人信息,例如,家庭住址、手机号码等,可能成为网络环境下的重要人格利益。

七是其他人格利益。例如,声音虽然在通常情况下不能构成独立的人格利益,但是,在网络环境下,声音可以成为重要的人格利益,在网络上侵害这些人格利益主要表现为,模仿他人的声音,或者对他人的声音进行修改。例如,在某著名喜剧演员起诉新浪公司和北京星潮在线文化发展有限公司侵犯肖像权案中,两公司通过全国多家卫视发布手机游戏下载广告,而此广告未经许可将该演员在小品中的表演形象篡改为动画形象,并配以与该演员相类似的方言口音。②

(二) 强化在网络环境下对个人信息权的保护

随着互联网技术的发展和各种新媒体的广泛运用,个人信息越来越多地被商业化利用。例如,网络的开放性和互联性,使得商家非法利用他人个人信息创造更大商业价值的机会剧增,进而使"信息真正成为金钱"③。在实践中,利用他人信息进行推广商品、广告宣传,使得个人信息的商业化利用具有更大的价值,也更容易遭受侵害。尤其应当看到,在信息社会中,个人信息的收集、储存越来越方便,而且信息的交流、传播越来越迅速,信息越来越成为一种社会资源,深刻影响了人们社会生活的方方面面。所以,法律需要适应信息社会对个人信息保护提出的迫切要求。

网络的全球性、开放性和瞬间性,使得网络在储存和利用信息方面存在着无限的空间和可能性,导致各种个人信息资料都可以通过互联网在

---

① 参见肖耿:《网曝时代电子照片遭滥用 公民肖像权再引关注》,载《人民日报》2010 年 8 月 25 日。
② 参见肖耿:《网曝时代电子照片遭滥用 公民肖像权再引关注》,载《人民日报》2010 年 8 月 25 日。
③ 刘德良:《网络时代的民法学问题》,人民法院出版社 2004 年版,第 333 页。

瞬间收集、整理、存储和传播,并通过网络途径进行散布。例如,通过对个人购物偏好的分析,可以了解个人个性、私生活的重要特点等。网络环境下,个人信息的传输不仅可以实现瞬间传递,而且其传播面可以波及全球,受众对象也具有广泛性。由此决定了网络环境下对个人信息的侵害,较之于任何纸质媒体,其影响面更大,对个人人格利益的侵害更为严重。所以互联网的发展,使得个人信息的搜集、储存和交流成为生活不可或缺的组成部分,与此同时又带来对个人信息的严重威胁,个人信息在网络传媒下随时都有被侵害的可能。[①] 为此,有必要在人格权法中对个人信息权,尤其是网络环境下的个人信息权保护作出专门规定。

(三) 对侵害网络环境下人格权损害后果的确定

侵害网络环境下人格权的现象较为常见,受害人维护权利的事例则比较少,其中很重要的原因就是对损害后果的举证比较困难,尤其是对实际遭受的损失举证比较困难。网络侵权具有某些与现实世界不同的特点。这种不同在于,由于互联网的受众的无限性和传播的及时性,一旦实施侵害行为,其损害后果常常表现为如下特点:首先,损害后果难以估计。如前述,网络的受众对象是无限的,其传播速度非常快,传播范围也极广,侵权的信息等还可以被无数次下载或浏览,所以,损害后果往往是严重的,而且很难估计。其次,通常造成精神权益的损害,不可能侵害物质性人格权。传统意义上的生命权、身体权、健康权在网络环境中受到侵害的可能性较小,而名誉权、隐私权受到的侵害可能性较大,所以,受害人往往都会遭受精神损害。最后,损害举证的困难。对侵害网络环境下的人格权,受害人是否遭受了损害,损害的严重程度等,都难以举证证明。例如,侵害主体就不仅仅限于最初的信息提供者,还可能包括网站服务提供者、管理者以及其他网络参与者。针对这些特点,法律上应当减轻受害人在损害后果上的举证责任,综合运用举证责任倒置等一系列技术规则来实现这一目的。

(四) 规定侵害网络人格权的特殊责任承担方式

在侵害网络隐私权的情况下,受害人可以采取传统的请求停止侵害、恢复名誉、消除影响、赔礼道歉等方式。但是,由于网络环境下人格权侵权的特点,在责任承担方式上也相应地具有特殊性。

---

① See Daniel J. Solove and Paul M. Schwartz, Information Privacy Law, Third Edition, Wolters Kluwer, 2009, p.1.

第一,在网络侵权的情况下,应当大量采取停止侵害的方式。这是因为网络传播具有即时性,在网络环境下,个人人格权被侵犯,停止侵害的基本方式就是及时删除侵权信息,如果某种侵权信息被他人的网站所采纳存储,受害人也有权要求任何存储该信息的人予以彻底删除。如果侵权方式是非法收集使用个人信息,那么,停止侵害的方式就是立即删除存储于侵权者数据库中的个人资料信息。如果采用"人肉搜索"的方式侵权,停止侵害是指立即制止此种行为。

第二,消除影响的特殊性,在网络侵权的情况下,经常需要侵权人通过发布公告的形式来消除影响。例如,海大装饰公司诉新浪公司侵犯名誉权案中,法院认定被告应于本判决生效之日起 5 日内在新浪网深圳房产的页面上向原告赔礼道歉、消除影响。[1]

第三,在网上采取赔礼道歉的责任方式也具有特殊性。例如,在海大装饰公司诉新浪公司侵犯名誉权案中,法院认定被告应该向原告赔礼道歉,道歉内容必须经法院审查认可。逾期不赔礼道歉,法院将向社会公开本案判决结果,公布费用由被告负担。[2] 在陈堂发诉中国博客网案中,法院审理认为,被告未尽到"善良管理人"的注意义务,应承担相应的法律责任。[3] 被告还应当在该网站首页向原告陈堂发刊登致歉声明。[4] 这是因为互联网传播的无边界性和受众的无限性,所以赔礼道歉公告一旦发布就会对侵权人起到有效的遏制作用,甚至比赔偿精神损害更能起到抚慰受害人的作用。但赔礼道歉如果在网上做出,尤其是在原来发布侵权信息的网站上发出,应当刊载在原侵权网站的显著位置。

第四,在网络侵权的情况下,要考虑损害赔偿责任方式的特殊性。网络环境下的人格权,不仅涉及保护的问题,还涉及利用的问题,这是传统的人格权制度所难以规范的。一方面,对具有财产利用价值的人格权,应该注重赔偿其财产损失,比如在网上擅自利用他人肖像发布广告。另一方面,在损害赔偿的具体计算问题上,要考虑网络侵权发布面广、影响大等,不能单纯根据现实空间中实际营利的计算标准,更需要通过网络的点击量等来判断侵权后果波及范围,据此来确定损害赔偿的数额,在网络侵

---

[1] 参见海大装饰公司诉新浪公司侵犯名誉权案,深圳市中级人民法院(2005)深中法民一终字第 3747 号民事判决书。
[2] 参见海大装饰公司诉新浪公司侵犯名誉权案,深圳市中级人民法院(2005)深中法民一终字第 3747 号民事判决书。
[3] 参见《被斥"烂人烂教材"副教授怒告中国博客网》,载《东方早报》2005 年 11 月 4 日。
[4] 参见《被斥"烂人烂教材"副教授怒告中国博客网》,载《东方早报》2005 年 11 月 4 日。

权的情况下,通常来说,应该比现实空间中侵权损害赔偿数额更大。

第五,关于精神损害赔偿的适用。对网络环境下对人格权的保护,应当加大精神损害赔偿的力度。因为一方面,如前所述,由于网络的放大效应和受众的无限性,人格权一旦遭受侵害,损害后果将难以计算,完全通过财产损害赔偿将无法对受害人提供全面的救济。因此,精神损害赔偿便成为一种有效的损害救济调整机制。另一方面,对网络环境下人格权的侵害,受害人既可能遭受财产损害,又可能造成受害人的精神损害,因此,可以并用财产损害赔偿和精神损害赔偿。考虑到网络侵权造成后果的严重性,尤其是对受害人造成了较为严重的精神损害,因此应当注重发挥精神损害赔偿的调整、制裁的功能。《侵权责任法》第22条规定:"侵害他人人身权益,造成他人严重精神损害的,被侵权人可以请求精神损害赔偿。"这就是说,精神损害的后果不是轻微的损害后果,而应当是严重的损害后果。造成严重精神损害是获得精神损害赔偿的法定必要条件。所谓"严重"是指后果的严重性,即超出社会一般人的容忍限度的损害。[①] 或者说,是指社会一般人在权利遭受侵害的情况下,都难以忍受和承受的精神痛苦和肉体痛苦。在网络侵权时,只要行为人的行为构成侵权,可以认定该行为已经造成严重精神损害。因为此种侵权是向全世界传播,受众是无限的,且可以被无数次下载,已经对受害人造成了广泛的社会影响,应当通过使加害人赔偿一定数额的精神损害金而给加害人一定的制裁。所以一旦发生网络侵权,应当认定已经构成严重精神损害,并应加大精神损害赔偿的力度,为受害人提供更为全面的救济。

结　语

我国"十二五"规划纲要明确提出,要健全网络与信息安全法律法规,加强对网络与信息安全的保障,网络安全的一项重要内容就是加强对网络环境下个人人格权益的保护,有效保障网络安全应当以充分保障私权为基本前提,只有充分保护个人人格权益,才能够有效防止网络侵权行为的发生,净化网络环境,充分发挥互联网的积极作用。这就对我国正在进行的人格权立法提出了新的挑战。

[①] 参见张礼洪:《意大利法中非财产性人身损害赔偿制度及其对我国的启示》,载詹森林、朱晓喆主编:《比较民法与判例研究》(第一卷),法律出版社2015年版,第43页。

略论人格权编对性骚扰的规制*

引 言

所谓性骚扰(sexual harassment),是指以身体、语言、动作、文字或图像等方式,违背他人意愿而对其实施的、以性为取向的有辱其尊严的性暗示、性挑逗以及性暴力等行为。"性骚扰"一词最初是由美国著名女权主义法学家凯瑟琳·麦金农于1974年提出来的。[①] 此后,许多国家都陆续在相关法律中确立了禁止性骚扰的法律规则。我国实践中也出现了不少性骚扰的现象,但是由于缺乏法律的规定,因此法官在裁判时往往找不到具体的法律依据。2005年8月28日,第十届全国人民代表大会常务委员会第十七次会议修订了《妇女权益保障法》,在该法中专门新增了一条对性骚扰作出规定,即该法第40条规定:"禁止对妇女实施性骚扰。受害妇女有权向单位和有关机关投诉。"这是我国法律第一次对性骚扰作出禁止性规定,具有重要的意义。然而,由于该条规定较为简略,针对性和实用性都不强,因此,在审判实践中,处理性骚扰案件仍然缺乏明确的、具有可操作性的法律规则。例如,如何界定性骚扰? 性骚扰侵害了受害人的何种民事权益? 除向单位和有关机关投诉外,受害人能否针对实施骚扰的行为人提起侵权之诉? 有关单位是否负有防止性骚扰的法律义务并在违反该义务时承担何种法律责任? 这些困扰司法实践的问题,都需要法律上作出明确规定。

当前,我国正在编纂民法典,《民法典(草案)》(一审稿)对于性骚扰作出了更为具体的规定。为了使未来我国民法典能够更好地预防和制止性骚扰行为,保障自然人的合法权益,有必要对性骚扰的相关问题进行深入研究。有鉴于此,笔者将在本文中对性骚扰的界定、《民法典(草案)》(一审稿)规范性骚扰的必要性、性骚扰行为民事责任的构成要件以及有

---

* 本文完稿于2018年。
① 参见张新宝、高燕竹:《性骚扰法律规制的主要问题》,载《法学家》2006年第4期。

关单位预防性骚扰的法律义务等问题进行一些探讨,以供立法机关参考。

一、性骚扰概念的界定

(一) 不宜以职场为中心界定性骚扰的概念

法律要对性骚扰行为进行规范,首先就必须明确性骚扰的定义。迄今为止,我国现行立法并没有明确界定性骚扰的概念,然而,自性骚扰概念产生以来,其内涵和外延就一直在不断扩大,在某些情况下甚至"只要是一方通过语言的或形体的有关性内容的侵犯或暗示,给另一方造成心理上的反感、压抑和恐慌,都可构成性骚扰"①。因此,性骚扰概念的界定成为理论界与实务界都高度关注的问题。在实践中,如果对性骚扰纠纷处理不当可能会混淆法律与道德的界限,把仅仅是违反道德的问题当作违法甚至犯罪问题处理,这显然是不妥当的。为了减少性骚扰认定标准上的模糊性,有效地协调当事人的行为自由与权益保护之间的关系,防止人们动辄得咎,非常有必要在法律上明确性骚扰的定义。

具体而言,界定性骚扰概念的意义在于:一是有利于准确认定性骚扰行为,避免过度扩张对人格利益的保护,从而妨碍人们合理的行为自由。从侵权法的功能来看,各国都强调,侵权法既要追究侵权行为人的责任,保护受害人的合法权益,又要维护社会一般人的行为自由,有效平衡法益保护与行为自由之间的关系。② 人格权法也不例外。我国民法典人格权编既要禁止性骚扰行为,强化对个人人格尊严的保护,也需要严格防止骚扰外延的不当扩张而可能给人们的合理行为自由带来威胁。因为在缺乏对性骚扰明确定义的情形下,性骚扰的范围可能会出现被泛化甚至滥用的可能。在法律上,性骚扰不仅是单纯的违反道德的行为,而且是一种违法行为。如果不科学合理地界定性骚扰的概念,就会将单纯的不道德或不文明的行为也纳入性骚扰的范围,从而既无法有效区分侵害他人人格尊严的不法行为与违背道德的行为,也难以保障人们合理的行为自由,使人们在社会生活中动辄得咎,甚至如履薄冰,如临深渊。二是为法院审判此类案件处理相关纠纷提供一个明确的裁判标准。从司法实践来看,

---

① 沈奕斐:《"性骚扰"概念的泛化、窄化及应对措施》,载《妇女研究论丛》2004年第1期。

② 参见〔德〕马克西米利安·福克斯:《侵权行为法》(2004年第5版),齐晓琨译,法律出版社2006年版,第4页。

法院在裁判性骚扰纠纷时,往往通过其他人格权(如身体权、名誉权)的保护规则调整性骚扰纠纷,这不利于对受害人的救济。性骚扰行为会给受害人造成一定的损害后果,但是这种损害后果通常都是精神层面的损害。因此,如果没有相应的损害后果,性骚扰行为也无法构成侵权行为,法律上就难以对其加以调整和规范。三是将性骚扰行为与其他侵害健康权和身体权的侵权行为加以区分,从而将性骚扰行为作为一类独立的侵权行为加以规范。

关于性骚扰的概念,从比较法上来看,各国法律的界定并不一致,这也与各国规范性骚扰行为的重心有所不同是密切联系的。以美国为代表的一些国家主要是以职场性骚扰为中心来规范性骚扰行为的,性骚扰的定义也主要围绕职场性骚扰而展开。例如,在美国法上,性骚扰经常被称为"工作场所的性骚扰"(workplace bullying)。在美国平等就业机会委员于1980年发布的相关指导规则中,就明确地将工作场所性骚扰分为交换性骚扰和敌意性工作环境性骚扰两类。1976年,美国联邦地方法院认可交换性骚扰,至20世纪80年代初,联邦上诉法院又确认了敌意性工作环境性骚扰的概念。这样一来,就确立了性骚扰的两种最基本形态。[①] 应当说,将性骚扰限定为职场性骚扰具有一定的合理性。因为一方面,法律最初之所以禁止性骚扰行为,主要是针对职业中的性别歧视,保护在工作中受害的弱者;另一方面,性骚扰行为也大多发生在工作场所中,通常和具体的工作环境联系在一起,因为在工作环境中容易形成上下级之间命令与服从的支配关系,而借助此种关系就很容易发生性骚扰行为。但是,性骚扰并不限于工作场所的性骚扰,特别是考虑到现代社会中人们的交往日益密切,更不应当将性骚扰行为局限于工作场所。只要是违背他人意愿、通过各种方式与对方进行与两性内容相关的交流或接触,严重影响他人内心安宁或者造成其他严重后果的行为,均应当认定为性骚扰行为。[②]

正是考虑到将性骚扰限于职场性骚扰过于狭窄,因此,有些国家的立法扩张了性骚扰的内涵。例如,在欧洲法上,性骚扰就被称为"性方面的骚扰行为"(mobbing, victimization)。[③] 1990年,欧洲议会《关于保护男女

[①] 参见李炳安:《欧盟与美国两性工作平等法制之比较》,载《武汉大学学报(哲学社会科学版)》2004年第3期。

[②] 参见王成:《性骚扰行为的司法及私法规制论纲》,载《政治与法律》2007年第4期。

[③] See Marte-France Hirigoyen, Stalking the Soul: Emotional Abuse and the Eroston of Identity, Helen Marx trans., Helen Marx Books 2000, 1998.

工作人员尊严的议会决议》将性骚扰定义为:"不受欢迎的性行为或其他以性为目的的行为,它损害工作女性和工作男性的尊严。性骚扰包括不受欢迎的身体、语言或非语言行为(CEC.1993)。"有关国际公约也对性骚扰的概念作出了更宽泛的界定。例如,根据《反对对妇女一切形式的歧视公约》第19号建议书以及欧盟委员会公报等文件的定义,性骚扰具有以下三项特征:①不合乎需要、不适当或者冒犯性、损害其尊严的行为;②受害人拒绝其性暗示,将影响其职业或升迁;③骚扰行为制造出令人害怕、敌意或者侮辱性的工作环境。基于欧盟的指令要求,英国于2006年制定了《平等法》,该法将性骚扰定义为"基于性别的、法律禁止的事由而为下列行为:①对某人实施不受欢迎的行为,故意地或从结果来看侵犯他人的尊严;②或者制造恐吓性、充满敌意、自卑或不快的工作环境"[1]。应当说,上述规定揭示了性骚扰的一些基本特征,但其并没有在法律层面明确性骚扰究竟侵害了他人的何种权益,也没有揭示性骚扰行为的违法性特征。

(二) 性骚扰概念的界定

从我国司法实践出发,同时借鉴域外的立法经验,笔者认为,性骚扰是一种违背受害人意愿、以性取向为内容、侵害他人人格尊严并造成他人损害的行为[2],其表现形式往往与性取向相关。这一定义具有如下几个方面的特征:

第一,强调性骚扰本质上是一种违背受害人意愿的行为。受害人的意愿既包括完全行为能力人明确拒绝被骚扰的意愿,也包括法律对限制民事行为能力人或者无民事行为能力人拟制的拒绝性骚扰的意愿。就完全民事行为能力人而言,是否构成违背其意愿需要结合被骚扰人的言行等多种因素予以判断。如果行为人在实施针对受害人的性骚扰行为时,受害人表示反对,这显然意味着该行为违背受害人意愿。但是即使受害人没有明确表示反对,但事后表示了厌恶、反感、不满等情绪,也意味着该

---

[1] 就性骚扰的构成要件,英国司法实践中总结了六项基本要素:①原告系被保护群体的一员(男性或女性);②原告须受制于以性为基础且不受欢迎的行为;③该性骚扰行为必须影响原告的工作条件;④上述影响原告工作条件的行为与原告的性别有因果关系;⑤雇主知悉或应知悉该性骚扰行为而未采取立即和适当的救济措施;⑥骚扰次数不限。饶志静:《英国反就业性别歧视法律制度研究》,载《环球法律评论》2008年第4期。

[2] 参见〔德〕克里斯蒂安·冯·巴尔、〔英〕埃里克·克莱夫主编:《欧洲私法的原则、定义与示范规则:欧洲示范民法典草案》(全译本)(第五、六、七卷),王文胜等译,法律出版社2014年版,第320页。

行为是违反受害人意愿的。即使在行为人实施涉嫌性骚扰的行为时,受害人处于沉默的状态,也不能据此当然认定其同意该行为,尤其是受害人事后表示反对该行为,也证明当时其主观上是反对的,则行为人可能构成性骚扰。至于限制行为能力人或者无民事行为能力人,因其没有同意能力,在法律上应认定其一律拒绝他人实施的性骚扰行为,任何此类行为都被视为违反了不完全民事行为能力人的意愿。

第二,强调性骚扰是行为人针对特定受害人实施了以性为内容的骚扰行为。从字面含义上说,骚扰是一种违背他人意愿、不受他人欢迎的打扰行为,如半夜敲门,打骚扰电话,尾随跟踪他人等,都是骚扰行为。性骚扰行为针对的是特定人,不能是针对不特定多数人的行为。例如,在网络直播中讲下流话,并没有针对某一个特定的对象,此类行为虽然违背了社会公德,但因其并未针对特定的人,故不宜将其认定为性骚扰。性骚扰的受害人虽然主要是女性,但不限于女性,男性也可能成为性骚扰的对象。由此可见,我国仅仅在《妇女权益保障法》中规定禁止性骚扰,是不全面的,会不当限缩性骚扰的范围。[①]

第三,强调性骚扰是一种侵害人格权益的行为。目前,我国《民法典(草案)》(一审稿)是将反性骚扰的条款放置于第二章"生命权、身体权和健康权",这并不妥当,因为性骚扰行为所侵害的法益是不同的,需要根据具体情形予以认定。在性骚扰中,受害人被侵害的权利或利益可能是身体权或健康权,也可能是隐私权,还可能是一般人格利益。但是,由于性骚扰行为侮辱了他人的人格,因此从本质上来看,性骚扰属于一种侵害人格尊严的行为。

第四,性骚扰仅仅限于性犯罪以外的行为。对于以暴力手段违背他人意志实施的与性有关的行为,在刑法上构成强奸罪或猥亵妇女罪,此时应当按照刑法的规定来处理。同时,性骚扰和性攻击是不一样的,性攻击实际上是采用暴力手段或以暴力相威胁、违背他人意志而侵害他人性自主权。性骚扰通常是指性攻击以外的、有损他人人格尊严的性侵犯。[②] 性骚扰行为造成损害的程度较轻,一般都不构成犯罪。这就是性骚扰行为与强奸罪、猥亵罪等严重侵犯身体权、健康权的行为的重要区别。尽管从

[①] 参见沈奕斐:《"性骚扰"概念的泛化、窄化及应对措施》,载《妇女研究论丛》2004年第1期。

[②] 参见〔美〕南莲·哈斯贝尔等:《拒绝骚扰——亚太地区反对工作场所性骚扰行动》,唐灿等译,湖南大学出版社2003年版,第20页。

广义上看,强奸罪、猥亵罪等严重侵犯身体权、健康权的行为也可以被理解为性骚扰行为,但这两类严重侵犯性自主权的行为一般会引发刑事责任,同时在民事上会引发侵犯身体权或者健康权的民事责任,在行为人实施此类行为后已经有一套相对完整的权利保护和法律责任体系。因此,没有必要再通过专门的性骚扰制度来解决。

由于性骚扰侵害的是他人的人格利益,损害的是他人的人格尊严,而非财产利益,因此,应当纳入民法典人格权编中予以调整。有学者在观察美国性骚扰司法保护进程后发现,法律的发展唤醒了人们对自己合法权益的保障意识。① 在性骚扰发生的场合,尤其是职场中,有些受害人在自己人格尊严遭受侵害时意识不到这已经构成性骚扰,或迫于压力不愿或不敢主张自身人格权遭受侵害。因此,在我国民法典人格权编中对性骚扰予以规制,既可以有效保护受害人的合法权益,也可以促使民事主体明确自己所享有的合法人格权利,并主动捍卫自身的权利。

二、性骚扰侵害的权益范围

如前所述,性骚扰侵害的是个人的人格尊严,实施性骚扰的行为人应当承担民事责任。因此,有必要通过作为民事基本法的民法典对性骚扰行为作出规范。在民法典对其作出规定之后,有关的特别法可以对性骚扰问题作出更为细化的规定。

性骚扰制度本身并未创设一项新的人格权,而只是规定了一种侵犯性方面的人格权益的违法行为。这主要是从行为的角度来描述这一类侵权行为的,即从行为违法的角度对这一类行为作出否定性评价。关于性骚扰究竟侵害了受害人的何种人格权益,理论上有不同看法,具体有以下几种观点:

(1)性自主权说。②

性自主权说认为,性骚扰所欲保护的法益属于公民的性自主权这一人格法益,毕竟强制发生性关系等严重侵犯公民身体权、健康权的行为已经被相关制度所明确规范。所谓性自主权,是指个人有权在法律允许的范围内按照自己的意愿选择和决定自己性方面事务的权利。在现代社

---

① See Holly B. Fechner, Toward an Expanded Conception of Law Reform: Sexual Harassment Law and the Reconstruction of Facts, 23 U. Mich. J. L. Reform 475 (1990).

② 参见杨立新主编:《中国人格权法立法报告》,知识产权出版社2005年版,第461页。

会,个人依法享有广泛的自由,其中也包括性自主权。行为人对他人实施性骚扰,实际上是侵害了他人的性自主权。

应当说,性骚扰是以性取向为特征的侵权行为,其也确实侵害了受害人的性自主权。但笔者并不赞成性自主权说。一方面,我国现行立法并没有承认性自主权,将性骚扰的侵害对象界定为性自主权,可能不利于对受害人进行救济。另一方面,对于性自主权的侵害主要源于诱奸、强奸、恶意骗婚等行为,主要侵害的是受害人的性纯洁利益。而在性骚扰的情形下,主要是使受害人遭受尊严上的侮辱。因而,该行为侵害的并非性自主权。

(2) 身体权说。

身体权说认为,性骚扰侵害的是身体权。从实践来看,行为人实施性骚扰行为大多构成对受害人身体权的侵害。例如,行为人故意碰撞他人身体敏感部位显然侵害他人的身体权。也正是因为这一原因,我国民法典各分编草案将禁止性骚扰的规则规定在身体权之中。

应当指出,许多性骚扰行为并不构成对身体权的侵害。例如,男领导向女下属展示黄色图片、发送黄色短信、开黄色玩笑,并不会与受害人的身体发生接触。这类行为的常见后果是让对方从内心上感到尴尬,却并没有身体和健康上的明显后果。但这也明显是违背了对方在性自主方面的人格尊严,是一种让人难堪的行为。尤其是,性骚扰行为不仅仅是对身体权的侵犯,也可能对其他精神性人格权构成损害。如果只是通过身体权进行规范,可能无法对受害人提供充分的救济。因为,性骚扰行为也可能构成对被骚扰者其他人格权益如隐私权的侵害,如通过短信、电话等方式对他人实施性骚扰,也可能影响他人的私人生活安宁,构成对他人隐私权的侵害。

(3) 隐私权说。

隐私权说认为,性骚扰侵害了受害人的隐私权。[①] 性骚扰可能会打扰他人的生活安宁,从广义上讲也是侵犯了隐私。例如,电话骚扰、偷窥更衣室等,既构成性骚扰,也构成对他人隐私权的侵害。

但是,如同身体权说存在的缺陷一样,也并非所有的性骚扰行为均构成对他人隐私权的侵害,完全通过隐私权规则对受害人提供救济,同样可能无法有效救济受害人。因此,笔者并不赞成隐私权说。

---

① 参见杨立新主编:《中国人格权法立法报告》,知识产权出版社2005年版,第173页。

(4)名誉权说。

名誉权说认为,性骚扰实际上是一种侮辱他人的行为,会导致受害人的社会评价降低,因此其侵害的主要是名誉权。对于性骚扰的受害人,主要应当通过名誉权制度予以保护。

从实践来看,性骚扰在许多情形下,并不会造成受害人名誉受损,也不一定是以侮辱的方式实施。如果仅通过名誉权、身体权规则加以解决,并不利于保护受害人。如果行为人对他人实施性骚扰并未导致受害人社会评价的降低,此时通过名誉权的规则并不能充分保护受害人。例如,在杭某与马某、江某其他人格权纠纷案中,原告杭某请托被告马某为其子女办理入学事宜并应被告的要求支付了4万元好处费,在联络过程中,马某向杭某发送了内容暧昧的信息。法院认为,被告在与原告网上聊天的过程中虽然言语的确有失分寸,但尚未构成性骚扰,而且原告无法证明被告对其实施了侮辱、恐吓、诽谤等行为,因此驳回了原告的诉讼请求。[①] 从本案来看,法院要求原告必须证明被告对其实施了侮辱、恐吓、诽谤等行为,显然是通过名誉权的规则对受害人提供救济。由于性骚扰并不当然构成对受害人名誉权的侵害,因此,通过名誉权的规则对性骚扰的受害人提供救济,显然不妥当。

事实上,关于性骚扰侵害了受害人的何种人格权益,应当区分不同情形分别予以认定。因为在现代社会,性骚扰的行为越来越多,类型也越来越复杂,很难被身体权、隐私权等某种类型的具体人格权所涵盖。例如,行为人故意碰撞他人身体敏感部位,在成立性骚扰的同时,也构成对他人身体权的侵害;如果在大庭广众之下实施该行为,可能侵害了受害人的隐私权;如果实施此种行为之后,故意拍照发到网上,还可能侵害了受害人的名誉权、肖像权等权利;在行为人实施的性骚扰行为造成他人的身体损害或者使他人产生心理疾病时,也会构成对他人健康权的侵害。此外,行为人实施性骚扰行为还可能侵害他人的贞操权、人格尊严、人身自由权等权利。[②] 正因如此,在司法实践中,仅仅通过某一种具体人格权难以全面地对性骚扰的受害人提供救济。

有鉴于此,笔者认为,在行为人实施性骚扰行为构成了对受害人某种具体人格权的侵害时,可以通过该具体人格权的规则对受害人提供救济;如果无法认定行为人的性骚扰行为构成对受害人何种具体人格权的侵害

---

① 参见上海市虹口区人民法院(2015)虹民一(民)初字第3187号民事判决书。
② 参见王成:《性骚扰行为的司法及私法规制论纲》,载《政治与法律》2007年第4期。

时，应当认定行为人侵害了受害人的人格尊严，即侵害了受害人的一般人格权。所谓人格尊严，是指作为法律主体得到承认和尊重，换言之，是人作为人应当受到的尊重。人在社会生活中生存，不仅仅是维持其生命，而要享有尊严的生活。因此，人格尊严是人作为社会关系主体的一项基本前提，是公民作为一个人所应有的最基本的社会地位并且应当受到社会和他人的最基本的尊重，是公民基于自己所处的社会环境、地位、声望、工作环境、家庭关系等各种客观条件而对自己和他人的人格价值和社会价值的认识和尊重。性骚扰行为之所以构成对人格尊严的侵害，主要是基于如下几点理由：

第一，在性骚扰的情形，行为人违背受害人的意愿，故意实施性骚扰行为通常都是使他人遭受人格侮辱，实质上损害的都是人格尊严。无论是发送黄色短信、图片，还是触摸他人身体等，实际上都是使得受害人遭受了羞辱，虽然身体上可能没有造成伤害，但是都造成了精神上的侮辱，应当构成对受害人人格尊严的侵害。①

第二，一些性骚扰行为侵害的是现行法律没有明确规定的人格权益，因此，应当将其归入一般人格权中的人格尊严范畴予以保护。我国《民法总则》第109条对人格尊严的保护作出规定，这是法律上首次对一般人格权的规定。该规定主要是为了适应新型人格利益发展的需要，提升对各种新型人格利益的周密保护。因为伴随着现代生活和科技的发展，新型人格权益将不断出现。即便性骚扰同时侵害了受害人的某种具体人格权（如身体权），其主要侵害的仍然是受害人的人格尊严，因此，民法典人格权编应当在性骚扰的概念中明确性骚扰侵害的是他人的人格尊严。人格权编将性骚扰纳入调整范围极其必要，而且有利于强化对人格尊严的保护。

第三，从比较法上来看，美国法主要是将性骚扰作为工作中的性别歧视加以对待，而欧洲法则是将性骚扰作为侵害人格尊严的行为。② 而在欧洲，欧盟于1991年11月通过的《反性骚扰议案施行法》将性骚扰定义为："性骚扰是指违背意愿的性本质行为，或其他基于性之行为而影响男女工作时之尊严者而言，包括不受欢迎的肢体、言词或非言词行为……"这一法案明确将尊严受到影响作为性骚扰的构成要件，因而被概括为是与

---

① 参见张绍明：《反击性骚扰》，中国检察出版社2003年版，第75页。
② 参见李炳安：《欧盟与美国两性工作平等法制之比较》，载《武汉大学学报（哲学社会科学版）》2004年第3期。

反对性别歧视模式相对的、维护受害者人格尊严的模式。① 由此可见,大陆法系国家将侵害受害人人格尊严作为性骚扰的本质特征。

第四,我国的司法实践也有法院的判决采纳了此种立场。例如,在袁某某与叶某某名誉权纠纷案中,被告路过原告家,并询问打牌的事情,后进入原告家中并在原告从厨房出来时,用手伸入原告衣物内,抚摸其胸部。原告起诉至法院要求被告赔偿精神抚慰金,并赔礼道歉恢复名誉。法院认为,公民的人格尊严受法律保护,被告的行为侵犯了原告的人格尊严,应当承担相应的民事责任,故支持了原告的赔礼道歉请求。② 性骚扰行为之所以纳入人格权法调整,主要是因为其侵害的客体是人格权益,而非财产权益,其所造成的损害也主要是精神损害,而非财产损失。

当然,受害人在向行为人提出请求时,并不当然需要证明行为人的行为符合侵权责任的构成要件。成立侵权责任需要满足侵权责任的构成要件,如必须具有损害后果。而对一些性骚扰行为而言,可能并没有损害结果或损害结果难以证明,此时如果仅允许行为人以侵权责任提起诉讼,不利于对人格尊严的保护。因此,在性骚扰的情形下,应当允许当事人行使人格权请求权,在尚未造成严重危害结果时,请求行为人停止侵害或排除妨碍,以实现人格权法的预防功能。

三、人格权编应当明确规定性骚扰的构成要件

近年来,由于性骚扰案件数量不断增长,最高人民法院在 2019 年施行的《民事案件案由规定》中新增了"性骚扰损害责任纠纷"案由,在实践中,准确把握性骚扰的构成要件,不仅对于正确处理性骚扰纠纷,而且对于维护当事人合法权益和社会一般人的行为自由,都至关重要,如果性骚扰缺乏明确的构成要件,可能使许多不道德的行为都会被作为性骚扰对待,这可能使得个人动辄得咎,妨碍人与人之间和谐关系的建立。因此,在法律上严格明确性骚扰的构成要件具有重要的意义。笔者认为,成立性骚扰应当具备如下要件:

(一) 必须是和性有关的骚扰行为

性骚扰行为表现的方式多种多样,但都是和性有关的。在德国法上,

---

① 参见靳文静:《性骚扰法律概念的比较探析》,载《比较法研究》2008 年第 1 期。
② 参见浙江省嘉兴市南湖区人民法院(2010)嘉南民初字第 1071 号民事判决书。

肢体上的接触作为最典型的性骚扰方式,被规定在刑法中,而口头上的性骚扰则并未被纳入刑法。① 这种立法模式并不意味着性骚扰仅以肢体上的接触为表现形式,行为人在实施性骚扰时可能采取口头的方式(如讲下流话、性挑逗语言等),也可能采用书面形式(如发黄色视频、短信等),还可能采用其他行为举动(如触摸生殖器或者以其他姿态骚扰他人)等多样的方式。总的来说,可以分为以下五大类别。

一是职场性骚扰行为。职场性骚扰就是指发生在工作场所的性骚扰,即在工作场所中一方对他方实施的、不受欢迎的、具有性本质的侵犯他人人格权及其他权益达到一定严重程度的行为。② 如前所述,工作场所性骚扰是以美国为代表的一些西方国家法律规范的重点。我国现行立法也对职场性骚扰行为进行了规范,例如,《女职工劳动保护特别规定》第11条规定:"在劳动场所,用人单位应当预防和制止对女职工的性骚扰。"该条实际上也主要是为了保护职场性骚扰中的受害人。当然,该条规定过于简略,难以为受害人主张权利提供明确的指引,同时,上述规定也没有对用人单位预防和制止性骚扰所应当采取的具体措施和应当承担的具体义务,以及违反相关义务所应当承担的法律责任作出规定,这实际难以有效地起到防止性骚扰行为发生的作用。

二是向他人发送具有性内容或性暗示的文字、语音或视频资料。行为人对他人使用具有性内容或者与性有关的肢体行为、语言、文字、图片、声像、电子信息等,也会构成性骚扰。目前我国司法实践中也有不少法院采纳了此种立场。例如,在林某某与广东邦达实业有限公司劳动和社会保障行政管理案中,法院认为:"林某某利用电脑软件在照片上添加对白文字和主题,该文字和主题以公司女同事为对象,带有明显的与性有关的文字,故意对照片中的女同事实施上述行为,且从女同事向公司领导投诉和哭诉的事实,能够确认林某某的行为造成行为对象的羞辱和不适,明显违背了女同事的意志,造成女同事精神上的压力,林某某的上述行为已构成性骚扰。"③

三是利用从属关系进行性骚扰。所谓从属关系,是指基于工作、学习、生活等社会关系而使一方在一定程度上隶属于另一方。许多性骚扰

---

① See Tatjana Hornle, The New German Law on Sexual Assault and Sexual Harassment, 18 German L. J. 1309 (2017).
② 参见张新宝、高燕竹:《性骚扰法律规制的主要问题》,载《法学家》2006年第4期。
③ 广东省高级人民法院(2015)粤高法民申字第2839号民事裁定书。

行为的实施与一方当事人利用从属关系有关,包括上下级关系、医生和患者的关系、师生之间的关系。从属关系既包括一时从属关系,如医生和患者,也包括长期的从属关系,特别是上下级关系和师生关系。行为人在利用从属关系实施性骚扰行为时,通常会以录用、晋升、奖励等利益作为交换,从而诱使受害人提供性方面的回报。在具有从属关系的情况下,一方利用从属关系给另一方造成压力,即便受害人没有明确拒绝,但迫于从属关系,也可能被迫接受。利用从属关系进行性骚扰可能有多种表现形式,如以明示或暗示方式对他人施加压力,使他人提供性方面的回报,或者利用谈话、谈心等方式故意进行身体上的接触,等等。在利用从属关系进行性骚扰的情形下,受害人迫于从属关系产生的压力,可能并未及时明确拒绝,此时仍应当认定行为人的行为构成性骚扰。

从属关系并不限于人事组织上的从属关系,其强调的是骚扰方比被骚扰方有特定的优势地位,且可能利用这种优势地位去实施骚扰行为。在公司内部,主管经理骚扰普通职员,构成骚扰,自不待言,但如果公司的销售经理骚扰客户,是否构成骚扰呢？这需要结合具体的情况来判断。如果销售经理利用垄断供货渠道,交易相对人迫于交易需求忍受被骚扰,实际上是一种利用优势地位的骚扰行为。在这个意义上说,可以将"从属关系"理解为一种"优势地位关系",这种优势地位可能是法律上的,也可能是经济上的。

四是在公共场所实施的性骚扰行为。从实践来看,除职场性骚扰行为外,在公共场所发生的性骚扰行为也是性骚扰行为的重要形态。例如,在人群拥挤的公共汽车、地铁上对异性进行"揩油""非礼"等,均属于此类情形。当然,与职场性骚扰不同,公共场所的性骚扰行为一般发生在陌生人之间,当事人之间并不存在从属关系,行为人一般通过实施与性相关的肢体动作对受害人进行骚扰。

五是其他形式的性骚扰行为。除上述形态外,行为人只要是以身体、语言、动作等方式,违背他人意愿而对他人实施了以性为取向的行为,不论是发生在何种场所,只要符合性骚扰的构成要件,不论是否造成了严重后果,均应当认定构成性骚扰。

但是,如果难以判断相关的行为是否与性相关,则可能难以认定其构成性骚扰。例如,在杭某与马某、江某其他人格权纠纷案中,原告杭某请托被告马某为其子女办理入学事宜,并应被告的要求支付了4万元好处费。在联络中,被告向原告发送了内容暧昧的信息,称原告"站在那里是亭亭玉立,坐在那里很工整的,走起路来飘飘然的。就是不知道睡觉是怎样的情况"。原告向法院提起诉讼,法院认为,原告与被告马某的网上聊天的内容表明,被告言语的确有失分寸,但尚未构成性骚扰,且杭某不能举证证明被告对其实施了侮辱、恐吓、诽谤等行为,驳回了原告的诉讼请求。① 从本案来看,法院要求原告证明被告必须实施了侮辱、恐吓、诽谤等行为,显然要求过高,关键是被告是否实施了违背原告意愿的、与性取向相关的行为。而从双方的短信对话内容来看,对此难以确定,因此,法院最终认定被告不构成性骚扰是妥当的。

(二) 违背了受害人的意愿

所谓"违背了受害人的意愿"是指性骚扰行为不符合受害人的利益,受害人主观上并不接受,甚至明确拒绝。关于性骚扰行为是否必须以违背受害人意愿为要件,存在不同的观点。一种观点认为,构成性骚扰的行为必须是实施了不受欢迎的行为,尽管有些可能符合受害人的意愿。换言之,某些性骚扰行为可能是"自愿"的,但却是"不受欢迎"的。例如,受害人迫于压力而屈从于行为人,此时仍应将之界定为性骚扰。② 美国法采取的就是这种观点,即要求行为是"不受欢迎"(unwelcome)的,且在客观上不被受害人所接受。③ 另一种观点认为,性骚扰行为应当是违背受害人意愿的行为,因为"不受欢迎"只是从行为的角度对性骚扰行为所进行的认定,应当从受害人的角度对性骚扰的概念进行认定,即强调性骚扰是违背受害人意愿的行为,在我国的司法实践中,也有法院认为,在被告向原告发送提出性要求的暧昧短信后,原告没有明确拒绝,而是变相纵容,因此不能构成性骚扰。④ 同时,受害人迫于压力而"自愿"的行为应当被认定为是违背其意愿的行为。⑤ 笔者赞同上述第二种观点,即性骚扰行为应当是违背受害人意愿的行为,也正是因为性骚扰违背了受害人的意愿,因此,其侵害了受害人的人格尊严,可能导致受害人产生愤怒、焦虑等不良情绪。

问题在于,如何认定相关行为是否违背受害人的意愿?对此,笔者认为可以从如下几个方面进行把握:

---

① 参见上海市虹口区人民法院(2015)虹民一(民)初字第3187号民事判决书。
② 参见张新宝、高燕竹:《性骚扰法律规制的主要问题》,载《法学家》2006年第4期。
③ See Holly B. Fechner, Toward an Expanded Conception of Law Reform: Sexual Harassment Law and the Reconstruction of Facts, 23 U. Mich. J. L. Reform 475 (1990).
④ 参见北京市通州区人民法院(2014)通民初字第07785号民事判决书。
⑤ 参见王成:《性骚扰行为的司法及私法规制论纲》,载《政治与法律》2007年第4期。

第一,在受害人没有明确表示接受或同意该类行为的情形下,不宜一概认定该行为符合受害人的意愿。有的国家立法要求受害人必须明确表示反对行为人的性骚扰行为,否则将难以构成性骚扰。例如,依据以色列《性骚扰防治法》的规定,被骚扰者有义务向行为人表明反对的态度。但是,在美国法上,这种反对不仅可以明示,也可以被默示地表达。且无论是明示还是默示的,意味着违背了当事人的意愿。[1] 笔者认为,构成性骚扰虽然要求行为人的行为必须违背受害人的意愿,但不以被骚扰者向行为人明确表示反对为构成要件。因为就基于工作关系、从属关系而出现的性骚扰而言,受害人往往碍于各种压力难以明确提出反对,而且受害人对于是否明确反对也很难举证,故此,将受害人明确提出反对作为性骚扰的构成要件,可能不利于保护受害人。在具体判断上,只要从受害人当时的行为表现可以看出,受害人对行为人以口头、书面形式等方式实施的性骚扰行为是不赞成的、不接受的,就可以认定该行为违背了其意愿。此外,在认定构成性骚扰时,并不需要受害人证明自己产生了愤怒、焦虑等不良情绪,而只需要其证明行为人的行为违背了其意愿即可。如果行为人主张其不构成性骚扰,则其应当证明受害人作出了明确的同意或者自愿接受。受害人同意相关行为原则上应当以明示的方式作出,当然,在例外情形下,也可以从相关客观情况认定受害人是否自愿接受相关行为。例如,行为人对受害人讲述黄色玩笑时,受害人作出了积极的回应,则应当认定其接受了行为人的行为。

第二,对于未成年人的意愿认定,应当区别于成年人。我国《刑法》规定与未满14周岁的幼女发生性关系,无论是否违背其意愿,法律上均视为违背其意愿。这一规则对民法也是可以适用的。笔者认为,鉴于未成年人对与性取向相关的事物缺乏判断能力,而且为了强化对未成年人的保护,即便未成年人表面上作出了同意,也不应当认可其效力。因此,对未成年人而言,不论行为人的性骚扰行为是否违背其意愿,在法律上均应当视为违背其意愿。

第三,在判断行为是否具有性骚扰的故意时,不考虑其主观动机如何,也就是说,只要行为人故意实施了性骚扰行为,不论其实施该行为的主观动机如何,只要其行为满足了性骚扰的构成要件,就应当认定其成立性骚扰行为。事实上,行为人实施性骚扰行为的动机是多元的,其既可能

---

[1] See Vicki Schultz, Reconceptualizing Sexual Harassment, 107 Yale L. J. 1683 (1998).

是与性相关的,也可能是与性无关的,如行为人单纯为了表现欲或者展示自己所谓的幽默感,或者仅仅是为了从他人的难堪中满足某种低级趣味,均不影响性骚扰行为的认定。还应看到,行为人的主观动机难以证明,西方谚语有云:"魔鬼都不知道一个人在想什么。"如果考虑行为人的主观动机,可能不利于对受害人进行救济,也不利于对行为进行归责。

(三) 必须是故意的行为

故意是指行为人预见自己行为的结果,仍然希望或放任结果的发生。故意为典型的一类过错,也是过错中最重的一种。我国《侵权责任法》在多个条文中采用了故意的概念,包括明文规定的"故意",也包括不少条文采用的"明知"情形(如《侵权责任法》第 47 条)。故意是行为人对其行为所致的损害后果所持的一种态度,即行为人明知自己行为的后果却仍然希望或放任该后果的发生。故意包括了两种主观状态:一是明知损害将要发生而予以放任;二是积极追求损害后果的发生。在故意的情形下,行为人预见到其行为的后果。易言之,行为人理解了自己行为的性质,认识到了其行为将发生损害他人的后果,并希望和放任这种结果发生。但如果行为人不是出于故意,则即便造成了受害人的损害,也可能难以认定为性骚扰。事实上,行为人在实施性骚扰行为时,主观上都是故意的[1],即明知自己在实施性骚扰行为,并且以追求特定损害后果为目的。

在法律上之所以将性骚扰行为限定在故意行为,主要是考虑到:一方面,符合性骚扰行为的实际情况,从实践来看,骚扰他人都是基于故意而实施的,过失是极少发生的,行为人都希望或者放任性骚扰行为的发生;另一方面,有利于保护个人的行为自由。将行为人的行为限于故意,是为了将某些基于过失而实施的行为排除在性骚扰之外。例如,某人无意之中向他人转发了消息,其内容虽违背了公序良俗,但纯属过失,则该行为也不宜作为性骚扰。再如,在公交车上,不小心触碰他人身体而非故意触摸,纯属过失,也不应作为性骚扰处理。至于故意的证明标准问题,考虑到性骚扰经常在非公众场合发生,原告在举证时往往面临难题,如果过分提高证明的标准,将使得受害人难以进行举证。[2] 因此,只要一般的"理性人"认为足以认识到其行为违反他人意志即可,不一定要求举证证明行

---

[1] 参见王成:《性骚扰行为的司法及私法规制论纲》,载《政治与法律》2007 年第 4 期。

[2] See Wendy Pollack, Sexual Harassment: Women's Experience vs. Legal Definitions, 13 Harv. Women's L. J. 35.

为人具有明知违反他人意志的故意。

(四) 必须针对特定的对象

性骚扰行为应当是向特定的对象作出的①,如果缺乏特定的对象,受害人就难以明确。构成性骚扰要求行为人具有侵害他人的故意,如果相关行为没有明确的指向对象,即使该行为会使某个或者某些人感到不悦,也不应当将其认定为性骚扰。例如,在微博上发表涉性方面的黄色言论,可能会使女性看到后自感受辱,但由于该行为没有明确的指向对象,因此,不应当构成性骚扰。再如,某人当众讲黄色段子,内容虽然不雅且不道德,但因为没有针对特定的对象,也不宜认定其实施了性骚扰行为。

在认定相关行为是否有明确的指向对象时,应当结合具体情形加以判断,即便行为人没有明确使用受害人的姓名等个人信息,但如果可以合理推断出相关主体就是该行为的指向对象,依然可以认定其构成性骚扰。性骚扰必须要有特定的对象,当然,受害对象特定并不意味着一个性骚扰行为不能产生多个受害人。即使存在多个受害人,也并不影响性骚扰对象的特定性。

至于性骚扰的特定对象的性别问题,虽然实践中常见的是男性对女性进行性骚扰,但不应将性骚扰严格限定为此种类型,异性甚至同性之间都可能构成性骚扰。从比较法上来看,现在各国立法大多采取性别中立主义,不再限定性骚扰主体的性别。② 美国最高法院在 Oncale 案的判决中甚至否定了第五巡回法院关于同性间不构成性骚扰的判决,认为同性之间同样可能构成法律意义上的性骚扰。③ 我国也有学者认为,性骚扰的受害人大多为女性,但男性也可能成为性骚扰的受害人,也就是说,性骚扰既可能发生在异性之间,也可能发生在同性之间。④ 在我国司法实践中,同性之间构成性骚扰也得到了法院的判决支持。⑤

需要探讨的是,性骚扰行为是否必须达到一定的严重程度,才能获得法律的救济? 在美国的判例中,有观点认为,只有性骚扰足够严重或者明

---

① 参见《妇女权益保障法释义》编写组:《中华人民共和国妇女权益保障法释义》,中国法制出版社 2005 年版,第 113 页。
② 参见张新宝、高燕竹:《性骚扰法律规制的主要问题》,载《法学家》2006 年第 4 期。
③ See Oncale v. Sundowner Offshore Servs., Inc., No. 96-568, 1998 WL 88039 (U.S. Mar. 4, 1998).
④ 参见王成:《性骚扰行为的司法及私法规制论纲》,载《政治与法律》2007 年第 4 期。
⑤ 参见《全国首起同性性骚扰案判决 骚扰者被判道歉赔偿》,载《法制日报》2004 年 9 月 15 日。

显变更并形成有害的职场环境,才构成性骚扰。① 美国联邦最高法院认为,受害人无须证明其因为骚扰行为严重损害其心理健康或引发其他心理创伤,只要受害人证明一个"理性人"认为已经足够严重,则可以认为构成了敌意的或者滥用的工作环境。② 我国有学者认为,性骚扰应当造成严重的损害后果,才能获得法律救济③,否则可能导致诉讼的泛滥。在具体判断某一性骚扰行为是否严重时,学者大都主张应当从受害人的感受出发,同时结合性骚扰的方式、持续时间、影响范围等综合予以判断。笔者认为,构成性骚扰并不需要必须造成严重的损害后果,因为从实践来看,判断性骚扰行为的损害后果是否严重较为困难。对于长期、持续性的性骚扰行为,并导致受害人严重痛苦的行为,认定损害后果较为严重十分容易。但是,对大量的性骚扰行为而言,如在公共场所偷摸他人身体敏感部位,或者发送黄色短信等,受害人通常只是心理不愉悦,尚未达到严重痛苦的程度,但仍应当构成性骚扰。同时,在性骚扰没有造成严重损害后果时,受害人虽然无法主张精神损害赔偿,但仍然有权主张行为人承担停止侵害、赔礼道歉等。因此,认为构成性骚扰必须造成严重的损害后果,将会不当加重受害人的举证负担,也不利于保护性骚扰行为的受害人。

四、人格权编应当规定用人单位预防性骚扰的义务

借鉴《妇女权益保障法》第 40 条的立法经验,我国《民法典(草案)》(一审稿)第 790 条第 2 款规定:"用人单位应当在工作场所采取合理的预防、投诉调查、处置等措施,防止和制止利用从属关系等实施性骚扰。"之所以规定用人单位承担预防义务,是因为法律规范性骚扰行为最初主要针对职业中的性别歧视,是为了保护在工作中受害的弱者④,许多实施性骚扰的行为人与受害人之间往往具有上下级的管理或从属关系。在国外,性骚扰的责任特别强调雇主责任,对于工作场所之外发生性骚扰行为,如在公共汽车上猥亵妇女、在舞厅里猥亵他人、在街头针对异性突然裸露性部位等,可以通过侵害他人名誉权、身体权等方式提起民事诉讼,而不必作为性骚扰处理。对职场性骚扰而言,用人单位完全有条件也有

---

① See Barbara Henson v. City of Dundee, 682 F.2d 897, 904 (11th Cir.1982).
② See Vicki Schultz, Reconceptualizing Sexual Harassment, 107 Yale L.J. 1683 (1998).
③ 参见张新宝、高燕竹:《性骚扰法律规制的主要问题》,载《法学家》2006 年第 4 期。
④ See Vicki Schultz, Reconceptualizing Sexual Harassment, 107 Yale L.J. 1683 (1998).

能力通过事前预防、事中监管和事后处置等手段来预防和控制性骚扰行为。从这个意义上说,要求用人单位承担预防性骚扰的义务,有助于从源头上预防和减少性骚扰行为的发生。

应当看到,在发生性骚扰后,并不意味着用人单位必须要对此承担严格责任。在美国法上,性骚扰案件中的雇主责任属于严格责任,虽然判例对此种责任进行了限制,但严格责任仍是性骚扰案件中雇主责任的主流。[1] 有学者依据工作环境权理论认为,在发生职场性骚扰时,用人单位因其与员工之间的权利义务关系而应当直接承担责任。[2] 笔者认为,在员工实施性骚扰行为的情形下,用人单位所承担的责任并不是雇主责任。因为一方面,在雇主责任的情形下,雇员是按照雇主的意志和利益行事,而在用人单位工作人员实施性骚扰的情形下,性骚扰行为虽然也发生在工作场所,但行为人是按照自己的意志行为,其与雇主责任存在区别。另一方面,在雇主责任的情形下,雇员实施侵权行为发生在执行职务过程中,这也是对雇主进行归责的基础,而在性骚扰的情形下,行为人实施性骚扰行为并不涉及执行职务的问题,其主要是因为个人实施的违法行为,二者存在显著区别。

在性骚扰的情形下,用人单位对员工实施性骚扰行为所承担的责任应当是过错责任。这就是说,在发生性骚扰的情形下,用人单位只有在存在过错的情形下,其才承担责任。在我国,性骚扰行为主要是由行为人自己承担责任,按照自己责任原则,性骚扰是行为人自己故意实施的侵害他人人格权益的行为,行为人理应对自己行为所导致的后果承担责任。但在行为人实施性骚扰的过程中,用人单位在防范性骚扰方面也可能存在一定的过错,所以,其应当就其过错承担责任。在这一点中,此种责任类似于违反安全保障义务的责任。

应当看到,用人单位预防性骚扰的义务不完全等同于安全保障义务。我国《侵权责任法》第 37 条规定了违反安全保障义务的侵权责任,该条规定:"宾馆、商场、银行、车站、娱乐场所等公共场所的管理人或者群众性活动的组织者,未尽到安全保障义务,造成他人损害的,应当承担侵权责任。"虽然安全保障义务与用人单位预防性骚扰的义务一样,旨在要求行为人积极作为以保障他人,因而违反该义务的表现均为消极的不作为。对此,笔者认为,预防性骚扰义务和安全保障义务存有以下区别:第一,二

---

[1] 参见王成:《性骚扰行为的司法及私法规制论纲》,载《政治与法律》2007 年第 4 期。
[2] 参见郑尚元等:《劳动和社会保障法学》,中国政法大学出版社 2008 年版,第 262 页。

者保护的客体不同。安全保障义务主要是对人身安全和财产安全的保护①,而预防性骚扰的义务则主要是针对人格尊严,而不完全针对人身安全和财产安全。第二,二者所保护的范围不同。源于大陆法系"交往安全义务"的安全保障义务所保护的对象,除了意图与其订立合同的顾客外,还应当包括虽未意图与其订立合同,但借助其场所交通往来的其他人。例如,借地铁站通行的行人,或根本不想购物的超市往来行人。② 而预防性骚扰的义务则主要保护受雇于该用人单位的劳动者,而不宜扩大至所有进入该用人单位的人。因为交往安全义务的基础在于义务人开启了一定的危险,而性骚扰的风险广泛存在于各种场合,用人单位只是因其对职场的环境具有掌控的能力而负有预防义务。

当然,用人单位预防性骚扰的义务与安全保障义务也存在一定的相似性,法律规定用人单位的预防义务也有利于保护受害人,该义务的违反也应当承担相应的补充责任。《民法典(草案)》(一审稿)第790条第2款规定:"用人单位应当在工作场所采取合理的预防、投诉调查、处置等措施,防止和制止利用从属关系等实施性骚扰。"从该条规定来看,用人单位应当采取如下几方面的措施:

一是预防措施。为实现防止性骚扰发生的目的,预防是最为重要的环节。用人单位对于性骚扰的预防主要应当通过完善的制度建设实现。用人单位应当制定或完善管理制度,提倡健康向上的企业文化,明确禁止性骚扰行为。用人单位应当发布禁止性骚扰的书面声明,以明确禁止工作场所内任何形态的性骚扰,并应将相应的规章制度印发给员工。③ 此外,目前许多用人单位逐步采取开间式办公的方式,既可以提升办公空间的利用效率,又可以有效预防可能发生的性骚扰等行为。

二是投诉、调查机制。用人单位应针对性骚扰行为建立投诉、调查机制。用人单位接到投诉之后,应当积极展开调查等工作,尽快查清事实真相,以防止性骚扰行为危害结果的扩大。首先应当确保投诉渠道的畅通,在接受投宿后不得推诿、拖延或压制。与此同时,应当做好投诉的保密工作。用人单位也应当建立措施防止投诉所可能遭受的报复行为。调查中,应当

---

① 参见王胜明主编:《中华人民共和国侵权责任法释义》,法律出版社2010年版,第202页。
② 参见王泽鉴:《侵权行为》,北京大学出版社2010年版,第264页。
③ 参见陈英敏:《性骚扰法律问题研究》,载柳经纬主编:《厦门大学法律评论》(第六辑),厦门大学出版社2004年版,第446页。

保持中立的立场，尽可能避免信息的泄露，妥善保护当事人的隐私。

三是处置机制。如果发生性骚扰，用人单位应当及时处置，这对于今后再次发生类似的性骚扰行为具有一定的威慑作用。如果有员工投诉性骚扰行为，用人单位置之不理，那么事实上其起到了纵容姑息的作用。在经过调查发现确有性骚扰行为的，用人单位应当在内部进行处理，包括警告、降职、调离、停职停薪或者开除等。但对于诬告行为，也应当考虑给予申诉人一定的处罚。[①]

严格来说，上述措施都是企业内部制度建设的范畴，但在法律规定用人单位负有采取必要措施防范性骚扰的义务之后，如果用人单位并未采取相关措施，在发生性骚扰之后，用人单位应当承担何种责任？有观点认为，既然人格权编规定了用人单位负有预防性骚扰的义务，那么就应当规定相应的责任，否则预防义务依然是难以落实的。但在具体的责任承担中，由于用人单位并非实际的行为人，所以，用人单位违反此种义务，不应承担全部责任，而应当承担补充责任。应当看到，性骚扰的范围较为宽泛，如果规定用人单位承担较为严苛的责任，可能导致用人单位的责任过于泛化；而且法律规定用人单位负有预防性骚扰的义务具有一定的倡导功能，旨在避免性骚扰行为的发生，因而不宜由用人单位承担替代责任。如果用人单位违反上述义务，应当依据侵权法的基本归责原则即过错责任原则确定其责任。如果雇员在执行工作任务过程中对非本单位人员实施性骚扰，该行为已经超出了其工作任务的范畴，用人单位不应当对该行为承担责任，而应当由实施性骚扰的雇员承担责任。

[①] 参见陈英敏：《性骚扰法律问题研究》，载柳经纬主编：《厦门大学法律评论》（第六辑），厦门大学出版社2004年版，第446页。

认定侵害名誉权的若干问题[*]

一、问题的提出

《民法通则》第101条规定:"公民、法人享有名誉权,公民的人格尊严受法律保护,禁止用侮辱、诽谤等方式损害公民、法人的名誉。"名誉权是民事主体享有的一项重要的人身权。从我国司法实践来看,侵害名誉权的纠纷数量在各种人身权侵害案件中居于首位,且有不断增长的趋势。然而,在处理侵害名誉权的案件中,最关键的问题乃是正确解决行为人的行为是否构成侵害他人名誉权。而解决这一问题又必须正确确定名誉权的客体范围、名誉权侵害的认定标准。下面试举两例说明之:

案例一:被告甘某与原告张某系老同学。1986年2月24日晚,甘某因一只鸡与其侄子发生争吵,甘被其侄子打伤,即向公安局控告,经公安派出所解决,决定对甘之侄子行政拘留15天。甘之侄子不服,向市公安局申诉,同时向所在单位市商业局反映。商业局局长张某为便于安排工作,到市公安局了解了甘某侄子被处罚一事。事后因公安局对甘某之侄子的处罚决定未予执行,甘怀疑是张某到公安局说情的缘故,遂于1988年春节前夕书写春联一副,从邮局寄给张某,春联中有辱骂张某的词语。张即以其名誉受侵害为由提起诉讼。一审法院审理认为:被告甘某的行为已构成对原告名誉权的侵犯。故判决:①甘某对张某应停止侵害,书面向张某道歉,并消除影响,恢复名誉;②由甘某赔偿张某精神损失费150元。

案例二:原告王、郑二人为夫妻,与被告汤某为同一单位职工。郑与汤素来不睦,经常吵架。汤某为报复,欲挑拨王、郑夫妻关系出气,遂以"一个在王某手下工作的受害女人"的名义,写匿名信,寄给郑某。信中说:"王是一个男人,在家里得不到女人的温暖,到我这里纠缠,多次与我

---

[*] 原载《法学研究》1993年第1期。

发生两性关系,闹得我不得安宁。希望你以后对王好一点,好好管着点,免得以后再来找我。"郑某收到信以后,气得患病,多次与王某吵架,双方夫妻感情恶化,郑几次欲寻短见,被劝止。后王、郑查出是汤所为,遂向法院起诉,要求被告承担侵害名誉权责任。一审法院认为,被告汤某已构成对原告王、郑二人的名誉权的侵犯,责令其恢复名誉并赔偿损失。

在上述两个案例中,被告针对原告张某(案例一)、原告郑某(案例二)所实施的侮辱行为,均没有第三人在场,难以认定对受害人的社会评价因被告的行为而受到不良影响,也不能确定因被告的侮辱行为是否使公众对受害人的名誉评价降低。那么,在上述两个案例中,被告的行为是否构成对原告的名誉权的侵害?被告是否应负恢复名誉的责任?若不构成对原告的名誉权的侵害,其行为的性质是什么?这是当前处理侵害名誉权纠纷所迫切需要解决的问题。

二、名誉权的客体是否应包括名誉感

在上述两个案例中,认定被告的行为是否侵害原告张某(案例一)、郑某(案例二)的名誉权,首先需要确定被告的行为是否构成对原告名誉的损害。按照一般理解,名誉乃是名誉权的客体。名誉包括对某个公民的品德、声望、信用、才能、精神风貌、作风等方面的社会评价,以及对某个法人的信用、资产、经营能力、产品质量、服务态度等方面的客观评价。就公民的名誉来说,它是客观的社会评价,而不是某个公民的自我评价。它可能通过一定范围的大多数人的意见公开表示出来,或通过人们对某人的赞扬、评论等方式反映出来,也可能只体现在人们的观念之中而并不通过一定的方式表现出来。名誉也具有时代性,在不同的时代、不同社会制度中,人们的名誉观念和意见是不同的。例如,在古罗马法中,名誉乃是具备完整人格的人的权利能力的外观形象。但在日耳曼法中,名誉乃是指特定人不受非难且来自他人的尊敬。① 自然人的名誉作为一种社会评价,关系到人们在社会生活中的地位和尊严、他人对该人的信任程度,尤其关系到主体如何正常地行使权利、承担义务的问题。既然名誉是一种社会评价,那么只有当某人的有过错的行为影响到社会成员对受害人的评价,或造成一定的社会影响时,才能构成对名誉权的侵害。在上述两个案例

---

① 参见龙显铭:《私法上人格权之保护》,中华书局1948年版,第70页。

中,由于行为人的侮辱行为都没有公开进行,很难认定受害人的社会评价因行为人的侮辱行为而被降低。在案例一中,被告甘某因怀疑公安局对其侄子的处罚决定未予执行,是因为张某到公安局去说情,遂用书面形式对张进行侮辱,无疑有损张的人格尊严。但甘某是采用写春联直接寄给张某本人的方式来侮辱张某的,并未把侮辱言词向他人扩散或告知他人,故不能认定原告的社会评价因被告的行为而受损。在案例二中,被告汤某为寻求报复,采用写匿名信寄给原告郑某的方式,捏造虚假事实刺激郑某,试图导致原告郑某与其夫王某的夫妻关系恶化。但被告并未向他人公开散布匿名信的内容,故不能认定被告的行为构成对原告郑某的名誉权的侵害。总之,在上述两个案例中,虽然被告实施了侮辱他人人格的行为,但不能认定被告的侮辱行为有损他人名誉,构成对他人名誉权的侵害。

有人认为,在直接针对受害人实施侮辱行为,没有第三人在场时,行为人的行为虽未毁损他人名誉,但构成对他人名誉感的损害。① 我国台湾地区学者史尚宽先生提出:"侮辱为名誉感之侵害。"②根据这些学者的观点,损害名誉感亦构成对名誉权的侵害。因此,在上述两个案例中,被告的行为虽未损害原告张某、郑某的名誉,但损害了他们的名誉感,应认为构成对受害人的名誉权的侵害。

名誉权的客体是否应包括名誉感?所谓名誉感,是指公民对自己内在价值(如素质、素养、思想、品行、信用等)所具有的感情。名誉感"为与地位相当之自尊心(对于自己价值之感情)"③。在我国,主张名誉权的客体应包括名誉感的主要理由是:侮辱行为主要是针对名誉感的,一般不会使被侮辱者的社会评价受到不良影响,即使有影响,也是显著轻微的。名誉感极易受到损害,假如不保护名誉感,那么侮辱行为就不能受到追究,受害人的权益难以获得有效的保护。④

诚然,名誉与名誉感是密切联系在一起的。在许多情况下,不法行为人毁损他人名誉,也在不同程度上损害了受害人的名誉感。但是,名誉与名誉感毕竟不同,名誉是一种社会评价,名誉感是自然人内心的情感和自

---

① 参见杨孜:《民法上的公民名誉权问题》,载《政治与法律》1987 年第 4 期。
② 史尚宽:《债法总论》,荣泰印书馆 1954 年版,第 147 页。
③ 史尚宽:《债法总论》,荣泰印书馆 1954 年版,第 147 页。
④ 参见王崇敏:《公民名誉权问题研究》,载《海南大学学报(社会科学版)》1991 年第 1 期。

我评价。所以,在很多情况下,损害他人的名誉感并不一定会损害他人的名誉。例如,在前述两个案例中,被告甘某对原告张某、被告汤某对原告郑某所实施的侮辱行为,只是损害了原告张某、郑某的名誉感,不能认定二被告的行为损害了原告的名誉。

从法律保护名誉权的目的和名誉权的本质特征出发,笔者认为,名誉权的客体不应包括名誉感。其理由是:一方面,法律对名誉权保护的目的在于使对受害人的社会评价不因他人的非法行为而降低,以维护公民和法人在社会生活中的地位和尊严,保持人与人之间的正常的交往和秩序。诚如龙显铭所说:名誉可分为"内部的名誉"(die innere Ehre,即名誉感)与"外部的名誉"(die äußere Ehre)。"内部的名誉"即名誉感,"乃与他人之诽谤无关系而存在,故不能为他人之行为所侵害,即此种意义之名誉,全为主观上之道德上者,不能为法律之对象。而为法律之对象者,乃外部的名誉,此外部的名誉,乃他人对于特定人之属性所给予之评价,而建立于特定人在人类社会内所有价值之承认上面"[①]。19世纪的西方学者常将名誉与名誉感混为一谈,至19世纪末期,对两者作出了严格的区分[②],由此也表现了人们对名誉、名誉权认识的深化。假如把名誉感作为名誉权的客体,则不能确定法律保护名誉权的目的。另一方面,名誉权作为人格权的一种,具有其特定的客体,并以此同其他人格权的客体相区别。从审判实践来看,许多仅仅针对受害人所实施的侮辱行为,如果只是损害了受害人的名誉感,则不能认为是侵害了名誉权。如果名誉权的客体包括名誉感,则不仅不能确定名誉权的特定的客体,而且由于名誉权要以名誉感为客体,那么其他的人格权(如姓名权、肖像权、荣誉权等)也要相应地以某种情感为客体,则对人格权的保护的范围就过于宽泛,势必使有关人格权侵害的案件猛增,反而并不利于社会的安定和人与人之间的和睦相处。尤其应当看到:名誉感虽容易受到伤害,但法律保护名誉感是极为困难的。某人的名誉感与其应有的社会地位和社会评价应该是一致的,但在许多情况下也可能是不一致的。例如,某人自信自己有某种能力而实际上并无此能力,或本来具有某种能力而因为过于自卑而不相信自己有此能力。这就表明名誉感本身可能是不真实、不实际的。即使名誉感与其社会评价是一致的,而由于每个人受各方面的因素的影响使其具有不同的性格,并因此表现出对他人行为的不同反应。例如,有人因感情脆

[①] 龙显铭:《私法上人格权之保护》,中华书局1948年版,第70—71页。
[②] 参见龙显铭:《私法上人格权之保护》,中华书局1948年版,第70—71页。

弱、生性多疑、患得患失，或因为自我承受能力差，而对他人的言行极为敏感，对一般的善意玩笑会误以为是侮辱人格，对正当的表扬会误认是贬低其人格，等等。法律对这样的名誉感不可能也没有必要提供保护。

名誉权的客体包括名誉感的观点，也不能解释法人的名誉权。法人的名誉权是社会对其生产的产品、经营状况、信誉等方面的综合评价。法人的名誉受到损害，就会使其产品滞销，造成直接的经济后果。所以，法人的名誉对其生存和发展至关重要。但是，法人作为一种社会组织，不像自然人那样具有情感和自尊心，因此，认为名誉权的客体应包括名誉感的观点，不能解释法人名誉权的客体。

那么，法律不保护名誉感，是否意味着受害人的权益不能得到有效的保护呢？笔者认为，侮辱行为大都构成侵害行为，并应受到法律的制裁。但如果侮辱行为不构成对他人名誉权的侵害，则制裁侮辱行为，并非因为名誉感要受到保护，而是因为公民的人格尊严受到损害，因此应使行为人负民事责任。有关这个问题，我们将在后面详谈。

由于名誉权的客体不应包括名誉感，所以在上述两个案例中，被告仅仅针对原告实施侮辱行为，损害原告的名誉感，而并没有使对原告的社会评价降低，因而不能认为被告侵害了原告的名誉权。

三、侵害名誉权的确定

如何确定名誉权受到侵害是与名誉权的客体密切联系在一起的。既然名誉权以名誉而不应以名誉感为客体，而名誉又是一种社会的评价，那么，认定某人的行为是否侵害他人的名誉权，不应以受害人的自我感觉而应以行为人的行为是否造成受害人的名誉受损为判定依据。这就是说，应以客观标准而不是以主观标准为判断依据。正如史尚宽先生所指出的："故决定对于他人名誉有无毁损，不仅以其行为之性质上一般的是否可为毁损名誉，尚应参酌主张被毁损之人之社会地位，以决定其行为对于其人之名誉是否可为毁损，即应为各个之具体的决定。有名誉之毁损与否，非依被害人之主观，应客观地决之。"①

以主观标准认定侵权责任，总是带有很大程度的主观任意性，在侵害名誉权领域也是如此。依此标准认定名誉权的侵害，首先需要了解受害

---

① 史尚宽：《债法总论》，荣泰印书馆1954年版，第145页。

人的自尊心、性格特征,在行为人实施侮辱行为时所具有的心理状态,其次还需要确定行为人对受害人的主观状态的了解和预见程度(如是否知道受害人易受刺激等),显然,如何判定上述情况,对法官来说是极为困难的。正是因为主观标准具有不确定性,而要以受害人的感觉和反应来认定责任,因此运用主观标准常常要给行为人强加某种责任。所以,以主观标准来判定名誉是否受损并不妥当。至于受害人的自尊心、主观心理、性格特征以及对他人的行为反应等,只能作为在确定名誉权侵害的责任范围时的考虑因素。

以客观标准认定名誉权的侵害,是由名誉权的概念和性质本身所决定的。既然名誉权是指公民和法人享有的、应受社会公众公正评价的权利,那么只有在行为人所实施的侮辱、诽谤等行为影响到社会公众对受害人的评价时,才能构成对名誉权的侵害。正如在美国的一个判例中法院所宣称的:若原告不能证明任何第三人听到被告对原告所作出的诽谤言词,则不构成毁损名誉。因为"侮辱的特点是以言辞对他人陈述,而不是原告的自我估计"①。所以,在认定名誉权是否受到侵害时,既不能以受害人的感觉为标准,也不能以行为人的观念为依据。行为人实施一定的行为但并未致受害人的名誉受损,即使受害人因此而感到受辱,并造成受害人极大的精神痛苦,也不能认为侵害名誉权。反之,如果行为人的行为客观上造成受害人名誉毁损,虽然受害人并未感觉其自尊心和名誉感受到损害,亦可以构成对名誉权的侵害。例如,无行为能力人和限制行为能力人受到侮辱、诽谤,若能够确定此种侮辱和诽谤行为足以使受害人名誉受损,则虽然受害人不能或不完全意识到其名誉权受到侵害,其监护人亦有权请求保护无行为能力人和限制行为能力人的权利。②

行为人的行为客观上致受害人名誉受损,是认定名誉权侵害的基本要件,也是客观标准所包括的主要内容。由此可见,使用客观标准要考虑两方面的内容:一方面,要考虑行为人的行为性质、行为方式、特点以及在何时、何地实施的行为。在实践中,毁损他人名誉的行为主要包括:以语言或行为等方式公然贬低他人的人格,破坏他人的名誉;以捏造的虚假事实予以散布,毁坏他人的声誉;以捏造的虚伪事实向有关国家机关或其他

---

① Sheffill v. Van Deusen, 15 Gray (Mass.), 485.
② 参见魏振瀛:《侵害名誉权的认定》,载《中外法学》1990年第1期。对此,英美法有不同的观点。根据英美法,若对某个未成年人作出口头诽谤,而该未成年人不懂,则不得视为诽谤。参见 Sullivan v. Sullivan. 48111. App. 435 (1892)。

机关告发和检举,以损害他人名誉;等等。这些行为在行为方式和特点等方面可能是不同的,但在认定侵害名誉权中应予以考虑。当然,在考虑行为人的行为时,也应充分考虑行为人的主观动机(如出于泄私愤、图报复而毁损他人名誉)和手段(如无中生有、编造谣言、栽赃陷害、言辞恶毒等)以及行为实施的环境(如在大庭广众之下传播等)。另一方面,要考虑行为人的行为是否构成对他人名誉的毁损。这不仅要确定行为人的行为和毁损名誉的后果之间具有因果联系,还要确定行为人的行为是否使他人的社会评价降低。

　　名誉权侵害的直接后果是社会对受害人评价的降低。此种损害后果比无形财产损失更难以确定。在某些情况下,受害人的名誉受到毁损,具有一定的外在表现形态,如受到他人指责、嘲笑、轻视、议论、怨恨,亲朋好友对受害人产生不信任感,甚至与受害人断绝关系等。有时毁损名誉虽不具有外在表现形式,但可以通过民意测试、舆论调查等方式而查明。当然,在许多情况下,名誉受到毁损的事实表现得并不明显,对受害人来说,要证明其名誉受到毁损往往是很困难的。如何认定名誉受损的事实,在学术界有不同的看法。第一种观点认为,在此情况下,可采取举证责任倒置的办法,即受害人仅负有证明侵权事实存在的责任,而应由加害人证明受害人的社会评价没有下降,如果不能证明这一点,就要由加害人承担责任。第二种观点认为,如果根据一般人的经验可以推断出名誉受损的事实,就可以认定名誉权受到了侵害。第三种观点认为,受害人因加害人的行为产生精神痛苦,就可以认定受害人的名誉权受到侵害。笔者认为,上述几种观点都不够确切。第一种观点虽有利于受害人,但该观点要求由受害人证明侵害名誉权的事实,而证明该事实,前提仍然是要确定是否毁损名誉,所以这一办法并没有解决受害人举证困难的问题。第二种观点过于原则和抽象,在实践中不易把握。例如,根据什么事实、在什么情况下才能作出侵害名誉权的推断,在认识上也往往因人而异。第三种观点实际上是以受害人的主观状态作依据,这和主观标准并没有严格区别。

　　无论因毁损名誉致受害人的社会评价的降低是否具有一定的外在表现形式,只要行为人所实施的侮辱诽谤的行为已为第三人所知,就足以认定受害人的名誉受损。在英美法中,法官曾确定了"公示"(publication)作为认定名誉毁损事实的标准。所谓"公示",是指将侮辱言辞传达给第三者。《美国侵权法重述》(第二版)第577条规定:"公开的诽谤是指将诽谤言辞传达给被诽谤者以外的人。"立法者在对该条的注释中指出,即使将诽谤的言辞传达给被诽谤者的代理人和仆人,亦构成毁损名誉。这一经验是值得借鉴的。一般来说,诽谤行为都具有公开的、向受害人以外的第三人散布的特点,但侮辱行为可能仅针对受害人进行,而并不为他人所知道。如在无人在场时,撕破他人衣服、强行与女子接吻、恶毒辱骂他人或以寄信的方式辱骂他人等,可能并不为第三人所知道。若受害人不能证明第三人知道行为人对其实施的侮辱行为,则不构成名誉权的侵害。反之,则构成对名誉权的侵害。为什么应以受害人以外的第三人知悉为判定名誉受损的标准?其原因在于:第三人知道表明行为人的行为已产生了社会影响。最高人民法院《关于贯彻执行〈中华人民共和国民法通则〉若干问题的意见(试行)》的第140条规定:"以书面、口头等形式宣扬他人的隐私,或者捏造事实公然丑化他人人格,以及以侮辱、诽谤等方式损害他人名誉,造成一定影响的,应当认定为侵害公民名誉权的行为。以书面、口头等形式诋毁、诽谤法人名誉,给法人造成损害的,应当认定为侵害法人名誉权的行为。"由此可见,"造成一定影响"和"造成损害"是侵害名誉权的基本特征,而造成一定影响,并不一定必须在大庭广众之下实施侵权行为,也包括除当事人以外的其他人知道并使他们对受害人的评价降低。只要有一个人知悉,就可以认定受害人的名誉在其心目中已受影响。第三人也是社会的一员,只要告知或使第三人所知悉,则足以影响受害人的地位,至于知悉人数的多少,只是表明行为人的行为的影响程度而已。

尤其需要指出,社会评价是存在于公众的心理之中的,公众的心理可能表露,也可能在相当长的时期内并不表露出来,因此,在许多情况下无从判定。但只要能确定第三人已知悉,则可以确定行为人的行为已影响了受害人以外的人。至于第三人知悉后,是否确实对受害人产生了和以往不同的看法和印象,知悉的第三人是否会向其他人传播,则不予考虑。受害人在了解和认识到行为人的行为已为第三人知道以后,受害人因此而产生精神上的痛苦、激愤、忧虑等情绪,此种精神损害的后果不过是因毁损名誉所造成的后果。若行为人实施其行为时没有第三人在场,行为人没有向第三人传播,受害人对第三人知悉的事实产生误解,或者因受害人的原因而使第三人知悉,则受害人虽遭受精神损害,此种精神痛苦和损害并不是因行为人毁损名誉的行为所致。

所以,受害人要证实行为人的行为侵害了其名誉权,必须证明行为人所实施的侮辱、诽谤等行为因行为人的过错而为第三人所知悉。第三人知悉则足以表明其名誉已受损。在讨论第三人知悉时,应注意以下问题:

第一,行为人所实施的侮辱、诽谤等行为因行为人的过错而为第三人知悉,则构成毁损名誉。若因原告的过失而使第三人知悉则不构成侵害名誉权。① 在案例二中,尽管被告所写的匿名信仅寄给原告郑某,但信中的内容涉及对原告王某的诽谤之词,而郑某对王某来说,应视为除行为人以外的第三人,因此被告的行为虽不直接针对原告王某实施,亦因为其诽谤行为已为第三人所知悉,故构成对原告王某的名誉权的侵害。仅针对原告实施的侮辱和诽谤行为,由受害人加以传播并为他人所知,不能构成名誉权的侵害。因为被告的行为客观上并没有导致原告的名誉受损,而社会对原告的社会评价降低,乃是因为受害人告知他人造成的,因此不能认定被告的行为构成对他人名誉权的侵害。所以,在案例一中,被告甘某直接将春联寄给原告张某本人,并在信中对张某进行侮辱,因他人并不知晓,因此不影响他人对张某的社会评价。而在案例二中,倘若被告将信直接寄给原告王某,因他人不了解信的内容,故不能认为王某的社会评价已有降低。即使王某将信的内容告知他人(如郑某),亦不能认为构成对王某的名誉权的侵害。

第二,侮辱和诽谤行为构成对他人名誉权的侵害,仅以这些行为为第三人知悉为已足,至于这些行为是公开进行的还是非公开进行的,则不予考虑。例如,在案例二中,被告采用寄匿名信的方式,捏造事实诽谤原告王某,其行为虽然是不公开的,但因为他是将信寄给原告郑某而不是王某本人,所以其诽谤他人的行为已为除王某以外的人所知,因此构成对王某的名誉的毁损。应当指出的是,若侮辱言辞是含糊的,不能确定该言辞是指向原告,则原告应负有举证责任证明该言辞是针对原告的。如果被告虽未提及原告的姓名,但社会一般人可以从该言辞的内容中得知是针对原告的,亦可认定该行为构成对原告名誉的损害。

第三,行为人实施的侮辱、诽谤他人的行为,为行为人的近亲属知悉,亦可视为第三人知悉。有人认为,行为人的传述被行为人的配偶或其他家庭成员知悉,考虑到他们之间的特殊的、亲密的关系,不应认为是第三人知悉,因此行为人的行为不构成侵害名誉权。行为人的近亲属知悉,亦会影响他们对受害人的评价,故应认为已毁损受害人的名誉,但行为人的近亲属知悉后未向他人传播的,可以认定为情节轻微,而应依具体情况处理。②

---

① 在美国一案例中,原告为一盲人,在收到寄来的侮辱信后,被迫将信给他人看,此时不能认定原告有过失。参见 Allen v. Wortham 89Ky, 485 133W.73 (1890)。
② 参见魏振瀛:《侵害名誉权的认定》,载《中外法学》1990年第1期。

第四,行为人所散布的言辞在内容上是真实的,是否构成毁损名誉?根据英美诽谤法,在毁损名誉的诉讼中,并不要求被告陈述的内容是虚假的。只要被告所实施的行为在第三人看来是对原告名誉的贬损,就可以构成毁损名誉。① 反之,即使行为人所散布的言辞是虚假的,若行为人并无恶意,且客观上没有使原告的名誉受损,亦不构成对名誉权的侵害。② 笔者认为,在一般情况下,若行为人所散布的言辞在内容上是真实的,则只能视为对客观事实的陈述,不应构成毁损名誉。但行为人向第三人传播和披露原告的隐私,若其言辞的内容是真实的,则虽不构成对原告名誉权的侵害却构成对隐私权的侵害。行为人传播的事实在内容上是真实的,则不构成对原告名誉权的侵害,这正是名誉权与隐私权相区别的重要特点。

总之,在名誉权侵害纠纷中,应以因被告的过错而使第三人知悉作为确定原告的社会评价是否降低的重要标准。根据这一标准,在案例一中,法院认为被告的行为已构成对原告名誉权的侵犯,并要求被告恢复原告的名誉,显然是不恰当的。在案例二中,被告寄匿名信给郑某,并未毁损郑某的名誉,但因为信中的内容贬损了郑某之夫王某的名誉,且被告已向第三人传播(即寄信给郑某),故构成对原告王某的名誉权的侵害。

四、名誉权与人格尊严

如前所述,行为人直接侮辱某人,而并未将侮辱的言辞和侮辱的行为向第三人传播,不构成对受害人的名誉权的侵害。但是,这并不意味着对受害人的人格权不应予以保护。笔者认为,行为人的行为虽未侵害受害人的名誉权,并不意味着未侵害受害人的其他人格权。在许多情况下,直接侮辱他人的行为,可构成对他人人格尊严的侵害。③

人格尊严是公民基于自己所处的社会环境、地位、声望、工作环境、家庭关系等各种客观条件而对自己人格价值和社会价值的自我认识和评价。人格尊严基本上属于公民对自身人格的认识且以自尊心为内容。它

---

① See Richard A. Epstein, Cases and Materials On Torts, Little Brown and Company, 1984, p.1099.
② See Ratcliffe v Evans (1892) 2 QB 524.
③ 参见魏振瀛:《侵害名誉权的认定》,载《中外法学》1990 年第 1 期;孟玉:《人身权的民法保护》,北京出版社 1988 年版,第 65 页。

是公民重要的人格权益或称为一般人格权,应受到法律的切实保护。我国《宪法》第38条确认公民的人格尊严不受侵犯,《民法通则》第101条也规定"公民的人格尊严受法律保护"。这些都是保护公民人格尊严的法律依据。法律保护公民的人格尊严不受侵犯,是否应把人格尊严作为一项独立的人格权予以保护?对此,我国民法学者大多主张,人格尊严应包括在名誉权中,不应作为一项独立的人格权。按照这些学者的观点:"公民的名誉权包括名誉和人格尊严两项内容。"①《民法通则》第101条规定:"公民、法人享有名誉权,公民的人格尊严受法律保护,禁止用侮辱、诽谤等方式损害公民、法人的名誉。"该条实际上是把人格尊严包括在名誉权之中的。此种观点是否妥当,值得商榷。笔者认为,名誉权和人格尊严应作为两种不同的人格权益予以确认和保护。其理由在于:第一,名誉权和人格尊严的内容和客体不完全相同。侵害公民名誉权的行为,都会在不同程度上损害公民的人格尊严,但侵害公民人格尊严的行为,未必造成对受害人的社会评价的降低,因此不能认为是侵害了公民的名誉权。如上两个案例中,被告针对原告张某(案例一)、原告郑某(案例二)所实施的侮辱行为,均没有第三人在场,被告也没有将其侮辱他人的行为向第三者传播。因此只能认定被告的行为侵害了原告张某、原告郑某的人格尊严,但并未侵害原告的名誉权。所以,如果认为名誉权包括人格尊严,必然会把名誉感和自尊心作为名誉权的客体,不适当地扩大名誉权的保护范围,显然在理论上不能成立。第二,从责任形式上看,在侵害公民的人格尊严的情况下,法院可以根据具体情况责令行为人具结悔过、赔礼道歉、赔偿损失,但不得要求行为人承担恢复名誉的责任。因为,既然行为人的行为未造成受害人的名誉贬损,当然就谈不上恢复名誉。所以,在上述两个案例中,法院责令被告为原告恢复名誉,显然是不妥当的。而在名誉权侵害发生以后,法院可以责令被告承担恢复名誉的责任。第三,由于名誉权在内容和客体上是特定的,不能无所不包,因此许多损害公民人格尊严的行为,如恐吓和胁迫他人造成他人精神痛苦和情绪紧张、电话骚扰给他人造成极度不安等,都很难适用《民法通则》关于名誉权的规定对受害人予以保护。第四,从主体上看,名誉权的主体包括自然人和法人,而人格尊严的主体仅限于自然人。基于上述理由,笔者认为,应将名誉权和人格尊严分别作为不同的人格权予以保护。这不仅对我国人格权制度在内容和体

---

① 王冠:《论人格权(上)》,载《政法论坛》1991年第3期。

系上的完善具有重要意义,而且对切实保护公民的人格权利至关重要。值得注意的是,1992年4月3日颁布的《妇女权益保障法》第39条关于"妇女的名誉权和人格尊严受法律保护。禁止用侮辱、诽谤、宣扬隐私等方式损害妇女的名誉和人格"的规定,将名誉权和人格尊严分别开来,作为两种不同的人格权对待,较之于《民法通则》第101条的规定已有了明显的改进,同时也表明我国人格权立法也正在逐步趋于完善。

论信用权作为独立的人格权[*]

引　言

"人无信不立,国无信则衰。"现代社会,信用为王,从语义上看,信用是指诚信、信赖以及信任。信用一词来源于拉丁语 Credere,意为信任。它在罗马法中对应的概念是拉丁语 Fides 及 Bona fides,有信任、信义、诚实的含义,与英语中的 Credit、Faith、Confidence、Trust、Honesty 等词的意思基本一样或相近。我国古代"信用"一词常常指遵守诺言,诚实守信。从经济学上看,信用通常是指财物、货币、服务等非当场即时履行的一种交易方式。经济学上的信用常常和借贷联系在一起。[①] 但在法律上,信用则主要是对民事主体从事经济活动能力的一种客观评价,与个人人格的发展具有密切关联。[②]

市场经济本质上就是信用经济。在市场经济中,信用本身是可以进行评价的,所有进入市场交易中的主体均可通过查询信用记录的方式,了解其他市场主体的履约能力等与交易有关的重要因素,从而确定是否与其订约或确定不同的交易条件。一般而言,市场主体的信用评价越高,就可能获得越多的社会资源和更优越的交易条件,反之,信用评价降低,则可能给自己的经济生活带来诸多不便。由于信用评价的重要性,信用评价的覆盖范围空前广泛,从央行的征信系统到百行征信系统,市场主体所有影响信用记录的行为逐步为征信机构所覆盖,信用评价影响着每一个人从事社会经济生活。鉴于信用成为民事主体一项新兴且重要的民事权益,我国民法典分编草案在人格权编中对信用的保护作出了规定。但是草案将信用权置于名誉权的规则之中,而并未将信用权规定为独立的具体人格权,此种规定值得探讨。由于信用权的客体和内容、信用权与其他具体人格权的

---

[*] 本文完稿于2009年。
[①] 参见曾康霖、王长庚:《信用论》,中国金融出版社1993年版,第27页。
[②] 参见王泽鉴:《人格权法》,三民书局2012年版,第193页。

关系、信用权的保护等,尤其是信用权在民法中处于怎样的体系位置,其是否是一项独立的人格权,并未形成一致的意见。有鉴于此,笔者拟对这些问题作出粗浅的探讨,以期为立法提供参考。

一、信用权是一种具体的人格权

所谓信用权(Right to Creditworthiness),是指民事主体享受并支配其信用及其利益的人格权,或者说是自然人、法人或者非法人组织对其所具有信用状况、经营能力、盈利能力等的评价所享有的权利。一个具有良好信用的人,就具有更大的经济活动空间,能够赢得人们更多的信赖,其不仅可能获得巨额贷款,也可能为他人提供担保,在交易中也易取得他人的信任。

信用权以信用利益为客体。如前所述,信用是指诚信、信赖以及信任。在儒家的"五常"即"仁、义、礼、智、信"中,信占有重要地位。如《论语》说:"与朋友交而不信乎?""人而无信,不知其可也,大车无輗,小车无軏,其何以行之哉。"可见,信用本身体现了一种道德的要求,它实际上是诚实信用的当然要求。信用常常也成为伦理学乃至经济学研究的对象。市场经济本身就是信用经济,因而经济学家从各个角度对信用的内涵作出了探讨。但在法律上,信用是对个人参与经济活动能力的一种客观评价,它可以成为信用权的客体。

虽然信用的概念在罗马法上已经出现,但是罗马法并没有确认独立的信用权。随着市场经济的发展,信用逐渐作为一种人格利益受到保护。[1] 从比较法上看,一些国家的民法典虽然没有设置独立的人格权编,但是却确认了信用权及对信用权的保护。例如,1811 年的《奥地利民法典》第 1330 条就确认了对信用损害的责任。1900 年《德国民法典》虽然没有承认独立的信用权,但该法第 824 条规定:"违背真相,声称或者传播某一事实,危害他人信用或者对他人的生计或者前途引起其他不利的人,即使不知但应当知道其不真实的,也应当赔偿由此产生的损害。"这一规定开创了信用权立法的先河。根据学者的解释,由于《德国民法典》第 823 条并没有专门保护信用,所以立法者就信用问题单独规定了一条,以强化对信用的保护。不过侵害信用权一般不产生精神损害赔偿,而仅产

---

[1] 参见[德]冯·巴尔:《欧洲比较侵权行为法》(上卷),张新宝译,法律出版社 2002 年版,第 62 页。

生财产损害赔偿。① 《德国民法典》这一规定对其他大陆法系国家的立法也产生了影响。例如,《希腊民法典》第 920 条和《葡萄牙民法典》第 484 条也规定了侵害信用的侵权责任。《荷兰民法典》第 6:167 条规定了在个人的信息记载不实的情况下,个人有权请求予以更正。法国法则通过扩张名誉权的方式保护信用。② 在意大利,司法实践通过一般条款保护信用权。③ 西班牙在 1982 年颁行了《个人名誉保护法》,该法将信用定位为"商业上名誉",从而将其纳入保护范围。④ 可见,尽管保护方式存在一定差异,但大陆法系各国普遍对信用权提供保护。

在英美法中,信用一直是围绕赊购、信贷等交易展开的,往往与交易活动紧密联系。因而有学者概括,相较于大陆法系主要将信用作为人格要素加以对待外,英美法系侧重于强调信用的财产属性。⑤ 在英美法中,虽然没有直接规定信用权的概念,但信用权历来受到诽谤法的保护。⑥ 在英美法中有所谓"商品诽谤诉讼"和"财产诽谤诉讼",这两种诉讼都涉及对信用的侵害。如果指责某人负债过多或能力一般、缺乏知名度等,可能并不构成诽谤⑦,但如果毫无根据地指责某人不讲信用,则可能构成诽谤。⑧ 在英美法中还形成了许多单行法律对信用进行保护。例如,英国制定有《消费信贷法》,美国更是制定了多层次的信用保护立法,如《信用修复机构法》(Credit Repair Organizations Act)、《平等信用机会法》(Equal Credit Opportunity Act)、《公平信用报告法》(Fair Credit Reporting Act)、《公平信用和贷记卡公开法》(Fair Credit and Charge Card Disclosure Act)等一系列法案。⑨ 这些法

---

① Vgl. Staudinger/Schaefer, §824, Rn. 41 ff.
② 参见〔德〕冯·巴尔:《欧洲比较侵权行为法》(上卷),张新宝译,法律出版社 2002 年版,第 62 页。
③ 参见〔德〕冯·巴尔:《欧洲比较侵权行为法》(上卷),张新宝译,法律出版社 2002 年版,第 61—62 页。
④ 参见〔德〕冯·巴尔:《欧洲比较侵权行为法》(上卷),张新宝译,法律出版社 2002 年版,第 62 页。
⑤ 参见任丹丽:《信用的法学解析》,载蓝寿荣主编:《社会诚信的伦理与法律分析》,华中科技大学出版社 2010 年版,第 14—15 页。
⑥ 参见江平、程合红:《论信用——从古罗马法到现代社会》,载杨海坤主编:《东吴法学》苏州大学百年校庆专号,第 34 页。
⑦ See Thompson v. Matthiaen (1912) 135, N. Y. S. 796.
⑧ See David Price and Korieh Duodu, Defamation, Law, Procedure and Practice, Sweet & Maxwell, 2004, p.20.
⑨ 参见陈璐:《信用经济时代个人信用权保护策略研究》,载张强、黄卫东主编:《社会信用体系建设的理论与实践》,湖南大学出版社 2009 年版,第 284 页。

律对信用评价、信用信息收集、保护等作出了规定。

我国台湾地区"民法"第195条第1款规定:"不法侵害他人之身体、健康、名誉、自由、信用、隐私、贞操,或不法侵害其他人格法益而情节重大者,被害人虽非财产上之损害,亦得请求赔偿相当之金额。其名誉被侵害者,并得请求恢复名誉之适当处分。"该条明确将信用权规定为人格权的一种,其立法目的在于使受害人得就非财产上损害请求慰抚金。尽管我国大陆立法没有将信用权作为一项独立的权利加以规定,《侵权责任法》第2条第2款也没有明确将信用权列举为其保护对象,但不少法律法规中都涉及信用保护的问题。例如,《反不正当竞争法》第14条明文规定:"经营者不得捏造、散布虚伪事实,损害竞争对手的商业信誉、商品名誉。"这实质上是通过反不正当竞争法保护信用。但我国现行立法中关于信用保护的规定非常零散,2002年全国人大常委会法工委提交全国人大审议的《民法(草案)》第21至24条明确规定了信用权,并将其作为人格权加以规定,体现了我国信用保护法律制度的发展。

因此,从比较法上来看,信用权在很多国家已经成为独立的权利。2002年的《民法(草案)》用了3个条款专门规定了信用权,并且将信用权作为一项独立的具体人格权加以规定①,但《民法典(草案)》(一审稿)并未采纳此种模式,其中第804条第2款规定:"本法所称名誉是对民事主体的品德、声望、才能、信用等的社会评价。"《民法典(草案)》(一审稿)第808条和第809条也对信用作出了规定,但是仍将其置于名誉权之下。由此可见,草案是将信用置于名誉之中,作为名誉权的组成部分加以规定,而并未承认其是独立的人格权。笔者认为,我国民法典有必要确认独立的信用权,并将其从名誉权中分离,主要理由在于:

第一,信用权具备了类型化为独立具体人格权的条件。一方面,信用利益具有特殊性。作为一种主观权利,信用权的客体是信用利益,信用是对民事主体的经济能力包括经济状况、生产能力、产品质量、偿付债务能力、履约状态、诚实信用等的评价,它是对民事主体人格的经济能力的综合评价。② 这种信用利益往往通过个人信用信息来记载。根据《个人信

---

① 该草案规定自然人、法人享有信用权,禁止用诋毁等方式侵害自然人、法人的信用。同时,草案规定征信机构应当客观、公正地收集、记录、制作、保存自然人、法人的信用资料。征信机构应当合理使用并依法公开信用资料。自然人、法人有权查阅、抄录或者复制征信机构涉及自身的信用资料,有权要求修改与事实不符合的信用资料。

② 参见杨立新等:《论信用权及其损害的民法救济》,载《法律科学》1995年第4期。

用信息基础数据库管理暂行办法》第 4 条的规定,个人信用信息包括个人基本信息①、个人信贷交易信息以及反映个人信用状况的其他信息。信用本身也是一种可以量化的信息,可以通过一定的符号表示信用的好坏程度、高低水平②,如将自然人或法人的信用等级进行分级。由于信用利益不同于名誉、隐私等其他利益,其具有一定的特殊性,需要在法律上与名誉等利益分开单独加以保护。另一方面,信用本身具有可支配性。信用的查询、信用的利用以及对信用完整性的维护等,都在一定程度上体现了信用利益的可支配性,这也使得信用利益的保护不同于其他人格利益,具有自身独特的特点,可以成为独立的具体人格权。还应当看到,信用权不同于其他人格权,难以被其他人格权所涵盖,应当属于独立的具体人格权。例如,信用权不同于商事人格权,因为商事人格权是与商法联系在一起的概念,它是在民商分立的前提下存在的概念,由于我国不采取民商分立的体制,所以不应采纳商事人格权的概念。

第二,信用权作为一项独立的人格权,既符合比较法的做法,也符合我国司法实践的需要,是我国司法实践经验的总结。在我国,司法实践中发生了多起侵害信用的纠纷,法院也大多对信用损害提供救济。例如,在中国工商银行股份有限公司新邵支行与何某福名誉权纠纷上诉案③中,法院采取要求删除错误不良信息的做法,表明侵害信用权的救济方式也是独特的,这也是其不同于其他具体人格权的特征所在。

第三,确认信用权为一项独立的人格权,也是建立征信制度的基础。在我国现阶段建立社会信用体系,应以信用权的确认和保护为基础。征信制度不仅规定征信机构的权利和义务,更涉及对权利人信用信息查询权、维护权等权利的确认,在此基础上,才有助于建立完善的征信系统。例如,金融机构在建立征信系统后,可能会对市场主体进行信用评级,但是在信用评级过程中,如果所采取的人工智能算法不合理,对用户进行分类、分级时,就难免造成对用户的歧视,甚至对用户正常的经济活动造成不利影响。这就表明,即使进行信用评级,也应当平等保护用户的信用权。信用信息的收集对权利人的信用可能产生重要影响。如果征信的信

---

① 《个人信用信息基础数据库管理暂行办法》第 4 条第 2 款规定:个人基本信息是指自然人身份识别信息、职业和居住地址等信息;个人信贷交易信息是指商业银行提供的自然人在个人贷款、贷记卡、准贷记卡、担保等信用活动中形成的交易记录;反映个人信用状况的其他信息是指除信贷交易信息之外的反映个人信用状况的相关信息。

② 参见程合红:《商事人格权论》,中国人民大学出版社 2002 年版,第 98 页。

③ 参见湖南省邵阳市中级人民法院(2011)邵中民一终字第 87 号民事判决书。

息有助于提高某人的信用等级,就会使其具有更高的信誉,反之,就会降低其信用和信誉。可见,信用评价的客观公正直接影响到对当事人经济能力,即信用状况的正确评价。① 在实践中,存在不当扩张信用评价、信用评级适用范围的趋势,将一些与个人经济活动无关的事项纳入信用评价范围。例如,有的地方规定,违反垃圾分类方法,或者违反交通规章等,一概纳入个人信用档案,成为信用评级和信用评价的重要依据,这显然是不当扩张了个人信用评价的适用范围,将对个人从事经济活动产生不利影响。对此情况,立法有必要在明确信用权概念的基础上,对信用评价活动的适用范围进行必要的限定,将其限定为经济活动领域。

第四,信用权具有独特的救济方式。一方面,从实践来看,对信用权的侵害也难以通过其他人格权规则以及其他规则予以救济。例如,某人因为对他人所提供的打车服务不满意而在打车软件中给他人差评,后被该租车公司列入"黑名单",再次打车被拒。② 在此情形下,由于该租车公司只是将受害人列入"黑名单",而没有公布该"黑名单",并不会导致受害人社会评价的降低,因此,很难通过名誉权的规则对受害人予以救济。另一方面,信用权可采用更正、删除、补充等特殊的救济方式。也就是说,只要权利人发现其信用信息有误或者不完善,其就有权主张更正、删除或者补充,以维护其良好的信用状态,而且权利人在主张上述权利时,并不需要证明行为人的行为构成侵权。

二、名誉权不能替代信用权

我国《民法总则》第 110 条在列举各项具体人格权时,并没有规定信用权,如前述,我国民法典各分编草案第 804 条将信用定义为名誉的一种类型,并将信用权纳入名誉权中进行保护,这实际上是否认了信用权属于独立的人格权。诚然,信用与名誉的关系十分密切。从比较法上来看,在大陆法系一些国家(如意大利),通过扩张商业上的名誉来保护信用③,在

---

① 参见王锐等:《完善我国个人信用征信体系的法学思考》,载《中国法学》2002 年第 4 期。
② 参见《被列"黑名单"客户诉"神州"》,载《北京晚报》2015 年 8 月 21 日。
③ 参见〔德〕冯·巴尔:《欧洲比较侵权行为法》(上卷),张新宝译,法律出版社 2002 年版,第 62 页。

英美法中,对信用的保护是通过对名誉的保护来实现的。①

应当看到,信用权与名誉权具有一定的相似性,这主要表现在:一方面,信用本身可以表现为一种良好的名誉,良好的信用也可以说是良好的名誉,信用受损也可能导致个人社会评价降低。损害他人信用也会损害对主体的社会评价,反过来说,损害名誉也必然会降低信用。布劳指出,"社区中的好名声是一种很高的信用,可以帮助一个人得到其他人得不到的利益"。好名声可帮助一个经济人减少交易成本,克服信息不足。② 我国也有一些学者认为,信用权可以包括在名誉权之中。"名誉与信用常难区别,互有关联,信用受损,名誉亦通常随之受到妨害。所以,名誉包括信用在内。"③ 另一方面,从保护的方式来看,在侵害他人信用的情形下,如果因此导致他人名誉受损,也可以采用恢复名誉的方式对受害人提供保护。按照立法者的解释,信用在性质上属于对民事主体经济能力的一种社会评价,而且侵害他人名誉与侵害他人信用的民事责任也相同,因此,可以通过名誉权对民事主体的信用利益加以保护,而没有必要规定独立的信用权。④ 我国司法实践一般也采用名誉权的方式间接保护信用权。⑤ 还应当看到,将信用权作为名誉权进行保护,在司法实践中也不乏先例。例如,在林涛与中国工商银行股份有限公司西安纺织城支行等恢复信用记录纠纷上诉案中,法院认为对公民的信用权,我国立法未作相应规定,司法实务中可比照名誉权的立法规定进行保护。⑥ 这种观点将信用权的保护类推适用名誉权保护的规则,因为对信用权的侵害往往会影响他人对受害人从事经济活动能力的评价,从而造成受害人社会评价的降低。⑦

尽管两者之间存在密切联系,但是又具有明显的区别,主要表现在:

---

① See David Price and Korieh Duodu, Defamation, Law, Procedure and Practice, Sweet & Maxwell, 2004, p.20.

② 参见〔美〕彼德·布劳:《社会生活中的交换与权力》,孙非、张黎勤译,华夏出版社1988年版,第299页。

③ 王泽鉴:《侵权行为法:基本理论·一般侵权行为》(第一册),中国政法大学出版社2001年版,第114页。

④ 参见李适时主编:《中华人民共和国民法总则释义》,法律出版社2017年版,第343页。

⑤ 参见覃某豪诉桂平市郊区农村信用合作社名誉权侵权案,广西壮族自治区桂平市人民法院(2007)浔民初字第1329号民事判决书,广西壮族自治区贵港市中级人民法院(2008)贵民一终字第37号民事判决书。

⑥ 参见陕西省西安市中级人民法院(2008)西民二终字第1747号判决书。

⑦ 参见高伟等:《因不良信用记录提起的名誉权之诉的审查和认定》,载《人民司法·案例》2013年第8期。

第一,两者评价的内容不同。名誉是对民事主体的品格、才干、能力等的综合素质的社会评价,名誉权评价的范围十分宽泛,包括权利人在道德、经济等各方面的社会评价,其中特别强调社会公众对权利人人格的道德评价,信用则主要是对权利人经济能力的评价。王泽鉴教授指出,信用权和名誉权的区别在于前者系经济上的评价,后者为社会上的评价。① 信用则是对民事主体经济能力的社会评价,即对权利人履行交易的经济能力的评价。正如有学者所指出的,"其独特性并不在于其财产权属性,它被认为具有人格和(无形)财产双重属性——这与名誉权的非财产属性不同,而在于它并非始于出生(往往是成长到一定阶段后才具有),也非是死亡时才终止(也可能在此之前就发生终止)"②。信用体现了社会对个人参与经济活动的能力的一种评价,而且可以为权利人带来经济利益,因而,信用权虽然是一种人格权,但其具有一定的财产属性。

第二,是否由相关机构进行评价不同。个人信用通常由相关的机构进行评价,信用是某个特定征信机构对个人信息的使用与处理,征信制度的一个重要目的就是维护信用。我国目前虽然已经颁行了《征信管理条例》,该条例也规定了对信用的评价制度以及信息错误的更正、删除等制度③,我国《民法典(草案)》(一审稿)第 808、809 条也对此作出了规定。但是,名誉是社会一般人对特定主体的评价,"是非自有公论",名誉不需要由特定机构评价,也不可能由特定机构评价,而只是社会对个人名誉的客观看法和观点,因而,名誉权人并不能拒绝或更改社会对于自己名誉的看法和观点。此外,名誉是公开的,而信用评价通常是非公开的,因此,信用评价错误通常并不会导致个人的社会评价降低。

第三,权利人是否可以拒绝评价不同。信用本质上是对个人信用状况所作出的评价,在现实生活中,由于各种信用评价机构评价水平参差不齐,所作出的评价标准不一,不少机构所采用的评价标准、计算方式等可能存着不公正、不透明甚至明显歧视民事主体的现象。例如,有的征信机构借助人工智能技术进行信用评级,如果算法不合理,就会造成对用户的

---

① 参见王泽鉴:《侵权行为法:基本理论·一般侵权行为》(第一册),中国政法大学出版社 2001 年版,第 125 页。

② See Johann Neethling, Personality rights: a comparative overview, The Comparative and International Law Journal of Southern Africa, Vol. 38, No. 2 (2005), p. 239. 转引自石佳友:《守成与创新的务实结合:〈中华人民共和国民法人格权编(草案)〉评析》,载《比较法研究》2018 年第 2 期。

③ 参见《征信管理条例》第 40 条。

信用评价歧视。一些信用评价机构所收集的信用信息不全面,内容失真,从而未能作出客观、准确的评价,影响民事主体正常的经济活动。因而,法律上承认信用权,就是赋予权利人维护自己良好信用的权利,有权拒绝相关征信机构对其作出信用评价。但名誉权作为一种社会评价,是社会一般人对个人所作出的评价,因而名誉的好坏只能由社会一般人予以评定,与信用评价不同,个人无法阻止或拒绝他人对其作出此种评价。

第四,是否可以利用不同。信用本身是对个人从事经济活动的一种评价。在市场经济社会,以信用为本,信用为王,信用不仅可以给民事主体带来良好的声誉和经济效益,其本身也可以成为经济利用的对象。信用权兼具精神性与财产性,其在经济交往中是可以被利用的。权利主体享有信用权,可以通过对其信用的支配,利用其信用从事经济活动。信用利用权主要包括如下几个方面。一是权利人自己利用,自己利用的方式也是多样的。例如,自然人可以凭借自己的信用向银行申请贷款,也可以依据自己的信用,为他人提供保证担保。二是权利人有权许可他人利用自己的信用。例如,企业可以将自己的信用信息和企业整体转让。在市场经济社会,信用信息本身可以作为财产予以转让,如果未经权利人同意而转让某人的信用信息,权利人可以请求相应的利益。① 在市场经济社会,信用状况越好,就越能够获得他人的信赖。一个拥有良好信用记录的人可以得到更多优惠,利用价值更高。允许权利人利用其信用权,也是信用权的重要内容。在实践中,信用担保就是企业融资的一种重要途径和方式,在信用担保中,不仅可以利用企业的财产提供担保,而且可以利用企业良好的信用提供担保。但对名誉而言,其是对民事主体的一种综合的社会评价,通常难以成为经济利用的对象。

第五,侵害方式和侵害后果不同。就侵害方式而言,侵害名誉权主要采取诽谤和侮辱方式,散布真实的消息,即便导致他人社会评价降低,也未必侵犯名誉权,因为内容真实通常不构成对名誉权的侵害;而侵害信用权的方式则主要体现为虚假陈述或者错误记载,对信用权而言,有时非法披露他人的信用信息,导致他人信用评价降低,也可能构成侵权。② 对名誉权的侵害通常会导致权利人社会评价的降低,但是在侵害信用权的情

---

① 参见李新天、朱琼娟:《论"个人信用权"——兼谈我国个人信用法制的构建》,载《中国法学》2003 年第 5 期。
② 参见杨立新主编:《民商法理论争议问题——精神损害赔偿》,中国人民大学出版社 2004 年版,第 384 页。

形中，并不一定导致权利人社会评价的降低。因此，就侵害后果而言，侵害信用并不一定侵害名誉权，反之亦然。侵害他人信用可能只是导致公众对权利人经济活动能力的信赖程度降低，并不当然导致对其社会评价的降低，也并不当然侵害他人的名誉。例如，在周某诉中国银行股份有限公司上海市分行名誉权纠纷案中，被告某银行征信系统中的不良信用记录有误，该银行在多次向原告发出催款通知后，向人民法院提起诉讼，要求原告偿还信用卡欠款。法院认为，被告在审核信用卡申请信息中确实存在一定的过错，导致原告的信用报告存在不真实的记载，但被告所报送的欠款信息是源于原告名下信用卡的真实欠款记录，并非捏造，故不构成对原告名誉权的侵害。同时，名誉权受侵害的损害后果应当是造成原告的社会评价降低，但中国人民银行的征信系统是一个相对封闭的系统，原告的信用记录并未在不特定的人群中进行传播，不会造成其社会评价的降低，故未支持原告的主张。① 可见，在该案中，原告的名誉可能并没有受到影响，但其信用权则受到了侵害。

第六，两者的保护方式不同。虽然侵害信用权与名誉权都可以采用修复信用或者恢复名誉的方式予以救济，但二者的救济方式存在一定的区别，对名誉权的恢复主要采用消除影响、恢复名誉的方式予以修复，而对信用权的侵害的救济则主要采取更正、删除不实信用记录的方式。在侵害名誉权的情形下，通常由受害人向法院主张恢复名誉、消除影响、赔礼道歉，如果造成损害，则可以请求赔偿损失。需要指出的是，在名誉权被侵害的情形下，由于名誉权主要是精神性的权利，对自然人而言大多造成的是精神损害，因而主要适用精神损害赔偿。而在信用权被侵害的场合，自然人也可能遭受财产上的损失，因而可以适用财产损害赔偿。例如，在上例中，法院认为："中国人民银行的征信系统是一个相对封闭的系统，原告的信用记录并未在不特定的人群中进行传播，不会造成其社会评价的降低。"② 此种观点不无道理。在侵害自然人名誉权的情形下，受害人主要遭受的是精神损害，而在侵害自然人信用权的情形下，主要是造成自然人信用降低、融资困难、交易受阻，受害人主要遭受的是财产损失。在侵害信用权的情形下，通常不存在恢复名誉的问题，因为信用只是特定机构的封闭评价，而不会导致社会评价的降低。如果因为信用记载错误，主要应当通过请求更正或删除的方式予以保护。

---

① 参见《最高人民法院公报》2012 年第 9 期。
② 《最高人民法院公报》2012 年第 9 期。

否定信用权的独立性并将其置于名誉权之内的另一个重要理由在于,信用权本质上是一种商誉权,应当包括在商誉权之中。所谓商誉权,是指民事主体对其在工商活动中所创造的商誉享有利益而不受他人非法侵害的权利。① 商誉权主要是英美法上的概念,大陆法系国家一般不承认独立的商誉权,对商誉权通常通过反不正当竞争法、知识产权法或者侵权法来保护,因此,一般不存在独立的有关商誉权的法律制度。② 在德国法中,一般人格权也不包括商誉。③ 大陆法因为采用了名誉的概念,名誉权的概念某种程度上可以代替商誉权,所以不必要再引进商誉的概念。我国司法实践也通过名誉权制度对商誉利益加以保护。例如,在四川金广物资贸易有限责任公司诉亿特网华信息技术(北京)有限公司侵害名誉权案④中,被告亿特网华公司自行收集并在中华商务网上发布的原告公司的低碳铬铁价格信息,未经核实且与原告同期合同每吨价格相差较大,并对其相关商业活动带来负面影响,法院认为,此种行为会令客户对原告起码的商业诚信和基本的商业品质产生怀疑,进而对其商誉评价降低。由此表明,侵害信用权也可能会对商誉权造成损害。

笔者认为,信用权与商誉权仍然存在一定的区别,主要表现在:一是二者的权利主体不同。商誉权主要对从事商事活动的主体的商业名誉加以保护,因此,其主体限于商事主体,而信用权涉及对主体经济能力的评价,因此,其主体范围相对宽泛,既包括法人、非法人组织,也包括自然人。同时,信用权是对个人信用状况的一种评价,其不同于对主体商誉状况的评价。二是二者的性质不同。如前述,信用权应当与名誉权分离,成为独立的具体人格权。但关于商誉权的性质,历来存在争论。有人认为,商誉是人格权。⑤ 也有学者认为,商誉权是一种无形财产,属于知识产权的范畴。⑥ 还有观点认为,商誉权就是典型的财产权,所以不能够简单地将商誉权纳入人格权之中取代信用权。从我国《民法总则》规定来看,其只是规定了法人、非法人组织的名誉权,而没有规定商誉权,一般认为,商誉权应当是名誉权的组成部分。三是二者评价的内容不同。信用权是对法人和自然人的资信等经济能力方面的客观评价,而商誉权虽然也包含对商事主体

---

① 参见吴汉东:《论商誉权》,载《中国法学》2001年第3期。
② 参见吴汉东:《论商誉权》,载《中国法学》2001年第3期。
③ 参见程合红:《商事人格权论》,中国人民大学出版社2002年版,第79页。
④ 参见四川省广汉市人民法院(2001)广汉民初字第1225号民事判决书。
⑤ 参见杨玲:《商誉权的法律属性刍议》,载《江阳大学学报》2004年第3期。
⑥ 参见梁上上:《论商誉和商誉权》,载《法学研究》1993年第5期。

经济活动能力的评价,但其侧重于强调商事主体商业信誉的客观评价。

三、个人信息权不能替代信用权

个人信息(personal information)是指与特定个人相关联的、反映个体特征的具有可识别性的符号系统,包括个人身份、工作、家庭、财产、健康等各方面的信息。有学者认为,民法典中的信用权应置于个人信息的框架之下,因为信用本身就是个人信息的组成部分,应当通过个人信息权涵盖信用权。"正是鉴于信用等级的评价对主体的行为自由和人格发展意义重大,而信用评价以收集个人信息作为前提,其信息收集与处理行为理应同样受到个人信息规则的严格规制。"①此种观点不无道理。

应当看到,信用权和个人信息权确实具有相同之处。一方面,二者都体现为对个人信息或信用的控制和支配的权利。就信用权来说,个人之所以享有对自己的信用的维护、利用,并可以排除他人的不当评价等权利,关键在于其对该利益享有同个人信息一样的支配权。另一方面,信用评价常常通过个人信息的方式表现,信用机构作出评价的前提是收集相关的信用信息,只有信息收集全面,才能准确作出评价。应当看到,个人的信用记录也属于个人信息的范畴②,作为个人信息的信用记录的特征在于其被公共部门记录③,征信机构在收集与处理某个特定人的信息时,也应当坚持公正、透明、非歧视等原则,最小化地利用个人信息,不得损害信息主体的信息自决。尤其应当看到,从救济方式来看,两者具有相似性。例如,《民法典(草案)》(一审稿)第808条规定:"民事主体可以依法查询自己的信用评价;发现信用评价错误的,有权提出异议并要求采取更正、删除等必要措施。信用评价人应当及时核查,经核查属实的,应当及时采取必要措施。"第815条规定:"自然人可以向信息持有者依法查阅、抄录或者复制其个人信息;发现信息有错误的,有权提出异议并要求及时采取更正等必要措施。"从上述两个条款可见,无论是信用权还是个人信息侵害的救济,均可以适用查询、删除、更正等方式。信用权中的查询、更正、删除都是个人信

---

① 石佳友:《守成与创新的务实结合:〈中华人民共和国民法人格权编(草案)〉评析》,载《比较法研究》2018年第2期。
② 参见谢远扬:《个人信息的私法保护》,中国法制出版社2016年版,第12页。
③ 参见刘雅琦:《基于敏感度分级的个人信息开发利用保障体系研究》,武汉大学出版社2015年版,第14页。

息权的内容。我国《刑法》第 253 条之一规定了侵犯公民个人信息罪,该条第 1 款规定:"违反国家有关规定,向他人出售或者提供公民个人信息,情节严重的,处三年以下有期徒刑或者拘役,并处或者单处罚金;情节特别严重的,处三年以上七年以下有期徒刑,并处罚金。"对于出售和提供公民信用信息的行为,学者认为同样应当适用本条的规定。①

正是因为个人信息和信用权存在着上述相似性,因此,《民法典(草案)》(一审稿)第 809 条规定:"民事主体与征信机构等信用信息收集者、持有者之间的关系,适用本编有关个人信息的规定和其他法律、行政法规的有关规定。"可见,信用的评价是建立在对信用信息的收集基础上而作出的。从法律上说,先有信用信息的收集,才有评价,在信用信息的收集过程中,均应适用人格权编中关于个人信息保护的规定。例如,《民法典(草案)》(一审稿)第 814 条规定:"收集、使用自然人个人信息的,应当遵循合法、正当、必要原则,并应当符合下列条件:(一)征得该自然人或者其监护人同意,但是法律、行政法规另有规定的除外;(二)公开收集、使用信息的规则;(三)明示收集、使用信息的目的、方式和范围;(四)不违反法律、行政法规的规定和双方的约定。"该规定应当适用于所有的信用信息收集活动。除信用收集以外,信用信息的加工、转让应当适用个人信息的规定。第三方共享所形成的信息拼接受个人信息部分规则的调整。当然,信用信息的收集与对信用信息的评价是不同的。

笔者认为,信用权不同于个人信息权,两者的主要区别在于:

第一,权利客体不同。信用评价是就他人经济上偿付能力和偿付意愿的评价;而信用信息则是指与他人信用相关的客观信息。信用权所要保护的对象是民事主体的信用评价,而个人信息权所要保护的对象是民事主体的信用信息。因此,尽管评价是以信用信息为基础,是基于信息作出的,但信用强调的是评价后果,信息只是评价的对象,如果仅仅涉及信用信息问题,当事人之间的关系应当依据个人信息权制度予以调整,而不涉及信用权问题。

第二,权利主体不同。个人信息主体仅限于自然人,而信用权不仅可由自然人享有,法人和非法人组织也可以享有。个人信息指自然人的姓名、性别、年龄、民族、婚姻、家庭、教育、职业、住址、健康、病历、个人经历、社会活动、个人信用等足以识别该人的信息。这些信息都具有可识别性,

---

① 参见吴苌弘:《个人信息的刑法保护研究》,上海社会科学院出版社 2014 年版,第 159—160 页。

即能直接或间接指向某个特定的个人。① 虽然在个人信息法律关系中,相关信息的实际控制者(controller)可能是法人,但是其并非个人信息权的权利主体(information subject)。法人的信息资料不具有人格属性,法人不宜对其享有具有人格权性质的个人信息权,侵害法人信息资料应当通过知识产权法或反不正当竞争法予以保护。法人所享有的商业秘密是作为财产权的内容加以保护的。而信用权是对市场主体经济活动能力的一种评价,其主体不限于自然人,法人和非法人组织也可以享有信用权。

第三,是否需要作出评价不同。对个人信息而言,其通常只涉及信息的收集与利用,而并不涉及信用信息的评价。而信用权则是在收集主体的信用信息后,对信用信息进行处理,从而形成信用评价。《民法典(草案)》(一审稿)第804条将信用定义为名誉的一种类型,很大程度上也是因为信用本身也是一种经济的评价,是对个人的经营能力、盈利能力、履约能力等的评价,属于社会评价的组成部分。因此,与个人信息侧重于信息的收集、利用不同,信用更侧重于对主体进行评价。在人格权法中,仍然有必要区分信用信息和信用评价。涉及单纯的信息问题,如信息的收集、利用、储存的可以适用个人信息的规定,但是对于信用信息的评价还是应当通过信用权制度进行调整。有学者认为,个人信息收集中对个人信息的处理就是对信用的评价,因而对于信用的评价可以纳入信息的处理中进行规定。但笔者认为,对于信用的处理并不完全适用个人信用评价。欧盟《一般数据保护条例》(General Data Protection Regulation, GDPR)第4条第2款规定了数据处理的含义,即"'处理'是指针对个人数据或个人数据集合的单一操作或一系列操作,诸如收集、记录、组织、建构、存储、自适应或修改、检索、咨询、使用、披露、传播或以其他方式应用,排列、组合、限制、删除或销毁,无论此操作是否采用自动化手段"。从该规定来看,处理本身并不涉及信用信息评价问题。而将信用权置于个人信息之中,则是忽略了信用评价性特征。

第四,保护方式不同。一方面,信用权制度中可能涉及征信机构所作出的错误的评价。例如,在收集他人的个人信用信息后,信用机构通过歧视性的算法或不公正的评价标准,作出错误或不当的评价。在此情形下,权利人有权要求征信机构更正或删除错误的信用评价。但是,对于个人信息而言,则不存在错误评价的可能。信息的处理是没有正确与错误的区分的。所以,根据个人信用权很难对此作出救济。另一方面,如果征信

---

① See James B. Rule and Graham Greenleaf, Global Privacy Protection, Edward Elgar Publishing, 2010, p. 81.

机构将不公正的评价非法进行散布、传播,导致他人的权利遭受损害,则信用权人有权请求消除影响或选择其他的救济方式。但是对于个人信息权的保护则并不存在消除影响等责任形式。

第五,关于信息保存的期限不同。在个人信用记录中,区分了不良信用信息和普通信用信息,对不良信用信息,依据《征信业管理条例》第16条第1款的规定:"征信机构对个人不良信息的保存期限,自不良行为或者事件终止之日起为5年;超过5年的,应当予以删除。"因此,不良信用记录的最长保存期限是5年。对普通信用信息而言,立法则没有明确的期限限制,未来立法可以考虑借助遗忘权规则确定其保存期限。

尤其应当看到,我国社会信用体系建设虽然取得一定进展,但与经济发展水平和社会发展阶段不匹配、不协调、不适应的矛盾仍然突出。存在的主要问题包括:覆盖全社会的征信系统尚未形成,社会成员信用记录严重缺失,守信激励和失信惩戒机制尚不健全,守信激励不足,失信成本偏低。因此,国务院《社会信用体系建设规划纲要(2014—2020年)》明确提出要建立健全社会信用体系。信用权的确认是建立信用体系的法律基础。从比较法上看,对于信用信息的收集与其他个人信息收集的条件,也普遍存有不同。在征信管理较为发达的美国,法律对于正常企业自行调查征信数据的收集并不设置限制,信用征信机构对于消费者信用信息的收集工作也不需要经过消费者的同意。① 在我国则主要由中国人民银行征信中心具体实施。但是公共部门所记载的个人履约记录等个人信息处理而形成的主体信用评价是否还应作为个人信息被加以对待呢? 是否可以据此认为,信用权应当从属于个人信息权呢? 笔者认为,经由个人信息加工处理而形成的信用权应当具有独立的法律地位,征信机构并不仅仅从事信息的收集工作,而更重要的是在信息收集的基础上形成对主体的信用评价。但是在信息的收集和评价过程中,一定要尊重个人的信用权。因而,在民法典人格权编中确认个人信用权,为未来信用法治体系的构建奠定了良好的法治基础。

四、信用权的保护方法具有特殊性

(一) 侵害信用权的行为具有独特性

侵害信用权的行为包括积极的作为和消极的不作为两个方面,所谓

---

① 参见孙志伟:《国际信用体系比较》,中国金融出版社2014年版,第19页。

积极的作为,是指行为人实施某种行为侵害了他人的信用权(如散布有损他人信用的消息);所谓消极的不作为,是指负有某种维护他人信用的义务而没有履行此种义务。例如,负有更正他人征信记录错误的义务而没有更正。侵害信用权的行为常常针对交易伙伴、竞争对手等实施,正如德国法院在一件判决中指出的,侵害信用"损害受害人与其生存和经营成功不可避免要接触的人——如贷方、顾客、供货人和雇主——之间之关系的不实陈述"①。在我国司法实践中,已经出现了很多侵害信用权的相关案例,具体来说,主要包括如下几种情况:

1. 散布有损他人信用的不真实的信息

所谓"散布",是指通过公开使不特定的多数人或公众知悉之意。至于散布的方法是多样的,包括语言、文字、图画、电视、电台广播或其他可使不特定的多数人或公众知悉的方法。② 通常,散布的事实都是不真实的。侵害信用权的典型形态是毁损他人的信用,简称为商业诋毁行为。此种行为将导致被诋毁者的社会评价降低,使其竞争优势遭到损害。③ 此类行为包括在公开宣传中就竞争对手的商品或服务的声誉、贸易关系等发表或散布不真实的或引人误解的信息,引起社会对该竞争对手的不满或误解。④ 我国《反不正当竞争法》第14条规定:"经营者不得捏造、散布虚伪事实,损害竞争对手的商业信誉、商品声誉。"此种行为违反了该规定,其特点在于:一是捏造和散布虚伪事实;二是给他人造成损害。在实践中,比较典型的是采用对比广告的方式,将自己的活动、服务或产品与他人进行比较,并在比较中故意贬低他人,对竞争者实施贬低甚至公然诽谤。

2. 假冒行为

我国《反不正当竞争法》第5条列举了四种假冒行为:一是假冒他人的注册商标;二是擅自使用知名商品特有的名称、包装、装潢,造成和他人的知名商品相混淆,使购买者误认为是他人的商品;三是擅自使用他人的企业名称或者姓名,使人误认为是他人的商品;四是在商品上伪造或者冒用认证标志、名优标志等质量标志,伪造产地,对商品质量作引人误解的虚假表示。⑤ 如果这些假冒产品质量低下、影响恶劣,以致影响了消费者对于真品消费

---

① 德国联邦最高法院1984年2月7日的判决,载 BGHZ 90,113,119。
② 参见曾隆兴:《详解损害赔偿法》,中国政法大学出版社2003年版,第246页。
③ 参见刁胜先等:《论信用权的相关问题》,载《成都大学学报(社会科学版)》2004年第4期。
④ 参见徐士英:《竞争法论》,世界图书出版公司2000年版,第148页。
⑤ 参见《反不正当竞争法》第5条。

的信心,也可能构成对当事人信用权的侵害。此外,假冒他人姓名,导致他人信用降低,也构成对他人信用权的侵害。例如,在中国工商银行股份有限公司新疆维吾尔自治区分行营业部与刘某等姓名权纠纷上诉案中,法院认为,新天期货经纪有限公司利用原告在其公司设立期货账户提供的身份证复印件,在原告不知情的情况下,以原告的名义与工行区分行营业部订立借款合同,办理了综合消费贷款,此行为已构成对原告姓名权的侵害。新天期货经纪有限公司作为原告名下贷款的实际借款人,逾期归还借款,导致原告在中国人民银行征信系统中留下不良记录,给原告的信誉和名誉均造成了一定不良影响,因此,应当承担责任。① 该案虽然是以侵害姓名权受理的,但行为人实际上也构成对原告信用权的侵害。

3. 对他人的信用状况进行不当评价

任何征信机构对他人的信用状况进行评价时,必须具有相应的信用评价资质,而且征信机构应当在其信用评价资质允许的范围内对他人的信用状况进行评价。缺乏相关的信用评价资质,不得对他人的信用状况进行评价。行为人超越自身的资质范围对他人的信用状况进行评价,或者违反法律规定对他人的信用进行评级或者降级,均构成对他人信用权的侵害,权利人有权请求行为人停止侵害并赔偿损失。例如,有的机构并不具有信用评级资格,擅自进行信用评级,因此造成他人损害的,受害人有权请求行为人赔偿损失。

4. 对信用记录的错误记载

信用记录实际上是大数据时代的产物,其通过互联网所支持的强大信息搜集、传播和查阅功能,让那些背负不良信用记录的人随时随地都面临资格上的限制。在一定程度上,各种资格限制同样是向当事人施加的一种"不利后果",这些不良信息的记载和公示,很可能对被记录者产生各种资格上的限制,如不能获得银行的贷款,无法预订高铁票、卧铺票和飞机票,无法报名参加旅游团等。由于征信信息是个人信用状况的集中体现,对信用记录进行错误记载或者擅自篡改、歪曲、隐瞒社会主体的信用信息,必将对社会主体的信用产生不良的影响。而且此类错误信息一旦公开,也将直接影响到对当事人信用状况的正确评价,妨碍当事人从事

---

① 参见新疆维吾尔自治区乌鲁木齐市中级人民法院(2010)乌中民一终字第 677 号民事判决书。

正常的经济活动。① 例如,在某个案例中,原告在深圳鹏元个人征信系统和中国人民银行个人征信系统中,被记录有 8 次逾期还贷的记录。该记录有误,导致原告向银行借款遭到拒绝,因此原告向法院起诉,请求消除该不良信用记录。② 由此可见,对信用信息的不真实记载或歪曲,不论该信息是否已经公开,都将构成对他人信用权的侵害。

5. 对错误信用信息拒绝更正,以致对受害人造成不良影响

在个人信用信息记载有误的情形下,权利人有权请求行为人删除或者更正该信用信息,如果行为人拒绝更正,也构成对他人信用权的侵害。例如,在朱某与尉氏县农村信用合作联社名誉权纠纷案中,原告因被告的过错在银行信用系统出现不良信用记录,在原告多次要求下,被告不予更正,给原告的生活和精神造成了严重影响,法院认为被告应承担相应的责任,被告应删除原告在银行系统中的不良信用记录。③

6. 评价错误

有关征信机构从事专门的信用评价活动,在信用评价中必须坚持平等、公开、透明、不得歧视等,如果有关征信机构在信用评价活动中随意、错误评价,给被评价人带来损害,则应当承担相应的责任。

(二) 信用权的特殊保护方法

正是因为侵害信用权的方式本身具有特殊性,因此,对于信用权侵害的救济应当采取不同于名誉权侵害的救济方式。如前所述,在侵害信用权的情形下,并不一定造成个人社会评价的降低。例如,在周雅芳诉中国银行股份有限公司上海市分行名誉权纠纷案中,法院认为,由于个人征信系统是一个相对封闭的系统,因此,该系统内的不良信用记录并不会在不特定人群中进行传播,而只会被本人、政府相关部门或特定金融机构知悉。因此,不会导致个人的社会评价降低,因此,信用不良记录不会带来名誉权的侵害。④ 这是因为,信用本身是由特定的征信机构进行评价的,而该信用机构的评价往往具有封闭性,并未对全社会公开,其往往只是在一个系统内公开,很难为社会一般公众查询,因而很难说造成了社会评价的降低。因此,简单地用保护名誉权的恢复名誉消除影响等方法并不能

---

① 参见王锐等:《完善我国个人信用征信体系的法学思考》,载《中国法学》2002 年第 4 期。
② 参见《深圳首宗个人信用权案开庭》,载《南方都市报》2007 年 4 月 10 日。
③ 参见河南省尉氏县人民法院(2013)尉民初字第 2649 号民事判决书。
④ 参见《最高人民法院公报》2012 年第 9 期。

有效保护信用权。笔者认为,信用权的特殊保护方法主要有如下几种:

1. 恢复信用

所谓恢复信用,是指主体在查询其信用信息后发现信用记录错误或者不完整,其有权要求采取措施以恢复其信用。严格来讲,恢复信用和恢复名誉具有很多相似性,但恢复信用主要是指恢复对其经济方面积极评价的状态,而恢复名誉则是恢复社会公众对权利人的一般评价,两者仍然存在区别。从性质上说,恢复名誉是由信用利益的支配性所决定的。在市场经济社会,征信制度、黑名单制度的建立都给个人信息的保护带来了挑战。各种名目繁多的评级、企业自己建立的黑名单制度,因信息失真导致评价不准确,不仅会造成对他人名誉、信用等的损害,也会影响他人正常的经营活动。有的企业非法设置黑名单,不当限制个人的经济活动,也给权利人的信用造成了损害,此时,权利人有权要求恢复信用。

2. 权利人享有查询、提出异议、更正、删除权

信用权的保护方式主要包括赋予权利人查询权,以及在信息有误的情形下,权利人有权提出异议、更正或者删除,这些都是信用权独特的保护方法,也是人格权请求权在信用权保护方面特殊性的体现。依据《民法典(草案)》(一审稿)第808条,"民事主体可以依法查询自己的信用评价;发现信用评价错误的,有权提出异议并要求采取更正、删除等必要措施。信用评价人应当及时核查,经核查属实的,应当及时采取必要措施"。据此,信用维护权主要包括如下几个方面:

一是查询权。民事主体可以依法查询自己的信用评价。目前相关征信服务机构已经建立了个人征信信息库,当事人有权查阅自己的信用信息,有关机构应当给予配合。例如,根据中国人民银行《个人信用信息基础数据库管理暂行办法》第15条第1款的规定,"征信服务中心可以根据个人申请有偿提供其本人信用报告"。这实际上是确立了民事主体有查询自己信用信息的权利。

二是提出异议权。也就是说,如果权利人发现相关主体对其信用评价不实,或者虽然信用评价正确,但可能侵害其合法权益的,权利人即有权提出异议。但权利人发现信用信息记载有误,应当及时提出异议,而且在提出异议后的一段期间内,权利人也应当通过诉讼等方式积极主张权利。

三是更正、删除权。民事主体发现信用评价错误或者侵害自己合法权益的,有权提出异议并要求采取更正、删除等必要措施。所谓更正,是指主体在发现其信用信息有误的情形下,有权请求相关主体及时修改、完

善相关的信息。所谓删除,是指在信息的收集发生错误,或者信息收集的目的已经达到等情形下,权利人可以请求相关的信息收集者、持有者及时清除相关的信息。

四是请求采取其他必要措施的权利。权利人除请求相关主体采取更正、删除措施外,为维持其信用利益的圆满状态,权利人还可以请求相关主体采取其他必要的措施。

信用评价人在收到权利人的请求后,应及时核查,经核查属实的,应当及时采取必要措施。这就是说,针对特定的信用评价人所传播的不实的信用信息,权利人有权要求对这些不实信息进行删除、更正。信用评价人在征信过程中,如果发生信用记载错误,导致信息失真,权利人有权要求更正、补充或修改,使其信用信息处于良好的状态。对于不正确、不完整的信用信息,当事人有权要求有关机构予以删除和更正。中国人民银行《个人信用信息基础数据库管理暂行办法》第 8 条规定:"征信服务中心应当建立完善的规章制度和采取先进的技术手段确保个人信用信息安全。"征信服务机构应该根据商业银行报送的信用数据进行整理、保存乃至更改,不得擅自改动原始数据和其他个人信用信息,对商业银行报送的个人信用信息应进行客观整理、保存,商业银行发现其所报送的个人信用信息不准确时,应当及时报告征信服务中心,征信服务中心收到纠错报告后应当立即进行更正。个人如果发现其信用信息记录有误,一旦提请更正,征信服务机构应当及时予以核实、更正。如果某人被列入"黑名单"后,其已经改过自新,纠正了其失信的行为,则可请求相关机构将其从"黑名单"中移除,以维护其良好的信用状态。①

需要指出的是,更正、删除权本质上是人格权请求权的表现形式,这是信用权中人格权效力的具体体现。在行使此类权利时,并不一定要求权利人构成侵权,即可由权利人享有并行使此种权利,从而保护权利人的信用权。例如,在马某诉中国农业银行股份有限公司郑州中原支行名誉权纠纷案②中,原告马某于 2000 年向农业银行贷款 16 万元,2002 年其与农业银行间的债权债务纠纷经人民法院裁判,后在该案的执行过程中双方和解,马某已经清偿了全部债务,但农业银行在时隔 9 年之后,仍拒不协助马某删除因该债务所产生、形成的银行不良信息记录,导致原告难以

---

① 参见张国栋:《信用修复让黑名单管理更有效》,载《北京晨报》2017 年 11 月 20 日,第 A23 版。
② 参见河南省郑州市中级人民法院(2014)郑民二终字第 595 号民事判决书。

借款。法院认为,依据《征信业管理条例》第16条的规定,征信机构对个人的不良信息的保存期限,自不良行为或者事件终止之日起为5年,超过5年的,应当予以删除。从该案来看,原告马某向法院提起诉讼,直接请求被告中国农业银行股份有限公司郑州中原支行删除其不良信用记录,虽然以侵害名誉权提起诉讼,但严格来说,其行使删除权时,并不一定以银行构成侵害名誉权为前提,也不必要求举证证明被告具有过错且造成损害等。由于更正、删除权是人格权请求权的形式,是保护信用权的独特方法,受害人只需要原告证明被告记录有误即可,就可以要求更正或删除,而不以证明被告构成侵权为必要。尤其需要指出的是,在该案中,行使更正、删除权时也不适用关于诉讼时效的规定。只要错误的信用记录存在,权利人就可以行使该权利。

3. 赔偿损失

由于信用是社会经济评价与信赖,直接具有经济利益因素,因而信用利益的损害一般会带来财产利益的损失,尤其对经营者而言,常常在其信用权遭受侵害之后,会直接遭受财产损害。[①] 所以,在侵害信用权的情况下,要注重运用财产损害赔偿的方式对受害人进行救济。例如,因为权利人的信用受损,导致银行拒绝贷款,使其蒙受财产损失,或者使其产品滞销,对此种财产损失应当予以赔偿。此外,赔偿受害人为调查其信用受损害的行为所支付的合理费用也应当作为受害人财产损失的范围予以赔偿。在确定侵害信用权的财产损害赔偿责任时,依据《侵权责任法》第20条,权利人既可以请求行为人赔偿其实际损失,在损失难以确定时,权利人也可以请求行为人按照其获利赔偿,如果权利人无法证明其实际损失数额与行为人的获利数额,还可以由法院酌定赔偿数额。

当然,侵害自然人信用权,也会对受害人造成精神痛苦,此时也就需要通过精神损害赔偿的方法加以救济。精神损害赔偿也应该作为侵害信用权的侵权责任方式。我国台湾地区"民法"第195条第1项明定信用权为人格权的一种,并承认受害人对产生的非财产上损害得请求慰抚金。可见,立法例上已经承认对信用权侵害情况下的精神损害赔偿。在信用权遭受侵害时,主要是对自然人从事经济活动的能力产生影响,通常可能不会造成受害人严重的精神痛苦,而只是导致权利人融资能力下降、经营活动受影响,但在某些情形下,信用权遭受侵害也可能使受害人遭受精神

---

① 参见杨立新主编:《民商法理论争议问题——精神损害赔偿》,中国人民大学出版社2004年版,第385页。

损害。例如,在信用信息发生错误时,既可能影响个人的经济活动,也可能导致个人社会评价的降低,还可能造成受害人严重的精神痛苦,此时,受害人应当有权请求行为人承担精神损害赔偿责任。此外,依据《精神损害赔偿司法解释》的规定,在确定精神损害赔偿数额时,可能需要考虑行为人的获利等因素,这也可以一定程度上弥补了侵害信用权财产损失赔偿数额偏低的问题。对法人而言,是否可适用精神损害赔偿,有不同的看法。我国台湾地区学者大多认为,法人的信用权遭受侵害不存在精神损害赔偿的问题。因为,此时法人无所谓精神上的痛苦,所以,不能适用精神损害赔偿。① 大陆一些学者认为,"法人信用损害,虽不存在精神痛苦的损害,但也会带来精神利益的损失,对此也应当进行精神损害赔偿。自然人信用损害,限于经济上的损害和信用利益的损害,对信用利益的损害,多不造成精神痛苦,但对信用利益的损害应当进行精神损害赔偿"②。笔者认为,法人信用权遭受侵害主要是财产损失,而不存在精神损害。只有在自然人的信用权遭受侵害的情况下,才会使之遭受精神痛苦,可以适用精神损害赔偿。另外,依据《精神损害赔偿司法解释》第 5 条的规定:"法人或者其他组织以人格权利遭受侵害为由,向人民法院起诉请求赔偿精神损害的,人民法院不予受理。"可见,在法人信用权受侵害的案件中,不适用精神损害赔偿的责任方式。

还需要指出的是,信用权不仅受到民法的保护,还可能受到反不正当竞争法的保护。从比较法上来看,一些国家和地区都确认了此种保护的方式。例如,匈牙利《禁止不正当竞争法》规定:"禁止以制造或散布虚伪事实,或对真实事件进行歪曲,或通过其他行为破坏或者危害竞争者的名声或信誉。"我国《反不正当竞争法》也在第 11 条规定,"经营者不得编造、传播虚假信息或者误导性信息,损害竞争对手的商业信誉、商业声誉"。因而从反不正当竞争法的角度对商业信誉和商业声誉以保护。但是该种保护方式仅限于对经营者,而对于自然人而言,则无法得到此种方式的保护。

通过反不当竞争法的方式保护信用利益,并非直接确认和保护信用权的方式,而是一种对信用权的间接保护的方式。这种间接保护的理论根据在于,信用与名誉同为社会评价,信用为广义的名誉的组成部分,以

---

① 参见王泽鉴:《侵权行为法:基本理论·一般侵权行为》(第一册),中国政法大学出版社 2001 年版,第 126 页。

② 杨立新主编:《民商法理论争议问题——精神损害赔偿》,中国人民大学出版社 2004 年版,第 385 页。

保护名誉权的法律保护方法保护信用,可以达到保护信用利益的目的。[1]笔者认为,通过不正当竞争法来保护信用,有其合理性。但是此种方式有几点不足:第一,随着市场竞争的展开,侵害信用权的纠纷不断增加,这些侵权行为起诉到法院后,法院应当采用民法手段予以解决。虽然可以引用反不正当竞争法予以判决,但毕竟反不当竞争法并非完全的私法规范。第二,违反反不正当竞争法主要导致行政责任,而如果将信用权规定于民法典中,则其民事责任的成立就比较顺理成章。尤其是信用权不仅涉及法人的信用,还涉及自然人的信用。侵害法人的信用不适宜适用精神损害赔偿,但如果侵害了自然人的信用,就可以适用精神损害赔偿。所以,有必要在民法中对信用权予以规定。第三,规定信用权,有利于权利主体直接请求排除侵害,维护自己的合法权利。例如,在行为人所收集的权利人的信用信息有误,或者公开不当,则权利人有权主张信用修复,请求行为人更正、补充、修改相关的信用信息,这些权利显然无法通过反不正当竞争法予以调整。

结　语

我国《民法总则》第110条虽然规定了多种具体人格权,但并没有规定信用权,虽然其他具体人格权(如名誉、荣誉、个人信息权)也可能涉及社会信用利益,保护这些具体人格权也有利于维护信用权,但毕竟信用权不同于其他具体人格权,其他具体人格权的规则很难对信用利益提供全面救济。其他具体人格权只能够从某一个角度或层面保护信用利益,而无法替代信用权。因此,规定独立的信用权,有利于我国人格权体系的完善,并有利于规范征信机构的行为,建立统一的社会信用体系。

---

[1] 参见杨立新:《人身权法论》(修订版),人民法院出版社2002年版,第701页。

隐私权概念的再界定*

自美国学者沃伦（Wallen）和布兰代斯（Brandeis）于1890年在其《论隐私权》①一文中将隐私界定为一种"免受外界干扰的、独处的"权利后，隐私权日益引起学界、司法实务界的广泛关注。经过多年的发展，人们虽然对隐私的概念达成一些基本的共识，但在一些领域，仍然存在争议。例如，在最初将隐私作为"独处权"加以理解的基础上，现代学者逐渐扩张了隐私的内涵，将其扩大到信息隐私、空间隐私以及自决隐私等领域，但对隐私权的边界究竟如何确定，学界始终未达成一致意见。在各国的民法判例和学说中，有关隐私概念的学说林林总总，众说纷纭。笔者认为，在我国民法典制定过程中，如何准确界定隐私权的概念与性质，已成为人格权制度中必须解决的一个重大理论问题。

一、隐私权属于民事权利范畴

从比较法上看，隐私权究竟是民事权利，还是宪法权利，不无疑问。在美国法中，隐私权概念提出后，最初是通过判例而将其承认为一种民事侵权所保护的权利。但此后，美国法院（尤其是联邦最高法院）又通过一系列的判例，将其上升为一种宪法上的权利，创设了"宪法上的隐私权"（constitutional privacy），并将其归入公民所享有的基本权利类型中，作为各州及联邦法令违宪审查的依据之一。其中最突出的是法院根据美国《宪法》第四修正案和第五修正案将隐私权解释为是公民享有的对抗警察非法搜查、拒绝自我归罪（self-incrimination）的权利。② 1964年，Prosser将

---
* 原载《法学家》2012年第1期。
① Samuel D. Warren and Louis D. Brandeis, The Right to Privacy, 4 Harv. L. Rev., 1890.
② See Richard G. Turkington and Anita L. Allen, Privacy, second edition, West Group, 2002, p.24.

大量的侵犯隐私权的判例进行了归纳,从而形成了对隐私权案件的四分法。① 1965 年,在 Griswold v. Connecticut 一案中,正式将隐私权确立为独立于第四、五修正案的一般宪法权利。② 1973 年,法院又在罗伊诉韦德堕胎案(Roe v. Wade)中确认堕胎自由是宪法保护的隐私权③,自此以后,美国法正式将自主决定确认为隐私权的重要内容。但是,美国的判例法也仍然将隐私权作为侵权法保护的一项民事权利。总之,隐私权除了作为美国宪法中的一项基本权利之外,也仍然是一项重要的民事权利。

大陆法国家在人格权发展过程中逐步借鉴了美国法的隐私权概念,但这个过程是一个吸收、消化,并逐步发展的过程。例如,在德国,隐私权随着社会经济的发展,逐渐地形成和完善。1983 年,德国联邦宪法法院作出了一个里程碑式的裁判,认为对抗不受限制的搜集、记录、使用、传播个人资料的个人权利也包含于一般人格权之中。④ 因而,隐私权成为民法一般人格权的重要内容,在德国法上,虽然普遍认为隐私权属于一般人格权的范畴,但在司法裁判中,也认为隐私权属于宪法权利的范畴。因为一方面,隐私权产生于对宪法基本权利的解释,宪法法院根据《德国基本法》第 2 条第 1 款的规定承认,个人享有人格尊严、肖像权、对自己的言语的权利以及包括私密和独处在内的隐私权。⑤ 隐私权是宪法所保护的人格尊严的具体体现,保护隐私有利于实现宪法所确认的促进个人人格自由发展的目标。⑥ 另一方面,通过将隐私权与宪法上的基本权利建立起关联,也极大地提升了隐私权的地位。按照德国法院的看法,依据宪法原则,私生活领域受到保护,不能公之于众。⑦ 因此,在德国,隐私权成为宪法意义上

---

① 他将隐私权的保护范围归纳为四种:一是不合理地侵入他人的隐私(Intrusion upon seclusion);二是窃用他人的姓名或肖像(Appropriation of name or likeness);三是不合理地公开他人的私生活(Publicity given to private life);四是公开他人的不实形象(Pulicity given to unreal image)。但在当时隐私权仍然是一种普通法上的权利。See Prosser, The Law of Torts, 3rd ed, West Publishing Co., 1964, p.843.

② See Griswold v. Connecticut U. S. Supreme Court 381 U. S. 479 (1965).

③ See Roe v. Wade, 410 U. S. 113 (1973).

④ Vgl. BVerfE 65, 1.

⑤ See Blanca R. Ruiz, Privacy in Telecommunications, Kluwer Law International, 1997, p.51.

⑥ See Margaret C. Jasper, Privacy and the Internet: Your Expectations and Rights under the Law, Oxford University Press, 2009, p.53.

⑦ Vgl. BGH, NJW1988, 1984.

的一般人格权及私法意义上的一般人格权的范畴。①

　　隐私权的这种双重属性对于我国隐私权的相关研究也产生了一定的影响。我国也有学者认为,隐私应当成为宪法性的权利。只有将隐私权提升到宪法层面,才能体现出其应有的地位,并强化对隐私的保护。② 此种观点不无道理。应当看到,宪法作为一国的根本大法,应当对于一国公民包括基本民事权利在内的各项基本权利予以明文列举。其作用应当包含两个层面,一方面为公民的基本权利构建一个全面的体系,为公民基本权利的确定提供价值基础。例如,宪法确认了公民的人格尊严、人身自由受法律保护,这就为公民人格权的保护提供了基本的价值依据。如果宪法确认隐私权,将有利于对隐私权的保护。另一方面,宪法中的权利确定主要是要明确国家或政府的义务,如果在宪法中规定公民享有隐私权,则在一定层面上确立了国家或政府应采取措施保障公民隐私权的积极义务。从国外隐私权的发展过程来看,一些国家将隐私权提升为宪法的基本权利是与所谓"国家积极义务学说"相一致的③,隐私成为宪法上的权利可以为政府设置相应的义务,从而可以通过违宪审查机制来防止政府侵犯隐私权情形的发生,更好地促进公民隐私权保护的实现。

　　在我国,通过宪法对隐私进行保护是符合我国《宪法》的宗旨和原则的。虽然我国《宪法》未确立隐私权,但《宪法》确认了公民人格尊严应受保护,这在很大程度上可以作为隐私权的宪法基础。另外,我国《宪法》关于通信秘密的规定,也可以在一定程度上解释为是关于隐私权的规定。可以说,民法所确认的隐私权是宪法保护公民人格尊严的具体化,从这一点出发,民法规定隐私权符合宪法的基本原则。所以,和其他民事权利一样,隐私权当然具有其宪法基础。但从隐私权保护的角度看,隐私权应纳入民事权利的范畴,隐私权的保护应主要通过民事法律予以规定。将其归结为宪法权利本身并无助于隐私权的全面保护,也无法替代关于隐私权的民法规范。笔者认为,不宜将隐私权作为一种宪法权利。其原因在于:

　　第一,如果隐私权是一种宪法上的权利,则应当在宪法中做出特别规

---

① 参见王泽鉴:《人格权的具体化及其保护范围·隐私权篇(上)》,载《比较法研究》2008年第6期。

② 参见尹田:《论人格权的本质》,载《法学研究》2003年第3期。

③ See D. GRIMM (ed.), The Protective Function of the State, in G. NOLTE, European and US Constitutionalism, Cambridge, 2005, p.137.

定,这就需要通过宪法的修改来实现这一目标。由此带来的问题是,人格权中,生命权、健康权、姓名权、名誉权、肖像权等也都是十分重要的权利,甚至在某些情况下生命健康权还要优先于隐私权予以保护,如果将隐私权纳入宪法予以保护,那么上述其他的人格权是否都要纳入宪法予以保护呢?如果答案是肯定的,那宪法又是否有足够的容量来实现这一目标呢?

第二,隐私的范围非常宽泛,而宪法作为根本大法,其立法是粗线条的、抽象的,主要是规定人格尊严、人身自由保护的基本原则,缺乏对人格权的具体的规定,因此不可能涵盖生活中各种各样的隐私侵权类型。如果将隐私权仅限制在宪法的层面,则不利于受害人寻找法律依据保护自己的权利。"而将隐私权作为私法上人格权的一种,使得被害人能够依据侵权行为的规定请求救济。"①

第三,如果只将隐私作为宪法权利,则对隐私的保护需要启动宪法诉讼的程序,而我国目前没有宪法法院,也没有宪法法庭。而且在民事诉讼中,法官也不得援引宪法条文作为裁判依据。由于缺少相应的救济途径,即便宪法规定了隐私权保护,在隐私受到侵害后,也难以提供宪法的救济机制。由于宪法法院、宪法法庭的设立牵涉到国家的根本体制,不是一朝一夕可以完成的,未来如何构建仍不确定,而公民隐私权的保护是现实而迫切的,必须由法律予以充分的保护。因此,将隐私作为宪法上的权利来保护,在实际操作上是不现实的。

第四,我国是成文法国家,法官在进行裁判时,需要引用成文的法律作为裁判的依据。而目前我国《宪法》并无明确的关于隐私权的规定,因此法官无法直接通过适用《宪法》来作出裁判。2009年最高人民法院发布的《关于裁判文书引用法律、法规等规范性法律文件的规定》第4条规定:"民事裁判文书应当引用法律、法律解释或者司法解释。对于应当适用的行政法规、地方性法规或者自治条例和单行条例,可以直接引用。"从该条规定来看,并没有将《宪法》列入民事裁判文书可以引用的范围之列,因此,法官不得直接援引宪法作出民事裁判。

第五,隐私权是一项具体的民事权利,我国《侵权责任法》第2条已经明确规定了隐私权是侵权法的保护对象。该法对隐私权遭受侵害的受害者提供了必要的救济方法,故没有必要在民法之外再另寻途径予以保护。

---

① 王泽鉴:《人格权的具体化及其保护范围·隐私权篇(中)》,载《比较法研究》2009年第1期。

如果将隐私权理解为宪法上的权利,在受害人受到侵害时,反而不利于其寻找法律依据、获得法律的保护。

第六,将隐私权作为一项民事权利予以保护并不意味着国家或政府在尊重、保护公民隐私方面就不负有相关义务,相反,隐私权作为公民的一项权利,是包括国家、政府在内的所有社会主体都必须予以尊重的。政府作为公权力机关,不仅不能非法侵害公民隐私权,而且应当采取积极措施保障公民隐私权不受侵害。现实中,也存在政府违法侵犯或者限制公民隐私的行为,这完全可以通过行政法、刑事诉讼法等法律制度加以规制,而无必要在此之外确立宪法上的隐私权。

二、隐私权是具体人格权

对于隐私权性质的界定,理论和实务上还存在其究竟是一般人格权还是具体人格权的争议。在美国法上,自隐私概念产生以后,一直存在着范围不断扩张、内容日益宽泛的趋向。隐私权的概念中包括了名誉、肖像等人格利益[1],Prosser 曾经抱怨其关于隐私的四种分类并不存在共同点,因而隐私本质上构成了一种集合性的概念。[2] 此外,美国一些学者甚至认为,美国最高法院在 Griswold 案件中所建构的一般性的、宪法上的隐私权,似乎是受到了德国一般人格权制度的启发。[3] 在德国,隐私权属于一般人格权的范畴。早在 1957 年,德国联邦法院(BGH)在著名的读者来信(Leser-brief)案中认为,自主决定权应为一般人格权的重要组成部分。[4] 此后,按照德国联邦宪法法院和联邦最高法院的判决,隐私领域(Sphäre der Privatheit)逐渐被纳入一般人格权的保护范畴。[5] 从德国隐私权发展的进程看,其具有如下两方面特征,一方面,在权利谱系上,承认了隐私权是一般人格权,按照德国学者的通说,对隐私予以尊重是一般人格权的结果和具体化。[6] 另一方面,在具体内容上,持续强调信息自决权在隐私

---

[1] See Prosser, Privacy, Calit. L. R., vol. 48, 1960, p. 383.
[2] See Prosser, The Law of Torts, 3rd ed, West Publishing Co., 1964, p. 843.
[3] See Blanca R. Ruiz, Privacy in Telecommunications, Kluwer Law International, 1997, p. 49.
[4] 参见王泽鉴:《人格权的具体化及其保护范围·隐私权篇(上)》,载《比较法研究》2008 年第 6 期。
[5] Vgl. BVerfGE 54, 148 (154); BVerfGE 35, 202 (220); BGH JZ 1965, 411, 412 f.
[6] Vgl. Amelung, Der Schutz der Privatheit im Zivilrecht, Mohr Siebeck, 2002, S. 7.

保护中的重要性。① 其他国家也有类似德国的做法,如法国自 1970 年修改《法国民法典》,增加私生活的保护后,隐私的概念和内容就不断地扩张,逐步涵盖了多项人格利益。②

在我国人格权法制定过程中,对隐私如何定位,是否应借鉴德国的模式,将其规定为一般人格权,不无争议。应当看到,隐私权在现代社会的重要性日益突出,随着时代的发展,人们从农业社会进入工业社会,从熟人社会进入陌生人社会,隐私已经成为人们保障自己私生活的独立性、保持私人生活自主性的重要权利。随着高科技的发展,诸如针孔摄像机、远程摄像机、微型录音设备、微型窃听器、高倍望远镜、卫星定位技术的出现,过去科幻小说中所描述的在苍蝇上捆绑录音、录像设备的技术在今天已成为现实,个人隐私无处遁身,并正受到前所未有的严重威胁。③ 随着网络技术的发展,在网上搜集、储存个人的信息资料变得极为容易,且一旦传播,所引发的后果是任何纸质媒体所无法比拟的。与此同时,随着社会的发展,个人意识越来越觉醒,公民个人对于自己私人信息的保密性、私人空间的私密性,私生活的安宁性要求越来越高,相应地,现代社会公民要求保护自己隐私的呼声日益高涨。在这样的背景下,隐私保护已经提到了一个日益重要的位置。隐私权不仅在人格权体系中,甚至在整个民事权利体系中,地位都在不断地提升。那么隐私权是否因为其重要性的提高就可以替代一般人格权概念呢?笔者认为,一般人格权是为人格权提供兜底性保护的一种权利,是人格权体系保持开放性的特殊形式,具有特定的内涵,不是哪一种具体人格权可以随便代替的。即便某些具体人格权在社会生活中发挥着十分重要的作用,也因为其有特定的含义和适用对象,而不能代替一般人格权的作用。

应当看到,隐私权内容确实具有相当的宽泛性和开放性,这就使得它可以适应现代社会的发展需求而将一些新的隐私利益纳入其中,予以保护。但是,既然隐私权是作为一种特定的人格权存在的,其内涵具有相对的确定性,不可能无限制扩张,以致涵盖所有的人格利益的保护。从未来人格利益保护的发展趋势看,也并不意味着所有的新产生的人格利益都

---

① See Margaret C. Jasper, Privacy and the Internet: Your Expectations and Rights under the Law, Oxford University Press, 2009, p. 52.

② Thierry Garé, Le droit des personnes, 2e édition, Collection Connaissance du droit, Dalloz, 2003, p. 75.

③ See Michael Rroomkin, The Death of Privacy? Stanford Law Review, Vol. 52, p. 1461 (1999–2000).

属于隐私利益的范畴。

比较法上,由于隐私权产生时人格权理论比较薄弱,具体的人格权制度也十分欠缺,因此,在隐私权出现之后,社会中若干人格利益保护需求都纳入了隐私权保护的范畴。从这个角度上讲,隐私权在其发展初期的确一定程度上发挥了一般人格权的功能。例如美国法中,由于其既没有一般人格权概念,也没有具体人格权概念,因此,隐私权产生后,演变成为一个涵盖各类人格利益保护的集合型民事权利。

我国人格权制度的发展趋势和上述过程存在明显区别。在我国,人格权制度产生时,就形成了具体人格权体系,隐私权只不过是具体人格权的一种,我国早在1986年的《民法通则》就规定了各种具体人格权,如生命健康权、姓名权、名称权、名誉权、肖像权、荣誉权等权利。随后逐渐在司法实践中又产生了隐私的概念,并由法律确认为一种权利。我国《侵权责任法》第2条第2款规定:"本法所称民事权益,包括生命权、健康权、姓名权、名誉权、荣誉权、肖像权、隐私权、婚姻自主权……"从该条表述来看,隐私权只不过是与其他人格权相并列的一项权利。从我国法律发展的路径来看,《民法通则》规定了相当数量的具体人格权,但缺乏对隐私权的规定,司法实践采取了类推适用名誉权的规定来保护隐私权,以后应经济与社会的发展,将隐私权也纳入具体人格权的范畴,给予全面保护。[①]从其发展的过程来看,立法者和司法者意识到,《民法通则》规定的各种具体人格权存在遗漏,因此有必要在已经确认的各项具体人格权之外,通过确立隐私权,对个人生活秘密等隐私利益加以保护。因而隐私权从其产生之初,就是作为具体人格权存在的。此外在隐私权产生之前,已经存在其他的具体人格权,隐私权不可能从内容上包括其他具体人格权,而只不过是对已经存在的具体人格权的补充,将其所遗漏的、未予规定的私人生活秘密等内容包括在隐私的范畴之中。而且,在我国,既然在立法和司法上都已经确立了隐私权作为具体人格权的地位,这也注定了其不可能代替一般人格权的法律地位。

虽然从人格权体系构建来说,我国确实需要承认一般人格权。因为目前为止,立法关于人格权的规定都采取具体列举的方式,而具体列举难

[①] 需要说明的是,在隐私权发展之初,我国有关司法解释曾明确提到了隐私的概念,但将其纳入名誉权之中进行保护,或者说是通过类推适用名誉权的规定来保护隐私权。但实践证明,因隐私权与名誉权存在重大差异,这种类推的模式是不成功的。在之后有关的司法解释中,遂将隐私与名誉分开,承认了独立的隐私权概念。

免挂一漏万,不能使人格权制度保持开放性,应对今后新的人格利益的发展。所以,承认一般人格权是必要的。但这绝不意味着要将隐私权提升到一般人格权的地位。实际上,我们所说的一般人格权主要是以人格尊严和人身自由为内容的权利,而并非以隐私作为其主要内容。如果将隐私权作为一般人格权加以保护,存在以下几方面问题:

第一,一般人格权所体现的人格尊严、人身自由的内涵,在很大程度上是一种价值理念,需要借助法官的价值判断予以具体化。而隐私通常具有自身特定的含义,一般包括私生活安宁、私生活秘密、私人空间等内容,较一般人格利益,更容易确定。若将其纳入一般人格权中,反而使其权利界限模糊,不利于对其进行全面保护。

第二,在人格权体系中,一般人格权制度承担着"兜底"的任务。若将隐私权归入一般人格权制度,则必将使隐私承担人格权法中的"兜底"功能,而这将造成隐私权体系的混乱,反而不利于对隐私的保护。例如,原告将其已故父亲的骨灰盒拿回家后长期拜祭,后发现骨灰盒有误,致使其遭受精神痛苦。此种情形涉及的并非私人生活隐私,而是人格尊严受损。因此,应当由一般人格权而非隐私权予以保护,若让"隐私"概念承担人格利益的"兜底"保护功能,会损害隐私权救济的确定性及可预期性。

第三,严格地讲,相对于具体人格权而言,一般人格权条款是法律上的"一般条款",通常赋予法官较大的自由裁量空间。从法律适用规则看,如果有具体条款可供适用,应当首先适用具体条款,而不能直接引用"一般条款"。否则,有可能导致法官因在案件裁判中自由裁量空间过大,以致裁判结果缺少可预期性。既然我国在法律上已经承认了隐私权的概念并对此作出了具体的规定,而且在司法实践中也已确立了隐私权保护的具体规则,此时再将隐私权作为一般人格权对待并适用一般人格权的规则,就属于向一般条款逃逸。

将隐私权作为具体人格权对待,从立法层面看,具有重要的意义。笔者认为,我国民法中的隐私权不是一般人格权,而是具体人格权。因此,在未来民事立法中,应当将隐私权置于具体人格权项下,并将隐私权与其他人格权进行区分。在清晰地界定隐私权与其他具体人格权的界限的同时,也要确立隐私权在行使中与其他权利发生冲突的解决规则。从今后的发展来看,隐私权必然会随着高科技的发展和社会生活的变化而在内容上不断扩张,各种新的隐私利益将会大量产生。但即便如此,隐私权仍然应当保持其自身确定的内涵和外延,而不应该成为一种集合性的权利。

三、隐私权应当是人格权法所确认的权利

隐私权作为一项民事权利,应当在人格权法还是侵权责任法中加以规定,这是未来民法典制定中需要探究的一个问题。从比较法来看,在美国,隐私权最初就是通过侵权法所保护,由于两者关系十分密切,因而曾形成所谓"侵权法上的隐私权"(tort privacy)的概念。① 也有学者认为,因为侵权法也保护个人的隐私,因而对隐私的保护也应当包括在侵权法之中。② 按照德国学者研究,一般人格权的保护范围当然包括私密和隐私,《德国民法典》第823条第1款关于一般侵权责任的规定可以适用隐私的保护。③

在我国,尽管《民法通则》专设第五章"民事权利"规定了各项人格权,但并没有承认隐私权,此后有关立法虽然规定了保护隐私,但也没有规定隐私权。学理上通过在侵权责任制度中保护隐私权,逐渐形成隐私权的概念。2009年,《侵权责任法》第2条明确列举了隐私权,从而将隐私权纳入《侵权责任法》的保护范围,这不仅从民事基本法的角度承认了隐私权是一项基本民事权利,而且将隐私权纳入侵权法的保护范围。它不仅弥补了《民法通则》规定的不足,而且也进一步完善了我国人格权体系。但《侵权责任法》规定了隐私权之后,有学者认为没有必要再对隐私权加以立法规定,这种观点值得讨论。

对此,首先需要讨论的是,隐私权究竟是一个侵权法通过其"设权功能"所确认的权利,还是人格权法所确定的权利?应当承认,隐私权的概念在《侵权责任法》中得到了承认,这是一种立法上的进步,但这并不意味着在未来的人格权法立法中,就不需要再对隐私权进行具体规定。笔者认为,隐私权首先应当通过人格权法加以确认,然后再通过侵权责任法加以保护,如此才能在法律体系内部形成有效的衔接。理由如下:

第一,《侵权责任法》第2条仅仅只是承认了隐私权的概念,其目的主要在于宣示隐私权应当受到侵权法的保护,这并不意味着就可以替代人

---

① See Blanca R. Ruiz, Privacy in Telecommunications: A European and an American Approach. Kluwer Law International, 1997, p.47.

② See Richard G. Turkington and Anita L. Allen, Privacy, Second Edition, West Group, 2002, p.1.

③ Vgl. MünchKomm-Schwerdtner, C. H. Beck, Band 1, 1998, §12 Rn. 215 ff.

格权法对该权利的具体规定。《侵权责任法》主要是救济法,其主要功能不是确认权利,而是保护权利。《侵权责任法》只能在这些权利遭受损害以后对其提供救济,而无法就权利的确认与具体类型进行规定。就此而言,人格权法的功能是无法替代的。

第二,《侵权责任法》毕竟只是简单承认了隐私权的概念,并没有完整的制度性规定,对于隐私权的内涵和外延、隐私权的分类、隐私权的行使和保护等,都缺乏明确的规定。例如,隐私权就可以进一步类型化为独处的权利、个人生活秘密的权利、通信自由、私人生活安宁、住宅隐私等。就私人生活秘密而言,又可以进一步分类为身体隐私、家庭隐私、个人信息隐私、健康隐私、基因隐私等。甚至根据不同的场所,又可以分为公共场所隐私和非公共场所隐私等。各种不同类型的隐私在权利的内容以及侵权的构成要件上,可能有所差异。对于如此纷繁复杂的隐私类型,《侵权责任法》作为救济法的特点决定其不能规定,也无法规定。更何况,隐私权作为一个开放的权利,其内容也是会随着社会生活、科学进步的发展而不断发展,例如随着生物技术的发展促进基因隐私的产生,这些都需要在法律上予以确认,而新产生的隐私权的内容无法在侵权责任法中得到规定。

第三,隐私权不仅仅涉及侵权责任,还涉及合同法和其他的领域。在通常的合同关系中,尊重与保护对方当事人的秘密及隐私,一般可构成合同的附随义务;在一些特殊的合同关系中,如某些服务合同、咨询合同等,保护对方当事人隐私甚至可以成为合同的主义务。尤其是在医疗服务合同中,若当事人就病人的病情、健康情况的保密达成特殊约定,只要不涉及公共利益,应当承认其效力。因此,隐私权需要通过人格权法专门予以规定。

第四,《侵权责任法》不可能规定隐私权在行使中与其他权利的冲突及其解决规则。隐私权在行使过程中,常常会与公权力发生冲突。隐私的概念本身指的是在公共利益之外的个人不愿意公开的私人生活秘密,以及不受他人非法打扰和妨害的私人生活安宁,因此确定哪些是隐私,哪些不是隐私,哪些隐私应当受到法律保护,就必然涉及对公共利益的判断。例如,政府有关管理部门在某些公共场所装设探头,维护公共秩序和公共安全,但这也可能涉及与个人隐私的关系,需要处理好隐私权与公权力的关系。

另外,公众人物的隐私问题,也是一个重要的话题。人们通常所说的公众人物无隐私的观点,是不严谨的。严格地说,公众人物并非无隐私,只是需要出于公共利益、公众兴趣、舆论监督、社会治理等考虑,对其隐私进行必要的限制。例如,在著名的范志毅诉文汇新民联合报业集团一案中,就确立了基于舆论监督的需要对公众人物隐私权加以限制的规则。①但自从该案提出了公众人物的概念以来,理论与实务界对公众人物隐私权究竟应限制到何种程度,一直未达成一致意见。笔者认为,对公众人物隐私权的限制,应当根据个案的情况,具体地加以衡量。例如,对某个公众人物的家庭住址,在特定场所基于特定目的公开披露出来与将其在网络上公开披露出来,在性质上并不相同。为此,法官需要根据个案,综合考量相关因素加以判断。再如,某个影星在银行的财务往来情况,在通常情况下应属个人隐私的范畴,但若的确关涉是否依法纳税、是否从事非法交易等事项,就应当受到限制。但是,公众人物隐私权是否应当限制以及限制的具体规则,仍然是人格权法上应予明确的问题,侵权法无法对此作出全面的规定。

美国有学者指出,"许多法学家简单地认为,隐私权不过是侵权责任法的范畴,这一观点因为布兰代斯的名气和影响,变得使人深信不疑"。但事实上,隐私权是一个跨部门的法律领域,不能简单地将其归入侵权责任法。②虽然人格权的确认和保护需要诸多法律领域的协力,而人格权法作为确认和保护人格权的重要法律部门,具有其自身独特的功能、特点,不能为侵权责任法所替代。

四、隐私权应以生活安宁和私人秘密作为其基本内容

迄今为止,有关隐私权的学说林林总总,学界对隐私的核心内容仍然没有达成共识。③ 比较法上,隐私的内涵的确呈现出一种膨胀的趋势,这也阻碍了此种共识的形成。例如,在美国,隐私权主要是指一种独处的权利,后来逐渐扩张到私人的生活秘密、禁止侵犯个人的自由权利(例如在公众场合不被拍照)、限制接触和使用个人信息(例如所得税申报表、信用报道)和禁止偷听私人谈话(例如使用电子监视器)。"进入现代社会后,

---

① 在该案中,上海市静安区法院的判决指出,"即使原告认为报道指名道姓有损其名誉,但在媒体在行使舆论监督的过程中,作为公众人物的原告,对于可能的轻微损害应当予以忍受"。参见上海市静安区人民法院(2002)静民一(民)初字第1776号民事判决书。

② See Richard G. Turkington and Anita L. Allen, Privacy, second edition, West Group, 2002, p. 1.

③ See Blanca R. Ruiz, Privacy in Telecommunications: A European and an American Approach, Kluwer Law International, 1997, p. 27.

如堕胎、使用保险套、决定死亡等已被涵括在隐私权之范围。"①在德国，因为将隐私权作为一般人格权对待，更难以确定其具体内涵。在我国民法典制定中，如何准确界定隐私权的内容，是迫切需要解决的问题。2002年《民法（草案）》第四编"人格权法"第25条曾规定："隐私的范围包括私人信息、私人活动和私人空间。"此处所提及的"私人活动"的范围仍然过于宽泛。从文义解释看，私人所从事的一切民事行为、非民事行为均可以纳入"私人活动"的范畴，隐私只能涉及其中有关人格利益部分的内容，而且其内容通常是相对较为狭窄的。既然在人格权体系中，隐私只是具体人格权，则必然要与其他的各项具体人格权相区分。笔者认为，在我国现有的法律体系中，已经确认了生命权、健康权、姓名权、名誉权、荣誉权、肖像权等具体人格权，《侵权责任法》第2条将隐私权作为一项与前述权利同层级的具体人格权。凡是已经被合理纳入既有的、隐私权之外的其他具体人格权，便不应再通过隐私权制度加以保护。若过于宽泛地界定隐私权的范围，不仅不利于隐私权制度的建构，也会妨害既有的具体人格权的体系建构。

隐私权作为一项具体人格权，是指自然人享有的私人生活安宁与私人信息秘密依法受到保护，不被他人非法侵扰、知悉、搜集、利用和公开的一种人格权。波斯纳（Posner）认为，隐私权主要可以分为两部分，一部分是独处的权利，另一部分是保有秘密。② 隐私应当以私人生活秘密和私人生活空间为内容，形成隐私权所保护的独立的法益，因此，未来我国人格权法中主要应该从如下两方面来构建隐私权的内容：

（一）生活安宁

生活安宁是指，自然人对于自己的正常生活所享有的不受他人打扰、妨碍的权利。最初，沃伦和布兰代斯在提出隐私权概念时就将隐私权界定为"一种个人信息免受刺探的权利"（the right free from prying），也将此权利称为"独处权"（the right to let alone）。③ Prosser曾将侵害生活安宁的案件归为侵害隐私的一种重要类型，大体包括：在无搜查证的情况下闯入

---

① 叶淑芳：《行政资讯公开之研究——以隐私权益之保障为中心》，台湾中兴大学法理学研究所1999年硕士论文，第123页。

② See Richard A. Posner, The Economics of Justice, Harvard University Press, 1981, pp. 272-273.

③ See Warren and Brandeis, The Right to Privacy, 15 Dec. 1890, Vol. IV, NO. 5, Harvard Law Review, pp. 193-220.

他人住宅;秘密进入酒店房间或者特等客舱;通过秘密窃听获取他人隐私;在(他人)窗户边偷窥;打电话到债务人家里追债等。① 此后,一系列判例也确认隐私权是一种不受侵扰的独处的权利。② 美国法上的此种观点对大陆法系国家也产生了重大影响,并获得了理论与实务界的广泛认可。一些国家的判例学说也时常将隐私权称为"被忘却权"(right to oblivion),其实指的是生活安宁权,它允许个人享有与公共利益无关的发展个性所必要的安宁和清静。③

2002年《民法(草案)》第四编"人格权法"中隐私权关于"私人活动""私人空间"的保护其实都涵盖了对公民"生活安宁"的保护。但笔者认为,采用"生活安宁"的概念更为清晰。每一个公民,无论是名人或普通人,都享有安静地不受打扰地生活的权利,这是任何人能够享受幸福生活的必要前提。具体而言,笔者认为,生活安宁权包含如下三个方面的内容:第一,排除对私人正常生活的骚扰。人既具有自然性,又具有社会性,人在社会中生活,既需要与他人交往,同时也需要独处,保持私生活的安宁。维持个人生活的安宁与宁静,是个人幸福生活的基本要求,也是实现人的全面发展的基础。实践中,妨碍个人正常生活的行为主要表现在:非法跟踪、窥探他人的行踪、在他人的信箱中塞满各种垃圾邮件、从事电话骚扰等,都构成对私生活安宁的侵害。正如法国有学者所指出的,"一切人都享有其宁静得到保护的权利,他们有权就这项权利可能受到的各种不同的损害(侵害私生活、侵害名誉、侵害肖像等)主张赔偿"④。第二,禁止非法侵入私人空间。凡是私人支配的空间场所,无论是有形的,还是虚拟的,都属于私人空间的范畴。在私人空间中,住宅空间具有尤为重要的意义。法谚云,"住宅是个人的城堡"(a man's house is his castle),住宅是个人所享有的隐私的重要组成部分。⑤ 在古老的法律中,住宅是人们遮风

---

① See Neil Richards and Daniel Solove, Prosser's Privacy Law: A Mixed Legacy, 98 Cal. L. Rev. 887 (2010).

② 在美国某个案例中,大法官 Fortas 解释独处的权利就是"依照一个人的选择生活,除非有正当法律规定时,否则不受攻击、打扰、侵害"。See Time, Inc. v. Hill, 385 U.S. 374, 413 (1967)(Fortas, J., dissenting).

③ See Michael Henry, International Privacy, Publicity and Personality Laws, Butterworth, 2001, p.56.

④ Thierry Garé, Le droit des personnes, 2e édition, Collection Connaissance du droit, Dalloz, 2003, p.75.

⑤ See Michael Henry, International Privacy, Publicity and Personality Laws, Butterworth, 2001, p.14.

避雨的场所。在习惯法中,即使是债权人也不得闯入债务人的房屋讨债,而只能等在屋外要债。《汉谟拉比法典》第21条也有禁止他人非法闯入住宅的规定。① 在现代社会,私人住宅不仅具有财产法上的属性,同时也是个人的私人生活空间。在我国实践中曾经出现过警察进入他人房屋搜查黄碟事件,实质上是一种对个人空间隐私的侵害。私人空间的范围不限于个人所有的住宅,还包括其他个人合法支配的空间,如更衣室、电话厅以及个人临时栖身的房间、工人临时居住的工棚、个人的邮箱、书包、保险柜等。通常,工作场所、公共场所不属于绝对的私人空间,但是也不排除这些场所具有相对的私人空间的性质。② 例如,个人使用公共厕所,禁止他人窥探。正是因为这一原因,有学者认为,隐私也存在于公共领域。③ 第三,对个人自主决定的妨碍。个人自主权涉及的范围非常宽泛,但作为隐私内容,它主要是指对个人私生活事务的自主决定。例如,公民享有自己决定何时结婚、分娩的自由,我国《侵权责任法》第55条所确立的患者自主决定权也属于个人的隐私范畴。自主决定是个人生活安宁的重要保障,其是法律对个人自由予以尊重和保护的价值的体现。

(二) 生活秘密

生活秘密是个人的重要隐私,涵盖的范围很宽泛,包括了个人的生理信息、身体隐私、健康隐私、财产隐私、谈话隐私、基因隐私、个人电话号码等,也包括个人家庭中有关夫妻生活、亲属关系、婚姻状况(如离婚史等)、是否为过继、父母子女关系及夫妻关系是否和睦、个人情感生活、订婚的消息等。私生活秘密的范围不是固定的,而是随着科技进步和社会生活的发展而变动的。例如,随着生命科学的兴起,基因隐私从无到有且日渐成为一种重要的隐私。它决定着一个人由生到死的整个生命过程,决定着一个人所有的生理特性和行为特征。④ 随着基因技术的发展,基因隐私将越来越重要。就私密信息而言,其是个人的重要隐私,每个人无论地位高低,哪怕是生活在底层的普通人,都应该有自己的私密信息,无论这些秘密是否具有商业价值。凡是涉及个人不愿为他人知道的信息,无论该

---

① See Richard G. Turkington Anita, L. Allen, Privacy (Second Edition), West Group, 2002, p.9.
② See Katz v. United States, 389 U.S. 347 (1967).
③ Vgl. BGH, NJW1996, 1128.
④ 参见李文、王坤:《基因隐私及基因隐私权的民事法律保护》,载《武汉理工大学学报(社会科学版)》2002年第2期。

信息的公开对权利人造成的影响是积极的还是消极的,无论该信息是否具有商业价值,只要该信息不属于公共领域并且本人不愿意公开,就应当受到隐私权的保护。[1]

私人生活秘密是个人私生活的重要组成部分。凡是与公共利益和他人利益无关的个人信息,无论对本人是否有利,隐私权人都有权加以保持和隐匿,不让他人得知。[2] 这种隐匿不仅包括自己对本人秘密的保有,也包括他人对自己秘密的隐匿。在社会生活中某些个人信息可能已经被政府部门、司法机关、医疗机构等组织掌握,在不违背公共利益的前提下,公民有权要求有关组织对个人隐私予以保密。[3] 个人在法律和道德的范围内有权公开自己的隐私,此种公开既可以是向特定人公开,也可以是向社会公开。例如,模特允许画家以其身体为对象进行绘画。再如,将自己过去的经历写成文章发表。公开的方式可以是由自己亲自公开,也可以是允许他人公开。[4] 如果个人仅仅只是向特定人公开有关秘密,与向公众公开仍有不同。如果在网络上披露有关信息,可构成对个人隐私的侵害。但是,如果根据国家的有关法律法规,个人的有关信息必须公开,那么,在必须公开的范围内,这些个人信息不受隐私法的保护。例如,房产登记必须将个人的家庭住址登记在登记簿上,以便于特定主体的查阅,在此情形下,个人已登记的信息应当成为有条件的公共信息。[5]

生活安宁权与生活秘密权是个人享有的基本权利,也是隐私的主要内容。笔者认为,之所以隐私权应该主要以这两项为其基本内容,主要原因是:其一,这两项内容概括了隐私的最核心要素。从隐私的发展来看,虽然近几十年来隐私权的内涵不断扩张,但这些发展基本上是围绕这两项内容而展开的。其二,这两项内容也是现行法律所确立的具体人格权所无法包容的,通过将其概括为隐私权的基本内容,也有助于区分隐私权与其他具体人格权,准确界定隐私权与其他具体人格权的关系。[6] 其三,以这两项权利为内容,构建隐私权制度,也能够适应隐私权在未来的发展。法律承认隐私权的根本目的是为了充分尊重个人的自由和尊严,维护最广大人民群众的福祉。康德的理性哲学认为,人只能够作为目的,而

---

[1] 参见张新宝:《隐私权的法律保护》(第二版),群众出版社2004年版,第8—9页。
[2] 参见郭锋:《论隐私权的法律属性》,载《商丘师范学院学报》2004年第20期。
[3] 参见张革新:《隐私权的法律保护及价值基础》,载《甘肃理论学刊》2004年第2期。
[4] 参见张革新:《隐私权的法律保护及价值基础》,载《甘肃理论学刊》2004年第2期。
[5] 参见曲直:《留给隐私多大空间》,中华工商联合出版社2004年版,第32页。
[6] 参见张新宝:《隐私权的法律保护》(第二版),群众出版社2004年版,第7页。

不能作为客体对待。法律的根本目的是为了人,实现个人的幸福。而幸福的含义是多元的,除了物质方面的因素之外,个人的精神生活的愉悦也是幸福的重要内容。个人私生活的安宁与个人生活秘密的妥善保护,也是个人幸福指数的重要指标。从今后的发展趋势来看,无论隐私权未来如何扩张,都应当以这两项内容作为其发展的基础,从而与其他人格权相区别。

五、个人信息权与隐私权

个人信息是指与特定个人相关联的反映个体特征的具有可识别性的符号系统,它包括个人身份、工作、家庭、财产、健康等各方面信息的资料。在我国人格权法制定的过程中,涉及对个人信息的保护问题。不少学者认为,个人信息可以归入隐私的范畴,不必单独在人格权法中作出规定。这种看法具有一定的合理性。从比较法上来看,美国法确实是将个人信息主要作为隐私来对待,包括在隐私的概念之中。按照 Daniel J. Solove 和 Paul M. Schwartz 的看法,个人信息本质上是一种隐私,法律上作为一种隐私加以保护,可以界定其权利范围。① 在对个人信息概念的表述上,美国学者常常从隐私权的角度进行定义,如 Solove 教授就用侵犯隐私形容在网络中泄露他人信息的行为。② 艾伦也指出,"隐私就是我们对自己所有的信息的控制"③。在德国,虽然1991年6月1日颁布了独立的《德国联邦资料保护法》,并提出个人信息权的概念,隐私与个人信息权是分开的,但也有德国学者仍常常认为个人信息属于隐私的范畴。④ 1980 年欧洲议会《个人信息保护公约》中也明确规定了对隐私的保护。在我国台湾地区,也有学者认为,"隐私权为人格权的一种,隐私权包括保护私生活不受干扰及信息自主二个生活领域,并得因应新的侵害形态而更进一步具体化"⑤。

---

① See Daniel J. Solove and Paul M. Schwartz, Information Privacy Law, Third Edition, Wolters Kluwer, 2009, p. 2.
② See Daniel J. Solove and Paul M. Schwartz, Information Privacy Law, Third Edition, Wolters Kluwer, 2009, p. 2.
③ 〔美〕阿丽塔·L.艾伦、理查德·C.托克音顿:《美国隐私法:学说、判例与立法》,冯建妹等编译,中国民主法制出版社2004年版,第13页。
④ See Margaret C. Jasper, Privacy and the Internet: Your Expectations and Rights under the Law, Oxford University Press, 2009, p. 52.
⑤ 王泽鉴:《人格权的具体化及其保护范围·隐私权篇(中)》,载《比较法研究》2009年第1期。

应当承认,互联网、大数据的发展使我们进入一个信息爆炸的社会,信息的搜集、储存和交流成为生活不可或缺的组成部分。[1] 政府、各类商业机构都在大量搜集和储存个人信息,因而对个人信息的保护越来越重要,从而在法律上形成了个人信息权。这种权利确实与隐私权有非常密切的关系。一方面,个人信息具有一定程度的私密性,很多个人信息资料都是人们不愿对外公布的私人信息,是个人不愿他人知晓的私人生活秘密,不论其是否具有经济价值,都体现了一种人格利益。[2] 另一方面,从侵害个人信息的表现形式来看,侵害个人信息权,大多也采用披露个人信息的方式,从而与侵害隐私权非常类似。因此,在许多情况下,可以采用隐私权的保护方法为受害人提供救济。在这一背景下,人们将个人信息权理解为隐私权的一部分,是可以理解的。

但是,个人信息权应当作为一项独立的权利来对待。从比较法上来看,在欧洲,比较流行的观点仍然是将个人信息权作为一项独立的权利对待[3],而不能完全为隐私权所涵盖,个人信息之所以作为独立的权利,具体理由如下:

首先,个人信息权具有其特定的权利内涵。法律保护个人信息权,虽然以禁止披露为其表现形式,但背后突出反映了对个人控制其信息的充分尊重。这种控制表现在个人有权了解谁在搜集其信息,搜集了哪些信息,搜集这些信息从事何种用途,所搜集的信息是否客观全面、个人对这些信息的利用是否有拒绝的权利,个人对信息是否有自我利用或允许他人利用的权利等。[4] 德国将其称为"控制自己信息的权利"或"个人信息自决权"。[5] 从内容上看,隐私权制度的重心在于防范个人的秘密不被披露,而并不在于保护这种秘密的控制与利用。

其次,个人信息不完全属于隐私的范畴。从内容上看,个人信息与某个特定主体相关联,为可以直接或间接的识别的本人的信息,可能包含多

---

[1] See Daniel J. Solove and Paul M. Schwartz, Information Privacy Law, Third Edition, Wolters Kluwer, 2009, p.1.
[2] 参见张新宝:《信息技术的发展与隐私权保护》,载《法制与社会发展》1996年第5期。
[3] See James B. Rule and Graham Greenleaf (ed.), Global Privacy Protection, Edward Elgar Publishing, 2008, p.58.
[4] See Daniel J. Solove and Paul M. Schwartz, Information Privacy Law, Third Edition, Wolters Kluwer, 2009, p.1.
[5] Vgl. Mallmann und Christoph, Datenschutz in Verwaltungsinformationssystemen, 1976, S. 54 f.

种人格利益信息,如个人肖像(形象)信息、个人姓名信息、个人身份证信息、个人电话号码信息。① 但是,并非所有的个人信息都属于个人隐私的范畴,有些信息是可以公开的,而且是必须公开的。例如,个人姓名信息等的搜集和公开牵涉到社会交往和公共管理需要,是必须在一定范围内为社会特定人或者不特定人所周知的。这些个人信息显然难以归入隐私权的范畴。当然,即便对于这些个人信息,个人也应当有一定的控制权,如知晓在多大程度上公开,向什么样的人公开,别人会出于怎样的目的利用这些信息,等等。

再次,权利内容上也有所差别。通常来说,隐私权的内容更多是一种消极的防御,即在受到侵害时寻求救济或者排除妨碍,隐私权最初主要是作为一种消极防御的权利产生的,即禁止他人侵害,排斥他人干涉。但是,在法律上,个人信息不仅注重保护,也注重利用,个人信息权的重要内容是信息利用权。就个人对自身信息的利用而言,包括是否允许他人使用、允许何人使用、如何使用,这些都是个人信息权的重要内容。他人或社会仍然可以在一定程度上利用个人信息,也就是说,个人信息仍具有一定的利用空间,在这一点上,个人信息权与隐私权有重大的差别。后者的保护重心在于防止隐私公开或泄露,而不在于利用。

最后,个人信息权的保护方式与隐私权也有所区别。在侵害隐私权的情况下,通常主要采用精神损害赔偿的方式加以救济。但对个人信息的保护,除采用精神损害赔偿的方式外,也可以采用财产救济的方法。由于信息可以商业化利用,则在侵害个人信息权的情况下,也有可能造成权利人财产利益的损失。有时,即便受害人难以证明自己所遭受的损失,也可以根据《侵权责任法》第 20 条关于侵权人所获利益视为损失的规则,通过证明行为人所获得的利益,推定受害人遭受的损害,从而主张损害赔偿。

正是因为个人信息权与隐私权存在差异,因此个人信息权应当在人格权法中与隐私权分开,单独加以规定。个人对于其信息所享有的上述权利,就目前而言,在传统民法体系中还缺少相应的权利类型,据此,笔者认为,应当引入独立的个人信息权概念。个人信息权是指个人对于自身信息的一种控制权,并不完全是一种消极地排除他人使用的权利。隐私权虽然包括以个人信息形式存在的隐私,但其权利宗旨主要在于排斥他

---

① 参见齐爱民:《个人资料保护法原理及其跨国流通法律问题研究》,武汉大学出版社 2004 年版,第 5 页。

人对自身隐私的非法窃取、传播。当然,也不排除两种权利的保护对象之间存在一定的交叉,如擅自传播个人病历资料,既侵犯个人隐私权,也侵犯了个人信息权。

结　语

沃伦和布兰代斯在最初提出隐私权概念时指出,"个人的人身和财产应当受到保护的原则像普通法一样古老,但是该原则也应当根据时代的变化而赋予其新的性质和内容。政治、社会和经济的变化应当确认新的权利"①。从今后的发展来看,精神的利益以及对这种利益的保护都将是法律关注的重心。② 隐私权的保护范围在不断扩张,但是在我国人格权体系下,由于隐私权并非一般人格权,这就决定了我们仍然应当在人格权法中界定不同的具体人格权之间的界限,对于应由其他具体人格权予以保护的客体应置于其他人格权之下,而非将其泛泛地纳入隐私权的保护之下。

---

① Samuel D. Warren and Louis D. Brandeis, The Right to Privacy, 4 Harv. L. Rev., 1890.
② See Daniel J. Solove and Paul M. Schwartz, Information Privacy Law, Third Edition, Wolters Kluwer, 2009, p.13.

隐私权内容探讨[*]

自从美国学者萨缪尔·D.沃伦(Samule D. Warren)和路易斯·D.布兰代斯(Louis D. Brandeis)于1890年提出隐私权的概念以后,该概念在世界范围内被广泛采用,遂发展为一项重要的人格权利。随着社会进步,隐私权在现代社会中的意义日益彰显,作用日益突出。特别是随着网络信息的发展,个人网络环境下隐私利益重要性的增强,都使隐私权保护的范围进一步扩大。在现代社会,隐私权不仅受到私法的保护,还受到刑法、行政法、诉讼法等的保护,有的国家已经将隐私权确认为宪法的基本权,隐私权甚至受到国际人权法的保护。但是,关于隐私权的概念和保护范围,在学理上一直存在争论。本文拟就此谈一点意见。

一、隐私权内容之一:私生活秘密权

隐私权是公民享有的私生活安宁与私人信息依法受到保护,不被他人非法侵扰、知悉、搜集、利用和公开等的一种人格权。[①] 简言之,隐私权就是指个人对其私生活安宁、私生活秘密等享有的权利。隐私首先是指个人不愿公开或让他人知道的私人生活秘密,以及不受他人非法打扰的私人生活安宁。[②] 隐私权就是自然人享有的对其个人的与公共利益无关的个人信息、私人活动和私有领域进行支配的一种人格权。[③] 一些国家的法律也规定,隐私权"通常为对于私有的和保持隐匿的事情"的权利。[④] 可以说,私人生活秘密是个人重要的隐私权。

私人的秘密信息依据不同的标准可以有不同的分类。根据是否与网络环境相联系可分为:网络环境下的个人信息和非网络环境下的个人信

---

[*] 原载《浙江社会科学》2007年第3期。
[①] 参见张新宝:《隐私权的法律保护》(第二版),群众出版社2004年版,第21页。
[②] 参见彭万林主编:《民法学》,中国政法大学出版社1994年版,第161页。
[③] 参见彭万林主编:《民法学》,中国政法大学出版社1994年版,第161页。
[④] See Chambre des depute, Bill Relating to Privacy Protection, 2nd E2177, p.2.

息。根据是否需要通过系统化的符号记载、收集和储存,可分为:个人信息和非个人信息。根据涉及的对象可分为:个人信息、家庭信息和社会关系的信息等。根据私生活秘密的内容还可以分为:个人的生理信息、身体隐私、健康隐私、财产隐私、家庭隐私、谈话隐私、基因隐私等。私生活秘密的范围不是固定的,而是随着科技进步和社会生活的发展处于变动之中。例如,随着生命科学的兴起,基因隐私从无到有日渐成为一种重要的隐私。基因是 DNA 分子上具有遗传效应的特定核苷酸序列的总称,是具有遗传效应的 DNA 片段。它位于染色体上,并在染色体上呈线形排列。① 基因是具有遗传效应的 DNA 分子片段,是人类基础的遗传信息单位,它决定着一个人由生到死的整个生命过程,决定着一个人所有的生理特性和行为特征。② 随着基因技术的发展,基因隐私将越来越重要,因为在基因中将记载个人的遗传密码等生命信息,而且也可以从基因中了解个人的疾病史。一个新生儿出生时,如果法律允许,他的父母愿意的话,可以拿到孩子的基因组图。基因组图将记录一个生命的全部奥秘和隐私。③ 基因信息的泄露,将导致个人的未来生活部分或全部地暴露在公众面前,使其丧失私人生活的私密性。"每个人只要抽一滴血,胎儿抽取少许羊水,就会让人的遗传密码曝光。"④ 如果死者携带有某种社会烙印的变异基因,该信息一旦被泄露,则被人怀疑携带有同样的变异基因而遭受到社会的"基因歧视"的死者近亲属,将承受社会不公正对待和精神痛苦。⑤ 基因信息的披露将对个人的生活产生重大影响,如保险公司不愿意为他们在医疗、意外、伤害、人寿方面作保,用人单位也不愿意接收他们等⑥,所以,保护基因隐私非常重要。

保护个人的私生活秘密权是维护个人人格尊严和人身自由的重要条件,也是构建和谐社会的重要内容。因为在现代社会,人与人之间的交往更为密切,但维持人们之间的和睦相处必须要更加尊重个人的私生活秘

---

① 参见罗胜华:《基因隐私权研究》,载易继明主编:《私法》(第二辑),北京大学出版社 2003 年版,第 103 页。

② 参见李文、王坤:《基因隐私及基因隐私权的民事法律保护》,载《武汉理工大学学报(社会科学版)》2002 年第 2 期。

③ 参见李春秋:《当代生命科技的伦理审视》,江苏人民出版社 2002 年版,第 72 页。

④ 李震山:《胚胎基因工程之法律涵意——以生命权保障为例》,台湾大学法学院"基因科技之法律规则体系与社会冲击研究研讨会"论文。

⑤ 参见罗胜华:《基因隐私权研究》,载易继明主编:《私法》(第二辑),北京大学出版社 2003 年版,第 112 页。

⑥ 参见李春秋:《当代生命科技的伦理审视》,江苏人民出版社 2002 年版,第 88 页。

密,未经他人许可不得非法披露、窥探、泄露他人的秘密。在法律上,关于个人的私生活秘密的范围是非常宽泛的,除法律另有规定之外(例如,公众人物的隐私权应当受到必要的限制),原则上任何私人不愿意对外公开的信息都可构成私人生活的秘密,只要个人隐匿这些秘密不违反法律和社会公共道德,这些秘密都构成受法律保护的隐私。也就是说,凡是涉及个人不愿为他人知道的私人的生活秘密,不管这些秘密的公开对个人造成的影响是积极的还是消极的,无论这些秘密是否具有商业价值,只要这些秘密不属于公共领域,不是法律和社会公共道德所必须要公开的信息,原则上都应当受到隐私权的保护。①

需要指出的是,一些学者认为,非法的信息是不受法律保护的。例如某人与他人通奸,此种违法的不道德的行为应当予以公开,不受隐私权的保护。② 笔者认为,对于非法的和不道德的信息是否应当一律公开,也不可一概而论。涉及社会公共利益和公共道德的私人信息应当公开,但如通奸等行为虽然是违法或不道德的,未必要向社会公开。即使涉及卖淫嫖娼行为,虽然已经明显违法,行为人应当受到相应的处罚,但即便如此,行为人的隐私在一定程度上仍然要受到法律的保护,未必要将行为人向全社会公布,甚至游街示众。因为这种行为在已经受到法律的惩罚之后,如果再将其事实公开,则将使违法行为人受到反复多次惩罚,甚至使其终身蒙受耻辱,无法回归社会,过上正常生活。当然,非法隐私如果不公开可能会损害公共利益时,法律应该强制其披露。总之,隐私权是应该受限制的,如果国家机关依据法律规定,或者新闻媒体通过舆论监督可以予以探知和公开,这属于正当行使权利的行为,不属于隐私权的保护范围。但是,其他的社会主体不能随意公开他人非法的或不道德的个人信息。

对个人私人生活秘密的保护,首先是要确认权利人享有个人隐私的权利,权利人有权保护自己的隐私不受到他人的非法披露和公开,禁止任何个人和组织非法披露他人隐私。隐私享有权具体包括自然人有权保有自己的私生活秘密。个人的信息未经同意不受他人披露,自然人正当的个人生活不受他人的非法调查、公布。在此种权利受到侵害时,权利人有权采取自力救济手段和公力救济手段。③ 其次,要确认权利人在其隐私受

---

① 参见张新宝:《隐私权的法律保护》,群众出版社2004年版,第8—9页。
② 参见李秀芬:《论隐私权的法律保护范围》,载《当代法学》2004年第4期。
③ 参见李震山:《论资讯自决权》,载《人性尊严与人权保障》,元照出版有限公司2000年版,第288页。

到他人侵害的情况下,享有维护其隐私的权利。也就是说,有权禁止他人侵害,排斥他人干涉。最后,要确认权利人有权利用并在一定范围内公开自己的私生活秘密,权利人可以自由选择在一定条件下或一定范围内公开或利用自己的私人信息。但权利人处置自己的隐私不得违反法律规定和公序良俗,例如不得在自己的博客上张贴自己的淫秽的、不道德的私密信息。网上直播自己的私生活不得公开自己的不道德的私生活。随着隐私权的发展,特别是由于个人信息已经发展成为一项信息自决权,隐私权已经越来越具有可利用的商业价值,即对于个人的信息,权利人有权决定如何利用以及在何种范围内利用。现代社会中,个人信息权不再局限于对私生活秘密的消极保护,而是更加注重对个人信息的控制和自决,德国将此种权利称为"控制自己信息的权利"或称为"个人信息自决权",① 也有学者将其称为"资讯隐私权"。美国学者弗里德(Fried)认为,"信息隐私权不应局限于不让他人取得我们的个人信息,而应该扩张到由我们自己控制个人信息的使用与流转"②。

权利人对于个人私生活秘密除消极的保有之外,可以享有一种处置权,有权决定哪些信息应当向谁公布或者利用;还可以享有积极的维护权,例如,当个人信息出现错误时,权利人有权要求更正。现代社会日益重要的个人信息保护制度即是以该种积极的信息隐私权为理论基础的。

应当指出,私密是和公开信息相对应的概念。一旦个人的私生活秘密向全社会公开,就不再属于隐私的范畴。例如,如果已经允许了电信公司在"黄页"上向全社会披露自己的电话号码,那么,就不得再禁止他人转载其电话号码。已经在网上公布了自己的电话号码,也应该允许他人转载其电话号码。但是,如果某人向他人披露的隐私具有特定的范围,那么,该隐私的公开限于特定的范围之内,具有相对的非公开性,所以仍然受到隐私权的保护。③ 这就涉及隐私的相对性问题。

在个人对其秘密信息的积极控制过程中,就其公开的范围而言,隐私具有一定的相对性。所谓相对性,是指当事人就其私生活秘密向特定人进行披露,或者在一定范围内公开,但并不等于完全抛弃其隐私。因为个

---

① Vgl. Mallmann und Christoph, Datenschutz in Verwaltungsinformationssystemen, 1976, S. 54 f.
② Charles Fried, Privacy (A moral Analysis), 77 Yale Law Journal 475 (1968).
③ See Michael Henry, International Privacy, Publicity and Personality laws, Butterworth, 2001, p.297.

人信息不可能总是处于绝对保密或完全公开这两种极端状态,在许多情况下,某些信息对于特定群体是公开的,但对于其他人则处于保密状态。例如,组织人事部门所掌握的人事档案资料,特定部门的知晓并不意味着该信息应成为人人皆知的公共信息。并且,即便权利人自愿向特定人披露其隐私,也不能由此推定其也愿意向全社会公布其秘密。再如,在登记机关申请办理房产登记手续,向登记机关披露了自己的家庭住址、电话号码、身份证号码等个人信息,并不意味着这些信息都是公开的信息,也不意味着登记申请人已经授权登记机关将这些信息全部向社会公开。登记机关可以披露产权状况,但是它没有必要将登记申请人的电话号码、家庭住址等信息公开。在法律上,如果某人在要求保密的情况下向他人提供私人信息,而掌握该信息的人未经许可向第三者披露,则该行为毫无疑问将构成对保密义务的违反,并侵害了他人的隐私权。但是在没有明确告知必须保密的情况下,也并非没有保密义务。笔者认为,确定被披露人是否负有保密义务,应当考虑如下几种情况:一是法律法规的规定。例如,按照职业操守和保密法规的规定,公务员不得泄露未经授权的信息,医生依法负有保守病人治疗记录隐私的义务。二是合同的约定。如果根据双方当事人之间的合同,在一方披露私密信息之后,另一方负有保密义务,则当事人之间会产生同样的保密责任。① 三是依据诚实信用原则负有保密义务。例如,关系密切的双方,一方向另一方披露了自己的家庭隐私,另一方应当负有相应的保密义务。除此之外,在判断被披露人是否负有保密义务时,还要考虑私密的程度,如果一方告知另一方的有关自己家庭的琐事,私密性程度较低,另一方不一定负有保密义务。但如果一方向另一方告知的是家庭的重要隐私,即使在告知时没有明确要求不得披露,但鉴于隐私的重要性,另一方应负有相当的注意义务,也不得对外予以公开披露。

　　隐私信息的私密性和相对性应当在个案中参考具体情形确定。例如,社会交往中与特定人交换名片,是否意味着该信息可以上网向全社会公开?笔者认为这是一个值得探讨的问题。虽然这种信息积累和传播的模式有利于公众共享信息资源,促进商业信息的流动与增值,但笔者认为,隐私的秘密状态具有局部性和不平衡性,秘密可以仅针对一部分人存在,而对另一部分人公开,这不能削弱对权利人隐私权的保护。向特定人交换名片,仅意味着以交往为目的向特定人披露,不能以此推定权利人允

---

① 参见马特:《侵犯隐私权责任的构成与抗辩》,载王利明、葛维宝主编:《中美法学前沿对话:人格权法及侵权法专题研究》,中国法制出版社2006年版,第201页。

许向全社会公开该信息。被披露的信息获取者原则上没有经过权利人的同意,不得向社会公开。当然,这种保密义务的范围和程度可以根据当事人的身份、交易关系、隐私的性质予以界定。如果该名片所载信息属于社会性的工作信息,例如办公地址、工作电话等,依照常理权利人可以允许甚至希望更多的人知晓,则相对人的保密义务较轻。如果是私人手机号、住宅地址等纯粹的私密信息,则不应允许在网上向社会公众披露,因为这纯属私人秘密,如果公布则当事人会不堪其扰,不仅涉及个人生活安宁,而且涉及其他家庭成员的生活和安全。

二、隐私权内容之二:空间隐私权

空间隐私权是指当事人就特定私密空间不受他人窥探、侵入、干扰的隐私权。隐私权所涉及的空间具有双重含义,第一个含义,空间隐私所涉及的空间是一个物理学上的概念,是以一定的长、宽、高来界定的三维空间。例如房屋内的空间就是典型的空间隐私。空间的另一个含义是指私密空间,此种空间不是物理意义上的空间,而是指个人生活的隐秘范围,如个人居所、旅客行李、学生的书包、口袋以及私人邮箱等,均为私人空间。一般认为,隐私权中的空间隐私主要是从第一种意义上说的,它主要局限于不动产范围内的空间,其中最为典型的是私人住宅,即公民享有住宅不受侵扰的权利。

法谚说,"住宅是个人的城堡"(a man's house is his castle)。在古老的习惯法中,即使是债权人也不得闯入债务人的房屋讨债,而只能等在屋外要债。《汉谟拉比法典》第21条也有禁止他人非法闯入住宅的规定。[1]在现代社会,许多国家的法律不仅确认了住宅是个人重要的私有财产,也是隐私权的重要内容。我国《宪法》第39条规定:"中华人民共和国公民的住宅不受侵犯。禁止非法搜查或者非法侵入公民的住宅。"这实际上不仅要求保护个人的住宅自由,而且也保护了个人的私人空间隐私。保护个人的空间隐私,尤其是住宅隐私,对于维护个人的基本人权、保障个人的人格尊严和自由,促进和谐社会的建设都具有十分重要的意义。住宅是个人所享有的隐私的重要组成部分,即便是公众人物,对其纯粹的私人空间也享有隐私权,任何人未经其许可,不得擅自闯入公众人物的私人所

---

[1] See Richard G. Turkington Anita, L. Allen, Privacy(Second Edition), West Group, 2002, p.9.

有的、合法占有的房屋以及其他空间,不得非法对个人空间进行搜索、搜查、窃听,否则构成对个人空间隐私权的侵害。例如,某地发生的民警闯入他人房间干涉夫妻观黄碟一案①,就涉及对个人空间隐私权的侵害。

空间隐私是隐私权发展的新内容,一方面,这是因为保障人身自由和人格尊严的需要;另一方面,这也是社会经济生活的发展尤其是高科技的发展对法律所提出的需求,许多高科技产品的出现,使得个人的空间隐私极易被侵犯。例如,采用红外线对室内进行非法扫描,利用高倍望远镜探测、长焦距拍照等窥视个人空间,利用微型摄像机拍摄个人的室内活动,甚至拍摄个人的裸体,等等,这些行为都构成了对他人空间隐私的侵害。因此,我国正在制定的民法典应当承认空间隐私权,这是因为空间隐私权的产生及发展代表了人格权发展的新的趋势,空间隐私权的发展主要表现在如下三个方面。

第一,私人空间的保护方式从财产权保护延及隐私权保护。住宅自由本来属于物权的范畴,如果未经私有房屋所有人或合法占有人的同意,任何人不得非法闯入他人的住宅或进行非法搜索、搜查,对非法闯入的,权利人可以通过行使物上请求权,要求停止侵害、排除妨害,将闯入者驱逐出房。但仅仅只是采用物权请求权的方法保护个人的住宅是不够的,例如闯入者在离开他人的物业后,没有造成他人的任何财产损害,但却造成了他人的精神损害(如震惊等),由于侵害财产不能对精神损害予以救济,因此此种情况就不能仅仅通过财产法来加以保护,有必要确认空间隐私权,使其延及个人的住宅空间。在美国,近几十年来,空间隐私的概念不断发展,从传统的对住宅采用财产权的保护方式发展到采用隐私权的方式进行保护。例如,在1984年的一个案例中,美国联邦最高法院甚至进一步宣称,"住宅作为私人财产的神圣不可侵犯已经是毫无争议的事实",但是在《美国宪法第四修正案》中,住宅不是因为它所具有的财产价值而受到保护,而是因为它所具有的隐私价值而受到保护。② 空间隐私权概念的发展突破了传统上把空间作为有形财产予以保护的模式,使得对于私人空间的保护方式从财产权保护延及隐私权保护,这本身是法律上

---

① 2002年8月18日晚,延安市公安局某派出所接到举报,称其辖区内一居民张某在家庭诊所中播放黄碟。派出所出动民警来到举报所称播放黄碟的房屋,发现张某两夫妻在观看黄碟。当民警欲扣押收缴黄碟和电视机时,双方发生肢体冲突,民警将其制伏。事后张某起诉请求国家赔偿。参见《家中看黄碟民警上门查》,载《华商报》2003年1月18日。

② See Segura et al. v. United States, 468 U.S. 796 (1984).

的进步,它体现的是对人身自由和人格尊严的尊重。这种变化意味着私人住宅不仅仅是纯粹的物理空间,同时作为一种心理空间,负载着权利人的精神利益。单纯从财产的角度来为侵害住宅自由的行为提供救济是不充分的,单纯通过行使物上请求权排除妨害无法提供精神损害赔偿,而一旦纳入人格权的保护,适用精神损害赔偿能更好地保护受害人的精神利益。

　　第二,空间隐私开始突破私人住宅而扩及公共空间。传统观点认为,"隐私止于屋门之前"。现代人格权的发展,不仅使隐私扩张到了空间隐私,而且使隐私从私人住宅扩及公共空间。一些国家的判例表明,住宅并不能作为私生活和公共领域的绝对界限,私领域还可能及于住宅之外的公共空间之中。1999年德国联邦最高法院关于摩洛哥卡罗琳公主案的判决表明,隐私也存在于公共场合。① 只要此时权利人相信其活动不在公众视野中,具体标准应依赖于个案的情况判断。② 虽然在通常情况下,工作场所、公共场所不属于绝对的私人空间,但是不排除这些场所具有相对的私人空间的性质。③ 因为,一方面,工作场所和公共场所中,虽然原则上属于不特定人共享的公共空间,但并非完全排除私人空间的可能性,在这些领域有可能存在私人更衣室等私密空间④;另一方面,即便是公共场所和工作场所,在个人使用的时候,也有可能形成空间隐私。例如,个人使用公共厕所,禁止他人窥探。即使是在工作场所,也存在着空间隐私。例如,雇主在工作场所利用闭路电视监视雇员、某人在公共场所非法设置秘密的摄像头等,都可能构成对隐私的侵害。⑤

　　当然,公共场所内的个人隐私不同于个人的私人住宅,因为个人暴露于公共场所,其隐私已经受到了一定的限制,但此种限制不意味着个人在公共领域的隐私权完全丧失。即使是在工作场所,与工作无关的私人隐私,雇主也不应予以干涉。例如在更衣室、卫生间内设置摄像头,则构成对隐私权的侵犯。但是在工作场所,为了保障安全生产、防止员工错误操作等目的,在必要范围内可以采取监控手段,但通过此种手段取得的信息资料不得用作其他目的,更不得非法公开。

---

① Vgl. BGHZ 128, 1.
② See Michael. Henry, International Privacy, Publicity and Personality Laws, Butterworths Press, pp.157, 169.
③ See Katz v. United States, 389 U.S. 347 (1967).
④ Vgl. BGH NJW 1996, 1128.
⑤ See President District Court Roermond, 12 September 1985, KG 1985, 299.

第三,空间隐私从有形的物理空间转向无形的虚拟空间。私人空间传统上大都认为是物理上的特定空间,属于物权法中不动产的保护范畴,而现代社会随着互联网络的发展,出现了虚拟的空间,从而产生了虚拟空间中隐私权的法律保护问题。其实,凡是私人支配的空间场所,无论是有形的还是虚拟的,都属于个人隐私的范围。空间隐私除物理空间之外,还应当扩及网络空间等虚拟空间,如侵入他人电脑系统,即使不盗取信息,也构成对公民隐私权的侵犯。正如有学者所言,互联网络的开放性、交互性、虚拟性、技术性、数字化、无纸化、高效率等诸多特征已经对传统民法学的许多领域产生了重要影响,这些影响涉及民法的诸多方面,在隐私权领域尤其如此。① 具体表现在:一方面,互联网的虚拟性、交互性构成了与现实世界不同的独特的网络空间,如网上聊天室、电子邮箱、微信朋友圈都构成了日常生活的组成部分。因此,电子邮件成为网络世界中最常见的通信手段,保护网络环境中的通信秘密和通信自由、禁止妨害他人在网络空间上的生活安宁非常必要。另一方面,网络的全球性、开放性和瞬间性,使得网络在储存和利用信息方面存在着无限的空间和可能性,使得各地发生的信息在瞬间收集、存储和传播,共享网络资源变得极为便利。因此,通过各种网络技术侵害他人隐私也更为容易,造成的后果也更为严重。由于信息技术的发展,cookies、黑客程序、木马程序使得个人在网上的行踪(如 IP 地址、浏览踪迹等)和信息都处于非法的监视之下,一些巨大的搜索引擎如 google 网站等具有将网上信息无限搜索、储存的服务功能,导致在网上披露、修改、传播个人信息也更为容易,并且此种侵权信息可能长期留在网上,可以被无数次地下载,对权利人造成的损害是其他任何媒体都无法比拟的。② 还应当看到,网络的开放性和互联性,使得商家非法利用他人隐私创造更大商业价值的机会剧增,进而使"信息真正成为金钱"③,如利用他人信息的商品推广、广告宣传,使得个人信息的商业化利用具有更大的价值,也更为容易遭受侵害。正是因为这些原因,所以,网络隐私权成为一个新的法律问题。1997 年 10 月的《时代》杂志就以"隐私之死"(The Death of Privacy)作为封面标题,报道了在信息高科技爆炸的时代,每一个人的隐私权已不知不觉地被侵害,深刻地说明了网络的

---

① 参见刘德良:《网络时代的民法学问题》,人民法院出版社 2004 年版,前言。
② See Daniel J. Solove and Paul M. Schwartz, Information Privacy Law, Third Edition, Wolters Kluwer, 2009, p. 1.
③ 刘德良:《网络时代的民法学问题》,人民法院出版社 2004 年版,第 333 页。

发展对隐私权的保护所带来的巨大的影响。① 正是因为如此,互联网的迅速发展对传统隐私权及人格权法带来了严峻挑战和颠覆性的影响,这也是推动空间隐私由有形空间向无形空间发展的重要原因。

三、隐私权内容之三:私生活安宁权

除了私人信息、私人空间,隐私权还应当包括个人的私生活安宁权。在美国,隐私权常常被认为是独处的权利;最初沃伦和布兰代斯即将隐私权界定为"生活的权利"(right to life)和"独处的权利"(right to be let alone)②,所谓隐私权即个人能保留独处而不受外界侵扰的权利。1960年,美国的普洛塞(Prosser)教授归纳隐私权的内容,其所总结的四类情形,首先就是所谓的侵扰个人生活安宁(intrusion upon seclusion),包括窃听私人电话、跟踪尾随他人、偷窥他人行动等一切足以干扰他人私生活安宁的行为。③ 大陆法系中,判例学说也时常将隐私权称为忘却权(right to oblivion),或者说是被遗忘的权利。此种权利允许个人享有与公共利益无关的发展个性所必要的安宁和清静。④ 德国联邦最高法院承认保持私人领域免受公共领域事物侵入的权利构成一般人格权的组成部分。⑤ 我国台湾地区著名法学家王泽鉴先生也将隐私权定义为个人独处不受干扰、隐私不受侵害的权利。⑥ 私生活安宁的概念较为笼统、高度抽象,是对个人隐私权提供概括性保护的一项兜底性内容。

为什么要将私生活安宁权作为隐私权的一项重要内容,并对此种隐私进行充分保护?原因在于:

第一,保护个人私生活安宁,对于维护个人的独立人格具有重要的意义。人既具有自然性,又具有社会性。人在社会中生活,既需要与他人交

---

① See Joshua Quittner, Death of Privacy, Times, Aug. 25, 1997.
② 在美国某个案例中,大法官 Fortas 解释独处的权利就是"依照一个人的选择生活,除非有正当法律规定时,否则不受攻击、打扰、侵害"。参见 Time, Inc. v. Hill, 385U. S. 374, 388 (1967)。
③ See William L. Prosser, Privacy, 48 Cal. L. Rev. 383–389 (1960).
④ See Michael Henry, International Privacy, Publicity and Personality Laws, Butterworth, 2001, p.56.
⑤ Vgl. MünchKomm/Rixecker, Anhang zu §12, Das Allgemeine Persönlichkeitsrecht, Rn. 89 ff.
⑥ 参见王泽鉴:《侵权行为法:基本理论·一般侵权行为》(第一册),中国政法大学出版社2001年版,第133页。

往,同时也需要独处,保持私生活的安宁。将个人私生活安宁纳入隐私权,就意味着法律认可个人对其私生活领域各项事物的支配,并能够排斥他人的干涉和妨碍。① 一方面,有利于防止工业化带来的人格标准化,保持个人的特征,促进个性的发展。另一方面,有利于促进个人精神生活的自治。② 在我国,由于历史上传统的高度集中的计划经济体制,公民的私人领域被压缩到极致,私人的自治空间极为狭小。在这种情况下,要培养公民对自己私生活自治的能力,必须对公民的私生活予以充分尊重。因此,保障私生活安宁权从积极的方面而言,有利于促进个人在私生活领域的自治和自决③,维护个人的主体性和独立性。

第二,保护个人私生活安宁,有助于维护个人的人格尊严和人身自由。尊重人格尊严是法律的基本要求,是人本主义的基本体现,是对人最起码的尊重,是人之所以称为人的基本要求。④ 而尊重人格尊严就要尊重个人的私生活安宁,就是要使个人对自身及其私人空间享有充分的支配权,并排斥他人的干涉和妨碍。在此基础上,人们之间才能相互尊重彼此的私生活领域。如果某人逾越了个人私生活领域的界限,构成对他人隐私权的侵害,就应承担停止侵害乃至赔偿损失等责任,这就能够形成一种健康有序的人际交往关系。因此,保障个人的生活安宁,对于构建和谐社会非常重要。

第三,私生活安宁权对于维护个人的生活幸福也具有重要的意义。康德的理性哲学认为,人只能够作为目的,而不能作为客体对待。⑤ 法律的根本目的是为了人,实现个人的幸福。而幸福的含义是多元的,除物质方面的因素之外,个人的精神生活的愉悦也是幸福的重要内容。私生活的安宁、不受打扰,本身就是个人幸福生活的一项重要内容。保障个人生活安宁就意味着个人享有对私人生活独处的、不受他人打搅的权利,任何人不得非法干涉他人的私人生活,打扰他人私生活的安宁。

私生活安宁应当属于隐私权的范畴,它是私人生活的组成部分,也是

---

① 参见〔德〕克罗泽尔:《德国法上的隐私权保护》,马特编译,载王利明主编:《中美法学前沿对话:人格权法及侵权法专题研究》,中国法制出版社2006年版,第117页。
② 参见〔美〕阿丽塔·L.艾伦、理查德·C.托克音顿:《美国隐私法:学说、判例与立法》,冯建妹等编译,中国民主法制出版社2004年版,第17页。
③ 参见〔美〕阿丽塔·L.艾伦、理查德·C.托克音顿:《美国隐私法:学说、判例与立法》,冯建妹等编译,中国民主法制出版社2004年版,第13页。
④ 参见梁慧星:《民法总论》,法律出版社2001年版,第119页。
⑤ 参见康德:《实用人类学》,邓晓芒译,重庆出版社1987年版,第4页。

私生活秘密和空间隐私产生的前提和基础,因此,民法典人格权编应当将私生活安宁纳入隐私权之中。

随着现代科技的发展,侵害私生活安宁的方式也在发展变化之中。传统上,侵害他人私生活安宁是指采取非法披露他人个人信息这种方法以外的手段对他人生活的安宁进行侵扰,主要包括非法窥视、监视、跟踪、骚扰他人。所谓窥视,是指非经他人允许,窥视他人私人空间,包括窥视他人私人居室、私人场所等私密性的空间,借他人沐浴、上厕所之机偷看他人身体隐蔽部位,如利用望远镜、长焦镜头偷窥。所谓监视,是指采取非法手段观察他人行踪,例如,雇主在更衣室安装探头监视雇员的行为。所谓跟踪,是指尾随他人私人活动,侦查他人行踪。① 所谓骚扰,是指打搅他人的正常生活。例如,采取打电话、寄发信函、发送邮件、敲门、跟踪盯梢等方式打扰当事人的正常生活。骚扰不同于妨害邻居。在骚扰的情况下,只是干扰当事人的正常生活,侵害了其人格利益。而妨害邻居,只是妨害了相邻一方对不动产的使用或利用。但是,在现代社会,随着信息技术的突飞猛进,销售观念和模式的转变,有商家利用新型的信息技术进行大规模的营销,例如,通过群发电子邮件、手机短信等技术,不加选择地向人们大量传播"垃圾信息",私生活的安宁受到严重威胁。② 电话骚扰在实践中也是一种侵害隐私权的行为,例如某人恋爱不成,遂以打电话的方式纠缠对方,妨害其私人生活安宁。随着移动电话的普遍使用,短信骚扰问题逐渐为社会所关注。短信骚扰主要包括黄色短信的骚扰、商业性质短信骚扰和中奖类诈骗短信的骚扰等。③ 这些行为都侵害了个人的私生活安宁,行为人应当承担相应的责任。

隐私权作为一种重要的基本人权,涵盖个人的私生活整体,包括私人生活秘密、私生活空间以及私生活的安宁状态,但个人隐私权的保护不是绝对的,对某些特定人的隐私权利应当受到限制。例如,公众人物的隐私权应受到限制。公众人物并不是一个政治概念,它是为了保护言论自由、限制名誉权和隐私权而创设的一个概念。我国最早在 2002 年的范志毅诉文汇新民联合报业集团侵犯名誉权案中,上海市静安区人民法院判决

---

① 参见杨立新:《人身权法论》(修订版),人民法院出版社 2002 年版,第 690—691 页。
② 国外已经存在个人用户以垃圾邮件的发件人破坏他人生活安宁和秩序、侵犯个人隐私权为由提起诉讼,要求其停止侵害并赔偿损失的案例。而法院支持了原告的诉讼请求,对有"垃圾邮件大王"之称的华莱士及其公司进行制裁。参见郭卫华、金朝武、王静等:《网络中的法律问题及其对策》,法律出版社 2001 年版,第 180 页。
③ 参见张新宝:《隐私权的法律保护》,群众出版社 2004 年版,第 299 页。

范志毅败诉,在判决中首次使用了"公众人物"一语:"即使原告认为争议的报道点名道姓称其涉嫌赌球有损其名誉,但作为公众人物的原告,对媒体在行使正当舆论监督的过程中,可能造成的轻微损害应当予以容忍与理解。"①公众人物的隐私权之所以受到限制,是因为公众人物或者担任公共职务,或者在社会公共生活中具有较高的知名度,因此,对于公众人物而言,其身上存在着社会公共利益和社会公众的兴趣,公众人物包括因特殊才能、成就、经历或其他特殊原因而为公众熟知的重要社会人物。在一些特殊的领域、行业,有一些著名人士,如商贾名流,他们的言行也引起了公众的广泛关注,公众对他们的财产、婚姻家庭等情况也会有浓厚的兴趣,对于公职人员或知情人士而言,其言行品德往往关系到社会公共利益。② 公众人物的某些隐私问题成为"新闻事件"并由此可被自由陈述。③所谓"高官无隐私","公职人员"的隐私权、名誉权受限制,公众对于公众人物的公开活动都具有合法的知情权。当然,公众人物的隐私权并非被完全剥夺,在公共利益和社会公众的兴趣之外,其纯粹私生活领域的隐私应受保护。例如,其私人住宅不受偷拍、偷窥、非法侵扰,正常的家庭生活和夫妻生活不受他人干扰。

---

① 参见范志毅诉文汇新民联合报业集团侵犯名誉权案的一审判决,上海市静安区人民法院(2002)静民一(民)初字第1776号民事判决书。
② 参见丁晓燕:《论新闻名誉侵权案件中对公众人物的反向倾斜保护——由范志毅名誉权案引发的思考》,载《人民司法》2004年第4期。
③ See C. Bigot. Protection des droits de la personnalite etliberte de l'information, Dalloz, 1998, p. 238.

论美国隐私法中的合理期待理论[*]

现代社会的重要特征在于,对政府的行为越来越要求公开透明,而对个人的隐私则越来越要求强化保护。在美国,自沃伦和布兰代斯在1890年提出隐私权的概念以来,法院不断扩张隐私权的保护范围,然而,究竟如何界定侵害隐私权的判断标准,一直是一个有争议的话题。自1967年的Katz案之后,通过隐私合理期待理论逐渐明确了隐私权侵权的认定标准,并在司法实践中得到了广泛运用。该理论对于准确认定侵害隐私权的行为,划定隐私权的保护范围等,都发挥了重要的作用。在我国民法典人格权编制定过程中,借鉴美国隐私法中的合理期待理论,对于准确划定隐私权的保护范围也具有重要意义。

一、隐私合理期待理论的产生和发展

隐私权是权利人对其具有私密性的私人空间、私人活动和私人信息等享有支配并排除他人公开和侵扰的权利,此种支配权包括个人自己保有私生活秘密和私生活安宁,未经个人同意不受他人非法披露和公开。沃伦和布兰代斯于1890年在《哈佛法律评论》上发表《论隐私权》一文,在这篇文章中,两位作者将隐私权界定为一种个人独处的权利。① 他们认为,"随着政治、社会以及经济的发展,美国应该承认隐私是一项独立的权利","普通法有很强的生命力,它们总是能适应社会的发展需要"②。但他们认为,隐私权是一种受侵权法保护的权利,侵权法应当为所有隐私权受侵害的受害人提供救济。个人对其隐私的支配是个人人格尊严的体现,也是保障个人私生活安宁和生活幸福的必然要求。隐私是人类价值

---

* 本文完稿于2004年,2019年修改。
① See Warren and Brandeis, The Right to Privacy, 15 Dec. 1890, vol. IV, NO.5, Harvard Law Review, pp.193-220.
② Warren and Brandeis, The Right to Privacy, 15 Dec. 1890, vol. IV, NO.5, Harvard Law Review, p.193.

的缩影,这些价值可以概括为"个人自决""个性"和"个人人格"。① 所以,违背个人意愿而将其私人生活非法披露和公开,将侵害其隐私权,本质上是侵害了个人对隐私的自决权。反之,如果取得了个人同意,即使是实施了上述行为,也不构成对隐私权的侵害。沃伦和布兰代斯在提出隐私权的概念时,主要将隐私权作为一项"独处的权利"(right to be let alone),用于保护个人的尊严,其关注的重点是媒体违背个人意愿而将个人私人生活对外公开,但这篇文章并未将隐私权上升为受宪法保护的权利。

将隐私权作为一种既受侵权法保护又受宪法保护的权利,实际上是通过后来的判例逐步发展起来的。诚如前述,隐私权是整个人格权法领域中发展最为活跃、最为迅速的权利。一方面,自 20 世纪以来,随着互联网、高科技的发展,隐私权受到了日益严峻的威胁,红外线扫描、远距离拍照、GPS 定位、微型隐蔽摄像头拍摄、无人机监视等一系列高科技手段,对个人进行监视、追踪、窥探等,从而对隐私构成了极大的威胁。正是在这一背景下,个人对其隐私保护的内在需求也会随之增强,隐私权的保护范围也会随之扩张。另一方面,法律在不断丰富和扩张隐私权内涵的同时,也需要明确侵害隐私权的标准,以保证人与人之间能够顺畅地开展交往活动,防止不当妨碍个人的行为自由。但无论如何,这都涉及一个基本的理论问题,即以什么标准作为设定隐私权侵害的依据。在这一背景下,隐私合理期待理论应运而生。

隐私合理期待理论产生的背景是《美国宪法第四修正案》对公民财产保护范围的扩张,即从对公民不动产的保护扩张至对不动产内的公民隐私的保护。《美国宪法第四修正案》指出,"人民的人身、住宅、文件和财产不受无理搜查和扣押的权利,不得侵犯。除依照合理根据,以宣誓或代誓宣言保证,并具体说明搜查地点和扣押的人或物,不得发出搜查和扣押状"。但是对此处所说的"搜查"如何理解? 非法搜查行为是否仅仅侵害了不动产权利? 自 20 世纪以来发生了一系列的变化,根据普通法,如果行为人实际地、物理性地"侵入"(actual physical intrusion)他人的不动产之内或不动产之上,则将构成非法侵入(trespass)。但如果没有实际地、物理性地进入,则不构成非法侵入。② 在 1928 年的 Olmstead v. United States 案中,欧姆施泰

---

① 参见〔美〕阿丽塔·L. 艾伦、理查德·C. 托克音顿:《美国隐私法:学说、判例与立法》,冯建妹等编译,中国民主法制出版社 2004 年版,第 17 页。

② 参见张民安主编:《隐私合理期待总论——隐私合理期待理论的产生、发展、继受、分析方法、保护模式和争议》,中山大学出版社 2015 年版,第 11 页。

德(Olmstead)违反禁酒令向加拿大进口酒类,并通过电话与其同谋联系,由于欧姆施泰德的家中装有电话设备,而且该户外有电话线,因此,几名联邦探员通过窃听电话的方式掌握了欧姆施泰德的行为。在该案中,首席大法官塔夫脱认为,由于联邦探员的行为并没有侵入欧姆施泰德的住宅或者工作场所搜查,而只是监听了欧姆施泰德的电话内容,因此,该行为并不违反《美国宪法第四修正案》。① 美国联邦最高法院指出,执法者在住宅外以搭接电话线的方式窃听公民的通话,并不构成对住宅的非法入侵,因为非法入侵以实际地、物理性地侵入为要件,因而也不构成对《美国宪法第四修正案》的违反。但是,布兰代斯法官(他率先提出隐私权概念)却在判决中发表了具有重要意义的反对意见,他认为,《美国宪法第四修正案》所保护的不仅是财产,同时也应保护公民的隐私。因此,即便没有在物理上侵入他人的不动产,也可能构成对他人隐私权的侵害。布兰代斯的反对观点对以后的判决产生了重大的影响,并引起美国法院逐渐关注没有"实际地、物理性地侵入"(actual physical intrusion)他人的不动产的非法搜查是否侵害他人隐私,以及是否违反《美国宪法第四修正案》的问题。②

随着电子和其他技术手段的发展,宪法修正案也应当随之发展,在面对警察所采取的超越《美国宪法第四修正案》所预想的侦查手段和技术时,美国联邦最高法院在1967年的卡兹案③(Katz v. United States)中创设了里程碑式的判决。在该案中,卡兹(Katz)在洛杉矶、迈阿密和波士顿等地利用公共电话亭下赌注,涉嫌非法赌博,美国联邦调查局在未通知卡兹也没有获得合法许可的情况下,在公共电话亭外安装了电子窃听器,通过该窃听器获得了卡兹谈话的内容,并将其作为证据认定卡兹非法赌博。美国联邦执法人员根据获取的电话内容在洛杉矶逮捕了卡兹,后来卡兹在法院提起诉讼,认为美国联邦调查局的行为违反了《美国宪法第四修正案》的规定。上诉法院认为,联邦调查局并没有物理性侵入该公共电话亭,因此,支持了美国联邦调查局的做法。但案件上诉至美国联邦最高法院后,施瓦特(Stwart)大法官代表美国联邦最高法院作出了裁判,其意见

---

① See Olmstead v. united states, 277 U.S. 438, 464 (1928).《美国宪法第四修正案》规定:人民的人身、住宅、文件和财产不受无理搜查和扣押的权利,不得侵犯。《美国宪法第五修正案》规定:不经正当法律程序,不得被剥夺生命、自由或财产。不给予公平赔偿,私有财产不得充作公用。
② 参见张民安主编:《隐私合理期待总论——隐私合理期待理论的产生、发展、继受、分析方法、保护模式和争议》,中山大学出版社2015年版,第16页。
③ See Katz v. United States, 389 U.S. 347, 360-61 (1967).

得到审理该案的法官的支持。施瓦特大法官指出,在涉及政府执法人员窃听的问题上,欧姆施泰德一案中所确立的财产所有权规则已经被后来的判例所突破。所以,若要判断该行政执法人员的窃听是否违反《美国宪法第四修正案》,实质地、物理性地侵入并非决定性的因素,在执法人员并未获得窃听令的情况下,政府执法人员的窃听行为构成了《美国宪法第四修正案》中所说的"搜查"和"扣押"。美国联邦最高法院最后支持了卡兹的主张。

卡兹案推翻了前述欧姆施泰德案的判决,对侵害隐私权行为的认定不再固守物理性侵入私人空间的标准,而采取了更为灵活的"隐私合理期待"标准,在隐私权的保护方面具有里程碑式的意义。具体而言,包括如下三个方面的意义。

第一,从"场所"到"隐私"的转变。在卡兹案之前,隐私权的保护与物理场所之间存在直接关联,在私人空间之外,隐私权难以受到法律保护。在1964年颁布的《罗德岛法典》(The Rhode Island Code of 1647)中规定,"一个人的房间就是他自己、他的家人和动产的城堡"①。这形成了早期隐私权保护范围的界定标准,即"隐私止于屋门"原则。沃伦和布兰代斯最初提出了隐私权,主要是一种"独处权","独处"范围主要限于私人住宅,私人住宅是私生活的天然"城堡",权利人一旦走出屋门,进入公共场所,就意味着自愿放弃了"独处"的隐私,融入公共生活,自然就不应当享受隐私权的保护。这种判断标准的好处在于隐私的边界非常清晰,隐私权的范围与私人财产权的范围是高度统一的。但是"隐私止于屋门"原则对个人隐私的保护有所不足。卡兹案表明,在很多情况下权利人即便身处公共场合,只要他存在对隐私的"合理期待",也可能存在应受保护的隐私利益,例如,公共场所的电话亭就可能成为私人隐私的空间。在卡兹案中,确立了如下规则,即使窃听电话的方式并没有"实际地、物理性地侵入"他人的不动产,但如果构成非法窃听,也违反了《美国宪法第四修正案》,侵害了他人的隐私。这就形成了从"场所"到"隐私"的转变。隐私是一种精神性的人格利益,其保护范围并不限于客观的"场所"。正如 Harlan 大法官所指出的,"封闭的电话亭犹如个人的住宅,个人在该区域内享有一种受宪法保护的对隐私的

---

① 有学者考证,该规则实际上是来自于英国首相小皮特一次有关消费税法案的演说,在该演说中,他宣称穷人的住宅就是他的私人领地,"风能进,雨能进,国王不能进"。参见张民安主编:《美国当代隐私权研究——美国隐私权的界定、类型、基础以及分析方法》,中山大学出版社2013年版,第119页。

合理期待;不论是物理上的侵入,还是电子侵入该空间,都构成对宪法第四修正案的违反"①。也就是说,《美国宪法第四修正案》"保护的是人,而非地点"(protects people, not places)。在卡兹案中,施瓦特大法官认为,即使公共电话亭是由透明玻璃制作的,人们从外面可以看见打电话的人,但这并不意味着他人可以偷听该人打电话的谈话内容,也就是说,"进去公用电话亭所要排除的并非眼睛,而是耳朵。在公用电话亭所受到的第四修正案的保护,不应该低于办公室朋友的公寓、出租车内所享有的程度。当一个人进入公用电话亭关上玻璃门并投入电话费时就允许他相信他的谈话内容不会被广播给世界知道"②。这一规则对以后的判例产生重大影响,在1984年的一个案例中,美国联邦最高法院甚至进一步宣称,"住宅作为私人财产的神圣不可侵犯已经是毫无争议的事实,但是在《美国宪法第四修正案》中,住宅不是因为它所具有的财产价值而受到保护,而是因为它所具有的隐私价值而受到保护"③。

第二,隐私合理期待理论的形成。自沃伦和布兰代斯提出隐私权的概念以来,隐私的概念一直在扩张,法院一直没有找到准确界定隐私范围的标准,卡兹案则提出了隐私合理期待理论,为美国司法认定隐私侵害提供了明确的判断标准。在该案中,法官所考虑的重心并不在于执法人员的行为是否侵入了不动产之内或之上,而是关注执法人员的搜查扣押行为是否侵害了公民所享有的合理的隐私期待。在判断是否成立合理期待时,首先要求个人主观上具有合理的隐私期待,正如 Harlan 大法官在该案中所指出的,个人主观上有一种对隐私的期待[has exhibited an actual (subjective) expectation of privacy];"某人如果故意将自己的事情展示在社会公众面前,即便是在家里或者在办公室,其也不受宪法第四修正案的保护;但即便是在公共场所,如果个人像保护隐私一样处理自己的事务,则其也受宪法第四修正案的保护"④。同时,在个人主观上具有合理的隐私期待后,该合理期待还应当受到社会的承认。在1979年的 Smith v. Maryland 案中,美国联邦最高法院的法官援引了卡兹案中 Harlan 大法官的论述,认为与卡兹案的规则一样,判断某行为是否违反了《美国宪法第四修正案》,首先需要判断执法人员的行为是否侵害了《美国宪法第四修正案》所保护

---

① Katz v. United States, 389 U.S. 347, 360-61 (1967).
② Katz v. United States, 389 U.S. 347, 360-61 (1967).
③ Segura et al. v. United States, 468 U.S. 796 (1984).
④ Katz v. United States, 389 U.S. 347, 360-61 (1967).

的公民所享有的正当的、合理的或者合法的隐私期待,这其中需要判断两个问题,一是该公民是否将其私人事务保留在个人范围之内,二是社会是否会承认该种隐私期待。① 在符合上述两个条件的情形下,即可认定个人具有合理的隐私期待,即应当属于《美国宪法第四修正案》的保护范围。② 隐私的合理期待既存在于私人场所,也存在于公共场所,1999年美国加利福尼亚州更是通过刑法修订打击这种公共场所侵犯隐私的威胁。依据加利福尼亚州法律,偷看"浴室、更衣室、试衣间、化妆间、晒阳间以及其他使用者合理期待得到隐私的地方,其意图是侵犯里面的人的隐私",均是违法行为,无论是通过一个小洞还是使用诸如潜望镜、望远镜、双筒望远镜、照相机等工具。③

第三,进一步强化了隐私权受宪法保护的正当性。尽管卡兹案的内容在于扩张了隐私权的保护范围,不再将空间隐私的保护范围限于个人住宅等私人空间,而扩展到了家外的公共电话亭,并通过"合理期待"理论给予了合理性论证,并在一定程度上确立了空间隐私的概念;同时,由于该案是通过解释《美国宪法第四修正案》扩张隐私权的保护范围,这实际上也进一步强化了隐私权受宪法保护的正当性。

虽然隐私合理期待理论在很大程度上是为了规范公权力的行使,但其所确立的原则对于划分公共领域和私人生活领域同样具有重要意义。④ 也就是说,"合理期待"标准不仅仅适用于约束公权力对公民隐私权的侵害,也适用于对平等主体之间侵犯隐私权的认定。因为"合理期待"旨在厘清个人隐私的边界,划定私人领域与公共领域,这是认定侵犯隐私权的前提,无论对于政府侵权还是私人侵权都具有重要意义。自卡兹案之后,许多学者都主张以"合理期待"的标准来确定商业和其他领域的隐私保护。例如,曾经对美国《消费者隐私权利法案》(Consumer Bill of Privacy Rights)立法影响极大的海伦·尼森鲍姆(Helen Nissenbaum)指出,确定是否存在侵犯数据隐私,应当考虑不同场景中的"合理期待"⑤。这就是说,

---

① See Smith v. Maryland, 442 U. S. 735 (1979).
② See Katz v. United States, 389 U. S. 347, 360–61 (1967).
③ 参见〔英〕约书亚·罗森伯格:《隐私与传媒》,马特等译,中国法制出版社2012年版,第240页。
④ Fogel, Jeremy, A Reasonable Expectation of Privacy, Litigation vol. 40, no. 4 (Spring 2014), p.6.
⑤ Helen Nissenbaum, Privacy in Context: Technology, Policy, and the Integrity of Social Life, Stanford University Press, 2009, p.233.

在某些情况下,即便没有信息主体的明确许可,但只要相关的信息处理行为是当事人在该情形下能够合理预见的,那这种信息处理行为也同样是合法的。例如,在自动驾驶等场景下,需要收集个人的信息数据,但信息收集者可能无法做到收集个人的任何信息都征得其同意,此时,判断是否存在隐私侵权应当看数据的收集者和处理者是否尽到了合理的注意义务,是否符合数据被收集者的一般预期。现在,合理期待理论的适用范围越来越宽泛,正如大法官 Alito 所指出的,对隐私保护最大的需要并不是来自宪法或者法律,而是来自实践。①

隐私合理期待是适应现代高科技发展而产生的一项重要的隐私判断标准,在现代社会,随着科学技术的发展,法律与科学技术的关系变得越来越紧张,界定何为"隐私合理期待"变得越来越困难。② 美国甚至有学者撰文称,日常的信息资料的搜集、在公共场所的自动监视的增加、对面部特征的技术辨认、电话窃听、汽车跟踪、卫星定位监视、工作场所的监控、互联网上的跟踪、在电脑硬件上装置监控设施、红外线扫描、远距离拍照、透过身体的扫描等,这些使得人们"零隐私","隐私已经死亡"!③ 在现代高科技的条件下,卡兹案成为经典的案例,成为美国处理隐私案件的重要参考,无论采用何种高科技工具,只要侵害了个人对其隐私的"合理期待",均可认定构成对隐私权的侵害。在 2004 年的美国诉琼斯一案中,被告琼斯被怀疑贩卖毒品,警察基于合法的搜查令,在琼斯的车上安装了 GPS 定位系统,用于监视琼斯的行为,但监视的时间和范围都超出了法律规定的范围。美国联邦最高法院认为,虽然警察可以依法实施搜索行为,但在琼斯的汽车上安装 GPS 则是非法的,构成对其隐私权的侵害。④ Sonia Sotomayor 大法官指出,对个人实施长期监控侵害了个人的隐私合理期待,违反了《美国宪法第四修正案》,借助 GPS 定位系统对个人进行短期监控,可以完整、准确地记录个人的私人活动,不符合个人合理的隐私期待。⑤ 在 Dow Chemical v. United States⑥案中,法院甚至认为,在没有搜查令的前提下,

---

① See United States v. Jones. 565 U.S. 400 (2012).
② See Fogel, Jeremy, A Reasonable Expectation of Privacy, Litigation vol. 40, no. 4 (Spring 2014), p. 6.
③ See Michael Roomkin, The death of Privacy?, 52 Stanford Law Review 1461 (1999—2000).
④ See United States v. Jones, 565 U.S. 400 (2012).
⑤ See United States v. Jones, 565 U.S. 400 (2012).
⑥ Dow Chemical v. United States, 106 S. Ct. 1819 (1986).

政府环保局使用直升机在高空对 Dow 公司的发电设备进行拍照,也侵害了 Dow 公司合理的隐私期待。由此可见,现代科学技术的发展给隐私权的保护带来了巨大的挑战,但也丰富和发展了隐私权的判断标准。

二、隐私合理期待的判断步骤

卡兹案的重要意义在于,其明确了隐私合理期待的判断步骤和判断标准。在该案中,Harlan 大法官在判决中发表了附和意见,在该附和意见中,其提出了隐私合理期待的判断步骤和标准。Harlan 大法官采用了个人主观和社会认可相结合的判断标准,推导出"合理期待"构成隐私权保护的正当理由,他认为,是否构成侵犯"隐私"有两个条件:首先,一个人确实有隐私期待利益(主观条件);其次,社会认可这种期待利益是一种"合理的"期待利益(客观条件)。[1] 据此,对隐私合理期待的判断可以分为如下两个步骤。

(一)主观标准的判断

隐私合理期待判断的第一步是主观标准的判断,即要确定该公民是不是对其行为享有隐私保护的期待。在判断公民是否具有该种期待时,还要看其是否将该种期待予以展现。Harlan 大法官指出,在"在室外大庭广众下所作出的行为和陈述则并不应被保护,因为将这些行为和陈述仅仅留存于自己这一期待并未被展现出来"[2]。从主观上来看,权利人希望自己的某种隐私在特定的情形下应受到保护,禁止他人非法披露、非法打扰,而不当然需要个人积极采取措施予以保护。因此,在侵害隐私权的案件中,法官重点考虑的是,受害人是否具有实际的、主观的隐私期待,而不考虑客观上这种期待是否正当合理。采用这种标准就意味着,在判断某种隐私利益是否应当受到保护时,首先应当考虑权利人自身是否希望该利益受到保护[3],正如 Harlan 大法官所指出的,在公共场所中,如果个人

---

[1] 参见〔美〕阿丽塔·L.艾伦、理查德·C.托克音顿:《美国隐私法:学说、判例与立法》,冯建妹等编译,中国民主法制出版社 2004 年版,第 57—62 页。在其后的美国政府诉怀特案(United States v. White)中发展出一项规则:如果某人自愿地将秘密告知他人,而他本人愿意让政府知道这些秘密,则他对已泄露出的信息不享有宪法上的隐私期待利益。

[2] Katz v. United States, 389 U. S. 347, 360-61 (1967).

[3] 参见张民安主编:《隐私合理期待总论——隐私合理期待理论的产生、发展、继受、分析方法、保护模式和争议》,中山大学出版社 2015 年版,第 19—20 页。

自愿放弃其隐私，则其对隐私不再有合理期待。如果权利人通过一定的行为表明其不具有保护该隐私利益的意愿，如权利人走上舞台，则表明权利人主观上并不排斥他人的拍摄行为。再如，如果权利人走到某个"摄像头"之下，且安装者声明此处有监控，则权利人就不能禁止他人的监控行为。在这些情形下，权利人都通过自己的行为表明其不具有主观的隐私合理期待。

但是如何判断权利人主观上对隐私的保护是否已经形成了合理的预期？卡兹案明确提出了隐私合理期待的主观判断标准，在该案中，政府在答辩中声称，卡兹进入公共电话亭打电话，他和他的朋友在公共电话亭通话并不属于《美国宪法第四修正案》所保护的隐私，因为政府官员并未物理性地侵入电话亭，而电话亭也是对所有公众开放的，而且在透明玻璃制作的电话亭内打电话也能为外面的人所看见，因此，卡兹不应当享有隐私的合理期待。但美国联邦最高法院驳回了政府的辩称，认为公用电话亭虽然是用玻璃制作的，但是这并不影响卡兹对在该公用电话亭内打电话享有隐私期待。《美国宪法第四修正案》所规定的"身体"超出了物理性的躯体范围，它还包括个人对其行为或者活动享有的隐私期待。Harlan 大法官指出，不宜对宪法修正案作出限制，在当今社会，隐私可能被物理甚至电子方式的侵入所侵犯，不能无视隐私也具有主观性的一面，隐私不像物权的客体有体物那样，是一种纯粹客观的物质实体，而是一种免于被干涉的私密状态，某种状态是否构成隐私，与当事人的主观期待和思想观念息息相关，隐私的范围不存在一个纯粹客观的物理界限。① 所以，判断是否存在隐私合理期待，首先要看当事人主观上对其隐私的保护是否形成了合理的期待。

随着科学技术的发展，隐私合理期待主观判断标准也在不断发展。较早的判例认为，主观的隐私合理期待一般发生在私人空间中，但是在公共场所，一般认为，个人即不再享有合理的隐私期待。例如，行为人在公共场所录像，即便将个人录入，也不构成对其隐私权的侵害，在此情形下，个人并不享有隐私的合理期待。在 United States v. Taketa 案中，用于录像的监控器被隐秘地放置在机场办公室的房顶上，被告认为，其在该区域享有合理的隐私期待，其可以期待自己不被政府部门录像。② 在 Taketa 案中，第九巡回法院认为，个人办公室与公共场所显然不同，在公共场所中，

---

① 参见马特：《隐私权研究——以体系构建为中心》，中国人民大学出版社 2014 年版，第 23 页。

② See United States v. Taketa, 923 F. 2d 677-678 (9th Cir. 1991).

个人并无对隐私保护的合理期待。同时,无论是否借助电子设备进行监视,在判断的结果上并无不同。① 在两年后的 United States v. Sherman 案中,第九巡回法院也重申了这一观点。在该案中,被告在高速公路旁边从事贩毒的行为被执法者的无声摄影机所拍摄。法院认为,由于摄影机被隐藏在树上,所以很容易被隐藏在树上的人看到,因此,被告并不享有合理的隐私期待。② 根据 Taketa 案和 Sherman 案中法院的观点,如果相关的拍摄行为发生在公共场所,且所拍摄的内容可以在不借助其他设备的情形下直接观察到,则拍摄个人的行为并不违反《美国宪法第四修正案》,而如果相关的拍摄行为发生在不可被公众观察的区域,即私密的场合,则没有授权的录像行为可能被认为是违反了《美国宪法第四修正案》。③ 可见,在公共场所,传统判例普遍认为,个人主观上并不享有合理的隐私期待。现代的判例则普遍认为,即便是在公共场所,个人主观上也可以享有合理的隐私期待,这实际上已经突破了传统判例所秉持的个人在公共场所不享有隐私合理期待的立场。换言之,对场所隐私的判断不能单纯借助主观标准,还需要借助客观标准予以认定。

还需要指出的是,隐私的主观合理期待本身也是依据具体案件情形而各不相同。正如 Alito 大法官所指出的,一个人对其隐私的合理期待可能与其个人经历密切相关④,因此,在判断个人隐私的主观合理期待时,还需要考虑个人的特殊经历等具体情况。例如,如果因为某种特殊经历而使得个人不愿意与他人分享特定的事件,则应当认定个人在主观上对该特定事件享有合理的隐私期待。

(二) 客观标准的判断

隐私合理期待判断的第二步是客观标准的判断。所谓客观的隐私期待,是指按照社会公众的看法或一般人的观点,在当时特定的情形下,该公民的隐私期待是否是合理且应当被承认的,或者按照卡兹案中法官所说的,该公民是否享有"宪法保护的合理的隐私期待"(constitutionally protected reasonable expectation of privacy)。隐私合理期待虽然也有主观判断

---

① See United States v. Taketa, 923 F.2d at 677 (9th Cir. 1991).
② See United States v. Sherman, No. 92-30067, 990 F.2d 1265 (9th Cir. 1993).
③ See Guirguis and Max, Electronic Visual Surveillance and the Reasonable Expectation of Privacy, Journal of Technology Law & Policy, Vol. 9, Issue 2, 2004, p.157.
④ See Fogel, Jeremy, A Reasonable Expectation of Privacy, Litigation vol. 40, no. 4, Spring 2014, p.9.

性,但其并不完全依赖于个人的主观判断,而是取决于社会公众的主观愿望。① 在某些情况下,虽然权利人主观上认为其某种隐私应受保护,但如果这种期待并不符合社会的一般观念,或者这种期待是不合法且不合理的,那么,权利人也不享有隐私权。因为个人的期待具有主观性,不同主体有不同的隐私感受和判断标准,如果任由主观期待漫无边际,个人可能期待其所有的生活事务和行动轨迹均构成隐私,他人不得越雷池一步,这可能构成对公共领域的侵占,并可能阻碍媒体新闻自由和政府正当执法行为。例如,在高速公路上开车可能被探头拍摄,但社会一般公众可能认为该拍照行为是必要且合理的,此时,个人也不得主张其享有隐私的合理期待,不得主张该拍照行为侵害了其隐私权。因此,个人的"期待"必须具有"合理"性,才可构成"合理期待",此种合理性的判断就是社会的认可。按照此种标准,在具体侵害隐私权的案件中,法官需要考虑的是,受害人主观的隐私期待是否具有正当性,也就是说,社会是否认为此种期待是合理的。所以,个人对隐私保护的合理期待也必须得到社会的客观认可,符合社会公众的一般观念,否则也难以构成对隐私权的侵害。②

在判断个人的隐私合理期待是否合理,能否被社会客观认可时,需要综合考量多种因素。在卡兹案以后一系列的判决中,法院在判断政府的监控行为是否违反了个人隐私的合理期待时,往往会考虑如下因素:一是监控行为发生的地点;二是监控的侵入行为本身的性质和程度;三是监控的目的。尽管法院并未明确需要通过这三点的适用来进行法律上的判断,但是无论是在卡兹案之前还是之后的判例中,都遵循了这一路径。在判断隐私期待是否具有合理性时,常常需要考虑具体的场景。例如,在1983 年 United States v. Knotts 案中,警察将一个电子追踪器放在麻醉剂容器(chloroform container)中对 Knotts 的行踪进行追踪。该追踪器具有一定的发射范围,警察需要对其进行持续尾随,警察最后发现该追踪器在一处房屋中不再移动,故发现了 knotts 的住所。美国联邦最高法院认为,警察对于电子追踪器发出信号的追踪不构成对《美国宪法第四修正案》的违反,因为当 Knotts 行驶在公共道路上时,其对于自己的行踪并不能产生合理的隐私期待。在公共道路上,即使权利人对于自己的隐私产生了期待,

---

① 参见张民安主编:《隐私合理期待总论——隐私合理期待理论的产生、发展、继受、分析方法、保护模式和争议》,中山大学出版社 2015 年版,第 233 页。
② See Katz v. United States, 389 U.S. 347 (1967).

此项期待也不能在社会中获得普遍认同。①

不过,隐私合理期待的客观判断标准也引发了较大争议,不少学者认为,其不具有可操作性并具有很大的模糊性(unworkable and circular)。② 在当今信息社会中,卫星通信和互联网技术的应用使得人们对于信息的保密成为一种常态,很难通过外在的行为判断其对于隐私的合理期待,尤其是对各种信息的保密不再需要通过物理方式完成,而是在无意识中就可以成为隐私信息。例如,电子邮箱中的邮件,在发出或收到时就受到账号密码的保护,无须行为人采取额外的保密措施,即可保持私密状态。其次,如何判断隐私的合理期待能够得到社会的普遍认可,这是一个即使是法官、哲学家或社会学家也很难回答的问题。③ 此种社会期待本来应由社会公众所主导,但在司法实践中,却实际由法官所掌控。而且,社会对于隐私的客观期待还会因技术的迅速发展而随之改变。④

上述两个步骤通过主客观标准相结合的方式判断隐私的合理期待,这一标准又被称为"卡兹标准",这一标准具有一定的合理性:一方面,隐私的合理期待具有一定主观性,需要考虑个人的主观因素,毕竟隐私本身就包含"自治"或"自我决定"的内容。另一方面,隐私合理期待又不能完全依据个人的主观标准判断,也就是说,个人的主观隐私期待应当是合理的,而"合理"与否的判断应当从社会的角度,考虑具体的案件场景,从几个关键性的要素着手,判断合理与否。例如,就非法信息而言,对于行为人从事违法犯罪活动的信息,虽然行为人也在主观上期待其不为人知,但此种期待不属于"合理"的期待。然而,何为合理、何为不合理,在法律上确实不存在具体清晰的判断标准,通常只能由法院进行判断。但法官并不知道公众的喜好和价值观,所以法官只能根据自己的喜好和价值观来判断他人的隐私期待是否是合理的,而不会探讨两者是否具有一致性。⑤

---

① See United states v. Knotts. 460 U. S. 276 (1983).

② See Jim Harper, Reforming Fourth Amendment Privacy Doctrine, 57 AM. U. L. REV. 1387 (2008).

③ See Jim Harper, Reforming Fourth Amendment Privacy Doctrine, 57 AM. U. L. REV. 1392 (2008).

④ See Jim Harper, Reforming Fourth Amendment Privacy Doctrine, 57 AM. U. L. REV. 1386 (2008).

⑤ See Daniel J. slove, fourth amendment pragmatism, 51 B. C. L. Rev. 1511 (2010). 转引自张民安主编:《隐私合理期待总论——隐私合理期待理论的产生、发展、继受、分析方法、保护模式和争议》,中山大学出版社2015年版,第235页。

三、隐私合理期待的排除规则

"合理期待"理论极大扩展了个人隐私的范围,突破了"隐私止于屋门"的传统规则,明确了隐私权保护的标准,但个人隐私范围过于宽泛和不确定,也会产生一些负面影响。确实要看到,在扩张隐私权的保护范围时,也需要平衡个人隐私保护与人们的行为自由之间的关系,防止个人动辄得咎。在美国,关于如何通过"合理期待"理论限定隐私范围,平衡个人私生活与公共领域之间的利益,学理上又发展出合理期待的排除规则。对于合理期待的排除,主要有六种理论:

一是公共暴露(public disclosure)理论。此种观点认为,如果权利人将自身置于公共场所,或者将自己的私人秘密公开,则不得再对该利益主张隐私的合理期待。如前所述,在卡兹案中,Harlan 大法官就已经明确提出,在公共场所中,如果个人自愿放弃其隐私,则其对隐私不再有合理期待。也就是说,如果相关侵害隐私权的行为发生在公共场所,当事人自愿暴露其隐私,则个人的隐私权将难以受到《美国宪法第四修正案》的保护。依据这一标准,如果某人自愿把自己暴露在公众视野之下,或者自愿告知任何人都想获得的信息,则其对于已经曝光的信息就不再享有隐私的合理期待。[①] 当然,公共暴露的标准也存在模糊地带,需要法官自由裁量。例如,当事人丢弃生活垃圾,如丢弃个人的信件、光盘以及其他信息存储设备等,是否意味着其自愿暴露了相关隐私?其他人能否从这些物品中分析个人的隐私?美国多数法院认为,个人在丢弃相关物品后,就不再对其中所包含的个人信息等享有合理的隐私期待,因此,警察在搜查个人的生活垃圾时,并不构成对他人隐私权的侵害。但多数国家认为,个人在抛弃生活垃圾时,并不当然意味着个人不再对其享有合理的隐私期待,因此,从个人生活垃圾中分析个人隐私信息的行为应当构成对他人隐私权的侵害。[②]

一般认为,如果权利人自己进入公共场所,则可以适用公共暴露理论。因为公共场所是公众可视的区域[③],也是公众可进入的区域[④]。例

---

① 参见张民安主编:《美国当代隐私权研究》,中山大学出版社2013年版,第449页。
② 参见马特:《隐私权研究》,中国人民大学出版社2014年版,第249页。
③ See United States v. Santana, 427 U.S. 38, 42 (1976).
④ See United States v. Reicherter, 647 F.2d 397, 398–99 (1981).

如,在 Oliver v. United States 案中①,法官合并审理了两个警察侵入大麻种植地的案件,在这两个案件中,大麻种植地周围被竖起了栅栏,且被用锁头封闭,并且写有"不得入内"的告示牌。肯塔基州的警察通过人行小路经过原告的房屋,来到种植大麻的地区。原告对警察搜取的证据提出了异议,因为该原告在其种植的土地上设立栅栏和告示牌的行为,表明该原告展现自己具有隐私的合理期待,此时他人侵入该土地就构成了非法搜查。但是案件上诉至美国联邦最高法院后,联邦最高法院推翻这一判决,认为《美国宪法第四修正案》的保护范围仅限于公民的身体、房屋、作品和名誉,而对于此种公开场所并不予以保护。美国普洛瑟教授早在 1960 年就撰文指出:"在公共场所对他人进行拍照并不构成对其隐私的侵害,因为拍照只是进行了一些记录,其所记录的内容也是行为人在公共场所能够自由见到的内容。"②该观点随后被《美国侵权法重述》(第二版)采纳,在相当长的一段时间内成为通说。相反,如果是私人场所,如个人的家或者办公室,则公众通常是不可进入的,因为个人为将其与公共区域隔离开而刻意付出了努力。③

在现代社会,随着互联网的发展,个人信息被流转到网络服务提供者和云端,此种行为是否表明权利人已经公开其信息? 对此,有学者认为,在现代社会,公共暴露理论也应当随之发展。④ 例如,在 Gmail 案中,Google 公司认为,由于用户可能知道他们的邮件内容可能在扫描垃圾邮件时被扫描,因此,用户不应对被扫描的数据享有合理的隐私期待,但法院并没有支持 Google 公司的主张,认为其超出了用户的一般性常识和合理期待。⑤ 在美国诉琼斯案中,政府部门认为,被告知道自己的行为是公开的,因此,在政府部门通过技术手段对其进行追踪、监视时,其也不应当对其隐私享有合理的期待;同时,政府部门还认为,政府部门通过安装在原告汽车上的 GPS 定位系统了解其行踪,也是原告可以合理预见的,因

---

① See Oliver v. United States, 466 U.S. 170 (1984).
② 李晓明:《公共视频监控系统与隐私保护的法律规制——以上海世博会为视角》,载《华东政法大学学报》2009 年第 1 期。
③ See Guirguis and Max, Electronic Visual Surveillance and the Reasonable Expectation of Privacy, Journal of Technology Law & Policy, Vol. 9, Issue 2, 2004, pp.154-155.
④ See Hall and Holly Kathleen, Arkansas v. Bates: Reconsidering the Limits of a Reasonable Expectation of Privacy, University of Baltimore Journal of Media Law & Ethics, Vol. 6, Issue 1-2, Summer/Fall 2017, pp.22-38.
⑤ See Fogel and Jeremy, A Reasonable Expectation of Privacy, Litigation vol. 40, no. 4, Spring 2014, p.9.

此,其并不能主张隐私权受侵害,但法院同样并没有支持政府部门的主张,法院认为公开的行为并不包括可以被监视的预期,政府的行为明显超过了合理预见的限度。①

二是风险承担理论。此种观点认为,一旦个人对外披露其隐私,则其对相关信息就不再享有合理的隐私期待。风险承担理论与后文中的权利人同意具有内在的关联性,即在个人自愿向第三人披露其私人事务或者私人信息时,其应当负担该信息被进一步扩散的风险,而不得主张合理的隐私期待。例如,在 United States v. Miller 案中,关于政府向银行索取被告财务记录的行为是否构成对其隐私权的侵害,法院认为,银行客户在向银行披露其私人信息时,其应当承受银行将向政府披露该信息的风险。②

三是非法信息理论。按照这种观点,对于非法的信息,行为人不能对其享有合理的隐私期待,执法机关可以通过侦查发现该信息。这就是说,非法信息并非法律上应当保护的权利,因而对此类信息不应享有隐私的合理期待。当然,公权力机关在对个人进行侦查时,应当符合法定的程序和条件。例如,在 United States v. Jacobsen 案中,执法官员请求搜查嫌疑人的行李,但遭到拒绝,后执法法官将嫌疑人的行李带往另一个机场,并对其进行了警犬嗅毒的测试。法院认为,警犬嗅毒测试并没有暴露除毒品之外的隐私利益,因此,该行为不构成对嫌疑人隐私权的侵害。③

应当指出,非法信息理论为公权力行使职权时提供了有力的保护,使其在收集个人的非法信息时可以被免责。然而,自该理论形成以来,一直备受质疑。因为某人实施了违法行为之后,其虽然应当受到法律的否定性评价,但这不意味着其违法信息可以被随意查阅和公开,即便个人已经构成犯罪,但如果个人已经改过自新,已经开始新的生活,重新回到社会,也应当对其信息隐私提供保护,现代刑法的理念主要是为了矫正不法行为,让行为人回归到正常的社会公民角色上来。④ 而且刑事制裁本身不是目的,法律通过刑事制裁是为了发挥惩戒和教化的作用。如果某人已经受到了刑事制裁,对其隐私不予保护,此种做法也不利于教育其本人,也会使其服刑期满后难以尽快回归正常的社会生活。美国学者布鲁斯通认

---

① See United States v. Jones, 565 U. S. 400 (2012); Fogel and Jeremy, A Reasonable Expectation of Privacy, Litigation vol. 40, no. 4, Spring 2014, p. 9.
② See United States v. Miller, 425 U. S. 435 (1976).
③ See United States v. Jacobsen, 466 U. S. 109 (1983).
④ 参见〔美〕理查德·A. 波斯纳:《正义/司法的经济学》,苏力译,中国政法大学出版社 2002 版,第 260 页。

为:"我们这个社会给予个人隐私以很高的价值,即使隐匿'不光彩'的信息,乃至于隐私并不是'有意义的经济投资的结果',也概不例外。以实例观之,这种社会价值包含在(宪法)第五修正案反对自证其罪的规定之中。"①因此,即使是非法信息,如果确实属于隐私,权利人对其保护具有合理的期待,则其也应当受到隐私权的保护。当然,对于非法信息,国家有权机关应当有权依法予以调查和处理。②

四是第三人原则(Third-party doctrine)。此种观点认为,一旦当事人将自己的个人信息自愿披露给第三方,则他将不再享有对于该信息的合理隐私期待。在1976年的United States v. Miller(1976)案中,法院就确立了这一原则,后来在Smith v. Maryland(1979)案中,法院又进一步地发展了这一规则。按照这一理论,如果个人自愿将其个人信息告知第三人时,其将不再享有合理的隐私期待,此时,国家机关就可以从相关主体处获取个人的相关信息,该行为并不需要经过个人的法律授权,也不需要遵守《美国宪法第四修正案》关于搜查和逮捕需要合理的理由以及合法的搜查授权等规则。③ 第三人知情理论与风险承担理论具有一定的关联性,如果权利人向第三人披露其私人信息,则其应当承担一定的风险,即在第三人扩散相关信息时,权利人不得主张其隐私权受侵害。

在一般情况下,第三人原则能够有效保护个人的隐私,因为在个人披露其隐私后,该第三人传播相关隐私信息的范围是有限的,或者说在个人可以合理预见的范围之内。但随着现代科学技术的发展,个人信息和隐私的传播和利用方式日益多样化,个人开始可能以某种方式对第三人公开了其隐私,按照第三人原则,该第三人可以再次向他人披露个人的相关隐私信息,这可能会大大超出个人最初公开其隐私的合理期待范围。尤其是随着大数据技术的发展,包含个人隐私的个人信息、数据可能被无数次地传播与利用,这显然不利于保护个人的隐私。在此情形下,第三人知情规则难以对一些私人企业所掌握的个人数据(如个人的电子通信记录、

---

① 〔美〕爱德华·J. 布鲁斯通:《隐私无价》,常鹏翱译,载梁慧星主编:《民商法论丛》(第二十一卷),金桥文化出版有限公司2001年版,第395页。

② 参见马特:《隐私权研究》,中国人民大学出版社2014年版,第25—26页。

③ See Hall and Holly Kathleen, Arkansas v. Bates: Reconsidering the Limits of a Reasonable Expectation of Privacy, University of Baltimore Journal of Media Law & Ethics, Vol. 6, Issue 1-2, Summer/Fall 2017, pp. 22-38.

云端数据等)提供保护。① 如果不对第三人原则的适用进行必要的限制,当个人以某种方式向第三人公开其隐私后,就不得再主张享有隐私的合理期待,这可能使个人隐私信息的传播脱离个人的控制,从而使个人对公司以及政府产生一种不信任,甚至产生一种寒蝉效应(chilling effect)。②因此,有必要对隐私合理期待原则进行必要的修正。③

五是权利人同意(Voluntary consent doctrine)。此种观点认为,如果个人同意他人了解自己的私人事务或者私人信息,则其将不能再对这些事务或者私人信息具有隐私保护的合理期待。在卡兹案中,Harlan 大法官认为,如果个人对外暴露自己的私人事务,则即便其身处家中或者身处办公室,相关的私人事务也不受隐私权的保护。④ 在 Schneckloth v. Bustamonte 案中,当事人驾驶无牌照的汽车被警察拦下并征得乘车人的同意进行搜索,在车上发现了赃物,法院认为在此情形下搜查行为获得了当事人的同意,因此,获取当事人个人信息的行为并不违反宪法第四及第五修正案的规定。⑤

如果权利人因信任第三人不会泄露其私人事务、私人信息而同意第三人获取其隐私,其就不再享有隐私的合理期待。⑥ 同时,行为人仅能在个人同意的范围内实施相关行为,否则也可能构成对他人隐私权的侵害。⑦ 例如,在 2013 年,加利福尼亚州北部地区地方法院受理了一些用户指控 Google 窃听用户电子邮件的案件,这些用户主张,Google 公司扫描用户的邮件,构成对其隐私权的侵害,因为用户只是允许 Google 公司扫描令人反感的邮件,而没有允许 Google 公司扫描所有的电子邮件。法官 Lucy Koh 认为,Google 公司的服务条款允许 Google 公司扫描用户的邮件,但用

---

① See Hall and Holly Kathleen, Arkansas v. Bates: Reconsidering the Limits of a Reasonable Expectation of Privacy, University of Baltimore Journal of Media Law & Ethics, Vol. 6, Issue 1-2, Summer/Fall 2017, p. 33.

② See Hall and Holly Kathleen, Arkansas v. Bates: Reconsidering the Limits of a Reasonable Expectation of Privacy, University of Baltimore Journal of Media Law & Ethics, Vol. 6, Issue 1-2, Summer/Fall 2017, p. 33.

③ See Hall and Holly Kathleen, Arkansas v. Bates: Reconsidering the Limits of a Reasonable Expectation of Privacy, University of Baltimore Journal of Media Law & Ethics, Vol. 6, Issue 1-2, Summer/Fall 2017, pp. 22-38.

④ See Katz v. United States, 389 U. S. 347 (1967).

⑤ See Schneckloth v. Bustamonte, 412 U. S. 218 (1973).

⑥ See Hoffa v. United States, 385 U. S. 293 (1966).

⑦ See Fogel and Jeremy, A Reasonable Expectation of Privacy, Litigation vol. 40, no. 4, Spring 2014, p. 11.

户并没有允许 Google 公司扫描全部的邮件。该案实际上提供了一种区分关于隐私的合理期待和不合理期待的界限,因为用户对两项事务的同意是可以区分开的,同意某一事项并不意味着同意另外一个事项。① 当然,在许多案件中,判断权利人是否同意往往是十分困难的,这将不可避免地使法官享有一定的自由裁量权。

为了明确个人同意的判断标准,司法实践中还发展出了透明规则(transparency),即个人应当知道相关行为的潜在影响,即只有行为人让个人充分了解所有的相关情况,个人才能够作出合理的同意,此种同意也才具有法律效力。② 例如,在前述 Gmail 案中,如果 Google 公司没有告知用户扫描邮件可能带来的各种潜在影响,则其行为就不是"透明"(transparent)的③,此时,即便个人作出了同意,也无法发生效力。

六是所搜查的对象具有快速移转性。此种观点认为,如果搜查的对象是一些快速移转的物体,如机动车等,具有极大的逃离可能性,则执法机关有权立即采取措施进行搜索,个人对该物体不再享有隐私的合理期待。例如,在 Carroll v. United States 案④中,一审法院认为,如果警察有理由认为他人的机动车内有违禁品,那么宪法授权其可以在无搜查令的情形下搜查该机动车,此行为符合《美国宪法第四修正案》保护公民的范围。因为机动车本身具有快速移动和逃离的可能性,因此公民可能不会享有对机动车的合理隐私期待。⑤ 但如果是机动车以外的其他物品,如包裹、手提箱等,则公民可能享有对该物品的隐私合理期待。再如,在 United States v. Ross 案⑥中,法院认为,该案同样应当适用 Carroll v. United States 案中确立的《美国宪法第四修正案》中的"机动车除外"原则。原因在于,机动车具有快速移动的特点,执法机关应当立即采取搜查措施,在此种情

---

① See Fogel and Jeremy, A Reasonable Expectation of Privacy, Litigation vol. 40, no. 4, Spring 2014, pp. 9–10.

② See Fogel and Jeremy, A Reasonable Expectation of Privacy, Litigation vol. 40, no. 4, Spring 2014, p. 11.

③ See Julia Love, In Privacy Cases, Google Defends Email Snooping, Recorder, Sept. 9, 2013, p. 3.

④ See Carroll v. United States, 267 U. S. 132 (1925). 另参见张民安主编:《隐私合理期待总论——隐私合理期待理论的产生、发展、继受、分析方法、保护模式和争议》,中山大学出版社 2015 年版,第 157 页。

⑤ 参见张民安主编:《隐私合理期待总论——隐私合理期待理论的产生、发展、继受、分析方法、保护模式和争议》,中山大学出版社 2015 年版,第 25 页。

⑥ See United States v. Ross, 655 F. 2d 1159.

况下,个人不应当享有合理隐私期待。

四、对隐私合理期待理论的评论

卡兹案所确立的隐私合理期待标准,在美国隐私法上具有里程碑式的意义。因为自沃伦和布兰代斯提出隐私权的概念之后,隐私的内涵和外延不断扩张,虽然《美国侵权法重述》(第二版)对隐私作出了四种分类,但事实上,实践中大量产生的案例远远突破了这一范围的限制,且这四种形态本身也具有一定的不确定性。尤其是,美国是判例法国家,对隐私侵权历来缺乏明确的立法标准。正如有学者所指出的,美国的隐私概念十分宽泛,但对隐私的立法具有一种"碎片化"(fragmented manner)的特点,即主要通过分散立法的方式来对信息隐私进行保护,因而对隐私的保护缺乏明晰的、统一的标准。① 就整个隐私权的保护而言,虽然美国在1974年制定了《隐私法案》,但是该法制定的主要目的在于对个人数据进行保护,而没有对隐私权作出体系性的规定,并没有对各类隐私的侵权判断提供明确的规则。② 而在司法实践中,法官在案件中常常将隐私权视为一个框架性的权利,通过判例不断扩张隐私的保护范围,以满足法律的扩张和社会的客观需要。司法实践对隐私保护的迅速发展,使得学理的研究常常具有滞后性。以至于 Daniel Solove 教授认为,美国法上的隐私权概念是混乱的,没有人能清晰地界定其范围,隐私权是一个涵盖范围很广泛的概念,个人自由地思考、控制个人的身体、在家独处、控制个人的信息、不被监视的自由、保护个人的名誉、保护不被非法搜查的权利等,都属于隐私权的内容。③ 受到此种宽泛概念使用方式的影响,实践中的一个难题就在于如何把握"隐私权"的边界问题。合理期待理论正是在这样一种学说背景下产生的,在很大程度上回应了司法实践的需要,为实践中准确认定隐私权侵权提供了明确的标准。总体而言,合理期待理论具有如下

---

① See Carter Manny, Recent Controversy Surrounding the EU-US Safe Harbor Data Protection Regime, 47 BuS. L. REv. 33, 34 (2014).

② See Hall and Holly Kathleen, Arkansas v. Bates: Reconsidering the Limits of a Reasonable Expectation of Privacy, University of Baltimore Journal of Media Law & Ethics, Vol. 6, Issue 1-2, Summer/Fall 2017, pp. 22-38.

③ See Hall and Holly Kathleen, Arkansas v. Bates: Reconsidering the Limits of a Reasonable Expectation of Privacy, University of Baltimore Journal of Media Law & Ethics, Vol. 6, Issue 1-2, Summer/Fall 2017, pp. 22-38.

重大意义:

第一,突破了传统的"隐私止于屋门"的规则,极大地扩展了个人隐私的范围,解决了公共场所是否享有隐私的问题。在现代社会,住宅已经不是隐私的防火墙,传统的"隐私止于屋门"原则已被突破,私人生活不仅局限于家庭生活,而是依赖于外在环境。如果从客观上可以认定一个人有独处的意愿或者一个人以非公共活动的方式行为,其行为具有私人性质,则隐私也存在于公共生活之中。如果依靠秘密或突然的方式拍摄的照片被公开,也应当认定其侵害了隐私权。[①]

第二,对隐私权的侵害确立了明晰的判断标准,从而既有利于保护个人的隐私权,也有助于规范公权力,防止公权力滥用侵害个人隐私权。从合理期待理论的产生来看,最初的卡兹案主要是发生在公权力侵犯公民隐私的案件中,即政府的公权力损害了公民的隐私合理期待。但隐私合理期待标准并不仅仅适用于公权力侵害隐私权的情形,对私人之间的隐私权侵权认定同样是值得重视的,因为无论面对公权力机关,还是在与私人的互动中,个人都有一定程度的隐私利益保障要求。合理期待标准有利于约束公权力,防止公权力滥用,这也有助于法治国家、法治政府的建设。隐私合理期待理论在后来的司法实践和学说建构中得到了更为广泛的发展,以至于成为一种关于个人隐私保护的一般判断标准。

第三,隐私合理期待的主观和客观判断标准的确立,以及在此后一系列案件中发展起来的除外规则,都使得这一标准更加具体化,也更具有针对性。合理期待理论有利于有效应对高科技爆炸而带来的隐私保护问题。合理期待理论的出现也在很大程度上是为了应对高科技广泛运用于生活之后的"隐私"内容不确定的问题。因为高科技的应用对隐私的保护形成了极大的挑战,随时可能有新的高科技应用场景,也同时伴随着相应的私生活遭受侵害的不测风险。针对高科技的发展而引发的大量隐私侵权案件,法律上又有必要及时作出回应。也就是说,有必要为隐私权的认定与保护提供相对明确的判断标准,从而为裁判提供依据和分析具体问题的标尺。合理期待理论就发挥了此种功能,其可以为法官认定隐私权侵权提供相对明确的判断标准。例如,随着 DNA 检测技术的发展,DNA 检测成为判断犯罪的一种重要物证技术,但 DNA 本身又包含了大量的个人生物信息,是个人重要的隐私,所以,个人对其 DNA 信息也应当享有一

[①] 参见马特:《隐私权研究》,中国人民大学出版社 2014 年版,第 212 页。

种主观的隐私期待,任何人不得擅自将他人的 DNA 进行非法利用,或者擅自披露 DNA 中的生物信息,否则就构成对他人隐私权的侵害。再如,人脸识别技术获得了广泛的应用,但个人面部的生物信息也是个人的重要隐私,任何人获取他人的面部生物信息,个人对此种隐私保护也具有合理的期待。任何人不得将他人的面部生物信息用于非法目的,也不得非法泄露,否则也将构成对他人隐私权的侵害。由于在实践中经常将人脸识别技术用于各种电子设备如手机解锁、开关门禁等,所以,一旦泄露相关信息,就可能造成权利人重大损害。另外,公权力机关利用各种科技手段,如窃听、红外线扫描、远距离拍照等方式,必须要尊重个人的隐私,公权力机关所采取的方式和方法是否妥当,采用合理期待理论给了法官一种针对具体情形加以判断的标准。①

但是,应当看到,美国的隐私合理期待理论也面临着如何在具体场景中细化和应用的问题,具体而言,隐私合理期待常常遇到如下三个方面的问题。

第一,隐私合理期待两种判断标准的具体运用。如前所述,卡兹案最重要的意义在于,其提供了隐私合理期待的两种判断标准,从而弥补了美国隐私法在隐私判断方面的缺陷,然而,这两种标准究竟应当如何运用,其分别适用于何种情形,抑或必须结合适用,都必须委诸法官作出选择和判断②,然而,由此也确实给法官带来了极大的自由裁量权。法官经常要考虑的是,何谓隐私的"合理期待",究竟是指当事人的主观期待,还是一般人的普遍期待?事实上,这两种期待也可能发生冲突和矛盾,选择的判断标准不同,就可能得出截然不同的结论。例如,在美国 Oliver v. United States 案③中,肯塔基州法院采用主观标准,认为原告在其种植的土地上设立栅栏和告示牌的行为,表明该原告展现自己具有隐私的合理期待,此时他人侵入该土地就构成了非法搜查。但是该案件上诉至美国联邦最高法院后,美国联邦最高法院则采用客观标准推翻了这一判决,认为原告不享有隐私的合理期待。由此表明,选择的标准不同,所得出的结论则截然不同。但关键的问题在于,究竟应当选择何种标准,往往取决于法官的自

---

① See Helen Nissenbaum, Privacy in Context: Technology, Policy, and the Integrity of Social Life, Stanford University Press, 2009, p.233.
② 参见张民安主编:《隐私合理期待总论——隐私合理期待理论的产生、发展、继受、分析方法、保护模式和争议》,中山大学出版社 2015 年版,第 234 页。
③ Oliver v. United States, 466 U.S. 170 (1984).

由心证,缺乏明确的适用规则。

诚然,在多数情形下,将二者结合起来综合判断是一个比较好的做法,但在具体的案件中,有可能需要适用不同的标准。因为不同人对于个人隐私的重视度差异较大,而对不同类型的隐私而言,不同群体的敏感程度也不相同。因此,不宜完全采用主观标准确定隐私的合理期待。然而,完全采纳客观标准也不一定十分合理。因为社会公众对于不同情形下是否存在隐私,隐私需要保护到什么程度,保护的程度有多大,认识并不完全一致。因此,在判断隐私的合理期待时,首先应当认定个人对其隐私有合理的主观期待,也就是说,个人对其隐私的主观期待是隐私合理期待的前提和基础,同时,也应当根据客观标准对其进行必要的限定。

第二,如何运用客观标准进行判断。在卡兹案中,客观标准是指按照一般人的标准判断是否侵害隐私,但一般人是抽象的、宽泛的概念,事实上,人们所从事的职业不同,就可能受到不同团体和区域习惯的影响,对同一事物的认识也不相同。在一些问题上,不同人群的隐私期待可能存在较大差别,部分人可能持有一种隐私期待,而其他人则可能秉持完全不同的隐私期待,这就为隐私合理期待的规则化带来了一定的困难。由此也决定了,在运用隐私合理期待的客观标准时,首先应当确定,究竟是按照一般人标准还是按照特定人标准予以判断?例如,在前述 Gmail 案中,IT 行业的相关从业者可能认为这是行业惯例,并不会侵害用户的隐私,而社会一般公众则可能认为,该行为侵害了用户的隐私。此外,即便对社会一般公众而言,不同群体对同一事件也可能有不同的认识。例如,某人在公众场所实施了有违公共道德和公共秩序的行为,有些人可能认为个人此时不应当享有合理的隐私期待,其他人可以将其拍摄并公之于众,其他一些人则可能认为,即便是在公共场所实施不道德的行为,个人也应当享有合理的隐私期待,其他人不能随意拍摄并在网络上公开传播。所以,客观标准的运用有时需要特定行业领域、特定行为的特征,需要考虑特定人群的合理期待标准。

隐私合理期待确实应当考虑特定的场景,在何种情况下权利人的期待是合理的,应当依据具体的场景进行判断。例如,应对方要求,未经本人同意就推送其微信名片,如果确实并无恶意,不应认为其构成对本人隐私合理期待的侵害。但如果应某中介公司的要求,将某人的微信名片推送给中介公司或未经同意将某人拉入内容为广告发布的群聊之中,则可能侵害他人的对隐私的合理期待。

第三,综合考虑行为的性质、行为方式、所造成的损害后果等多种因素。侵害隐私本身是否构成侵权,在许多情形下仅仅根据上述标准是难以认定的,尤其是个人的隐私期待是否合理,还应当考虑案件的有关具体情况,尤其是行为人的行为方式等因素。例如,在行为人跟踪、监视、骚扰他人的情形下,一次行为可能还难以构成对个人隐私的侵害,但如果行为人多次实施上述行为,即可能构成对个人隐私合理期待的侵害。此时,仅通过上述主观标准和客观标准,可能难以准确判断该行为是否构成侵害他人隐私权,还需要考虑到行为人的行为强度、行为方式、行为的频繁性以及所造成的后果等。在美国,法官在具体判断隐私的合理期待时,也考虑了行为人行为的具体方式等情况。例如,在 United States v. Maynard 案中,缉毒人员通过安装卫星定位追踪器,对犯罪嫌疑人实施了长达 28 天的全天候监控。法院认为,如果该监控只是一次性的,则因为通过监控可以获取具有针对性的信息,使得该一次性的监控具有合法性,但如果此种监控是长期且持续性的,那么所能披露的信息将远远超出被监控者的合理期待,从而可能构成对其隐私的侵害。① 在本案中,法官提出了"马赛克理论"(Mosaic Theory),该理论认为,判断某种行为是否构成对他人隐私的侵害,以及他人是否对该隐私具有合理期待,应当考虑行为的整体状况,而非单次行为。由此也表明,仅通过抽象的主观标准或者客观标准,难以准确认定隐私合理期待的标准,在具体案件中,还需要综合考虑行为人的行为方式等具体情况。

另外,还应当看到,技术的发展使得合理期待的内涵不断变化。随着科技的迅速发展,隐私合理期待理论也应当进行必要的修正。② 还应当看到,公众对技术发展水平的认知也是有一个过程的。例如,就个人信息的保护而言,当前,很多大数据企业对个人的数据搜集有碎片化的特点,但这些碎片化搜集的信息很容易被数据企业组合起来,用于分析个人的家庭住址、职业与收入水平、社交圈子、商品或者服务偏好、人格习性等各种系统化的信息。此种行为被称为"人格画像",而个人对这些情况可能并不知情,对于一些人来说,如果能够事前了解相关的个人信息收集和利用方案,其很可能拒绝使用看似便利的技术服务。例如,在出入特定场所

---

① See United States v. Maynard, 615 F. 3d 544, 562 (D. C. Cir. 2010).

② See Hall and Holly Kathleen, Arkansas v. Bates: Reconsidering the Limits of a Reasonable Expectation of Privacy, University of Baltimore Journal of Media Law & Ethics, Vol. 6, Issue 1-2, Summer/Fall 2017, pp. 22-38.

时,是出示和使用普通的身份卡,还是接受更便捷的人脸识别,对当事人有重要的影响。据《经济学人》的报道,人脸识别技术对自然人的性偏好的准确识别率高达80%以上,这有可能使个人遭受就业歧视。① 此外,随着语音识别技术的发展,行为人也可能合成个人的声音,或者伪造个人的讲话,给个人造成损失。技术的发展也会对个人隐私合理期待的内容和标准产生影响,如何妥当确定隐私合理期待的判断标准,并使其能够适应现代科学技术发展的需要,也成为隐私合理期待理论的一大难题。

五、隐私合理期待理论对我国民法典编纂的启示

(一) 我国民法典不宜将隐私合理期待理论成文化

隐私合理期待理论虽然主要是由法官在实践中创造的,仅适用于个案,但是该理论在世界范围内产生了广泛的影响。这一标准不仅迅速被美国各州法院所接受,而且影响了英国、加拿大以及欧洲大陆的司法判例,各国司法实务中都不同程度地运用"合理期待"标准衡量和保护公共场所的个人隐私权。例如,英国也发生过类似的案件,同样适用"合理期待"标准,把隐私权的保护推广到了家门之外。② 当然,英国等国家的法院在适用这一规则时,主要是在普通法层面进行讨论,而非如同美国一样在宪法的层面进行讨论,但是其研究的方法与思路大体上还是相同的。③

一些大陆法系国家也通过判例接受了该理论,并广泛适用于民事主体之间的侵犯隐私权案件。最为典型的就是20世纪90年代著名的摩纳哥公主案。该案中,原告卡罗琳为摩纳哥公主,生活在巴黎。1993年,德

---

① See Facial Technology: Keeping a straight face, The Economist, Septebmer 9-15, 2017, pp. 67-69.

② 例如,著名时尚期刊《人物》在2001年10月刊登了广播电台著名主播萨拉·考克斯和她的丈夫乔恩·卡特的照片。两个人都赤身裸体,照片被小心作了处理。照片被拍摄时,他们正在度蜜月,在塞舌尔群岛中一个岛屿上的酒店式别墅中游泳、晒太阳浴。照片是由一位伪装成游客、在相邻的别墅预订了房间的摄影师借助长焦镜头拍摄的。报社主张照片是在公共场所拍摄的,但考克斯认为,只有住在别墅中的人才可以进入那个岛。新闻投诉委员会的职业守则将隐私空间定义为"可以对隐私有合理期待的公有或私有的房产"。考克斯夫妇向新闻投诉委员会投诉,委员会认定酒店式别墅属于隐私范畴,要求《人物》刊登道歉信,最后考克斯夫妇获得了巨额和解赔偿。参见〔英〕约书亚·罗森伯格:《隐私与传媒》,马特等译,中国法制出版社2012年版,第35页。

③ 参见张民安主编:《隐私合理期待总论——隐私合理期待理论的产生、发展、继受、分析方法、保护模式和争议》,中山大学出版社2015年版,第36页。

国的 Burda 公司属下的多彩(Bunte)杂志和自由周刊(Freiheit Revue)刊登了一些关于她日常生活的照片。对此,她在汉堡州法院提起了诉讼,要求停止侵害和赔偿损失。该案经汉堡州最高法院、德国联邦最高法院和德国宪法法院的审理,最后她又上诉到欧洲人权法院。1999 年 12 月 15 日,德国联邦最高法院在该案判决中指出,隐私也存在于公共场合,只要权利人相信其活动不在公众视野中,具体标准应依赖于个案的情况判断。① 虽然该案没有明确使用隐私合理期待标准,但其实际上也运用了隐私合理期待的判断标准和方法,欧洲人权法院也在相关的判决中援引了"合理期待"理论。② 例如,在 1997 年的 Halfford v. The United Kindom 一案中,欧洲人权法院在就警察是否侵犯原告依据《欧洲人权公约》第 8 条所享有的隐私权作出判决时,第一次采用了隐私合理期待的理论分析该条所规定的隐私权问题。③

在我国正在制定的民法典中,是否有必要借鉴该理论? 应当看到,美国法毕竟是判例法,对于法官关于隐私合理期待的判决能否形成有效的成文化的规则,仍然存在疑问。在社会生活中,隐私权保护边界的划定必须在隐私权保护与社会生活顺畅进行中进行平衡。所以这就需要在法律上确立隐私保护的界限和判断标准,因此,有不少学者认为,卡兹案所确立的标准,有必要对其进行成文化。关于隐私权侵权的认定,《美国侵权法重述》(第二版)第 652B 条规定了两个构成要件:一是他人被侵扰的事项应当是具有私人性质的事项;二是行为人的侵扰行为应当是一个有理性的人高度反感的行为。但该条并没有明确隐私合理期待的内容,正如美国加利福尼亚州最高法院在某个案件中所指出的,仅仅具备这两个构成要件还不够,如果行为人要就其实施的侵扰行为对他人承担隐私侵权责任,他们还应当具备一个构成要件,这就是说,在客观上,他人必须对行为人所侵扰的场所、谈话内容或数据资料享有合理的隐私期待。④ 可见,

---

① Michael, Henry, International Privacy, Publicity and Personality Laws, Butterworths press, pp. 157, 169.
② 参见张民安主编:《隐私合理期待总论——隐私合理期待理论的产生、发展、继受、分析方法、保护模式和争议》,中山大学出版社 2015 年版,第 35—40 页。
③ 参见张民安主编:《隐私合理期待总论——隐私合理期待理论的产生、发展、继受、分析方法、保护模式和争议》,中山大学出版社 2015 年版,第 41 页。
④ 参见宋志斌、蔡雅智:《美国侵权法上的新闻媒体侵扰侵权制度——shulman v. group W. Productions 案评析》,载张民安主编:《侵扰他人安宁的隐私侵权——家庭成员间、工作场所、公共场所、新闻媒体及监所狱警的侵扰侵权》,中山大学出版社 2012 年版。

在美国,虽然隐私合理期待理论是法官认定隐私权侵权的重要标准,但《美国侵权法重述》(第二版)并没有将该标准成文化。在我国,有学者建议借鉴合理期待理论,在法律上予以成文法化,规定在我国民法典中,有必要采纳如下规则,即"公民或者他人实施的某种行为或者他们做出的某种事情在性质上不属于其私人行为、私人事情,则公民或者他人的行为、事情就属于公共行为、公共事情,如果公民或者他人对制定法明确规定的这些行为或事情具有主观上的隐私期待,则他们的此种主观上的隐私期待是不合理的"①。笔者认为,这一主张虽然不无道理,但存在一定的困难。从我国立法和司法实践经验来看,我国民法典草案人格权编不宜将隐私的合理期待成文法化,主要理由在于:

第一,合理期待标准具有模糊性和不确定性。应当看到,合理期待理论是判断隐私保护的重要标准,其经验也值得我们借鉴,尤其是这一标准结合权利人的主观标准与客观标准,为隐私的判断标准提供了可检验性的基础。但也应当看到,隐私合理期待的判断标准也存在一定的模糊性和不确定性,这也使得该理论自产生以来就引发了诸多争议。② 一方面,主观标准与客观标准的内涵本身具有不确定性。例如,就主观标准而言,权利人主观上是否有一种对隐私保护的合理期待,客观上往往难以判断,而完全交由法官根据情形予以认定。正如有学者所指出的,"合理"本身是一个不确定概念,其判断标准更多的是要求进行事实判断而非法律判断。因此导致了这一标准在实践中经常存在许多不确定性和模糊性,从而给了法官过大的自由裁量权,法院因此缺少确定的规范标准,使得实践中的判决存在片面武断情形。③ 另一方面,主观标准与客观标准之间的关系如何,尚未形成定论。也就是说,二者在判断隐私合理期待中的功能和作用如何,在什么案件中应当适用主观标准,在什么案件中应当适用客观标准,完全由法官认定,这可能导致司法裁判的不统一性和不确定性。

第二,我国现行立法已经承认了一般人格权的概念,可以实现对新型人格利益的保护,而不需要借助隐私合理期待理论实现这一制度功能。隐私合理期待理论在很大程度上是为了解决新的隐私利益的保护问题。

---

① 张民安主编:《隐私合理期待总论——隐私合理期待理论的产生、发展、继受、分析方法、保护模式和争议》,中山大学出版社2015年版,第53页。

② See Akhil Reed Amar, Fourth Amendment First Principles, 107 HARv. L. Rev. 757, 759 (1994).

③ See Tomkovicz and James J., "Beyond Secrecy for Secrecy's Sake: Toward an Expanded Vision of the Fourth Amendment Privacy Province." Hastings L J (1985).

在卡兹案之后,法官经常用该标准确定新的隐私利益保护问题。例如,在Schmerber一案中,美国联邦最高法院所宣示的目标:"《美国宪法第四修正案》最重要的作用就是保护公民的隐私利益和人格尊严,政府执法人员不得在没有搜查令的情况下侵犯公民的隐私利益和人格尊严。"①依据这一标准,在判断某一利益是否涉及隐私的保护时,需要借助人格尊严理论,这就使得这一标准的适用范围十分宽泛。但在我国,由于《民法总则》第109条已经确立了一般人格权的概念,可以有效应对现代社会发展需要,为不断出现的新型人格利益提供保护,就没有必要再通过设立合理期待标准确定新型人格利益保护问题。

第三,我国《民法典(草案)》(一审稿)已经为隐私权的界定提供了相对明确的标准。我国《民法典(草案)》(一审稿)第811条第2款规定:"本法所称隐私是具有私密性的私人空间、私人活动和私人信息等。"该条对法律所保护的隐私的范围,明确保持了开放性。例如,私人空间的概念具有很强的包容性,不仅包括私人住宅,还包括了私人箱包、车辆、办公场所和公共场所的帐篷。尤其是,私人空间不仅包括物理空间,还包括虚拟空间,如个人的邮箱、聊天记录等私人不希望外界所知晓的空间。私人活动和私人信息同样如此。可见,人格权的法定性与人格权的开放性之间并不冲突。

当然,在《民法典(草案)》(一审稿)规定了隐私权概念之后,具体判断哪些利益应当受到隐私权保护,则可以由法官在借鉴隐私权合理期待理论的基础上予以判断,但法律上没有必要明确规定合理期待标准。例如,当个人隐私权与舆论监督权发生冲突时,通过对两种权利的比较,如果有必要保护隐私权,则应当适用隐私合理期待理论。

(二)隐私合理期待理论可以为法官认定隐私权侵权提供有益的参考

虽然我国民法典分编不宜明确规定隐私合理期待理论,并将其作为界定隐私权内涵和外延的标准,但该理论作为在司法实践中总结的经验,对于法官准确认定隐私权侵权提供了有益的参考。事实上,该理论可以在具体个案中为法官认定隐私权侵权提供一定的指引和参考。例如,依据我国《民法典(草案)》(一审稿)第812条第5项的规定,"以短信、电话、即时通信工具、传单、电子邮件等方式侵扰他人的生活安宁",构成对他人隐私权的侵害。但问题在于,是否所有的以短信、电话等方式侵扰他

---

① Schemeber v. California, 384 U.S. 757, 767 (1966).

人私人生活安宁的情形都构成对隐私权的侵害？如何判断个人的私人生活安宁受到了不当侵扰？按照合理预期理论，个人对私人生活安宁要有合理的期待，同时，此种期待在社会一般人看来也应当是合理的。在我国一些案例中，判断是否构成侵害隐私权，并没有运用合理期待理论，但采用了容忍义务的标准。例如，在白玉芬上诉张建君等隐私权纠纷案中，法院认为，"鉴于贾学成、张建君居住的房屋周边出现过被人泼尿等不良行为，贾学成、张建君安装摄像头对保障其居住安全起到一定作用。虽然涉诉的摄像头可拍摄到院内公共区域，考虑到白玉芬与贾学成、张建君系不动产相邻方，且涉诉的摄像头并未涉及白玉芬的私密空间。因此白玉芬在贾学成、张建君未明显侵害其利益的前提下亦有一定的容忍义务"[①]。该案中，法官使用的容忍义务实际上就是按照社会一般人的观点判断权利人是否有容忍的义务。

尤其应当看到，隐私权的保护常常与其他利益保护之间发生冲突，隐私合理期待理论本质上就是要平衡个人隐私利益保护与其他利益（如公权力行使）等之间的关系，这也意味着，隐私合理期待理论可以为我国法上隐私权侵权的认定提供有益的借鉴。美国法对侵害隐私权采纳合理期待理论，实际上允许法官根据具体案情判断何种侵害行为侵害了他人的私人生活安宁，损害了他人对隐私保护的合理期待，这实际上是赋予了法官一定的自由裁量权，由其根据具体情形加以判断。笔者认为，确定对侵害隐私权的构成要件不仅仅要看行为人是否实施了上述各种侵害他人隐私的具体行为，更要确定行为人实施此种行为时是否取得了受害人的同意。在司法实践中，针对各种大量的侵害隐私的行为，法官有必要借鉴隐私合理期待理论，解决隐私权侵权纠纷，具体而言，体现在如下五个方面。

第一，对个人信息的搜集和处理，即便在收集他人个人信息时取得了权利人的同意，也不意味着信息控制者可以任意处理他人的信息。权利人仍然对此有合理的期待，即个人信息不被非法、不正当的处理。这也是为什么相关的法律规则都要求信息收集和利用的方式要遵守"合理原则"。正如 Daniel Solove 教授所指出的，虽然单独的个人信息收集行为可能是无害的，但是一旦这些被收集的信息汇总时，就会严重威胁个人隐私。这些被收集的信息一旦为第三人利用、分析和作其他处理，则可能在

---

① 北京市第二中级人民法院(2016)京02民终6654号民事判决书。

不特定的主体之间流转和共享。① 这样会使得当事人对个人信息的处理结果越发难以预测,而个人信息收集和处理的活动对隐私可能带来的风险也就越来越大。

数据共享行为同样如此,也就是说,信息收集者究竟可以在何种范围和程度上共享个人信息,除信息主体的明确同意之外,也应当考虑"合理期待"的问题。例如,如果共享的信息属于敏感个人信息,则信息主体的"合理期待"范围就相当有限,通常信息的控制方的处理行为也只能限定于主体的明示同意范围之内。但如果所收集、处理的仅仅是一般的个人信息,则应当适当扩张信息主体的"合理期待"范围,也就是说,在主体的明示许可范围之外,如果相关的数据处理和共享行为是数据控制者进行经营活动所必需的,或者是为了更好地实现主体的利益等原因,就可以在一定范围内对数据进行共享。当然,个人隐私和信息权利人对自己的隐私和信息保护的合理期待也必须得到社会的客观认可,符合社会公众的一般观念,否则也难以构成对隐私和个人信息的侵害。②

第二,在判断是否存在隐私侵害时,既需要考虑行为人主观的隐私期待,也需要考虑社会一般人的合理期待。在具体确定隐私合理期待标准时,可能还需要考虑特定的商业模式特点,予以具体判断。例如,一些网络服务提供者在提供网络服务时,可能推广付费免除商业广告的服务,即网络用户可以通过支付费用的方式免除广告打扰,此时,在认定相关的广告投送活动是否侵害了用户的隐私权时,就应当区分付费用户与非付费用户,分别确定其隐私合理期待的范围。

第三,网络空间的合理期待问题。随着网络的发展,隐私的保护范围也在不断扩张。个人在网络空间中所享有的隐私合理期待也应当受到法律保护。例如,在一些短视频网络平台上,个人对其网页浏览历史、视频观看记录等,也应当享有不被他人知悉和获取的合理期待,如果平台擅自获取和公开相关的信息,即应当构成对他人隐私权的侵害。

第四,公共场所的合理期待问题。即使是在公共场所,也不能认为个人抛弃了其隐私,而应当根据具体情形判断当事人是否形成了对隐私的合理期待。公共场所的隐私合理期待也应当受到法律保护。例如,在公共场所的谈话应当有免于被他人偷听的权利,公共厕所应有不被探头偷

---

① See Daniel J. Solove, Access and Aggregation: Public Records, Privacy and the Constitution, 86 MINN. L. REV. 1137, 1185 (2002).

② See Katz v. United States, 389 U.S. 347 (1967).

拍和不被他人偷窥的合理期待,公共电话亭也应当有免于被他人偷听的权利,公共场所的更衣室有免于被他人窥视的权利。这些都属于合理的隐私期待。据报道,一对年轻情侣在类似地铁闸机口的地方激情拥吻,该行为被疑似地铁监控视频拍下,后该视频未作任何处理即被上传至网络,并广为流传。① 在该案中,该情侣的行为虽然发生在地铁闸机口这一公共场所,地铁内的乘客、地铁工作人员等虽然可以看到其亲密动作,但该情侣对其自身亲密动作这一私人活动受隐私权保护也有一定的期待,尤其是期待其行为不被上传至网络流传,地铁通过监控拍摄到这一画面后,将其上传至网络,实际上是使该行为的公开的范围远远大于权利人愿意公开的范围,这也构成对其隐私权的侵害。再如,在2010年私人在与邻居公共部位安装摄像头案中,法院一审、二审判决均认定该行为足以构成对他人隐私权的侵犯。法院审理认为,"虽然被告所安装的摄像头的监控范围属公用区域,但这与原告日常生活有密切联系,因此足以侵害到原告的隐私权"②。这些案例都说明了,即便是在公共场所,权利人也可能享有对隐私的合理期待,而不能以其进入公共场所为由而否定对其隐私的保护。

第五,未来新的隐私利益的发展需要通过隐私合理期待来予以检验其是否应当纳入隐私权的保护范围。随着社会的发展,新的隐私利益不断出现,但是这些利益是否应当受到隐私权的保护,也要明确一定的判断标准。例如,个人信息中的被遗忘权,是否应当在法律上确认一直是有争议的问题。被遗忘权的确认涉及信息利用与个人隐私保护的平衡关系问题等,其中也涉及对隐私范围的判断问题。如果社会一般人认为其享有合理的隐私期待,那么其就可能享有被遗忘权,从而避免自己的隐私信息在互联网上被长久地保存。通过这种方式可以确定被遗忘权适用的范围。再如,从隐私权的发展来看,科技进步可能不断衍生出新型隐私,例如基因隐私、声音等可能会成为未来新的权利,新型隐私利益的不断出现需要合理期待理论予以论证。

---

① 参见周宽玮等:《情侣拥吻视频网上流传 疑遭地铁站监控》,载《东方早报》2008年1月16日。
② 上海市徐汇区人民法院(2010)徐民一(民)初字第6327号民事判决书。

结　语

　　早在一百多年前,沃伦和布兰代斯在论述隐私权时就曾警告:"无数的机械设备预示着,将来有一天,我们在密室中的低语,将如同在屋顶大声宣告般。"①随着互联网的发展,随着社会的发展和高科技的进步,各种新型的隐私侵害的现象不断产生,隐私合理期待理论为隐私权的保护范围和隐私权侵权的认定提供了有益的判断标准,同时,借助隐私合理期待理论,也有助于认定侵害隐私权的行为,保障个人的行为自由,防止个人动辄得咎,这就有效平衡了隐私保护和行为自由之间的关系。自该理论产生以来,对许多国家的隐私权的司法保护产生了重要影响,但是,隐私合理期待理论是一柄双刃剑,它既可能为隐私权保护保持一定的弹性和灵活度,也可能导致法官享有过大自由裁量权。如何有效借鉴并适用该规则,是我们需要慎重对待的课题。

---

①　"Numerous mechanical devices threaten to make good the prediction that 'what is whispered in the closet shall be proclaimed from the housetops'," Ellen Alderman and Caroline Kennedy, The right to privacy, 323 (1995).

生活安宁权：一种特殊的隐私权^{*}

罗马法谚云：人民之安宁乃最高之法律。（拉丁语为 Salus populi est suprema lex。英语为 The safety of the people is the supreme law。）该谚语也解释了法律保障私生活安宁的原因。所谓个人生活安宁权，是指自然人享有的维持安稳宁静的私生活状态，并排斥他人不法侵扰的权利。① 自美国学者沃伦等提出私生活安宁权以来，对该项权利的性质和内容，历来存在争议，迄今尚无统一的定论。然而，在现代社会，由于生活安宁已经成为人们幸福生活的重要组成部分，也是保障社会安定有序、个人和睦相处的重要前提。因此，法律理应对生活安宁赋权。不过，在民法上，生活安宁权究竟是独立的民事权利？还是隐私权的组成部分？或者说只是一种特殊的人格利益？对此，有必要在法律上予以澄清，从而为我国正在编纂的民法典提供参考。有鉴于此，笔者拟对个人生活安宁的性质及其法律保护谈一点粗浅的看法。

一、个人生活安宁权本质上是一种私权

个人生活安宁权最初来源于沃伦（Wallen）和布兰代斯（Brandeis）在1890年发表的《论隐私权》一文，但事实上，在此之前，美国的 Cooley 法官已于1888年在其侵权法专著中，率先提出了"独处的权利"（the right to be let alone），只不过没有将其界定为独立的隐私权。该观点被沃伦和布兰代斯的《论隐私权》一文采纳。② 在该文中，两位作者将隐私权界定为一种个人独处的权利（the right to be let alone），并认为这是一种重要的隐私权。③ 在沃伦和布兰代斯看来，伴随着人们对人的本质的认识由看重物质

---

* 原载《中州学刊》2019年第7期。
① 参见刘保玉、周玉辉：《论安宁生活权》，载《当代法学》2013年第2期。
② See Charles A. Jr. Williams, The Right to be Let Alone, 17 U. Fla. L. Rev. 597 (1965).
③ See Warren and Brandeis, The Right to Privacy, 15 Dec. 1890, vol. IV, NO. 5, Harvard Law Review (193 – 220).

性,转向更加注重情感、智力等精神性本质,人的生活权利(right to life)逐步演进为享受生活的权利(right to enjoy life)。伴随着这种认识,法律不仅保护人们免受物理性的身体上的伤害,也要保护人们免受可能遭受此种伤害的威胁,以及由此产生的心理上的恐惧。也就是说,法律不仅保护个人不受物理上的侵害,也包括个人心理和精神上的安宁。他们认为,现代社会的发展要求人们应当进一步采取措施对心理和精神上的安宁予以保护,"无数机器设备的威胁预示着,将来有一天,我们在密室中的低语,将如同在屋顶大声宣告一般"[1]。二位作者认为,隐私是人类价值的缩影,这些价值可以概括为"个人自决""个性"和"个人人格"。[2] 隐私权的重要价值在于对个人个性的保护,使人与人之间形成一种健康有序的交往关系。

沃伦和布兰代斯的观点受到了美国学界的高度评价,并对美国侵权法产生重大影响,尤其是在文中所提出的隐私是一种生活安宁和独处权的观点,奠定了美国隐私法的基础,也确定了隐私权的核心内涵。[3] 个人生活安宁权提出后,在两大法系都产生了重大影响。

我国1986年《民法通则》虽然相对全面地列举了公民所享有的各项具体人格权,但并没有对隐私权作出明确规定。现行立法对私生活安宁并没有作出明确规定。但2016年颁布的《网络安全法》第27条规定,"任何个人和组织不得从事非法侵入他人网络、干扰他人网络正常功能、窃取网络数据等危害网络安全的活动;不得提供专门用于从事侵入网络、干扰网络正常功能及防护措施、窃取网络数据等危害网络安全活动的程序、工具;明知他人从事危害网络安全的活动的,不得为其提供技术支持、广告推广、支付结算等帮助"。该条实际上是对信息安宁权的确认。在司法实践中,有关的案例已经明确提到了对私生活安宁的保护,例如,在"网络暴力第一案"中,原告的家庭住址等信息被被告在网上披露后,很多网民据此前来围堵原告,给原告的生活安宁造成很大侵扰。法院认为应当对原

---

[1] "Numerous mechanical devices threaten to make good the prediction that 'what is whispered in the closet shall be proclaimed from the housetops'."

[2] See Warren and Brandeis, The Right to Privacy, 15 Dec. 1890, vol. IV, NO. 5, Harvard Law Review (193-220).

[3] See Ruth Gavision, Too Early for a Requiem: Warren and Brandeis Were Rirht on Privacy vs. Free Speech, 43 S. C. L. Rev. 437, 438 (1992).

告的生活安宁予以保护。① 但是,我国现行立法迄今为止并未对个人的生活安宁权作出完整规定。因此,我国正在制定的民法典人格权编有必要总结我国立法和司法实践经验,对私人生活安宁权作出规定。

从发展趋势来看,比较法上普遍承认了私生活安宁应当受到法律保护,一方面,确认和保护生活安宁权是实现个人幸福生活的基本要求,在我国,人们在基本的物质生活和温饱问题得以解决后,其物质生活得到了基本保障,需求的层次随之转为精神需求。人们生活在现代社会之中,相互之间发生各种社会关系。由于现代社会生活方式的改变,使得人与人之间的联系更为频繁和密切,客观上要求对个人的生活安宁和个人私人生活予以尊重。从个人幸福生活的追求来看,安宁无疑是个人幸福生活的重要内容。古希腊哲学家德谟克利特明显更注重精神的或灵魂的快乐,他指出:"幸福不在于占有畜群,也不在于占有黄金,它的居处是在我们的灵魂之中。""生活的目的是灵魂的安宁。"②康德最渴望的首先是和平与安宁,在康德看来,人是目的而非手段,但人具有"非社会性"的"动物本能",这种本能必定驱使人们滥用自由,不断地干扰别人的安宁与幸福;因此,需要通过法律构建秩序,保护社会的和平与安宁。③ 可以说,精神安宁是人所具有的最重要的"福利性利益",是"美好人生的基本条件"④。另一方面,保护生活安宁是法律的重要任务。法律本身就是维护社会安宁,保护人民的一种工具。国际法之父格劳秀斯认为,建立政治社会的目的在于维护公共安宁,并提出了维护"合群欲"(appetitus societatis)的概念,即在各个人所处的社会中安宁地生活,亦即人根据他的理性为自己安排的联合生活。⑤ 洛克认为,"如果不是为了保护他们的生命、权利和财产起见,如果没有关于权利和财产的经常有效的规定来保障他们的和平与安宁,人们就不会舍弃自然状态的自由而加入社会和甘愿受它的约束"⑥。这些学者实际上是从维护秩序的角度强调了保护生活安

---

① 参见傅沙沙:《网络暴力第一案:司法建议监管网民言论引争议》,载《新京报》2008年12月19日。

② 张俊:《德福配享与信仰》,商务印书馆2015年版,第217页。

③ 参见陈乐民:《敬畏思想家》,生活·读书·新知三联书店2014年版,第96页。

④ James Spigelman, The forgotten freedom: freedom from fear, International & Comparative Law Quarterly, 2010, 59(3), pp.543-570,转引自方乐坤:《安宁利益的类型和权利化》,载《法学评论》2018年第6期。

⑤ 参见[德]施塔姆勒:《现代法学之根本趋势》,姚远译,商务印书馆2016年版,第17页。

⑥ [英]洛克:《政府论》(下篇),叶启芳、瞿菊农译,商务印书馆1982年版,第85页。

宁的重要性,也是维护和谐生活秩序的组成部分。也就是说,个人生活越安宁,社会也才越有秩序,人与人之间和睦共处的状态才可能得以形成。

在我国,保护生活安宁是各个法律部门的共同任务,就民事立法而言,其应当担负的重要职责就在于,赋予个人享有生活安宁权,从而维护社会生活的安定有序。

需要指出的是,生活安宁权首先是一种私权,在法律上之所以承认该权利,因为该权利体现的是一种私益,而不是公共利益。虽然保护该利益有利于规范人们的行为,维护社会的和谐有序,但其核心功能在于维护个人私人生活的安宁,保障的是个人的私益。尤其应当看到,法律之所以承认个人享有该私权,就能够使自然人有权排除他人对其私人生活安宁的侵扰、对其私人空间的非法闯入以及对其私人生活的非法窥探。"普通法之父"布莱克斯通也曾经将个人的安全权(personal security)作为第一位的绝对权利,它由人的法定的、不被打扰的享受其生活以及保持其肢体、身体的完整性及健康及名誉的权利所构成。[①] 在现代社会,赋予个人享有生活安宁权是隐私法的重要功能[②],生活安宁权不仅仅是一种私权,而且是一种人格权,有必要在人格权法中加以规定,主要理由在于:

第一,保护个人私生活安宁,对于维护个人的独立人格具有重要的意义。人既具有自然性,又具有社会性。人在社会中生活既需要与他人交往,同时也需要独处,保持私生活的安宁。法律的根本目的是为了人,实现个人的幸福。而幸福的含义是多元的,除物质方面的因素之外,个人的精神生活的愉悦也是幸福的重要内容。保持私生活的安宁、不受打扰,本身就是个人幸福生活的一项重要内容。保障个人生活安宁就意味着个人享有对私人生活独处的、不受他人打扰的权利,任何人不得非法干涉他人的私人生活,打扰他人私生活的安宁。

第二,保护私人生活安宁是维护个人自由和对私生活的自主的重要内容。孟德斯鸠也专门讨论过"精神安宁"(tranquility of spirit)状态,认为这是个人自由的重要内容。为了获得这种自由,政府有义务确保个人享

[①] 参见 James Spigelman, The forgotten freedom: freedom from fear, International & Comparative Law Quarterly, 2010, 59(3), pp.543-570,转引自方乐坤:《安宁利益的类型和权利化》,载《法学评论》2018 年第 6 期。

[②] 参见张民安主编:《侵扰他人安宁的隐私侵权——家庭成员间、工作场所、公共场所、新闻媒体及监所狱警的侵扰侵权》,中山大学出版社 2012 年版,第 53 页。

有此种安宁。① 美国学者 Westin 认为,现代隐私权发挥的重要功能就是维护个人对私人生活的自主,个人享有自身的秘密免受外人窥探的权利。② 人应当具有个人精神的自由,自由的内容十分宽泛,但是精神自由不应被排除在其之外。每个人都有许多不愿公开的私人生活秘密,每个人也要追求精神生活的自治,而不愿意使其被完全暴露于社会中。隐私权以实现个人精神上的自治为目的,并为个人个性的充分发展提供空间。而将个人私生活安宁纳入隐私权,就意味着法律认可个人对其私生活领域各项事务的支配,并能够排斥他人的干涉和妨碍。

第三,保护个人生活安宁也是维护个人尊严的重要组成部分。按照美国学者 Bloustein 的解释,沃伦和布兰代斯提出私生活安宁权概念实际上就是为了保障个人的尊严。③ 此种观点的确有一定的道理。因为尊重个人的私生活安宁实际上也是尊重个人的尊严,是人本主义的基本体现,是对人最起码的尊重,是人之所以称为人的基本要求。而尊重人格尊严就必然要尊重个人对自身及其私人空间享有充分的支配权,并排斥他人的非法介入、非法偷窥、非法打扰。如果每个人的私人生活经常遭受他人的打扰、妨碍、干涉,个人就缺乏应有的尊严。正如美国学者加文森指出的,"当我们的隐私被非法地暴露于公众面前时,我们的自尊也被摧残了,我们与他人之间的关系也受到了损害,这就是法律为什么要保护隐私的原因"④ 通过对个人生活安宁的保护,使得自然人不受他人打扰和生活秘密不受他人非法披露,也使其免受因隐私的侵害而带来的精神痛苦。这对于人格尊严的保护非常重要。

二、个人生活安宁权应当属于隐私权的组成部分

如前所述,生活安宁权是一种私权,且属于人格权的范畴,但其究竟是具体人格权还是一般人格权?如果是具体的人格权,其与隐私权是何

---

① See James Spigelman, The forgotten freedom: freedom from fear, International & Comparative Law Quarterly, 2010, 59 (3), pp. 543-570. 转引自方乐坤:《安宁利益的类型和权利化》,载《法学评论》2018 年第 6 期。

② 转引自张民安主编:《侵扰他人安宁的隐私侵权——家庭成员间、工作场所、公共场所、新闻媒体及监所狱警的侵扰侵权》,中山大学出版社 2012 年版,第 51 页。

③ See Edward J. Bloustein, Privacy as an Aspect of Human Dignity: An Answer to Dean Prosser, 39 New York University Law Review 970 (1964).

④ Ruth Gavison, Privacy and the Limits of Law, Yale Law Journal 489 (1980).

种关系?这是我国民法典编纂过程中所遇到的一个重大理论难题。对此,存在三种不同的观点。一种观点认为,个人生活安宁是人身自由的重要组成部分,属于一般人格权的内容。侵害私生活安宁实际上是侵害了人身自由。有的法院判决认为,"自主选择权和生活安宁权"应当包含在一般人格权益之中,即属于最高人民法院《关于确定民事侵权精神损害赔偿责任若干问题的解释》(以下简称《精神损害赔偿解释》)第1条第2款规定的"其他人格利益"。基于该种认识,对个人生活安宁的侵害属于对一般人格权的侵害。① 另一种观点认为,生活安宁权是自然人享有的、维护安宁有序的私人生活状态并排斥他人侵扰的权利,它是一项具体人格权,该权利保护的内容并非隐私的范围。② 还有一种观点认为,生活安宁权本质上是隐私权的组成部分,其与私人信息、私人空间、私人活动等一样,都是隐私权的内容。在我国司法实践中,有关侵害生活安宁的案件大多被作为侵害隐私案件处理。

(一) 个人生活安宁权不宜作为一般人格权

诚然,将生活安宁权作为一般人格权也有一定的比较法上的根据。例如,《法国民法典》第9条规定的"私生活受到尊重的权利",事实上具有一般条款的功能。在德国,1957年德国联邦法院(BGH)在著名的"读者来信"(Leser-brief)案中认为,自主决定权应为一般人格权的重要组成部分。③ 1983年,德国联邦宪法法院作出了一个里程碑式的裁判,认为对抗不受限制的搜集、记录、使用、传播个人资料的个人权利也包含于一般人格权之中。④ 因而,隐私权成为民法中的一般人格权的重要内容。在德国法上,普遍认为隐私领域(Sphäre der Privatheit)属于一般人格权的保护范畴。⑤ 德国联邦宪法法院根据《德国基本法》第2条第1款关于保护人的尊严的规定,认为个人享有人格尊严、肖像权、对自己的言语的权利以及包括私密和独处在内的隐私权。⑥ 依据我国《民法总则》第109条的规

---

① 参见广东省茂名市茂南区人民法院(2011)茂南法民初字第1604号民事判决书。
② 参见刘保玉、周玉辉:《论安宁生活权》,载《当代法学》2013年第2期;王晓艳:《在具体人格权中应增设生活安宁权》,载《法制日报》2003年11月6日。
③ 参见王泽鉴:《人格权的具体化及其保护范围·隐私权篇》(上),载《比较法研究》2008年第6期。
④ Vgl. BVerfE 65, 1.
⑤ Vgl. BVerfGE 54, 148(154); BVerfGE 35, 202(220); BGH JZ 1965, 411, 412f.
⑥ See Blanca R. Ruiz, Privacy in Telecommunications, Kluwer Law International, 1997, p. 51.

定,一般人格权以人身自由、人格尊严为内容,尽管生活安宁体现了人格尊严、人身自由,彰显了该价值,但笔者认为,个人生活安宁权不宜作为一般人格权,理由在于:

第一,个人生活安宁权自产生以来就与隐私权存在密切关系,比较法上也普遍将其作为隐私权的组成部分,不宜将其纳入一般人格权的范畴。在个人生活安宁权的产生与发展过程中,其始终与隐私权存在紧密联系,并作为隐私权的组成部分受到法律保护,在无特别理由的情况下,不宜将个人生活安宁权从隐私权中剥离,纳入一般人格权的范畴。

第二,将个人生活安宁权纳入一般人格权,并不符合一般人格权的制度功能。一般人格权属于框架性权利,其主要保护具体人格权之外的人格法益,尤其是随着社会发展而产生的新型人格利益。而个人生活安宁权在性质上并不属于新型人格利益,自隐私权概念产生之日,其就具有包含个人生活安宁的功能,而且个人生活安宁权在性质上属于一种已经类型化的人格利益,其并不需要借助一般人格权予以保护。还应当看到,一般人格权主要起到一种兜底保护作用,即针对某种人格利益,具体人格权涵盖不了时,才有必要通过一般人格权保护。而一般认为,生活安宁权可以通过隐私权予以保护,不宜将其纳入一般人格权的保护范围。

第三,将个人生活安宁权纳入一般人格权,可能导致私人生活安宁权的泛化。一些学者不赞成在民法典中规定个人生活安宁权,重要原因之一即在于,私人生活安宁的内涵较为宽泛,难以界定,将其确认为一种人格权,可能会不当妨害和限制他人的行为自由。事实上,将私人生活安宁权纳入隐私权的保护范畴,通过隐私权的保护规则尚可以对个人生活安宁权的范围进行必要的限定;而将个人生活安宁权纳入一般人格权的保护范围,则因为一般人格权以人身自由、人格尊严为内容,内涵较为宽泛,因而不利于明确限定私人生活安宁的内容,更不利于保护个人的行为自由。

(二) 个人生活安宁权仍然属于隐私权

从比较法上来看,自沃伦和布兰代斯提出私生活安宁权之后,美国法采纳了大隐私的概念,将私生活安宁权作为隐私权的内容。1960年,普洛塞(Prosser)教授在其著名的《论隐私权》一文中,进一步对侵扰他人安宁的侵权责任作出了详细论述。他在总结以往二百多个判例的基础上,不仅对隐私权进行了重新定义,而且将隐私权概括为四种类型。[①] 包括侵扰

[①] See William L. Prosser, Privacy, 48 Cal. L. Rev. 383–389 (1960).

个人生活安宁(intrusion upon seclusion)、公开披露私人事实、造成公众形象的丑化、盗用他人姓名与肖像。就第一种类型侵扰个人生活安宁而言,包括窃听私人电话、跟踪尾随他人、偷窥他人行动等一切足以干扰他人私生活安宁的行为。在沃伦和布兰代斯的论述中,"侵扰"只是涉及了出版中的问题,而对于住所的侵扰却并未被考虑。在沃伦和布兰代斯论文发表的九年前,美国密歇根州曾出现一个案例①,一名年轻男性在女性分娩时闯入,法院虽然承认了赔偿,但却并未明确赔偿的基础为何,是基于非法侵入(trespass)还是殴打(battery)。普洛塞教授认为,这就是典型的侵扰他人生活安宁的行为。因为在很多的隐私权案件中都发生了与trespass的重合,在此之后,侵犯隐私的行为也已经从物理上的侵入行为扩展到诸如对电话的监听和透过窗户的偷窥等行为。但是对于侵扰生活安宁行为而言,究竟应当如何判断呢?可以明确的是:首先,侵扰必须对于一个理性人而言是冒犯性的(offensive)、令人不快的(objectionable);其次,被侵扰的应当是且被法律认为是私人的事务,因而在公开场合被人拍照并不构成侵权。②

《美国侵权法重述》(第二版)采纳普洛塞教授关于隐私权的定义,并从四个方面作出了较为全面、系统的规定。该重述第652条确认隐私权为一种独立的权利,侵害隐私包括四种类型:一是不合理地侵入他人的隐私(Intrusion upon seclusion);二是窃用他人的姓名或肖像(Appropriation of name or likeness);三是不合理地公开他人的私生活(Publicity Given to private life);四是公开他人的不实形象(Pulicity Given to unreal image)。③ 普洛塞曾经抱怨其关于隐私的四种分类并不存在共同点,隐私本质上构成了一种集合性的概念。④ 保护私生活安宁已经成为美国侵权法的重要内容。美国《威斯康星州制定法》第895.50条第2款规定:"行为人在一个理性人看来是私人的领域,做出了一个极其冒犯性的侵扰行为,且该行为具有可诉性,此种行为就属于侵扰他人生活安宁的侵害隐私行为。"⑤这可以说是对侵扰私人生活安宁的行为的定义。有学者明确指出,独处的权利(the right to be let alone)是人格(personhood)的内容。人格的内容十

---

① See De May v. Roberts, 9 N. W. 146 (Mich. 1881).
② See William L. Prosser, Privacy, 48 Cal. L. Rev. 389–392 (1960).
③ See Restatement of the Law, Second, Torts, art. 652.
④ See Prosser, The Law of Torts, 3rd ed, 1964, p.843.
⑤ Wis. Stat. 895.50 (2)(a).

分多元,包括了个体性(individuality)、自治(autonomy)和隐私(privacy),但这些内容都不足以概括人格。独处的权利也体现了人格的内容,它被认为是一种最有价值的精神性权利,但是这一权利被过分紧密地与《美国宪法第四修正案》联系在一起了,无论是美国宪法还是英国的《权利法案》,都是从消极的角度对个人的权利予以承认,并没有对于人们权利的明确确权。① 以后,学者在此基础上逐渐扩张隐私的内涵,将其扩大到信息隐私、空间隐私以及自决隐私等领域。

美国法上关于隐私权的概念特别是私人生活安宁对大陆法系国家产生了重要影响。判例学说也时常将隐私权称为忘却权(right to oblivion),或者说是被遗忘的权利。此种权利允许个人享有与公共利益无关的发展个性所必要的安宁和清静。②《法国民法典》第9条规定:"任何人均享有私生活受到尊重的权利。在不影响对所受损害给予赔偿的情况下,法官得规定采取诸如对有争执的财产实行保管、扣押或其他适于阻止或制止妨害私生活隐私的任何措施;如情况紧急,此种措施得依紧急审理命令之。"法国学者Raymond教授认为,依据法国的司法判例,《法国民法典》第9条中所规定的"私人生活"所指的范围是:家庭生活、感情生活、亲密的肉体关系、财产生活、具有私人性质的回忆录以及宗教生活等。③ 由此可见,法国法上私生活的概念实际上类似于美国法上的隐私权概念,其中包括了私生活安宁权。如前述,德国宪法法院根据《德国基本法》第2条第1款的规定指出,个人享有人格尊严、肖像权、对自己的言语的权利以及包括私密和独处在内的隐私权。④ 隐私权是德国宪法所保护的人格尊严的具体体现,保护隐私有利于实现宪法所确认的促进个人人格自由发展的目标。⑤ 在日本,最高裁判所昭和58年(才)1022号判决中,原告不满长期被迫看地铁中的广告,起诉地铁停止播放广告,并支付抚慰金,虽然法

---

① See J. Braxton Jr. Craven, Personhood: The Right to Be Let Alone, 1976 DUKE L. J. 699 (1976).

② See Michael Henry, International Privacy, Publicity and Personality Laws, London: Butterworth, 2001, p.56.

③ See Guy Raymond, Droit Civil, 2e édition, Litec, pp. 88-90. 转引自张民安主编:《侵扰他人安宁的隐私侵权——家庭成员间、工作场所、公共场所、新闻媒体及监所狱警的侵扰侵权》,中山大学出版社2012年版,第9页。

④ See Blanca R. Ruiz, Privacy in Telecommunications, Kluwer Law International, 1997, p.51.

⑤ See Margaret C. Jasper, Privacy and the Internet: Your Expectations and Rights under the Law, Oxford University Press, 2009, p.53.

院因为地铁广告对安全运行的正当价值而没有支持原告的起诉,但是却在判决中承认了"人民在日常生活中原即享有不见不想见之物,不听不愿听的声音这一类的自由"①。因此,从比较法来看,私人生活安宁是包括在隐私权之中的。

上述比较法的经验表明,以隐私权涵盖私生活安宁权是人格权法发展的重要趋势,在比较法上采取此种做法的主要原因在于,一方面,从隐私权概念产生之日起,其就包括了私生活安宁权。在现代社会,隐私的概念日益宽泛,其中包括了对私生活安宁和私密信息的保护。例如,欧洲人权法院也认为,"私生活是一个十分宽泛的概念,无法给出一个详尽无遗的定义",但私生活保护权至少包括自我决定的权利、个人行动自由、个人发展权、与他人和外界建立并维持关系的权利等。② 另一方面,以隐私权涵盖私生活安宁权,可以通过隐私权制度保护私生活安宁权,更有利于法律规则的适用。

虽然我国人格权法中隐私权作为一种具体人格权,其范围没有美国法和法国法上隐私权的宽泛,但其历来涵盖了对个人生活安宁的保护。从我国民法典各分编草案人格权编的规定来看,其不仅保护具有私密性的私人空间、私人活动与私人信息,而且还保护不具有私密性的私人活动、私人生活安宁等,例如,《民法典(草案)》(一审稿)第812条第5项规定,禁止"以短信、电话、即时通信工具、电子邮件、传单等方式侵扰他人的生活安宁"。从草案的规定来看,我国法上的隐私权的保护范围也不限于具有非公开性的私人空间、私人信息等,完全可以将私人生活安宁涵盖在内。该分编草案之所以以隐私权涵盖私生活安宁权,主要是基于如下四个方面的理由。

第一,这种做法不仅符合比较法上的发展趋势,而且也是我国司法实践经验的总结。在我国,自《民法通则》确认人格权制度以来,在法律上就不存在独立的个人生活安宁权,许多案例实际上是将其包括在隐私权之中的。

第二,个人生活安宁权与一般隐私权一样,都属于公共利益以外的私人生活事务,因此,私生活的共同性决定了生活安宁权可以归入隐私权的范畴。虽然我国法上的隐私权并不像美国法、法国法上隐私权的概念那样宽泛,但如果将其制度功能定位为维护个人私人生活的安宁和私人信息不被非法披露等,则生活安宁属于私生活的组成部分,应当属于隐私权

---

① 方乐坤:《安宁利益的类型和权利化》,载《法学评论》2018年第6期。
② 转引自石佳友:《民法典与社会转型》,中国人民大学出版社2018年版,第218页。

的范畴,个人生活安宁和隐私均可以统摄在私生活的范围内。

第三,单独将个人生活安宁作为一种独立的具体人格权加以规定,还可能遇到如何界定其内涵和外延的问题,例如,何为"安宁"?如何认定安宁利益受到侵害?等等,均难以准确界定,这就不利于保护个人的行为自由。一些学者不赞成规定私生活安宁权,因为其范围太含糊,是不确定概念,无法界定其内涵和外延,将私人生活安宁权单独规定出来,在权利边界的界定上可能存在问题,可能导致私人生活安宁保护的泛化。所以,从维护他人行为自由角度出发,不如将个人生活安宁权归入隐私权的范畴。

第四,将个人生活安宁权纳入隐私权的范畴,则可以借助隐私权保护的成熟规范保护个人生活安宁,而无须另行制定规范,这也有利于法律条文的简化。当然,将个人生活安宁包括在隐私权之中,并不意味着侵害个人生活安宁仅是侵害隐私权的一种方式,民法典人格权编应当将个人生活安宁作为隐私权的一种内容予以正面规定。

(三) 个人生活安宁权是一种特殊的隐私权

一般隐私是指自然人对其私人活动和私人信息等享有的不受他人非法披露和干涉的状态。此处所说的"隐",是指私人生活或私人信息不愿为他人所知道,不愿向社会公开。此处所说的"私",是指与社会公共利益或他人利益无关的私人生活和私人信息,它表现为既无害于社会,也无害于他人的私人生活。① 而私人生活安宁则主要强调私人对其私生活享有一种不受他人非法打扰、非法干涉、非法窥视的权利。应当看到,私人生活安宁是一种特殊的隐私权,即便将其纳入隐私权之中,也应当看到其与其他隐私利益的区别,具体而言,需要注意以下四个方面的差异。

第一,客体不同。一般的隐私强调相关利益的非公开性,注重其隐秘性,只要是与公共利益无关的、个人不愿意为他人所知道的事务,均应当属于隐私权的范畴,但对私人生活安宁而言,其主要是指个人的住宅安宁、其他私人空间安宁、通讯安宁、日常生活安宁等。一般隐私权的客体是隐私利益,应当是受法律保护的不受非法刺探和披露的"隐私"利益。而安宁生活权的客体,则是安定宁静、不受骚扰的生活状态。一般的隐私利益侧重于强调其私人性和非公开性,而私人生活安宁则侧重于强调私人性和安宁性。例如,侵害或妨害私生活安宁包括行为人非法采用各种

---

① 参见周悦丽:《我国隐私权保护立法模式的选择与体系的构建》,载《南都学坛》2004 年第 5 期。

方式刺探、窥探他人隐私,打扰他人正常的生活安宁,搜查、进入、窥视他人住宅等私人空间。特别是在现代社会,行为人利用高科技手段,如针孔摄像机、窃听器、网络摄像头等方式偷窥他人,是构成隐私权侵害的典型形态。采用上述手段收集他人私密信息,只要收集的行为构成对他人的生活安宁的侵害,则应当认定构成个人生活安宁权的侵权。

第二,内容上存在区别。由于一般隐私权的核心在"隐",是权利人不愿为他人所知的私人信息、场所等。所以,一般隐私权的内容就是禁止他人非法收集、公开自己的信息,其主要体现为禁止公开或披露。但对私人生活安宁而言,其内容并不表现为公开的问题,而体现为对他人私人生活安宁的尊重。侵害私生活安宁权主要包括非法窥探他人私人事务,非法闯入他人私人空间,非法侵扰他人生活安宁,而非将他人私生活秘密和私人信息非法公开。当然,二者之间也可能有一定的交叉,例如,在泄露个人信息的情形下,行为人非法收集他人的信息之后,不断通过电话、垃圾短信骚扰他人,既非法公开了他人的隐私,也影响了他人私人生活安宁。但是,从权利的内容本身来看,二者还是有一定的区别。

第三,侵害的方式不同。对一般隐私的侵害而言,原则上主要是以公开的方式披露他人基因信息、病历资料、健康检查资料、犯罪记录、家庭住址、私人活动等个人隐私和其他个人信息,造成他人损害,即公开权利人不愿为他人所知的信息。就侵害一般隐私权的方式而言,主要是非法收集和披露他人不愿对外公开的隐秘信息。① 但是对于生活安宁而言,并不一定以公开的方式进行,也不一定涉及"秘密"的问题,其主要反映的是权利人不希望自己的生活遭受他人的打扰和侵扰。这些侵害主要采取偷窥、尾随、跟踪、窃听、刺探、电话和短信骚扰以及不可量物侵扰等方式展开。② 严格来讲,只要是实施了窥视、窃听、刺探等行为,无论是否获得了他人的私生活秘密,都构成对他人私人生活安宁的侵害,即使并未将获得的信息予以公开,也构成对隐私的侵害。无论行为人出于何种动机从事窥视等行为,即便是出于好奇窥探他人隐私,只要打扰了他人的正常生活,就可能构成侵害生活安宁。此外,依据《民法典(草案)》(一审稿)第812条第5项的规定,"以短信、电话、即时通信工具、电子邮件、传单等方式侵扰他人的生活安宁",构成对他人生活安宁权的侵害。因此,对于一

---

① 参见张民安主编:《侵扰他人安宁的隐私侵权——家庭成员间、工作场所、公共场所、新闻媒体及监所狱警的侵扰侵权》,中山大学出版社2012年版,第9页。

② 参见刘保玉、周玉辉:《论安宁生活权》,载《当代法学》2013年第2期。

般隐私的侵害不一定是通过短信、电话、即时通信工具、电子邮件、传单等方式进行,而对于个人生活安宁的侵害,则经常是借助通信工具实现的。

第四,免责事由不同。在一般的隐私权中,如果没有向第三人公开相关的私人信息,则可能被免责,而对个人生活安宁权的侵害而言,则只要行为人侵扰了他人的私人生活安宁,不论其是否公开了相关的私人信息,均构成对他人私人生活安宁的侵害。此外,基于正当的舆论监督等需要,可能需要收集和公开个人的私人信息等,因此,一般隐私权的保护可能需要妥当处理隐私保护与舆论监督等之间的关系。而对于生活安宁而言,从实践来看,侵害私人生活安宁通常体现为行为人借助通信工具恶意侵扰他人,其与舆论监督等并不存在直接关联。

三、个人生活安宁权的客体

(一) 个人生活安宁权客体的特征

沃伦和布兰代斯将个人私生活安宁权表述为"个人独处的权利",但此种表述会不当限制个人生活安宁的范围,因为个人独处的内涵较为狭窄,无法涵盖所有私人生活安宁的情形。随着现代社会的发展,私人生活安宁的范围在不断扩张,其客体范围也十分宽泛,具体而言:一是住所、居所或者其他个人空间的安宁,免受物理性的侵入;禁止私闯民宅、擅自进入他人的办公室、汽车内等,禁止他人用高倍望远镜或安装监控探头,非法偷录、偷拍他人的私人空间。二是正常生活的安宁,包括禁止尾随、跟踪他人,禁止偷窥、偷听、偷录和偷拍他人具有隐私性质的谈话、对话和活动,并因此使他人的安宁生活遭受妨害。[①] 禁止采用电话、短信骚扰他人,妨害他人的生活安宁。安宁的含义包括个人生活的安宁和家庭安宁等。三是通信自由。此处所说的通讯不同于通信,它不仅包括个人通信的信件不受他人非法拆阅,也包括个人通讯不受他人非法打扰。例如,禁止他人非法拦截、窃听、屏蔽、侵扰他人正常的通讯,禁止他人非法侵入他人的邮箱,收集他人的信息等。个人生活安宁的客体具有如下三个特征。

第一,它是一种维持个人私人生活安稳、宁静状态的利益,此种利益实际上是私生活的组成部分,正是因为这一原因,生活安宁与隐私权存在

---

① 参见张民安主编:《侵扰他人安宁的隐私侵权——家庭成员间、工作场所、公共场所、新闻媒体及监所狱警的侵扰侵权》,中山大学出版社2012年版,序言第1页。

密切关联。个人生活安宁纯粹属于私人生活,无损于社会和公共利益,恩格斯说:"当个人隐私与重要公共利益发生联系时,就不是一般意义上的私事,而是属于政治的一部分。"因此,基于保护社会公共利益的需要,可能需要对个人私人生活安宁的保护进行必要的限制,但这并不意味着只要涉及社会公共利益,个人就不再享有私人生活安宁,在社会公共利益保护范围之外,行为人侵扰他人私人生活安宁的,仍应当构成对他人私人生活安宁权的侵害。

第二,主要体现为一种精神利益。个人生活安宁权在性质上属于精神性的人格利益,其核心是一种安宁利益,其功能在于维持个人私人生活安宁、宁静的状态。生活安宁权不同于生命、身体、健康等物质性的人格权,在个人生活安宁权遭受侵害的情形下,对于损害的认定、损害的计算规则等,均不同于物质性人格权,而且行为人侵害他人私人生活安宁权也并不当然侵害他人的身体权、健康权等权利,因此,不宜通过生命权、身体权、健康权等权利对个人提供保护,否则,个人在主张权利时还需要证明身体、健康等方面的损害,这就不利于对此种权利的保护。当然,如果侵害个人生活安宁同时导致个人身体权、健康权损害的,受害人有权以身体权、健康权受损为由向行为人提出请求。从这个意义上说,生活安宁权并不是物质性人格权,而应当属于精神性人格权。

第三,此种利益具有一定的受限制性。生活安宁本身是一个主观性较强的概念,每个人对其认识并不相同,对此种利益的认定标准应当具有客观性,而不能根据个人的主观意愿进行判断,因为有的人对生活安宁的追求较高,哪怕是轻微妨碍都难以忍受。例如,对楼上住户的任何走动都无法忍受,不可都认为走动侵扰了生活安宁,但如果楼上住户故意在房间走动,尤其是经常在半夜故意走动,造成对邻居生活安宁的侵扰,超出了一般人所能忍受的程度,就可能构成对他人生活安宁的侵害。从比较法上来看,行为人非法骚扰他人,通常要求理性人达到无法忍受的程度。即合理的理性人在此情形下也难以忍受被告所实施的行为,在某些情形下,美国学者普洛塞曾经指出,行为人事实上的骚扰行为必须是一个合理的人所高度反感的行为,如果一个理性人对此并不反感而只是原告对此高度反感,则不应当构成骚扰。① 在 Melvin v. Burling 案中,法官认为侵扰他

---

① See W. Page Keeton, Prosser and Keeton on Torts, West Publishing Co. p. 855. 转引自张民安主编:《侵扰他人安宁的隐私侵权——家庭成员间、工作场所、公共场所、新闻媒体及监所狱警的侵扰侵权》,中山大学出版社 2012 年版,第 36 页。

人安宁的隐私侵权责任应当具备四个构成要件:一是行为人在没有任何正当理由的情况下侵入或者刺探他人的住所、居所;二是行为人的侵扰行为应当是令一个有理性的人深感被冒犯的行为(the intrusion must be offensive or objectionable to a reasonable man);三是行为人侵扰的事项应当是具有私人性质的事项;四是行为人的侵扰行为引起他人的痛苦或恼怒(anguish and suffering)。① 对于一个合理的人是否高度反感,应当结合当时的环境予以考虑。例如,一方向另一方发送多条短信、微信表达自己的爱意,可能一般人会认为这属于正常的举动,即使原告无法忍受,也不宜认为构成对他人安宁的侵扰;但如果在另一方拒绝后,仍然纠缠不休则可能构成侵害他人的生活安宁。因此对侵害生活安宁的行为应当结合具体的实践和场景加以判断,并考虑行为人实施骚扰行为的次数、强度、程度等因素。

从客体而言,隐私包括生活安宁和生活秘密。当然,随着社会的发展,隐私的内涵也在不断地扩张②,包括了私人决定等权利,但就其最为核心和普遍的内容来看,仍侧重于对私人秘密和私人安宁的保护。同时,隐私的内涵也受到个人生活的特定区域、生活习惯、文化传统等因素的影响,并因这些因素的不同而存在差异。例如,生活在农业社会和生活在工业社会的人,对隐私的理解是不同的。这就决定了对隐私的内涵以及保护的程度都需要采用一种合理期待的标准进行衡量。③ 也就是说,对隐私的侵害常常很难有客观的评价标准,哪种情况侵害隐私,哪种情况不构成侵害隐私,需要根据社会习惯、合理人的标准等因素来判断。在这点上,侵害隐私与侵害其他人格利益的构成要件有所不同。

(二) 个人生活安宁权客体的具体类型

1. 私人住宅安宁

住宅安宁即个人的住宅不受他人打扰,任何人不得经常无故敲门或者在室外半夜喧哗等。我国司法实践也对个人的住宅安宁加以保护,例如,在"泄露业主住址案"中,法院指出"公民的住址属于公民的个人信息,公民的个人信息在本人不愿意公开的情况下属于个人隐私的范畴"④。对私人所有或者占有的住宅空间,任何人都不得非法打扰。传统

---

① See Melvin v. Burling, 141 Ill. App. 3d 786 (1986).
② 参见周悦丽:《我国隐私权保护立法模式的选择与体系的构建》,载《南都学坛》2004年第5期。
③ See Kyllo v. United States, 121 S Ct 2038 (2001).
④ 广东省深圳市宝安区人民法院(2010)深宝法民一初字第1034号民事判决书。

观点认为,"隐私止于屋门之前","住宅是个人的城堡"(a man's house is his castle)。住宅是个人所享有的隐私的重要组成部分。① 在古老的法律中,住宅是人们遮风避雨的场所。在习惯法中,即使是债权人也不得闯入债务人的房屋讨债,而只能等在屋外要债。《汉谟拉比法典》第21条也有禁止他人非法闯入住宅的规定。② 在现代社会,无论是个人自有的房屋,还是通过租用、借用等方式占有的房屋,都属于个人的住宅空间,对该财产中的空间的支配,形成个人的隐私,侵入他人的财产,就侵害了他人支配的空间,从而侵害了他人的隐私权。住宅是个人所享有的隐私的重要组成部分,即便是公众人物,对其纯粹的私人空间也享有隐私权,任何人未经其许可,不得擅自闯入公众人物私人所有的、合法占有的房屋以及其他空间,不得非法对个人空间进行搜索、搜查、窃听,否则构成对个人空间隐私权的侵害。例如,某地发生的民警闯入他人房间干涉夫妻观黄碟一案③,就涉及对个人空间隐私权的侵害。空间隐私权概念的发展突破了传统上把空间作为有形的财产予以保护的模式,使得对于私人空间的保护方式从财产权保护延及隐私权的保护,这本身是法律上的进步,它体现的是对人身自由和人格尊严的尊重。

2. 个人住宅以外其他私人空间安宁

传统的私人空间主要局限于住宅空间。随着互联网的发展,现代社会出现了网络虚拟空间,从而产生了网络虚拟空间的法律保护问题。由于个人生活所能够支配的私人空间范围在不断扩大,在住宅空间之外也发展出了其他的私人空间类型。例如,个人办公室、汽车、游艇、旅馆的房间、旅客行李、学生的书包、口袋、日记甚至个人的电子邮箱等网络虚拟空间等,凡是私人支配的空间场所,无论是有形的,还是虚拟的,均属于私人空间的范畴,行为人侵入他人私人空间,即可能破坏他人的私人生活安宁。

除此之外,公共场所中也可能存在私人空间的保护问题。现代空间隐私的发展表明,空间隐私逐步突破私人住宅而扩及公共空间。私人空

---

① See Michael Henry, International Privacy, Publicity and Personality Laws, Butterworth, 2001, p.14.
② See Richard G. Turkington Anita, L. Allen, Privacy, 2nd ed., West Group, 2002, p.9.
③ 2002年8月18日晚,延安市公安局某派出所接到举报,称其辖区内一居民张某在家庭诊所中播放黄碟。派出所出动民警来到举报所称播放黄碟的房屋,发现张某两夫妻在观看黄碟。当民警欲扣押收缴黄碟和电视机时,双方发生肢体冲突,民警将其制伏。事后张某起诉请求国家赔偿。

间还可能及于住宅之外的公共空间之中。这种私人空间包括临时被使用的公用空间,如公共电话亭、公共卫生间等,这些空间同样也属于私人空间的范畴。空间隐私除个人合法占有的房屋之外,还包括个人在公共场所中合法支配的空间。虽然在通常情况下,工作场所、公共场所不属于绝对的私人空间,但是不排除这些场所具有相对的私人空间的性质。[1] 在这些私人空间中,个人的私人生活安宁也应当受到法律保护,任何人不得非法偷窥、偷录、偷拍他人的私人活动,否则即构成对他人私人生活安宁的侵害。例如,雇主不得在工厂的公共卫生间安装探头偷拍、偷录员工行为,也不得在他人办公室安装微型摄像机,偷录他人的活动。

3. 日常生活安宁。个人对自己的正常生活享有不受他人打扰的权利。这种生活安宁不仅包括个人的日常生活安宁,而且包括个人家庭生活安宁。基于此种权利,个人对保持其正常的生活安宁的状态享有一种权利,并有权排斥他人的窥伺、跟踪、尾随,以及其他形式的非法打扰。

4. 通讯安宁。通讯安宁是个人通信不受他人打扰的状态。互联网技术的发展深刻改变了人们的生活方式,网络已经成为人们现代生活的基本方式,但与此相伴而生的是,短信骚扰、电话骚扰、网络垃圾广告的骚扰等,越来越多地影响着人们的生活,严重影响了人们的通讯安宁。因此,在现代社会,通讯安宁已经成为个人重要的人格利益,应当受到法律的保护。德国法在司法判决上承认了个人的"不知情权"(Recht auf Nichtwissen),如果强行向他人的信箱中投递广告,则构成强制他人接受信息,个人享有拒绝获得信息的权利。[2] 基于此种权利,发送信息的人应当为被发送人提供选择接受信息与否的机会,被发送人有权要求把自己的名字从群发名单中删除,经拒绝后继续发送的,发送人应当承担法律责任。

从实践来看,典型的侵害他人私人生活安宁的行为是电话骚扰行为。现代社会中,短信、微信骚扰问题逐渐为社会所关注,这些问题严重打扰了个人的生活安宁。尤其是不少诈骗电话、诈骗短信,不仅严重影响了个人的私人生活安宁,而且可能给受害人造成人身、财产损害。例如,在"李跃娟与沈英琴侵扰生活安宁纠纷案"中,被告于 2000 年 12 月 29 日至 2001 年 1 月 6 日夜间频繁向原告住宅打骚扰电话,严重干扰了原告和家人的正常生活,由于休息不好,导致原告紧张失眠,并影响了工作。法院认为,被告在长达 9 天的夜间,陆续对原告进行电话骚扰,侵扰了原告的

---

[1] See Katz v. United States, 389 U. S. 347 (1967).
[2] 参见张红:《人格权各论》,高等教育出版社 2016 年版,第 567—568 页。

休息、生活安宁的权利,其依法应承担相应的民事责任。① 再如,在罗某诉某保险公司隐私权纠纷案中,法院认为,"被告某保险公司非法收集、利用原告个人信息,多次致电原告推销车辆保险,侵扰了原告的正常生活,又拒不说明如何获取了原告个人信息,造成原告精神损害,构成对原告隐私权的侵害"②。

四、民法典人格权编应在隐私权中规定个人生活安宁权

个人生活安宁权作为一种特殊的隐私权,是否应当在人格权中作出特殊规定,一直存在争议。2017 年 11 月 15 日《民法典人格权编(草案)》(室内稿)第 41 条规定:"自然人的通信自由和通信秘密受法律保护。任何组织和个人侵害自然人的通信自由和通信秘密的,受害人可以依法请求其承担民事责任。"第 43 条规定:"未经自然人同意或者请求,或者自然人明确表示拒绝的,不得向其发送广告等商业性信息。以电子信息方式发送广告等商业性信息的,应当明示发送者的真实身份和联系方式,并向接收者提供拒绝继续接收的方式。利用互联网发布、发送广告等商业性信息的,不得影响自然人正常使用网络,但当事人另有约定的除外。在互联网页面以弹出等形式发布信息的,应当显著标明关闭标志,确保一键关闭。"这两条实际上保护的是个人的通讯安宁,但因各种原因,后来的《民法典(草案)》(一审稿)中将这两条删除。《民法典(草案)》(一审稿)第 812 条第 5 项规定:"以短信、电话、即时通讯工具、电子邮件、传单等方式侵扰他人的生活安宁",构成对他人隐私权的侵害,这就以简略的方式规定了对生活安宁隐私的保护。

从《民法典(草案)》(一审稿)的规定来看,其并没有单独规定私生活安宁权,但从解释上看,实际上是将个人生活安宁权包括在隐私权之中的,因为一方面,《民法典(草案)》(一审稿)第 811 条第 2 款规定:"本法所称隐私是具有私密性的私人空间、私人活动和私人信息等。"该条在正面界定隐私权时,使用了"等"字这一开放式的表述,使得其可以涵盖个人生活安宁的权利。另一方面,从《民法典(草案)》(一审稿)第 812 条的规定来看,采用"短信、电话等方式"妨碍私生活安宁,将构成对隐私权的侵

---

① 参见江苏省无锡市郊区人民法院(2001)郊民初字第 251 号民事判决书。
② 湖南省郴州市北湖区人民法院(2014)郴北民二初字第 947 号民事判决书。

害,这实际上是从反面禁止的角度肯定了私生活安宁应当包含在隐私权之中。此种模式与比较法上的隐私权概念类似。但问题在于,由于法律没有明确将生活安宁作为一种法益单独规定,所以生活安宁是否应为隐私权的内容仍然具有一定的模糊性,尤其是正面列举的三种类型"具有私密性的私人空间、私人活动和私人信息",主要强调的是私密性,而这一特点与私人生活安宁的特点是不太相符的,正是因为这一原因,按照同类解释规则,"等"所包含的类型应当与前面列举的类型相似,而私人生活安宁与前述列举的三项内容差距很大,所以在解释上确实容易导致误解,使人误以为隐私权的概念排斥了个人生活安宁这一重要内容。

事实上,单独从反面排除不法侵害行为,仅能部分起到损害排除的功能,而无法起到正面确权的作用,只有从正面确认私人生活安宁的人格利益性质,才能更好地保护权利人。例如,跟踪、尾随他人,甚至在公众场所跟踪、尾随他人,也可能没有造成实际的损害,但可能给受害人造成极大的精神紧张、不安,侵扰了其生活安宁,权利人应当有权主张人格权请求权,请求法院颁行禁止令,禁止行为人的不法行为。只有从正面确认其人格利益的性质,才能为权利人主张人格权请求权、及时制止不法侵害行为提供基础和依据。尤其应当看到,由于私人生活安宁是个人美好幸福生活的重要内容,所以,保护人们的安全、安宁是法律的重要目的,因此,我国正在制定的民法典人格权编确有必要将生活安宁作为隐私权的重要内容在法律中予以明确规定,从而进一步完善我国民事法律制度。

论个人信息权在人格权法中的地位[*]

个人信息(personal information)是指与特定个人相关联的,反映个体特征的,具有可识别性的符号系统,包括个人身份、工作、家庭、财产、健康等各方面信息。自计算机诞生之后,信息技术获得了空前的发展,20世纪80年代开始的全球信息化运动,使人类进入了一个信息社会(information society),在此背景下,个人信息成为一项重要的社会资源。实践中,侵害个人信息权的现象时有发生,特别是在网络环境下,个人信息权的保护显得尤为必要。为此,我国正在制定中的《人格权法》有必要对个人信息权作出专门规定。本文拟对此展开一些研究。

一、个人信息权是一项独立的民事权利

从比较法的角度来看,对个人信息的保护多采用综合法律部门调整的办法,所涉及的法律并不限于民法。例如,根据欧盟1995年《数据保护指令》,如果有关组织或者机构违反相关法律,不仅要对受害者承担民事赔偿责任,还要对主管机构追究行政法上的责任。2016年欧盟《一般数据保护条例》(GDPR)也沿袭了此种模式。在学理上,也有很多学者认为个人信息权不仅涉及民事权益,也涉及行政法、宪法,甚至刑法等众多方面的法律制度。例如,在德国,个人信息被上升为宪法上的权利加以保护,通过德国联邦宪法法院的判例不断加以完善,因此,学者们也往往从宪法的角度,而非民法的角度来讨论这一权利。[①]

在我国,有许多法律和行政法规涉及个人信息的保护,如《刑法修正

---

[*] 原载《苏州大学学报》2012年第6期。

[①] Vgl. Maunz/Dürig, Grundgesetz-Kommentar 64. Ergänzungslieferung, C. H. Beck, München, 2012, S. 174 ff.

案(七)》规定,非法利用个人资料,情节严重的,行为人要承担刑事责任[①];又如,《政府信息公开条例》第25条第2款规定:"公民、法人或者其他组织有证据证明行政机关提供的与其自身相关的政府信息记录不准确的,有权要求该行政机关予以更正。该行政机关无权更正的,应当转送有权更正的行政机关处理,并告知申请人。"但是,现行立法并未明确个人信息的法律属性,尤其是在民事立法中,并没有从整体上涉及个人信息权的民事权利属性,也未全面规定对个人信息的保护。在此情形下,民法学界对个人信息权是否是独立的民事权利,也尚未达成共识。笔者认为,个人信息权是否是一种民事权利,不仅事关个人信息的保护机制,还牵涉到民事权利体系的构造,尤其关系到在我国未来的民法典中,是否有必要对个人信息予以全面的确认和保护。

笔者认为,个人信息权是一种独立的民事权利。民事权利本质上是指法律为了保障民事主体的特定利益而提供法律之力的保护,是类型化了的私人利益。简言之,民事权利的核心是一种私益。个人信息指自然人的姓名、性别、年龄、民族、婚姻、家庭、教育、职业、住址、健康、病历、个人经历、社会活动、个人信用等足以识别该人的信息,个人信息涉及的范围非常广泛,它既包括个人的直接识别和间接识别的任何信息,也包括其家庭的相关信息,如配偶子女的出生年月日、身高、体重、出生地、种族等。[②] 由于个人信息并非有体物,不能进行物理占有和支配,只能进行法律上的控制。这种控制就体现在对他人非法收集、处理和利用的禁止和排除。对这些个人信息的控制,本身体现的就是一种私益,这是个人信息能够成为民事权益的根本原因。这种私益始终附随于特定的民事主体,只要信息主体存在,那么其个人信息的相关权益就始终受到保护。对个人信息的非法公开、披露等,直接影响到个人生活安宁,是对个人私益的侵害。拥有个人信息的主体是特定的自然人,该主体有权控制个人信息,并排斥他人的非法干涉,这种权利构造与物权以及生命权、姓名权等人格

---

① 《刑法》第253条之一第1款规定:"国家机关或者金融、电信、交通、教育、医疗等单位的工作人员,违反国家规定,将本单位在履行职责或者提供服务过程中获得的公民个人信息,出售或者非法提供给他人,情节严重的,处三年以下有期徒刑或者拘役,并处或者单处罚金。"第2款规定:"窃取或者以其他方法非法获取上述信息,情节严重的,依照前款的规定处罚。"第3款规定:"单位犯前两款罪的,对单位判处罚金,并对其直接负责的主管人员和其他直接责任人员,依照各款的规定处罚。"

② 参见齐爱民:《拯救信息社会中的人格:个人信息保护法总论》,北京大学出版社2009年版,第85页。

权一样,均属于民法中的绝对权。

实践中,尽管对个人信息采用刑法、行政法等多管齐下的多重保护机制,但并不能影响或改变个人信息权的民事权利属性。众所周知,物权、生命权等也都受法律的多重保护,但不影响它们的民事权利属性。其实,为了全面保护民事主体的利益,在民法之外,通过刑法、行政法乃至社会法来保护民事权利,毋宁是法律保护的常态表现,这一点在个人信息权中也不例外。在民事立法中,承认个人信息权是一项民事权利并通过民法予以基础性保护,具有如下重要意义:

首先,能准确界定个人信息的权利属性。一方面,个人信息体现的是一种私益,应当将其与公共利益区分开来;另一方面,有关个人信息的争议不仅仅发生在私人之间,也可能发生在私人与公权力之间,但是无论表现形式如何,其侵害的终究是私人的人格权益。将个人信息权界定为民事权利,说明个人信息是一项受法律保护的利益,它不仅需要得到其他民事主体的尊重,更需要国家公权力机构予以尊重,换言之,包含公权力机构在内的所有社会主体均有尊重个人信息的义务。而且,不仅权利主体自身可以采用合法措施保护该项利益,公权力机构也应当采取积极措施保障该项权利的实现。此外,个人信息在许多情况下是个人不愿意向他人或者社会公开的信息,它和个人私生活密切相关,是个人事务的组成部分,只要不涉及公共利益,个人信息的私密性应该受到尊重和保护,即使有些个人信息已经被政府或者商业机构收集,也不意味着个人信息可以被任意公开。这一界定显然是民法的任务。

其次,能给受害人提供直接和全面的法律救济。一般认为,个人信息是一种利益,但其是否是一项权利,可能尚有争议。笔者认为,只有确认其为权利,才能够为个人信息提供充分的保护。具体说来,只有通过民事权利的确认,个人信息才能明确进入民法保护机制中,成为《侵权责任法》的保护对象,受害人据此可以要求加害人停止侵害、赔偿损失等,特别是通过与其性质相适应的特殊的侵权责任方式,如删除不当个人信息、更正对个人信息的不当利用等,更有助于消除侵害个人信息的"损害源"。这一点是仅仅作为利益加以保护所不具备的。

再次,能为其他法律保护提供基础。从比较法上来看,德国是在宪法中首先引入了个人信息权,然后才在私法关系中给予个人信息以保护。而在我国,由于宪法并没有可诉性,所以为了在私法关系中保护个人信息的相关权利,必须首先在民法中加以明确,民法的确认是基础,此后,民事特别法中才能够给予补充规定,这样才能够为个人信息权提供全面的保护。

最后,能和其他保护机制相互协力或补充,有利于全面保护个人信息。刑法对个人信息的保护尽管力度最大,但范围狭窄,只有侵害个人信息的行为构成犯罪时,刑法才予以介入,这就导致因为过失泄露个人信息的行为难以被法律追究。而且,刑法对侵害个人信息构成犯罪的规定是粗线条的,仅限于非法获取、出售和非法提供,未涉及非法利用等。而实践中,侵害个人信息还有可能是合法获取但非法利用个人信息的情形,它们均处于刑法救济之外。面对刑法保护的上述欠缺,用民法确认个人信息权,并提供相应的保护措施,由侵害人承担民事责任,在受害人保护方面才更加圆满。还要看到,在实践中,追究刑事犯罪的程序复杂,尤其是在个人信息正在受到侵害的情况下,难以为受害人提供便宜、及时、有效的保护,而通过停止侵害等民事责任方式,能及时制止侵害行为,防止损害的扩大。与此同理,仅仅通过行政管理或行政法的方式,也无法对个人信息进行充分的保护,也需民法保护予以协力。

个人信息权具有其特定的权利内涵,这决定其可以单独作为一种权利进行规定。从比较法上来看,有的国家通过单独立法,有的国家在民法典中予以规定,但都承认了个人信息权。在欧洲,比较流行的观点仍然是将个人信息权作为一项独立的权利对待。[①] 在美国,虽然在法律上是将其共置于隐私权之中的,也有人认为个人信息权可以作为一项个人基本权利而存在。可以说,个人信息权作为一种权利是现代社会发展的一种趋势。正是因为个人信息权的民事权利性质,所以决定着其必须在未来民法典中作出规定。

将个人信息权作为独立的民事权利来对待,民法势必要详细规范权利主体、客体、内容等基本点。只有在明确了这些基本规则之后,才能够为个人信息的保护提供充分的法律基础。

二、个人信息权是一项人格权

个人信息权作为一项新型的民事权利,在民法上究竟如何确定其性质,也一直存在争议,目前主要有"财产权说"和"人格权说"两种观点。

---

① See James B. Rule and Graham Greenleaf (eds.), Global Privacy Protection, Edward Elgar Publishing, 2008, p.58.

应当看到,个人信息确实具有财产的因素,因为信息资料都蕴含着一定的商业价值,其本身也可以作为财产加以利用。① 尤其是在网络环境下,其财产价值更为突出。但笔者认为,个人信息的最主要特征并非为其财产属性,而是人格权益属性。其原因在于:一方面,个人信息具有可识别性,体现了人格特征。大多数个人信息都可以直接表明个人身份,譬如个人的姓名、肖像、性别、民族等。某些个人信息虽然不能直接表明个人身份,但其可以与其他信息相结合后确定主体的身份,也属于指向某一特定主体的信息,如手机号码、家庭住址、门牌号码、通信地址等。另一方面,在许多情况下,某些机构或者组织收集个人信息,完全不是出于财产利用的目的,而是基于公共利益或者其他的非财产考虑。例如,负责治安和安全的机构收集犯罪嫌疑人的 DNA 基因信息是以公共秩序、公共安全为目的。从这个意义上,不能将个人信息完全界定为一种财产权。② 还应当看到,如果把个人信息作为单纯的财产,当它受到侵害时,就很难计算实际的损害赔偿数额,由于每个人的职业、收入都不同,损害的计量标准难以统一规定。此外,个人信息权本身也很难融入传统财产权体系之中,它既非物权,也非债权,充其量只能作为所谓的无形财产权。但无形财产权的概念本身过于宽泛,将个人信息权纳入其中,会导致其丧失确定性。

笔者认为,个人信息权就其主要内容和特征而言,在民事权利体系中,应当属于人格权的范畴。个人信息权应当作为一项独立的权利来对待。此种权利常常被称为"个人信息自决权"。该概念起源于德国,最初由德国学者 Wilhelm Steinmüller 和 Bernd Lutterbeck 在 1971 年提出,在 1983 年的一个判决中被德国联邦宪法法院正式采用。③ 所谓的信息自决权(das Recht auf informationelle Selbstbestimmung),在德国法的语境中是指"个人依照法律控制自己的个人信息并决定是否被收集和利用的权利"④。依据德国联邦宪法法院的观点,这一权利是所谓的"基本权利",其产生的基础为一般人格权。⑤ 法律保护个人信息是为了维护个人的人

---

① 参见刘德良:《个人信息的财产权保护》,载《法学研究》2007 年第 3 期。
② 参见孔令杰:《个人资料隐私权的法律保护》,武汉大学出版社 2009 年版,第 87 页。
③ Vgl. BVerfG, Urteil des Ersten Senats vom 15. Dezember 1983, 1 BvR 209/83 u. a.- - Volkszählung-, BVerfGE 65, S. 1.
④ Gola/Schomerus, in: Bundesdatenschutzgesetz(BDSG) Kommentar, 11. Auflage, C. H. Beck, 2012, Rn. 9.
⑤ Vgl. BVerfG, Urteil des Ersten Senats vom 15. Dezember 1983, 1 BvR 209/83 u. a.- Volkszählung-, BVerfGE 65, S. 1.

格尊严和人格平等。确认个人对其信息的自主支配,就是要维护个人的人格尊严。如果将个人信息权作为财产权,势必妨害人格的平等性,因为每个人的经济状况不同,信息资料也有不同价值,但对于人格应当平等保护,不应当区别对待。

个人信息权符合人格权的本质特征,因为个人信息与个人人格密不可分,个人信息主要体现的是一个人的各种人格特征。法律保护个人信息权,虽然以禁止披露相关信息为其表现形式,但背后突出反映了对个人控制其信息资料的充分尊重。个人信息权的基础是个人的自决权,就是其自主决定其事务的权利。权利人同意他人搜集、利用或采取何种利用方式,都是权利人控制权的具体表现。① 笔者认为,个人信息权不仅应该作为一种独立的权利,而且应该作为一种具体人格权加以保护。具体理由如下:

第一,个人信息权以人格利益为保护对象,具有特定的权利内涵。法律保护个人信息权,禁止非法披露他人个人信息,个人信息权背后突出反映了对个人控制其信息资料的充分尊重。这种控制表现在个人有权了解谁在搜集其信息,搜集了怎样的信息,搜集这些信息用于何种用途,所搜集的信息是否客观全面,个人对信息是否有自我利用或允许他人利用的权利等。② 从内容上看,隐私权制度的重心在于防范个人的私密信息不被披露,而并不在于保护私密信息的控制与利用,这就产生了个人信息权与个人隐私权的分离和独立。个人信息权所指向的对个人信息的控制、支配,是传统隐私权所不能包含的。正是从这个意义上,学者也将其称为"控制自己信息的权利"或"信息自决权"③。

第二,个人信息权的客体具有丰富性,不宜为其他权利所概括,这也决定了应该将其作为独立的具体人格权。一方面,大多数个人信息都可以直接表明个人身份,譬如个人的姓名、肖像、性别、民族等。这些个人信息中的某些部分,如姓名、肖像等,已经形成一种具体的人格权,因此不再需要通过个人信息权的方式单独保护。另一方面,某些个人信息虽然不能直接表明个人身份,但其可以单独或者与其他信息相结合后确定主体

---

① 参见李震山:《论资讯自决权》,载《人性尊严与人权保障》,元照出版有限公司2000年版,第288页。
② See Daniel J. Solove and Paul M. Schwartz, Information Privacy Law, Third Edition, Wolters Kluwer, 2009, p.1.
③ Vgl. Mallmann und Christoph, Datenschutz in Verwaltungsinformationssystemen, 1976, S. 54 f.

的身份,也属于指向某一特定主体的信息,如手机号码、家庭住址、门牌号码、通信地址等。例如,手机号码本身并不必然指向某一主体,因为个人可以改换手机号码,每个人可以同时拥有多个手机号码,但它与其他信息相结合后,就指向某一特定的主体。如果手机号码被披露,将可能收到大量的骚扰电话或个人的隐私会被暴露,私生活会受到侵犯。个人信息的这些丰富内容也适宜将其作为一项独立的具体人格权加以确认和保护。

第三,将个人信息权确认为一项具体人格权有利于对其提供有效的法律保护。应当承认,个人信息具有财产性和人格性的双重属性,基于此,在对个人信息进行保护的过程中,不能仅仅保护其财产属性层面,而忽视其人格利益层面;反之亦然。笔者认为,将个人信息确认为具体人格权有利于对其实行有效的多层面保护,原因在于:一方面,将其确认为人格权之后,并没有忽视对其财产价值的保护,我国有关立法已经关注到人格权商业化利用的现象,并采取了相应的具体规则。如《侵权责任法》第20条针对侵害人身权益造成财产损失的现象确立了"获利视为损失"的赔偿规则,此项规则主要反映了人格权商业化利用的趋势。个人信息利用和人格权商业化利用的情况一样,其遭受侵害后同样可以据此获得财产损失赔偿。另一方面,将其确认为具体人格权,有利于对其采用具体人格权的保护方法,并平等保护每个人的个人信息权,无论是腰缠万贯的富人,还是身无分文的流浪汉,其个人信息都应平等地受到尊重和保护。如果将个人信息权单纯作为一项财产权,当其受到侵害后,在损害赔偿的具体计算方式上势必会根据个人身份的差别而有所区别。另外,在侵害众多人的个人信息时,仅仅要求财产价值的赔偿,其数额往往很小,不利于对加害人进行有效的惩治。将其确认为具体的人格权就可以依据《侵权责任法》第22条的规定,通过精神损害赔偿的方式对受害人进行有效的保护。

第四,确认和保护个人信息权有利于维护人格尊严,促进人格平等。从人格权制度的发展来看,人格权法逐步从物质性的人格权发展到精神性的人格权。过去更多地关注物质属性的人格权,现在则更强调社会属性的人格权。[①] 人格权的类型更加丰富多样,个人信息权正是人格权类型丰富的一种重要体现。一方面,虽然个人信息在财产价值层面可能会有所差别,但从人格利益层面看,其一律平等。另一方面,个人信息权也彰

[①] See Philippe Malinvaud, Introduction à l'étude du droit, 9e édition, Litec, 2002, pp. 258–284.

显人的人格尊严,现代社会高度的商业化和信息化,使得人们的个人信息受到严重的威胁,个人信息的流转和开发利用,会给当事人的私人生活带来纷扰,也对其人格尊严造成一种贬损,因此,法律承认个人信息权是一种独立的人格权,有助于让权利人获得有效的法律保护。

需要说明的是,在国外,有学者认为个人信息权属于一般人格权。① 在我国,也有人持这种见解。事实上,在现行法未明确规定个人信息权之前,为了应对现实中的个人信息保护问题,这种见解有其合理性。从德国一般人格权产生的原因来看,主要是因为《德国民法典》中仅列举了有限的人格权,如姓名、生命、身体、自由等,而未规定隐私等权利,因而,法院有必要以判例的方式对民法典没有列举的人格权予以保护,一般人格权具有兜底保护的功能。从一般人格权包含的内容来看,它既包含权利,又包含法益。在我国,最高人民法院《关于确定民事侵权精神损害赔偿责任若干问题的解释》第 1 条将"人格尊严权"作为精神损害赔偿制度保护的范围。按照起草人的解释,"人格尊严"在理论上被称为"一般人格权",是人格权利一般价值的集中体现,因此,它具有补充具体人格权利立法不足的重要作用。在处理具体案件时,可以将人格尊严作为一般人格权以补充具体人格权。② 可以说,一般人格权是对人格利益的概括保护,本身是为了弥补具体人格权的不足,在立法上未对个人信息权作出规定的情况下,通过一般人格权保护也未尝不是一种保护方式。

不过,一般人格权过于抽象概括,指向不明确,不利于司法裁判的明确和可预期。德国法院直接援引基本法而创设一般人格权概念、扩大具体人格权范围的做法,在法学方法上也受到一些权威学者的批评。他们认为,此种做法超越了法院的职权,加剧了法律的不确定性。③ 例如,拉伦茨认为,一般人格权在内容上极难确定,故侵害一般人格权不适用民法关于侵权行为的规定。④ 这意味着,一般人格权虽然有补足具体人格权的作用,但因缺乏明确性和确定性,饱受非议。如果我们无视个人信息权作为具体人格权的限定性,仍然将其作为一般人格权规定,而不是单独地确认为具体人格权,它就会更加抽象和不确定,这既不利于对其进行有效保

---

① 参见张新宝:《信息技术的发展与隐私权保护》,载《法制与社会发展》1996 年第 5 期。
② 参见陈现杰:《〈关于确定民事侵权精神损害赔偿责任若干问题的解释〉的理解与适用》,载《人民司法》2001 年第 4 期。
③ 参见王泽鉴:《人格权之保护与非财产损害赔偿》,载王泽鉴:《民法学说与判例研究》(第一册),北京大学出版社 2009 年版,第 37 页。
④ Vgl. Larenz, Lehrbuch des Schuldrechts, Band Ⅱ, 1962, S. 366.

护,也不利于人格权体系的完整性。

三、个人信息权不同于隐私权

纵观两大法系关于个人信息保护的基本模式和内容可以看出,两大法系存在着明显的差别。在欧洲,主要通过统一立法的形式,区分个人信息权和隐私权,对于各个领域的个人信息收集、处理(包括利用)作出统一的规定。例如,德国等国家都是通过制定统一的立法进行保护的。《德国联邦个人资料保护法》是大陆法系个人信息保护立法的典型代表。该法以一般人格权为基础保护个人信息,以保护个人信息之上的人格权益为宗旨和目的,以信息主体的权利为核心,对个人信息的收集、处理分为国家机关和非国家机关两种模式进行规范。而美国则采取了分散立法的方式①,1974年《美国隐私法》以隐私权保护为基础,通过隐私权对个人信息加以保护。从比较法上来看,以美国法为代表的一些国家主要是采取隐私权的方法对个人信息进行保护。按照 Daniel J. Solove 和 Paul M. Schwartz 二人的看法,个人信息本质上是一种隐私,法律上将其作为一种隐私加以保护,可以界定其权利范围。② 在对个人信息概念的表述上,美国学者也常常从隐私权的角度进行定义,如 Solove 教授就用侵犯隐私形容在网络中泄露他人信息的行为。③ 艾伦也指出,"隐私就是我们对自己所有的信息的控制"④。美国司法实践中,也大都将个人信息作为一种隐私加以保护。

应当承认,个人信息和隐私确有密切关联。一方面,个人信息具有一定程度的私密性,许多个人信息都是人们不愿对外公布的私人信息,是个人不愿他人介入的私人空间,不论其是否具有经济价值,都体现了一种人格利益。⑤ 另一方面,从侵害个人信息的表现形式来看,侵害个人信息权,

---

① 参见周汉华:《中华人民共和国个人信息保护法(专家建议稿)及立法研究报告》,法律出版社2006年版,第79—80页。
② See Daniel J. Solove, Paul M. Schwartz, Information Privacy Law, Third Edition, Wolters Kluwer, 2009, p.2.
③ See Daniel J. Solove, Paul M. Schwartz, Information Privacy Law, Third Edition, Wolters Kluwer, 2009, p.2.
④ 〔美〕阿丽塔·L.艾伦、理查德·C.托克音顿:《美国隐私法:学说、判例与立法》,冯建妹等编译,中国民主法制出版社2004年版,第13页。
⑤ 参见张新宝:《信息技术的发展与隐私权保护》,载《法制与社会发展》1996年第5期。

多数也采用披露个人信息方式,从而与侵害隐私权非常类似。在我国司法实践中,法院也往往采取隐私权的保护方法为个人信息的权利人提供救济。① 在这一背景下,将个人信息权理解为隐私权的一部分,是可以理解的。但是,个人信息不完全属于隐私的范畴,不能将其与隐私权混同。主要原因在于:

第一,客体范围不同。隐私权的客体主要是一种私密性的信息,如个人身体状况、家庭状况、婚姻状况等,凡是个人不愿意公开披露且不涉及公共利益的部分都可以成为个人隐私。而就个人信息来说,它虽可能与隐私部分重合,但其都以信息的形式表现出来,且其许多内容不一定是私密的。例如,个人电话号码有可能经过本人的同意披露在黄页上,此信息有可能和其他信息结合构成一个完整的个人信息,并成为个人信息权的客体,但此时已经和个人隐私权无关。再如,个人家庭住址在一定范围内也可能已经公开,不再属于隐私,但其仍然属于个人信息。由于在社会生活中,个人姓名信息、个人身份证信息、电话号码信息的搜集和公开牵涉到社会交往和公共管理需要,是必须在一定范围内为社会特定人或者不特定人所周知的,这些个人信息显然难以归入到隐私权的范畴。②

第二,权利性质不同。隐私权主要是一种精神性的人格权,虽然可以被利用,但其财产价值并不十分突出,一般很难对隐私权进行利用。而个人信息在性质上属于一种综合性的权利,其不完全是精神性的人格权。个人信息不仅注重保护,而且注重利用。隐私权主要是一种被动性的人格权,通常只有在权利遭受侵害时才能由权利人进行主张。而个人信息权则主要是一种主动性人格权,权利人除被动防御第三人的侵害之外,还可以对其进行积极利用。

第三,权利内容不同。隐私权的内容主要包括维护个人的私生活安宁、个人私密不被公开、个人私生活自主决定等,而个人信息权主要是指对个人信息的支配和自主决定。个人信息权包括隐私权的内容,但其与普通的隐私权有所不同。"普通的隐私权主要是一种消极的、排他的权利,但是资讯自决权则赋予了权利人一种排他的、积极的、能动的控制权

---

① 参见冒凤军诉中国电信集团黄页信息有限公司南通分公司等隐私权纠纷案,载最高人民法院中国应用法学研究所编:《人民法院案例选》(2011年第4辑),人民法院出版社2011年版,第42页。

② 参见齐爱民:《拯救信息社会中的人格:个人信息保护法总论》,北京大学出版社2009年版,第79页。

和利用权。"①个人信息权的内容包括了个人对信息如何收集、利用等知情权,如何自己利用或者授权他人利用的决定权,这些都是个人信息权的重要内容。有些信息资料是可以公开的,而且是必须公开的。但是,即便对于这些应公开的个人信息,权利人也有一定的控制权,如应知晓在多大程度上公开,向什么样的人公开,别人会出于怎样的目的利用这些信息等。从内容上看,隐私权制度的重心在于防范个人秘密不被披露,而并不在于保护这种秘密的控制与利用,这显然不包含个人决定的权利。

第四,保护方式不同。通常来说,隐私权更多的是一种不受他人侵害的消极防御权利,即权利人在受到侵害时可要求停止侵害或者排除妨碍,而个人信息权则包含要求更新、更正等救济方式。在侵害隐私权的情况下,通常主要采用精神损害赔偿的方式加以救济。但对个人信息的保护,除采用精神损害赔偿的方式外,也可以采用财产救济的方法。由于个人信息可以商业化利用,在侵害个人信息的情况下,也有可能造成权利人财产利益的损失。有时,即便受害人难以证明自己所遭受的损失,也可以根据《侵权责任法》第20条关于侵权人所获利益视为损失的规则,通过证明行为人所获得的利益,推定受害人遭受的损害,从而主张损害赔偿。

因此,个人信息与个人隐私虽然在内容上存在一定的重合,但隐私信息是指个人不愿向外透露的信息或者属于个人敏感的、不欲为他人所知的信息,隐私信息重在保护个人的秘密空间,也就是说,重在"隐";而个人信息概念则侧重于"识别",即通过个人信息将个人"认出来"。个人信息权是指个人对于自身信息资料的一种控制权,并不完全是一种消极地排除他人使用的权利,也是一种自主控制下的主动行使、利用的权利。隐私权虽然也包括以个人信息形式存在的隐私,但其权利宗旨主要在于排斥他人对自身隐私的非法窃取、传播。当然,也不排除这两种权利的保护对象之间存在一定的交叉,如随意传播个人病历资料,既侵犯个人隐私权,也侵犯了个人信息权。但整体而言,个人信息概念远远超出了隐私信息的范围。② 在法律上区分个人信息权和隐私权,意味着在我国未来的民法典中,应当将个人信息权单独进行规定,而非附属于隐私权之下。

---

① 任晓红:《数据隐私权》,载杨立新主编:《侵权法热点问题法律应用》,人民法院出版社2000年版,第419页。
② 参见李晓辉:《信息权利研究》,知识产权出版社2006年版,第118—119页。

四、我国人格权法应当对个人信息权作出规定

笔者认为,在我国未来的人格权法中确认个人信息权将使得人格权法更富有时代性。在信息社会,个人信息遭受侵害的危险性和危害性日益明显。例如,针对某些地方倒卖个人信息十分猖獗的情况,国家专门颁布了《刑法修正案(七)》,将倒卖个人信息作为一种犯罪行为来处理。然而,对于没有构成犯罪的行为,则处于刑法管辖之外。面对刑法保护的上述欠缺,用民法确认个人信息权,并提供相应的保护措施,由侵害人承担民事责任,是十分必要的。

在人格权法中确认个人信息权,应当重点解决如下问题:

第一,个人信息的规范模式。从比较法上来看,有抽象概念和具体列举两种不同模式,笔者认为,应当尽可能地详细列举,以明确个人信息的范围。例如我国台湾地区2010年颁布的"个人资料保护法"第2条第1项规定:"个人资料指自然人之姓名、出生年月日、国民身份证统一编号、护照号码、特征、指纹、婚姻、家庭、教育、职业、病历、医疗、基因、性生活、健康检查、犯罪前科、联络方式、财务情况、社会活动及其他得以直接或间接方式识别该个人之数据。"采取这种规范方式,有利于明确个人信息权的权利保护范围,在具体的司法实践中,普通民众可以清晰地了解个人信息权的保护对象,司法机关也能够针对具体的对象准确适用法律,减少争议。

第二,确认个人信息权的内容。个人信息权的实质就是对个人信息的控制。在比较法上,一些国家和地区对个人信息的内容作出了规定,例如,《德国联邦个人数据保护法》规定个人信息权的主要内容包括在收集、处理和使用信息过程中当事人的知情权和决定权。[1] 笔者认为,我国人格权法主要应当规定,个人信息的权利人有权排斥他人非法收集、处理和利用。未经法律的许可,任何机构不得非法收集个人信息,更不得对这些信息进行非法利用。即使有关机构掌握了个人信息,也不能将个人信息任意向社会公开。由于个人信息往往是提供给特定机构的,这些机构对这些信息的使用将直接关系到个人的切身利益,因此,必须保证个人信息保存的安全。在信息收集过程中,以及收集以后,权利人应当享有跟踪、查

---

[1] Vgl. S. SIMITIS (Hrsg.), in: Kommentar zum Bundesdatenschutzgesetz, Baden-Baden, 2003, S. 129.

阅,并且根据真实情况修改、补充、删除的权利。①

此外,对于未成年人的个人信息应当采取特殊的保护。根据许多国家和地区的法律规定,商业机构获取儿童的信息即使获得了儿童的许可亦不能免责,除非获得了其法定代理人的信息使用许可。例如,儿童通过互联网做作业、玩游戏、下载及社交等,网站常常要求儿童填写有关资料,并允许网站利用这些信息。根据《美国儿童在线隐私保护法》的有关规定,对此种情形必须要征得其父母的同意。② 这种规定也是值得借鉴的。

第三,个人信息权的商业化利用及其损害赔偿规则。个人信息资料不同于传统隐私信息的一个重要特征就是其可以商业化利用。现代社会中,个人信息的传播、使用能够带来数量可观的财产收益。不论是个人的职业信息、健康信息、信用信息,还是个人的网络浏览信息,都可以进行商业化开发利用,产生经济效益。但必须强调的是,信息主体是个人信息的权利人,其个人信息的商业化利用必须由其自主进行,或征得其同意。否则,即侵犯了个人信息权人的商业化利用的权利,应当承担相应的损害赔偿责任。此时,即便受害人难以证明自己所遭受的损失,也可以根据《侵权责任法》第20条关于侵权人所获利益视为损失的规则,通过证明行为人所获得的利益,推定受害人遭受的损害,从而主张损害赔偿。

第四,个人信息收集的基本原则。一是合法性原则,即任何机关和个人在收集他人个人信息时,应当遵循合法性原则,保证收集的主体和手段必须合法。二是合目的性原则,即个人信息收集必须要符合特定目的,且不能够在此目的之外使用相关信息。三是最少使用原则,即在从事某一特定活动可以使用也可以不使用个人信息时,要尽量不使用;在必须使用并征得权利人许可时,要尽量少使用;获取的信息量,以满足使用目的为必要;为达到目的只需要使用权利人的非敏感个人信息,就不应该扩大信息收集和使用的范围。③ 四是知情同意原则,知情同意是个人信息权的核心,是最能够体现个人价值的原则,当事人的知情同意是对信息进行收集、处理和使用的基础,没有当事人的知情同意,除法律强制规定的情况以外,任何的收集行为都是没有合法性基础的。五是效率原则,即信息的

---

① 参见周佳念:《信息技术的发展与隐私权的保护》,载《法商研究》2003年第1期。
② See Margaret C. Jasper, Privacy and the Internet: Your Expectations and Rights under the Law, Oxford University Press, 2009, p.63.
③ 参见郭少峰、吴鹏:《个人信息保护将出台国标明确使用后立即删除》,载《新京报》2012年4月5日。

收集要符合效率和比例要求,在收集过程中必须考虑收集的成本。确认了个人信息收集的基本原则,就能够保证信息收集过程的合理合法,确保在收集充分信息的同时,不损害权利人的相关权益。

第五,侵害个人信息权的责任。一般认为,传统人格权具备消极防御的特性,这就是说,只有在这些权利受到侵害或者面临受到侵害危险的情况下,权利人才有主张权利的基础,并且有权要求停止侵害、排除妨害、恢复名誉、赔礼道歉和赔偿损害。但是,个人信息权具备查询、更正、补充、封锁、删除的权能,权利人在行使这些权能的时候,不以受到侵害或面临侵害为条件,充分体现出积极的特性。① 所以,人格权法中,对这种特殊的侵害个人信息权的救济方式应当有所规定。一方面要规定个人信息权的消极权能受到侵害时的责任,另一方面也要规定其积极权能受到侵害时的责任。

需要指出的是,在民法典人格权编中确认"个人信息权"的独立地位可以为今后的单行立法提供基础。也就是说,在民法典人格权编确认个人信息权作为一类独立的人格权之后,还应当制定单独的个人信息保护法,确立个人信息保护的基本原则、政府机关的义务和责任、对个人信息的综合法律调整等。

结　语

在信息社会中,个人信息的重要性日益凸显,加强对个人信息的立法保护也已经形成社会共识,但如何进行保护,是立法所面对的重大课题。笔者认为,无论是采用单独立法,还是在未来民法典中加以规定,前提是要准确界定个人信息权的法律性质,只有这样,才能给立法以明确的方向引导。鉴于个人信息权是为了表征民事主体的私人利益,在权利定性上应当归属于民事权利,只有以此为基点展开对个人信息权的规制和保护,才能有效地解决现实问题和应对未来挑战。在个人信息权的立法思路上,应采用在民事权利基础上的"保护"思路,即将个人信息权回归于个人利益的范畴,赋予权利人自我决定和排除干涉的权利,而不应采用重视政府干预的"管理"思路,毕竟,个人是私益的最佳感应者,能真切把握权利存续和缺失的意义。只有给权利人以充足的权利,才能使政府的管理有的放矢,可以说,在个人信息的立法导向上,只有"保护好才能管理好"!

---

① 参见任晓红:《数据隐私权》,载杨立新主编:《侵权法热点问题法律应用》,人民法院出版社2000年版,第419页。

论个人信息权的法律保护

——以个人信息权与隐私权的界分为中心*

一、个人信息立法模式的比较分析

各国立法对于个人信息的保护主要采取两种模式：一是制定单独的个人信息保护法，可称为综合立法模式；二是通过不同法律来保护个人信息，可称为分别立法模式。无论采取何种立法模式，都涉及个人信息与隐私的关系，但从这些国家的现有立法来看，都未能彻底厘清这二者之间的关系。

（一）欧洲法模式

欧洲法模式以制定统一的个人信息保护法为特征，因此又称为统一模式。① 这种模式在大陆法系国家具有普遍性，目前已有20多个国家和地区制定了个人信息保护法，德国最为典型。德国联邦议会自1970年起开始着手制定《联邦个人资料保护法(草案)》，最后于1976年通过并于1977年生效，该法的正式名称是《联邦数据保护法》(Bundes datenschutzgesetz)，人们习惯将其称为《个人资料保护法》。该法第一次系统地、集中地保护个人信息，并彰显出其民事权利的属性。但在欧洲，欧盟针对相关数据保护的规范包括《一般数据保护规范》(GDPR)、《电子隐私指令》(e-Privacy Directive)和《数据库指令》(Database Directive)。这些指令区分了个人信息和隐私，对欧盟各国都具有普遍的约束力。

（二）美国法模式

美国法模式以分散立法而不制定统一的个人信息保护法为特点，即在各个行业分别制定有关个人信息保护的法律规则、准则，而不制定统一

---

* 原载《现代法学》2013年第4期。

① 参见周汉华：《个人信息保护法(专家建议稿)及立法研究报告》，法律出版社2006年版，第79—80页。

的个人信息保护法律。① 迄今为止,美国虽然已制定了《公平信用报告法案》《家庭教育权利与隐私法》《联邦有线通信政策法案》《司机隐私法案》等法案来保护个人隐私和信息,但尚未制定统一的个人信息保护法。在对个人信息的保护方面,主要是依靠市场和行业自律实现。② 不过,在个人信息和隐私的关系方面,美国法采取了以隐私统一保护个人信息的模式。从美国相关法案的名称也可以体现出来。美国在 1974 年制定了《隐私法》,该法是针对联邦行政机构的行为而制定的,并着力于各类信息的收集、持有、使用和传输,该法以隐私权保护为基础,通过隐私权对个人信息加以保护。③ 在该法通过后,许多学者将隐私权解释为对个人信息的控制。④ 如按照 Daniel J. Solove 和 Paul M. Schwartz 的看法,个人信息本质上是一种隐私,隐私就是个人对自己所有的信息的控制。法律将其作为一种隐私加以保护,可以界定其权利范围。⑤ 因此,个人信息应被置于隐私的范畴而加以保护。这种立法与美国法上隐私权概念的开放性有关,即美国法采纳的是大隐私权的概念,其中包括大陆法系中的名誉权、肖像权、姓名权等具体人格权的内容⑥,承担了一般人格权的功能,因此,在隐私中包含个人信息也是逻辑上的必然。不过,在美国,对已经公开的个人信息扩大公开范围并不视为对隐私的侵犯⑦,因为其并没有公开新的内容,不符合第二次侵权法重述中对隐私保护范围的界定。

通过比较分析,不难看出,这两种立法模式各有利弊。欧洲的综合立法模式注重用统一的法律规则对个人信息进行保护,并且提出了非常明确的个人信息保护标准。但其并未从私权的角度对个人信息权的权利属

---

① 参见周汉华:《个人信息保护法(专家建议稿)及立法研究报告》,法律出版社 2006 年版,第 79—80 页。

② See Joel R. Reidenberg, Setting Standards for Fair Information Practice in the U. S. Private Sector, 80 Iowa L. Rev. 497, 500 (1995).

③ See Department of Justice, Overview of the Privacy Act of 1974, 2010 Edition, p. 1.

④ See Adam Carlyle Breckenridge, The Right to Privacy, University of Nebraska Press, 1970, 1; Randall P. Bezanson, The Right to Privacy Revisited: Privacy, News, and Social Change, 1810–1990, 80 Cal. L. Rev., 1133 (1992).

⑤ See Daniel J. Solove and Paul M. Schwartz, Information Privacy Law, Third Edition, Wolters Kluwer, 2009, p. 2.

⑥ 参见《美国侵权法重述》(第二版)第 652C 条和 652E 条。

⑦ See Ritzmann v. Weekly World News, 614 F. Supp. 1336 (N. D. Tex. 1985); & Health v. Playboy Enterprises, Inc., 732 F. Supp. 1145 (S. D. Fla. 1990). 但是更加深入的报道有可能会导致隐私权被侵害,例如 Michaels v. Internet Entertainment Group, Inc., 5 F. Supp. 2d 823 (C. D. Cal. 1998)。

性以及内容进行确认,此种模式过于强调国家公权力的作用,虽然在一定程度上也有助于强化对个人信息权利的保护,但有时也存在规则过于原则抽象、监督管理僵化等问题。① 而美国的分别立法模式,则注重依靠市场调节和行业自治,这虽有利于信息的流通和利用,但是,因其欠缺统一的法律规则对个人信息进行保护,只是将个人信息的搜集、利用和加工等问题完全交给企业,由其与个人信息的权利人通过合同关系进行解决,这就可能造成不利于保护个人信息的结果。尤其是,鉴于个人和企业地位之间的地位不对等,最终反而会使得企业不当收集、使用和移转个人信息的行为合法化,从而使个人的权利难以获得全面充分的保护。②

比较两大法系的经验可以看出,关于个人信息权的基本属性和内容,尤其是其与隐私权的界分,仍然是未能从法律层面予以解决的一个难题。美国法完全是从实用主义出发,并未对个人信息和隐私权作严格界分。尤其是美国法本来就未建立人格权体系和统一的个人信息保护法,其对个人信息采取此种保护模式也是难以避免的。但在大陆法系国家,本来已构建了完整的人格权体系,并制定了统一的个人信息保护法,但由于在法律上未能解决好个人信息权与隐私权之间的严格界分问题,这就使得对个人信息的保护难谓周全。例如,法国于1978年通过的《计算机与自由法》明文规定,对个人信息的处理不得损及个人人格、身份以及私生活方面的权利,但个人信息与私生活保护之间究竟是何种关系,该法仍未予以明确。③ 又如,日本2003年通过的《个人信息保护法案》将个人信息资料视为个人隐私的一部分加以保护。④ 1980年欧洲议会《个人资料保护公约》中也明确规定了对隐私的保护。可见,对于隐私与个人信息之间究竟是什么关系,无论是立法还是司法,均未予以厘清。

应当看到,在大陆法系的一些国家,已经意识到该问题,并逐渐开始在判例学说中对隐私与个人信息二者之间的关系进行界分。例如,德国最早承认个人信息权。《联邦数据保护法》第1条规定:"本法制定的目的

---

① 参见孔令杰:《个人资料隐私的法律保护》,武汉大学出版社2009年版,第167—168页。
② 参见孔令杰:《个人资料隐私的法律保护》,武汉大学出版社2009年版,第164—166页。
③ See James B. Rule and Graham Greenleaf, Global Privacy Protection, Edward Elgar Publishing, 2010, p.111.
④ 参见〔日〕五十岚清:《人格权法》,〔日〕铃木贤、葛敏译,北京大学出版社2009年版,第6页。

是保护个人隐私权使其不因个人资料的处理而受到侵害。"①又如,德国联邦宪法法院将"Census decision 信息自决权"作为隐私权的内容。② 在德国,个人信息权常常被称为"个人信息自决权"。该概念最初由德国学者 Wilhelm Steinmüller 和 Bernd Lutterbeck 在 1971 年提出,在 1983 年,法院的人口普查法案判决将个人信息权称为"信息自决权"(das Informationelle Selbstbestimmungsrecht),在该判决之后,不少德国学者将资讯自决权归结为一般人格权的具体内容。③ 所谓的信息自决权,在德国法的语境中是指"个人依照法律控制自己的个人信息并决定是否被收集和利用的权利"④。依据德国联邦宪法法院的观点,这一权利是所谓的"基本权利",其产生的基础为一般人格权。⑤ 而隐私也常常被认为是一般人格权的具体内容之一。

笔者认为,从比较法上来看,两大法系都没有解决好个人信息权与隐私权之间的严格界分,其主要原因在于:随着互联网、数据库、云计算等高新技术的发展,个人信息的保护无疑成为现代社会所面临的新挑战,而法律还未对此挑战做好充足的应对,个人信息权与隐私权的界分不清晰也表明了这一点。正如美国总统行政办公室提交的一份关于《规划数字化未来》的报告所称:"如何收集、保存、维护、管理、分析、共享正在呈指数级增长的数据是我们必须面对的一个重要挑战。从网络摄像头、博客、天文望远镜到超级计算机的仿真,来自不同渠道的数据以不同的形式如潮水一般向我们涌来。"⑥大量的信息中又包含许多个人私密信息,这是现代社会法律面临的新课题,需要今后随着社会生活和科技的进一步发展而总结和摸索立法经验,并予以不断完善。个人信息与隐私权在权利内容、权利边界等方面存在一定交叉,这也是难以严格区分二者的重要原因,但科学的立法应当能够全面保护公民的个人权利,因此,对个人信息权与隐私权进行很好的区分并在此基础上制定相应的保护规则,是两大法系所

---

① 该条英文表述为:The purpose of thie Act is to protect individual against his right to privacy being impaired through the handling of hie personal data.
② See Margaret C. Jasper, Privacy and the Internet: Your Expectations and Rights under the Law, Oxford University Press, 2009, p. 52.
③ Vgl. BVerfGE 65. 1.
④ Gola/Schomerus, Bundesdatenschutzgesetz(BDSG) Kommentar, 11. Auflage, Verlag C. H. Beck, 2012, Rn. 9.
⑤ Vgl. BVerfG, Urteil des Ersten Senats vom 15. Dezember 1983, 1 BvR 209/83 u. a.-Volkszählung-, BVerfGE 65, S. 1.
⑥ 涂子沛:《大数据》,广西师范大学出版社 2012 年版,第 56 页。

面临的共同的挑战。

二、个人信息权与隐私权的关联

个人信息是指与特定个人相关联的、反映个体特征的具有可识别性的符号系统,包括个人身份、工作、家庭、财产、健康等各方面的信息。从这个界定来看,它更多地涉及人格利益,故只要承认个人信息权是一种民事权利,那么,个人信息权应为一种人格权。而隐私权也是人格权,它们之间存在密切的关联性,从比较法上来看,各国和地区之所以没有解决好二者的区分,主要原因在于两种权利在权利内容等方面存在一定的交叉。具体而言,个人信息权和隐私权在以下四个方面具有相似性。

第一,二者的权利主体都仅限于自然人,而不包括法人。从隐私权的权利功能来看,其主要是为了保护个人私人生活的安宁与私密性,因此,隐私权的主体应当限于自然人,法人不享有隐私权,法人所享有的商业秘密是作为财产权的内容加以保护的。同样,个人信息的权利主体限于自然人。[1] 因为个人信息是指自然人的姓名、性别、年龄、民族、婚姻、家庭、教育、职业、住址、健康、病历、个人经历、社会活动、个人信用等足以识别该人的信息。这些信息都具有可识别性,即能直接或间接指向某个特定的个人。[2] 虽然在个人信息法律关系中,相关信息的实际控制者(controller)可能是法人,但是其并非个人信息权的权利主体(information subject)。法人的信息资料不具有人格属性,法人不宜享有具有人格权性质的个人信息权,侵害法人信息资料应当通过知识产权法或反不正当竞争法予以保护。

第二,二者都体现了个人对其私人生活的自主决定。无论是个人隐私还是个人信息,都是专属自然人享有的权利,而且都彰显了一种个人的人格尊严和个人自由。就隐私而言,其产生的价值基础就是对人格尊严和人格自由发展的保护。例如,美国学者惠特曼(Whitman)曾经认为,整个欧洲的隐私概念都是奠基于人格尊严之上的,隐私既是人格尊严的具

---

[1] 例如,奥地利、挪威、卢森堡等国家颁布了《资料保护法》,都将法人纳入个人信息主体加以规定。

[2] See James B. Rule and Graham Greenleaf, Global Privacy Protection, Edward Elgar Publishing, 2010, p.81.

体展开,也是以维护人格尊严为目的的。① 隐私体现了对"个人自决""个性"和"个人人格"的尊重和保护。② 而就个人信息而言,其之所以日益获得强化的保护,也与其体现了人格尊严和人格自由存在密切关系。个人信息常常被称为"个人信息自决权"(informational self-determination right),同样体现了对个人自决等人格利益的保护。③ 例如,在网上披露他人的裸照,不仅侵害了个人隐私,而且侵害了个人信息。从本质上讲,此种行为就损害了他人的人格尊严。以德国为例,个人信息权是一般人格权的一项重要内容④,学者大多认为,侵害个人信息实际上也侵害了个人的自由,因而需要法律的保护。⑤ 通过保护个人信息不受信息数据处理等技术的侵害,就可以发挥保护个人人格尊严和人格自由的效果。⑥ 我国台湾地区"个人资料保护法"第3条规定了其保护目的和客体,该法立法目的即为"避免人格权受侵害"。从其所列举的各项个人信息来看,其实都是关涉人格利益的方面的信息。

第三,二者在客体上具有交错性。隐私和个人信息的联系在于:一方面,许多未公开的个人信息本身就属于隐私的范畴。事实上,很多个人信息都是人们不愿对外公布的私人信息,是个人不愿他人介入的私人空间,不论其是否具有经济价值,都体现了一种人格利益。⑦ 例如,非公开的个人家庭住址、银行账户等。对于与个人相关的信息而言,只要其存在于一定的载体之上,且被记录(record)下来,并能直接或者间接指向该特定个人,就可以被称为个人信息。⑧ 在这些信息中,也有不少是个人不愿对外公开的私密信息,如个人的家庭住址、银行账户等,即使有些个人信息已经被政府或者商业机构收集,但并不意味着这些个人信息已经丧失其私

---

① See James Q. Whitman, The Two Western Cultrules of Privacy: Dignity Versus Liberty, Yale Law Journal, April 2004.
② 参见[美]阿丽塔·L.艾伦、理查德·C.托克音顿:《美国隐私法:学说、判例与立法》,冯建妹等编译,中国民主法制出版社2004年版,第17页。
③ See Margaret C. Jasper, Privacy and the Internet: Your Expectations and Rights under the Law, Oxford University Press, 2009, p.52.
④ Vgl. Di Fabio, Maunz/Dürig, GG Kommentar, Art.2, Rn. 173.
⑤ See James B. Rule and Graham Greenleaf, Global Privacy Protection, Edward Elgar Publishing, 2010, p.81.
⑥ See Michael Henry (ed.), International Privacy, Publicity and Personality Laws, Reed Elsevier (UK), 2001, p.164.
⑦ 参见张新宝:《信息技术的发展与隐私权保护》,载《法制与社会发展》1996年第5期。
⑧ See Philip Coppel, Information Rights, London Sweet & Maxwell, 2004, p.257.

密性。对于大多数信息享有者而言,其要求保护个人信息,都是为了防止隐私泄露,可以说是第一要义。另一方面,部分隐私权保护客体也属于个人信息的范畴。尤其应当看到,数字化技术的发展使得许多隐私同时具有个人信息的特征,如个人通信隐私甚至谈话的隐私等,都可以通过技术的处理而被数字化,从而可能因具有身份识别的特征而被纳入个人信息的范畴。某些隐私虽然要基于公共利益而受到一定的限制,如个人的房产信息在一定范围内要进行查阅,但并不意味着这些信息不再属于个人信息,许多个人信息都属于个人隐私的范畴。

第四,二者在侵害后果上具有竞合性。所谓竞合性,是指行为人实施某一行为可能同时造成对多种权利的侵害,从而形成多种权利受侵害、产生责任竞合的现象。一方面,随意散播具有私密性特征的个人信息,可能也会同时涉及对隐私的侵犯。例如,随意传播个人病历资料,既会造成对个人隐私权的侵犯,也会侵犯个人信息权。所以,侵害个人信息也往往有可能构成对隐私的侵害。另一方面,从侵害个人信息的表现形式来看,侵权人多数也采用披露个人信息方式,从而与隐私权的侵害非常类似。所以,在法律上并不能排除这两种权利的保护对象之间的交叉。或许正是基于这一原因,在我国司法实践中,法院经常采取隐私权的保护方法为个人信息的权利人提供救济。[①]

从今后的发展趋势来看,随着网络技术和高科技的进一步发展,个人信息和隐私之间的关联性也将进一步加深。现代科技的发展使得很多信息都以数字化的形式得以呈现,并成为信息财产。此种数字化的个人信息或隐私内容更易受到侵害。同时因为信息的传播方式更为便捷、传播速度更快、传播范围也更为广泛,一旦其被损害,侵害的波及面更加广泛,损害的后果也更为严重。这给个人信息和隐私的保护都提出了新的挑战。

概括而言,个人信息与个人的私生活密切相关,同时也是个人事务的组成部分,只要不涉及公共利益,无论是个人信息还是隐私,其私密性应该被尊重和保护,而法律保护个人信息在很大程度上就是维护个人信息、隐私不被非法公开和披露等;另外,个人信息和个人生活安宁具有直接关

---

① 参见冒凤军诉中国电信集团黄页信息有限公司南通分公司等隐私权纠纷案,载最高人民法院中国应用法学研究所编:《人民法院案例选》(2010年第4辑),人民法院出版社2011年版,第42页。

联,私密的个人信息被非法公开可能会对个人生活安宁造成破坏。① 在这种紧密的关联下,如何界分个人信息权和隐私权,反而显得更加必要。

三、个人信息权与隐私权的界分

尽管个人信息权和隐私权的关联相当紧密,但两者并非浑然一体,而是在性质、客体等方面存在较明确的界分,明确这一点,无论对人格权制度的完备,还是对个人信息的保护,均有相当重要的意义。

(一) 权利属性的界分

个人信息权和隐私权都是人格权,但两者的法律属性仍然存在区别,主要表现为:

第一,隐私权主要是一种精神性的人格权,虽然其可以被利用,但其财产价值并非十分突出,隐私主要体现的是人格利益,侵害隐私权也主要导致的是精神损害。而个人信息权在性质上属于一种集人格利益与财产利益于一体的综合性权利,并不完全是精神性的人格权,其既包括了精神价值,也包括了财产价值。对于一些名人的个人信息而言,甚至主要体现为财产价值。在市场经济社会,尤其是名人的信息,具有日益广泛的利用价值,从而使个人信息中的财产利益日益凸显。例如,权利人可以授权他人使用其姓名、肖像等,用于商业经营活动,以获取经济利益。个人信息不仅可以进行一次性利用,还可以进行多次利用,当然,个人在积极利用其个人信息的同时,法律应当采取一定的措施,以保护个人的基本人格尊严,如此就需要平衡市场经济与人格尊严的关系。②

第二,隐私权是一种消极的、防御性的权利,在该权利遭受侵害之前,个人无法积极主动地行使权利,而只能在遭受侵害的情况下请求他人排除妨害、赔偿损失等。虽然美国法对隐私权进行了宽泛的解释,导致其包含了对隐私的利用,并逐渐形成了公开权③,但其中真正可以商业化利用的内容实际上主要是个人信息。个人信息权是指个人对于自身信息资料的一种控制权,并不完全是一种消极地排除他人使用的权利。个人信息

---

① 参见陈起行:《资讯隐私权法理探讨——以美国法为中心》,载《政大法学评论》2000 年总第 64 期。
② See James B. Rule, Graham Greenleaf, Global Privacy Protection, Edward Elgar Publishing, 2010, p. 105.
③ 参见王泽鉴:《人格权法》,2012 年自版,第 217 页。

权是一种主动性的权利,权利人除可以被动防御第三人的侵害之外,还可以对该权利进行积极利用。个人信息权作为一种积极的权利,在他人未经许可收集、利用其个人信息时,权利人有权请求行为人更改或者删除其个人信息,以排除他人的非法利用行为或者使个人信息恢复到正确的状态。正如有学者所指出的,"普通的隐私权主要是一种消极的、排他的权利,但是资讯自决权则赋予了权利人一种排他的、积极的、能动的控制权和利用权"①。

(二) 权利客体的界分

作为两种权利的客体,个人信息和隐私之间的界分主要表现为:

第一,隐私主要是一种私密性的信息或私人活动,如个人身体状况、家庭状况、婚姻状况等,凡是个人不愿意公开披露且不涉及公共利益的部分都可以成为个人隐私,而且,单个的私密信息或者私人活动并不直接指向自然人的主体身份。而个人信息注重的是身份识别性。此种意义上的身份识别应当作广义理解,即只要求此种信息与个人人格、个人身份有一定的联系,无论是直接指向个人,还是在信息组合之后指向个人,都可以认为其具有身份识别性。例如,一个人可能有多个手机号码、车牌号等,并不像肖像、姓名、身份证号码等具有唯一性,但此种信息与其他信息结合在一起,可以指向个人,从而与个人身份的识别具有一定的联系。从法律上看,凡是与个人身份有关联的信息,都可以看作个人信息。在确定某种信息是否具有可识别性时,应当考虑一切可能被信息控制人或其他人合理利用以识别该人的方法。② 不同的个人信息往往与自然人不同的身份特征关联在一起。某一信息必须能够指向特定的个人,才能被称作个人信息。正如在 Compare Reuber v. United States 案中,法院认为,个人信件应当属于个人信息的范畴,因为它很明确地标明了个人的姓名和地址。③

就个人信息而言,它可能与隐私发生部分重合。例如,某人在网上将他人的照片公开,既侵害了个人信息,也侵害了他人隐私,同时也涉及对

---

① 任晓红:《数据隐私权》,载杨立新主编:《侵权法热点问题法律应用》,人民法院出版社2000年版,第419页。

② 参见欧洲议会和欧盟理事会2000年12月18日《关于与欧共体机构和组织的个人数据处理相关的个人保护以及关于此种数据自由流动的规章》(欧共体规章第45号/2001),序言第(8)条。

③ See Compare Reuber v. United States, 829 F. 2d 133, 142 (D. C. Cir. 1987).

肖像权的侵害。但个人信息都是以信息的形式表现出来的,且其许多内容不一定具有私密性。例如,个人办公电话有可能经过本人的同意披露在黄页上,此种信息有可能和其他信息结合构成一个完整的个人信息,并成为个人信息权的客体,但此时已经和个人隐私权无关。可以说,凡是必须在一定范围内为社会特定人或者不特定人所周知的个人信息,都难以归入到隐私权的范畴。① 在社会生活中,因为个人姓名信息、个人身份证信息、电话号码等信息的搜集和公开涉及公共管理需要,其必须在一定范围内为社会特定人或者不特定人所周知,因此,显然难以将这些个人信息归入隐私权的范畴。②

受制于存在形态,隐私一旦被披露就不再是隐私,也就是说,披露他人隐私造成的损害后果常常具有不可逆性。尤其是在网络环境下,一旦在互联网上披露了他人的隐私,就无法再通过"恢复原状"等方式予以救济,其私密性也无法予以恢复。所以,即便一些特殊的隐私能够被利用(如某人向报刊披露自己的隐私故事并从中获取利益),但该隐私一旦公开,就难以进行重复利用。而个人信息可以被反复利用(如个人的身份证号码可以被无数次使用),对个人信息的侵害,所造成的损害通常具有可恢复性。例如,对个人信息的不当收集、存储、利用等行为,权利人有权请求行为人排除相关妨害,以恢复个人信息权的圆满状态。

第二,隐私不限于信息的形态,它还可以以个人活动、个人私生活等方式体现,且并不需要记载下来。而个人信息必须以固定化的信息方式表现出来,因此,个人信息通常需要记载下来,或者以数字化的形式表现出来。③ 也就是说,个人信息概念侧重于"识别",即通过个人信息将个人"识别出来"。例如,就个人谈话内容而言,如果没有以一定的方式予以记载,则不属于个人信息,而仅属于个人隐私。但随着科学技术的发展,可以通过数字化的方式对个人谈话进行处理,从中推测出个人的交友特点、生活习惯、个人偏好等信息,其就转化为个人信息。

第三,相较于个人隐私,个人信息与国家安全的联系更为密切。个人信息虽然具有私人性,但其常常以集合的形式表现出来,形成了所谓的

---

① 参见齐爱民:《拯救信息社会中的人格:个人信息保护法总论》,北京大学出版社2009年版,第79页。

② 参见齐爱民:《拯救信息社会中的人格:个人信息保护法总论》,北京大学出版社2009年版,第78页。

③ See Philip Coppel, Information Rights, London Sweet & Maxwell, 2004, p.257.

"大数据"。如果某个数据中涉及成千上万人的个人信息(如国民的基因信息),且关系到许多人的敏感信息,这本身就可能属于国家安全的范围。一旦考虑到公共利益,就需要对个人信息的搜集、利用、储存、传送、加工等进行一定的限制和规范。为了维护国家安全,国家机关能够对公民个人信息进行必要的收集、储存等,所以据学者考证,近几年来至少有 26 个国家的法律修正案放宽了公权力机关从事检查、监视以及使用个人信息等行为的限制条件。[①] 但个人隐私一般具有个体性,除部分特殊主体如国家公职人员外,个人隐私一般与国家安全没有直接关联。

(三) 权利内容的界分

隐私权的内容主要包括维护个人的私生活安宁、个人私密不被公开、个人私生活自主决定等。隐私权特别注重"隐",其含义包括两方面的内容:一方面,其是指独处的生活状态或私人事务;另一方面,它是指私生活秘密不受他人的非法披露。与此相应,对隐私权的侵害主要是非法的披露和骚扰。

而个人信息权主要是指对个人信息的支配和自主决定。个人信息权的内容包括个人对信息被收集、利用等的知情权,以及自己利用或者授权他人利用的决定权等内容。即便对于可以公开且必须公开的个人信息,个人也应当有一定的控制权。例如,权利人有权知晓在多大程度上公开、向谁公开该信息以及他人会基于何种目的利用信息等。正是从这个意义上说,大陆法系学者将个人信息权称为"个人信息自决权"[②]。即使一些个人信息与隐私之间存在交叉,但隐私权制度的重心在于防范个人秘密不被非法披露,并不在于保护对秘密的控制与利用,这显然并不属于个人信息自决的问题。与此相应,对个人信息权的侵害主要体现为未经许可而收集和利用个人信息。侵害个人信息,主要表现为非法搜集、非法利用、非法存储、非法加工或非法倒卖个人信息等行为形态。其中,大量侵害个人信息的行为都表现为非法篡改、非法加工个人信息的行为。

(四) 保护方式的界分

界分个人信息权和隐私权的重要目的之一在于区分不同的保护方

[①] See James B. Rule and Graham Greenleaf, Global Privacy Protection, Edward Elgar Publishing, 2010, p.99.

[②] Adam Carlyle Breckenridge, The Right to Privacy, University of Nebraska Press, 1970, 1; Randall P. Bezanson, The Right to Privacy Revisited: Privacy, News, and Social Change, 1810-1990, 80 Cal. L. Rev., 1133 (1992).

式,换言之,在不同的权利遭受侵害时,为权利人提供不同的救济和保护方式。具体而言,两者的保护方式存在如下区别:

第一,对个人信息的保护应注重预防,而隐私的保护则应注重事后救济。因为个人信息不仅仅关系到个人利益,还有可能涉及公共利益、公共安全,而隐私则更多涉及个人,极少涉及公共利益或公共安全。正是因为这一原因,对个人信息的保护可能超越私权的保护而涉及公共利益。因此,我国的网络信息安全法应重点规定个人信息而不是隐私。对于个人信息权的保护,应注重预防的方式,主要原因还在于应在法律上实现信息主体和信息控制者之间的地位平衡,从而赋予信息主体以知情权和控制权。而对隐私权的保护则并未赋予权利主体类似的权利,因而其更注重事后救济。

第二,在侵害隐私权的情况下,主要采用精神损害赔偿的方式加以救济。而对个人信息的保护,除采用精神损害赔偿的方式外,也可以采用财产救济的方法。由于个人信息可以进行商业化利用,因此,在侵害个人信息的情况下,也有可能造成权利人财产利益的损失,因而有必要采取财产损害赔偿的方法对受害人进行救济。有时,即便受害人难以证明自己所遭受的损失,也可以根据"所获利益视为损失"的规则,通过证明行为人所获得的利益,对受害人所遭受的损害进行推定,从而确定损害赔偿的数额。

第三,隐私权保护主要采用法律保护的方式,而个人信息的保护方式则呈现多样性和综合性,尤其是可以通过行政手段对其加以保护。例如,对非法储存、利用他人个人信息的行为,政府有权进行制止,并采用行政处罚等方式。对于网上所发布的非法发布不良信息或危害公共安全的信息,政府有关部门有权予以删除。另外,在侵害个人信息的情况下,有可能构成大规模侵权。但对单个的受害人来说,损害又可能是轻微的。所以,它会形成一种集合性的、针对众多人的大规模损害。瓦格纳将此种行为称为"大规模的微型侵权"①,对于此种损害,由于其侵害的微小性,单个的受害人往往势单力薄,也不愿意要求加害人承担责任。对于此种诉讼动力不足的情况,需要由国家公权力机关作为公共利益的代理人去追究侵害人的责任,保护公共利益。

当然,由于许多个人信息本身具有私密性,而许多隐私也是以个人信

---

① 〔德〕格哈德·瓦格纳:《损害赔偿法的未来——商业化、惩罚性赔偿、集体性损害》,王程芳译,中国法制出版社2012年版,第178页。

息的形式表现出来的,所以,当某种行为侵害他人隐私权或个人信息权时,有可能导致同时侵害这两种权利,从而构成侵权的竞合,受害人可以选择对自身最为有利的方式加以主张。例如,随意散布个人病历资料,既侵犯了隐私权,也侵犯了个人信息权。但整体而言,个人信息这一概念远远超出了隐私信息的范围。① 正是因为隐私与个人信息之间存在诸多区别,所以,在我国未来的民法典中,应当将个人信息权单独规定,而非附属于隐私权之下。

四、我国保护个人信息权的应然路径

博登海默指出:"法律的基本作用之一乃是使人类为数众多、种类纷繁、各不相同的行为与关系达致某种合理程度的秩序,并颁布一些适用于某些应予限制的行动或行为的行为规则或行为标准。"②个人信息权与隐私权的界分,表明在法律上对它们进行分开保护,在理论上有充分的依据和可行性。更重要的是,在明晰个人信息权和隐私权界分的基础上,合理汲取我国的实践经验,设置有关个人信息保护的法律规则,对个人信息的收集、利用、存储、传送和加工等行为进行规范,从而形成个人信息保护和利用的良好秩序,既能充分保护权利人自身的个人信息权利,也能有效发挥个人信息的价值。

(一) 隐私权不能替代个人信息权

由于个人信息权和隐私权之间存在密切联系,有人认为,在针对个人信息的专门立法尚未出台之前,可以借鉴美国法上隐私的保护模式,以隐私的形式保护个人信息也未尝不是一种权宜之计。在我国司法实践中,法院也往往采取隐私权的保护方法为个人信息的权利人提供救济。③ 从实用的角度来看,这种做法在一定程度上可以为个人信息提供最基本的保护,且大体上可以涵盖个人信息的基本内容。但是,通过隐私权的保护来替代对个人信息权的保护,显然并非长久之计。正如前文所言,美国法

---

① 参见李晓辉:《信息权利研究》,知识产权出版社2006年版,第118—119页。
② 〔美〕E. 博登海默:《法律学——法律哲学与法律方法》,邓正来译,中国政法大学出版社1999年版,第484页。
③ 参见冒凤军诉中国电信集团黄页信息有限公司南通分公司等隐私权纠纷案,载最高人民法院中国应用法学研究所编:《人民法院案例选》(2010年第4辑),人民法院出版社2011年版,第42页。

上的隐私保护模式与其没有人格权制度之间存在密切关系,其隐私权具有类似于大陆法系中的一般人格权的特点,隐私权自身具有很强的开放性,可以将很多的新型人格利益纳入其中。而在我国,自《民法通则》制定以来,已经建立了人格权体系,隐私权只是其中的一种具体人格权。因此,我们不可能通过扩张隐私权的内涵来涵盖对个人信息的保护,否则,在理论上会与一般人格权形成冲突,且会与其他具体人格权制度产生矛盾。因此,在我国未来的民法典人格权编中,不能完全以隐私权来替代个人信息权。

尤其应该看到,自《民法通则》制定以来,人格权的体系正日趋完善,在此基础上应该更加清晰地界定现有的具体人格权的范围,使具体人格权更加体系化,而这就要求妥当界定隐私权与个人信息权的关系。如前所述,隐私权与个人信息权是两个不同的概念,存在一定的区别。国外有关国家(如美国)未对这两种权利作出区分,很大程度上是由其缺乏人格权制度这一特殊的历史背景所决定的。但在我国,已经具备较为完善的人格权体系,隐私权仅是具体人格权的一种类型,有其特定的内涵。因而,隐私权的保护不能完全替代个人信息权的保护。基于此种考虑,未来立法仍应坚持强化人格权立法,进一步完善人格权的类型,尤其是应明确界定隐私权的内容,进一步区分隐私与个人信息。在我国,《侵权责任法》等法律虽已承认隐私权的概念,但其权利内容仍不清晰。这就使得对隐私权与个人信息权的关系界定变得困难,并可能导致隐私权保护泛化或隐私权被个人信息权替代的局面,而这些都不利于实现对隐私的保护以及人格权的体系化。

(二) 在人格权法中明确规定个人信息权和隐私权

在我国,个人信息权尚未获得法律的明确承认,针对个人信息权是否为一种民事权利以及此种权利的性质和内容等问题都尚未作出规定,这无疑是制定专门的个人信息保护法律所遇到的障碍。比较法的经验表明,即便是在制定专门法律的欧盟模式下,如果未能明确个人信息权的性质和内容,并界分其与隐私权的关系,将使得个人信息难以获得全面充分的保护。如果在法律上确立个人信息权,既可以增强政府、企业和个人的权利保护观念,也有利于明确对个人信息权的侵害应当承担何种民事责任。2012年12月28日,全国人民代表大会常务委员会第三十次会议通过《关于加强网络信息保护的决定》(以下简称《网络信息保护决定》),主要针对个人电子信息的保护而加以规定。《网络信息保护决定》第1条规定,"国家保护能够识别公民个人身份和涉及公民个人隐私的电子信息"。其中,既规定了个人信息,也规定了个人隐私。这实际上已经搭建起个人信息权和隐私权并存的基本框架。该规定的主要意义在于,指出了区分两者的必要性,但并未提出两者界分的标准,而要完成这个任务,在根本上需要民法典人格权法的介入。具体说来:

第一,制定人格权法,全面确认个人信息权。要清晰地区分个人信息权和隐私权,就必须在人格权法中单独规定个人信息权,而非将其附属于隐私权之下。只有明确了个人信息权的人格权属性,界定个人信息权的边界,才有可能为其在其他法律领域的保护确立必要的前提。《网络信息保护决定》虽然提到了个人信息保护,但其未对个人信息权的性质进行定位,因而,对于侵害个人信息时究竟属于侵害何种权利及能否适用精神损害赔偿等问题,都无法在该法中予以明确。确认个人信息权为一种人格权,既能防止个人信息权和隐私权的内涵过度叠加或重复,也有助于明确个人信息权的权利范围,方便该权利的行使和保护,并防止对他人行为自由构成不当的妨害。我国人格权法有必要在借鉴国外判例学说的基础上,确认个人信息权为一种人格权。从比较法来看,承认个人信息权为一种人格权实际上已经成为一种立法趋势。在欧洲,比较流行的观点仍然是将个人信息作为一项独立的权利对待。[1] 在美国,也有学者认为个人信息可以作为一项个人基本权利而存在。[2] 可以说,将个人信息作为一种独立的权利是现代社会发展的一种趋势。顺应此种趋势,在人格权法中,应当将个人信息权作为独立的具体人格权而加以规定。个人信息权具有其特定的内涵,可以将其单独作为一种具体人格权进行规定。法律保护个人信息是为了维护个人的人格尊严和人格平等,确认个人对其信息享有平等、自主支配的权利。如果将个人信息权作为财产权,势必妨害人格的平等性。因为每个人的社会地位和经济状况不同,信息资料也有不同价值,但对个人信息所体现的人格利益应进行平等保护。每个人的个人信息中所体现的人格尊严都应当受到尊重。法律保护个人信息权,就要充分尊重个人对其信息的控制权。[3]

---

[1] See James B. Rule, Graham Greenleaf (eds.), Global Privacy Protection, Edward Elgar Publishing, 2008, p.58.

[2] See Whalen v. Roe, 429 U.S. 589 (1977).

[3] See Daniel J. Solove and Paul M. Schwartz, Information Privacy Law, Third Edition, Wolters Kluwer, 2009, p.1.

个人信息权在本质上仍属于一种具体人格权,在人格权法中明确个人信息权的性质,有利于为个人信息权的保护提供法律依据,并实现各种责任形式的互补。这主要是因为,个人信息保护法的责任形式主要表现为行政责任,而在人格权法中规定个人信息权,将其定位为一种民事权利,有利于实现行政责任与民事责任之间的有效衔接。此外,因为个人信息保护法的规范重点是行政机关收集、利用个人信息的行为,而在人格权法中规定个人信息权,将个人信息权定义为一种民事权利,可以赋予个人积极利用的权利,也可以为行政执法提供依据。因此,笔者认为,不仅应将个人信息权界定为一种独立的权利,还应将其作为一种具体人格权而加以保护。换言之,在我国未来的人格权法中,应当将个人信息权作为一项单独的人格权予以规定。

第二,在人格权法中进一步细化隐私权的法律规则,形成隐私权与个人信息权之间的相互协调,从而为全面保护个人信息厘清界限。虽然我国现行立法规定了"隐私权"的概念,但迄今为止,仍未对隐私权的内容加以界定。2002年全国人民代表大会常务委员会法制工作委员会制定的《民法(草案)》在"第四编"人格权法有关隐私权的规定中,确认隐私权的范围包括私人信息、私人活动和私人空间。该概念显然过于宽泛,尤其是没有区分个人信息与私人信息,容易使人误解为隐私包括了个人信息。如前所述,既然个人信息权与隐私权之间存在诸多区别,就不应将个人信息权理解为是隐私权的一部分。二者之间存在明显区别,在法律上对隐私权的法律规则进行细化,既有利于清晰界分二者之间的关系,维护人格权法内在体系的一致性,也有利于实现对个人信息的保护。

(三) 以私权保护为中心制定个人信息保护法

如前所述,综合立法模式比分别立法模式具有更明显的优势,也被实践证明是更加有利于保护个人信息的模式。应当看到,个人信息权的内容十分丰富,其中包含大量技术性规定,这些都无法被纳入人格法之中,而需要在人格权法之外通过特别法的形式予以补充。同时,侵害个人信息权可能涉及多种责任,如果将这些责任都完全涵盖在民事责任之中,并将其规定在人格权法中,可能造成体系的不协调。因此,对个人信息进行综合立法有利于全面保护个人信息权。说到底,为了全面保护个人信息,维护个人人格利益,保障公共安全和秩序,我国有必要制定专门的个人信息保护法。

问题的关键还在于需要制定一部什么样的人格信息保护法?对此存在

两种立法思路,一是以政府管理为中心的个人信息保护模式,二是以私权保护为中心的立法模式,从私权的角度对个人信息加以保护。笔者赞成后一思路。这一保护模式的特点在于:第一,将个人信息权作为一种私权对待,并将此种权利的保护作为个人信息保护法的立法目的。虽然个人信息也体现了公共利益,但只有对个人信息提供充分的私权保护,才有利于从根本上保护公共利益。第二,鼓励对个人信息进行自我管理。要建立个人信息搜集、利用等的良好秩序,关键是要调动每个人对其个人信息进行主动保护的积极性,即权利人在受到侵害之后,能够积极主张权利。个人其实是自身利益的最佳维护者,通过对个人信息进行自我管理,是成本最小、效果最佳的选择。第三,通过确认个人信息权的各项内容,从而为信息的收集者和控制者设定相应的义务。将个人信息权界定为民事权利,说明个人信息是一项受法律保护的利益,它不仅需要得到其他民事主体的尊重,也需要国家公权力机构予以尊重。换言之,包含公权力机构在内的所有社会主体均有尊重个人信息的义务。而且,不仅权利主体自身有权采用合法措施保护该项利益,公权力机构也应当采取积极措施保障该项权利的实现。第四,要进一步强化民事责任。既然个人信息权是一种私权,所以在该权利遭受侵害的情况下,应当首先通过民事责任的方式对权利人进行保护。虽然个人信息也可能涉及社会公共利益、公共安全,但其主要还是一种私益。目前,《刑法》已经对非法出售个人信息罪等罪名作出了明确规定,《网络信息保护决定》对侵害个人信息所应承担的行政责任也有相应的规定,但是现行法律对侵害个人信息的民事责任尚未作出规定。尤其是鉴于侵害个人信息具有大规模轻微损害的特点,应当通过《民事诉讼法》所确立的小额诉讼、公益诉讼等制度来保护个人信息权。

我们说要以私权保护为中心,并不是说可以忽视政府的管理。相反,由于个人信息实际上涉及公共利益,政府对个人信息的管理是必要的。但政府的管理毕竟不能代替权利人自身的保护。面对现代社会中的开放的海量信息,应对好就会积聚正能量,应对不好则可能会形成负能量,毕竟政府的管理资源是有限的,对大量的侵害个人信息的行为仍然需要通过保护私权的方式来实现。保护也是一种管理的模式,是治理无序状态的最佳选择。从这个意义上说,保护好了也是管理好了。

总之,我国个人信息权的立法保护应在借鉴已有的比较法经验的基础上,更加注重协调其与隐私权之间的关系,在将其纳入人格权法之中的同时,通过个人信息保护法予以统合,形成个人信息权保护的中国路径。

数据共享与个人信息保护*

一、问题的提出

我们已经进入到互联网、大数据时代。在大数据时代,数据的开发与再次利用在很大程度上依赖于数据共享(Data sharing),数据共享成了大数据公司重要的盈利模式,没有数据共享,数据也难以成为财产,数据产业也难以发展。目前,各个互联网公司(如微软、谷歌、腾讯、百度、淘宝等)竞相推出自己的开放平台战略和开放平台。最近,有"互联网女皇"之称的玛丽·米克尔在其发布的《全球互联网趋势报告》中指出,数据共享成为互联网和大数据发展的必然趋势,全球数据采集的优化在不断加速,数据的采集和共享的方式正在发生日新月异的变化,数据共享已经成为信息数据利用的一种重要方式。① 数据共享能实现数据资源的重复利用,降低数据收集成本,实现同类数据社会效益的最大化。在大数据环境下,各主体可以更便捷地共享数据资源,这样既能节省成本,又能创造更大的社会效益,最大限度地攫取"数据金矿"。② 大数据开发成为一个重要的产业,其兴起在很大程度上就是因为有数据共享。数据共享也对经济运行机制、社会生活方式和国家治理能力产生了重要影响。但由此带来的其与个人信息等人格权的保护之间的冲突也越来越明显。在实践中,因数据共享造成个人信息被不当使用,甚至造成信息的泄露,给信息权利人造成损害,这就对数据共享中的个人信息保护提出了要求,可以说,如果不强化数据共享中的个人信息保护,数据产业也难以健康发展。有鉴于此,本文拟对此谈一点看法。

---

* 原载《现代法学》2019 年第 1 期。

① See Mary Meeker, Internet Trends, 2018, 载 http://www.businessinsider.com/mary-meeker-internet-trends-2018-full-slide-deck-2018-5?IR=T, 访问日期:2018 年 7 月 8 日。

② 参见黄道丽、何治乐:《欧美数据跨境流动监管立法的"大数据现象"及中国策略》,载《情报杂志》2017 年第 4 期。

二、数据共享中应当强化个人信息的保护

数据是信息的表现形式。在互联网时代,其主要就是指以电子化方式存储的信息。① 数据共享是数据控制者将自己所收集的信息与他人进行分享,在数据控制者与分享者之间形成一种合同关系。相对方被称为数据再使用(Data Reuse)方,即那些被授权访问数据的需求方。② 数据共享概念主要是在机构、平台层面上使用③,它是指不同机构、平台之间的数据交换。数据共享可以是有偿或无偿的,但一般不包括政府的数据公开行为。由政府统计部门公布的数据,都是公开的,除非涉及保密信息。已经公开的个人信息,其共享和利用不应当受到严格的限制。政府向社会公众开放其在执行管理职责过程中收集的各项数据,本质上是向公众提供一种公共服务,政府并不对数据本身享有独占性权利,任何人都有权通过对这些数据资源的分析和使用,发掘其中蕴含的社会和经济价值。质言之,政府公开数据的行为并不涉及财产权的让与,这是其与企业间数据共享行为最为本质的区别。当然,政府数据开放的政策并不意味着可以对数据进行无限制的开放,如果涉及个人信息,则政府也应当采取必要的安全保障措施,防止个人信息的泄露,这与企业间数据共享的要求是一致的。所以,许多国家在规定信息开放时,也都规定了强化个人信息保护的规则,即一方面强调信息的公开,另一方面强调对个人信息安全的保护。本文所探讨的数据共享并不包括政府数据的共享,而仅限于商业组织之间出于商业目的而进行的数据共享。

从法律上看,数据共享既是一种数据财产的利用和使用行为,也是一种数据开发与再利用行为,同时,数据共享也可能是一种个人信息的收集、储存、利用问题。所以,数据共享并非单纯的财产法问题,其也涉及个人信息权利、隐私权等的保护问题。面对蓬勃兴起的数据共享现象,对人格权的保护提出了新的挑战,这也是 21 世纪科学技术爆炸、大数据的发展所带来的新的问题。

数据共享的发展要求我们高度关注对个人信息的保护,在我国正在

---

① 参见程啸:《论大数据时代的个人数据权利》,载《中国社会科学》2018 年第 3 期。
② See Everis, Study on data sharing between companies in Europe, 2018, p. 2.
③ 参见罗洁:《网络开放平台用户隐私权的风险防范研究》,载《理论月刊》2014 年第 11 期。

制定的民法典中,有必要设置专门的规则,规范数据共享行为,强化对个人信息权利的保护,其原因主要在于:

第一,数据中包括了大量的个人信息。从世界范围来看,新技术的发展,云计算、移动消费、社交媒体上都不断产生海量数据,数据的采集、共享和优化的规模和速度都呈现出了井喷式的发展,在这些以电子化方式存在的信息中,确有一些数据属于本来应当公开或者可以公开的信息,如教育普及状况、大中小学生受教育的比例等方面的数据,或者学生的入学情况,脱贫的数据,适龄儿童入学、辍学等信息,即属于可以公开而且应当公开的信息。但数据中包含了大量的个人信息,可以和某个特定的自然人相联系,这些信息就是个人信息。大量的数据涉及个人的个人信息和隐私,甚至涉及个人的敏感信息和核心隐私。① 例如,将个人病历资料开发成大数据,或者将个人的银行存款信息汇总开发成大数据。如果对这些数据资料还没有进行脱敏化(Data Masking)处理,或者脱敏化处理不彻底,从相关的数据中仍然可以了解个人的相关信息和隐私,这就可能侵害个人的个人信息权利和隐私权。通过大数据技术的运用,一些机构可以从相关的数据中分析出个人的身份、财产、消费习惯等方面的信息。② 即使这些信息经过了匿名化处理,阻断了信息数据与个人身份之间的关联性,但由于数据共享涉及个人信息权的再利用问题,因此,相关主体在收集、利用个人信息数据的同时,应当以保护当事人对个人信息的控制权利和隐私权为前提,信息的收集者和利用者应当负有保护个人信息和隐私的责任。③

第二,数据共享包括个人信息的收集和传输行为。所谓收集,是指相关主体获取个人信息的行为。随着现代科学技术的发展,使得个人信息的收集变得越来越容易,也越来越有效率。大数据技术能够通过特定的算法从信息中不断挖掘出新的信息,数据企业通过抓取信息,甚至是通过机器深度学习,可以取得个人的大量信息。大数据掌握着我们的一举一动,甚至能预测我们的未来轨迹。通过大数据技术的运用,一些机构可以

---

① See Allen, Anita L., Protecting One's Own Privacy in a Big Data Economy, Harvard Law Review Forum, Vol. 130, Issue 2, December 2016, pp. 71–78. also see Jarass, in: ders., EU-Grundrechte-Charta Art. 8, Rn. 5.

② See Allen, Anita L., Protecting One's Own Privacy in a Big Data Economy, Harvard Law Review Forum, Vol. 130, Issue 2, December 2016, pp. 71–78.

③ See Gola/Klug/Körffer, in: Gola/Schomerus, BDSG, §13, Rn. 49.

从相关的数据中分析出个人的身份、财产、消费习惯等方面的信息。① 而在收到这些信息之后,一旦将其共享,则共享也成为被共享者收集个人信息的一种方式。数据共享实际上是数据控制者范围的扩张。从数据主体的角度看,数据共享与重新收集数据并无本质区别。所谓传输,是在特定主体之间进行信息开放、披露。数据共享的过程就是数据开发者、控制者向被共享者传输数据的过程,被共享者如果再次将该数据共享,将导致数据的广泛传输。这个过程既是数据财产的流转行为,同时也涉及个人信息的反复收集、利用的过程。一旦缺乏规范,使数据的收集、传输失控,将导致大量的个人信息遭受不当使用,甚至是泄露。所以,数据共享之所以要取得数据权利人的同意,是因为数据共享本质上也是个人信息传输和收集的一种方式,是对个人信息的再次使用。由于共享的数据中包含了大量的个人信息,因此,合法的数据共享应当以合法的个人信息处理为前提。② 从某种程度上说,对数据主体而言,个人数据的受让方是新的个人数据的收集者,其是否也应遵循与个人数据出让方相同的收集和利用规则,值得考虑。

第三,个人信息的共享也是个人信息的再利用方式。数据共享之所以是个人信息的再利用方式,除共享本身是对个人信息的再利用外,被共享者获得了这些信息数据后,还可能对这些信息再次进行加工、利用,甚至再次进行共享。所以,不能由信息持有者随意共享给他人,被共享者也不能在获得信息之后随意再次共享或者允许他人利用,更不能将这些信息经过整合后再投入数据黑市进行交易,这些行为可能触犯刑法的规定,构成非法侵入计算机信息系统罪、侵犯公民个人信息罪等罪名。③ 当然,即便行为人的上述行为不构成犯罪,其也构成对他人个人信息权利和隐私权的侵害。数据共享最大的法律障碍在于,共享人可以在多大范围内共享所获得的数据,换言之,其可以将哪些数据提供给哪些主体并不确定。同时,信息的被共享者在多大范围内使用和利用这些信息,而信息权利人在多大程度上能够对共享的数据进行追踪和控制。④ 如果在法律上缺乏规范,这些信息一旦被分享出去,将如脱缰的野马一样,信息权利人

---

① See Allen, Anita L., Protecting One's Own Privacy in a Big Data Economy, Harvard Law Review Forum, Vol. 130, Issue 2, December 2016, pp. 71–78.

② See Everis, Study on data sharing between companies in Europe, 2018, p. 3.

③ 参见叶竹盛:《是时候给大数据套上法律笼头了》,载《新京报》2017年5月31日。

④ See Everis, Study on data sharing between companies in Europe, 2018, p. 76.

可能彻底丧失对其个人信息的控制。对信息主体而言,分享行为是否有偿是分享者和被分享者之间的关系,对个人信息安全的保护不应当有所差异。问题的关键在于,在分享行为的过程中,信息主体对其个人信息的权利是否得到了充分的尊重。

从以上分析可见,数据共享和个人信息保护的关系十分密切。如果数据共享涉及个人信息,在共享链条中缺乏对个人信息的全方位保护,将会消解初始收集环节对个人信息的保护力度,这主要体现在不加限制地概括授权,将会使个人信息主体在初次授权后就丧失对个人信息的控制能力,难以确保个人信息的利用符合其预期。同时,缺少有效的授权机制,将会使受让方对个人信息使用行为的合法性受到质疑,从而影响个人信息共享的效率。当然,保护个人信息并不影响数据交易合同的效力,即便是在未经数据主体同意的情形下,也不会当然导致数据财产交易合同无效。除非构成非法倒卖个人信息,否则,一般不应当影响合同的效力。

数据共享对个人信息保护提出了严峻的挑战。大数据技术能够通过特定的算法从信息中不断挖掘出新的信息,这就可能侵害个人信息权利和隐私权,同时,个人信息利用和流转过程中也存在多元的利益主体,这也可能构成对个人信息权利和隐私权的威胁。① 所以,在未来有必要规定大数据中个人信息和隐私的保护问题,这也是适应信息社会、大数据时代的特殊要求和面向 21 世纪的当然要求。百度公司董事长兼首席执行官李彦宏曾经指出,"中国的消费者在隐私保护的前提下,很多时候是愿意以一定的个人数据授权使用,去换取更加便捷的服务的"②。这种说法也不无道理,确实,消费者在下载相关的 APP 软件时,允许网络服务提供者共享其信息数据,这也有利于数据的流通,但其也可能使相关信息数据的传输、共享、利用脱离信息权利人的控制。近几年来,不断爆发的一些国外互联网公司巨头擅自共享个人信息、泄露个人信息的现象,也反映了这一问题的严重性。所以,我们不能简单为了便利信息数据的流通而忽视个人信息权利的保护,在法律上应当实现二者的有效平衡。事实上,如果信息权利人自愿共享其个人信息,则应当允许,但很多情形下用户并非出于自主自愿,而是超出合理范围的同意,信息主体的选择并非真正有意义

---

① 参见范为:《大数据时代个人信息保护的路径重构》,载《环球法律评论》2016 年第 5 期。

② 《李彦宏:中国用户很多时候愿意用隐私来换便捷服务》,载新浪网(http://tech.sina.com.cn/i/2018 - 03 - 26/doc-ifysqfnf7938663.shtml),访问日期:2018 年 9 月 15 日。

的选择,并非真正意义上的交换。

三、数据共享中的个人信息仍然属于信息权利人的权利

从比较法上来看,美国法更注重个人信息的利用,以促进数据产业的发展,而欧盟则更注重个人信息权利保护。但美国法与欧洲法出现了共同的趋势,即在数据的开发、共享中普遍重视对个人信息的保护。信息数据的收集、开发和利用应当以保护个人信息权利和隐私权为前提,忽视个人信息权利和隐私权保护的数据收集和开发行为就像一颗炸弹,将对个人权利保护构成极大威胁。① 之所以要在数据共享中强化对个人信息的保护,一个很重要的原因在于,维护个人对其信息的支配,维护私法自治,维护个人的人格尊严。因此,数据开发中应当注重对个人信息的保护②,所以,必须要在坚持保护个人信息基本权利的前提下促进数据开放与信息共享。

数据共享本质上是由他人重新收集、利用个人信息。数据共享涉及两个维度:一是从信息收集者的角度而言,数据共享实际上是信息收集者将其所收集的个人信息流转出去,其可能是向特定的主体共享信息数据,也可能是向不特定的人开放和流转数据,让更多的主体占有这些信息数据。二是从被共享者的角度而言,其在利用这些信息数据的同时,也可能将其再次共享。数据共享中的许多数据可能涉及个人信息和隐私,行为人在利用过程中可能多次利用此类信息,甚至将其公开。这就提出了一个问题,即在数据共享中是否应当征得信息权利人的同意?《网络安全法》第41条规定:"网络运营者收集、使用个人信息,应当遵循合法、正当、必要的原则,公开收集、使用规则,明示收集、使用信息的目的、方式和范围,并经被收集者同意。网络运营者不得收集与其提供的服务无关的个人信息,不得违反法律、行政法规的规定和双方的约定收集、使用个人信息,并应当依照法律、行政法规的规定和与用户的约定,处理其保存的个人信息。"同时,依据《民法典(草案)》(一审稿)第814条规定,收集、使用个人信息也应当征得被收集者同意。依据上述规定,个人信息的收集和利用原则上应当征得个人的同意,但问题在于,上述规则是否仅适用于个人信息的初次收集行为,而不适用于信息共享行为?笔者认为,信息收集

---

① 参见西坡:《隐私得不到保护的大数据无异于炸弹》,载《新京报》2017年2月18日。
② 参见刘静怡:《从Cookies以及类似资讯科技的使用浅论因特网上个人资讯隐私权保护问题》,载《科技资讯透析》1997年第10期。

的知情同意规则应当适用于所有收集个人信息的行为,而不仅限于个人信息的初次收集行为,在信息共享中,从被共享者的角度看,信息共享实际上也是个人信息的收集行为,该行为也应当受到上述知情同意规则的调整。知情同意规则的目的在于保护信息权利人对其信息的支配权,信息权利人对于信息共享中的个人信息也应当享有支配权,《民法总则》对此并没有作出规定。但依据《民法典(草案)》(一审稿)第817条的规定,"未经被收集者同意,不得向他人提供个人信息",笔者认为,该条主要适用于信息共享,也就是说,信息的收集者和持有者未经信息权利人同意,不得实施信息共享行为,主要理由在于:

第一,知情同意本身就是信息权利人对其个人信息支配权的具体体现,此种支配应当是一种独占性的支配,其也可以称为信息自决的权利。个人信息自决属于私人生活自主决定权的范畴,其目的在于保护个人对其私人生活事务的自主决定权。在私人生活领域,只要不影响公共利益,应当尊重个人对其私人生活的判断和决定,这也是保障个人私人生活安宁和个人幸福生活的重要内容。沃伦和布兰代斯在1890年发表的论文中就提出了这样的观点,即隐私是人类价值的缩影,这些价值可以概括为"个人自决""个性"和"个人人格"。[①] 近来,有不少学者呼吁,在法律上应当创设个人网络隐私权(Internet Privacy Rights),尊重个人的隐私、信息自决,使每个人免受网络上各种信息的不当影响。[②] 这就使得权利人在私生活的领域内获得了自主发展其个性人格的可能。否则,个人生活长期处于社会公众的注视之下,每个人的生活因时常受他人打扰而不能自主决定,其个性人格也难以健全发展。因此,通过知情同意规则保障个人对其信息的支配,从根本上说也是为了尊重人的个性,促进其全面发展。为强化对个人人格尊严的保护,知情同意规则应当贯穿于个人信息收集、利用的整个过程,如果信息共享不需要个人知情同意,则个人的一些核心隐私信息等可能脱离个人的控制,将对个人人格尊严造成重大影响。正是因为这一原因,即便数据开发者经过权利人同意对个人信息进行了搜集、开发,但将数据与他人共享之前,首先还需经过当事人的许可和授权。

第二,个人信息权利不可能完全转让,信息收集者不能随意共享个人

[①] 参见〔美〕阿丽塔·L. 艾伦、理查德·C. 托克音顿:《美国隐私法:学说、判例与立法》,冯建妹等编译,中国民主法制出版社2004年版,第17页。

[②] See Paul Bernal, Internet Privacy Rights: Rights to Protect Autonomy, Cambridge University Press, pp. 29–30.

信息。从《民法总则》的规范设置来看，个人信息在性质上应当属于人格权益的范畴，其应当是人格权的客体。个人信息权利以主体对其个人信息所享有的人格利益为客体，人格利益在性质上具有人身专属性，并不具有可让与性。关于个人信息的流转，《网络安全法》第44条规定："任何个人和组织不得窃取或者以其他非法方式获取个人信息，不得非法出售或者非法向他人提供个人信息。"从该条规定来看，似乎允许个人信息的合法转让，这一规定与人格利益的人身专属性存在一定的冲突。因此，民法典分编草案并没有采纳《网络安全法》的上述规则，并没有规定个人信息的转让规则，这实际上是否定了个人信息的可转让性。个人信息的收集、利用行为本质上是信息主体许可信息收集、利用者在一定范围内收集、利用其个人信息，信息的收集者、利用者并不能独占性地对个人信息享有权利，其应当在信息权利人许可的范围内收集、利用个人信息。从这一意义上说，信息收集者或者持有者在共享个人信息时，也应当在信息权利人的许可范围内进行，而不能随意共享个人信息。由于个人信息权利人对个人信息享有控制权，因此，即便信息主体允许数据控制者收集并共享相关个人信息，这也并不意味着其让渡了所有个人信息权利。

第三，信息权利人允许信息收集、利用并不等于允许信息分享。虽然数据的收集者、开发者在信息的收集和处理方面投入了一定的劳动，但这并不意味着其可以随意共享个人信息。信息权利人对其个人信息享有独占性的支配权，信息的收集、利用行为原则上都应当经过信息权利人的同意，权利人有权决定其哪些个人信息可以被收集、哪些个人信息可以被利用以及在何种范围内以何种方式利用。因此，如果信息权利人只是允许信息收集者收集、利用其个人信息，并不意味着其已经将该权利全部转让给数据的收集者和开发者，更不能据此认为，信息权利人已经允许信息收集者共享其个人信息，信息权利人对其个人信息的支配也当然涵盖信息的共享阶段。依据《民法典（草案）》（一审稿）第814条、第816条，个人信息的收集、使用应当获得被收集者的同意，并且只有在同意范围内实施的收集、使用和公开行为，才无须承担民事责任。即便信息收集行为是合法的，在未经信息权利人同意的情形下，信息共享行为也可能侵害信息权利人的权利，因为对信息权利人而言，信息共享行为与重新收集个人信息并无本质区别，原则上应当征得其同意。

第四，必须保障信息权利人对个人信息流通过程的控制。知情同意规则也要求个人能够控制其信息的流通过程，信息共享本质上就是信息的流通,这一过程的链条可能很长,而且可能向公众开放,在整个过程中,应当保障个人对其个人信息的控制。这就是说,信息无论向谁共享,在共享的范围内,都应当经过信息权利人的知情、同意。虽然数据共享在形式上体现为信息共享者与被共享者的内部关系,此种内部关系大多通过合同的形式连接,但由于信息共享行为也涉及个人信息的流通,因此,信息共享行为也应当受到信息权利人的控制。从这一意义上说,当事人虽然可以在共享协议中就数据共享的形式、范围、时间等作出约定,但数据共享一旦涉及个人信息,由于被共享者所享有的相关权利来源于共享方,除信息权利人对被共享方作出特别授权外,被共享方对相关数据所享有的权限不应超过信息共享方。

即使是在特殊情形下,信息共享行为难以完全实现个人的知情同意,也应当通过特殊的规则强化对信息权利人的保护,以弥补知情同意规则适用的不足。在这一点上,美国法提供了很好的借鉴。在美国法中,存在"合理预期"的概念,"合理预期"理论最早是在1967年的Katz v. United States案中产生的,联邦最高法院Harlan大法官指出,"封闭的电话亭犹如个人的住宅,个人在该区域内享有一种受宪法保护的对隐私的合理期待;不论是物理上的侵入,还是电子侵入该空间,都构成对《美国宪法第四修正案》的违反"。其后,许多学者也主张以"合理预期"的标准来确定商业和其他领域的隐私保护。例如,曾经对美国的《消费者隐私权利法案》(Consumer Bill of Privacy Rights)立法影响极大的海伦·尼森鲍姆(Helen Nissenbaum)指出,确定是否存在侵犯数据隐私,应当考虑不同场景中的"合理预期"。[1] 这就是说,在某些情况下,即便没有信息主体的明确许可,但只要相关的信息处理行为是当事人在该情形下能够合理预期的,且这种期待客观上被社会认为是合理的,就应当受到保护。例如,在自动驾驶等场景下,是存在对个人数据的收集行为的,但在这个场景下数据收集者与处理者通常无法征得个人同意,此时,判断是否存在隐私侵权应当看数据的收集者和处理者是否尽了合理注意义务,是否符合社会认可的数据被收集者的一般预期。数据共享行为同样如此。也就是说,信息收集者究竟可以在何种范围和程度上共享个人信息,除信息主体的明确同意之外,也应当考虑"合理预期"的问题。例如,如果共享的信息属于敏感个人信息,则信息主体的"合理预期"范围就相当有限,信息控制方的处理行

---

[1] See Helen Nissenbaum, Privacy in Context: Technology, Policy, and the Integrity of Social Life, Stanford University Press, 2009, p.233.

为应当限于主体的明示同意范围之内。但如果所收集、处理的仅仅是一般的个人信息,则应当扩张信息主体的"合理预期"范围,也就是说,在主体的明示许可范围之外,如果相关的数据处理和共享行为是数据控制者进行经营活动所必需的,或者是为了更好地实现主体的利益等原因,就可以在一定范围内对数据进行共享。当然,个人隐私和信息权利人对自己的隐私和信息保护的合理期待也必须得到社会的客观认可,符合社会公众的一般观念,否则也难以构成对隐私和个人信息的侵害。①

四、数据共享必须要获得个人信息权利人的授权

(一) 应当有效规范信息主体的授权行为

强化对数据共享中个人信息的保护,是各国普遍的做法。从比较法上来看,在欧盟范围内,相关数据保护的规范包括《一般数据保护规范》(GDPR)、《电子隐私指令》(e-Privacy Directive)和《数据库指令》(Database Directive)。依据《一般数据保护条例》第 6 条的规定,对个人信息的处理以同意为基础。无论数据来源渠道是什么,是否通过自动化的数据处理,只要是个人信息,都要保护。同时也要求数据主体能够较为方便地获得授权,以访问相关的个人数据并获得其个人数据处理状态的信息。而出于商业的便利,在跨境数据处理的情形下,采用"one-stop-shop"(一站式)的模式,即无论跨境几次,其只要服从于一个监管机关(当事人可以约定具体的管辖机关,那么在整个的数据处理、流转过程中,无论数据具体存储在哪里,都由此管辖机关监管)。《一般数据保护条例》对数据共享中数据保护的主要要求是:严格的知情同意规则,机制的设计要充分保护隐私,保证删除权,保证携带权,一站式的跨境监管,在不遵守时能够保证实现罚则。② 其中,知情同意规则是保护个人信息最基本的原则。

美国并没有关于个人信息保护的一般立法,而是采用分散化立法的方式。1970 年,美国制定了《公平信用报告法案》(The Fair Credit Reporting Act),首次对收集和使用个人信息进行了规定。根据该法案,在收集和使用消费者信息的时候,必须赋予消费者一系列权利,如信用机构对个人数据的存储与处理应当是秘密的,消费者有权访问和修改信用机构所

---

① See Katz v. United States, 389 U. S. 347 (1967).
② See Everis, Study on data sharing between companies in Europe, 2018; p.76.

使用的个人信息。① 1974 年,美国又通过了《家庭教育权利与隐私法》(Family Educational Rights and Privacy Act)和《隐私法》(The Privacy Act)。前者规定,在教育场景中使用个人信息应当获得个人明确授权②;后者规定,美国联邦规制机构在处理个人信息时也应当获得个人同意。③ 此后,美国的一系列个人信息保护立法都遵循了这一规定,例如《联邦有线通信政策法案》(Cable Communications Policy Act)④、《视频隐私保护法》(Video Privacy Protection Act)⑤、《司机隐私保护法案》(Driver's Privacy Protection Act)⑥都作出规定,要求在法案所适用的情形中,收集和使用个人信息必须获得个人明确授权,数据的收集者和使用者不得将个人信息随意转让给他人使用。在涉及个人信息时,则需要个人进行授权。

数据共享不等于数据倒卖,二者的根本区别在于是否获得信息主体的授权,如果没有授权或者没有获得明确授权,则相关信息可能异化为一种数据买卖,可能是非法的。数据共享之所以需要授权,也是因为数据共享也包括个人信息的传输和收集,共享过程中可能对个人的信息和隐私造成一定的威胁甚至侵害,所以必须要获得授权。当然,数据控制者对个人信息进行处置的时候,完全通过匿名化的方式处理,如果按照通常的技术手段已经无法识别个人信息主体,很大程度上阻断了相关信息和个人身份的关联性,共享障碍已经大大降低了,这种情况下通常不需要授权。笔者认为,信息共享的授权应当注意如下四个方面的问题。

第一,授权必须是明确的。也就是说,数据共享一旦涉及个人信息,则应当获得信息主体的明确授权。从比较法上来看,在对数据共享的授权方面,美国和欧洲的做法并不相同,依据美国加利福尼亚州《消费者隐私保护法案》第 1798 条的规定,采用"未反对即视为同意"的做法,也就是说,信息控制者在向第三方转让其个人信息时,要求必须向消费者告知信息收集的类别、使用目的以及消费者有权要求企业删除信息,如果个人没有做出选择,则默示认定个人同意数据可以分享。而依据欧盟《一般数据保护规范》第 6 条的规定:"1. 只有满足至少如下一项条件时,处理才是合法的,且处理的合法性只限于满足条件内的处理:(a) 数据主体已经同意

---

① See 15 U.S.C. §1681.
② See 20 U.S.C. §1232g (2006).
③ See 5 U.S.C. §552a (2006).
④ See 47 U.S.C. ch. 5, subch. V-A.
⑤ See 18 U.S.C. §2710.
⑥ See 18 U.S.C. §§2721-2725.

基于一项或多项目的而对其个人数据进行处理……"因此,信息控制者在处理个人信息时,应当考虑信息主体与数据控制者的关系,保护信息主体的合理期待,其目的在于确保信息主体的基本权利与自由不受侵犯。在信息控制者共享个人信息时,应当取得个人的明确同意,"未明确同意即视为反对"①。从我国立法来看,我国《民法总则》第 111 条虽然规定了个人信息应当依法收集和利用,不得非法收集和利用,但何为合法?何为非法?《民法总则》并没有作出规定。但依据《民法典(草案)》(一审稿)第 817 条的规定,"未经被收集者同意,不得向他人提供个人信息",是否应当将此处的被收集者同意解释为原则上需要信息权利人的明示同意?从实践来看,一些网络服务提供者在提供 APP 软件时,往往会收集大量的个人信息,而且通常将信息主体的沉默解释为同意信息的收集与共享。笔者认为,此种做法并不妥当,在缺乏信息主体的授权时,网络服务提供者不得擅自共享相关的个人信息。例如,用户在下载 APP 软件时,一般都会签订相关的个人信息、隐私利用与保护条款,其中就可能包括对数据分享的授权,缺乏此种授权,相关的信息控制者即无权进行数据分享。也有不少授权条款写得非常模糊,或者以过于复杂的表述使信息主体难以准确把握其中的内容。笔者认为,应借鉴欧盟的经验,如果授权条款写得不清楚,则即便获得了个人同意,也不能认为是获得了授权。

第二,必须针对数据共享特别授权。在收集、利用个人信息时应当取得个人的授权,数据共享也应当取得信息主体的特别授权。从我国的司法实践来看,有的法院也采纳了此种立场。例如,在"北京淘友天下技术有限公司等与北京微梦创科网络技术有限公司不正当竞争纠纷案"中,双方当事人通过 OpenAPI 开展合作,但被告则在合作过程中不当获取原告的用户个人信息。北京知识产权法院认为,"OpenAPI 开发合作模式中数据提供方向第三方开放数据的前提是数据提供方取得用户同意,同时,第三方平台在使用用户信息时还应当明确告知用户其使用的目的、方式和范围,再次取得用户的同意。因此,在 OpenAPI 开发合作模式中,第三方通过 OpenAPI 获取用户信息时应坚持'用户授权'+'平台授权'+'用户授权'的三重授权原则"②。在该案中,北京知识产权法院提出了三重授权规则:用户授权+平台授权+用户授权。从信息权利人角度看,实际上是双重授权,即第一

---

① 何颖:《数据共享背景下的金融隐私保护》,载《东南大学学报(哲学社会科学版)》2017 年第 1 期。

② 北京知识产权法院(2016)京 73 民终 588 号民事判决书。

次如果要给数据的收集者在收集信息时必须获得授权,第二次把收集到的信息进行分享时还要获得另一次授权,也就是数据的分享必须要再一次获得个人信息权利人的同意。此种做法值得赞同。我国《民法典(草案)》(一审稿)第817条规定:"未经被收集者同意,不得向他人提供个人信息。但是经过处理无法识别特定个人且不能复原的除外。"该条实际上要求信息主体对信息共享本身进行授权,而不限于对信息收集行为的授权。当然,被共享者与他人再次共享信息时,仍应当适用该规则。

第三,必须严格限制概括授权。从实践来看,一些网络服务提供者往往采用拟定概括授权条款的方式,取得个人信息共享的权利。在概括授权的情形下,信息权利人在进行概括授权时对于个人信息收集者以及其对个人信息的使用方式并不完全知晓,从某种程度上说,概括授权相当于个人信息权利人将其对个人信息享有的权利完全委托给了被授权者。而鉴于个人信息与信息主体人格利益之间的紧密联系,此种委托可能会造成信息主体对于个人信息的完全失控,从而带来超出其合理预期的影响。例如,某企业通过健康手环收集到用户个人的健康状况信息,该信息属于个人的敏感个人信息,如果允许该企业设置要求用户对数据分享进行概括授权的条款,信息收集者就可能把有关个人的健康信息共享给保险推销者、养老产品的销售者、医疗产品的生产者等,这就不利于个人隐私权、个人信息权的保护,甚至造成个人健康信息的泄露。因此,在规范数据共享时应当严格限制概括授权条款的运用。

第四,不需要授权的情况应该法定化。在信息时代,为了维护公共安全、公共利益,有必要赋予一些公权力机关收集、共享个人信息的权力,同时,为了促进教学、科学研究的进步,也需要赋予相关主体共享个人信息的权利。但这有可能形成一把双刃剑,如果对公权力缺乏必要的监控和控制,或者对公权力机关收集、共享个人信息缺乏限制,都可能导致个人信息保护的失控。有观点认为,凡是为了公共利益而进行数据共享,都不需要信息主体的授权,但"公共利益"的内涵过于宽泛,不宜作为数据共享的充分条件,特别是个人宾馆开房记录、个人刷卡记录等都涉及个人的核心隐私。那么,是不是所有的政府部门都可以利用,是不是从事教学科研等涉及公共利益的活动都可以利用?笔者认为,不需要授权的情况应当由法律明确规定下来,作出明确列举,这样可以保护个人信息权,也可以为数据产业的发展提供明确的行为标准和发展预期。《民法典(草案)》(一审稿)第816条只是规定了"为学术研究、课堂教学或者统计目的在合理范围内实施的行为"和"为维护公序良俗而实施的必要行为"两种情形下实施收集、公开、共享个人信息的行为不承担责任,但该规定过于宽泛,有必要作出细化规定。凡是不需要授权的情形,应当作出更详细的列举。

(二) 共享者获得信息后,应当在信息主体授权范围内使用

在取得信息主体的授权后,是否意味着分享行为不受限制?笔者认为,数据共享行为应当严格限定在授权的范围内。一方面,除信息主体对被共享者有特别授权外,被共享者对相关信息所享有的权利不得超出信息共享者权利的范围。信息主体在进行初次授权时,实际上已经有了用途限制,那么分享给第三方也要有用途限制。因为被共享者所享有的对个人信息进行利用的权利范围不得超过信息共享者的权利范围。另一方面,如前所述,要使信息权利人控制信息共享的过程,使个人信息保护不至于失控,信息共享者应当在授权范围内共享信息。尤其应当看到,从实践来看,许多侵害个人信息的行为都根源于信息权利人对其信息权利的失控。据报道,谷歌曾经让第三方开发者和服务提供商扫描几百万 Gmail 用户的个人邮件,目的是推出其他有针对性的互联网服务,一家服务网络广告主、通过用户邮件获取信息的公司"Return Path",对于 200 多万 Gmail 用户的信件进行了软件阅读,另外该公司员工亲自阅读了 8 000 封并未对敏感内容进行遮挡的信件。此种数据共享行为实际上已经超出了邮件用户的授权范围。据报道,脸书将 5 000 多万网民的信息泄露给英国的一家名为"剑桥分析"的数据分析公司,该公司利用大数据分析技术,对选民进行精准的信息投递,影响选民的决策,从而帮助特朗普在选举中胜出。① 此种数据共享行为也明显超出了用户授权的预期。

(三) 数据共享应遵循合法、正当、必要、最小化使用的原则

相关主体在获得数据共享的权利后,能否无限制地共享相关的个人信息?笔者认为,数据共享仍应当遵循与初次收集个人信息相同的基本规则,包括遵循正当、合法、必要等规则。《网络安全法》第 41 条对此作出了规定。《民法典(草案)》(一审稿)第 814 条也规定,收集、使用自然人的个人信息的,应当遵循合法、正当、必要的原则。笔者认为,除上述原则之外,个人信息的搜集、使用和共享还应当遵循"最小化使用原则",它是指在从事某一特定活动时可以使用,也可以不使用个人信息时,要尽量不

---

① 参见《英国介入脸书用户数据泄露案 搜查剑桥分析办公室》,载新华网(http://www.xinhuanet.com/world/2018-03/25/c_129836753.htm),访问日期:2018 年 9 月 12 日。

使用;在必须使用并征得权利人许可时,要尽量少使用。比如,在收集个人信息时,其所获取的个人信息应当以满足使用的目的为限,而不得超出该范围收集个人信息。为达到目的如果只需要使用权利人的非敏感个人信息,则不应该扩大信息收集和使用的范围。① 再如,在论坛注册账号时,除非有正当理由,否则不得要求用户提供家庭地址和手机号码等信息。毕竟个人不愿过多公开自己的私人信息,过度利用也可能会侵害他人权利,构成不必要的干扰。这一原则本来是信息收集和使用的规则,但同样适用于信息共享行为。也就是说,数据共享的范围应当受到限制,不能无限制地使用和分享。此外,数据共享过程中还应当尊重信息权利人的知情同意权、信息查询权、安全维护权、信息删除权等权利。

五、民法典编纂中应进一步强化对数据共享中个人信息的保护

法律应当与时俱进,永葆时代性。我们要制定的民法典应当成为 21 世纪互联网、高科技时代民法典的代表,我国民法典应当充分反映时代精神和时代特征,真正体现法典与时俱进的品格。就个人信息保护而言,民法典应当重视数据的共享与流通,也应当强化对数据共享中个人信息的保护。

(一)妥当平衡数据流通与个人信息、数据权利之间的关系

从数据共享也可以看出,人格权已经不再是单纯消极防御性的权利,而包含了积极利用的权能。数据共享与个人信息权利保护之间存在一定的冲突与矛盾,主要表现在数据共享的效率和个人信息保护之间存在此消彼长的关系;如果从制度安排上过度鼓励共享,可能对个人隐私、个人信息等人格权保护带来冲击;而如果过度保护个人信息、数据权利,严格限制共享,也会对共享形成障碍,不利于发挥个人信息、数据的经济效用。从世界范围来看,如何妥当协调和处理二者之间的关系,是各国法律制度所面临的共同难题。总体上看,美国法更注重个人信息利用,以促进数据产业的发展;欧盟更注重个人信息保护。但在数据的开发、共享中,两大法系共同的趋势是日益重视对个人信息权利的保护。②

---

① 参见郭少峰、吴鹏:《个人信息保护将出台国标 明确使用后立即删除》,载《新京报》2012 年 4 月 5 日。

② 参见张礼洪:《人格权的民法保护及其理论的历史发展——兼议我国的立法模式选择》,载《中国政法大学学报》2018 年第 4 期。

我国正在编纂的民法典应当妥善平衡二者的关系,既要注重发挥个人信息的经济效用,也要注重保护信息主体的个人信息权利,不能因为过度保护个人信息等权利而限制了数据产业发展,也不能为发展数据产业而不考虑个人信息等权利的保护,民法典的相关规则设计应当妥善平衡二者之间的关系。这就是说,既要强化对数据共享中个人信息权利的保护,也要避免个人信息、数据权利的泛化,不当影响数据的流通。所谓权利泛化,是指个人信息权的内涵和外延缺乏明确的边界。根据庞德的看法,在各种利益冲突的情况下,依据类似于比例原则的办法,采取造成最少利益受损保全其他利益的解决方法最为妥当。① 他认为,解决利益冲突的基本原则应该是"它通过社会控制的方式而不断扩大对人的需求、需要和欲望进行承认和满足;对社会利益进行日益广泛和有效的保护;更彻底和更有效地杜绝浪费并防止人们在享受生活时发生冲突"②。因而,最大限度使法律保障的利益得以实现,最大限度地减少利益的损失,是我们在处理利益冲突时应遵循的基本原则。鉴于这一问题比较复杂,民法典作为民事基本法,可以只规定平衡人格权保护和数据流通之间关系的基础性规则,或者作原则性规定,为有关单行法细化规定个人信息的保护提供依据。

(二) 在区分个人信息类型的基础上设计数据共享规则

信息蕴含的价值是多方面的,对信息的使用方式是多样化的,并非所有的利用方式都涉及人格利益。企业在进行数据共享时,应当对共享的数据是否涉及人格利益进行必要的审查,对于不涉及人格利益保护的情形,不应当严格限制数据的流通和共享。法律也应当建立明确的数据保密等级与公开等级,并保护公民、商业组织的数据隐私权或商业秘密,同时,也应当积极推动各类数据资源的社会共享。③ 不同类型的个人信息社会公开性程度不同,与信息权利人私人生活和人格尊严的关联程度也有所差异,有些数据属于个人敏感数据,有些则属于一般数据,在保护方面应当有所区别。例如,对敏感信息要进行特殊保护,对一般信息应注重其流通与利用。④

---

① 参见马汉宝:《法律思想与社会变迁》,清华大学出版社2008年版,第171页。
② 转引自〔美〕E. 博登海默:《法理学——法哲学及其方法》,邓正来、姬敬武译,华夏出版社1987年版,第147页。
③ 参见张玉洁:《论人工智能时代的机器人权利及其风险规制》,载《东方法学》2017年第6期。
④ 参见《欧盟数据保护一般规则》(EU-DSGVO)第8条,德国《联邦数据保护法》(BDSG)第4a条第3款都对特殊类型个人信息的处理设置了特别规范。

因此，应当区分个人信息的不同类型，设计相应的数据共享规则，对不同类型的个人信息而言，对信息主体同意的要求和形式也是不同的，不同类型的数据应当有不同的同意规则，具体而言：

一是共享敏感个人信息应当征得信息主体的明示同意。敏感个人信息是指与个人私人生活安宁等密切相关的信息，如个人的家庭住址、身份证号码、银行账号、财产状况、基因信息等。敏感个人信息的保护程度应当高于一般信息，敏感个人信息的共享应当征得个人的明示同意。

二是共享敏感个人信息之外的个人信息，应当相对弱化信息主体的同意要求。敏感个人信息之外的个人信息与个人私人生活的关联程度较低，尤其是对于个人教育信息、社会交往等一些已经公开的个人信息而言，其数据共享的条件则应当相对宽松，应当尽量弱化个人同意的条件①，在某些情形下，仅要求信息权利人默示同意即可。

三是严格限制共享未成年人个人信息的行为。由于未成年人对其个人信息收集、利用后果的判断能力较弱，需要强化对未成年人个人信息的保护，未成年人个人信息的共享应当取得其监护人的明示同意。

（三）进一步完善数据共享中的授权规则

虽然《民法典（草案）》（一审稿）第 817 条规定了个人信息共享的规则，但该条规定过于简略，难以有效规范数据共享行为，有待于进一步细化。如前所述，民法典编纂应当对数据共享的形式、数据共享的范围等具体的数据共享规则作出规定；同时，为强化对信息权利人的保护，民法典人格权编应当明确规定，被共享者在获得相关的个人信息后，再次共享仍应当经过信息权利人的授权。另外，有必要确立个人信息匿名化处理的规则，因为如果信息控制者对个人信息进行匿名化处理，按照通常的技术手段已经识别不出信息主体，可以在很大程度上阻断相关信息与个人身份的关联性，在此情形下，数据共享的限制将大大降低，此时，数据共享原则上即不需要取得信息主体的同意。可见，匿名化可以在很大程度上将个人信息转化为数据，降低个人信息共享中的隐私风险，是促进数据流通和共享的重要途径。

（四）明确信息共享中信息收集人和持有人对个人信息的安全保障义务

《民法典（草案）》（一审稿）第 817 条虽然规定了信息收集人、持有人

---

① 参见王叶刚：《个人信息收集、利用行为合法性的判断——以〈民法总则〉第 111 条为中心》，载《甘肃社会科学》2018 年第 1 期。

保障个人信息安全的义务,但从该条规定来看,信息收集人、持有人保障个人信息安全的义务限于信息的收集和存储阶段,并不包含信息共享阶段。而且与信息的收集和存储相比,信息共享涉及个人信息的流动,更容易发生个人信息的泄露、毁损和丢失,民法典有必要对信息共享中信息收集人和持有人保障个人信息安全的义务作出规定。

(五)对信息共享中格式条款予以规范

在实践中,用户在安装使用一些软件和程序时,必须接受互联网企业的格式条款,否则将无法安装使用。互联网企业可能会利用其经营、技术上的优势地位,通过格式条款的形式设定不利于保护用户隐私、个人信息等的数据共享条款①,这就需要有效规制此类格式条款,具体而言:第一,互联网企业应当在协议中显著标识个人信息共享的条款,以提示用户注意该条款的内容。网络服务提供者在获得用户的上述授权时,应当对网络用户尽到明确的提示说明义务,尤其是对数据共享条款而言,应当明确数据共享的方式、范围等内容,严格限制概括授权条款的适用。第二,对互联网企业所拟定的数据共享的格式条款,可以由相关主管部门对该条款的合法性进行事先审查,相关的行业协会也可以拟定数据共享的示范条款。第三,如果数据共享的格式条款明显不利于保护用户的隐私、个人信息等权利,则信息权利人有权否定该条款的效力,该条款也不能成为互联网企业共享用户个人信息的正当性基础和侵权的免责事由。

结　语

"法与时转则治",在互联网、大数据时代,数据共享对数据产业的发展具有基础性的意义,但数据共享需要妥当平衡数据产业发展与个人信息、数据权利保护之间的关系。从促进我国数据产业发展的现实需要出发,应当鼓励数据共享行为,但数据共享又不能完全离开个人信息保护,否则,数据产业可能进入野蛮生长状态。为保障数据产业健康有序发展,应当在保护个人信息权利的前提下规范数据共享行为,这也是我国民法典编纂应当秉持的立法原则。

---

① 参见项定宜、申建平:《个人信息商业利用同意要件研究——以个人信息类型化为视角》,载《北方法学》2017年第5期。

民法典人格权编中动态系统论的采纳与运用*

动态系统论最早由奥地利学者威尔伯格(Wilburg)于20世纪40年代提出①,经日本学者山本敬三等人的介绍与传播②,已经为我国法学界所熟知,并在全世界范围内产生了重要影响。《欧洲侵权法原则》(PETL)和《欧洲示范民法典草案》(DCFR)均采纳了这一学说,使得该学说的影响力进一步提升。在我国民法典的编纂中,人格权编也在总结这些经验的基础上,对动态系统论进行了大胆的吸收与借鉴。《民法典(草案)》(三审稿)中的多个条文均体现了动态系统论的思想,这也成为人格权编的重要特色之一。有鉴于此,本文拟以民法典人格权编中的规定入手,探讨动态系统论的价值,并希望对今后的法律适用有所助益。

一、人格权编采纳动态系统论的重要意义

威尔伯格在比较法的基础上提出了动态系统论的思想,其基本观点是:调整特定领域法律关系的法律规范包含诸多构成因素,但在具体的法律关系中,相应规范所需因素的数量和强度有所不同,也就是说,调整各个具体关系的规范因素是一个动态的系统。③ 因此,应当在具体法律关系中通过对动态因素的考量认定责任。④ "动态系统提供了一个替代方案:

---

* 本文完稿于2020年2月。
① Vgl. Walter Wilburg, Entwicklung Eines Beweglichen Systems Im Bügerlichen Recht, Verlag Jos. A. Kienrech/Graz, 1950.
② 参见〔日〕山本敬三:《民法中的动态系统论——有关法律评价及方法的绪论性考察》,解亘译,载梁慧星主编:《民商法论丛》(第二十三卷),金桥文化出版有限公司2002年版,第213页。
③ 参见〔日〕山本敬三:《民法中的动态系统论——有关法律评价及方法的绪论性考察》,解亘译,载梁慧星主编:《民商法论丛》(第二十三卷),金桥文化出版有限公司2002年版,第177页。
④ 参见〔奥〕海尔穆特·库奇奥:《损害赔偿法的重新构建:欧洲经验与欧洲趋势》,朱岩译,载《法学家》2009年第3期。

通过明确规定法官裁判时应当考量的各种重要因素,立法者可以达到非常具体化的规定目的,能够决定性地限制法官的自由裁量空间,并且也使得法官的自由裁量具有可预见性,而同时又有所控制地兼顾了生活事实的多样性。"①

动态系统论与传统的构成要件论的最大区别在于,构成要件论秉持着"全有全无"的原则,认为构成要件是法律后果的必要且充分条件,当要件全部满足时,结论一定发生;当条件有一个不能满足时,结论就不会发生。就侵权责任构成要件而言,如果将其构成要件确定为过错、损害、行为的违法性、因果关系,只有在这些构成要件全部满足时,责任才能成立。而动态系统论则与此不同,表现在:一是动态系统论强调各因素的作用。动态系统论认为,在判断责任时,应当对所有的构成要件发挥的不同作用进行评价,针对影响因素的不同程度,来综合考量认定责任。这实际上是一种在量上分层的认定方法。二是动态系统论强调各因素排列上的位阶,引导法官考量这些因素是否满足,但在个案中并不要求每一个因素满足到特定程度,甚至不要求一定具备全部因素;而是要求考量不同的因素,确定这些因素满足到什么程度,根据案件的具体情况对各个因素进行综合考量。② 因素与效果之间的关系不再是"全有全无",而是"或多或少"。三是动态系统论强调各因素之间的"互补"。动态体系论的"动态"特征,是指法律规范或者法律效果由"与因素的数量和强度相对应的协动作用"来确定。这里的所说的"协动"是指因素之间具有互补性。③ 在威尔伯格看来,因素不再像要件一样处于固定的状态,而是作为变量处于动态的考量之中。如 A 因素获得了较高程度的满足,那么虽然 B 因素的满足程度较低,但在法官的综合考量下,可能发生因素间的互补。这些因素具有"相互比较"的个性。④ 正如威尔伯格所指出的,"如果一个因素以一种特殊强烈的方式出现,就可充分满足认定存在责任的要求"⑤。由

---

① 〔奥〕海尔穆特·库奇奥:《损害赔偿法的重新构建:欧洲经验与欧洲趋势》,朱岩译,载《法学家》2009 年第 3 期。

② 参见〔日〕山本敬三:《民法中的动态系统论——有关法律评价及方法的绪论性考察》,解亘译,载梁慧星主编:《民商法论丛》(第二十三卷),金桥文化出版有限公司 2002 年版,第 207—208 页。

③ 参见解亘、班天可:《被误解和被高估的动态体系论》,载《法学研究》2017 年第 2 期。

④ 参见解亘、班天可:《被误解和被高估的动态体系论》,载《法学研究》2017 年第 2 期。

⑤ B. A. Koch, Wilburg's Flexible System in a Nutshell, in: Koziol/B. C. Steininger, European Tort Law: Liber Amicorum for GelmutKoziol, 2000, p. 293 ff.

此可见,动态系统论试图通过抽取一些因素或因子,引导法官考虑该因素或因子的权重,在个案中通过判断不同变量的强弱效果,并结合因素之间的互补性,最终得出案件裁判的结论。相较于构成要件论而言,动态系统论考虑的因素更为宽泛,更具有灵活性与开放性,从而可以适应复杂情况下的公正需要。

虽然理论界对于动态系统论的评价不一而足,有学者也指出了动态系统论的作用不应被高估。[①] 而且从比较法上来看,民法典中采纳该理论的并不多见。但一些示范法则明确采纳了这一理论。例如,德国学者冯·巴尔(von Bar)教授主持起草的《欧洲私法共同参考框架》(DCFR)第2:101条第3款规定:"在判断赋予损害赔偿或预防损害的权利是否公平且合理时,应参考归责基础、损害或有发生之虞的损害的性质和近因、已遭受或即将遭受损害之人的合理期待以及公共政策考虑。"库奇奥(Koziol)教授主持起草的《欧洲侵权法原则》第2:102条中确立了利益保护所应考虑的多重因素,主要包括:利益的性质、利益的价值、利益的定义是否精确与明显、行为人与受害人的接近程度、责任性质、行为人的利益(尤其是该行为人行动与行使权利的自由)以及公共利益。[②] 受保护利益的范围取决于该利益的性质:利益价值越高,定义越精确,越显而易见,保护范围就越广泛。该条显然是受到了动态系统论的影响而确定的制度。《欧洲侵权法原则》在责任范围(第3:201条)的规范设计上,同样采取了动态体系化的模式。由此可见,这两个侵权法草案都没有提出明确的区分标准,而实际上是采纳动态系统论,赋予法官一定的自由裁量权,综合考虑各种因素以确定是否保护利益。由此可见,动态系统论在立法中的采纳,是法律发展的重要趋势。其背后的原因在于,由于社会生活不断变迁,立法者不能预见到所有情形,因此,不得已需要给予法官自由裁量权。但是为了防止自由裁量权的滥用,有必要对其进行限制。而动态系统论恰恰可以完成对于法官行使自由裁量权的限制。动态系统论承认了司法者的裁量权,从而能够顾及不同案件的不同情况,并适应社会发展;但又通过立法者对考量因素的划定实现对司法者裁量的限制,司法者要在立法者所划定的考量因素范围内进行思考、论证和说明判决理由。这样,法秩序的安定性由立法和司法携手,通过司法者在立法者所划定的考量因素的基础上进

---

① 参见解亘、班天可:《被误解和被高估的动态体系论》,载《法学研究》2017年第2期。
② See European Group on Tort Law, Principles of European Tort Law: Text and Commentary, Springer, 2005, p.191.

行论证所取得的共识而予以实现。①

动态系统论被介绍到我国的时间并不太久,但在司法实践中已经得到运用,最典型的是,最高人民法院《关于确定民事侵权精神损害赔偿责任若干问题的解释》(以下简称《精神损害赔偿司法解释》)第 10 条并没有采纳构成要件论,而是列举了诸多精神损害赔偿数额判断的因素②,引导法官通过考量这些因素,决定是否作出或者作出多少精神损害赔偿。在民法典人格权编的编纂中,《民法典(草案)》(三审稿)通过总结司法实践经验,在多个条款采纳了动态系统论。之所以在《民法典(草案)》(三审稿)采纳动态系统论,主要是因为以下几个原因。

(一) 人格权中各项权利的位阶存在差异

在持动态系统论者看来,不同的权利在法律的保护上有不同。但人格权与物权和债权不同,在物权和债权中,并没有此种位阶的区分,很难说用益物权与担保物权何者应当更优先受到保护。但人格权中各项权利的位阶存在差异。生命、身体或精神上的完整性、人格尊严、人身自由属于最优先的地位,财产权次之,纯粹经济损失和合同债权又处于财产权之后。③ 在各项具体人格权中,各种权利或利益的价值不同,其利益价值越高,受到的保护就越广泛和有力。④ 具体到人格权中,生命、身体、健康等人格利益是处于最优越地位的,尤其是生命权应该被置于首位,而精神性人格利益,如肖像、隐私等相较于物质性人格权而言,位阶相对较低。例如,在疫情的防控中,基于对生命安全保护的考量,在生命权与隐私权发生冲突时,应当优先保护生命权,生命、身体上的完整性享受最广泛的保护。生命、健康等物质性人格利益要优于精神性人格利益,因此,位阶低的利益在保护上要受到更大的限制。⑤ 关于这一点已经普遍达成共识。

---

① 参见朱虎:《侵权法中的法益区分保护:思想与技术》,载《比较法研究》2015 年第 5 期。
② 《精神损害赔偿司法解释》第 10 条规定:"精神损害的赔偿数额根据以下因素确定:(一)侵权人的过错程度,法律另有规定的除外;(二)侵害的手段、场合、行为方式等具体情节;(三)侵权行为所造成的后果;(四)侵权人的获利情况;(五)侵权人承担责任的经济能力;(六)受诉法院所在地平均生活水平。"
③ 参见张玉东:《动态系统论及其对 PETL 和〈奥地利损害赔偿法草案〉的影响》,载上海市哲学社会科学规划办公室、上海社会科学院信息研究所编:《国外社会科学前沿》(第二十辑),上海人民出版社 2017 年版,第 450 页。
④ 参见〔奥〕海尔姆特·库齐奥:《侵权责任法的基本问题(第一卷):德语国家的视角》,朱岩译,北京大学出版社 2017 年版,第 179 页。
⑤ 参见欧洲侵权法小组编著:《欧洲侵权法原则:文本与评注》,于敏、谢鸿飞译,法律出版社 2009 年版,第 63 页。

因此,人格权所具有的这一特征决定了对处于不同位阶的人格权,在判断其侵权是否成立、是否提供必要救济、提供何种救济等问题上,就要依据其所处的位阶进行综合考量。区分不同位阶进行保护,就是通过动态系统论中的因子或因素的考量实现的。

(二) 人格权保护与其他利益冲突频发

人格权不同于财产权,与其他利益常常发生冲突。财产权虽然也可能与其他利益产生冲突,如财产权的行使可能与公共利益、生态环境保护的利益相冲突,但是相较于人格权而言,其产生冲突的可能性较小,即使发生冲突,也不如人格权复杂。例如,在判断隐私权是否应当受到保护时,常常要与言论自由、公共利益等权利或利益进行平衡;而在名誉权的保护中,也往往要考虑新闻自由与舆论监督的关系。因此,法律需要协调各种可能产生的利益冲突,确保每一种权利都受到相应的保护,而不能因为保护其中一种,就牺牲其他的权利或利益。正如库奇奥所指出的,从比较法上来看,各国都比较重视侵害人格权尤其是精神性人格权情形下的利益平衡。在言论自由、媒体自由与人格权发生冲突时,在某些情况下,需要优先保护言论自由,但不能当然认为应当优先保护言论自由和媒体自由,因为媒体自身也应当对社会和他人负有一定的义务和责任。当两种利益冲突时,法院在个案中应当进行全面的利益衡量,以确定应当优先保护哪一种权利。① 在协调二者之间的关系时,既要尊重个人的人格权,又要维护言论自由。② 每个人的权利都应当受到保护,但不能因为保护某人的利益,而过分牺牲或损害他人的利益。③ 如《欧洲侵权法原则》第2条第6款规定,"决定利益保护范围时,应考虑行为人的利益,尤其是该行为人行动与行使权利的自由,以及公共利益"④。《民法典(草案)》(三审稿)人格权编中大量涉及对价值冲突的协调。例如,《民法典(草案)》(三审稿)第999条有效协调了人格权保护与新闻报道、舆论监督的关系;第1027条第2款协调保护名誉权与鼓励创作自由的关系;第1020条确定了

---

① 参见〔奥〕赫尔穆特·考茨欧、亚历山大·瓦齐莱克主编:《针对大众媒体侵害人格权的保护:各种制度与实践》,匡敦校等译,中国法制出版社2012年版,第29页。

② See App. Eof the Report of the Committee on Privacy (the Younger Report), Cmnd. 5012 (1972).

③ 参见〔奥〕海尔姆特·库齐奥:《侵权责任法的基本问题(第一卷):德语国家的视角》,朱岩译,北京大学出版社2017年版,第16页。

④ European Group on Tort Law, Principles of European Tort Law: Text and ommentary, Springer, 2005, p. 193.

肖像权保护和合理利用的平衡关系。《民法典(草案)》(三审稿)在隐私保护中,平衡了个人隐私保护与维护公共利益之间的冲突;在个人信息保护中,妥当平衡了个人信息的保护与合理利用的关系。因此这决定了法官在考虑责任时,很难采纳构成要件确立责任,而必须对各个因素进行综合考量。

(三) 人格权益的受保护程度不同

人格权编中不仅对人格权利进行了规定,同时也对个人信息等人格利益进行了规定。一方面,权利与利益受到保护的程度并不相同。例如,关于对隐私信息的保护,隐私权与个人信息保护部分均有规定,但是对于隐私信息的保护优先适用隐私权的保护,而非个人信息的保护,就是考虑到通过隐私权进行保护,相较于通过个人信息进行保护更有力。同样,对于肖像权与声音利益的保护也并不完全相同,人格权编虽然承认了声音利益,但其保护也与肖像权有所不同。由于人格权的开放性较为明显,不断涌现的新型人格利益可能并不一定会被上升为权利予以保护,这也就决定了其与财产权不同,需要考量这些权利与利益的受保护程度;对于法律并未明确规定的利益通过一般人格权予以保护时,更是需要考虑多种价值之间的权衡。换言之,确定一般人格权的具体保护范围时,动态系统的运用空间更大。另一方面,就精神性人格权而言,因权利人的职业等原因(如是否是公众人物),对其人格权的限制也不同,这也成为动态系统论在人格权编被采纳的重要原因。

(四) 人格权侵害的不同情形导致救济方式的差异

人格权遭受侵害的情形与财产权遭受侵害的情形不同。一方面,在人格权遭受侵害的情形下,常常并没有发生财产损害,只是遭受了精神损害。但是精神损害赔偿很难像财产损害一样,运用清晰明确的标准进行判定或计算。在财产损害计算中可适用"差额说",通过比较损害发生前后的财产差额,即可确定损害赔偿的数额;但是在精神损害赔偿中,却无法根据这一差额进行判断,而只能由法官综合考量各种因素进行判定。在瑞士法中,在侵害人格利益的情形下,如果没有抗辩理由,则将认定行为具有过错;在判断抗辩事由能否成立时,需要考虑将受害人的利益与相对应的私法和公法的利益相比较,如果相关人格利益的保护是不重要的,则行为人的过错就可能会被排除。①《精神损害赔偿司法解释》第 10 条就明确规定了精神损害赔偿计算中需要考量的各种因素。依据这一规定,精神损害赔偿计算要考虑各种特殊的情形,给法官一定的自由裁量权,从而使法律系统更加富有弹性。而过错程度的考虑是一个重要的因素。② 另一方面,人格权遭受侵害或有侵害之虞时,在确定是否应当适用消除影响、恢复名誉、赔礼道歉等责任形式时,应当考虑行为人的行为的具体方式和造成的影响范围。需要综合考量受害人受损害的情形,这也有必要采用动态系统论。

社会生活是复杂的,侵权案件也是不断变化和发展的。"个案中通过被侵害利益保护力度、行为正当化程度、因果关系贡献度、过错程度等因素的综合平衡,来确定损害赔偿的范围。"③《民法典(草案)》(三审稿)人格权编采纳了动态系统论,既是对我国司法实践经验的总结,也是回应人格权救济方式的特殊性和内在要求所作出的立法选择,对于正确认定侵害人格权的责任具有重要意义。

二、人格权编对动态系统论运用的特点

《民法典(草案)》(三审稿)吸收和采纳了动态系统论在多个条文中都有所体现,但最典型的是《民法典(草案)》(三审稿)第 998 条规定:"认定行为人承担侵害除生命权、身体权和健康权外的人格权的民事责任,应当考虑行为人和受害人的职业、影响范围、过错程度,以及行为的目的、方式、后果等因素。"这是明确采纳动态系统论的条文,该条在针对侵害人格权的责任时,确立了如下原则:

首先,要区分物质性人格权与其他人格权(标表性人格权和精神性人格权)。物质性人格权是生命权、健康权、身体权等以生命、健康利益为客体的具有最强人身专属性的人格权。物质性人格权是人格权乃至所有民事权利中居于最重要位阶的权利,我国民法典关于人格权的规定首先列举生命、健康、身体等权利,也表明其是具有基础性地位的权利。物质性

---

① A Bucher, Natürliche Persönen und Persönlichkeitsschutz, Helbing & Lichtenhahn, 1995, SS. 162 ff.
② 参见〔奥〕海尔穆特·库奇奥:《损害赔偿法的重新构建:欧洲经验与欧洲趋势》,朱岩译,载《法学家》2009 年第 3 期。
③ 叶金强:《论侵权损害赔偿范围的确定》,载《中外法学》2012 年第 1 期。

人格权也可以说是所有民事权利的基础和前提,因为任何权利都无法离开生命与身体这一物质载体。生命不存在,各种权利的享有也将不复存在。同时,物质性人格权也是最基本的人格权,所以,法律对于物质性人格权的保护应当被置于首要位置,以加强对物质性人格权的保护。对于侵害物质性人格权的行为,法律往往规定了特殊的救济方式,如侵害生命权的,依据《民法典(草案)》(三审稿)第1179条的规定,造成死亡的应当赔偿丧葬费与死亡赔偿金。这些损害赔偿被称为法定的损害赔偿。法官对侵害物质性人格权的情形,应当直接适用法定赔偿金,而一般不再考虑行为人和受害人的职业、影响范围、过错程度等因素。

其次,对于物质性人格权以外的标表型和精神性人格权的侵害,在确立民事责任时,要采用动态系统论的方式进行判定。之所以采取此种方式,一方面,这些人格权在行使中常常和其他价值发生冲突。财产权的行使通常并不涉及与其他价值的冲突,即使冲突,由于财产权相较于人格权处于较低位阶,因而也不会受到优先保护。而人格权的行使,则往往可能与其他权利产生冲突。例如,新闻媒体的报道常常出现和人格权保护的冲突,究竟应当保护新闻报道自由还是保护人格权,往往需要具体权衡。可见,人格权在遭受侵害时,判断侵权责任是否成立所要进行的利益考量更为复杂,需要平衡各种冲突的利益。① 另一方面,对于这些人格权的侵害,法律往往很难规定一般的构成要件。侵害标表性人格权和其他精神性人格权也存在差异,这些侵权形态差异很大,很难通过一般的构成要件进行概括。例如,在利益平衡的过程中,对于过错程度的考虑是一个重要的因素。② 所以要给法官一定的自由裁量权,从而使法律系统更加富有弹性。

再次,确定法官要考量的"因素"。依据《民法典(草案)》(三审稿)第998条的规定,认定行为人承担侵害除生命权、身体权和健康权外的人格权的民事责任,应当考虑如下因素:一是行为人和受害人的职业。一方面,就行为人而言,其自身职业与责任的认定、影响的范围等都有关系。例如,如果行为人从事的是新闻媒体的工作,因新闻媒体职业而做出新闻报道行为,在认定责任时,就应当协调人格权的保护与新闻报道和舆论监督的价值之间的关系,予以平衡。另一方面,就受害人而言,考虑其职业

---

① Vgl. Larenz & Canaris, Lehrbuch des Schuldrechts, Vol. II/2, 1994, S. 491.
② 参见〔奥〕海尔穆特·库奇奥:《损害赔偿法的重新构建:欧洲经验与欧洲趋势》,朱岩译,载《法学家》2009年第3期。

因素的立法目的并不在于对某些不同职业的人提供有区别的特殊保护,而是旨在平衡职业背后的社会利益与个人利益。从司法实践来看,考虑其职业主要是要解决公众人物(public figure)的人格权保护问题。例如,出于对于公众人物、公职人员的监督等,适度披露其收入、财产状况等,或对其行为进行适度的评论或批评,其目的在于实现更为广泛的社会利益,因而不应构成侵权。因此,基于这一立法目的,有必要保留职业作为精神性人格权侵害的判断因素。二是影响范围。就行为人而言,判断其承担人格权侵权责任的重点在于确立影响范围,因为不同的侵权后果意味着侵权严重程度的不同,这就必然导致侵权责任也存在程度的差异。影响范围通常与行为人的行为方式联系在一起。例如,当着特定少数人的面诽谤他人与在网上公开诽谤他人相比,显然后者的影响范围更大。在确定行为人的民事责任时,要考虑行为人的行为所造成的影响,是全国范围的,还是仅仅局限在某地区、某学校、某单位等,这对于确定行为人应当承担或者如何承担消除影响、恢复名誉、赔礼道歉的责任至关重要。三是过错程度。在侵害人格权的场合,需要考量行为人的主观过错,包括故意、重大过失、一般过失、轻微过失等。四是行为的目的。行为人行为的目的也会对侵害人格权民事责任的认定产生一定的影响。例如,行为人利用他人的人格权是为了正当的舆论监督、新闻报道等公共利益的目的,还是为了个人的娱乐、消遣;是为了反腐需要而正当地进行检举控告,还是为了泄私愤、报复;是为了商业目的还是非商业目的,都是应当考虑的因素。五是行为的方式。行为人在实施某种行为时,采取口头或书面以及其他形式,所造成的损害后果是不同的。例如在某个微信群诽谤他人,与在影响较大的网络平台上诽谤他人,影响范围是不同的。在侵害名誉权的纠纷中,是进行新闻报道还是发表个人意见,是自己创作还是转载,是主动告知媒体还是被动接受采访,等等,各种方式不同,都会对侵害人格权民事责任的认定产生影响。六是行为的后果。任何侵害他人人格权的行为,所造成的损害后果是不一样的。有的造成名誉受损,有的造成隐私披露,有的只是造成财产损失,有的还造成严重的精神损害;有的只是造成小范围的影响,有的可能造成全国范围乃至更大范围的影响。这些都是确定侵害人格权的民事责任时需要考虑的因素。

最后,对这些"因素"进行有序排列。动态系统论的核心在于确定需要考量的因素和因子,而非赋予法官无限的自由裁量。这些因素与因子,只能通过立法加以明确并对这些"因素"进行有序排列,因素排列得越靠前,越要重点考虑。例如,《民法典(草案)》(三审稿)第998条就将"受害人的职业、影响范围、过错程度,以及行为的目的、方式、后果"等纳入考量范围,对各个因素进行了列举。与此同时,立法不仅应当列举因素,也需要根据因素或因子的重要性进行排序,也就是说,立法对各个因素或因子不是简单列举,立法者需要评估各种因素对于责任的判断所产生的不同影响,或者在责任确定中所发挥的不同作用,从而确定其排列顺序,将重要的因素或因子置于较前的位置,以便在法律的适用中明确综合考量的权重。这种排序在法官进行责任构成以及责任形式的确定方面,提供重要的引导。

除《民法典(草案)》(三审稿)第998条关于认定行为人侵害人格权的责任的规则以外,人格权编还在其他条款采纳了动态系统论,具体表现在:一是《民法典(草案)》(三审稿)第999条规定:"实施新闻报道、舆论监督等行为的,可以合理使用民事主体的姓名、名称、肖像、个人信息等;使用不合理的,应当依法承担民事责任。"这就确定了新闻报道和舆论监督等行为中合理使用他人人格权益的规则,对新闻报道自由和公民舆论监督与人格权保护之间的冲突进行了平衡。该条要求新闻报道和舆论监督仅在满足合理使用的情形下,才可以免于承担责任,而对于超出合理使用的行为则应该承担责任。对于行为是否超出合理的范围需要通过动态系统论,结合各种因素进行确定。二是《民法典(草案)》(三审稿)第1000条规定:"行为人因侵害人格权承担消除影响、恢复名誉、赔礼道歉等民事责任的,应当与行为的具体方式和造成的影响范围相当。"这就要求对于引用他人的事实内容进行新闻报道、舆论监督造成他人名誉损害的情形的,在判断行为人对他人提供的内容是否尽到合理审查义务时,要综合考量多种因素进行全面把握,这也是动态系统论的体现。三是《民法典(草案)》(三审稿)第1026条规定:"认定行为人是否尽到前条第二项规定的合理审核义务,应当考虑下列因素:(一)内容来源的可信度;(二)对明显可能引发争议的内容是否进行了必要的调查;(三)内容的时效性;(四)内容与公序良俗的关联性;(五)受害人名誉受贬损的可能性;(六)审查能力和审查成本。"合理审查义务的标准并不是一成不变的,实施新闻报道、舆论监督的行为人,在不同情况下,负有的审查义务不尽相同,需要因时制宜、因地制宜,结合所处的不同环境进行判断。因此法律上不宜泛泛地对审核义务进行一般规定,正是因为如此,《民法典(草案)》(三审稿)第1026条确立了判定是否尽到合理审查义务的标准。前述条文,有的从立法技术上直接采纳了动态系统论,规定了需要综合考量的因素;有的虽然没有直接在立法上规定综合考量的因素,但是在法律适用中,对于"合理""正当""必要"等的解释,也需要借助动态系统论进行法律适用。需要说明的是,前述条文在对各种因素的列举中也均采用了开放式的列举方式,保持了一定的开放性。

人格权编引入动态系统论,要求法官在确定责任时对诸多因素存在的范围、程度以及它们在整体权重中的相互关系,作出一种综合的、动态的评估,相对于决定性的责任构成要件而言,更为科学合理。① 具体而言,一是促进利益衡量与综合保护。动态系统论能够有效权衡各种法益,对各种因素进行考量,实际上也达成了比例原则在个案中的运用。这些规则将各种相互冲突的利益进行了妥当的考虑,可以使得法官从整体,而不是简单的某一点出发,通过全面考量,兼顾各种利益的保护,实现平衡。与此同时,其也给重点利益的强化优先保护提供了依据。二是确定了利益保护的位阶。例如,《民法典(草案)》(三审稿)第998条运用动态系统论,对生命权、身体权和健康权以外的人格权侵权认定进行了规定,这就是优先考虑了生命权、身体权、健康权的保护。生命无价,重于泰山。对生命权、身体权、健康权直接适用构成要件的保护模式,减少法官的自由裁量;而对于众多的精神性人格权,则要求考虑各种因素,其立法目的就是明确了对物质性人格权的优先保护。三是引导法官综合考虑一些责任确定和责任范围的因素和因子,避免"全有全无"的简单化处理,使责任的确定更为科学合理。四是兼顾过错制裁与行为自由的维护。例如,《民法典(草案)》(三审稿)第998条就强调了在侵害人格权的责任成立中,要将过错程度作为考量的因素。在这一点上,该规则与侵害财产权的规则不同,后者往往不需要考虑过错程度。这一规则将过错程度作为考量因素,却并未将过错作为构成要件,因此有效地平衡了行为自由与权利保护。五是符合比例原则。动态系统论注重平衡各种利益,因而,其本身就吸纳了比例原则的要求。动态系统论与比例原则不但不冲突,而且成为比例原则的具体实现方式。例如,第998条中对于影响范围,行为目的、方式等的考量都反映了比例原则的要求;第1000条规定的在行为人承担消除影响、恢复名誉、赔礼道歉等民事责任的责任形式时,应当与行为的影响范围相当,同样也是比例原则的具体运用。

---

① 参见李中原:《论侵权法上因果关系与过错的竞合及其解决路径》,载《法律科学(西北政法大学学报)》2013年第6期。

总之,《民法典(草案)》(三审稿)第一次尝试在立法上构建动态系统论,是具有开创性的。这种探索和创新将为我国立法提供新的模式,也为法律的解释提供更大的空间。

三、动态系统论在人格权侵害救济中的作用

如前所述,人格权编引入动态系统论,根本目的还是要引导法官准确认定侵害人格权益的责任以及责任形式、责任范围。为了便于法官灵活准确地作出裁判结论,动态系统论的运用最终必须要面向这一问题的解决。因此,在人格权编引入动态系统论以后,首先需要法官转变以往在确定责任时,根据简单的责任构成要件确定责任的思路。侵权责任构成要件,无论是三要件(过错、损害、因果关系),还是四要件(过错、损害、行为的违法性、因果关系),针对一般侵权行为,特别是侵害财产的行为是可行的、必要的,但针对侵害人格权益的行为的责任确定而言,就显得力所不及。一个最简单的原因就是,在人格权侵害的情形下,损害的确定更为复杂,适用于财产损害赔偿法的"差额说"以及完全赔偿原则在此难以适用。这就需要考虑人格权责任确定的新的思路和方法。尤其是在社会生活不断丰富发展,科技水平日新月异的今天,网络侵权层出不穷,行为方式多种多样,这就给这些孤立的构成要件判断带来了不小的难度。虽然法官仍然可以依据自己对法律的解释,判定某一要件是否满足,但这在一些复杂的侵害认定中已经显得捉襟见肘。动态系统论无疑提供了这一问题下的一种解决方法,其可以为这些复杂情形下的责任认定提供全新的思路。

在适用《民法典(草案)》(三审稿)第998条等条文时,必须重点解决以下三个问题。

(一)动态系统论在责任成立判断中的运用

1. 根据法定的因素及其顺序考量

传统对责任成立与否的判断是通过构成要件实现的。在这种模式中,责任成立与否的关键在于要件是否满足。各个要件之间的关系是相对孤立的,各个要件如同串联电路一般,任何一个要件的不构成都将导致责任的不成立。而且,在此种模式中,各个要件的考量结果只有"满足"与"不满足"两种。因此,虽然社会实践丰富多样,但是裁判者却只能通过"满足"与"不满足"两种结论予以评价,各种要件的满足程度通常不在裁

判者的考量之中。例如,在危险责任中,虽然各种行为的危险系数存在明显区别,但是裁判者在构成要件的体系内,根本无须也无法考虑这些危险的程度,因为,裁判者只需认定这种行为是否构成危险责任,即只需回答是或否,而无法根据危险的程度,进行不同的考量。这种模式之下,要件之间的互动与联系被割裂开来。

但运用动态系统论判断责任成立,就需要从以下两方面考量:一方面,需要考量法定的因素,例如,《民法典(草案)》(三审稿)第998条规定:"认定行为人承担侵害除生命权、身体权和健康权外的人格权的民事责任,应当考虑行为人和受害人的职业、影响范围、过错程度,以及行为的目的、方式、后果等因素。"这些法定的因素就是法官必须考虑的因素,它既需要当事人作出必要的举证,也需要法官作出全面的了解。另一方面,必须按照法定的顺序进行考量。这就是说,这些因素对于责任成立的影响是有不同程度的差异的,法官在作出考量时,应当考虑法律排列的顺序。需要说明的是,法定顺序中的因素属于必须考虑的因素,但所需考虑的并非仅限于这些因素,《民法典(草案)》(三审稿)第998条规定采用"等",说明这些因素的非限定性。例如,行为的违法性也可能是一个应当考虑的因素。

2. 通过因素间的互动综合考量

所谓综合考量,就是要考虑各种因素实际产生的作用。在动态系统论下,各因素之间不再是孤立、割裂的关系,诸因素相互补充,呈现出动态的状态。以通过《民法典(草案)》(三审稿)第998条判断行为人的行为是否侵害名誉权为例,行为人的行为如果是出于舆论监督的目的,就可能降低其构成侵害的可能;而如果其方式和手段较为恶劣,则会显著增加其构成侵害的可能。法官只有结合受害人的职业、影响范围、过错程度,以及行为的目的、方式、后果等因素进行综合判断,才可以得出行为人是否应当承担侵害名誉权的责任的结论。这些因素还可能具有一定的关联关系,如受害人的职业关系到行为的影响范围,行为人的行为方式也与行为人的过错程度存在明显的联系。这些因素虽然可能存在正相关或负相关的关系,但并不意味着分别对其进行判断就没有价值。

首先,要考虑各个因素都有独立存在的价值。例如,行为手段虽然与过错程度紧密联系,但是行为手段本身也具有单独判断的价值,因为行为手段的背后还关系到公序良俗、公共利益等问题,是过错程度无法涵盖的。虽然这些因素之间通常可能存在关联关系,但是也可能出现其他可能。例如,受害人虽然为公众人物,但由于行为人并非在大众媒体上散播消息,因而影响较小。

其次,实现因素之间的互补。动态系统论强调了各种因素与因子的互补。但是,这些互补的关系无法在立法上直接规定,只能交由司法实践进行操作。动态体系论之所以被称为"动态",就在于因素之间的互补性。在威尔伯格看来,各种因素对责任影响的强度是不一样的,但法官在考量这些因素时,不是简单地考量是否满足某一因素,而是兼顾各种因素,有的因素虽然强度低,但如果其他因素强度高,则仍然可以导致责任的成立,也就是要综合考量。威尔伯格试图用诸因素的协动作用这种观点来构建评价的框架,由此为回应实际生活打开了可能性的大门;同时又确保了一定的原则性。①

最后,要注重比例原则的运用。此种方式也称为"个案衡量"(ad hoc balancing),也就是说,在个案中要运用比例原则调和相冲突的权利和价值。② 例如,法律允许基于公共利益等目的对一些精神性人格权进行合理使用,但此种使用应当限制在合理的范围内。也就是说,凡是能够最小化使用的,应当进行最小化使用。凡是能够在一定范围内使用的,就没必要扩大其使用范围。凡是能够使用后及时通知权利人的,就应当及时通知权利人。如果在使用后能够及时删除或者有必要删除的,则应当在合理期限内及时删除。在使用他人的人格利益时,要尽量避免对他人过大的损害。如果行为人恶意过度使用他人人格权,即便是为了实施新闻报道、舆论监督等行为,也可能构成侵权。一个侵权行为在不同时间段实施,其后果也有可能是不一样的,责任自然也会存在差别。概言之,侵权责任的确定必须与侵权行为的程度相适应。

此外,在必要时也要进行成本效益分析。例如,在认定新闻报道是否侵害人格权时,除了确定报道人是否尽到审查义务,还应当考虑审查的成本。如果报道人付出极小的成本即可对报道内容的真实性进行审查,则其应当尽到相应的审查义务;反之,若审查成本较高,则其审查义务应当相应降低。例如,对于某个在网络上公布的有关某名人的负面信息,网络

---

① 参见〔日〕山本敬三:《民法中的动态系统论——有关法律评价及方法的绪论性考察》,解亘译,载梁慧星主编:《民商法论丛》(第二十三卷),金桥文化出版有限公司2002年版,第210页。

② 参见王泽鉴:《人格权法:法释义学、比较法、案例研究》,北京大学出版社2013年版,第316页。

平台很容易核实,则其应当负有审核义务。

3. 摒弃全有或全无的责任

除了明晰责任是否成立,动态系统论也可以更好地回答责任在何种范围内成立的问题。在以构成要件论进行责任是否成立的判断时,如果满足所有的构成要件,且不具备免责事由,那么责任就当然成立;而一旦不满足任何一个要件,或存在免责事由,那么责任就不能成立。因此,责任是否成立的判断属于全有或全无的状态。但是在动态系统论之下,众多考量因素之间的相互作用使得责任可以"得到完全或部分的确立或排除"①。这就显示了动态系统论在责任成立问题上的弹性优势。

(二) 动态系统论在责任形式确定中的运用

人格权遭受侵害或有侵害之虞时,受害人可以主张人格权请求权,如果损害已经发生,受害人也可以主张侵权请求权,尤其是损害赔偿请求权。在通过动态系统论的考量确认行为人是否需要承担责任后,对于行为人应当承担的特定责任形式也需要通过动态系统论加以确定。对于特定责任形式的采取,也同样需要结合受害人的职业、影响范围、过错程度,以及行为的目的、方式、后果等多种因素进行综合考量。

在受害人主张消除影响、恢复名誉、赔礼道歉等责任形式时,依据《民法典(草案)》(三审稿)第1000条的规定,其应当与行为的具体方式和造成的影响范围相当。虽然从立法技术上而言,该条并未直接采纳动态系统论,规定需要综合考量的因素。但是在法律适用中,对于"相当"等的解释,也需要借助动态系统进行法律适用。消除影响等责任形式应当与行为的具体方式相适应。在适用消除影响、恢复名誉的责任方式时,首先应明确消除影响、恢复名誉的范围(如在某地区、某学校等)、方式(采取口头或书面以及其他形式)。例如,报纸杂志上发表的新闻报道或评论有损他人名誉权的,则应当在曾刊载该侵权内容的报纸杂志上刊登书面声明,对错误内容进行更正,并向被侵害人赔礼道歉。如果是在某个场所对一群人散布了诽谤的言辞,则应在适当的场合为受害人恢复名誉。消除影响等方式的主要功能在于,对于已经给他人的社会声誉造成不良影响的,要予以减弱、清除直至消除。因为正是这些不良影响的存在,才造成了受害人名誉评价的降低,只有消除了这种不良影响,才能够使受害人的名誉

---

① 〔奥〕瓦尔特·维尔伯格:《私法领域内动态体系的发展》,李昊译,载《苏州大学学报(法学版)》2015年第4期。

得到恢复。一般来说,在什么范围内造成了损害,就应当在什么范围内弥补。例如,行为人在其微信朋友圈辱骂他人,就需要在其微信朋友圈赔礼道歉以消除影响;在某个群体之中散播谣言的,则应当在该群体中进行辟谣。相反,行为人在一个小城的范围内散布谣言诋毁人格权人名誉的,不必在省级媒体或者国家级媒体上进行公开赔礼道歉。其次,消除影响等方式也应当根据侵权行为的具体情况予以确定。例如,通过网络侵犯他人名誉权的,则可以通过通知网络运营商采用删除侵权言论的方式来消除影响;而通过口头表述的方式在一定范围内侵害他人名誉权的,则可以通过向他人进行解释的方式来消除影响。

(三) 动态系统论在赔偿范围确定中的运用

虽然对"全有全无"的突破并非动态系统论所独创,但是,既有的方案主要是从损害赔偿的数额方面进行突破,即一方面承认责任的成立,另一方面限缩赔偿的范围。① 法官在适用法律时,由于只能选择责任成立与否的结论,因此,在其认为全有或全无将导致不正义时,很有可能会不自觉地在赔偿数额上进行"找补"。但是这种"找补"却往往不会见诸判决之中,与法官心证的公开相悖。相较于此种情形,如果采纳动态系统论,裁判者就可以在判决中说明其认为成立的责任范围,将其推理显示于裁判之中,而无须通过不公开的"找补"寻求公正的处理方式。

精神损害赔偿数额的确定一直是司法实践中的难点所在,其主要原因在于,一方面,精神损害赔偿的性质决定了其无法准确地通过计算的方式确定具体数额;另一方面,精神损害具有高度的主观特性,建立统一的精神赔偿标准十分困难。正是以上原因,为精神损害赔偿的数额确定采纳动态系统论提供了土壤。如前述,《精神损害赔偿司法解释》第 10 条就通过列举诸多精神损害赔偿数额判断的因素,为破解上述难题提供了有效的依据。通过动态系统论的运用,法官不再缺乏据以判断的标准。而且该条明确规定考量因素,既充分考虑到了案情的区别,又尽可能地划定范围,这也在一定程度上缓解了精神损害赔偿标准统一的难题。因此,精神损害赔偿数额不再是僵化的统一标准,而是动态浮动体系。而且,此种浮动的范围是可控的,法官也需要就此种浮动负担说理的义务。

---

① 参见〔奥〕海尔穆特·库齐奥:《动态系统论导论》,张玉东译,载《甘肃政法学院学报》2013 年第 4 期。

(四) 法官的论证义务和类型化整理

裁判说理义务是法官独立行使审判权的应有之义。在我国司法改革中,要突出法官的办案主体地位,让审理者裁判、由裁判者负责。但是,在依法保障法官独立行使审判权之后,就应当强化裁判文书的说理,法官应当将裁判文书说理作为其应尽的义务。也就是说,法官要依法独立行使审判权,其就应当充分尽到说理的义务,二者应当是不可分离的。因为只有强化裁判文书说理,才能有效规范法官独立审判权的行使,如果不对法官课以进行裁判说理的义务,法官的独立审判权可能异化为法官的恣意,司法公正也将难以实现。在人格权编采纳动态系统论以后,法官的裁判说理义务被进一步强化。这就是说,整个动态系统论的运用,本身是一个法官的自由心证过程,更应当是一个说理论证过程,法官应当阐明其是如何考虑法定的因素,这些因素是否成立,对这些因素如何综合考量,是否采纳比例原则,对于特定责任形式的采取,是否考虑了受害人的职业、影响范围、过错程度,以及行为的目的、方式、后果等多种因素,等等。这些说理论证越充分,则责任及其责任范围的确定就越合理。动态系统论要求法官合理论证其判断产生的过程和影响其判断的因素,从而促进了裁判的公正。法官通过考虑立法中规定的考量因素,结合具体个案案情予以论证说理,有助于避免法官的恣意,因为其要考虑立法中规定的因素,且法官可以结合具体个案进行更为灵活的判断。同时,法官的论证说理有助于在考虑因素的规范基础上,形成"重叠共识",此种共识能够保障法律的确定性。换言之,动态系统并非仅考虑个案灵活性而不考虑法律的确定性,只不过其是通过共识的达成保障确定性,其中的关键就是法官要予以论证说理。

通过法官的论证说理,在达成共识后,要对这些共识进行整理,从而在动态系统的基础上形成不同的案例类型,这些整理有助于减轻法官的论证负担。由此,动态系统以法官的论证义务作为中介,实现了确定性和灵活性之间有机而非固化的平衡。

结　语

人格权编在立法上引入动态系统论,是一种十分有益的立法尝试,符合人格权保护的基本特性,也有利于协调人格利益与其他价值的冲突,强化人格权的保护。但是,"徒法不足以自行",人格权编中关于动态系统论的相关规定能否真正引导法官准确认定侵害人格权的责任以及责任范围,还有待于法官的准确理解和把握。尤其是,避免动态系统所实现的灵活性在司法实践中退化为完全的恣意,将"法治中不得已的人治"限制在法秩序的整体范围内,这有待于通过司法解释以及指导性案例的方式,将动态系统论中各种因素以及其相互之间的互补关系进行类型化的处理,以此明确因素的互补关系,明确何种因素在满足什么程度的情况下可以弥补其他何种程度的因素等,这些工作均需要通过司法实务来完成。动态系统论作为一种全新的尝试,也成为人格权编给法学和司法实践留下的作业,我们寄希望于今后的法学和司法实践在摸索中不断完善,真正实现动态系统论的价值。

关键词索引

A

安宁权客体 646,648
安宁状态 601

B

保护范围 20,166,239,370
保护方式 67,566,663,677
保护期限 369,394,395
标表性人格权 18,47,361,708
补充功能 297

C

财产权保护 137,596,649
惩罚性赔偿 193,194,378
纯粹私人领域 418
从属关系 526,527,529,532
错误记载 121,556,564

D

大数据 74,261,684,688
大数据技术 63,205,686
第三人知情 618
兜底功能 295
独占性权利 685

F

法定限制 257

法律技术 237,297
法院酌定标准 365
防御性权利 54,148,248
妨害 192,434,681
非法信息 614,617,618
非法信息理论 617
风险承担理论 617,618
抚慰金 98,500,642
妇女权益保障法 38,516,520

G

概括性条款 44,45,294
告知后同意 314
个人生活安宁权 634,638,646,651
个人信息 48,653,667,684
个人信息保护 202,667,684,707
个人信息保护法 250,667,682,683
个人信息的共享 687,700
个人信息权 202,559,586,653,667
个人信息收集 65,625,661,690
个人自决 357,604,690
更正权 68,231,450
公共空间 597,649
公共利益 207,389,413,706
公共性 413
公开权 97,366

公开信息 593
公民知情权 415,416
公示 119,542,564
公众人物 146,409
功能协同 249
构成要件 158,402,525,703
故意 391,431,530
过错 69,440,533

H

合理期待 603
合理期待判断 610,612
合理预期 692,693,696
患者同意权 305,318,319
回应权 68,231,451
获利标准 364

J

积极利用 54,140,253
积极确权 85,163,235
基本权利 39,280,572
集合性 246,503,641
祭奠利益 287
假冒行为 563
价值冲突 344,706
价值指引 13,293,294,296
交错性 672
近亲属 184,322,349,406,407
禁令 222,460
精神安宁 637
精神损害赔偿 193,478,569
精神性人格权 63,444,709
竞合性 673

具体人格权 24,283,296,570,575
绝对权 22,435,453,655

K

开放性 19,255,598
可预见性 703
客观标准 612,624,628
空间隐私权 595,649
框架性权利 43,237,271,640
扩展性 504

L

立法建议 195
亮点 213,298
列举 155,174,252,652,711
烈士 206,400
临时性 461,467,475
临终关怀 335,341
零隐权 128,151,190,242
旅游合同 482,491,498

M

免责事由 319,509,716
民法典 106,148,197,702
民法典体系 106,136,195,213
民法总则 179,197
民生 27,161
民事立法经验 195,214
民事权利 111,119,275,579,653
民事主体制度 75,399
名誉感 46,537
名誉权 536

P

平等性 191,299,681
评价错误 221,565,566

Q

侵害方式 192,506,556
侵权法独立成编 111,112
侵权法上的隐私权 579
侵权损害赔偿请求权 221,434
侵权责任 80,168,177,496
侵权责任编 163
侵权之诉 166,494,516
倾斜保护 428,429
请求权的主体 395
请求权主体 207,401,405
权利救济 82,156
权利内容 95,248,677
权利人同意 203,619,690
权利属性 655,674
权利性质 110,375,662

R

人格 4,115,681
人格关系 111,279,303
人格利益 383,400
人格权 3,54,148,235,269,351
人格权保护 422
人格权保护方式 67,98
人格权编 163,197,213,516,702
人格权的定义 3
人格权的限制 409
人格权的专属性 116,355,375
人格权独立成编 128,179
人格权法定性 264,268
人格权行使 13,66,141,441
人格权立法 23
人格权请求权 18,103,220,434
人格权商业化利用 351
人格权属性 54,70,191,681
人格权体系 46,101,260,576
人格权效力 357,463,468,567
人格权益 14,85,206,340,510
人格自由发展 124,572,671
人格尊严 290
人格尊严保护 297,302
人工智能 74
人身权 112,273,536
人身自由 19,264,277
人文关怀 20,52,240,292

S

删除权 63,450,566,568
商业化利用 351,366
社会公共利益 393,404,429,644
社会评价降低 102,523,557
身体权 4,522,712
审判实践 138,143,516
生活安宁 88,117,511,582,652
生活安宁权 599,634
生活秘密 584,593,648
生命健康权 122,195,269,322
生命自决权 333,335,337,338
生命尊严 89,329,340
时代特征 153,241,698
实际控制者 561,671

实际损害 221,441,455
实质体系 136,158,213
授权 332,688,696,700
数据保护 94,203,693
数据财产 78,685,687
数据共享 684
数据控制者 631,685,693
数据收集 95,205,689
司法审查 473
私人空间 262,583,649
私人秘密 425,595,648
私人生活秘密 580,585,590
私人信息 262,644,682
私人住宅安宁 648
私生活 92,576,590,677
私生活安宁权 599,640,643
私生活秘密 590,601,645
死者人格利益 383
诉前保全 461,462
诉前禁令 460
诉讼时效 221,442,568
损害后果的确定 513
损害赔偿 434,478
损害赔偿计算 99,242,708
损害预防 67,437,440,460

T

特殊说明义务 316,317
体系结构 110,195,213
停止侵害 221,408,442
通讯安宁 644,650,651
脱敏化 686

W

网络环境 503
网络隐私权 511,513,690
违约 478
违约之诉 488,494,496
维护人格尊严 133,294,672
侮辱 38,523,541
物质性人格权 18,61,647,709

X

吸收模式 437,445,452,456
先予执行 468,469
限制名誉权 601
限制自由裁量 245
宪法权利 40,239,572
宪法上的隐私权 167,239,571
宪法实施 246
肖像权 64,266,512
消极安乐死 333
消极保护 85,163,235,357
消极防御 54
消极权利 55
新闻侵权 50,428
新闻自由 101,422,424
行为保全 461,463,464
行为引导 157,178,211,244
行为自由 175,244,517
信息流通 691
信息自决 91,690
信息自决权 16,277,593,670
信用评价 221,548,553,566
信用权 65,135,268,549,553,559

信用维护权 566
性骚扰 13,225,516
性自主权 521,522
姓名变更 229,439,448
姓名权 47,70,255,510
虚拟空间 189,503,511,598,649
虚拟性与实体性 504
宣示功能 294

Y

延伸利益说 386,387
言论自由 40,413,706
一般人格权 42,91,102,269,296,639
一般人格权的适用 282
遗体、遗骨利益 390
以精神利益实现为内容的合同 490,497
以人民为中心 26,148,228
易扩散性 68,444,508
引导功能 157,244
隐私 5,41,48,63,132,150
隐私权 607,634
隐私权概念 571
隐私权内容 590
英雄 400
英雄烈士保护法 401,403
英雄烈士人格权益保护 206
用人单位 217,532,591
舆论监督 422

预防功能 245,440,460
预防权利冲突 245
预防损害 72,444,464
预防义务 226,532,534
预先医疗指示 326,328,342
预嘱 336,341,347,348
预嘱执行人 348,349

Z

责任承担方式 159,445,457,513
责任竞合 489,496
责任形式 177,408,445,716
征信记录 563
支配权 15,690
支配性 14,552,566
知情同意 94,306,665,690,692
知情同意权 305,348
知情同意权的内容 313
知识产权 79,169,375
职场性骚扰 518,526,527
制度体系 3,136,238
主观标准 610,628,540
主体资格 5,113,181,218
自然权利 35,54,151
自我决定 302,340,614
自由裁量权 246,299,704
自主决定权 277,310,690
尊严 33,290

法律文件全简称对照表

全　　称	简　　称
最高人民法院《关于审理旅游纠纷案件适用法律若干问题的规定》	《旅游纠纷司法解释》
最高人民法院《关于确定民事侵权精神损害赔偿责任若干问题的解释》	《精神损害赔偿解释》
全国人民代表大会常务委员会《关于加强网络信息保护的决定》	《网络信息保护决定》
《中华人民共和国民法通则》	《民法通则》
《中华人民共和国侵权责任法》	《侵权责任法》
《中华人民共和国刑法》	《刑法》
《中华人民共和国合同法》	《合同法》
全国人民代表大会常务委员会《关于加强网络信息安全保护的决定》	《网络信息保护决定》
《中华人民共和国民法总则》	《民法总则》
《中华人民共和国英雄烈士保护法》	《英雄烈士保护法》
《中华人民共和国宪法》	《宪法》
《中华人民共和国政府信息公开条例》	《政府信息公开条例》
《中华人民共和国消费者权益保护法》	《消费者权益保护法》
《中华人民共和国妇女权益保障法》	《妇女权益保障法》
《中华人民共和国残疾人保障法》	《残疾人保障法》
《中华人民共和国未成年人保护法》	《未成年人保护法》
《中华人民共和国网络安全法》	《网络安全法》

(续表)

全　称	简　称
《中华人民共和国反不正当竞争法》	《反不正当竞争法》
《中华人民共和国婚姻法》	《婚姻法》
《中华人民共和国执业医师法》	《执业医师法》
《中华人民共和国立法法》	《立法法》

后　记

本书系国家社科基金重大课题"人格权保护立法研究"(项目批准号：18ZDA143)的阶段性成果。在本书编辑过程中，北京大学出版社蒋浩副总主编、中央财经大学王叶刚副教授、中国人民大学潘重阳博士等人在文集的体例安排、文章的筛选、编辑等方面提出了许多有益的建议，中国政法大学缪宇博士帮助翻译了一些德语资料，在此一并致谢。